ENTWURFSATLAS BÜROBAU

ENTWURFSATLAS
Bürobau

Herausgeber

Rainer Hascher

Simone Jeska

Birgit Klauck

Autoren

Thomas Arnold

Rainer Hascher

Simone Jeska

Birgit Klauck

Wilhelm Bauer

Wolfram Fuchs

Peter Kern

Martin Lutz

Eberhard Oesterle

Bart Piepers

Edgar Schläfle

Klaus-Peter Stiefel

Marcel Storms

Birkhäuser – Verlag für Architektur
Basel · Berlin · Boston

Publiziert mit freundlicher Unterstützung von:

MABEG Kreuschner GmbH & Co. KG
SPECTRAL, Gesellschaft für Lichttechnik mbH
VITRA

Herausgeber: Rainer Hascher, Simone Jeska, Birgit Klauck

Autoren: Thomas Arnold (ta), Rainer Hascher (rh), Simone Jeska (sj), Birgit Klauck (bk)

Mit Beiträgen von Thomas Arnold, Wilhelm Bauer, Wolfram Fuchs, Rainer Hascher, Simone Jeska, Peter Kern, Birgit Klauck, Martin Lutz, Eberhard Oesterle, Bart Piepers, Edgar Schläfle, Klaus-Peter Stiefel, Marcel Storms

Layout und Umschlaggestaltung: buero kleinschmidt, Berlin

Titelphoto: Richard Hywel Evans (Cellular Operations HQ)

Lithographie: Licht & Tiefe, Berlin

Druck: Medialis, Berlin

Jeder mögliche Versuch ist unternommen worden, die Besitzer von Bildrechten ausfindig zu machen. Fehler oder Auslassungen können in den folgenden Ausgaben korrigiert werden.

A CIP catalogue record for this book is available from the Library of Congress, Washington, D.C., USA

Die Deutsche Bibliothek – CIP-Einheitsaufnahme

Entwurfsatlas Bürobau / Rainer Hascher ... (Hrsg.). - Basel ; Berlin ;
Boston : Birkhäuser, 2002
Engl. Ausg. u.d.T.: Office buildings
ISBN 3-7643-6649-4

Dieses Buch ist auch in englischer Sprache erschienen.
(ISBN 3-7643-6650-8)

Dieses Werk ist urheberrechtlich geschützt. Die dadurch begründeten Rechte, insbesondere die der Übersetzung, des Nachdrucks, des Vortrags, der Entnahme von Abbildungen und Tabellen, der Funksendung, der Mikroverfilmung oder der Vervielfältigung auf anderen Wegen und der Speicherung in Datenverarbeitungsanlagen, bleiben, auch bei nur auszugsweiser Verwertung, vorbehalten. Eine Vervielfältigung dieses Werkes oder von Teilen dieses Werkes ist auch im Einzelfall nur in den Grenzen der gesetzlichen Bestimmungen des Urheberrechtsgesetzes in der jeweils geltenden Fassung zulässig. Sie ist grundsätzlich vergütungspflichtig. Zuwiderhandlungen unterliegen den Strafbestimmungen des Urheberrechts.

© 2002 Birkhäuser – Verlag für Architektur, Postfach 133, CH-4010 Basel, Schweiz
Ein Unternehmen der Fachverlagsgruppe BertelsmannSpringer
Gedruckt auf säurefreiem Papier, hergestellt aus chlorfrei gebleichtem Zellstoff. TCF ∞

Printed in Germany
ISBN 3-7643-6649-4

9 8 7 6 5 4 3 2 1
http://www.birkhauser.ch

Entwurfsgrundlagen des Bürobaus

8
Vorwort
Birgit Klauck

Geschichte des Bürobaus

13
Von der Antike bis ins 20. Jahrhundert
Simone Jeska

19
Von der Bürolandschaft zur Stadtlandschaft im Büro
Thomas Arnold

Büroarbeit heute

23
Einführung
Birgit Klauck

25
Auswirkungen der Informationstechnologien
auf die Unternehmensstrukturen
Simone Jeska

29
New Work – Büroarbeit in globalen Netzwerken
Wilhelm Bauer und Peter Kern

32
Schein und Sein der neuen Arbeitswelten
Thomas Arnold

34
Neue Unternehmensstrukturen und Arbeitsweisen
Bart Piepers und Marcel Storms

40
Die Zukunft der Büroimmobilie
Wolfram Fuchs

Büroarchitektur

45
Der Einfluß der Trennung von Tragwerk
und Hülle auf die Architektur
Rainer Hascher

47
Nachhaltige Gebäudekonzepte für Büronutzungen
Rainer Hascher

55
Better Buildings: Better Business
Thomas Arnold

58
Aspekte der Büroarbeitsplatzbeleuchtung
Edgar Schläfle

59
Die veränderbare Hülle
Martin Lutz

63
Neue Entwicklungen der Raumkonditionierung
unter dem Gesichtspunkt der Nachhaltigkeit
Eberhard Oesterle

66
IT-Konzepte für mobile Wissensarbeit
Peter Kern und Klaus-Peter Stiefel

Bedarfsanforderungen und Planungsprozesse

71
Kommunikation im Mittelpunkt der Büroplanung
Birgit Klauck

77
Qualitätssicherung bei Büroimmobilien
Wolfram Fuchs

80
Ganzheitliche, nutzerorientierte Planungsprozesse
Eberhard Oesterle

82
Systematik der Projektauswahl
Thomas Arnold und Birgit Klauck

Projektauswahl

Thomas Arnold, Rainer Hascher, Simone Jeska, Birgit Klauck

Einzelarbeit

92
DZ-BANK
Frank O. Gehry

94
Norddeutsche Landesbank
Behnisch, Behnisch & Partner

96
Deutsche Bundesstiftung Umwelt
Erich Schneider-Wessling

98
Hypo Alpe-Adria-Center
Thom Mayne, Morphosis

100
Rare Ltd. Manor Park HQ
Feilden Clegg Bradley Architects

102
New Parliamentary Building
Michael Hopkins and Partners

106
**Hauptverwaltung
Max-Planck-Gesellschaft**
Graf, Popp, Streib; mit Doranth, Post

108
ARD-Hauptstadtstudio
Ortner & Ortner Baukunst

110
Deutsche Messe AG
Herzog + Partner

112
Umweltbundesamt
sauerbruch hutton architekten

116
Rathauserweiterung Jægergården
Nielsen, Nielsen & Nielsen A/S

118
SIHK
Sadar Vuga Arhitekti

120
Institut für Forst- und Naturforschung
Behnisch, Behnisch & Partner

122
Glaxo Wellcome House
RMJM

124
Pioneer
Enrique Browne

126
AZL Pensioenfonds
Wiel Arets Architect & Associates bv

Prozeßarbeit

128
Landesversicherungsanstalt Schwaben
Hascher + Jehle

130
UEFA Headquarters
Patrick Berger

132
iGuzzini Hauptverwaltung MCA
Mario Cucinella Architects

136
Bang & Olufsen Hauptverwaltung
KHR AS arkitekter, Jan Søndergaard

138
Cellular Operations Ltd.
Richard Hywel Evans

140
RAC Regional Headquarters
Nicholas Grimshaw & Partners Ltd.

142
Gas Natural Headquarters
*Enric Miralles & Benedetta Tagliabue
Arquitectes Associats*

144
Sanoma House
SARC Architects

146
Braun Hauptverwaltung
Schneider + Schumacher

150
GAP 901 Cherry
William McDonough + Partners

Teamarbeit

154
UBS Trade Center
Skidmore, Owings & Merrill LLP

156
Götz Hauptverwaltung
Webler + Geissler Architekten

158
Ted Baker Offices
Matthew Priestman Architects

160
Wessex Water Operation Centre
Bennetts Associates Architects

164
another.com
Nowicka Stern

166
RealNames I und II
Blauel Architects

168
SEI Investment Headquarters
Meyer, Scherer & Rockcastle Ltd.

170
Ground Zero
Shubin + Donaldson Architects

172
ENIX Corporation
Nikken Sekkei International Ltd.

174
ING Bank & NNH Hauptniederlassung
*(EEA) Erick van Egeraat
associated architects bv*

176
Electronic Arts
Norman Foster and Partners

Austauscharbeit

178
ABB Konnex
Theo Hotz Architekten und Planer

182
IBM World Headquarters
Kohn Pedersen Fox Associates

184
Festo TechnologieCenter
Architekturbüro Ulrich Jaschek

186
Shaklee Corporation
Gensler

188
SGI Amphitheater Technology Center
STUDIOS architecture

190
DATAPEC
Kauffmann Theilig & Partner

192
Tobias Grau
Bothe Richter Teherani Architekten

194
MABEG Verwaltungsgebäude
Nicholas Grimshaw & Partners

196
TBWA/Chiat/Day
Clive Wilkinson Architects

198
Villa VPRO
MVRDV

202
Vitra
SPGA – Sevil Peach Gence Associates

204
Campus MLC
Bligh Voller Nield

206
Boots The Chemists
DEGW

210
dvg Hauptverwaltung
Hascher+Jehle; Heinle, Wischer und Partner

214
Deloitte Consulting
DI Dustin A. Tusnovics

216
Accenture
*Grego & Smolenicky Architektur,
Schnell & Partner*

218
IVCHGC
Casaverde Construction

220
Reebok World Headquarters
NBBJ

222
Burda Medienpark
Ingenhoven Overdiek Kahlen und Partner

226
Prisma
Auer + Weber

Spekulative Bürogebäude

230
Stealth
Eric Owen Moss Architects

232
88 Wood Street
Richard Rogers Partnership

234
Twin Towers
Massimiliano Fuksas

236
U-Gebäude
Kazuyo Sejima, Ryue Nishizawa

238
Düsseldorfer Stadttor
Overdiek, Petzinka & Partner

242
Aurora Place
Renzo Piano Building Workshop

244
Omnilife HQ – JVC-Center
Architectures Jean Nouvel

246
Swiss Re
Norman Foster and Partners

250
Bürohaus Doppel-XX
Bothe Richter Teherani Architekten

252
Umwelttechnologiezentrum
Eisele + Fritz

Anhang

256
Glossar

258
Projektdaten

262
Bildnachweis

263
Bibliographie

264
Autoren

Vorwort

Museen und Kulturzentren gelten als anspruchsvolle prestigeträchtige Bauaufgaben; Sportstadien und Krankenhäuser sind etwas für Spezialisten; und selbst der Wohnungsbau bietet Architekten nach wie vor noch einiges Gestaltungspotential, sofern das Konzept experimentell ist. Lediglich das Bürogebäude, in dem die meisten von uns einen Großteil ihrer Lebenszeit verbringen, wird architektonisch eher stiefmütterlich behandelt. Dieser in der ganzen Welt am weitesten verbreitete Gebäudetyp besteht – wie schon vor hundert Jahren auch – zumeist aus identischen, übereinander gestapelten Geschoßplatten mit zentralem Servicekern. Der konzeptionelle und gestalterische Anspruch beschränkt sich in der Regel auf die Fassade und bleibt deswegen ohne Bezug zu den Bedürfnissen der Mitarbeiter.

Mit dem Siegeszug des Personal Computers nahm auch eine Revolution im Bürobau ihren Anfang. Beispielsweise erlebte Londons City in dieser Zeit – zusätzlich begünstigt durch den Thatcherismus – einen Bauboom bisher nicht dagewesenen Umfangs. Etwa ein Drittel der vorhandenen Büroflächen wurde damals erneuert, was aber nichts anderes hieß, als daß man die alten abriß und durch neue, jedoch nicht bessere ersetzte. Wie ich als angehende Architektin vor Ort selbst erfahren mußte, kamen neue Konzepte kaum zum Tragen: die meisten Gebäude glichen Canary Wharf, sie waren wieder nur dem monotonen nordamerikanischen Bürohochhausmodell verpflichtet. Innovative Beispiele wie Stockley Park – ein von Arup Associates konzipierter „Business Park", der aufgrund seines hohen architektonischen Anspruchs ein Vorbild für viele spätere Entwicklungen wurde – blieben die Ausnahme.

Angesichts der Leitmotive unserer Zeit – Globalisierung, Deregulierung und vor allem die weltweite Vernetzung – zeichnet sich nun aber ein noch viel grundlegenderer Wandel ab, der selbst Firmen mit traditionell streng arbeitsteiligen Hierarchien dazu zwingt, ihre „Bürokultur" zu verändern. Das neue Büro wird heute immer mehr zu einem vernetzten System zumeist hochflexibler, transparenter Service- und Kommunikationszentren. Dieses Arbeits- und Organisationsprinzip, das eigentlich keines Bürogebäudes im traditionellen Sinn mehr bedarf, wird im theoretischen Teil des Buches vorgestellt und von verschiedenen Seiten beleuchtet.

Der zweite Teil des Buches zeigt anhand einer umfangreichen Projekt- und Grundrißsammlung den aktuellen Stand der Dinge im Bürobau. Signifikante konventionelle und innovative Beispiele aus aller Welt dokumentieren den sich langsam vollziehenden Wandel – ein Phänomen des Übergangs, der von eindeutig klassifizierbaren Bürotypen hin zu stark differenzierten Arbeitswelten führt. Hier wird deutlich, daß sich die Frage „Wie sollen wir bauen?" heute nicht mehr allein auf die Alternativen „Zelle" oder „Großraum" beschränkt. Die altbekannten, auf Funktionalität und Effizienz basierenden Planungsstrategien, deren bestimmende Größen ein optimales Ausbau- und Fassadenraster oder auch die ideale Gebäudetiefe waren, werden schon heute durch die Dimension der „Lebensqualität am Arbeitsplatz" erweitert.

William J. Mitchell geht in *The City of Bits* davon aus, daß im Zuge der fortschreitenden Globalisierung und Vernetzung Distanzen und Standortrelationen ihren Einfluß auf sozioökonomische Systeme immer weiter verlieren werden. Diesem viel beschworenen Bedeutungsverlust von Raum und Zeit steht jedoch eine Form von Gleichzeitigkeit gegenüber. In unserem thematischen Zusammenhang bleiben Räumlichkeit und Zeitlichkeit wichtige konstituierende Prinzipien.

Die Bedeutung von Zeit verdeutlichen die immer mehr Verbreitung findenden Just-in-time-Offices, die analog zur Just-in-time-Produktion auf dem Prinzip einer präzise getakteten Synchronisation basieren. Höchste Priorität erhält das flexible Reagieren auf Angebot und Nachfrage von Büroarbeitsplätzen, was zur zwei- bis dreifachen Belegung einer einzigen Bürofläche führen kann.

Auch Standort und Raum verlieren keineswegs an Bedeutung: Obwohl sämtliche Finanzgeschäfte online ablaufen, pressen sich jeden Morgen etwa 400.000 Menschen in Züge und U-Bahnen, um in Manhattan zu arbeiten. Im sozialen Kontakt bzw. der menschlichen Interaktion liegt auch weiterhin ein wichtiges Potential, das virtuell nicht ersetzt werden kann. Deswegen stellt das zeitgemäße Büro, das eine kreative Ideenschmiede sein soll, gezielt soziale Kontakte durch geschickte architektonische Eingriffe her. Indem es Kommunikation, zufällige Begegnungen und willkürliche Kollisionen fördert, weist es auf ein neues Verhältnis von Mensch zu Mensch bzw. vom Menschen zu seiner Umwelt hin, in der die Technik nur eine unterstützende Rolle spielt. Die wenigen bis heute realisierten „urbanen Bürolandschaften" lassen mit nachempfundenen Stadtrastern und Quartieren schon heute Arbeit und Entspannung verschmelzen.

An vielen Stellen jedoch werden die Nutzungen des 21. Jahrhunderts nach wie vor in Formen und Strukturen gepreßt, die vor über 100 Jahren entwickelte wurden. Heute haben wir aber die Chance, mit der Architektur einen entscheidenden Schritt weiter zu gehen. So wie der Computer dabei ist, die Gebäudehülle zu revolutionieren – von der hermetisch abschottenden Hülle hin zur interaktiven Haut –, so sind neue Kommunikationsprozesse und kooperative Arbeitsformen schon längst dabei, das Gesamtsystem Bürogebäude nachhaltig zu verändern. Integrierte Lebenszyklusmodelle und die Beschäftigung mit Nutzungsprozessen eröffnen neue Möglichkeiten, die intelligenter und nachhaltiger sind, als es der Abriß und Neuaufbau überkommener Strukturen in den achtziger Jahren war. In einer robusten Primärstruktur könnte sich künftig eine Welt entfalten, die in der Lage ist, flexibel auf weitere technologische Fortschritte zu reagieren und sich den wandelnden Bedürfnissen ihrer Benutzer im Arbeitsprozeß anzupassen.

Nur in der Auseinandersetzung mit zahlreichen Architekten, Fachplanern und Nutzern konnte dieses umfangreiche Thema erarbeitet werden. Sie unterstützten uns vor Ort, verschafften uns den notwendigen aktuellen Einblick in die Entwicklungsprinzipien der Bürogebäude und halfen uns kulturelle und regionale Unterschiede, beispielsweise zwischen Nordeuropa, dem Silicon Valley oder dem asiatischen Raum zu verstehen. Wichtige Anregungen erhielten wir auch durch die umfangreichen Untersuchungen der britischen Firma DEGW sowie durch Francis Duffy, einen Mitbegründer von DEGW. Bedauerlicherweise stand er uns jedoch aus Zeitgründen als Autor nicht zur Verfügung. Besonders möchten wir auch den Architekten und Photographen danken, die uns das umfangreiche Material zur Verfügung gestellt haben. In der Bild- und Literaturrecherche unterstützten uns Joachim Dieter und Thomas Görlich mit besonderem Einsatz. Matthias Sauerbruch, meinem Lehrer an der Londoner AA (Architectural Association), danke ich für die Gelegenheit, die ohne seine wohlwollende Empfehlung nicht zu Stande gekommen wäre. Besonderen Dank schulden wir auch Thomas Arnold, der neben seiner Autorenschaft wichtige Anregungen zu Inhalt und Gliederung dieses Buches gegeben hat. Und nicht zuletzt danken wir unserem Gestalter Oliver Kleinschmidt sowie dem Verlagslektorat, hier insbesondere Angelika Schnell für ihre Geduld und ihren persönlichen Einsatz.

Den Sponsoren *MABEG Kreuschner GmbH & Co. KG, Spectral Gesellschaft für Lichttechnik mbH und Vitra* sagen die Herausgeber und der Verlag aufrichtigen Dank. Ohne ihre Unterstützung wäre das Buch in dieser Form nicht zustande gekommen.

Birgit Klauck
Berlin im Mai 2002

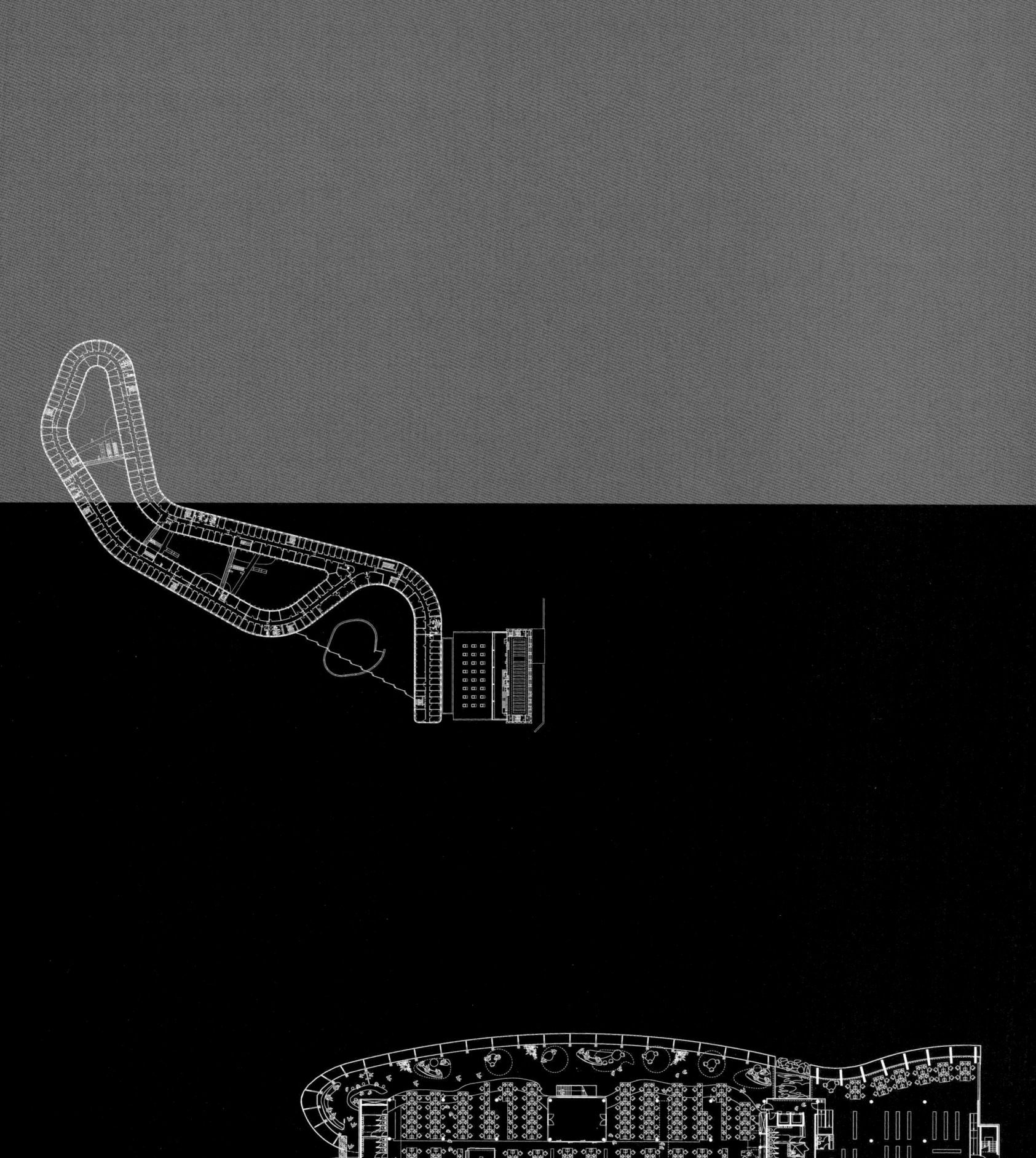

Entwurfsgrundlagen des Bürobaus

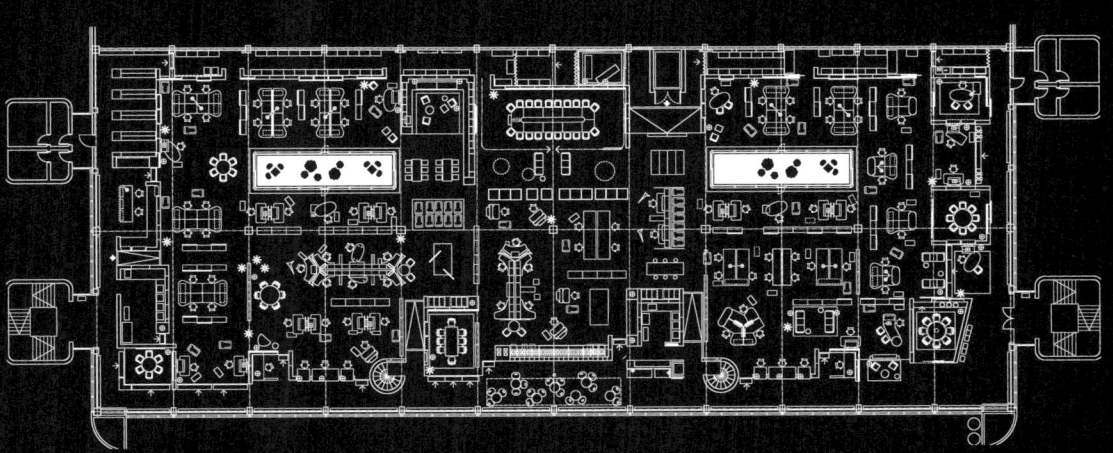

Geschichte des Bürobaus

SIMONE JESKA

Von der Antike bis ins 20. Jahrhundert

Die Geschichte der Bürogebäude ist weder eine einheitliche noch eine kontinuierliche Geschichte. Die verschiedenen Formen von Verwaltungsgebäuden in unserer Zeit – Zellenbüros an einem Flur aufgereiht, Großraumbüros in offenen Raumzusammenhängen, Büros in einem differenzierten Raumgefüge mit Lounges und Cafébars, als Hauptsitz, als Satellitenbüro oder als Heimarbeitsplatz mit zentralen Treffpunkten – sind keine Erfindungen des 20. Jahrhunderts. Jede dieser Büroformen gab es im Laufe der letzten Jahrtausende bereits in ähnlicher Form. So sind die Küchen und Baderäume, die in Mesopotamien den Büros zugeordnet wurden, und die Verwaltungsräume der Griechen, die zugleich als Speisesäle genutzt wurden, vergleichbar mit den Cafébars und Lounges in der heutigen Zeit; die Schreiber in Ägypten, die mit ihrem Schreibzeug umherzogen und sich im Skriptorium trafen, unterscheiden sich nicht von unseren heutigen „Büronomaden"; die unzähligen kleinen, weiträumig verteilten Niederlassungen der international agierenden Handelsunternehmen des 15. und 16. Jahrhunderts sind den Satellitenbüros vergleichbar, und die Vorläufer des Großraumbüros sind in den Skriptorien der Schreiber im alten Ägypten und der Mönche im Mittelalter zu finden. Die Diskontinuitäten erklären sich aus der Entwicklungsgeschichte der Büroarbeit im Zusammenhang mit der jeweiligen politischen und gesellschaftlichen Situation sowie mit der Entwicklung der Technik.

Dieser Beitrag soll einen kleinen Einblick in diese Zusammenhänge geben, auch wenn fehlende Dokumentationen und Informationen zu einer fragmentarischen Darstellung führen, die nur eine Annäherung an die Realität ist, das Thema also in diesem Rahmen nicht in der Tiefe behandelt werden kann, die wünschenswert und gewiß interessant wäre.

Ägyptische Antike

Im alten Ägypten (3200 – 525 v. Chr.) findet als Folge des existierenden Staatssystems eine räumliche Trennung von Palast und Verwaltungsbehörden statt. Der zentral regierte Einheitsstaat besaß nicht nur die Hoheit über die Infrastruktur, die Wasserversorgung, das Bauwesen und das Militär, sondern kontrollierte und steuerte die gesamte Wirtschaft. Zur Bewältigung dieser umfangreichen Aufgaben etablierte sich in Ägypten ein differenziertes und gut funktionierendes Verwaltungssystem, das von Max Weber als „historisches Muster aller späteren Bürokratien" bezeichnet wurde.[1] Der Verwaltungapparat gliederte sich streng hierarchisch in die Hauptverwaltung am Königshof und eine Vielzahl von Unterverwaltungen in den Zentren der Städte oder auf dem Land. Die eigentliche Büroarbeit übernahmen unzählige Schreiber, die zum einen den verschiedenen Abteilungen der Tempelverwaltung – Buchhaltung und Rechnungswesen – zugeteilt und zum anderen in der Aktenverwaltung beschäftigt waren, die, vergleichbar mit unseren heutigen Verwaltungen, ausschließlich für das Verfassen, Registrieren und Lagern von Urkunden und Listen zuständig war. Ähnlich den heutigen „Büronomaden" reisten die angesehenen Schreiber mit ihrem Schreibzeug, das aus zwei Holzbrettchen mit Tintenfaß und Binsenhalmen bestand, von Ort zu Ort, analysierten und ordneten Inhalte, gaben Anweisungen und Ratschläge und trafen sich im „Skriptorium" im Zentrum der Stadt.[2]

Der Umfang der Büroarbeit wird in der mittelägyptischen Ruinenstadt Amarna, Residenz von Amenophis IV (Echnaton), sichtbar; allein die Verwaltungsbauten mit den Schreibbüros der königlichen Korrespondenz, den Auslandsbüros und dem „Haus des Lebens", einer Kombination aus Schule und Skriptorium, in dem die heiligen Bücher kopiert wurden, beanspruchten mehrere Straßenzüge in der Innenstadt.[3]

Griechische und römische Antike

Im Gegensatz zu dem gewaltigen und streng hierarchisch organisierten Verwaltungsapparat der Ägypter entstanden in Griechenland im 5. Jahrhundert v. Chr. in den demokratisch organisierten Stadtstaaten, den Poleis, kleinere Verwaltungseinheiten. Mit der erstmaligen Konstituierung einer Demokratie formierten sich in Athen und den Städten der attischen Kolonien neue Institutionen (Ratsversammlung, Volksversammlung, Kontrollausschüsse, Geschworenengericht), deren Sitze in den multifunktionalen Säulenhallen oder in neu entwickelten Gebäudetypen

Stadtgrundriß des Zentrums von Armana; in den Häuserzeilen östlich des Königspalastes befanden sich die Büros der Schreiber, die die Korrespondenz für den Pharao verfaßten. In dem angrenzenden „Haus des Lebens" befand sich eine Art Skriptorium, in dem die heiligen Schriften kopiert wurden.

Stoa des Attalos Mitte des 2. Jahrhunderts in Athen; Außenansicht des rekonstruierten Bauwerks.

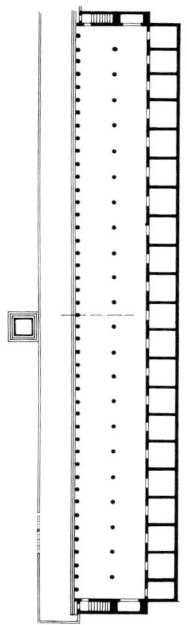

Grundriß der Stoa des Attalos in Athen.

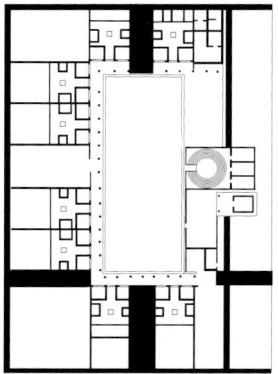

Rekonstruierter Plan des Forums in Cosa ca. 180 v. Chr. In den Atriumhäusern arbeiteten die Verwaltungsbeamten.

untergebracht waren. Das Bouleuterion, das Prytaneion, das Strategion und der Tholos, um nur einige der neuen Gebäude zu nennen, befanden sich meist an der Agora, dem politischen und gesellschaftlichen Zentrum der griechischen Städte. Als Verwaltungssitz der hohen Amtsträger bestanden die Bauten im wesentlichen aus einem zentralen Saal, in dem gespeist wurde sowie Versammlungen, Besprechungen und Gerichtssitzungen stattfanden, und angegliederten kleineren Räumen mit Küche, Archiv und Amtslokalen. Die offenen Säulenhallen der Stoas, die ebenfalls zum Teil für Verwaltungszwecke genutzt wurden, führten entweder in einen großen Saal oder in kleine aneinandergereihte Raumparzellen. Hier tagten die Kommissionen und arbeiteten die kleineren Verwaltungen, wie zum Beispiel die Marktverwaltung in der Südstoa in Athen. Für die Hafenbehörde und die Zollämter wurden eigene Gebäude im Hafengebiet errichtet.

Etwa zur selben Zeit entwickelt sich der Stadtstaat Rom zu einer Großmacht mit einer florierenden Privatwirtschaft und einem ausgeprägtem staatlichen Verwaltungssystem. Bis zum 1. Jahrhundert v. Chr. setzt sich die Beamtenschaft der Republik aus Patriziern zusammen, denen niedere Funktionäre, Schreiber, Boten und Ausrufer unterstellt waren. Im Gegensatz zum heutigen Bild vom Beamtentum als Inbegriff der Unbeweglichkeit und Unfreiheit waren die hohen politischen Ämter sogenannte operae liberales (freie Tätigkeiten), deren Ausführung als Sinnbild der absoluten Freiheit galt, „in denen der freie, wohlgeborene Mann seinen Betätigungsdrang ausleben kann".[4]

Ähnlich wie in Griechenland gingen die Beamten ihrer Tätigkeit in den öffentlichen Gebäuden der Foren nach. Für das Rathaus, die Kurien und die multifunktionalen Basilikas als Amtssitze der hohen Beamten bildeten sich im Laufe der Zeit Grundrißtypen heraus, die sich an die griechischen Vorbilder anlehnten. Im Gegensatz dazu gab es für die Ausführung der alltäglichen öffentlichen Aufgaben keinen einheitlichen Gebäudetyp. In Cosa arbeiteten die Beamten um 180 v. Chr. in – dem Wohnungsbau entlehnten – Atriumhäusern, die sich um das Forum gruppierten.[5] In Veleia dagegen befand sich die Administration der Stadtverwaltung in einzelnen Räumen, die sich zum Forum hin öffneten, so daß der Grundriß des nach außen geschlossenen Gebäudekomplexes an ein überdimensionales Hofhaus erinnert. In Rom entstanden im Stadtzentrum im Laufe der Jahrhunderte unzählige Foren, die sich zum Teil zu monofunktionalen Stadtteilen entwickelten. Das Trajansforum, umgeben von offenen Säulenhallen und der quergelagerten Basilika Ulpia, einer imposanten, zweieinhalbgeschossigen Halle mit einem weit ausladenden Galeriegeschoß und westlich angegliederten Bibliotheksräumen, diente ausschließlich der juristischen Verwaltung.[6]

Neben der ausgeprägten staatlichen und kommunalen Verwaltung bildeten sich in der blühenden Privatwirtschaft der Millionenstadt mehrere Banken und große Finanzunternehmen, deren Büros hauptsächlich in der Basilika Aemilia und der Basilika Julia auf dem Forum Romanum untergebracht waren. Hier konnten die Bürger Roms Aktien erstehen, Wechselkurse erfahren, Wechsel ausstellen lassen und Überweisungen tätigen. Die Händler und Buchverleger, die in der damaligen Zeit bereits bis zu hundert Schreibsklaven mit der Abschrift von Büchern beschäftigten, siedelten sich entlang der wichtigen Verkehrsachsen an. Ihre Büros und Schreibsäle hatten einen direkten Zugang zu den Straßen[7] oder waren an der Rückseite der Läden angeordnet.[8]

Verwaltungen in der Neuzeit

Nach dem Zusammenbruch des römischen Imperiums entwickelten sich erst wieder ab dem 12. Jahrhundert in verschiedenen Regionen Europas Stadtstaaten mit internationalen wirtschaftlichen Aktivitäten, die zum Ausbau der staatlichen und privaten Verwaltungen führten. Es sind in erster Linie die staatlichen Verwaltungen, die als verlängerter Arm der Regenten wesentlich zum Machterhalt beitrugen und damit immer wieder die Wichtigkeit einer durchorganisierten Verwaltung verdeutlichten. In den privaten Unternehmen und Banken hingegen kristallisierte sich der maßgebliche Einfluß einer professionalisierten Verwaltung auf die Marktposition und den unternehmerischen Erfolg erst im Laufe der nächsten Jahrhunderte heraus.

Geschichte der Bürogebäude bis ins 20. Jahrhundert

Matthäus Schwarz, der Hauptbuchhalter der Fugger im 16. Jahrhundert, in seinem Büro.

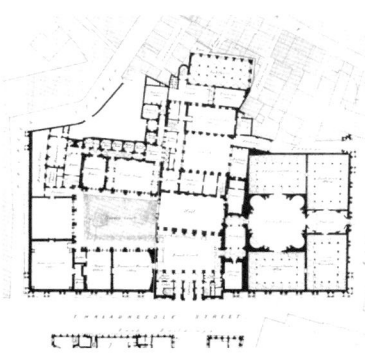

Der Grundriß der Bank von England nimmt 1788 den gesamten Häuserblock ein.

In einer der Bankhallen befand sich das „Consols Transfer Office". Die Bankangestellten arbeiteten an langen, aufgereihten Tischenreihen.

Die Ursprünge der heutigen Banken sind im späten Mittelalter in Italien zu finden, was in der Etymologie des Begriffs Bank (bank, banque), der sich von dem italienischen banchi (der Tisch des Münzwechslers) herleitet, zum Ausdruck kommt. Über lange Zeit waren die Bankgeschäfte einer der Tätigkeitsbereiche der reichen Kaufleute, der heute sogenannten „merchant banker", und somit eng mit dem Handel verflochten. Obwohl die großen Handelsunternehmen international agierten und Niederlassungen in mehreren Ländern hatten, gewann die Buchhaltung und damit die Büroarbeit erst mit der Professionalisierung durch die Erfindung der doppelten Buchführung Anfang des 15. Jahrhunderts an Bedeutung und nahm dementsprechend an Umfang zu. Die Medici, die zu den erfolgreichsten „merchant bankers" gehörten und eines der modernsten Unternehmen Italiens führten, integrierten diese Neuerung in ihr Unternehmen. Bereits Ende des 15. Jahrhunderts beschäftigte der Familienkonzern in den Stadtpalästen Angestellte, die ausschließlich im Büro tätig waren.

Im 16. Jahrhundert erreicht das Expansionsbestreben der großen Handelsunternehmen und damit einhergehend die Professionalisierung der Verwaltungsarbeit einen vorläufigen Höhepunkt und führt in Augsburg bei dem multifunktionalen Unternehmen der Familie Fugger zu der Bildung eines neuen Firmentypus'. Den Nährboden für diese Entwicklung liefern die aufblühende Wirtschaft im Bergbau und im Textilwesen, der zunehmende Handel mit Massengütern und die Anfänge der interkontinentalen Handelsbeziehungen. Die Einführung und Weiterentwicklung der aus Italien stammenden Neuerungen in der Buchhaltung bildete die Grundlage für die neue Firmenstruktur, die aus einer „zunehmend formalisierten und hierarchisch gegliederten Organisation" bestand, die sich vom „Regierer" zum Schreiber in vier bis fünf Hierarchiestufen gliederte. Unter dem Oberbegriff des Handelsdieners arbeiteten Hauptbuchhalter, Faktoren, Buchhalter, Kassierer und Schreiber als Angestellte in dem Familienunternehmen.[9] Diese Firmenstruktur, wie sie eigentlich typisch für die Unternehmen des 19. Jahrhunderts ist, läßt auf ähnliche Gebäudetypen und Büroorganisationen schließen.

Etwa zur gleichen Zeit, als sich das Unternehmen der Fugger zu einem der modernsten und mächtigsten Europas entwickelte, führte Cosimo de Medici in Florenz eine Verwaltungsreform durch, die die Konzentration der Florentiner Behörden im Stadtzentrum und den Bau der Uffizien zur Folge hatte. Der 1560 von Giorgio Vasari entworfene U-förmige, dreigeschossige Gebäudekomplex ähnelt mit der Reihung von einzelnen „Häusern", die über eingeschossige Kolonnaden erschlossen werden, der griechischen Stoa. Die Gebäudeeinheiten, die insgesamt dreizehn Institutionen, Behörden und Zünfte beherbergten, bestanden aus einem quadratischen Empfangssaal mit angrenzender Schreibstube und Kanzlei für die Angestellten und Archivräumen in dem darüber befindlichen Mezzaningeschoß. Im Piano nobile waren weitere Büroräume geplant, die jedoch bereits nach der Einweihung des Gebäudes den Medici als Galerie ihrer Gemäldesammlung dienten.[10] Mit den Uffizien wurde erstmalig in der neuen Geschichte ein größerer Gebäudekomplex mit reiner Büronutzung errichtet, womit sich die Herleitung des englischen Begriffs „office" erklärt.

Einhundert Jahre später, 1694, führte der blühende Handel in Übersee in England zur Gründung der ersten europäischen staatlichen Notenbank, der Bank von England, die 1734 ihren neuen Sitz im Zentrum Londons bezog. Der Architekt George Sampson gruppierte die Räume, die aus der Bankhalle, in der die Geldzähler und Kassierer an Tresen und Pulten die Geschäfte abwickelten, zwei Zimmern für die Bankleitung, verschiedenen kleineren Verwaltungs- und Lagerräumen und einem zweigeschossigen Saal für die Buchhaltung bestanden, um zwei große Innenhöfe. Dieses Grundrißschema setzten die Architekten Robert Taylor und John Soane, die in den folgenden 80 Jahren mit den Erweiterungen und Umbauten des Gebäudes betraut waren, fort. Die Bankbeamten arbeiteten, nach Aufgabenbereichen getrennt, in den riesigen Bankhallen an langen, hintereinander angeordneten Tischreihen.[11] Eine Raumorganisation, die von den Skriptorien bekannt war und in den Schreibsälen des frühen 20. Jahrhunderts ihre Fortsetzung fand.

15

SIMONE JESKA

Ansicht Monadnock Building in Chicago, 1893, von Holabird & Roche

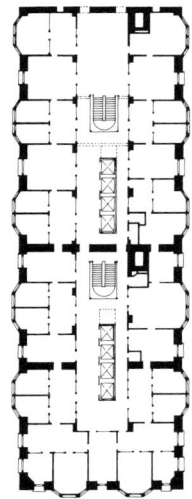

In dem Monadnock Building wurde das typisch amerikanische Grundrißmodul, bestehend aus zwei Büroräumen und einem vorgelagerten Vorraum, realisiert.

Das Industrielle Zeitalter

Das 18. Jahrhundert schuf die Grundlage für die heutige Bürohausarchitektur. Mit der Gründung von Privatbanken und Versicherungen entstanden Berufsgruppen, deren Tätigkeitsfelder an die Büroarbeit gebunden sind. Langsam begann sich auch in allen anderen Bereichen die Trennung von Arbeiten und Wohnen zu vollziehen (später beschleunigt durch den Bau der Eisenbahnen), was zusammen mit dem Anwachsen der Handelsunternehmen Anfang des 19. Jahrhunderts den Bau von Mietbürogebäuden zur Folge hatte.[12] Diese neuen Gebäudetypen der Banken, Sparkassen, Versicherungen und Mietbüros unterschieden sich weder in ihrem äußeren Erscheinungsbild noch in ihrer Grundrißgestalt. Die zwei- bis dreigeschossigen Gebäude im Formenrepertoire des Klassizismus bildeten im wesentlichen drei Grundrißvarianten aus. Es entstanden Bürogebäude mit einer zweibündigen Raumanordnung entlang eines Mittelflures, ein- oder zweibündige Anlagen um einen Lichthof gruppiert oder Büros, die sich um einen zentralen Raum anordnen. Bis in das 19. Jahrhundert ist die Büroarbeit das Privileg des Bürgertums; in der Gestaltung der großzügigen Zellenbüros kommen Prestige und gesellschaftliche Stellung der privaten und staatlichen Verwaltungsbeamten zum Ausdruck.

Ab Mitte des 19. Jahrhunderts erzeugte die Expansion der Industrie-, Handels- und Verkehrsunternehmen (Eisenbahn) einen wachsenden Finanzbedarf, der zur vermehrten Gründung von Aktiengesellschaften führte, an denen die Banken maßgeblich beteiligt waren. In diesem vielfältigen Abhängigkeitsgefüge entstand eine Wachstumsspirale, die sich auf alle Bereiche der Wirtschaft auswirkte und an dem zunehmenden Verwaltungsaufwand und dem damit verbundenen Bauboom der Bürogebäude sichtbar wurde. In den Unternehmen findet als Folge des Wachstums eine Aufspaltung der komplexen Aufgaben in Teilaufgaben und eine zunehmende Hierarchisierung mit festgelegten Kompetenzbereichen statt. Die Angestellten arbeiteten in nach Aufgabenbereichen getrennten Abteilungen gemeinsam in einem Büroraum, so daß sich eine Differenzierung der Raumgrößen ergab. In Zusammenhang mit der Hierarchisierung wird das „eigene" Büro zum Statussymbol und Spiegelbild der innerbetrieblichen Position.

Neben der ökonomischen Expansion hatten die neuesten Entwicklungen in der Technik einen wesentlichen Einfluß auf den Bürohausbau. Die Herstellung von Stahlwalzprofilen und hydraulischen Aufzügen ermöglichten in den achtziger Jahren des 19. Jahrhunderts den Bau von Skelettkonstruktionen in fast unbegrenzter Höhe. Das Telephon, elektrisches Licht und die serielle Herstellung der Schreibmaschine, alles Erfindungen der siebziger Jahre, erleichterten die Büroarbeit und steigerten die Effizienz.

In den folgenden Jahren entwickelten sich diesseits und jenseits des Atlantiks unterschiedliche Grundrißlösungen, was sich auf die Baugesetze, die Grundstücksverhältnisse und soziokulturelle Unterschiede zurückführen läßt. In Deutschland war die gesetzlich geregelte Höhenbeschränkung ausschlaggebend für die horizontale Ausdehnung der Bürobauten. In den fünfgeschossigen Gebäudekomplexen setzten sich die bekannten Grundrißstrukturen aus dem 18. Jahrhundert, je nach Raumbedarf beliebig oft multipliziert, fort. Nur reihten sich nun, statt der bisher üblichen Zellenbüros, abhängig von den Abteilungsgrößen, Büros in unterschiedlichen Größen an den Fluren auf. Gleichzeitig bestimmten die Baugesetze zur Gewährleistung von natürlicher Belichtung und Belüftung die Gebäudetiefen.

Im Chicago der achtziger Jahre löste die große Nachfrage nach Büroräumen eine Welle der Gebäudespekulation aus. Da es weder eine Höhenbegrenzung, noch Vorschriften bezüglich der Raumtiefen gab, bestimmten Wirtschaftlichkeit und maximale Profite die Form und die Grundrisse der Bürogebäude. In der Frühphase des Hochhausbaus setzte die Ausnutzung des Tageslichts – das elektrische Licht bot für Schreibarbeiten noch keine ausreichende Helligkeit – der Profitgier der Spekulanten eine „natürliche" Grenze. Dennoch lagen die Raumtiefen mit bis zu acht oder zehn Metern über dem europäischen Maß. Ebenso wie in Europa bildeten sich hauptsächlich zweibündige Grundrisse heraus, die jedoch durch die großen Raumtiefen andere Raum-

Geschichte der Bürogebäude bis ins 20. Jahrhundert

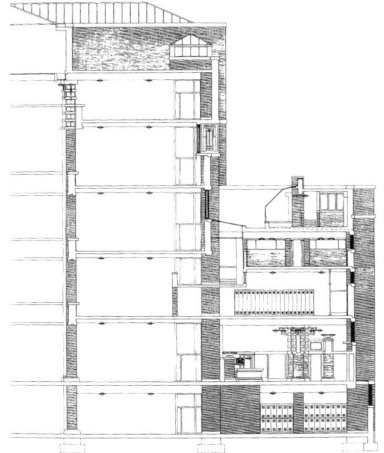

Larkin Gebäude, Teilschnitt durch das Hauptgebäude und den Anbau mit Empfang, Waschraum, Lounge und Klassenraum.

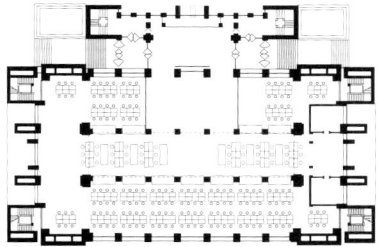

Erdgeschoß des Larkin Gebäudes.

Larkin Gebäude, „Typewriter Operators' Department" im ersten Obergeschoß; die Schreibkräfte transkribieren die Korrespondenz von den zylindrischen Bändern. Am rechten Bildrand befindet sich der Besucherbalkon.

Johnson Wax Company: Großer Arbeitsraum mit den von oben belichteten umlaufenden Galerien.

aufteilungen zuließen. Die Bürogeschosse wurden häufig in eine Vielzahl von Büromodulen, bestehend aus zwei kleinen Büroräumen, denen ein gemeinsamer Vorraum für die Sekretärin vorgelagert war, unterteilt. Dieses typisch amerikanische Grundrißmodul konnte einzeln oder zu mehreren Einheiten zusammengefaßt gemietet werden.[13] Die größeren Unternehmen, die ein oder mehrere Geschosse anmieteten, nutzten die Möglichkeiten der Skelettkonstruktion und verzichteten bei der Grundrißgestaltung auf die Einteilung in kleine Raumeinheiten. Das war der Beginn des häufig zitierten amerikanischen Bürosaals.

Das 20. Jahrhundert
Während für die Hochhausarchitekten die Bewältigung der Konstruktion, der Gebäudetechnik und der ästhetischen Gestalt themenbestimmend waren, setzte Frank Lloyd Wright 1906 mit der Grundrißlösung des Larkin Building neue Maßstäbe im Bürohausbau. Die Larkin Company, eine Versandfirma, die ihre Produkte auf Bestellung per Post an die Kunden verschickte, beschäftigte 1.800 Angestellte für die Aufnahme der Bestellungen, das Beantworten der Anfragen und sonstige Büroarbeit. Die Angestellten arbeiteten in großen offenen Galerieräumen, die über ein mittig angeordnetes, sechsgeschossiges Atrium belichtet wurden, aufgereiht an schmalen Einzeltischen, oder saßen sich an Gruppentischen gegenüber. Ein neu entwickeltes Ablagesystem und der Einsatz der neuesten Bürotechnik waren Bestandteil des Optimierungsprozesses, der das Ergebnis einer systematischen Analyse der Unternehmensstruktur und der Arbeitsabläufe war. Als Ausgleich zu dem eintönigen und anstrengenden Arbeitsalltag organisierte die Firmenleitung Picknikausflüge, wöchentliche Konzerte sowie Fortbildungsseminare und beteiligte die Angestellten am Gewinn der Firma. Die vermeintlichen Neuerungen des ausgehenden 20. Jahrhunderts, eine Lounge, eine Bibliothek, ein YWCA und Waschräume, standen den Mitarbeitern bereits 1906 zur Entspannung in den Pausen in dem seitlich angegliederten Anbau zur Verfügung.[14]

Die Optimierung der Arbeitsabläufe, die trotz des sozialen Anspruchs der Larkin Company bei dem Neubaukonzept zum Ausdruck kommt, erhielt mit den schriftlichen Werken Max Webers „Wirtschaft und Gesellschaft" und Henri Fayols „Administration industrielle et générale", die sich ganz im Sinne Frederick Taylors mit der Leistungssteigerung der Verwaltungsarbeit auseinandersetzten, eine theoretische Grundlage. In den zehner und zwanziger Jahren des 20. Jahrhunderts wandelte sich die Bürowelt in dramatischer Weise. Spezialisierung und Standardisierung der Büroarbeit, Systematisierung der Arbeitsprozesse und Optimierung der menschlichen Arbeitskraft zur Steigerung der Effektivität[15] sind die Grundlage der folgenden Neustrukturierungen der Unternehmen. Die hierarchische Organisation wird zum entscheidenden Charakteristikum der modernen Unternehmen. Dieser Ansatz wird in der frühen Phase vor allen Dingen in Amerika perfektioniert, und die pyramidenförmige Unternehmensstruktur manifestiert sich in der Grundrißgestalt der Bürosäle mit den durch verglaste Wände abgetrennten Chefzimmern.

Ein positives Beispiel für diese Art der Büroorganisation ist das in den dreißiger Jahren errichtete legendäre Bürogebäude der Johnson Wax Company in Buffalo von Frank Lloyd Wright. Die fünfzehn Abteilungen des Unternehmens arbeiten nicht wie sonst üblich in getrennten Räumen, sondern gemeinsam in einem riesigen, von oben belichteten Bürosaal. Nur die Geschäftsleitung ist in separaten Büroräumen untergebracht. Das firmeneigene Theater, der Squash-Court und die Sonnenterrasse sind Versatzstücke der umfangreichen Erholungsangebote der Larkin Company.

In Europa setzte Anfang des 20. Jahrhundert, den Blick auf Amerika gerichtet, ebenfalls eine Hochhauseuphorie ein, und spekulative Bürohausarchitektur mit flexibel nutzbaren Grundrissen findet vermehrt Einzug in die Städte. Doch statt des Bürosaals setzt sich in den zwanziger Jahren das Zellenbüro durch und wird, an endlosen Mittelfluren aufgereiht, zum Sinnbild der Bürokratie mit ihrer monotonen, weisungsgebundenen Büroarbeit.

SIMONE JESKA

Ansicht Nordwest Wernerwerk-Hochbau (Siemens) von Hans Hertlein, 1928-30 in Berlin

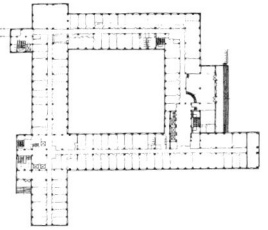

In den flexibel nutzbaren Grundrissen wurden üblicherweise Zellenbüros entlang eines Mittelflures angeordnet.

Mit der Bürokratisierung der Unternehmen manifestiert sich der bereits vollzogene Wandel vom am Bürgertum orientierten Privatbeamten zum Angestellten. In Deutschland macht der neue Berufsstand 1925 mit 17% (1895 betrug der Anteil nur 3%) einen wesentlichen Anteil der Erwerbstätigen aus. Als Abgrenzung von der Arbeiterklasse wird der weiße Kragen zum Symbol der neuen Mittelschicht.

Aufgrund der Weltwirtschaftskrise und des Zweiten Weltkriegs kam der Bürohausbau in den dreißiger und vierziger Jahren fast vollständig zum Erliegen. In der Nachkriegszeit knüpfen die Architekten an die Bürohaustradition der zwanziger Jahre an, und die sogenannten funktionalistischen Ansätze finden in den fünfziger Jahren ihren Höhepunkt. Das Bürohochhaus wird weltweit zum Symbol für den wirtschaftlichen Aufschwung. Während in Amerika und Asien der unbelichtete, überdimensionale Bürosaal als flächensparende Grundrißlösung zum Standard wird, etablieren sich in Europa die komprimierten, hochverdichteten dreibündigen Grundrisse mit aneinandergereihten Zellenbüros als Ausdruck des materialistischen Weltbilds. Erst Ende der fünfziger Jahre rückt der Mensch wieder in den Mittelpunkt der Betrachtungen, was sich unter dem Schlagwort der „Human Resources" in verschiedenen theoretischen Ansätzen niederschlägt und mit zehn Jahren Verzögerung an den Bürogebäuden sichtbar wird.

Ansicht Thyssen-Hochhaus von Hentrich, Petschnigg und Partner, 1957-1960 in Düsseldorf

Die Bürohausscheiben beherbergen Zellenbüros, die sich an langen, schmalen Fluren aufreihen oder werden als Großraumbüros genutzt.

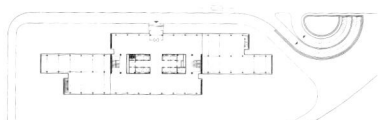

Grundriß; durch die versetzte Anordnung der Büroscheiben werden die Arbeitsräume der dreibündigen Anlage ausreichend belichtet.

1
Hans Jürgen Koch, Verwaltungskultur in Ägypten, (Freiburger Beiträge zu Entwicklung und Politik; Bd. 2), Arnold-Bergstraesser-Institut, Freiburg 1989, S. 38 ff

2
Elisabeth Pelegrin-Genel, Büro. Schönheit, Prestige, Phantasie, DuMont, Köln 1996, S. 10

3
Alexander Badawy, A History of Egyptian Architecture, University of California Press, Berkeley/Los Angeles 1968

4
Franz van der Ven, Sozialgeschichte der Arbeit (Bd.1), dtv 1971, S. 73

5
Pierre Gros, L'Architecture Romaine, Bd. 1, Les monuments publics, Éditions Picard, Paris 1996, s. 210 ff

6
ebd. S. 219

7
Frank E. Brown, Architektur der Römer, Große Zeiten und Werke der Architektur, Bd. 2, Otto Maier Verlag Ravensburg, Ravensburg 1962, S.25

8
Wolfgang K. Buchner, Zentrum der Welt. Das Forum Romanum als Brennpunkt der römischen Geschichte, Casimir Katz Verlag, Gernsbach 1990, S. 108 - 114

9
Reinhard Hildebrandt, Diener und Herren. Zur Anatomie großer Unternehmen im Zeitalter der Fugger, in: Johannes Burckhardt (Hrsg.), Augsburger Handelshäuser im Wandel des historischen Urteils, Akademie Verlag, Berlin 1996

10
Roland le Mollé, Giorgio Vasari Im Dienst der Medici, Klett-Cotta, Stuttgart 1998, S. 420 - 436

11
Eva Schumann-Bacia, Die Bank von England und ihr Architekt John Soane, Verlag für Architektur Artemis, Zürich/München 1989

12
Nikolaus Pevsner, A History of Building Types, Princeton University Press, New York 1976, S. 214

13
Carol Willis, „Light, Height, and Site: The Skyscraper in Chicago", in: John Zukowsky, Chicago Architecture and Design, Prestel Verlag, München, S. 119 - 137

14
Jack Quinan, Frank Lloyd Wright's Larkin Building Myth and Fact, MIT Press, Cambridge 1987, S. 76 ff

15
Peter Gomez, Tim Zimmermann, Unternehmensorganisationen, Campus Verlag, Frankfurt/New York 1999, S. 88 - 92

THOMAS ARNOLD

Von der Bürolandschaft zur Stadtlandschaft im Büro

Das Bürogebäude von 1963 bis heute

Die Evolution von Bürogebäuden wird seit der Neuzeit vom obersten Ziel der Maximierung von Gewinn und Effizienz einer Organisation angetrieben. Status, Büroorganisation und Ökologie ordnen sich diesem Ziel unter, während die technologische Entwicklung die Rahmenbedingungen vorgibt. Die bestimmenden Faktoren in der Büroorganisation und ihrer räumlichen Umsetzung sind die beiden Pole Rückzug und Offenheit, das heißt, Zelle und Großraum.

Eine der „Sternstunden" für die Büroangestellten im letzten, sogenannten „Amerikanischen Jahrhundert" war die Entdeckung des „Humankapitals", daß heißt, die Annahme, daß die Effizienz einer Organisation durch die Förderung informeller Kommunikation unter den Mitarbeitern gesteigert werden kann. Durch die Veränderung der Arbeitsweisen von abwickelnden Tätigkeiten zur eigenverantwortlichen Wissensarbeit ist diese Idee bis heute in das Zentrum der Büroorganisation gerückt, eine Entwicklung, die sich räumlich zuerst in der Bürolandschaft ausdrückte und in veränderter Form heute in den fortschrittlichen Bürokonzepten wieder auftaucht.

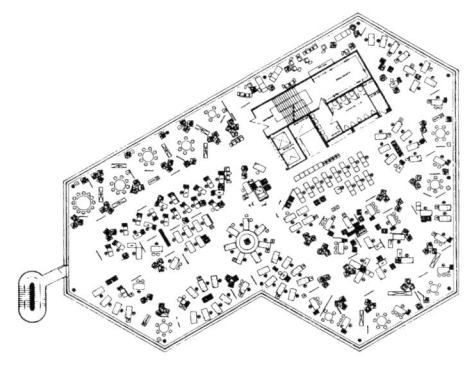 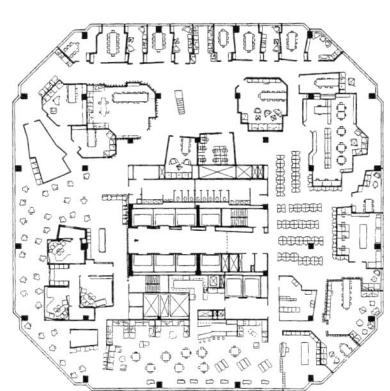

links Das Bürogebäude Ninoflax im westdeutschen Nordhorn (1963) war die erste „Bürolandschaft" in Europa. Das Projekt hat das Quickborner Team entwickelt.

rechts In den Büros der Werbeagentur TBWA Chiat Day in New York City von Gaetano Pesce (1993) gab es weder feste Arbeitsplätze noch Papier. Das Projekt war einer der ersten radikalen Versuche, auf die Veränderungen in der Arbeitswelt räumlich zu reagieren. Der Grundriß erinnert an eine räumlich stärker differenzierte Bürolandschaft.

Nachkriegsmoderne

In der Vergangenheit war die Büroarbeit von der Lehre des „Scientific Management", der wissenschaftlichen Betriebsführung, beeinflußt, wie sie ihr Erfinder Frederick Taylor für die Produktion entwickelt hat. Ähnlich der Fließbandarbeit in den Fabriken wurden sämtliche Arbeitsprozesse im Büro in einzelne Tätigkeiten unterteilt und durch Standardisierung optimiert. In der Zeit des Wirtschaftsaufschwungs nach dem Zweiten Weltkrieg fanden diese Ideen ihre reinste räumliche Umsetzung in den Bürotürmen Nordamerikas. Die Gebäude des International Style sind durch künstliche Beleuchtung, Klimaanlagen und eine undurchlässige Gebäudehülle von ihrer Umwelt völlig unabhängig und verbreiteten sich weltweit als Standard.

Bürolandschaft und Großraum

In Europa entstand 1963 ein neuartiges Konzept der Büroarbeit. Mit der von ihnen sogenannten Bürolandschaft verband das Quickborner Team, eine von Wolfgang und Eberhard Schnelle geleitete Unternehmensberatung, die Vorteile des amerikanischen Großraumbüros mit den Ideen von amerikanischen Theoretikern wie Douglas McGregor.[1] Sie stellten die menschlichen Beziehungen in den Mittelpunkt. Die Arbeitsplätze wurden nach den Vorgaben der Arbeitsabläufe in der jeweiligen Organisation im Großraum angeordnet. Die Kommunikation fand nicht mehr der Hierarchie folgend vertikal, sondern der Organisation der Arbeit folgend horizontal zwischen den einzelnen Mitarbeitern statt. Die wesentlichste Veränderung jedoch war die Einbeziehung informeller Kommunikation: Ruhezonen, Besprechungseinrichtungen und „Erfrischungspunkte" wurden in unmittelbarer Nähe zu den Arbeitsplätzen angeordnet. Es entstanden Grundrißlayouts, die die innerbetriebliche Organisation widerspiegelten und jederzeit auf Veränderungen der Büroorganisation reagieren konnten.[2]

Das Verwaltungsgebäude für Willis Faber and Dumas in Norwich von Norman Foster (1975) setzte vor allem Maßstäbe in der Gebäudetechnologie. Neben der ersten punktgehaltenen Glasfassade wurde auch erstmalig ein Doppelboden eingebaut, noch vor der PC-Revolution. Das Gebäude ist auch ein gelungenes Beispiel für die feinfühlige Einpassung großer Büroflächen in eine historisch gewachsene, kleinteilige städtebauliche Umgebung und verfügt über ein Schwimmbad für die Mitarbeiter.

Das „Cubicle" schafft im Großraum eine hybride räumliche Organisation zwischen Offenheit und zurückgezogenem Arbeiten. Die Höhe der Trennwände bestimmt dieses Verhältnis.

Richard Rogers zelebrierte mit dem Neubau für Lloyds of London 1986 erstmalig die Informationstechnologie. Er trug den unterschiedlichen Lebenszyklen der Teile eines Bürogebäudes Rechnung und kehrte den Kern mit den Versorgungsleitungen nach außen, um auf technische Veränderungen flexibel reagieren zu können. Im Innern sorgt ein Atrium für natürliche Belichtung der tiefen Büroflächen.

Die Bürolandschaft bot neben der schnellen und flexiblen Organisation auch ökonomische Vorteile – das Verhältnis der Anzahl der Arbeitsplätze zum Gebäudevolumen war extrem günstig – und entsprach der Aufbruchstimmung der sechziger Jahre, in denen alles möglich schien. Statt in Reih und Glied zum Abteilungsleiter hin ausgerichtet im Büro zu sitzen, konnten sich die Mitarbeiter freizügig und ohne räumliche oder hierarchische Schranken bewegen. Darin spiegelten sich gesellschaftliche Veränderungen wie der Studentenprotest oder die Infragestellung der Autoritäten im Büro wider.

Zelle, Kombibüro und Cubicle

Die Ölkrise des Jahres 1973 versetzte der Technikeuphorie der sechziger Jahre einen ersten, harten Schlag. Die Erkenntnis von der Endlichkeit der Ressourcen stellte auch die tiefen, künstlich belüfteten und belichteten Büroflächen als unzeitgemäß in Frage. Auch die Nachteile der Arbeit im Großraum – fehlende Privatsphäre, kein Tageslicht, hoher Lärmpegel – erschienen nun größer als die Vorteile der informellen Freiheit. Die Bürolandschaft verlor schnell ihre Popularität. Ihr schnelles Verschwinden erklärt sich aber nicht nur aus der Wirtschaftskrise, denn die „Core and Shell" Bürogebäude mit ihren künstlich belichteten und belüfteten tiefen Geschoßflächen wurden in der gleichen Art weitergebaut.[3] Vermutlich spielte auch die seit Ende der siebziger Jahre einsetzende stärkere Hinwendung der westlichen Gesellschaft zu konservativen Werten eine Rolle.

In der Folge gingen die Entwicklungen des Bürogebäudes in Nordeuropa und im angloamerikanischen Raum verschiedene Wege. In den von den Gewerkschaften dominierten Sozialstaaten Nordeuropas gewannen die Arbeitnehmer immer mehr Einfluß auf ihre Arbeitsumwelt und setzten allgemeine und gleichwertige ergonomische Standards für jeden durch. Das Zellenbüro mit regelbarer natürlicher Belüftung und Belichtung entsprach genau diesen Bedingungen und wurde wiederentdeckt. Es ist seitdem die in Nordeuropa vorherrschende Büroform. In Schweden versuchte man jedoch zugleich, die Vorteile des Großraums, nämlich die Möglichkeit zu unkomplizierter Kommunikation, mit dem Zellenbüro zu verbinden. 1978 entstand mit dem von Tengboom Arkitekter errichteten Verwaltungsgebäude von Canon in Solna das erste Kombibüro, eine Kombination von Zelle und Großraum.

Im angloamerikanischen Raum dagegen blieb die Ökonomie treibende Kraft der Evolution des Bürogebäudes. Die überwiegende Anzahl der Büroflächen wird – im Gegensatz zum „maßgeschneiderten" Bürogebäude Nordeuropas – gemietet, wobei die Investoren nach durchschnittlich fünf Jahren einen Profit aus ihrer Investition erwarten.

Hier verlief der Weg zum Kombibüro anders. Die Bürolandschaft wurde in das Großraumbüro, das im angloamerikanischen Raum „open-plan office" heißt, integriert. Dabei verschwanden die informellen Besprechungsmöglichkeiten und Erfrischungszonen aus den direkten Arbeitsbereichen, und entlang der Fenster angeordnete Zellenbüros wurden wieder zum Statussymbol. Auf einer ganz anderen Ebene als in Nordeuropa führte dabei die Entwicklung neuer Büromöbelsysteme zur Kombination von Zelle und Großraum. Es entstand der bis heute weithin verbreitete „Cubicle", eine minimale Raumzelle, die nach oben hin offen ist und im Großraum nach den Anforderungen der Arbeitsorganisation flexibel angeordnet wird. Im Innern der Bürogebäude übernehmen Büromöbelsysteme mehr und mehr die raumschaffende Rolle der Architektur. Die Planung von Bürogebäuden reduzierte sich für Architekten auf das „Shell and Core"- Prinzip, das heißt auf die Bereitstellung von neutralen Büroflächen. Nur die Gebäudehülle, der Servicekern und die Eingangslobby werden durch den Architekten definiert.

PC-Revolution

Mitte der achtziger Jahre verursachte der Einzug des Personal Computer in die Büros zusammen mit der Globalisierung der internationalen Finanzplätze in Amerika und England einen Bauboom. Große Teile der Büroflächen entsprachen nicht mehr dem Standard und wurden radikal erneuert.[4] Auf den tiefen Geschoßebenen mußten Datenleitungen und andere Medien zu den

Von der Bürolandschaft zur Stadtlandschaft im Büro

Ebenfalls in London zeigt Cesar Pellis One Canada Square, wie das „klassische Bürohochhaus" mit seinem zentralen Kern und der hermetischen Gebäudehülle die technische Entwicklung ohne sichtbare Veränderung absorbierte.

Die SAS Verwaltung in Stockholm, von Niels Torp 1988 errichtet, ist eines der ersten Bürogebäude, in dem die Flächen in einzelne Nachbarschaften aufgeteilt wurden. Die Haupterschließung erfolgt über eine Straße, und damit außerhalb der Bürobereiche, mit verschiedenen öffentlichen Einrichtungen. Die Einbeziehung von zufälligen oder verabredeten Treffen auf der „Straße" in die Arbeitszeit führte anfangs zu Irritationen.

Die Hauptverwaltung der GSW von sauerbruch hutton architekten (1999 in Berlin). Nachtkühlung, Tageslichtoptimierung und natürliche, nutzergesteuerte Belüftung sind erste Anfänge für Büroorganisation und Ökologie integrierende Konzepte.

Arbeitsplätzen gebracht werden, und die Rechner und Monitore ließen eine hohe Kühllast entstehen, die abgeführt werden mußte. Die Frage, wie Bürogebäude gekühlt, belüftet und belichtet werden, rückte mehr und mehr in den Mittelpunkt.

Im angloamerikanischen Raum führte diese Entwicklung zu großzügiger ausgelegten, flexibleren Gebäuden mit veränderten Geschoßhöhen und moderner Gebäudetechnik. In Nordeuropa hingegen erlaubten die schmalen Grundrisse eine Versorgung über Kabelkanäle in der Fassade. Die Gebäudestruktur brauchte sich nicht grundsätzlich zu ändern und die nutzerorientierten Bürokonzepte konnten weiterentwickelt und verfeinert werden. Damit rückte die Bedeutung der informellen Kommunikation mehr in den Mittelpunkt und man versuchte den vielfältigen Nutzungsanforderungen durch differenzierte Raumkonzepte gerecht zu werden. Bürogebäude wurden zu Raumcollagen aus öffentlichen, halböffentlichen und privaten Zonen unter Einbeziehung der verschiedenen Bürokonzepte wie Zelle, Kombibüro und Großraum. Es entstanden urbane Landschaften: Straßen mit Dienstleistungseinrichtungen und reine Erschließungswege wurden zu differenzierten Zonen der Kommunikation.

Untersuchungen des „Sick Building Syndrome" machten den Zusammenhang zwischen Arbeitsumwelt und Arbeitsleistung mehr und mehr deutlich, und auch in den angloamerikanischen Ländern begannen nutzerorientierte Gebäudekonzepte Fuß zu fassen. Die Forderung nach natürlicher Belichtung und Belüftung führte zu geringeren Gebäudetiefen und ökologischen Planungsansätzen. Der Computer wurde über Gebäudemanagementsysteme zur Koordinierung der Gebäudetechnik eingesetzt, und im Bereich des Bürobaus wurden die ersten nachhaltigen Gebäudekonzepte umgesetzt.

Das „neue" Büro

Erst Mitte der neunziger Jahre begann die Informationstechnologie, zusammen mit der schnell fortschreitenden Globalisierung, Veränderungen in der Organisationsstruktur von Unternehmen hervorzurufen. Das WorldWideWeb und die zunehmende Mobilität, unterstützt durch die Miniaturisierung der Computer und der Telefone, haben Vorstellungen darüber, wie globale Unternehmen als Ganzes und im einzelnen organisiert werden, verändert. Die Büroangestellten wurden von Zeit und Raum unabhängig, und zugleich machte die Vernetzung einen zentralen Standort in der City überflüssig. Die Schlüsselfrage ist heute die Integration von Informationstechnologie und Büroorganisation, wobei das Bürogebäude selbst seine Funktion verändert. Es wird vom Ort der abwickelnden Prozeßarbeit zum Marktplatz der Informationen.

Die Bürogebäude werden zu Knotenpunkten in einer Landschaft von Netzwerken. In ihnen wird der virtuelle Raum mit dem realen Raum verknüpft und die reibungslose Kommunikation der Mitglieder des Netzwerkes ermöglicht.

[1]
Douglas McGregor, The human side of enterprise, McGraw-Hill, New York 1960 (dt.: Der Mensch im Unternehmen, Econ Verlag, Düsseldorf/Wien 1970)

[2]
Siehe auch Juriaan van Meel, The European Office, 010 Publishers, Rotterdam 2000

[3]
Wolfgang Wagener, „Officing", in: 136 ARCH+, Aachen 1997, Seite 49

[4]
Francis Duffy, „Forty years of office design", in: Architects' Journal, 2.11.2000

Büroarbeit heute

Einführung

In der Wirtschafts- und Arbeitsorganisation vollzieht sich unter dem Begriff Post-Fordismus ein gesamtgesellschaftlicher Strukturwandel. Selbst Phänomene wie die derzeitige Schwäche der New Economy oder die größte Krise des Arbeitsmarktes seit Bestehen der Bundesrepublik können diesen Wandel nicht aufhalten. Mehr und mehr wird mit der Bereitstellung von Dienstleistungen anstatt mit der Produktion von Gütern Geld verdient. Im folgenden Kapitel „Büroarbeit heute" wird dieser Wandel thematisiert und die neuen Unternehmensstrukturen und Arbeitsweisen werden vorgestellt.

Schon zu Beginn der neunziger Jahre deutete sich eine Tendenz hin zu gänzlich virtuellen Unternehmen an, und die Orte der Büroarbeit begannen sich zu verändern. Die ersten experimentellen Bürokonzepte aus dieser Zeit waren allerdings nicht alle erfolgreich. Während die Skeptiker nun ein gänzliches Scheitern der „virtuellen Bürowelten" vorhersagen, gehen die Verteidiger davon aus, daß sich ein derart grundlegender Wandel in der Arbeitsweise nicht allein durch die Verfügbarkeit der entsprechenden Technologien vollziehen kann. Eine wesentliche Voraussetzung für die erfolgreiche Implementierung ist die Akzeptanz der Menschen, angefangen vom Management bis hin zum einzelnen Mitarbeiter, und eine räumliche Unterstützung. Es handelt es sich dabei um einen kulturellen Wandel, einen länger andauernden Prozeß, der gerade erst begonnen hat.

In den folgenden Beiträgen zeigen verschiedene Autoren die wesentlichen Tendenzen, Hintergründe und mögliche Auswirkungen auf die Büroraumgestaltung anhand konkreter Beispiele auf. Allerdings beziehen sie sich in erster Linie auf die Veränderungen in den hochtechnisierten Industrieländern. Routinetätigkeiten, die in der Vergangenheit für die Büro- und Verwaltungsarbeit bestimmend waren, werden nach ihrer Ansicht durch hochkomplexe Entwicklungsaktivitäten ersetzt. Die Grundlage dafür bildet die Automatisierung von Routinetätigkeiten und ihr Transfer in Schwellenländer bzw. Billiglohnländer, so wie es bei der Produktion von Gütern auch der Fall ist.

Den Weg vom hierarchisch hin zum netzartig organisierten, virtuellen Unternehmen schildert Simone Jeska in einem einleitenden Beitrag. Den in den Medien fast schon dogmatisch propagierten Chancen für den einzelnen Mitarbeiter und das Unternehmen werden die Risiken des Neoliberalismus entgegengestellt.

Ein positives Bild der „New Work" zeichnen die Autoren Wilhelm Bauer und Peter Kern. Als Leiter und Initiatoren des umfangreichen Verbundforschungsprojekts „Office 21", das versucht, das Büro der Zukunft vorauszudenken, beschreiben sie die Arbeitsweise in globalen Netzwerken und betonen die zunehmende Bedeutung von Wissen und Kreativität. Büroarbeit wird mehr und mehr zur Projekt- und Entwicklungsarbeit, und das Büro selbst wird zum „Wissenscenter".

In den neuen Büros, die dann vornehmlich dem Austausch und der Kommunikation dienen, werden sich die Teams projektbezogen ständig neu formieren. Der Arbeitsplatz als Statussymbol hat hier ausgedient. Thomas Arnold thematisiert die Bedeutung von mobilen Arbeitswerkzeugen wie den neuesten Handhelds oder von Zugangscodes zu Netzwerken und Business-Clubs. Zusammen ersetzen sie die althergebrachten Raumbürokratien.

Aus der Sicht der Unternehmer erörtern Bart Piepers und Marcel Storms den Strukturwandel. Ergebnisorientiertes Arbeiten und unternehmerisches Denken aller Mitarbeiter sind für sie die Voraussetzung für die bessere Entwicklung und Vermarktung von Produkten und Dienstleistungen. Arbeitsweisen, die nicht mehr nach tayloristischen Prinzipien rationalisiert und optimiert werden, verlangen nach andersartigen Raumkonzepten. Als Unternehmensberater haben sich die beiden Autoren die Aufgabe gestellt, die Art der Zusammenarbeit, die Organisation und die hierfür nötigen Arbeitsplätze und Raumkonzepte völlig umzukrempeln. Sie zeigen an drei realisierten Beispielen die erfolgreiche Implementierung des sogenannten Business-Club-Konzeptes.

Auch für das am weitesten verbreitete Bürogebäude, das spekulative, gewinnen die „weichen Faktoren" zunehmend an Bedeutung. An die Stelle des Wissens um die Flächenknappheit, die bisher den Markt prägte, ist nun das neue Zauberwort Standortsynergie getreten. Wolfram Fuchs stellt in seinem Beitrag verschiedene Synergieeffekte und Mehrwertdienstleistungen vor. Dies sind die neuen Anforderungen an den Eigentümer. Neue Freiheiten betreffen vor allem die Standortwahl, aber auch die Gebäudestruktur.

Es ist nicht von der Hand zu weisen, daß der sich vollziehende Strukturwandel die Gesellschaft polarisiert. In den USA profitierten bislang überwiegend die erfolgreichen Leistungseliten, die mobilen Wissensarbeiter, von der New Economy. Für den Arbeiter, den kleinen Angestellten oder auch den kleinen Dienstleister wird es auch in Zukunft keine freie Selbstentfaltung geben. Ihre materielle Existenz basiert nach wie vor auf dem Arbeitsparadigma der alten Industriegesellschaft, auf dem Tausch von beruflicher und sozialer Sicherheit gegen Abhängigkeit von einem Arbeitgeber. Flexibilisierung bedeutet für sie Unsicherheit, für den Wissensarbeiter hingegen, der in den globalen Netzwerken ein anderes Sicherheitssystem findet, bedeutet es Selbstbestimmung. Ihre Arbeit dient der Persönlichkeitsentwicklung und Lebenserfüllung. Was zählt, ist nicht der Lohn, sondern der Erwerb von Erfahrungen und neuen Fähigkeiten. Bildung wird daher zunehmend zu einem kostbaren Gut und entscheidet mehr denn je über die Lebensqualität des Einzelnen.

In der Industriegesellschaft wurde lange für die Idee eines kollektiven, heilsbringenden Arbeitsmodells gekämpft, das vom Manager bis hin zum Hilfsarbeiter Gültigkeit besitzen sollte. Hierfür steht kein Ersatz in Aussicht. In Zukunft wird es viele verschiedene Arbeitsmodelle geben. Daran angepaßt entstehen auch viele verschiedene Raumkonzepte, und die alte Dichotomie zwischen Großraumbüro und Zellenbüro gehört der Vergangenheit an.

SIMONE JESKA

Auswirkungen der Informationstechnologien auf die Unternehmensstrukturen

Nach Ansicht zeitgenössischer Soziologen, Ökonomen und Philosophen vollzieht sich derzeit ein revolutionärer gesellschaftlicher, politischer und wirtschaftlicher Wandel. Schlagworte wie „dritte industrielle Revolution", „Zweite Moderne", „reflexive Moderne", „Informationsgesellschaft", „Wissensgesellschaft" beschreiben die Auswirkungen der neuen Technologien aus unterschiedlichen Blickwinkeln. Unumstritten befinden wir uns an einem historischen Wendepunkt, der die Arbeitswelt revolutioniert. In der Wissens- und Informationsgesellschaft erzeugen nicht mehr Kapital und Arbeitskraft einen Mehrwert, sondern „der Zuwachs entsteht heute aus der ‚Produktivität' und ‚Innovation'. Beide bedeuten die Anwendung von Wissen auf Arbeit."[1] Wissen wird zu einer ökonomischen Ressource.

Ulrich Beck faßt die Neuerungen der Arbeitswelt in der durch Informationstechnologien induzierten Wissensgesellschaft in drei Punkten zusammen.[2]

1. „Die wissensabhängige reflexive Produktivität" meint die Produktivitätsspirale, die entsteht, wenn wissensbasierte technologische Neuerungen wiederum neue wissensbasierte Technik- und Produktgenerationen erzeugen.

2. „Die transsektorale Dynamik" beschreibt die Veränderungen in allen Sektoren durch wissensabhängige Produktivitätssteigerung und die damit einhergehende Aufhebung der Unterscheidung von „Gütern" und „Dienstleistung".

3. „Enträumlichung von Arbeit und informationstechnologischer Indeterminismus" entsteht durch die weltweite Vernetzung, die eine Verteilung der unterschiedlichen Aktivitäten eines Unternehmens (Entwicklung, Produktion, Management, Anwendung und Verteilung) über den gesamten Globus ermöglicht und so das industriegesellschaftliche Ortsparadigma der Arbeit aufhebt. „Zugleich entsteht eine Vervielfältigung der Optionen, die zu Entscheidungen zwingen und einer Normierung bedürfen, was zur Folge hat: Der technologische Determinismus wird informationstechnologisch widerlegt." Die umfassenden Auswirkungen der beiden letzten Punkte auf den Wandel der Unternehmen soll im folgenden näher betrachtet werden.

Die Substitution der Arbeit durch Informationstechnologien findet im Produktionssektor nicht nur durch zunehmende Automation statt; zusätzlich entstehen Wirtschaftszweige, die nicht mehr wie etwa die Autoindustrie auf eine serielle Produktion angewiesen sind. TV-Programme und Computersoftware werden nur einmal hergestellt und beliebig oft kopiert. Gleichzeitig werden die Dienstleistungen im produzierenden Gewerbe vermehrt durch Online-Bestellungen ersetzt; der Kunde bestimmt die Produktspezifikation und wird selbst zum Produzenten. In privaten und öffentlichen Verwaltungen sowie bei den Banken und Versicherungen werden Routinearbeiten vermehrt automatisiert (Kassenautomaten), Arbeitsprozesse durch auf die Anwender zugeschnittene Software und mobile Computer vereinfacht, und ehemals angebotene Dienstleistungen werden von den Kunden selbst geleistet (home-banking, Buchungen von Reisen etc.). Als Folge dieser Eingriffe findet ein massiver Personalabbau statt, werden die Aufgabenfelder der Angestellten neu definiert und Unternehmen umstrukturiert.

Zusätzlich führen die Globalisierung der Märkte, die Individualisierung der Gesellschaft und die weltweite Vernetzung zu einem grundlegenden Wandel der Unternehmen. Unter dem Druck globaler Konkurrenz und dem immer schnelleren Wandel der Nachfrage bestimmen nicht mehr nur Größe und Marktanteile den Erfolg des Unternehmens, sondern eine schnelle Reaktionsfähigkeit und Innovation. Hierarchisch strukturierte Unternehmen, bei denen Entscheidungsprozesse mehrere Ebenen durchlaufen, sind zu schwerfällig, um dem neuen Markt gerecht zu werden. Sternförmig in Teams organisierte und vernetzte Unternehmen dagegen leisten diese erforderliche Beweglichkeit. Das sternförmige, vernetzte Unternehmen erlaubt die Auslagerung (das „Outsourcing") von Tätigkeiten, die nicht zur eigenen Kernkompetenz gehören, wie zum Beispiel Buchhaltung, Datenverarbeitung, Vertrieb, Service, Telefonzentralen etc., und ermöglicht bei Bedarf das Zukaufen von Fachkompetenz. Durch dieses Netz von Zulieferern, Subunternehmen und externen Mitarbeitern wird die eigene Organisation so klein und flexibel wie möglich gehalten. Welche Dimensionen diese Struktur annehmen kann, zeigt das Beispiel der amerikanischen Tochterfirma des finnischen Monitorherstellers NOKIA Display Products. Das Unternehmen erzielt mit nur fünf festangestellten Mitarbeitern einen Jahresumsatz von 160 Millionen Dollar.³ Die ausgelagerten Bereiche werden von Firmen übernommen, die sich auf die jeweiligen Bereiche spezialisiert haben oder als eigenständige ökonomische Einheiten funktionieren, die ihre Dienste zusätzlich auf dem freien Markt anbieten. „Auf diese Weise wird der Markt (früher der Gegenbegriff zum ‚Betrieb') in den ‚Betrieb' hineingeholt und die alten, scheinbar ehernen Grenzziehungen zwischen innen und außen heben sich auf."⁴ Es entstehen sogenannte „virtuelle" Unternehmen. „Das virtuelle Unternehmen (...) ist ein sich ständig mit den Aufgaben und Markterfordernissen bildendes und wieder auflösendes Beziehungsgeflecht von Firmen unterschiedlichen Typs, ein zeitlich begrenzter, projektbezogener Zusammenschluß von unabhängigen Spezialisten, mit dem Ziel Produkte als unmittelbare Reaktion auf die Nachfrage bereitzustellen."⁵ Die neuen Informations- und Kommunikationstechnologien ermöglichen den Aufbau der Netzwerke über die nationalstaatlichen Grenzen hinaus, was zu einer Verlagerung der Arbeit in Billiglohnländer und einer Neuverteilung von Arbeit und Reichtum führt. Daß nicht nur das produzierende Gewerbe diese Möglichkeiten nutzt, zeigt das Beispiel der Stadtverwaltung Leverkusen, die in den neunziger Jahren eine Datenzentrale nach Indien verlegte.⁶

Neben der Enträumlichung der Arbeit heben die Netze Zeitschranken auf; Arbeit kann über die Welt verteilt rund um die Uhr geleistet werden. Somit überwinden moderne Unternehmen Raum- und Zeitgrenzen.

Vom hierarchisch zum netzartig organisierten Unternehmen
Die Grundlage für die hierarchischen Unternehmensstrukturen des industriellen Zeitalters schuf Frederick W. Taylor mit seinem 1915 erschienen Werk „The Principles of Scientific Management". Durch die Analyse und Systematisierung der Arbeitsprozesse in der Produktion konnte die Arbeit standardisiert und die menschliche Arbeitskraft optimiert werden. Ziel war die Steigerung der Produktivität über eine Annäherung menschlicher Arbeit an den Wirkungsgrad der Maschinen. Mit wenigen Jahren Verzögerung fand der Taylorismus seine Anwendung auch auf die Büroarbeit. Die bürokratische Verwaltung im Sinne Max Webers war die „formal-technisch rationalste" Form von Verwaltung, da sie „rein technisch zum Höchstmaß der Leistung vervollkommenbar"⁷ ist. Sie steht für Professionalität und Fachkompetenz. Ähnlich den Grundsätzen des Taylorismus zeichnet sich die bürokratische Verwaltung durch eine zentral geführte Autoritätshierarchie aus, mit einer festgelegten Regelung der Kompetenzen, Rechte und Pflichten der Angestellten sowie der Arbeitsabläufe und Aktenführung.

Die Segmentierung von komplexen Arbeitsvorgängen führte zu Arbeitsteilung und Spezialisierung. Die Folge war eine Verlagerung der Entscheidungskompetenz und Verantwortung an die Spitze des Unternehmens, während die Angestellten in den unteren Ebenen weisungsgebunden gleichförmige, von Routine geprägte Sacharbeit leisteten. Die Unternehmensführung bündelte Wissen und verteilte die Aufgaben. Mißtrauen, Kontrolle und Anwesenheitspflicht sind Folgen der Art der Entlohnung, die nach geleisteter Arbeitszeit, Rang bzw. Funktion und Dauer der Firmenzugehörigkeit als festes Monatsgehalt erfolgte.

Für die damaligen Märkte, die auf Massenkonsum und Massenfertigung ausgerichtet waren und auf dem Weltbild einer vorhersagbaren und beherrschbaren Wirklichkeit basierten, entsprach die hierarchisch organisierte, bürokratische Verwaltung einem Idealsystem, das den Angestellten ein hohes Maß an sozio-emotionaler Sicherheit bot.

Ganz gegensätzlich funktionieren netzartige Unternehmen. Die theoretische Grundlage zu diesen Unternehmensstrukturen liefern unterschiedliche Organisationsmodelle aus den siebziger Jahren.⁸ In der Praxis nahmen japanische Produktionsbetriebe, allen voran der Automobilhersteller Toyota, mit einer neuen Managementmethode, die als „schlanke" oder postfordistische Produktion bezeichnet wurde, in den achtziger Jahren eine Vorreiterposition ein.⁹ Durch die Zusammenstellung von Teams aus vielseitig ausgebildeten Arbeitskräften, die auf jeder

Stufe der Produktion unterschiedliche Produkte in großen Mengen herstellen, kombiniert die schlanke Produktion „die Vorteile der handwerklichen und der Massenfertigung, während es die hohen Kosten der ersteren und die Starrheit des letzteren vermeidet."[10] Der Einsatz der Teams direkt am Produktionsort verlagerte die Entscheidungskompetenz möglichst nah an die Produktion, so daß die gemeinsam erarbeiteten Ideen und Verbesserungen kontinuierlich und direkt in der Fertigung umgesetzt werden konnten. Dieses auf „Prozesse" statt auf „Strukturen und Funktionen" ausgerichtete System ermögliche eine optimale Integration der neuen Informationstechnologien, potenzierte die Effektivität und die Anpassungsfähigkeit an die sich wandelnden Bedürfnisse des Marktes. Der durchschlagende Erfolg der japanischen Unternehmen führte Anfang der neunziger Jahre zu einer weltweiten Umstrukturierung der Unternehmen, dem sogenannten „Business Process Reengineering". Diese „neuen", netzartigen Unternehmen zeichnen sich durch flache Hierarchien und eine Dezentralisierung bzw. Polyzentrik[11] der Entscheidungskompetenz und die Organisation in interdisziplinäre Projektteams aus. Die Teams arbeiten aufgabenbezogen und prozeß- und ergebnisorientiert für die Dauer eines Projekts zusammen. Mit Entscheidungsbefugnis ausgestattet, können diese Einheiten direkt auf Probleme und Kundenwünsche reagieren, ohne daß ein zeitraubender Dienstweg durchschritten werden muß. Der Informationsfluß ist nicht mehr vertikal, sondern horizontal. Bei der entstandardisierten Arbeit gewinnen die durch den Taylorismus verdrängten menschlichen Qualitäten wie Intelligenz und Phantasie wieder an Bedeutung. Soziale Kompetenz, Kommunikationsfähigkeit, Eigeninitiative und Flexibilität als wesentliche und notwendige Fähigkeiten der Mitarbeiter lösen Fleiß und Gehorsam ab. Der Chef ist nicht mehr Autorität, sondern moderiert als Teammitglied den Gruppenprozeß. Durch die Verlagerung von Verantwortung und Risiko auf die Teams und damit auf die einzelnen Mitarbeiter wird der Angestellte zum Unternehmer, der Arbeitszeit und -ort selber bestimmt. Der Kontrollverlust durch das Management, der mit zunehmender Telearbeit entsteht, wird durch die soziale Kontrolle der Teammitglieder, eine ergebnisoriente Entlohnung oder computergesteuerte Kontrollsysteme ersetzt.

„Business Process Reengineering" als Methode der Transformation vom konventionell tayloristischen zum neuen Unternehmenstyp geriet Ende der neunziger Jahre nicht nur durch die Massenentlassungen in den Blickpunkt der Kritik. Viele Unternehmen scheiterten an dem Umstrukturierungsprozeß. Gerhard Wohland begründet diese Fehlschläge mit dem Festhalten an alten Methoden. „BPR wird heute für eine umsetzbare Methode gehalten und ist damit ebenso wie der Taylorismus zum Scheitern verurteilt, da sie als Methoden nicht auf eine flexible Umgebung reagieren können."[12]

„Der flexible Mensch"
Die „Risikogesellschaft"[13] wird von ökologischen Krisen, Individualisierung von Lebens- und Arbeitswelten, Globalisierung und Digitalisierung bestimmt. Eine Vielfalt von Arbeits- und Lebenssituationen, das Aufbrechen der Geschlechteridentitäten, erzwungene Mobilität und die Geschwindigkeit des Marktes erzeugen Unsicherheiten und Ungewißheiten. Die „virtuellen" Unternehmen mit ihren netzartigen Strukturen sind Teil dieses verwobenen Systems und verstärken den Risikoeffekt. Bei näherer Betrachtung des demokratisch anmutenden Organisationsmodells mit dem Versprechen auf Freiheit, Selbstbestimmung und Selbstverwirklichung für den Einzelnen und auf Erfolg für das Unternehmen werden die negativen gesamtgesellschaftlichen Auswirkungen deutlich.

Netzartige Unternehmensstrukturen, als Zusammenschluß von kleinen (Team-)Einheiten mit relativ loser Bindung, ermöglichen theoretisch die Abspaltung ineffizienter oder durch den Wandel des Marktes überflüssig gewordener Einheiten, ohne das gesamte Gefüge zu zerstören. Diese irreversiblen Veränderungen, von Sennett als „diskontinuierlicher Umbau" bezeichnet, sind sprunghaft und für die Mitarbeiter unvorhersehbar.[14] Die Verbindung zwischen Vergangenheit und Gegenwart, die als Kontinuität wahrgenommen wird, wird unterbrochen. Gleichzeitig sind die Arbeitsprozesse, die dem Wandel des Marktes unterliegen, selbst von Diskontinuitäten geprägt. Die Teammitglieder müssen die Fähigkeit besitzen, das selbst Geschaffene zu zerstören, wenn es die Situation erfordert, und notwendige kurzfristige Entscheidungen führen immer wieder in Sackgassen, sind widersprüchlich oder haben einen experimentellen Charakter. In dieser neuen Arbeitswelt, deren höchste Werte Geschwindigkeit, Beweglichkeit und Kreativität sind, wird der Wert der Erfahrung negiert. Alter wird mit Erstarrung, Jugend wird mit Flexibilität gleichgesetzt.[15] Die regellose und „chaotische" Struktur der Unternehmen fördert einerseits die Kreativität, andererseits wird sie für die Mitarbeiter als Desorganisation wahrnehmbar und ruft die Angst vor Kontrollverlust hervor. Eine fehlende räumliche Bindung bei der Telearbeit und der Verlust des persönlichen Arbeitsplatzes im Unternehmen (non-territoriale Bürokonzepte) verstärken diesen Effekt. Zusätzlich führt die Gleichzeitigkeit der Präsenz an zwei Orten zu Isolation und in Verbindung mit häufigen Stellen- und Ortswechseln wird der Aufbau von sozialen Netzen und längerfristigen Bindungen fast unmöglich.

Das Fehlen eines festgelegten Aufgabenbereichs erschwert die Identifikation über eine Berufsgruppenzugehörigkeit und die Positionierung innerhalb und außerhalb des Unternehmens. Während in hierarchisch organisierten Unternehmen jede Position als Sprosse auf der Karriereleiter wahrgenommen wurde, entfällt in den Teamstrukturen die übliche „Bewertung" der Tätigkeit über eine Rangstellung. Damit wird eine langfristige Planung der Karriere unmöglich und die Einkommensentwicklungen sind für den Einzelnen nicht mehr einschätzbar. Ein Wechsel innerhalb des Unternehmens ist immer eine Seitwärtsbewegung statt ein Aufstieg, was zu Demotivation und Frustration führt.

Der Angestellte, der durch die Übernahme von Risiko und Verantwortung, welche das Unternehmen an die einzelnen Teammitglieder delegiert, zum unfreiwilligen Unternehmer wird, bewegt sich im Spannungsfeld von Selbstverwirklichung und Selbstgefährdung. Die Selbst-Unternehmer sind „eine Kreuzung zwischen Unternehmer und Tagelöhner, Selbstausbeuter und eigenem Herrn ..., (die) zugleich sozial hochsensible, hochkooperative und isolierte Arbeit über Kontinente hinweg in direkter Knechtschaft am Kunden leisten. Sie arbeiten am Kunstwerk des eigenen Lebens und zugleich unter dem Diktat der Konkurrenz und der globalisierten Macht der Konzerne."[16] Stabilitäten durch ein regelmäßiges Gehalt, geregelte Kündigungsfristen, Arbeitszeiten und Urlaubsansprüche sowie gesicherte Altersversorgungen gehören der Vergangenheit an.

Die neuen Arbeitswelten vereinen Chancen und Risiken in ihrer extremen Mischung aus Freiheit und Selbstbestimmung einerseits und Instabilität, Ungewißheit und Selbstgefährdung andererseits.

1
Ulrich Beck, Schöne neue Arbeitswelt, Vision: Weltbürgergesellschaft, Campus Verlag, Frankfurt/New York 1999, S. 44

2 ebd., S. 45

3
Ulrich Klotz, „Von der Kaderschmiede zur Full-Service-Union", in: Jochen Krämer, Jürgen Richer, Jürgen Wendel, Gaby Zinssmeister (Hrsg.), Schöne neue Arbeit: Die Zukunft der Arbeit vor dem Hintergrund neuer Informationstechnologien, Talheimer Verlag, Mössingen-Talheim 1997, S. 122

4
Ulrich Beck, Schöne neue Arbeitswelt, S. 59

5
Ulrich Klotz, „Von der Kaderschmiede zur Full-Service-Union", S. 121

6
Ute Bernhardt / Ingo Ruhmann, „Arbeit, Märkte, Prognosen", in: ebd., S. 19

7
Max Weber, Wirtschaft und Gesellschaft. Grundriß der verstehenden Soziologie, 5. rev. Aufl., J.C.B. Mohr (Paul Siebeck), Tübingen 1980, S. 128

8
Peter Gomez, Tim Zimmermann, Unternehmensorganisatio.: Profile, Dynamik, Methodik, Campus Verlag, Frankfurt/New York 1999, S. 71 - 80

9
Jeremy Rifkin, Das Ende der Arbeit und ihre Zukunft, Fischer Verlag, Frankfurt am Main 2001, S. 68

10 ebd.

11
Peter Gomez/Tim Zimmermann, Unternehmensorganisation, S. 92/93

12
Gerhard Wohland, „Theorie wird Werkzeug" in: Schöne neue Arbeit, S. 188

13
Ulrich Beck, Risikogesellschaft. Auf dem Weg in eine andere Moderne, Suhrkamp Verlag, Frankfurt am Main 1986

14
Richard Sennett, Der flexible Mensch. Die Kultur des neuen Kapitalismus, Berlin Verlag, Berlin 1998, S. 59, 60

15 ebd., S. 124

16
Ulrich Beck, Schöne neue Arbeitswelt, S. 60

WILHELM BAUER UND PETER KERN

New Work
Büroarbeit in globalen Netzwerken

Die Internationalisierung und Globalisierung der Wirtschafts-, Arbeits- und Sozialbeziehungen sind wesentliche Auslöser und treibende Kräfte für die zukünftige Entwicklung der Arbeit. Nicht nur global agierende Konzerne, sondern alle Ebenen von Wirtschaft und Gesellschaft verändern sich durch die zunehmende Vernetzung und Verflechtung der Wertschöpfungsketten. Entscheidend vorangetrieben wird dieser globale Trend durch die rasanten Entwicklungen im Bereich der Mikroelektronik und der Informations- und Telekommunikationstechnik. Die weltweite Vernetzung, das Internet, die Online-Dienste sowie die Integration verschiedenster Endgeräte wie Computer, Fernsehgeräte, Spielkonsolen und mobile Telefone sind Ergebnisse dieser technischen Revolution. Die enormen wirtschaftlichen Potentiale der Vernetzung zeigen sich zum Beispiel in Form des „E-Business"-Marktes oder im Bereich des „M(=mobile)-Commerce".

Die zukünftigen Erwerbstätigen werden vor allem aus den sogenannten „TIME-Branchen" (Telekommunikation, Informationstechnologie, Medien und Entertainment) kommen. Viele Arbeitsplätze, die heute noch den Sektoren Landwirtschaft oder Produktion zugerechnet werden, gehen durch TIME-Anwendungen in den Informations- bzw. Dienstleistungssektor über. Geschätzt wird, daß der Anteil der Erwerbstätigkeit in den Informationsberufen von 14 Prozent im Jahre 1907 bzw. von 18 Prozent im Jahr 1950 auf 60 Prozent im Jahre 2010 anwachsen wird.

Büro: Wissenscenter der Zukunft

Der Übergang in die Wissensgesellschaft ist eng mit dem Büro verbunden, das zu einem „Wissenscenter" wird. Moderne Informations- und Kommunikationstechnologien verändern die klassischen Koordinaten der Bürowelt: „Ort", „Zeit" und „Struktur". Infolgedessen heißt es für viele Menschen bereits heute nicht mehr „mein Büro", sondern immer häufiger „meine Arbeitsplätze". Die Dynamisierung der möglichen Koordinatenkombinationen erlauben viele, auf Aufgaben und Nutzer zugeschnittene Bürowelten, die dazu dienen sollen, Kreativität zu fördern und Innovationen in bisher nicht dagewesenem Tempo hervorzubringen. War bislang die Welt der Büroarbeit durch überwiegend starre Arbeitszeiten, fixe Orte und zentrale Unternehmensstrukturen bestimmt, so erlaubt die Flexibilisierung dieser Parameter durch neue Informations- und Kommunikationstechnologien das „Arbeiten, mit wem, wo und wann man will." Die Wahl des Arbeitsplatzes erfolgt unter organisatorischen, ökonomischen, ökologischen und persönlichen Gesichtspunkten.

In dieser zunehmend dynamischen Arbeitswelt wird die Innovationsgeschwindigkeit zu einem zentralen Wettbewerbsfaktor für Unternehmen. Die wesentliche Basis dafür sind kreative Mitarbeiter und eine den kreativen Prozeß unterstützende Technologie, denn Innovationen entstehen durch Menschen und deren Dialog mit anderen. Das vorhandene Kreativitätspotential der Mitarbeiter zielgerichtet zu nutzen und weiterzuentwickeln, ist daher entscheidend für den zukünftigen Unternehmenserfolg.

Es wird davon ausgegangen, daß kreative Menschen ihr volles Leistungsvermögen dann entfalten, wenn sie reizvolle, anspruchsvolle und zugleich komplexe Aufgabenstellungen vorfinden und wenn sie über ein ausreichendes Maß an Selbstbestimmung, Selbstorganisation und die entsprechenden Handlungsspielräume verfügen. 3M – seit Jahren das Vorzeigeunternehmen in bezug auf Kreativitätsförderung – fordert beispielsweise von seinen Mitarbeitern, daß sie 15 Prozent ihrer Arbeitszeit für selbstgestellte Aufgaben und Projekte einsetzen. Ganz unternehmerisch gedacht, partizipieren sie selbstverständlich auch am Erfolg und am Mißerfolg. Entscheidend ist eine aufgeschlossene Unternehmenskultur, welche die Kommunikation zwischen den Mitarbeitern nicht nur zuläßt, sondern begrüßt und fördert. Sie muß eine Atmosphäre schaffen, in der keine Angst vor Fehlern und Risiken herrscht. Innerhalb dieser offenen Unternehmenskultur bedarf es eines Führungsstils, der nicht autoritär auf der routinemäßigen Erfüllung vorgegebener Aufgaben besteht, sondern partizipativ mit den Mitarbeitern gemeinsam Ziele entwickelt und festlegt.

Die gezielte Unterstützung kreativen Denkens und Arbeitens ist sowohl methodisch als auch räumlich möglich. Zu den Methoden zählt beispielsweise der Einsatz von sogenannten Kreativitätstechniken bei der Aufgabenbearbeitung. Neben den bekannten Techniken wie „Brainstorming", „Morphologie" oder „Mind-Mapping" stehen in Zukunft vor allem „Kollaborationstools"

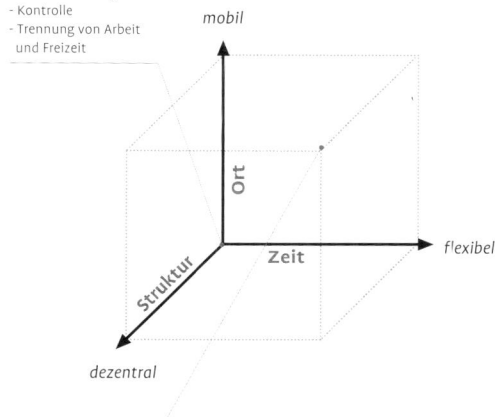

Arbeite am fixen Ort zur festen Zeit!
- Hierarchische Unternehmen
- Starre Abteilungsstrukturen
- Zeitorientierung
- Kontrolle
- Trennung von Arbeit und Freizeit

Arbeite wo und wann Du willst!
- flache Hierarchien
- flexible Teams
- Projektarbeit
- Ergebnisorientierung
- Selbstverantwortung
- Zusammenwachsen von Arbeit und Freizeit

Echtzeitinteraktion im virtuellen Collaboratorium HYPI-6

WILHELM BAUER UND PETER KERN

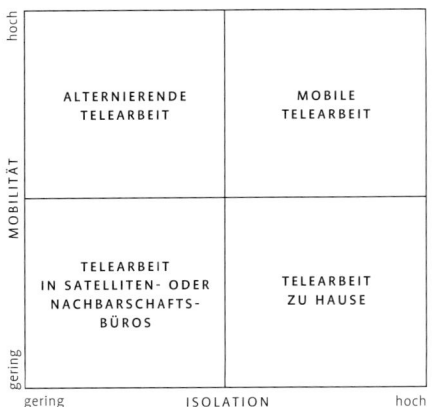

Formen der Telearbeit

	1994	1999	2005
Dänemark	-	10,5	19,4
Finnland	-	16,8	29,4
Frankreich	1,8	2,9	4,8
Deutschland	1,4	6,0	12,6
Irland	-	4,4	7,7
Italien	1,0	3,3	7,1
Niederlande	-	14,5	25,2
Spanien	1,7	2,8	5,4
Schweden	-	15,2	24,3
GB	5,4	7,6	11,7
EU 10	-	6,1	10,8

Prozentualer Anteil von TelearbeiterInnen bis 2005.
(EMPIRICA, 2000, Studie im Auftrag der EU-Kommission).

Multiple Büromodule zur Nutzung „on demand"

im Zentrum des Interesses. Dazu zählen etwa interaktive Wände, elektronisches Papier oder „Virtual Reality Systeme" wie das Kollaboratorium „HyPI-6", ein begehbarer virtueller Echtzeit-Interaktionsraum des Fraunhofer Instituts für Arbeitswirtschaft und Organisation (IAO) in Stuttgart.

Die Arbeit in Projekten und Teams wird bestimmend für die Arbeit der Zukunft. Immer weniger „Sachbearbeiter" bearbeiten „ihre Sache", immer häufiger findet hochqualifizierte Entwicklungsarbeit für Produkte und Dienstleistungen in sich wandelnden Projektteams statt. Das Büro wird mehr und mehr zum Kommunikations- und Erlebnisort, zum „Environment of Excitement" und muß daher neben Räumen für formelle und informelle Kommunikation auch Raum für zufällige Begegnungen bieten. Straßen, Plätze und andere Synonyme stehen für diese „Netzwerkknoten" innerhalb der Raumkonzepte. Die neuen Büros sind offen und geschlossen zugleich, sie lassen sich dem aktuellen Bedarf anpassen. Exponierte technische Gebäudeinstallationen und lichtdurchlässige oder transparente Abschirmungen sind für diese Arbeitsumgebungen ebenso kennzeichnend wie eine betonte Farbgebung und Materialien, die auf eine stärkere emotionale Wirkung zielen.

Non-territoriale Bürostrukturen

Die Trennung von Wohnort und Arbeitsplatz ist ein Phänomen, das durch die Industriegesellschaft entstanden ist. Derzeit wohnen nur noch etwa zwölf Prozent aller Erwerbstätigen in unmittelbarer Nachbarschaft zu ihrem Arbeitsplatz. Daneben verbringen immer mehr Mitarbeiter einen großen Teil ihrer Arbeitszeit nicht mehr im Büro, sondern sie sind vor Ort beim Kunden. Die tatsächliche Nutzung des „eigenen" Büroarbeitsplatzes liegt häufig nur noch bei 5 bis 10 Prozent seiner Verfügbarkeit oder 30 bis 50 Prozent der tariflichen Arbeitszeit. Dies zeigt, daß die Telearbeit – von ganz unterschiedlichen Orten aus – zunimmt. Für die Niederlande wird prognostiziert, daß bis 2005 etwa ein Viertel aller Beschäftigten regelmäßig Telearbeit ausübt. In ganz Europa sollen es wenigstens halb so viele sein.

Neben den Grundformen der heutigen Bürogestaltung (den klassischen „Büroraumarten") hat sich in den letzten Jahren eine völlig neue, innovative Form entwickelt: das „non-territoriale Büro". Wesentliches Merkmal dieses Konzeptes ist die Aufhebung der festen Zuordnung von Arbeitsplatz und Mitarbeiter. Arbeitsplätze, andere Büroeinrichtungen und die technischen Ressourcen werden gemeinsam genutzt und stehen allen gleichermaßen tageweise bzw. stundenweise zur Verfügung. Damit können die Nutzer im Wechsel die für die jeweilige Arbeitsaufgabe und Teamzusammensetzung geeigneten Arbeitsszenarien bzw. -plätze wählen. Persönliche Unterlagen sind entweder in Schränken an bestimmten Orten im Büroraum untergebracht oder werden in mobilen Stauelementen – beispielsweise in fahrbaren Containern, einem „Caddy" oder in mobilen Koffern, dem „Mobile Office" – untergebracht und bedarfsorientiert dem jeweils genutzten Platz beigestellt.

Der überwiegende Teil der „Unterlagen" ist ohnehin nur noch digital verfügbar. Ein leistungsfähiges „Dokumentenmanagement" und den Workflow unterstützende Tools sind die wesentliche Voraussetzung für eine erfolgreiche Implementierung dieses neuen Konzeptes.

Die Realisierung non-territorialer Büros geht häufig mit der Einführung von Telearbeit einher, meist in alternierender Form. Der/die Mitarbeiter/in kann über eine „Remote Access"-Verbindung von seinem/ihrem temporären Arbeitsort aus, von unterwegs, beim Kunden, im Nachbarschafts- oder Satellitenbüro oder von zu Hause, permanent mit seiner Zentrale in Verbindung sein.

In der Regel steht für eine überschaubare Gruppe von Mitarbeitern ein Pool an Arbeitsplätzen zur Verfügung. Das Zahlenverhältnis („Sharing-Ratio") kann in Vertriebs-, Service- oder Consultingbereichen bis zu 1:5 (Arbeitsplätze zu Mitarbeiter) betragen, was zu einer erheblichen Steigerung der Flächenproduktivität führt. In Büros mit weniger mobilen Arbeitsinhalten liegen typische Sharing-Ratios bei 1:1,5. Die Regelung, wer auf welchem Platz sitzt, erfolgt informell innerhalb der Gruppe oder in größeren Büroeinheiten durch elektronisches Reservierungs- und Belegungssystem. Besonders in global agierenden Unternehmen ist ein web-basiertes Reservierungssystem die einfache Eintrittskarte für alle Arbeitsplätze des Unternehmens auf der ganzen Welt. Häufig besitzen Mitarbeiter auf Sharing-Arbeitsplätzen ein Notebook und ein schnurloses Telefon, das sie einfach mitnehmen können. Das relativ knappe Angebot an herkömmlichen Arbeitsplätzen wird ergänzt durch eine Vielfalt von inszenierten Arbeitsbereichen: „Denker-Kojen", „Business-Lounges", Besprechungszonen, Telekommunikationsstationen, Repräsentationsflächen, Ruhezonen etc.

Mit der Einführung neuer Arbeitsformen verändert sich auch die Zusammenarbeit der Menschen. Die zunehmende Verlagerung der konzentrierten Einzelarbeit im Büro hin zur kommunikativen Arbeit im Team verändert die Arbeitskultur erheblich. Prinzipien der ergebnisorientierten Organisation („management-by-objective") in Verbindung mit flexiblen Arbeitszeit- und Teilzeitvertragsmodellen stellen ganz neue Anforderungen an die Unternehmenskultur. Notwendig wird ein in hohem Maße auf Vertrauen basierendes Verhältnis zwischen Führungskräften und Mitarbeitern, die ein gemeinsames Zielsystem vereinbaren, das gleichzeitig ausreichende Gestaltungsmöglichkeiten für den Einzelnen bietet.

Als ein Schlüssel zum Erfolg bei der Konzeption und Einführung neuer Arbeits- und Bürokonzepte gilt professionelles „Change Management". Denn massive Veränderungen der Arbeitssituation verursachen bei vielen Menschen zunächst Ängste und oft zurückhaltende Ablehnung. Es ist deshalb wichtig, die Mitarbeiter nicht ungefragt auf ihre „Reise in die Zukunft" zu schicken, sondern ihnen auch die Möglichkeit zu geben, den Fahrplan mitzugestalten und mitzuentscheiden, in welcher Geschwindigkeit welches Ziel erreicht werden soll. Diese Art der partizipativen Arbeitsgestaltung stellt hohe Ansprüche an die Fähigkeiten und die Sensibilität der Projektverantwortlichen. Deshalb ist bei der Umsetzung entsprechender „New Work"-Projekte eine professionelle Moderation und ein mit entsprechenden Ressourcen ausgestattetes Team Voraussetzung für nachhaltigen Erfolg.

Office Innovation Center

Im „Office Innovation Center" der Fraunhofer-Gesellschaft in Stuttgart ist die „Interactive Creativity Landscape" realisiert worden, die auf Basis neuester Erkenntnisse der Forschung speziell für die Unterstützung kreativer Arbeit gestaltet wurde. Durch einen schnellen Wechsel der Büroumgebung sollen die mentalen Aktivitäten während der unterschiedlichen Phasen des kreativen Prozesses optimal unterstützt werden. Dazu ist der Raum in drei Zonen unterteilt: die „Aktionszone" im Eingangsbereich bietet ideale Strukturen für die informelle Kommunikation in der „Präparationsphase", daneben gibt es die „Multifunktionszone" und die „Interaktionszone".

„Intelligentes" Mobiliar wie das sogenannte „Nova Desk" (eine Synthese aus herkömmlichem Schreibtisch und Computerarbeitsplatz), Plug-and-Work-Arbeitsplätze und ein versenkbarer Konferenztisch bieten für jede Arbeitssituation das gewünschte Umfeld. In der Interaktionszone versetzt „Virtual Reality" den Benutzer in eine künstliche Wirklichkeit und ermöglicht unter anderem die Erstellung dreidimensionaler Prozeßschaubilder. In der frei formbaren Steh-Sitz-Liegelandschaft „Frozen Cloud" können informelle Kreativmeetings durchgeführt werden.

Für die „Inkubationsphase" des kreativen Prozesses ist die visuell und akustisch abgeschirmte „Rückzugzone" konzipiert: ein vielfältig individualisierbarer, kokonartiger Raum, der durch visuelle, akustische und olfaktorische Reize das laterale Denken stimulieren soll. Mit Hilfe individuell steuerbarer Farb- und Lichtverhältnisse, digitaler Projektionen, einer Sauerstoffdusche und spezieller Klimatechnik wird in der Rückzugzone die unbewußte Lösungssuche auf vielfältige Art unterstützt.

Zur Grundausstattung der „Interactive Creativity Landscape" zählen das im Oberlichtband integrierte Lamellensystem zur Umlenkung von Tageslicht in tiefere Raumbereiche, der Sonnen- und Blendschutz durch verstellbare Jalousien im Scheibenzwischenraum sowie partielle Kühl-Heiz- und Lüftungsinseln in der Deckenebene, über die sich das Raumklima zonenweise regulieren läßt. Schallschluckende Stoffelemente, ein akustischer und optischer Metallvorhang im Eingangsbereich sowie die flexible Trennwand „space.move" komplettieren die futuristische Ausstattung.

OFFICE 21® Future World: Interactive Creativity Landscape – Interaktionszone, Fraunhofer Office Innovation Center

OFFICE 21® Future World: Rückzugsraum, Fraunhofer Office Innovation Center

THOMAS ARNOLD

Schein und Sein der neuen Arbeitswelten

Was macht die neue Arbeitswelt aus? Verführerische Losungen wie „Arbeite, wo und wann du willst!" und „Dein Büro ist, wo du bist!" verknüpfen das abstrakte Konzept „neue Arbeitswelt" mit dem Erfahrungshorizont des Einzelnen. Jede Losung beschreibt jedoch ein anderes Phänomen: „Arbeite wo und wann du willst!" stellt die wichtiger gewordene Organisation der Arbeit in den Mittelpunkt, während „Dein Büro ist, wo du bist!" sich auf die Arbeitswerkzeuge und Accessoires bezieht, die zusammen mit der Technologie räumliche Unabhängigkeit ermöglichen. Beide Slogans arbeiten mit einer uralten menschlichen Faszination: dem Traum von Freiheit und Unabhängigkeit.

Erst in den letzten Jahren wurde die räumliche Unabhängigkeit durch die Mobilisierung des Computers, des Telefons und durch Datennetzwerke, wie Internet und Intranet, in Verbindung mit der Miniaturisierung der entsprechenden Geräte technisch möglich. Gegenläufig zu dieser räumlichen Unabhängigkeit hat sich aber die Abhängigkeit von der Organisation der Arbeit verstärkt. Die technischen Möglichkeiten sind nur eine Voraussetzung für die „Arbeitsfähigkeit" des neuen Arbeitsplatzes. Sie gehen einher mit einer strafferen Kontrolle der Planung und des Ablaufs der Aktivitäten innerhalb von Organisationen.

Wichtig sind auch die sozialen und gesellschaftlichen Veränderungen in der westlichen Welt. Die Menschen stellen ihr eigenes Wohl als Individuen in den Vordergrund und gehen in ihrem sozialen Umfeld oder mit gesellschaftlichen Institutionen eher kurze, zielgerichtete als langfristige Bindungen ein. Soziale Strukturen lösen sich auf und werden durch Strukturen des Wandels, wie Informations- und Kommunikationsstrukturen, ersetzt.[1]

Accessoires und Zugangsprivilegien

In der Öffentlichkeit findet diese neue Arbeitswelt in den Medien und der Werbung ihren Niederschlag und wird mit dem Label „zukunftsweisend" und „avantgardistisch" versehen. Erfolgreiche Menschen arbeiten immer und überall. Ausgestattet mit den nötigen mobilen Arbeitswerkzeugen und den Zugangsprivilegien zu Räumen und Netzwerken, sind sie in der Lage, zu arbeiten, „wo und wann sie wollen". Die mobilen Arbeitswerkzeuge erhalten neben der tatsächlichen Alltagstauglichkeit durch Design und Material Eigenschaften wie flexibel, beständig, teuer, leicht und mobil, die sich – so die Werbung – angeblich auf den Benutzer übertragen. Ultraflache Laptops werden beispielsweise von Titan- und Kohlefaserkonstruktionen umhüllt, Materialien, die durch ihre bisherige Anwendung als Schmuck oder in der Flugzeug- und Raumfahrtindustrie Assoziationen wie „nutzlose Schönheit" und „kompromißlose Funktionalität" geradezu erzwingen. Die mobilen Arbeitswerkzeuge wurden zu „Accessoires".

Genauso wichtig wie die Asseccoires sind die Zugangsprivilegien zu den neuen Orten des mobilen Arbeitens: Verkehrsmittel, Businesslounges auf Flughäfen, Kongresse oder Hotels. Gleichzeitig mit dem Zugang zum Ort hat man auch die Möglichkeit des Zugangs zum virtuellen Raum, zum Netzwerk. Privilegien drücken sich in der Bandbreite der Kommunikationsmöglichkeiten und im Zugang zu Informationen aus.[2] Neben den Büros sind dies die Orte, an denen sich die mobilen Büroarbeiter auf ihrer permanenten Reise treffen und ihren Status vergleichen können.

Der Einzelne

Diesem Vorbild vom erfolgreichen, weil flexiblen Büroarbeiter steht der Alltag gegenüber. Die neue Arbeitswelt bietet für die Firmen klare wirtschaftliche Vorteile, die sie brauchen, um auf den globalen Märkten konkurrenzfähig zu bleiben, während für den Einzelnen starke Veränderungen zu beobachten sind. Flache Hierarchien der Unternehmensorganisation fördern nicht nur Entscheidungs- und Kommunikationsprozesse und damit die flexible Anpassung an Marktsituationen, sie vermeiden auch hohe Überhangkosten bei verringerter Nachfrage, indem einzelne Mitarbeiter schnell austauschbar werden. Non-territoriale Bürokonzepte werden einge-

Hans Hollein, „Das mobile Büro" (1969). In den sechziger Jahren wurde das erste Mal der Versuch unternommen, den Drang nach Unabhängigkeit zu verorten und auf räumliche Konstellationen und Asseccoires zu projizieren. Diese Versuche blieben Visionen, weil die technischen Möglichkeiten noch nicht entsprechend entwickelt waren.

von oben nach unten

„Home Office". Was früher als Doppelbelastung der berufstätigen Mutter eher negativ bewertet wurde, wird heute in Frauenzeitschrifen wie „Red" als Vorbild beschrieben. Die technischen Accessoires machen auch im privaten Bereich den Unterhalt sozialer Netzwerke und Verbindungen möglich.

Der Palm wurde in sieben Jahren von einer einfachen Adressen- und Terminverwaltung zum Miniaturbüro mit Schwerpunkt elektronischer Kommunikation. Er war so erfolgreich, daß es 2001 eine Reihe von gleichartigen Konkurrenzprodukten gibt und er vom Statussymbol zur selbstverständlichen Ausstattung des Büroarbeiters wurde.

In Apples Werbekampagne für das Powerbook G4 werden Eigenschaften wie dynamisch und mobil zusammen mit Bildern in Großaufnahme und in einer Reihe von Detailaufnahmen herausgestellt.

führt, da Arbeitsplätze, die unbenutzt bleiben, unwirtschaftlich sind. Infolgedessen muß die hochspezialisierte Wissensarbeit nicht mehr vollständig an zentralen Orten mit hohen Mieten ausgeführt werden, sondern kann von „Satelliten" in suburbanen Gebieten oder aber von zu Hause aus stattfinden. Organisatorisch wie auch räumlich führt das zum neuen Typus des Büronomaden, der auf eigenes Risiko der Arbeit nachwandert, aber auch zu neuen Strategien der Unternehmen, den mobilen Wissensarbeiter zu halten. Verantwortung, Altersvorsorge und Risiken werden auf den Einzelnen übertragen; die Firma übt Macht aus, ohne Verantwortung zu übernehmen.[3] Der individuelle Büroarbeiter ist viel direkter mit dem Unternehmen und der Marktsituation verknüpft als noch vor zehn Jahren.

Die Anforderungen der neuen Arbeitswelt an den Einzelnen verändern soziale Verhaltensmuster. „Portfolio-Beziehungen" und „Trade Offs" kennzeichnen moderne Partnerschaften. Die zeitgemäße Beziehung wird als ein sich ständig veränderndes Portfolio mit verschiedenen Möglichkeiten bezeichnet. Aufgaben und Möglichkeiten trennen sich von geschlechterspezifischen Rollen; die Menschen operieren ereignisabhängig, wechseln die Aufgaben und Rollen je nach Erfordernis. Der aus der neuen Arbeitswelt kommende Begriff „flexibles Team" kennzeichnet heute auch die Liebesbeziehungen.[4] Einer der Partner verzichtet zugunsten des anderen auf eine Karrieremöglichkeit und erwartet dies zu einem späteren Zeitpunkt ebenfalls von seinem Partner. Es versteht sich von selbst, daß der Erfolg von genauer Planung abhängt. Dabei werden idealiter traditionelle Rollen wie die des Familienversorgers problemlos getauscht. Trade offs zwischen Karriere, Beziehung, Famile und Ort werden zunehmend wichtig; in einzelnen Lebensabschnitten werden Prioritäten gesetzt.[5] Früher parallel stattfindende private und berufliche Entwicklungen werden entkoppelt und nacheinander organisiert, wobei die Arbeit meistens im Vordergrund steht. Zum Beispiel wird eine Familie erst nach Erreichen bestimmter beruflicher Ziele gegründet.

Auf der anderen Seite erfordert die mit räumlicher Flexibilität organisierte Büroarbeit eine stärkere soziale Bindung unter den Mitarbeitern einer Arbeitsorganisation. Sie wird von manchen Firmen gefördert, um soziale Defizite abzubauen und die Firmenbindung und die Motivation sowie den Austausch zu stärken. Soziale Netzwerke bestehen daher in bestimmten Lebensabschnitten eher aus Kollegen und Arbeitspartnern als aus Freunden mit anderen Berufen.

Die höhere Autonomie in der Arbeit hat zur Folge, daß sich die seit der industriellen Revolution erfolgte räumliche Trennung von Arbeitsleben und Privatleben wieder auflöst. Damit wurde der Bildschirm des Palm oder Laptops zum „virtuellen Zuhause" zwischen den verschiedenen, mittlerweile typologisch unscharfen Orten. Zugleich bildet er die Schnittstelle zur Arbeitsorganisation und gibt durch unterschiedliche Ausführung den Status seines Nutzers in der Hierarchie wieder. Dies ist um so wichtiger, als der Status nicht mehr räumlich widergespiegelt wird. Im Gegensatz zum festen Arbeitsplatz oder dem eigenen Büro ist jetzt das Accessoire dem Benutzer zugeordnet, es wird individualisiert und trägt zur Individualisierung bei. Über sein verführerisches Image werden auch die Büroarbeiter mit einem noch festen Arbeitsplatz auf die zunehmende Flexibilität und Unsicherheit ihrer eigenen Arbeitswelt positiv eingestimmt.

1
Roemer van Toorn, „Frischer Konservatismus, Landschaften der Normalität", in: Archithese 3/97

2
William J. Mitchell, City of Bits, MIT-Press, Cambridge, Mass. 1995

3
Richard Sennett, „Der flexible Mensch", Goldmann Verlag, München 2000

4
Adrian Leaman, „The Logistical City", in: John Worthington (Hrsg.), Reinventing the workplace, Architectural Press, Butterworth & Heineman, Oxford, 1997

5
Petra Pfaller, „Stabilität durch Flexibilität", in: Crosstalk 9/2001

BART PIEPERS UND MARCEL STORMS

Neue Unternehmensstrukturen und Arbeitsweisen

Obwohl heute mehr als die Hälfte der Berufstätigen „im Büro" arbeitet, ist die Arbeit dabei, das Büro zu verlassen. Komplette Prozesse werden elektronisch abgebildet; digitale Kommunikation, Internet, mobiles Arbeiten, drahtlose Kommunikation und das Arbeiten von zu Hause aus revolutionieren unsere Arbeitswelt.

Brauchen wir künftig überhaupt noch zentrale Büros? Wo befindet sich die Arbeit, wenn sie in einer virtuellen Dimension stattfindet? Wie gestalten wir unsere Zusammenarbeit? Wo und wann treffen wir uns? Wie eng ist der Kontakt zwischen Mitarbeitern und Kunden? Wie ist die Balance zwischen Arbeit und Privatleben? Was geschieht mit dem Management, wenn die Mitarbeiter selbst mehr Verantwortung übernehmen? Und schließlich: Welchen Einfluß hat dies auf unsere soziale Umgebung, die Gruppenbindung, die Identifikation mit dem Unternehmen und die Kreativität? Dies sind die Schlüsselfragen unserer Zeit.

In den Medien wird meist nur über die Auswirkungen der Technologie auf den Verbrauchermarkt gesprochen. Beispiele wie Home-Banking, virtuelle Reisebüros oder der digitale Verkauf von Konsumgütern bestimmen das Bild. Zugleich, wenn auch wesentlich diskreter, verändern sich die Unternehmensprozesse auf fundamentale Art und Weise. In diesem Zusammenhang spricht man von E-Business: dem Einsatz von Internettechnologie im gesamten Betriebsprozeß. Die Auswirkungen der Kommunikationstechnologie auf das Funktionieren von Unternehmen ist um ein Vielfaches größer als deren Bedeutung im Komsumgeschäft. Der Gebrauch der neuen Technologien betrifft nämlich auch den Informations- und Wissensaustausch, das Marketing, den Einkauf, die Forschung und Entwicklung, und insbesondere auch die Neugründung von Unternehmen (zum Beispiel in Form von sogenannten virtuellen Unternehmen), wodurch ganze Unternehmensprozesse neu definiert werden. Nachdem sich die Unternehmen jahrelang damit beschäftigt haben, interne Informationssysteme aufzubauen, werden nun die Grenzen verschoben und damit die externe Kommunikation in den Prozeß integriert. Für fast alle Firmen ist diese neue externe Dimension entscheidend für Unternehmensziele und -ergebnisse, da sie den Kundenkontakt, die Zusammenarbeit mit externen Partnern und die Unternehmensprofilierung betrifft.

Unternehmensstruktur und Unternehmensführung
Wie sieht die Zukunft unserer Wirtschaft aus und was bedeutet dies für die Arbeitsweise von Unternehmen? Über die Antwort auf diese Frage gehen die Meinungen auseinander, aber die Tendenz ist dennoch klar.

Zahlreiche Unternehmen entwickeln sich weg von traditionellen bürokratischen Strukturen hin zu Strukturen, in denen flexibel in wechselnden Teams an Projekten zusammengearbeitet wird. Zunehmend wird dabei der Schwerpunkt auf ergebnisorientiertes Arbeiten und unternehmerisches Denken bei jedem einzelnen Mitarbeiter gelegt.

John Hagel und Marc Singer gehen in ihrem 1999 erschienenen Buch „Net Worth – Shaping Markets when Customers Make the Rules" sogar so weit, daß sie über eine fundamentale Neuorientierung von Unternehmensaktivitäten sprechen. Traditionell besteht eine Firma aus einem Produktionsapparat, einem Marketingapparat und aus Entwicklungsaktivitäten – alles unter einem Dach. Diese Arbeitsweise stellen sie zur Diskussion. Sie sehen eine Entwicklung, in der an zwei Fronten Mega-Unternehmen stehen. Zum einen auf der Produktionsseite, wo kapitalintensive Anlagen verschiedener Unternehmen zu groß angelegten spezialisierten Produktionsunternehmen zusammengefügt werden. Zum anderen im Marketingbereich, wo eine zunehmende Konzentration von Aktivitäten auf der Basis von riesigen Kundendatenbanken zu beobachten ist.

Die dritte und wichtigste Hauptaktivität, die Entwicklung, betrifft fast alle betrieblichen Prozesse, wie zum Beispiel Marktentwicklung, Produktentwicklung, Organisationsentwicklung und Personalentwicklung. Heute schon sind die meisten Bürotätigkeiten als Entwicklungsaktivität zu definieren. Die traditionelle operationelle Büroarbeit wird immer mehr von der Technologie abgelöst, das heißt, automatisiert.

Die genannten Entwicklungstätigkeiten sind ein zunehmend kritischer Erfolgsfaktor. Sie sind stark von Wissen, Kreativität, Zusammenarbeit und Flexibilität abhängig. Dabei ist die Größe eines Unternehmens nicht zwingend von Vorteil, denn es sind gerade kleine, wechselnde Teams, die für den Erfolg maßgeblich sind. Diese Teams sind immer weniger an die Grenzen eines Unternehmens gebunden. Häufig sind sie multidisziplinär aus internen und externen Mitarbeiter zusammengesetzt. Zweifelsohne geraten dabei die einzelnen Personen in den Blickpunkt, denn gerade die Entwicklungsaktivitäten sind sehr arbeitsintensiv und von Motivation, Wissen und Erfahrung des Einzelnen abhängig.

Wir sehen bereits heute, daß zahlreiche Unternehmen die Anwerbung und vor allem die Entwicklung des geistigen Potentials von Menschen als eine ihrer wichtigsten strategischsten Aktivitäten ansehen. Denn man hat erkannt, daß der Wert des menschlichen Kapitals in der Wissenswirtschaft von wesentlich größerer Bedeutung ist als das physische Kapital.

Arbeitsweise und Bürokonzepte

Wissensarbeiter fordern neue Arbeitsstile. Dazu gehören neue Bürokonzepte. Unsere alte Arbeitsmentalität („sture Arbeit von neun bis fünf") scheint überholt zu sein. Wir müssen lernen, dort zu arbeiten, wo es an einem bestimmten Tag am besten paßt, also zu Hause, im Büro oder unterwegs, und dabei ein neues Gleichgewicht zwischen Arbeit und Privatleben finden.

Wenn man seinen Betriebsserver an das Internet anschließt, haben alle Beteiligten vom Büro, von zu Hause, von Flughafenlounges, Internetcafés und beliebigen anderen Standorten aus zu allen Unternehmensinformationen Zugang. Bei einem großen Projekt können zum Beispiel alle Beteiligten aus verschiedenen Unternehmen eine gemeinsame Informationsplattform auf dem gemeinsamen Server nutzen. Es ist interessant zu sehen, daß Unternehmen wie Sun, Cisco, Dell und Sony, die mit den neuen Möglichkeiten vertraut sind, das Internet in den Mittelpunkt ihrer Unternehmensstrategie stellen.

Diese Entwicklungen führen zu neuen Chancen und neuen Herausforderungen. Wichtige Themen sind dabei die Internet-Technologie, Teilzeitarbeit, Telearbeit, Aussteigen auf Zeit, flexible Arbeitsverhältnisse, die Organisation der Haushaltspflege und neue, flexiblere Rentenregelungen. Telearbeit zum Beispiel war lange Zeit von nur geringer Bedeutung. Heute aber sehen wir einen nicht mehr rückgängig zu machenden Durchbruch.

Unternehmen wie Sun Microsystems und The Vision Web haben Telearbeit in den Unternehmensprozeß integriert. Das niederländische „Telewerkforum" forscht sehr intensiv in diesem Bereich und erwartet, daß im Jahre 2006 etwa eine Million Niederländer (das entspricht etwa 15 Prozent der in Büros arbeitenden Bevölkerung) nicht mehr im Büro, sondern an anderen Orten ihrer Arbeit nachgehen. Arbeitsplatzanalysen zeigen, daß unbesetzte Büroarbeitsplätze schon heute im Schnitt zu mehr als 50 Prozent aufgrund von Urlaub, Dienstreisen, Meetings und Krankheit leer bleiben.[1] Die Anwesenheit im Büro geht also mehr und mehr zurück.

Wir müssen unsere Arbeitsprozesse an diese neue Situation anpassen. Die Quantität des persönlichen Austausches im Büro wird abnehmen, zugleich muß aber dessen Qualität stark gesteigert werden.

Dabei ist es von Vorteil, daß die Technologie den notwendigen Informationsaustausch erheblich vereinfacht und uns weniger abhängig von zufälligen Treffen und zufälliger Information im Büro macht. Dies ermöglicht auch eine effektivere Planung des Arbeitstages und eine bessere Nutzung unserer wertvollen Zeit.

---

[1] Piepers/Storms, www.newbusinessdimensions.com

BART PIEPERS UND MARCEL STORMS

Die Selbständigkeit individueller Mitarbeiter und kleiner Teams ist ein entscheidender Faktor, der zu neuen Arbeitsweisen, einer anderen Bürokultur und einem neuen Arbeitsstil in Unternehmen führt. Flexible Bürokonzepte, mobiles Arbeiten und Internet fördern diese Entwicklungen. Fast alle großen europäischen Unternehmen sind dabei, sich mit diesen Themen auseinanderzusetzen. Gegen Ende der achtziger Jahre gab es in Skandinavien bereits die ersten Experimente mit neuen Bürokonzepten. Insbesondere internationale IT-Unternehmen wie Ericsson und Digital haben neue Wege aufgezeigt und in die Tat umgesetzt. Seit 1996 sind hauptsächlich in den Niederlanden, den USA und Deutschland weitere Entwicklungen und Konzepte zu beobachten, die einen bemerkenswerten Reifegrad erreicht haben.

Unternehmen wie The Vision Web (Niederlande), dvg Datenverarbeitungsgesellschaft (Deutschland) und Sun Microsystems (USA) haben ihren Mitarbeitern eine große Verantwortung übertragen. Teams werden direkt zu einer unternehmerischen Arbeitsweise motiviert. Das Büro hat sich in einen Business-Club gewandelt, in dem jeder flexibel, ohne festen Büroarbeitsplatz arbeitet.

In der „neuen Arbeitswelt" legen Unternehmen auch immer mehr Wert auf die soziale Bindung zwischen den Mitarbeitern und pflegen diese auch bewußt. Früher war das Büro auch der soziale Ort, an dem Gruppengefühl und Zusammengehörigkeit eine wichtige Rolle gespielt haben. Bei den neuen Konzepten wird viel zielgerichteter mit dieser sozialen Komponente umgegangen, da man sich nicht mehr automatisch jeden Tag trifft. Das Zusammensein wird inszeniert: Brainstorming, Seminare und Workshops in Business-Clubs statt in Bürozellen sind vergnüglich und effektiv; soziale Veranstaltungen (mit Familie) schaffen Zusammenhalt.

Neue Bürokonzepte - Praxisbeispiele

Zahlreiche Unternehmen befinden sich auf dem Weg zu neuen Arbeitsweisen und einer neuen Bürokultur. Allerdings gibt es nur wenige Unternehmen, die diese Umstellung auf eine integrale Weise vollziehen und deswegen auf ihrem Weg schon weit fortgeschritten sind. Im folgenden werden drei Beispiele vorgestellt, die von den Autoren als vorbildlich eingestuft werden: „The Vision Web", „dvg Datenverarbeitungsgesellschaft" und „Sun Microsystems".

The Vision Web (Delft, Niederlande)

Dieses junge IT-Beratungsunternehmen ist sicherlich eines der extremsten Beispiel für neue Arbeitsweisen. Es wurde im Jahre 1995 von drei Partnern gegründet, die zuvor als Topberater in komplexen und kreativen IT-Projekten ihre Erfahrungen gesammelt hatten.

Ihr Ziel war es nicht, einfach nur ein Unternehmen zu gründen – sie wollten ein ganz besonderes Unternehmen gründen, das auf festgefügte hierarchische Strukturen völlig verzichtet. Ihre Vision lautete: „turning talents into profit". Jede/r Mitarbeiter/in sollte selber Unternehmer/in sein und selbst Geschäfte entwickeln. Deshalb ist bei „The Vision Web" heute jede/r einzelne für das Werben neuer Kunden sowie neuer Mitarbeiter verantwortlich.

„The Vision Web" ist eine Netzorganisation mit vielen unabhängigen Mikro-Unternehmen, die für ihre eigenen Unternehmensergebnisse verantwortlich sind. „The Vision Web" ist dabei die gemeinsame, verbindende Plattform für alle kleineren Einheiten, über die Informationen ausgetauscht werden und der soziale Zusammenhalt zwischen den Mitarbeitern gefördert wird.

Die „Vison-Web"-Philosophie besagt, daß man überhaupt keine Büros im konventionellen Sinne mehr braucht. Jeder darf überall arbeiten, alle Büroprozesse sind im Intranet abgebildet, das die Zusammenarbeit und den Wissensaustausch unterstützt. Jede/r Mitarbeiter/in hat von zu Hause, vom Standort des Kunden oder von jedem anderen Ort aus, der über Internetanschluß verfügt, Zugriff auf alle Daten. Das Büro, der Sitz des Unternehmens, spielt also zum Arbeiten keine Rolle mehr, sondern nur noch als Treffpunkt. Er wird zum Ort für Kommunikation, Inspiration und Identifikation und sollte deshalb sehr attraktiv gestaltet sein, um den Teamgeist zu unterstützen. „The Vision Web" hat diese Treffpunkte „Grand-Café" genannt und mit ihnen Orte geschaffen, zu denen die Mitarbeiter gerne kommen, um sich in angenehmer Atmosphäre mit Kollegen und Geschäftspartnern unterhalten zu können.

Anstelle eines Büros im konventionellen Sinne steht den Mitarbeitern der Firma „The Vision Web" ein Ort der Kommunikation, das „Grand-Café", zur Verfügung.

Neue Unternehmensstrukturen

Durch die Innenhöfe der dvg-Datenverarbeitungsgesellschaft verläuft die horizontale Haupterschließungsachse; sie bietet Gelegenheit für informellen Austausch.

Wichtiger Bestandteil jeder Teamzone ist das „Business-Center", wo sich Besprechungsräume, Espressobar und Sekretariate befinden.

Grundrißbeispiel einer Teameinheit der dvg-Datenverarbeitungsgesellschaft.

team centre

business centre

lounge

Das Unternehmen ist sehr erfolgreich und wächst sehr schnell. Heute sind etwa 600 Mitarbeiter in etwa 40-50 Mikro-Unternehmen organisiert. Es gibt drei „Grand Cafés" in den Niederlanden, und inzwischen sind internationale Standorte in Australien, Spanien und Deutschland geplant.

dvg Datenverarbeitungsgesellschaft (Hannover, Deutschland)

Einer der Vorreiter für neue Bürokonzepte in Deutschland ist die „dvg Datenverabeitungsgesellschaft", ein führender Informationsdienstleister der deutschen Sparkassen-Finanzgruppe, der 1999 bei seinem Neubau in Hannover (s. S. 210) ein „Business-Club"-Konzept eingeführt hat. Im dvg-Neubau arbeiten etwa 1.800 Mitarbeiter an 1.350 Arbeitsplätzen, die niemandem fest zugeordnet sind. Die technische Infrastruktur ist so flexibel eingerichtet, daß alle Mitarbeiter sämtliche Arbeitsplätze in ihren Teamzonen nutzen können. Das fördert die Teamarbeit und bietet eine Vielfalt an Möglichkeiten: von der intensiven und anstrengenden Zusammenarbeit in einem Projektraum bis zu anderen Formen der Arbeit in der Lounge.

Die dvg hat jedem Team eine bestimmte Zone zugeteilt: den „Business-Club". Die einzelnen Zonen, von denen es 35 im Gebäude gibt, sind unterschiedlich groß und bieten etwa 30 bis 60 Mitarbeitern Platz. Innerhalb eines „Business-Clubs" werden folgende Einrichtungen gemeinsam genutzt:

- das „Business-Center", die kommunikative Zentrale des Bereiches mit Besprechungsräumen, Espressobar und Sekretariaten;
- das „Teamcenter" mit Arbeitsplätzen verschiedener Form: offen und geschlossen, Einzel- und Gruppenarbeitsplätze;
- die „Lounge" für entspanntere Formen der Arbeit.

Die ersten Erfahrungen der „dvg" zeigen, daß sich interne Kommunikation und Flexibilität an vielen Stellen stark verbessert haben. Klaus-Peter Kubiak, Geschäftsführer der dvg Datenverarbeitungsgesellschaft unterstützt denn auch das Konzept der Autoren: „Bart Piepers und Marcel Storms von Concept-international haben für uns auf ausgezeichnete Weise ein neues Business-Club-Konzept entwickelt. Von der Kosten-Nutzen-Analyse bis hin zur Umsetzung haben sie uns Schritt für Schritt begleitet und dieses Konzept zu einem großen Erfolg gemacht. Jetzt arbeiten wir effizienter und sind besser in der Lage, unseren Kunden als Team zu Diensten zu sein. Außerdem haben wir eine Einsparung an Investitionskosten von 43 Millionen Euro sowie weitere 10 Millionen Euro an jährlichen Kosten erzielt!" Aber das neue Konzept erfordert auch von jedem Mitarbeiter und jeder Mitarbeiterin die Bereitschaft, Gewohnheiten aufzugeben und sich an die neuen Arbeitsweisen anzupassen. Mehr Offenheit und informeller Austausch sind gefragt, Mitarbeiter müssen lernen, mit wenig Papier zu arbeiten.

Dieses Beispiel zeigt, daß sich Umdenken lohnt. Wenn Büroarbeit nicht mehr wie früher automatisch mit Bürogebäuden, Schreibtischen und Aktenschränken verbunden ist, sind Arbeitsweise, Unternehmenskultur und Informationstechnologie entscheidend für den Unternehmenserfolg. Die Geschäftsführung der „dvg", die für das neue Bürokonzept verantwortlich ist, ist mit den bisherigen Ergebnissen sehr zufrieden. Denn die „Business-Clubs" bieten eine optimale Infrastruktur für eine offene und flexible Zusammenarbeit im Sinne des Kunden. Das Konzept wird zudem ständig optimiert und ist Teil eines langfristigen Umwandlungsprozesses.

Neue Konzepte sind aber nur erfolgreich, wenn man in der Lage ist, sie auf die Zusammenarbeit von Menschen auszurichten. Wichtiger Erfolgsfaktor ist darum die frühzeitige Einbindung der Mitarbeiter bei der Entwicklung und Einführung neuer Bürokonzepte. Auch die Geschäftsführung muss von der Maßnahme überzeugt sein und sie offensiv vertreten. Darum hat auch die „dvg"-Geschäftsführung keine festen Schreibtische, sondern nur einen „Business-Club", in dem jeden Tag die passenden Arbeitsplätze ausgesucht werden.

Sun Microsystems (USA)

Das Unternehmen „Sun Microsystems" hat bereits viel Erfahrung mit neuen Bürokonzepten gesammelt. Weltweit wird an mehr als zwanzig Standorten mit flexiblen Büros gearbeitet. Ziel der neuesten Weiterentwicklung – „Network of Places" genannt – ist es, auf mehreren Ebenen ein Netz aus flexiblen Büros zu schaffen. Die höchste Ebene bildet das „Central Office", die kommunikative Zentrale des Unternehmens. Auf der zweiten Ebene werden regionale „Satellite Offices" eingerichtet. Nah an den Kunden und an den Wohnorten der Mitarbeiter bieten diese Büros die Möglichkeit, sich mit Kollegen zu treffen oder Projekt- und Teamarbeit zu verrichten. Schließlich sind die „Home Offices" die dritte Ebene, auf der jede/r Mitarbeiter/in je nach Bedarf individuelle Tätigkeiten ausüben kann.

„Sun" hat das „Network of Places" in den Niederlanden beispielhaft umgesetzt. Das Unternehmen verfügt über „Satellite Offices" in Amsterdam und Den Haag, das Central Office ist in Amersfoort. Die Arbeitsweise ist auf Kreativität, Produktivität sowie ein hohes Maß an Selbstdisziplin und Eigenverantwortung ausgerichtet. Das Prinzip des „Network of Places" stellen wir hier anhand einer typischen Arbeitswoche eines „Sun"-Mitarbeiters anschaulich vor:

Am Montag arbeitet der „Sunner" zu Hause. Der morgendliche Stau ist damit vermieden, ein erster Zeitgewinn zu verzeichnen. Per E-Mail, Intranet und Telefon werden Informationen mit Kollegen ausgetauscht. Danach ist der Tag sehr produktiv und konzentriert, weil die im Büro üblichen Unterbrechungen wegfallen. Die Mittagspause wird mit der Familie verbracht. Am Dienstag findet ein Treffen mit zwei Kollegen im Satellitenbüro in Amsterdam statt. In der Lounge wird ein Kundentreffen später am Tag vorbereitet. Danach ist noch etwas Zeit, um individuelle Arbeit auf den dafür geeigneten Cockpit-Arbeitsplätzen zu verrichten. Am Mittwoch gibt es einen festen Teamtag im Central Office. Nach allen Team- und Abteilungsmeetings trifft der „Sunner" internationale Kollegen aus seinem „virtuellen Team" in einer Videokonferenz. Schließlich finden noch ein Brainstorm-Meeting und am Ende des Tages ein soziales Beisammensein im „GrandCafé" des Central Office statt. Am Donnerstag hat unser Kollege einen freien Tag, am Freitag nimmt er im „Central Office" an einem Kundentermin und einigen Teammeetings teil. Die restliche Zeit zwischen den Meetings nutzt er für individuelle Arbeit. Am Samstagmorgen loggt er sich von zu Hause in das Netz ein und bearbeitet in entspannter Atmosphäre einige Mails, die während der Woche liegengeblieben sind.

Das „Central Office" in Amersfoort spielt also eine wichtige Rolle, ohne daß man dort ständig anwesend sein müßte. Neben formellen und informellen Meetingräumen, Kundenbereichen, „Business Partner Lounges" und dem „GrandCafé" gibt es im hier auch Büroflächen. Jeder Bereich bietet etwa fünfzig Kollegen Platz und verfügt über eine sehr ruhige Teamzone, zum Beispiel für abteilungsinterne Arbeit, eine dynamischere Projektzone und eine informelle und kommunikative „Plaza" mit Bar, so daß sich der Arbeitstag sehr abwechslungsreich gestalten läßt. Auch das Restaurant ist multifunktionell eingerichtet und bietet dank Netzanschlüssen die Möglichkeit, in angenehmer Atmosphäre zu arbeiten.

„Sun" ist weltweit in mehr als 170 Ländern vertreten und hat deshalb schon frühzeitig viel Erfahrung mit virtuellen Teams gesammelt, die unabhängig von der geographischen Distanz zusammenarbeiten und ihr Wissen über das Internet austauschen. Aufgrund der immer größer werdenden Bedeutung moderner Technologien gibt es in der heutigen Arbeitswelt schon jetzt statt traditioneller Büros immer mehr Lounges, „GrandCafés" und informelle Treffpunkte. Das Büro ist nicht mehr länger nur der Platz, an dem gearbeitet wird, sondern auch das soziale Herz der Organisation.

Aus den Erfahrungen dieser „Pioniere" läßt sich viel über die Einführung neuer Bürokonzepte lernen. Zwei Aspekte, die den Erfolg entscheidend beeinflussen, möchten wir noch kurz hervorheben: Überzeugung und Engagement. Besonders in der Anfangsphase sollte sich eine Organisation intensiv mit den Vor- und Nachteilen einer solchen Neuorientierung beschäftigen. Der Besuch von Referenzprojekten ist hilfreich, um sich von den möglichen Entwicklungen und Veränderungen ein Bild zu machen. Darüber hinaus ist es wichtig, daß sich die Geschäftsleitung über die Position und Zukunftsvision des Unternehmens im klaren ist, so daß eine bewußte

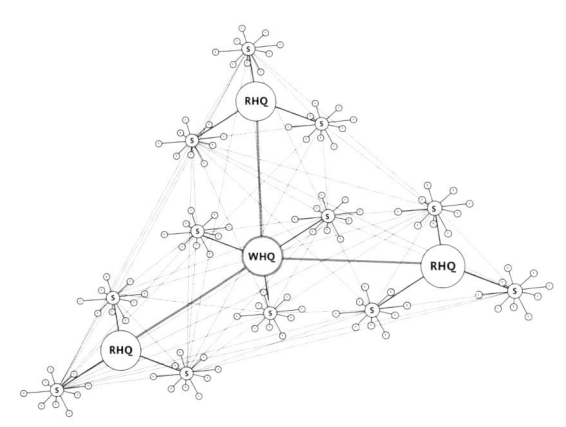

Neue Unternehmensstrukturen

Network of Places:
RHQ = Regional Headquarters oder Central Office,
S = Satellite Office, T = Home Office (siehe auch
S. 82 „Systematik der Projektauswahl")

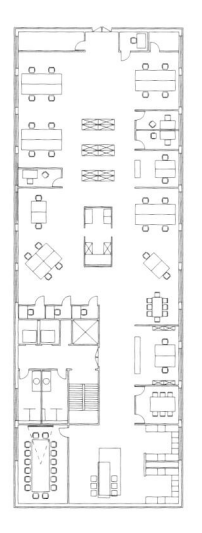

Central Office (RHQ) Amersfoort,
Sun Microsystems

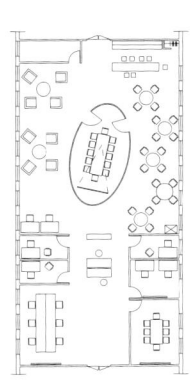

Satellite Office (S) Rijswijk,
Sun Microsystems

Entscheidung für die spezifischen Zielsetzungen eines neu einzuführenden Konzepts und den Zeitpunkt des Projektstarts getroffen werden kann. Es ist damit zu rechnen, daß während eines Entwicklungsprojektes auch Rückschläge zu verzeichnen sind und Zweifel unter den Mitarbeitern aufkommen. Dann ist es von enormer Bedeutung, daß die Unternehmensleitung Standhaftigkeit und Überzeugung zeigt, denn eine neue Bürokultur läßt sich nur mit Unterstützung des Topmanagements erfolgreich einführen.

Ein zweiter sehr wichtiger Aspekt ist die Einbindung der Mitarbeiter während der gesamten Durchführung des Projektes. Der Erfolg steht und fällt mit der Motivation und Begeisterung aller Beteiligten. Wenn die Mitarbeiter frühzeitig einbezogen werden, hat jeder die Gelegenheit, sich auf die Veränderungen vorzubereiten. Workshops sind ein gutes Mittel, um Informationen auszutauschen, Probleme zu diskutieren und Skeptiker zu begeistern. In sogenannten Fokusgruppen kann das Engagement der Mitarbeiter dann bei der Entwicklung von Lösungen weiter genutzt werden – sei es bei der Entwicklung der Bürogestaltung, der IT oder gar des Managementstils. Das Engagement der Mitarbeiter ist die Voraussetzung für ein beständiges Ergebnis.

Erzähle mir und ich vergesse.
Zeige mir und ich erinnere.
Laß' es mich tun und ich verstehe.
Konfuzius

Kill the routine, before it kills you

Nicholas G. Carr geht in seinem Artikel „Being Virtual, Character and the New Economy" (Harvard Business Review, 5/6 1999), auf die Position der Einzelperson in der sich verändernden Umgebung ein. Die Einleitung des Artikels zeigt sehr deutlich, wie viele Menschen Veränderungen in ihrem Arbeitsumfeld erleben: „Jeden Tag hören wir, daß Betriebe flexibel, anpassungsfähig und reaktionsschnell sein müssen. Ungeduldige Investoren, launische Kunden und unvorhersehbare Konkurrenten zwingen sie zu beständiger Erneuerung, bei der sie sich von alten Strategien, Strukturen und Produkten trennen und deshalb neue Fertigkeiten entwickeln müssen. In der „New Economy" führt Stillstand zum Ende eines jeden Betriebes. Auch hören wir, daß jeder von uns am Geschäft beteiligt ist und den damit einhergehenden Turbulenzen ausgesetzt ist – sei es nun als Führungskraft im oberen Management oder als Angestellter in der Verkaufsabteilung. Wir müssen ohne zu zögern oder zurückzublicken mit dem Strom schwimmen, von einem Auftrag zum nächsten, von einem Team zum anderen und von einem Betrieb zum anderen eilend. Und wir sind für unsere Karriere selbst verantwortlich, müssen uns in freiberufliche Vertreter in eigener Sache oder „e-lancer" verwandeln.

Diese Änderungen können sich durchaus anregend anhören. Doch um ganz ehrlich zu sein: sie können alle auch sehr weit entfernt erscheinen. Für die meisten von uns bleibt die „free-wheeling new economy" mehr Theorie als Realität. Wir lesen über Betriebe, die umgekrempelt worden sind, doch wenn wir dann morgens an unserem Arbeitsplatz eintreffen, sieht die Arbeit fast genauso aus wie am Tag zuvor. Wir sitzen am selben Schreibtisch oder stehen an denselben Maschinen. Wir benutzen dieselben Fertigkeiten für die Ausführung derselben Aufgaben für dieselben Chefs. Unsere Betriebe verkaufen auf dieselbe Art und Weise dieselbe Art von Produkten an dieselbe Art von Kunden. Vielleicht hören wir Slogans über Empowerment und Wandel, die alten Hierarchien erscheinen jedoch weiterhin ziemlich stabil, und Anweisungen und Belohnungen kommen immer noch auf dem herkömmlichen Wege von oben."

Diese Beschreibung der Atmosphäre entspricht der Wirklichkeit an vielen Orten um uns herum. Die Kunst besteht darin, diese Stimmung zu durchbrechen. Lisa Joronen, CEO der finnischen Firma „Sol Services" konnte Anfang der neunziger Jahre mit dem Motto „kill the routine, before it kills you" in kürzester Zeit ihr traditionell geführtes Unternehmen zu einem der fortschrittlichsten Unternehmen unserer Zeit umwandeln. Noch heute kommen Besucher von weit her angereist, um sich davon zu überzeugen, daß bei „Sol" jeder Mitarbeiter für die Ergebnisse seiner Arbeit selbst verantwortlich ist und die Arbeitsatmosphäre das einzige ist, was zählt.

WOLFRAM FUCHS

Die Zukunft der Büroimmobilie

Mit der räumlichen und zeitlichen Flexibilisierung der Büroarbeit und den neuen Möglichkeiten, Zusammenarbeit, Zeit- und Standortgrenzen übergreifend zu organisieren, ändern sich die auf den Standort bezogene Mengennachfrage und vor allem die Nutzeranforderungen an Büroimmobilien. Der Wettbewerb wird zunehmend von Standort- und Flächenkonzepten beherrscht, die Nutzungsflexibilität und Nutzungsdauer optimieren. Die Lage, als bisher erfolgsentscheidende Wettbewerbsdisziplin, tritt dagegen zurück, weil die Informationstechnologie die Vorteile zentraler Standorte stark relativiert, wenn nicht entwertet. Die Peripherie gewinnt an Attraktivität und bei vielen Standortkriterien sogar Überlegenheit.

Durch den beschleunigten Wandel der Nutzeranforderungen verkürzen sich auch die realistischen Amortisationszeiträume für Büroimmobilien. Zwanzig Jahre alte Bauten müssen oft mit immensem Aufwand für den Wettbewerb mit Neubauten gerüstet werden. Instandsetzungs- und Modernisierungsinvestitionen für die technische Gebäudeausrüstung und den Ausbau können bis zu zwei Drittel der Neubaukosten ausmachen. Damit sich Büroimmobilien in weniger als zwanzig Jahren amortisieren, müssen also entweder Boden- und Herstellungskosten sinken oder die Mieten steigen.

Bedarfsentwicklung

Die Flexibilisierung der Geschäfts- und Arbeitswelt (E-Commerce, Telearbeit) wird zur größten Herausforderung seit der Einführung von Computern. Größere Freiheiten bei der Standortwahl, verursacht unter anderem durch Internet, Workflow und Telependler, relativieren die bisher den Markt prägende Flächenknappheit. Dabei wird der Anteil an konventionellen Büroflächen kaum wachsen. Statt dessen wächst der Bedarf an flexiblen Flächen, die für konventionelle Büroformen geeignet sind und zugleich für hoch verdichtete non-territoriale Bürokonzepte und Business-Clubs genutzt werden können. Die Flexibilität muß die mehrmalige Änderung der Nutzung im Lebenszyklus eines Bürogebäudes mit verhältnismäßigem Aufwand erlauben.

Mobiles Arbeiten setzt zwar organisatorische Rahmenbedingungen voraus, nicht jedoch eine bestimmte Büroform. Allerdings erschweren konventionelle Zellenbüros die Einführung mobilen Arbeitens ebenso wie klassische Großraumbüros. Zellenbüros verfügen über geringe bauliche Flexibilität und strukturell schlechte Flächenwirtschaftlichkeit. Zudem fördern sie territoriales „Burgdenken", hierarchische Besitzstände und Abgrenzung, mithin das Gegenteil der zeitgenössischen Organisationsmaximen: Transparenz, Begegnungsqualität und Teamgeist. Typische Großraumbüros verfügen zwar über ausreichend Flexibilität und Offenheit, sind jedoch wegen ihres einseitigen Raumangebots und der störenden Akustik weder für konzentriertes Arbeiten noch für Kommunikation ideal. Gute Ausgangsbedingungen für die Einführung mobilen Arbeitens bieten Kombibüros, weil sie die Vorteile von Zellen- und Großraumbüros verbinden, deren Nachteile weitgehend vermeiden und ihr Innenausbau die spätere Einführung von Business-Clubs erleichtert. Business-Clubs erfüllen die künftigen Anforderungen mit einer Vielfalt von Aufgabenszenarien, die unterschiedlichen Tätigkeitsmustern Rechnung tragen: je nach Aufgabenstellung und persönlichem Arbeitsstil sind sie für Einzel- und Teamarbeit von ständig und gelegentlich anwesenden Arbeitskräften geeignet.

Organisatorisches Ziel ist, jede Tätigkeit mit optimalen Rahmenbedingungen zu unterstützen. Dafür müssen künftig Begegnung und Synergie gefördert werden. Die kostspieligen Ressourcen Bürofläche und -infrastruktur müssen besser ausgelastet werden und als System funktionieren. Es sollte konjunkturelle Schwankungen so verkraften, daß Kapazitäten nicht ständig auf- und abgebaut werden müssen. Die heutige Verteilung der Bürokonzepte in Europa, mit einem großen Anteil an Zellenbüros, der rückläufigen Nachfrage nach Großraumbüros und den geringen Anteilen an Kombibüros und Business-Clubs, zeigt, daß die Differenzierung der Nachfrage erst begonnen hat und das Produkt Büroimmobilie ebenso mitten im Wandel ist wie der Dienstleistungssektor und die Büroarbeit.

Nutzungsflexibilität

Eine Büroimmobilie kann und soll heute für alle gängigen Nutzungsanforderungen geeignet sein: Zellen- und Großraumbüros für konservative Nachfrager, Kombibüro und Business-Clubs für flexible Unternehmen. Dazu sollten Gebäudetiefe und Fassadenraster sowohl zweibündige als auch dreibündige Nutzungsvarianten zulassen. Die in Europa weit verbreiteten etwa zwölf Meter tiefen Bürohäuser erfüllen diese Anforderungen nicht. Sie können praktisch nur zweibündig als Zellenbüro genutzt werden. Im Interesse der Nutzungsflexibilität sind 13,50 Meter lichte nutzbare Grundrißtiefe ein unteres Richtmaß. Damit ist eine zweibündige Nutzung als Zellenbüro noch wirtschaftlich und zugleich eine dreibündige Nutzung möglich (Arbeitsplätze an den Fassaden, Infrastruktur in der Innenzone). Die Gebäudetiefe wird durch die Grenzwerte für natürliche Belichtung und Belüftung begrenzt. Das läßt bei einer Raumhöhe von 3 Metern allenfalls eine 7,50 Meter tiefe Zone entlang der Fassaden zu. Das in Europa weit verbreitete Fassadenraster von 1,35 Meter begründet sich aus den Doppelzimmern für Sachbearbeitung in Zellenbüros. Mit der Abkehr von massenhaft gereihten Bürozellen werden großzügigere und weniger strenge Raster möglich.

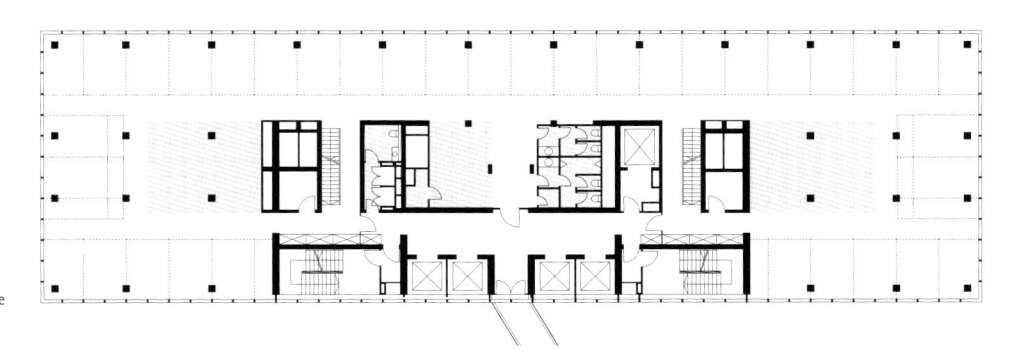

Büromodule

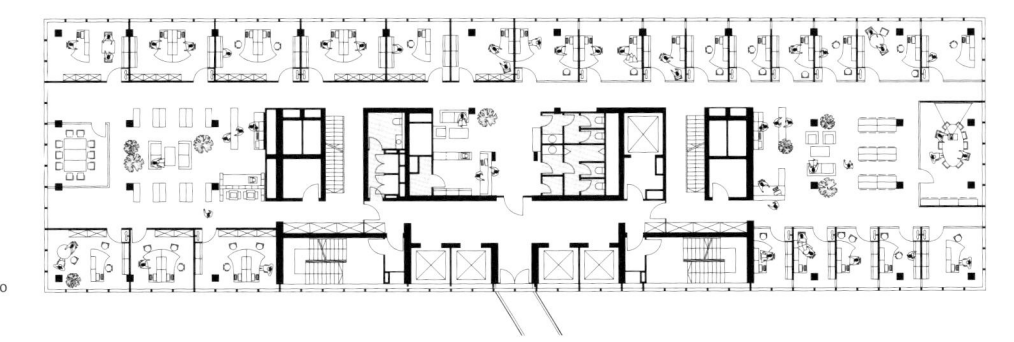

Zellenbüro / Teambüro

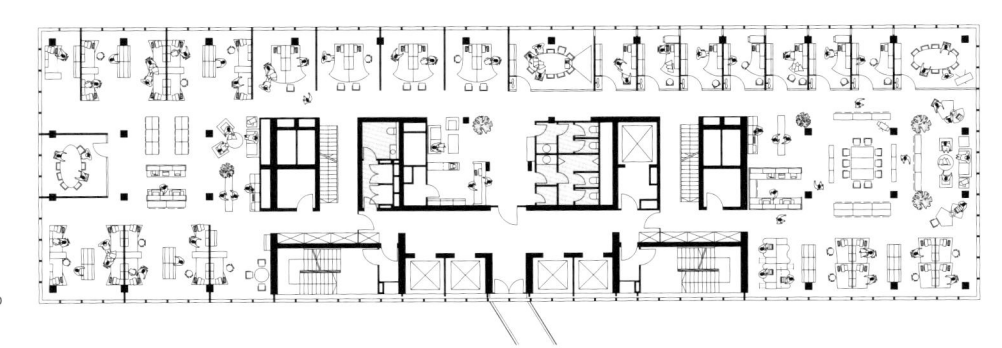

Business-Club / Kombibüro

Vienna Twin Towers:
Grundrißzonierung und Nutzungsstrategien

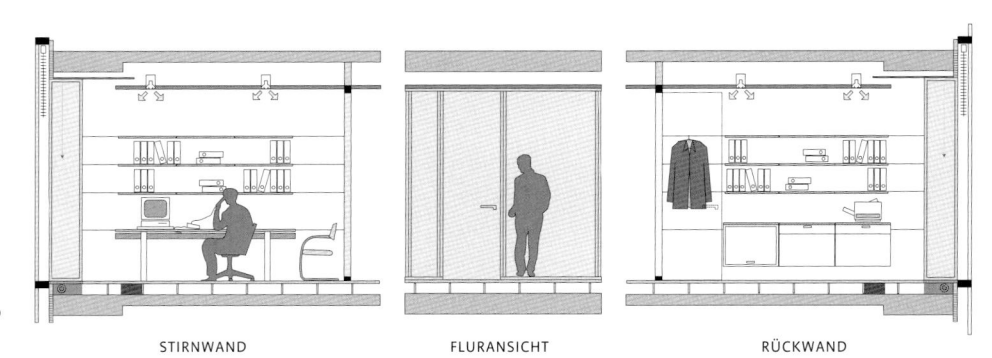

Ausbaudetail Kombibüro

STIRNWAND   FLURANSICHT   RÜCKWAND

In den Vienna Twin Towers von Massimilano Fuksas (s. S. 234) lassen sich sowohl die konventionellen Bürokonzepte als auch die zukunftsweisenden, flexiblen Business-Clubs verwirklichen. Die Nutzungsflexibilität der Büroflächen orientiert sich an unterschiedlichen Marktzielgruppen mit einfachen bis gehobenen Ansprüchen. Anders als bei den meisten Projektentwicklungen wird indes für jedes Bürokonzept ein durchdachter Grundausbaustandard angeboten. Sonderwünsche werden berücksichtigt, wenn ein Mieter sich für den Grundausbau als Zellenbüro oder Business-Club entschieden hat. Obwohl auf einem Geschoß bis zu 1.500 m² Mietfläche angeboten werden, lassen sich die Geschosse auch untereinander auf kurzen Wegen verbinden. Dazu wurden so genannte „pop-out-panels" in den Decken vorgesehen, die bei Bedarf durch Wendeltreppen ersetzt und später auch wieder geschlossen werden können.

Standortsynergie

Die Nachbarschaft zu (potentiellen) Kunden und Kooperationspartnern ist ein wesentliches Standortkriterium und muß in Randgebieten oft erst geschaffen werden. Die Schaffung einer „Business-Community" fördert Synergien. Dazu lohnt es sich, geeignete Zielgruppen zu identifizieren und eine vielversprechende Mischung aus Nutzern zu akquirieren. Die Twin Towers wurden auf der Grundlage eines Masterplans entwickelt, der für die Wienerberger City, ein Gebiet am Stadtrand, eine Mischnutzung vorsieht. Die Hochhaustürme, die auf 60.000 m² nahezu 30.000 Arbeitsplätze unterbringen, wurden durch 12.000 m² Einzelhandelsflächen und ein Entertainment-Center im Sockelbereich ergänzt. Hinzu kommen rund 1.300 Miet- und Eigentumswohnungen mit entsprechender Infrastruktur in der Nachbarschaft. Die Urbanität des neuen Standortes und seine Attraktivität für jeden einzelnen Nutzer entsteht vor allem aus Synergien zwischen den unterschiedlichen Nutzergruppen der Wienerberger City. Die 2.300 Tiefgaragenplätze werden von Büro- und Wohnungsmietern, Kunden und Beschäftigten in den Dienstleistungseinrichtungen genutzt. Gleiches gilt für das Fitness-Center und den „Food-Court" im Hochhaus, aber auch für die Kinderbetreuungseinrichtungen und die Räume der Volkshochschule in der unmittelbaren Nachbarschaft. Der Shuttlebus zur U-Bahn dient Einzelhandelskunden ebenso wie Büronutzern.

Infrastruktur

Qualifizierte Mitarbeiter gelten heute als aufgeschlossen für technische Innovationen und neue Dienstleistungen. Mit der Flexibilisierung der Arbeitszeiten wächst die Nachfrage nach der flexiblen Verfügbarkeit von Infrastruktur. Eine IT-Infrastruktur mit maximaler Bandbreite sollte heute Basisinfrastruktur einer Büroimmobilie sein. Die Integration von Gebäude-IT und Aufgaben-IT ist technisch längst machbar und nur so sinnvoll nutzbar. Sie begünstigt zudem den Aufbau eines Gebäude-Intranets. Die Wienerberger City verfügt über ein eigenes Intranet, das Nachbarn und Dienstleister zu einer virtuellen Gemeinde verbindet, kurze Kommunikationswege zwischen den Mietern schafft und ein Marktplatz für Geschäfte und Dienstleistungen sein kann.

Dienstleistungen

Schließlich bieten die Vermieter der Twin Towers umfangreiche Dienstleistungen an, die Mieter vor, während und nach dem Umzug nutzen können. Dieser Service reicht von der planerischen Unterstützung bei den Umzugsvorbereitungen bis zur Übernahme von allgemeinen Diensten im Routinebetrieb. Gemeinsam nutzbare Einrichtungen, „Eventflächen" und High-Tech-Einrichtungen optimieren die Geschäftsprozesse und festigen die Identifikation mit dem Standort. Die Regus-Gruppe bietet auf mehreren Etagen die kurzfristige Vermietung von Kleinflächen an und trägt damit zur Flexibilität der Mieter bei und ermöglicht potentiellen Mietern den Einstieg in den Standort.

Naheliegend ist auch, den Einkauf von Waren und Dienstleistungen eines Standortes zu bündeln und daraus Synergieeffekte für die Nutzer zu generieren. Bei Büromaterialverbrauch und Telefonkosten lassen sich so leicht Vorteile von mehreren Euro pro Quadratmeter für den Nutzer erzielen – die zusätzlichen Gemeinkosteneinsparungen und Flexibilitätsgewinne des Mieters nicht mitgerechnet. Gastronomie sollte die informelle Kommunikation der Mitarbeiter im Gebäude über Stockwerks-, Abteilungs- und Unternehmensgrenzen hinweg fördern. An die Stelle der Fremdkontrolle der Anwesenheit (als Maßstab für Fleiß) tritt die soziale Kontrolle der Begegnungsqualität und die Förderung des Informationsaustauschs zwischen Wissensträgern.

Die Immobilie kann und sollte die organisatorische, räumliche und zeitliche Flexibilität der Unternehmen unterstützen. In der Vergangenheit wurden Mehrwert-Dienstleistungen selten angeboten, weil sie nicht nachgefragt wurden. Die Regus-Gruppe führt vor, wie man Büroflächen mit Full-Service erfolgreich vermarktet. Siemens Real Estate realisiert an mehreren Standorten für konzerneigene und fremde Mieter ein Full-Service-Konzept nach dem „Regus-Prinzip". Die Grundausstattung besteht aus non-territorialen Arbeitsplätzen in Einzelbüros, Teamräumen und Kommunikationszentren, die vom Mieter zwei- bis dreifach belegt werden und mit Breitbandverkabelung, standardisierter PC- und Telefonausrüstung, Präsentationstechnik usw. ausgerüstet sind. Hinzu kommen umfassende Dienstleistungen unter dem Motto „Mehr Freiheit für Ihre Freizeit": ein Internetmarktplatz für Lebensmittel, Drogeriewaren, Blumen, Theaterkarten, Besorgungen, KfZ-Wartung, Versicherungen, Reisebuchung usw. Die Waren werden per Kreditkarte bezahlt und je nach Wusch zum Arbeitsplatz, in Schließfächer am Empfang oder nach Hause geliefert.

Bei Siemens ist der Nutzen für alle Beteiligten groß. Wenn die Mitarbeiter „von lästigen Erledigungen des täglichen Bedarfs kurz nach Büro- oder kurz vor Ladenschluß freigehalten werden, entstehen wertvolle Zeitguthaben", die gewinnbringend für die Firma, die Familie und die Freizeitgestaltung genutzt werden können. Das Unternehmen gewinnt zudem einen Wettbewerbsvorteil bei hoch qualifizierten Arbeitskräften.

Twin Towers in Wien von Massimiliano Fuksas, siehe Seite 234.

Büroarchitektur

RAINER HASCHER

Der Einfluß der Trennung von Tragwerk und Hülle auf die Architektur

Gesellschaften vor der industriellen Revolution hatten nur wenige Baumaterialien und wenige Formen nutzbarer Energie zu ihrer Verfügung. Aus diesem Grund haben sich alle Hochkulturen, die Architektur von Bedeutung geschaffen haben, auf die Konstruktion massiver, schwerer Gebäude beschränkt, um damit sowohl physischen als auch psychischen Bedürfnissen für eine gestaltete Umwelt gerecht zu werden. Das Tragwerk und die Hülle bildeten eine identische Einheit, während das dritte Subsystem, das heute selbstverständlich zu einem zeitgemäßen Bauwerk gehört, der technische Ausbau, wenn überhaupt, nur rudimentär in die Gebäudestruktur integriert war.

Bewohnbaren Lebensraum erreichte man allein durch seine Umhüllung mit großer Masse. Eine solche dicke, schwere Konstruktion bot einen hinreichenden Wärmeschutz und besaß vor allem eine große Wärmespeicherfähigkeit. Diese letzte Eigenschaft massiver Konstruktionen hat zur Bewohnbarkeit mehr beigetragen, als zumeist angenommen wird. Ihre Fähigkeit, die ihr zugeführte Wärme zu absorbieren und zu speichern und diese Wärme dann wieder an die Umgebung abzugeben, wenn die Wärmequelle längst erloschen ist, diente in zweifacher Hinsicht zur Regulierung der Innentemperaturverhältnisse. Zum einen hatte die Mauerwerksmasse eines Kamins am Tage die Aufgabe, die Hitze eines brennenden Feuers anzunehmen und sie bei erloschenem Feuer während der Nachtstunden wieder an das Haus abzugeben. Andererseits absorbieren die massiven Mauerwerkswände bei intensiver Sonneneinstrahlung von außen die Wärmeenergie, verlangsamen so eine Erwärmung der Innenräume, um dann nach Sonnenuntergang durch die Abstrahlung der erwärmten Speichermassen eine plötzliche Abkühlung zu verhindern.

Mit Entwicklung neuer Materialien am Ende des 19. Jahrhunderts – wie des Walzstahls und des bewehrten Betons – wurde das Bauen in seinen räumlichen Möglichkeiten und seiner Gestaltung revolutioniert.

Hülle und Tragwerk wurden getrennt. Die Leistung des Tragwerks nahm, gemessen am Materialaufwand, rapide zu, und dünne, flächige Materialien wie zum Beispiel Glas und Stahlpaneele bildeten eine dünne Grenzschicht zwischen innen und außen. Diese Entflechtung und Minimierung von Tragwerk und Hülle und die Einführung technischer Apparate zur Raumkonditionierung erforderte jedoch ungleich höhere Kenntnisse über bauphysikalische Phänomene, die von den Planern zunächst unterschätzt wurden. So ist es auch zu verstehen, daß die Hülle seit der Erfindung des modernen Skelettbaus eine faszinierende, jedoch in ihren Folgen teilweise problematische Entwicklung durchgemacht hat. Insbesondere sind einige für den Energiehaushalt des Gebäudes wichtige Aspekte zu kurz gekommen.

Ohne jeden Zweifel gehören die Ideen und ausgeführten Bürohausprojekte von Ludwig Mies van der Rohe zu den ästhetischen Höhepunkten dieser Entwicklung. Sein Projekt für ein Glashochhaus in Berlin von 1922 ist eine Ikone. Doch Mies schöpft nicht nur die Möglichkeiten der Trennung von Hülle und Tragwerk aus, er entwickelt zugleich einen polygonalen Grundriß hinter der hauchdünnen Vorhangfassade aus Glas, der die offenen Räume für Jahrzehnte später entwickelte Büroorganisationsformen antizipiert. Natürlich ist dieses Gebäude mehr die Verkörperung einer Idee als ein reales Haus, absolute Architektur, die sich in ihrer räumlichen Entfaltung selbst genügt. Zugleich stellt es jedoch eine radikale Unabhängigkeitserklärung von der Natur dar – die künstliche Raumkonditionierung auf der Grundlage scheinbar unbegrenzt zur Verfügung stehender Energieressourcen ermöglicht eine völlig autarke, von den klimatischen Außenbedingungen abgeschnittene Arbeitswelt.

Über 50 Jahre später realisiert Norman Foster diesen polygonalen Grundriß für das Verwaltungsgebäude von Willis Faber in Ipswich. Eine weit gespannte Stahlbeton-Skelettkonstruktion mit einer 70 cm hohen Rippendecke, die in Verbindung mit der darunter abgehängten, leichten Aluminiumlamellen-Verkleidung die Lüftungskanäle für die künstliche Raumluftkonditionierung aufnimmt, ermöglicht einen extrem tiefen, frei geformten Grundriß. Das Gebäude paßt sich nahtlos dem unregelmäßig geschnittenen Grundstück an und nutzt dieses optimal aus. Für die Büroorganisation entstehen auf diese Weise weiträumige und völlig flexibel nutzbare Raumzuschnitte – ideal für ein Großraumbüro. Ein aufgeständerter Boden mit einem Netz von

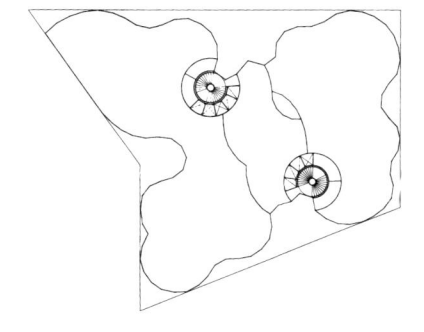

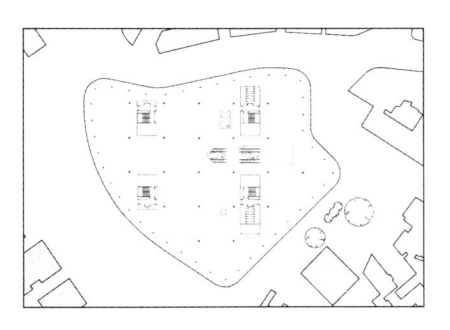

Ludwig Mies van der Rohe, Entwurf für ein Glashochhaus in der Friedrichstraße, Berlin (1922); Grundriß.

Norman Foster and Associates, Bürogebäude für Willis Faber in Ipswich, 1971-75; Grundriß.

Norman Foster and Associates,
Willis Faber Bürogebäude; Außenansichten.
Tagsüber erscheint die Glasfassade schwarz und
opak. Bei Nacht wirkt sie transparent und strahlend.

Kabelkanälen sorgt für die von den Wänden völlig unabhängige Elektroversorgung jedes einzelnen Arbeitsplatzes. Die vom Boden bis zur Decke völlig verglaste Außenwand erzielt zumindest in den Randzonen des tiefen Gebäudes optimale Tageslichtbedingungen für die Arbeitsplätze. Selbst die Windstiele zur Ableitung der Windkräfte auf die Decken bestehen nur noch aus vorgespannten „Glasschwertern": jedes Konstruktionselement, das den freien Blick nach außen einengen könnte, ist aus Glas. Die einzelnen Scheiben sind durch geschraubte Klemmplatten an der jeweils nächsthöheren Scheibe befestigt; ähnlich einem Kettenhemd hängt die gesamte, über drei Geschosse reichende Fassade an der obersten Geschoßdecke und wird gegen Windsog und Winddruck lediglich durch die eingespannten, halbgeschoßhohen Glasschwerter ausgesteift. Von innen bietet sich so ein völlig freier Blick auf die kleinteiligen Häuser der Umgebung. Diese Glasarchitektur bricht endgültig mit der Gegenüberstellung von innen und außen. Es wird der Eindruck erweckt, als ob die Außenwand aufgelöst wäre.

    Das neue Gebäude steht wie ein riesiger Markierungsstein inmitten des Altstadtstraßennetzes. Tagsüber spiegeln sich die gegenüberliegenden Häuser im dunklen Absorptionsglas, das gegen eine zu starke Aufheizung durch Sonneneinstrahlung eingesetzt wurde und daher den Baukörper tagsüber unnahbar erscheinen läßt.

    Am Abend oder frühen Morgen, wenn der Bau innen erleuchtet ist, ändert sich dieser Eindruck vollkommen. Plötzlich wird transparent, was innen vorgeht; man erkennt den Maßstab und die Vielfalt der Funktionen. Bei Tag hat man im Gegensatz dazu das Gefühl, einem Fremdkörper von einem anderen Planeten zu begegnen, einem Stück polierten Magma, kalt und perfekt wie der Schauplatz eines Science-fiction-Romans.

    Trotz des eingesetzten Absorptionsglases konnte das Problem der Sonneneinstrahlung im Sommer nur durch einen erhöhten Aufwand in der Klimatisierung des Gebäudes ausgeglichen werden. Dieses Gebäude wurde noch vor der ersten Energiekrise geplant und ein derartig selektiver Einsatz neuer technischer Errungenschaften und Möglichkeiten, um einen kristallinen Baukörper zu gestalten, bei dem keine Rücksicht auf die Himmelsrichtungen genommen werden muß, ist einseitig und wird den heute an uns gestellten Problemen nicht mehr gerecht.
In den folgenden Aufsätzen werden Abhängigkeiten von bauphysikalischen Anforderungen und technischen Lösungsansätzen aufgezeigt, die das Gesamtsystem Gebäude sehr viel komplexer auch unter den Aspekten der Nachhaltigkeit betrachten.

Willis Faber-Bürogebäude, Innenansicht.
Die „Glasschwerter" haben die Funktion eingespannter Windstiele.

RAINER HASCHER

Nachhaltige Gebäudekonzepte für Büronutzungen

Der Bau und Betrieb von Gebäuden belastet grundsätzlich die Umwelt, denn es gibt keine ökologischen Verfahren für den Bau und Unterhalt von Gebäuden, es gibt dafür nur mehr oder weniger umweltbelastende Prozesse und Materialien.

Auf jeder Stufe der Fertigung, des Betriebs und der Entsorgung werden grundsätzlich Energieflüsse erforderlich, es kommt zu Umweltbelastungen durch Transportbewegungen, und es entstehen toxische Stoffe für den Menschen und die Natur.

Nahezu die Hälfte der in Europa verbrauchten Energie dient dem Betrieb von Gebäuden; für den Verkehr sind zusätzlich nochmals über 25 % aufzuwenden. Der Energieverbrauch pro Kopf ist dabei in Nordamerika nahezu dreimal so hoch wie in den übrigen westlichen Industrieländern. Wissenschaftler schätzen, daß die Erde viermal so groß sein müßte, wenn alle Menschen auf der Welt so leben wollten wie in den industrialisierten Ländern.

Der Lebensraum für die Menschheit wird durch drei sich gegenseitig beeinflussende kritische Entwicklungen gefährdet:

- Bevölkerungsexplosion
- Lebensraumzerstörung durch Schadstoffemissionen
- Erschöpfung natürlicher Ressourcen

Das Kernproblem der Bevölkerungsexplosion bedroht zukünftige Generationen in bisher nicht bekannter Form, da mit zunehmender Geschwindigkeit die Lebensraumzerstörung durch Schadstoffemissionen zunimmt und gleichzeitig wichtige natürliche Ressourcen erschöpft werden.

Dabei verursachen rücksichtslose Intensivbewirtschaftung und zerstörerische Rohstoffausbeute sowie ein weltweiter Rückgang der Agrarflächen eine zunehmende Verringerung der natürlichen Lebensräume.

Bei der Forderung westlicher Industriestaaten nach globalen Vereinbarungen zum Schutz der zusammenhängenden, großen Waldvorkommen dieser Erde wird bisher das Problem der menschenunwürdigen Armut dieser Regionen unverantwortlich verdrängt; denn die Bevölkerungsgruppen der sogenannten Dritten Welt werden auf ihrem Anspruch, ihre existenzielle Not gegebenenfalls auch durch Raubbau an der Natur zu verringern, solange beharren, wie die Industriestaaten ihre eigene verschwenderische Lebensform weiter pflegen.

Zugleich werden in den Industriestaaten, aber auch in anderen Ballungsgebieten im Zuge der Globalisierung und einer sich rasant entwickelnden Kommunikationsgesellschaft immer größere Dienstleistungs- und Verwaltungsbaukomplexe errichtet, die die Bedeutung großer Bauvolumina aus dem Primärindustriesektor für den Energieverbrauch zunehmend verdrängen. Vor allem in den ostasiatischen Großstädten wurden und werden Millionen Quadratmeter an neuen Büroflächen mit einem veralteten Gebäudetechnologiestandard geschaffen, der den weltweiten Energie- und Ressourcenverbrauch zusätzlich beschleunigt.

Vor diesem Hintergrund ist für die Betrachtung des Lebenszyklus von Bürogebäuden ein Paradigmenwechsel unabdingbar. Dadurch erweitert sich das Planungsvolumen immens, und Diskussionen über die architektonische Konzeption werden zukünftig nicht mehr ohne die Komponente der Nachhaltigkeit geführt werden können. Der Begriff der „nachhaltigen Entwicklung" berührt dabei, wenn er erfolgreich in unser Wirtschaftssystem implantiert werden soll, nicht nur die ökologischen Aspekte; vielmehr gilt es, ökonomische, gesellschaftliche und kulturelle Werte in ein planerisches Konzept so zu integrieren, daß daraus eine ganzheitliche Strategie für zukunftsfähige Gebäudekonzepte entsteht. Es geht dabei nicht um Extremlösungen, sondern vielmehr um eine ganzheitliche Betrachtungsweise und eine angemessene Balance innerhalb des unten dargestellten Zieldreiecks.

Wir wissen, daß viele der Probleme, die unsere Umwelt belasten, aus der immer effizienter gestalteten Spezialisierung unserer Gesellschaft entstehen. Dabei werden Teilaspekte von Produkten, Prozessen und Materialien nicht nur sinnlos bis zur scheinbaren Perfektion optimiert, sondern zugleich wirken sie sich negativ auf den gesamten natürlichen Lebensraum aus,

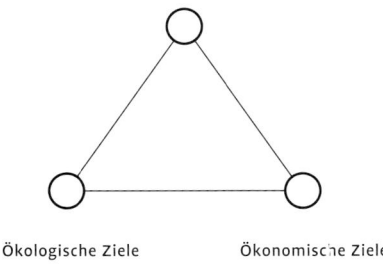

Zieldreieck einer nachhaltigen Entwicklung

da die Optimierungsmethoden in zu geringem Maß die Ausgewogenheit des Gesamtsystems berücksichtigen. Diese Kritik stellt keine Rückzugsforderung aus hochtechnisch geprägten Systemen dar, sondern ist vielmehr ein Plädoyer für die ausgewogene und balancierte Einbettung modernster Technologie in das Zieldreieck von soziokulturellem Kontext, Ökologie und Ökonomie.

So bietet denn ein zukunftsfähiges, nachhaltig konzipiertes Bürogebäude mehr als nur eine Klimahülle:

Die Verbindung zwischen innen und außen hat für unsere Lebensgewohnheiten in gleichem Maße an Bedeutung gewonnen, wie die Abwehrfunktionen eines Gebäudes gegenüber der Natur durch neue Materialien und Techniken leichter, müheloser zu erfüllen waren. Damit wird das Gebäude intensiver in die Umgebung eingebunden – die Übergänge im Bereich der Hülle werden abgestufter – Licht kann geleitet, gefiltert, gedämpft, gebrochen und reflektiert werden. Energieströme werden kontrollierbarer. Der psychologische Gewinn, den eine transparente Hülle bietet, das Sehen und Erleben von Tag und Nacht, von Wind und Wetter, von Sommer und Winter, wurde im zwanzigsten Jahrhundert zu einem wichtigen Bestandteil einer offenen und erlebnisreichen Architektur. So ist es zum Beispiel eine der Aufgaben unserer Zeit, das natürliche Tageslicht nicht nur unter energetischen Aspekten zu kanalisieren, sondern seine Einflüsse auf die Physis und die Psyche des Menschen in das architektonische Konzept zu integrieren.

Unter diesem Gesichtspunkt muß es das Ziel sein, energetische Gebäudekonzepte nicht einseitig und ausschließlich um ihrer selbst willen und zu Lasten von Raum- und Lebensqualitäten zu optimieren. Statt dessen müssen innovative und qualitativ hoch stehende Nutzungskonzepte für Aufgaben des Büroalltags entwickelt werden, die neue Wege der Energieeinsparung eröffnen.

Im besten Fall werden architektonische Lebensräume ganzheitlich entwickelt, das heißt, nicht nur durch die Definition von Wänden, Decken und Böden, sondern auch von Licht, Temperatur, Luftwechsel, Geruch und Akustik.

In diesem Zusammenhang sind auch der strukturelle Aufbau und die Konstruktion eines Gebäudes als wesentliche Bestandteile einer nachhaltigen Architektur zu sehen. In der aktuellen Diskussion um optimale Energiekonzepte für Bauwerke wird häufig alleine die Konditionierung des Innenklimas durch Heizung, Kühlung, Lüftung, Beleuchtung und sonstige innere Wärmelasten von Geräten behandelt. Fragen zur Gewinnung von Rohstoffen, deren Verarbeitung zu Baustoffen und Halbzeugen, Transport und Endmontage an der Baustelle, Fragen zum Bauunterhalt und zur Lebensdauer, Reparatur- und Umbauaufwendungen sowie Abbruch und Recycling werden – wenn überhaupt – nur am Rande gestellt. Doch es gilt, dieses Prinzip methodisch in den strukturellen Aufbau eines Gebäudes zu integrieren, denn:

Es gibt bislang kein übergreifendes System von Baustoffbewertungskriterien, das einen ökologischen Vergleich unterschiedlicher Konstruktionssysteme zuläßt. Neue methodische Ansätze versuchen, die Stoffströme von biotischen und abiotischen Materialien sowie von Wasser, Boden, Luft und Energie in Einheiten pro Quadratmeter Bauteil zu ermitteln. Die entsprechende Materialintensität, auch als ökologischer Rucksack bezeichnet, gilt es zu minimieren. Die Hierarchie bei der Auswahl von Material und Konstruktion lautet:

- Reduce
- Reuse
- Recycle

Das bedeutet:
- Ein Gebäude, das mit möglichst geringem Materialaufwand gebaut wird, ist in der Regel auch bezüglich seiner Herstellung ein energetisch optimiertes Gebäude.
- Ein langlebiges, flexibel angelegtes Gebäude, das sich durch leichte Anpassungsfähigkeit an wechselnde Nutzungsanforderungen auszeichnet, ist auch unter energetischen Gesichtspunkten ein erstrebenswertes Ziel.
- Ein klares, strukturelles Gefüge der Bauelemente und Subsysteme ist auch demontagegerecht gebaut. Die Recyclebarkeit seiner Einzelkomponenten wird durch materialgerechte Fügung und Einfachheit der Details erleichtert.

Werte wie „Klarheit der Struktur" und „Angemessenheit der Mittel" gewinnen unter dem Gesichtspunkt der Nachhaltigkeit neue Bedeutung: energetische und ökologische Fragen stellen neue Herausforderungen an die Architektur, die die Gestalt der gebauten Umwelt wesentlich beeinflussen werden.

Auf abstrakter Ebene lassen sich für das Ziel einer nachhaltigen Planung mühelos eine Reihe klar definierter Handlungsanweisungen geben:
- Berücksichtigung arbeitsphysiologischer und psychologischer Einflüsse und Belange für die Konzeption der Gebäudestruktur.
- Berücksichtigung spezifischer Standortfaktoren (Topographie, Vegetation, Infrastruktur und kulturelles Umfeld) bei der Einbettung der Gebäudeanlage in den örtlichen Kontext.
- Nutzung klimatischer Rahmenbedingungen (Sonneneinstrahlung, Wind, tages- und jahreszeitlicher Temperaturverlauf, geothermische Verhältnisse, Gewässertemperaturen, Luftfeuchtigkeit, Tageslichtangebot) für eine natürliche und weitestgehende passive Gebäudekonditionierung.
- Reduzierung von Stoffflüssen während des gesamten Lebenszyklus eines Gebäudes.
- Reduzierung von künstlich zu unterstützenden Energieflüssen während des gesamten Lebenszyklus eines Gebäudes.
- Integration von nachwachsenden Rohstoffen in die Baustruktur.
- Entwicklung wiederverwertbarer Baumaterialien und demontagegerechter Konstruktionen.

Im praktischen Entscheidungsprozeß ist die Bewertung solcher Handlungsanweisungen jedoch nicht ohne Zielkonflikte, die zu völlig unterschiedlichen Gebäudekonzepten führen können. Zum Beispiel scheinen Organisationsformen, bei denen auf das Bauen an sich verzichtet werden kann oder bei denen Arbeitsplätze von mehreren Mitarbeitern genutzt werden, der Forderung nach Reduktion von Stoff- und Energieflüssen folgerichtig nachzukommen. Da Gebäude aber nicht alleine unter ökologischen Kriterien, sondern auch unter soziokulturellen Aspekten und im Hinblick auf ihren gesamtwirtschaftlichen Nutzen bewertet werden müssen, wäre der Ansatz, Bürogebäude durch Heimarbeit am Computer überflüssig werden zu lassen, zwar ökologisch wünschenswert, jedoch gesamtgesellschaftlich irreal. Zukünftig werden zwar weniger Einzelarbeitsplätze zu errichten sein, dennoch wird das Bürogebäude für die soziale Kontaktaufnahme und persönliche Kommunikation unter den Mitarbeitern eine sehr viel wesentlichere Rolle spielen – der Reduzierung der tatsächlich gebauten Arbeitsplätze steht ein erhöhtes Raumangebot für die gemeinsame Begegnung gegenüber.

Genausowenig wie die modernen Kommunikationstechnologien den Papierverbrauch drastisch reduziert haben, werden sie in naher Zukunft den Flächenverbrauch von Bauwerken umfassend senken.

RAINER HASCHER

Inwieweit vorhandener Gebäudebestand erhalten und für das neue Anforderungsprofil einer zeitgemäßen Büroimmobilie umgenutzt werden kann, ist unter dem ökologischen Blickwinkel zwar hochinteressant, muß jedoch im Einzelfall geprüft werden, wenn zum Beispiel nicht ausreichend mit moderner Technik nachgerüstet werden kann oder zu starre Grundrißformen einem kommunikativen und am Firmenprofil optimal ausgerichteten Gebäudekonzept im Wege stehen.

Globalisierung der Wirtschaft und Wissenstransfer durch weltweite Vernetzung werden zweifellos nicht nur in Amerika und Europa, sondern vor allem auch im asiatischen Raum zur verstärkten Errichtung von Bürobauten führen. Die Entwicklung neuer, ökologisch optimierter Gebäudeformen und -techniken gewinnt daher besonders an Bedeutung. Bisher war die Entwicklung der Gebäude und der Gebäudetechnik von linearem Denken und Planen gekennzeichnet. Einzelprodukte und Systeme wurden in der Vergangenheit und werden zum Teil auch heute noch zielgerichtet auf Einzelaspekte des Bauens abgestellt, obwohl dies eindeutig erkennbar der falsche Weg in die Zukunft ist.

Gewiß bildet ein differenziertes Wissen über energetische Prozesse und über die Techniken, regulativ auf diese einzuwirken, die Grundlage für planerische Entscheidungen. Jedoch führt die bloße Kenntnis des Katalogs der baukonstruktiven und technischen Einzelmaßnahmen zur Steuerung zum Beispiel eines Innenklimas, wie Speichertechniken, Wärmetauscher, Kollektoren, thermoelektrische Effekte, Abluftfassaden, kontrollierte Lüftungssysteme usw. zu einem rein additiven Denken und Handeln.

Im Vordergrund steht daher der Grundsatz, solche Einzelaspekte nicht aus dem gesamten Kontext herauszulösen und sie dann isoliert zu betrachten, sondern sie vielmehr in das Gesamtsystem des Gebäudes zu integrieren; denn gerade in der Bewältigung der dann auftretenden Zielkonflikte liegt die eigentliche Problematik des Gebäudeentwurfs. Dies wird nur durch einen integralen Planungsprozeß möglich, bei dem Nutzer, Architekten und Ingenieure ein optimales Gebäudekonzept durch ganzheitliches Zusammenwirken der verschiedenen Disziplinen gemeinsam erarbeiten. Jede Aufgabe bedarf dabei einer Definition ihres originären und nur für sie gültigen Zielkatalogs:

„Bauen mit Masse" kann von Fall zu Fall gleichermaßen wichtig sein wie „Bauen ohne Gewicht", die angemessene Lösung ergibt sich erst aus der Aufgabenstellung, nicht unbedingt aus den Möglichkeiten, die uns zum Beispiel Produkte des Marktes bieten. Für den Apparateaufwand im klimatechnischen Bereich kann die Forderung nach „Low Tech" richtig sein, während zugleich die Gebäudesteuerung technisch aufgerüstet und der baukonstruktive Aufwand durch differenzierte Detaillösungen erhöht wird. Eine Bürogebäudeplanung kann Arbeitsplätze und damit Bau- und Betriebskosten einsparen, indem es mit gleichem finanziellen Aufwand auf den höchsten Standard der Informations- und Kommunikationsmittel gebracht wird – auch wenn die Gesamtinvestition in das Bauwerk (einschließlich seiner Ausstattung) gleich bleibt, verbessert sich so die ökologische Bilanz. Ganzheitliche Planungen, die insbesondere durch den Bauherrn mitgetragen und begleitet werden, bieten die Grundlage, Materialaufwand und insbesondere Betriebskosten einzusparen.

Rechnergestützte Klimasimulationen der tages- und jahreszeitlichen Temperaturverläufe im Gebäude, Tageslichtsimulationen unter künstlichem Himmel, Strömungsversuche im Windkanal oder im realisierten Gebäude zur Optimierung regeltechnischer Elemente stellen zwar zunächst einen ingenieurtechnisch erhöhten Aufwand dar, bieten jedoch neben einer drastischen Senkung der Betriebskosten auch künftig ein hohes Einsparpotential bei den Investitionskosten.

Im folgenden werden beispielhaft vier ganzheitliche, integrale Planungsansätze vorgestellt. Der methodische Ansatz geht dabei von unterschiedlichen Strategien aus:
- Reaktivierung von Altbausubstanz;
- Aktivierung von Synergieeffekten durch neue Arbeits- und Wohnformen;
- Ersatz von Apparatebau für die Raumkonditionierung durch baukonstruktive Maßnahmen;
- Nachhaltige Bauteiloptimierung durch Entflechten von Funktionen und vermehrten Einsatz ökologisch unbedenklicher Materialien.

Hascher+Jehle; Heinle, Wischer und Partner, dvg-Modell im Windkanalversuch (S. 210).

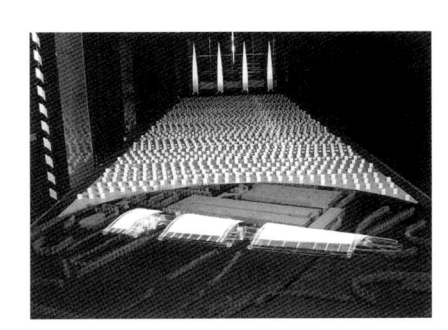

Nachhaltige Gebäudekonzepte

rechts Thomas Herzog und José-Luis Moro, Designstudio für die Siemens-Design & Messe GmbH, München. Innenansichten mit der biaxial gespannten Membran.

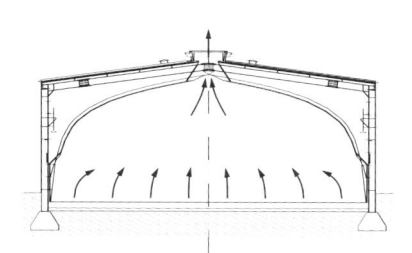

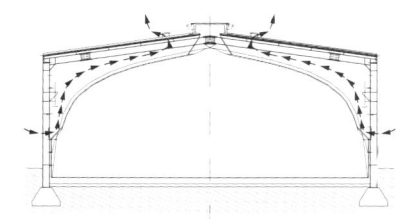

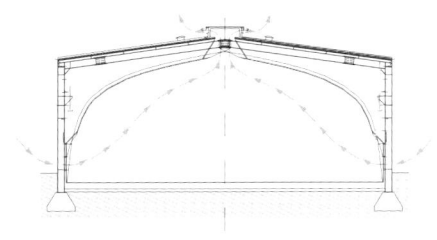

Klimaschnitt Pufferraum, von oben nach unten: Mechanische Lüftung, Belüftung des Zwischenraums, natürliche Lüftung des Innenraums.

Umbau einer ehemaligen Produktionshalle zu einem Großraumbüro

Aus einer ausrangierten Industriehalle, die in der Hallenmitte dunkel und lediglich mit einfachsten Luftheizgeräten, einer Einfachverglasung mit alten Gußscheiben und einem ungedämmten Stahlskelett ausgerüstet war, entwickelten die Architekten Thomas Herzog und José-Luis Moro ein Designstudio für die Siemens-Design & Messe GmbH in München. Für rund 60 Designer war bei geringem Budget ein stimmiges Arbeitsumfeld mit optimalen Tageslichtbedingungen und einem der sitzenden Tätigkeit angemessenen Raumklima mit funktionstüchtiger Raumakustik zu entwickeln. Die Architekten entwarfen für diese Aufgabe eine zweite Hülle in Form eines inneren Kokons aus einer biaxial gespannten Membran, die sich komplett von der alten Bestandsfassade löst.

Im oberen Bereich sorgt die doppellagige, durchscheinende Membran dank des zwischen den beiden Folienschichten eingeschlossenen stehenden Luftraums für die nötige Wärmedämmung sowie für eine ausreichende natürliche Belichtung. Sie folgt etwa dem inneren Hallenprofil und ist punktweise mittels Seilen von der alten Stahlkonstruktion abgehängt. Diese Haut beginnt erst ab 2,50 Metern Höhe. Darunter wurde eine Holzglas-Fassade von innen gegen die alte Verglasung gesetzt, so daß der Ausblick, die natürliche Fensterlüftung und ein Schutz der empfindlichen Membran gegen Beschädigung gewährleistet ist. Der neue, um 40 Zentimeter aufgeständerte Fußboden schafft einen geeigneten Hohlraum für die Wärmedämmung sowie für die Ansteuerung der Arbeitsplätze mit Elektro- und Lüftungsleitungen.

Nur dort, wo der direkte Sichtbezug nach außen herrschte, wurden neue, zu öffnende Fenster eingesetzt. Ein durchgehendes, verglastes Band als Öffnung im Firstbereich bringt von der Dachebene Tageslicht ins Innere, was den gesamten Raum grundlegend verändert. Zwischen der im alten Zustand belassenen Gebäudehülle und der Membran entsteht ein geschlossener Luftraum, der wie ein thermisches Polster wirkt. Er kann im Sommer durch die Öffnungen in Fassade und Dach durchlüftet, beziehungsweise im Winter bei strenger Kälte durch die bereits vorhandenen Deckenlufterhitzer der Halle temperiert werden. Bei hoher Feuchtigkeit wird dieser Pufferraum mechanisch durchlüftet.

Die Membran sorgt mit ihrer schalldämpfenden Wirkung für eine angenehme Akustik. Um den Anforderungen des Brandschutzes zu genügen, wählte man für die innere Hülle einen vollrecyclebaren und umweltverträglichen Fluorkunststoff, der schwer entflammbar ist und im Brandfall nicht abtropft.

Ersatz einer mechanischen Be- und Entlüftungsanlage durch die baukonstruktive Integration eines Erdkanals und eines Abluftkamins

Für die runde Eingangshalle der LVA in Augsburg (vgl. S. 126) war zunächst aufgrund der großen Tiefe von über 40 Metern eine mechanische Be- und Entlüftungsanlage vorgesehen. Um die Investitions- und die Betriebskosten erheblich zu reduzieren, wurde ein natürliches Klimakonzept für dieses große Raumvolumen vorgeschlagen, das auf dem Prinzip eines Abluftkamins beruht. Dieser Abluftkamin wurde als kostengünstige Restschachtfläche zwischen den Aufzügen angeordnet.

Hascher+Jehle, LVA Augsburg.
unten Rauchversuche in der Eingangshalle
rechts Querschnitt durch die Eingangshalle

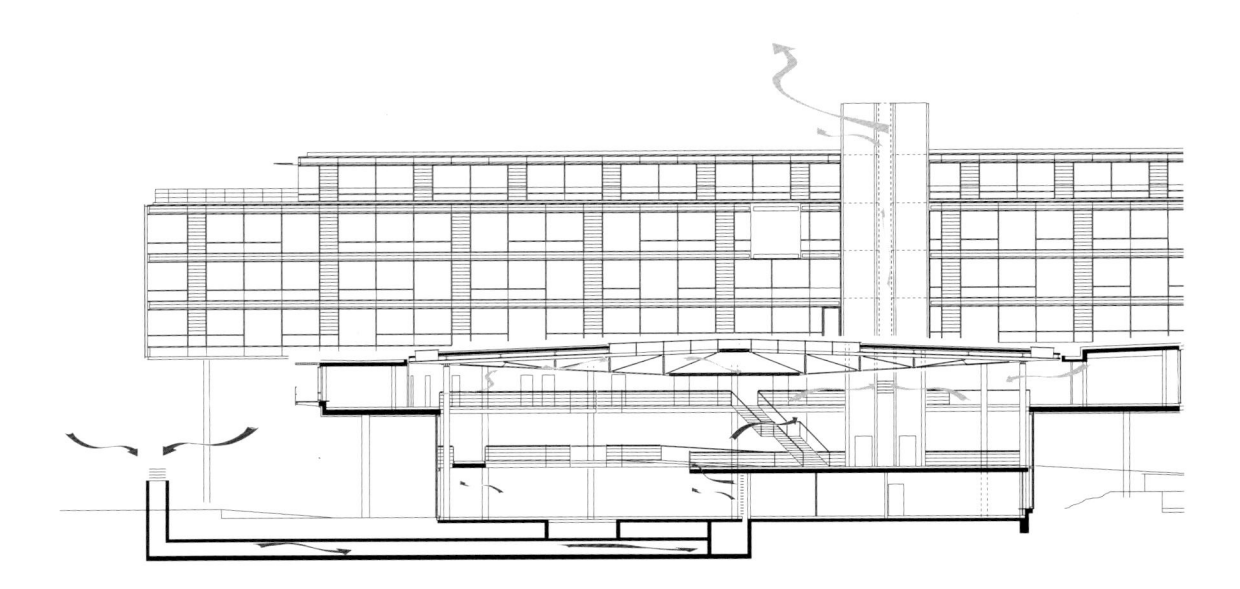

Über einen Erdkanal wird die Luft in das Untergeschoß des Gebäudes geführt und tritt dort, ohne Zugerscheinungen hervorzurufen, über eine Quelluftwand aus, die den Zustrom über große Flächen verteilt. Die Höhendifferenz zwischen Abluftaustritt über Dach und dem Quellluftauslaß beträgt 25 Meter.

Der Erdkanal führt im Sommer zu einer Vorkühlung der Luft, im Winter wird sie vorgewärmt. Durch natürliche thermische und aerodynamische Effekte wird die Hallenluft im Bereich des Hallendaches über den Abluftkamin abgesaugt und tritt oberhalb des Dachgeschosses aus. Diese natürliche Lüftung kann bei ungünstigen Wetterlagen mechanisch unterstützt bzw. durch Klappen gedrosselt werden. Durch die nebenstehend abgebildeten Rauchversuche wurde diese Steuerung vor Inbetriebnahme eingestellt und geprüft. Dieses Konstruktionsprinzip gewährleistet ganzjährig einen zweifachen Luftwechsel in der Halle – der Zuluftvolumenstrom wurde dafür auf 25000 cbm/h mit einem Abluftvolumenstrom von 2 x 12500 cbm/h festgelegt.

Für die zusätzliche Verbesserung des Hallenklimas wurde eine umfangreiche Bepflanzung vorgesehen, die neben einem Kühleffekt durch Verdunstung der Luft auch Staub bindet und eine angenehmere Akustik in den Wartebereichen schafft. Ein zentrales Oberlicht mit einem effizienten Sonnenschutzglas, das einen zu hohen Energieeintrag im Sommer verhindert, sorgt für eine natürliche Belichtung der Halle während der gesamten Tageszeit und reduziert so die Kunstlichteinschaltzeiten auf ein Minimum.

LVA, Augsburg, Zuluftschlitze in der Halle

Nachhaltige Gebäudekonzepte

Optimierung der Tageslichtqualitäten für Arbeitsplätze durch multifunktionale Sonnenschutzsysteme

Für den Neubau des Konstruktionsbüros der Firma Gartner entwickelte Kurt Ackermann eine differenzierte Tageslichtkonzeption, die eine dosierte und individuell steuerbare Helligkeit der Arbeitsplätze mit hohem visuellen Komfort ermöglicht. Der zweigeschossige Bürokomplex beherbergt 120 funktional gleichwertige und komfortable Computerarbeitsplätze. Das über die ganze Länge des Gebäudes verlaufende Firstoberlicht und große Deckendurchbrüche in der Zwischendecke erhöhen das Angebot an natürlichem Licht im Sockelgeschoß. Ein darüber liegender Sonnenschutz aus schwenkbaren Aluminiumlamellen steuert Energie- und Lichteinfall in gleicher Weise wie ein nach Norden ausgerichtetes Sheddach, so daß grundsätzlich die direkte Sonneneinstrahlung ausgeblendet wird.

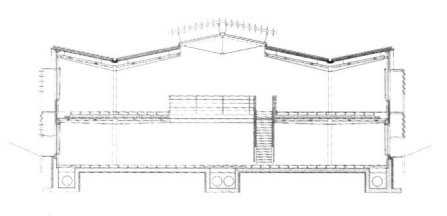

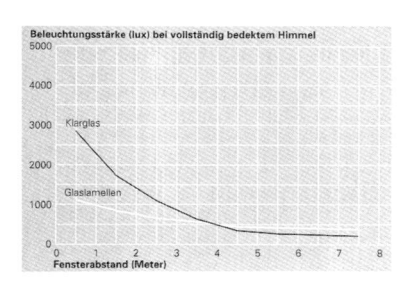

Kurt Ackermann und Partner, Konstruktionsbüro Gartner.

oben Gebäudequerschnitt

mitte Büroraum mit Blick auf die gläsernen Sonnenschutzlamellen.

unten Vergleich der Beleuchtungsstärke zwischen einfacher Klarglasfassade und Lichtumlenklamellen.

rechts Die Glaslamellen sind zentral und individuell steuerbar.

RAINER HASCHER

Der Sonnenschutz an der Nord- und Südfassade besteht in beiden Geschossen aus rahmenlosen, schwenkbaren Glaslamellen mit einer Dicke von 10 mm und einer Breite von 300 mm, deren Achsen parallel zur Fassade angeordnet sind. Damit wird bei geeigneter Lamellenstellung eine streifenfreie Abschattung der Fensterflächen gegenüber direkter Sonnenstrahlung sichergestellt. Wegen ihrer Teiltransparenz ermöglicht die Sonnenschutzvorrichtung im Gegensatz zu herkömmlichen Systemen mit nicht-transparenten Lamellen die Sichtverbindung von innen nach außen auch in Stellungen, bei denen die Lamellen aufgrund des Sonneneinfallswinkels geschlossen sein müssen. Wenn die betreffende Fassade keine direkte Sonneneinstrahlung erhält, werden die Lamellen in eine horizontale Position geschwenkt. Diese kann so verändert werden, daß die Lamellen als Reflektoren für das diffuse Himmelslicht, aber auch für steil auftreffende Sonnenstrahlung dienen, die das Licht zur Aufhellung tiefer liegender Zonen auf die Raumdecke reflektiert. Auf diese Weise erhalten die Computerarbeitsplätze in Fensternähe nur das nötige Tageslicht, während im Rauminnern eine größere Helligkeit herrscht, um auch hier Arbeitsplätze mit natürlichem Licht versorgen zu können. Um die Beleuchtungsstärke zusätzlich regulieren zu können und um Blendungen zu begrenzen, werden auf der Innenseite der Fassade Blendschutzrollos aus Fiberglasgewebe eingebaut.

Thomas Herzog, Verwaltungsgebäude in Wiesbaden; Vertikalschnitt Fassade und Fassadenansicht.

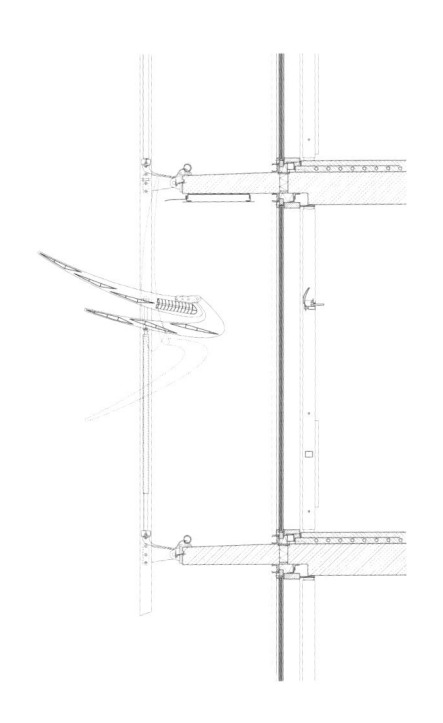

Ein ähnliches Sonnenschutz- und Lichtumlenkungsprinzip entwickelten Herzog + Partner für ein Verwaltungsgebäude in Wiesbaden. Der reflektierende Werkstoff ist hier jedoch nicht beschichtetes Glas, sondern hoch reflektierendes Aluminiumblech. Neigung und reflexionsgerechte Gestaltung sind dabei spezifisch auf indirektes bzw. direktes Licht abgestimmt. Über einen Spindelhubmotor kann die schaufelartige Konstruktion auf der Südseite des Gebäudes so umgeklappt werden, daß die direkte Einstrahlung über einen Aluminium-Lichtreflektor unterhalb des Wartungsbalkons tief in den Raum umgelenkt wird, ohne daß dabei der Fensterarbeitsplatz durch Blendeffekte beeinträchtigt wird. Trotz eines wirksamen Sonnenplatzes kann auf diese Weise ausreichend Tageslicht für den Raum eingebracht und auf zusätzliches Kunstlicht verzichtet werden.

THOMAS ARNOLD

Better Buildings: Better Business

Im Ökosystem der Erde bilden Bürogebäude einen beachtenswerten Faktor. Sie sind im Begriff, mit dem Übergang von der Industriegesellschaft zur global vernetzten Dienstleistungsgesellschaft die Fabriken beim Energieverbrauch und der Umweltbelastung abzulösen.

Die mit der Globalisierung einhergehende Entwicklung der Informationstechnologie hat aber auch ein neues Verständnis der Erde als dynamisches und nicht-lineares System ermöglicht. Den Wendepunkt des linearen Wachstumsdenkens markiert der 1972 vorgelegte Bericht „The Limits of Growth" des Club of Rome. Es brauchte aber noch zwanzig Jahre, bis mit der Konferenz der Vereinten Nationen für Umwelt und Entwicklung in Rio de Janeiro die Vertreter der wichtigsten Interessengruppen der Erde die Grenzen des industriellen Wachstums anerkannten und mit der Agenda 21 anfingen, eine Strategie zum Umgang mit den Problemen zu entwickeln. Dabei entstand der Begriff Öko-Effizienz.

Angetrieben durch die Naturwissenschaften, die mit dem Modell des linearen, kausalen Systems an ihre Grenzen stießen, begreift man die Erde heute als ein komplexes System verschiedener Bedingungen, die sensibel voneinander abhängig sind und dynamisch aufeinander reagieren. Erst mit den leistungsfähigen Computern von heute kann man solche komplexen Systeme untersuchen, verstehen und durch Mathematisierung auch zur Anwendung bringen.

Für die Architektur hat dies zur Konsequenz, daß Gebäude als integrativer Teil des Gesamtsystems begriffen werden müssen. Klimagerechte Architektur von heute heißt nicht einfach nur Energie sparen, sondern das Gebäude gesamtheitlich mit seiner Umwelt in Beziehung setzen. Das geschieht einerseits über die Fassade und die integrative Gebäudetechnik, wobei die IT dabei eine wichtige Rolle spielt. Sie vernetzt Tragwerk, Gebäudetechnik und Gebäudehülle zu einem kohärenten System. Andererseits werden aber auch „weiche" Faktoren in Betracht gezogen, Einflüsse, die durch die Gebäude mittel- oder langfristig, lokal oder global wirksam werden, wie das Nutzerverhalten in bezug auf den Transport zum Arbeitsplatz oder aber auch Schadstoffvermeidung während der Arbeitsprozesse. Hierbei spielt das Wissen über dynamische Systeme und ihre Anwendung sowie die Erhebung und Auswertung von Daten durch die IT eine große Rolle.

Nachfolgend werden zwei Standpunkte aus der Diskussion um Nachhaltigkeit vorgestellt. Zum einen ein seit 1992 entwickeltes Werkzeug zu Bewertung und Vergleich von Gebäuden und ihrem Einfluß auf die Umwelt, zum anderen eine radikalerer Ansatz, welcher der Öko-Effizienz vorwirft, nicht grundsätzlich mit den Umweltproblemen umzugehen, und mit dem Begriff der Öko-Effektivität eine weit fundamentalere Lösung vorschlägt.

BREEAM

Die „Building Research Establishment Environmental Assessment Method" ist die erste, mittlerweile auch international – wenn auch hauptsächlich im Commonwealth – verbreitete Bewertungsmethode für Gebäude. BREEAM wird von der Organisation Building Research Establishment (BRE) geleitet und arbeitet mit einem Netzwerk aus lizenzierten lokalen Vertretern und Bewertern zusammen. Die Bewertung wird als kostenpflichtige Dienstleistung angeboten, wobei entstehende Gewinne an die Mutterorganisation „Foundation For the Built Environment" abgeführt werden, einer privaten gemeinnützigen Organisation, die von einer Reihe von Unternehmen, Universitäten und anderen Organisationen des Bauwesens getragen wird. Unter dem Motto „Better buildings: better business" schafft BREEAM ein Bewertungssystem für Gebäude, das durch klare Kriterien definierter Nachhaltigkeit einen eindeutigen Vergleich der Gebäude untereinander ermöglicht. Dabei werden Neubauten und Bestand miteinander in Beziehung gesetzt.

Die Bewertung umfaßt nicht nur die Konstruktion des Gebäudes und seinen direkten Einfluß auf die Umwelt, beispielsweise durch Material, Transport, Bauschutt und Energieverbrauch, sondern auch weiche Faktoren wie öffentlichen Nahverkehr, Gebäudemanagement und Programme der Nutzer zum Umweltschutz. Das Ziel ist, diese Bewertung zu einem Qualitätsstandard auf dem jeweiligen Immobilienmarkt zu machen und damit nachhaltige Gebäudekonzepte am Markt zu fördern.

Bogotá. Die Bürogebäude in den schnell wachsenden Städten folgen größtenteils noch den Prinzipien des vollklimatisierten, autarken Hochhauses.

Erdaufgang vom Mond aus gesehen. Der Blick vom Weltall auf die Erde machte die Einzigartigkeit, aber auch die Verletzbarkeit des globalen Ökosystems deutlich.

THOMAS ARNOLD

Um zu einem einfachen Vergleich zu kommen (es werden nur vier Bewertungen vergeben: „Excellent, Very Good, Good and Pass"), werden in den einzelnen Kategorien „Credits" vergeben, die dann innerhalb von vier Problemzonen (Klimawechsel, Umgang mit Ressourcen, Einfluß auf den Menschen und Einfluß auf die Tier- und Pflanzenwelt) bewertet werden. Das Verhältnis dieser vier Problemzonen untereinander in bezug auf die Umwelt wurde durch eine Befragung der wichtigsten Interessengruppen – von Politik, Unternehmen, Forschung und Lehre bis hin zu Umweltschutzorganisationen – bestimmt und fließt in die Berechnung ein.

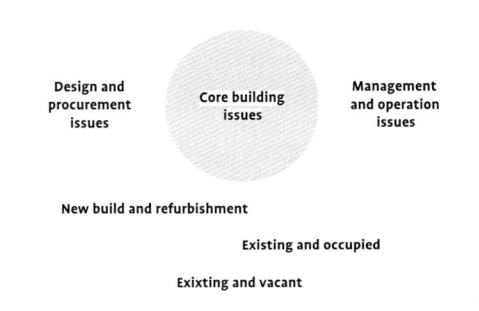

Climate change
- Global warming → Energy
- Energy efficiency in offices → Energy
- Embodied energy/CO$_2$ in materials → Materials
- Transport use → Transport
- Ozone depletion → Pollution

Use of resources
- Selection of materials and components → Materials
- Timber → Materials
- Re-use and recycling of construction materials → Materials
- Land use → Land use
- Water economy → Water

Impact on human beeings
- Internal environment → Health and Comfort
- Indoor air quality → Health and Comfort
- Lighting → Health and Comfort
- Thermal comfort → Health and Comfort
- Indoor noise → Health and Comfort
- External environment → Health and Comfort

Impacts on wildlife
- Impacts on wildlife → Site Ecology

Design and procurement issues — Core building issues — Management and operation issues

New build and refurbishment
Existing and occupied
Exixting and vacant

Die von BREEAM bewerteten Problemzonen und ihre Zuordnung zu den Kategorien.

Die Bewertung des Bürogebäudes erfolgt in drei Teilen. In jedem Fall wird eine Kernbewertung der Gebäudestruktur und Gebäudetechnik unternommen, die beiden anderen Bereiche – Design/Herstellung und Management/Nutzung – werden entsprechend dem Stand der Herstellung oder der Nutzung des Gebäudes angewendet.

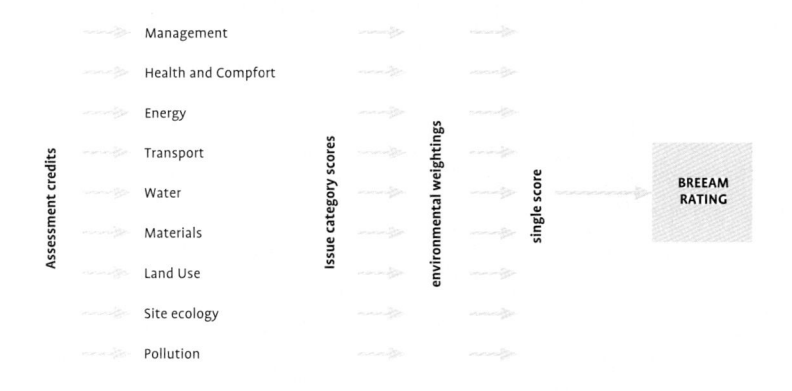

Assessment credits:
- Management
- Health and Compfort
- Energy
- Transport
- Water
- Materials
- Land Use
- Site ecology
- Pollution

→ Issue category scores → environmental weightings → single score → **BREEAM RATING**

Schematische Darstellung des Bewertungsprozesses bis zur Gesamtbewertung unter BREEAM.

Für McDonough und Braungart steht der Obstbaum für die Effektivität der Natur. Er hat tausende Blüten, von denen nur wenige zu Früchten werden, der Rest fällt zu Boden und bildet Nährstoffe für den nächsten Zyklus. Ein effizienter Obstbaum hätte nur so viele Blüten wie Früchte.

1
Ian Taylor, „The application of sustainable design principles", James & James, Cambridge 2000

2
William McDonough und Michael Braungart, „The NEXT Industrial Revolution", www.Theatlantic.com 1998

3
William McDonough und Michael Braungart, „Cradle to Cradle Design", www.mbdc.com 2002

4
Baldwin, Yates, Howard and Rao, „BREEAM 98 for offices", BRE, London 1998

5
BRE Methodology for Environmental Profiles, BRE, London 1999

Abfall ist gleich Nahrung

Das heute gebräuchliche Konzept der Nachhaltigkeit basiert auf den drei „R", Reduce, Reuse, Recycle, und damit auf dem Konzept der Verringerung des Schadens am Ökosystem, den die Menschen verursacht haben und weiter verursachen. Die Natur kennt jedoch das Konzept des Abfalls nicht, alle Stoffe sind in den Kreislauf der Natur integriert.

Der Architekt William McDonough und der Chemiker Michael Braungart verfolgen einen radikalen Ansatz, den sie die „NEXT Industrial Revolution" nennen. Sie stellen der Öko-Effizienz die Öko-Effektivität gegenüber. Der Begriff Öko-Effizienz beschreibt die heutige Strategie großer Unternehmen, die ökologischen Anforderungen zu erfüllen, um wettbewerbsfähig zu bleiben. Das bedeutet, daß sie versuchen, Mehrwert in der Produktion und der Diensleistung mit weniger Rohstoffen und weniger Verschmutzung zu schaffen. Öko-Effizienz hat einen hohen Regulierungsbedarf; der Energieverbrauch, die Abfallentsorgung und der Schadstoffausstoß wird vorgeschrieben. Vordergründig scheint diese Strategie Erfolg zu haben, der Schadstoffausstoß weltweit hat sich verringert und in einigen Industriestaaten werden Gebäude sogar mit nachhaltigen Konzepten errichtet. Nach Ansicht von McDonough und Braungart ist die Strategie aber nicht grundlegend genug, da sie die Zerstörung des Ökosystems nur kontrolliert und verlangsamt, aber nicht vermeidet.

Öko-Effektivität hingegen überträgt den Kreislauf der Natur auf die Industrie. Das System der Ressourcenerschöpfung wird in ein regeneratives System umgewandelt; der Kreislauf der Industrie, vom „Produkt zu Abfall", wird zu einem „Produkt-zu-Produkt"-Kreislauf. Der Begriff Abfall wird verschwinden, weil Produkte wie in der Natur immer wieder neu verwendet werden. Deshalb ist das erste Prinzip der NEXT Industrial Revolution „Waste equals Food", Abfall ist gleich Nahrung.

Alle Produkte müssen nach dem Verlust ihres Gebrauchswertes Grundbaustein für ein neues Produkt sein. Um dies zu ermöglichen, ohne die technische Entwicklung zu behindern, sollte es zwei voneinander getrennte Kreisläufe geben, einen biologischen Stoffwechsel und einen technischen Stoffwechsel. Produkte oder klar definierte Produktbestandteile sollten entweder biologische Baustoffe (Nährstoffe) oder nur technische Baustoffe enthalten, um diese Kreisläufe voneinander getrennt zu halten. Biologische Baustoffe können einfach wieder dem Kreislauf der Natur zugeführt werden, während technische Baustoffe nur im technischen Metabolismus zirkulieren dürfen. Die wertvollen technischen Baustoffe können ihre hohe Qualität nur behalten, wenn bereits im Entwurfsprozeß Produktteile definiert werden, die einen geschlossenen industriellen Kreislauf bilden können. Nicht mehr die Produkte, sondern der Nutzwert der Produkte sollen verkauft werden. Wenn der Nutzwert verbraucht ist – weil es veraltet oder abgenutzt ist –, wird das Produkt gegen die nächste Version eingetauscht. Der Kunde bezahlt so immer nur die Dienstleistung des Produktes und nicht mehr das Material. Damit soll ein gleitender Übergang vom Post-Fordismus hin zu einem Öko-Fordismus entstehen. Die Erkenntnis, daß man mit Wissen und Dienstleistungen mehr und koninuierlicher Geld verdienen kann, verknüpft sich mit der Automatisierung, Standardisierung und der Informationstechnologie zu den Voraussetzungen für die NEXT Industrial Revolution. Ohne die globale Vernetzung und automatisierte Datenverwaltung wäre ein solches Modell nicht denkbar.

Beiden Standpunkten – Effizienz und Effektivität – ist die Verbindung von Ökonomie und Ökologie zu eigen. Sie basieren auf der Annahme, daß der Antrieb zur Veränderung in der Maximierung des Profits liegt und zum Umweltschutz in Abhängigkeit steht. Durch Ökologie, und dazu gehören nachhaltige Gebäude, kann mehr Geld verdient und zugleich die Bedingungen für Umwelt und Mensch verbessert werden. Während jedoch BREEAM eine Vorreiterrolle im Bemühen um Öko-Effizienz übernommen hat, mit dem Ziel, Schäden zu minimieren, versucht „The NEXT Industrial Revolution" die Wiedereingliederung menschlicher Aktivitäten in das Öko-effektive System der Natur, mit dem Ziel, Schäden am Ökosystem vollständig zu vermeiden.

EDGAR SCHLÄFLE

Aspekte der Büroarbeitsplatzbeleuchtung

Mit dem Wechsel in das Informationszeitalter verändern sich die Handlungs- und Wahrnehmungsebenen und damit die Lebens- und Arbeitswelt von Grund auf. Flexibilität und Mobilität erfordern ein variables Büroumfeld, das mit all seinen Komponenten, also auch dem Licht, als angenehm empfunden wird. Die Wirkungen optischer Strahlung auf den Menschen sind bekannt und liegen als wissenschaftliche Erkenntnisse vor:
- In der Medizin werden hohe Beleuchtungsstärken eingesetzt, um SAD (Seasonal Affectiv Disorder) zu heilen. Man spricht auch von Lichttherapie.
- Der Einfluß von Licht auf den Biorhythmus des Menschen ist allgemein bekannt. Das sich über den Tag und das Jahr verändernde natürliche Licht hat den Sehapparat geformt und den Menschen in seiner Wahrnehmungsgewohnheit geprägt. Licht wird als Zeitgeber erkannt, und es hat Auswirkung auf den Hormonhaushalt, insbesondere auf die physiologische Stimulanz.

In Langzeitversuchen zu bevorzugten Beleuchtungsniveaus in Abhängigkeit von Tages- und Jahreszeit hat sich gezeigt, daß die Nutzer trotz Tageslicht im Mittel 800 Lux „künstliche" Beleuchtungsstärke zusätzlich einstellen. Daraus kann abgeleitet werden, daß der Lichtbedarf in künstlich beleuchteten Räumen höher ist als der in den Normen geforderte Wert. Moore und Edel beschreiben in der „24-Stunden-Gesellschaft", wie die Munterkeit des Menschen über den Tag sehr stark schwankt und durch das Umfeld und das Licht beeinflußt wird: Höhere Beleuchtungsstärken wirken der Ermüdung entgegen, schnelle Lichtwechsel stimulieren, während ein monotones visuelles Umfeld Inaktivität und Schlafbereitschaft fördern.

Die positiven Qualitäten von Tageslicht sind unbestritten. Bei der ökonomischen Betrachtung der Tageslichtnutzung gibt es allerdings verschiedene Auffassungen:
- Tageslicht hilft beim Energiesparen. Werden 500 Lux Beleuchtungsstärke am Arbeitsplatz durch den Tageslichteinfall erreicht, kann das Kunstlicht ausgeschaltet bzw. zurückgenommen werden – so lautet die eine Auffassung.
- Tageslicht steigert das Wohlbefinden. Es wird als positive Komponente des Tageslichtes empfunden, die tageszeitliche Veränderung miterleben zu können und einen Blick nach draußen zu haben. Mit steigendem Tageslichtangebot nimmt aber auch das Bedürfnis nach Helligkeit im Raum zu und ein standardisiertes Büro mit 500 Lux reicht nicht aus, wenn im Verhältnis dazu das Außenlicht sehr hell ist. Es wird zeitweise mehr Kunstlicht gebraucht, um den Helligkeitsmangel auszugleichen – so lautet die andere Auffassung.

Die meisten Beleuchtungsanlagen im Büroarbeitsbereich sind heute normgerecht ausgeführt, die Akzeptanz durch die Nutzer ist aber häufig nicht gegeben. Verschiedene Gremien und Forschungseinrichtungen haben übereinstimmend festgestellt, daß die positive Bewertung von Leuchten und -anlagen beim Nutzer stark vom Erscheinungsbild und der individuellen Eingriffsmöglichkeit abhängt. Die untersuchten Systeme waren statisch und nicht regelbar. Akzeptanz hängt demnach von der Art der Lichtverteilung im Raum und der individuellen Einflußnahme ab.

Zukünftig werden diese Merkmale ergänzt um die Begriffe: Ergonomie von Beleuchtungsanlagen, Raumharmonie, Lichtstimmung, Lichtgestaltung, Sehkomfort, Wirtschaftlichkeit, Sehleistung, Raumambiente.

Im amerikanischen Handbuch für Beleuchtung der IESNA (Illuminating Engineering Society of North America) findet sich ein deutlich umfassender und vor allem ganzheitlicher Ausblick über die Ziele von Lichtplanungen und damit der zukünftigen Qualität von Beleuchtungsanlagen:
Ziel der Lichtplanung ist das Erreichen visueller Behaglichkeit. Visuelle Behaglichkeit besteht aus der Komposition von Helligkeit und visueller Attraktivität.

Helligkeit ist dabei definiert als „Beleuchtungsstärke und Reflexionsgrade auf den vertikalen Flächen." und visuelle Attraktivität als „Grad der Ungleichmäßigkeit durch Licht und Schatten sowie durch Leuchtdichte-Übergänge zwischen den Flächen."

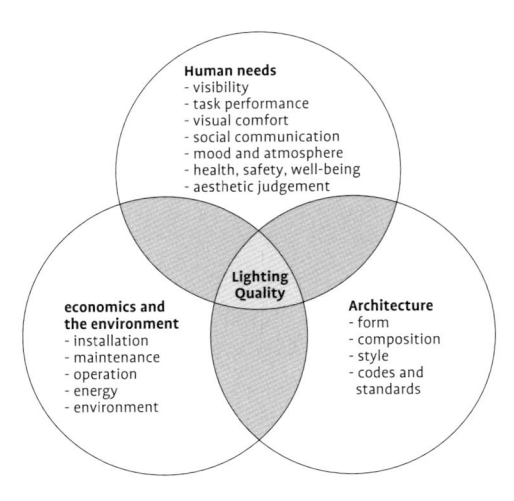

Qualität von Beleuchtungsanlagen nach IESNA:
Die physikalisch erfaßbaren Gütemerkmale sind in den Normenwerken beschrieben. Folgende Anforderungen müssen in jeder Beleuchtungsanlage erfüllt sein: Beleuchtungsniveau, Helligkeitsverteilung, Blendungsbegrenzung (Direkt- und Reflexblendung), Farbwiedergabe, Lichtfarbe und -richtung, Schattigkeit.

MARTIN LUTZ

Die veränderbare Hülle

In zunehmendem Maße werden kostenreduzierende haustechnische Anlagensysteme mit Niedrigenergiestandards in die Planung von modernen Büro- und Verwaltungsgebäuden integriert. Das wechselseitige Zusammenwirken von Fassade und Raumkonditionierung spielt dabei eine entscheidende Rolle, weshalb die Anpassung des Gebäudes an die klimatischen Verhältnisse und an die Umgebung zu den wichtigsten Planungsparametern gehören sollte. Planungsbeispiele zeigen, daß unter Berücksichtigung der Wirtschaftlichkeit nicht nur der Einsatz von einschaligen Fassaden, sondern auch von doppelschaligen Konstruktionen ökologisch sinnvoll sein und zugleich hohen Ansprüchen an die Gestaltung genügen kann. In einigen Fällen bietet eine individuelle, eigens für das Projekt entwickelte doppelschalige Fassade sogar deutliche Vorteile.

Generell kann man sagen, daß doppelschalige Fassaden dann sinnvoll sind, wenn Gebäude hohen Belastungen durch Außenlärm oder Wind ausgesetzt sind. Dies kann für Hochhäuser ebenso zutreffen wie für niedrigere Gebäude. Sollen diese Gebäude über möglichst weite Teile des Jahres natürlich über Fenster belüftet werden, ergeben sich durch die doppelschaligen Fassaden deutliche Vorteile für die Nutzung.

Doppelschalige Fassaden bieten:
- Die Möglichkeit der sommerlichen Nachtauskühlung bei jeder Witterung;
- Einbruchschutz trotz geöffneter Innenfassadenfenster;
- Abminderung der Windböen und der Druckschwankungen trotz geöffneter Innenfassadenfenster;
- Sicherstellung der völligen Funktionsfähigkeit des außenliegenden Sonnenschutzes bei jeder Windstärke.

Ein weiteres Anwendungsgebiet ergibt sich bei der Sanierung, wenn die bestehenden Fassaden nicht ersetzt werden können oder sollen. Hier liefert die zweite Haut den Witterungsschutz und erlaubt eine zeitgemäße Gestaltung der Fassade.

Verwendung der verschiedenen Bauarten

Der Fassadenzwischenraum ist horizontal fensterbezogen achs- oder raumweise getrennt. Vertikale Trennung geschoßweise oder fensterbezogen.

Projektbeispiele
- Hochhaus Potsdamer Platz 1, Berlin (Architekt: Hans Kollhoff)
- Bundesministerium für Ernährung, Landwirtschaft u. Forsten, Bonn (Architekt: Ingenhoven Overdiek Kahlen und Partner)

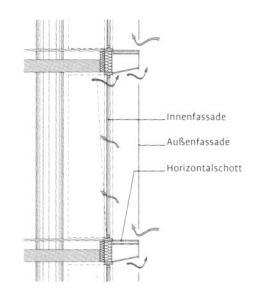

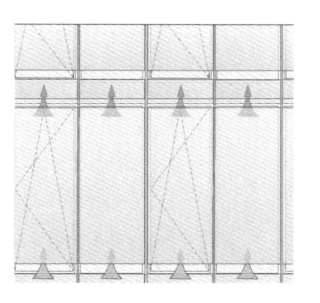

Kastenfenster

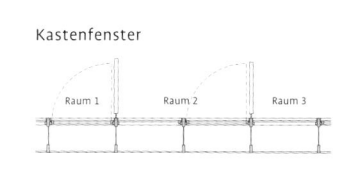

Vertikale Trennung wie Kastenfenster. Der Senkrechtzwischenraum läuft vertikal über Vertikalschacht (Kaminwirkung) durch und ist geschoßweise durch eine Überströmöffnung mit den Kastenfenstern verbunden.

Projektbeispiel
- Hochhaus ARAG 2000, Düsseldorf (Architektengemeinschaft RKW, Sir Norman Foster)

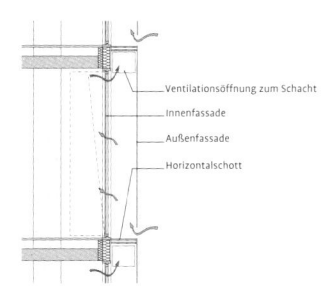

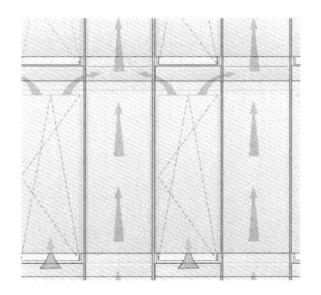

Schachtkastenfassade

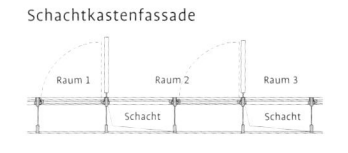

MARTIN LUTZ

Der Fassadenzwischenraum ist horizontal, geschoßweise getrennt. Vertikale Trennung lediglich dort, wo akustisch, brandschutz- oder lüftungstechnisch notwendig.

Projektbeispiele
- Düsseldorfer Stadttor, Düsseldorf
  (Architekt: Overdiek, Petzinka & Partner)
- Business Tower Nürnberg (BTN) GmbH & Co. KG
  (Architektengemeinschaft Friedrich Biefang,
  Peter Dürschinger Jörg Spengler)

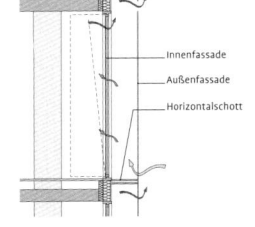

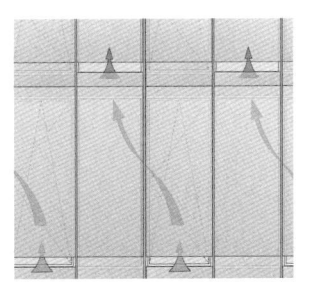

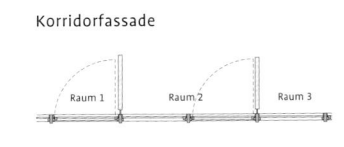

Korridorfassade

Der Fassadenzwischenraum ist vertikal und horizontal über mehrere Geschosse und mehrere Achsen oder Büroräume nicht getrennt.

Projektbeispiele
- Hochhaus der Deutschen Post AG, Bonn
  (Architekt: Murphy/Jahn)

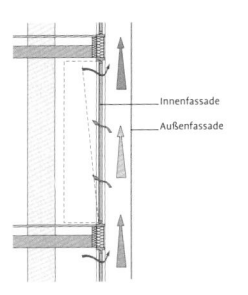

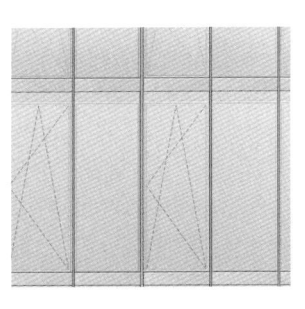

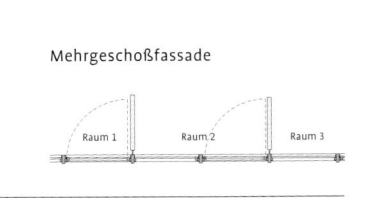

Mehrgeschoßfassade

Entsprechend der nachstehend aufgeführten Bauarten von doppelschaligen Fassadentypen können die Schwerpunkte der Verwendung wie folgt abgegrenzt werden:

- Kastenfenster empfehlen sich bei Lochfassaden und hohen Anforderungen an die Diskretion (Verhinderung von Schallübertragung über die geöffneten Fenster)
- Schacht-Kasten-Fassaden eignen sich durch die kleineren Außenöffnungen bei besonders hohen Schallschutzanforderungen.
- Korridorfassaden sind eine lüftungstechnisch besonders effektive Bauart, welche jedoch Einschränkungen für den Schallschutz von Raum zu Raum mit sich bringen.
- Mehrgeschoßfassaden werden meist eingesetzt, wenn aus anderen Gründen ohnehin auf eine mechanische Raumlüftung nicht verzichtet werden kann oder eine Glasfassade ohne Öffnungen gewünscht wird.

Schallschutz gegen Außenlärm

Eine zusätzliche äußere Fassadenebene kann den Schallschutz gegen Außenlärm spürbar verbessern. Sie schirmt den einwirkenden Außenlärm analog einer Schallschutzwand teilweise ab. Man könnte sie als Schallschutzschirm bezeichnen, der vor das Fenster gestellt ist. Dabei stehen anteilige Öffnungen zur Hinterlüftung nicht im Widerspruch zur Schallschutzwirkung, obwohl sie diese beeinflussen.

Der Schallschutz einer doppelschaligen Fassade ist hauptsächlich von der Größe und Lage der Öffnungen in der Außenschale abhängig. Daneben kann der Schallschutz durch eine absorbierende Ausstattung des Fassadenzwischenraums in Grenzen beeinflußt werden. Für eine Außenhaut mit insgesamt 10 Prozent offener Fläche läßt sich der Schallschutz der Innenfassade um ungefähr 3 bis 6 Dezibel verbessern. Mit nur 5 Prozent offener Fläche sind knapp 10 Dezibel Verbesserung erreichbar, allerdings kann dies für die Belüftung der Räume bereits ein zu geringer Querschnitt sein.

In der Regel lassen sich die Anforderungen an die Innenfassade damit um ein bis zwei Schallschutzklassen reduzieren. Allerdings ist zu beachten, daß bei Gebäuden ohne hohen Außenlärm der Schallschutz unerwünschterweise auch zu hoch werden kann. Dann ist der Kontakt zur Umwelt beeinträchtigt und Geräusche im Innern des Gebäudes treten unter Umständen unangenehm hervor.

k-Wert

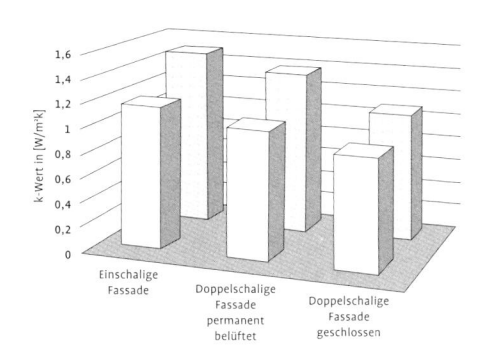

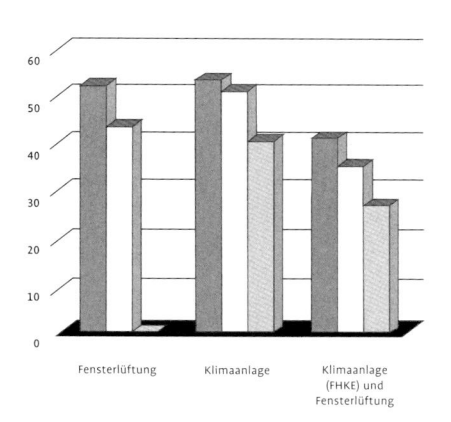

3fach WSG nach Faist/WSI2

2fach WSG nach DS-Therm

Jahresenergiebedarf in [kWh/m²a]

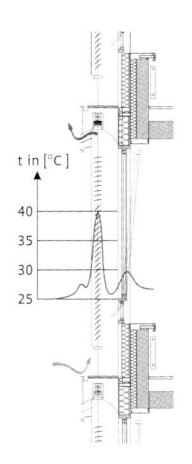

Einschalige Fassade

Doppelschalige Fassade, permanent belüftet

Doppelschalige Fassade, verschließbar

Temperaturverlauf am Sonnenschutz in einer doppelschaligen Fassade.

Winterlicher Wärmeschutz, Energieeinsparungen

In der Fachpresse findet eine wiederkehrende Diskussion über die Möglichkeit und Größe von Heizenergieeinsparungen statt. Dazu werden häufig Dämmstandards der einschaligen Fassade verglichen, die aus heutiger Sicht der Energieeinsparung veraltet sind. Dies liegt daran, daß die Einsparungen durch die zweite Haut um so größer ausfallen, je schlechter die ursprüngliche Dämmung war. Für hochwärmegedämmte Gebäude nach Niedrigenergie- (NEH) oder Passivhaus-Standard sind die Energieeinsparungen jedoch sehr begrenzt.

Gegenläufig zur erhofften Energieeinsparung wirkt sich sogar aus, daß eine doppelschalige Fassade durch die zusätzliche Außenscheibe prinzipiell schlechtere Werte für den Lichtdurchgang aufweist. Dies wird zwar durch große Fensterflächenanteile meist wieder kompensiert, führt aber bei kleineren Fensterflächenanteilen (zum Beispiel Lochfassaden) zu einer spürbaren Erhöhung der Einschaltzeiten der Beleuchtung. Die hieraus resultierenden Mehrkosten für Strom können die Heizkosteneinsparungen unter bestimmten Umständen durchaus übersteigen. Eine entscheidende Energieeinsparung ergibt sich nur dann, wenn doppelschalige Fassaden eine Fensterlüftung überhaupt erst ermöglichen bzw. die möglichen Einsatzzeiten wesentlich erweitern. Durch den Verzicht auf mechanische Belüftung spart man die Stromkosten für die Luftförderung. Zusätzlich können durch den Verzicht auf eine Klimatisierung auch anteilig Wärme, Kälte und Wasser eingespart werden.

Richtig ist, daß doppelschalige Fassaden eine Verbesserung des baulichen Wärmeschutzes im Winter darstellen. Allerdings wirkt sich dieser auf den Heizenergiebedarf nur in Grenzen aus, da die aktuelle Wärmeschutzverordnung bereits eine ausreichend gute Qualität der Innenfassaden gewährleistet. Ein größerer Effekt ergibt sich bei der Sanierung von Gebäuden, allerdings reicht auch dieser nicht an die Effizienz einer zusätzlichen Dämmschicht heran und kann daher allenfalls als willkommene Zugabe gewertet werden, wenn eine doppelschalige Fassade aus anderen Gründen gebaut wird.

Sommerlicher Wärmeschutz

Im Sommer ergeben sich Vorteile, wenn die Windverhältnisse an einem Hochhaus oder an einem anderen besonders exponierten Standort keinen außen liegenden Sonnenschutz zulassen. Ein ausreichend belüfteter Sonnenschutz kann im Zwischenraum der doppelschaligen Fassade fast dieselbe Wirkung wie ein außen liegender erreichen und ist variabler als ein innen liegender Sonnenschutz hinter Sonnenschutzglas.

Im Gegensatz zu einer einschaligen Fassadenkonstruktion behält der windgeschützte, im Fassadenzwischenraum angeordnete Sonnenschutz seine hundertprozentige Wirksamkeit bei jeder Windgeschwindigkeit und verringert somit den Energieeintrag in die Büroräume. Nachteilig wirkt sich aber die für die Belüftung notwendige Erwärmung der Luft im Fassadenzwischenraum aus.

Winddruckverhalten

Vielfach wird behauptet, daß eine doppelschalige Fassade bei Hochhäusern zum Abbau des Winddruckes genutzt werden könne. Dies ist aber leider nur die halbe Wahrheit. Doppelschalige Fassaden sind durchaus in der Lage, kurze Druckschwankungen, wie sie zum Beispiel durch Windböen auftreten können, durch die Pufferwirkung des Fassadenzwischenraumes abzumindern.

Ein ständiger (statischer) Druck auf die Fassade wird sich dagegen ungehindert auch im Fassadenzwischenraum und - falls Fenster geöffnet sind - in den Räumen ausbreiten. Statische Drücke werden zum Beispiel von gleichmäßigen Winden oder Windanteilen bei der Umströmung von Gebäuden hervorgerufen. Aus der Seefahrt sind daher die Bezeichnungen Luv (für die windzugewandte Seite mit Überdruck) und Lee (für die windabgewandte Seite mit Unterdruck) auch für Gebäude übernommen worden.

Wirtschaftlichkeit

Grundsätzlich hat eine zweite Fassadenebene natürlich ihren Preis. Den Mehrkosten gegenüber einschaligen Fassaden müssen daher Minderkosten durch eine bessere Funktion und einen effektiveren Betrieb gegenüberstehen. Dies sei an einem Beispiel erläutert: Ein Bürogebäude liegt an einer stark befahrenen Bundesstraße und ist Außenlärmpegeln von 70 bis 75 dB(A) ausgesetzt. Mit einer einschaligen Fassade hätten die Büros eine Schallschutzverglasung (Schallschutzklasse 4) und eine Klimatisierung erhalten. Mit Hilfe der doppelschaligen Fassade könnte auf die Klimatisierung verzichtet werden, da nun Fensterlüftung möglich ist. Die Räume erhalten Dank bauphysikalisch günstiger Randbedingungen nur eine mechanische Lüftung mit Kühlung (zweifacher stündlicher Luftwechsel). Die Innenfassade könnte durch die vorgestellte Außenscheibe in den Anforderungen auf Schallschutzklasse 2 reduziert werden, was von Isolierverglasungen ohne weiteres erfüllt wird.

Die Gegenüberstellung beider Alternativen ergibt, daß die Kombination aus doppelschaliger Fassade und unterstützender Lüftung gegenüber der einschaligen Fassade mit Klimatisierung bei Betrachtung der Investitions- und Folgekosten insgesamt wirtschaftlicher ist.

Projektbeispiele

Burda Medienpark Offenburg, einschalige Fassade (s. S. 222)

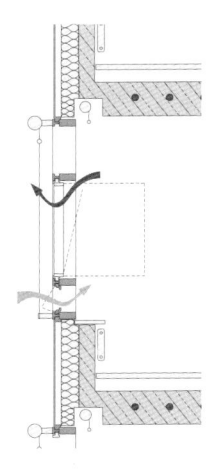

Die klimatische Lage Offenburgs im wärmsten und gleichzeitig windärmsten Teil Deutschlands wurde aus den Erkenntnissen einer thermischen Simulation sowohl in der Auswahl der haustechnischen Anlagen als auch in der Fassadenplanung berücksichtigt. Im Zuge des ganzheitlichen Planungsansatzes und des engen Projektbudgets wurde direkt unterhalb des Dreh-Kipp-Fensterflügels ein nur 250 mm hoher Ganzglasklappflügel angeordnet. Diese zusätzliche, fein dosierbare natürliche Be- und Entlüftungsmöglichkeit im unteren Raumbereich kann auch zur sommerlichen Nachtauskühlung herangezogen werden. Vom Fassadenplaner wurden spezielle Fensterbeschläge entwickelt, welche eine weitestgehende Regensicherheit des Klappflügels auch in dieser einschaligen Fassade garantiert. Ein weiterer Beitrag der Architekten hinsichtlich der Klimaanpassung ist die Integration einer kleinen Betonbrüstung als speicherfähige Masse, welche mit einer hinterlüfteten Bekleidung aus unbehandeltem Holz dem Standort der Auenlandschaft Rechnung trägt. Die fassadentechnische Detailausarbeitung, streng nach den formalen Planungsvorgaben der Architekten, integriert die Holzbekleidung vertikal bündig in die Gebäudehülle, so daß die transparente Architektur durch den Einsatz einer Betonbrüstung nahezu vollständig erhalten bleibt.

Fassadenschnitt
Burda Medienpark

Business Tower Nürnberg, doppelschalige Fassade

Das 134 Meter hohe, runde Hochhaus wurde entsprechend der klimatischen und schallemissionstechnischen Verhältnisse mit einer doppelschaligen, permanent hinterlüfteten Fassadenkonstruktion versehen. Die des öfteren zunächst als sehr teuer und kaum finanzierbar angesehene doppelschalige Fassadenkonstruktion ermöglicht die natürliche Be- und Entlüftung der Büroräume über etwa zwei Drittel des Jahres. Hierdurch konnten die Investitions- und Unterhaltungskosten der haustechnischen Anlagen jedoch beträchtlich reduziert werden. Der sommerliche Wärmeeintrag wird durch den windgeschützt im Fassadenzwischenraum angeordneten und damit auch im Hochhaus stets voll funktionsfähigen kostengünstigen Sonnenschutz optimal reduziert. Für eine Komforterhöhung der natürlichen Büroraumbelüftung wurde auf Vorschlag des Fassadenplaners in jeder zweiten Achse ein Klappflügel zwischen den Dreh-Kipp-Fensterflügeln in die Gestaltung der Innenfassade integriert. Dieser Klappflügel stellt sich im unteren Bereich der Fassade der einströmenden kühlen Außenluft entgegen und „löffelt" diese in den Büroraum ein.

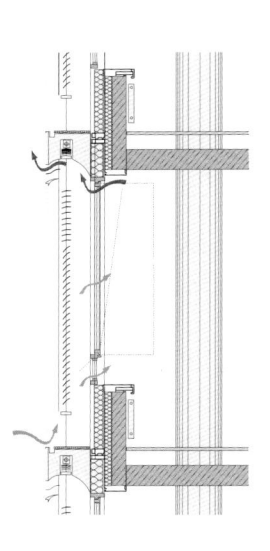

Fassadenschnitt
Business Tower Nürnberg

EBERHARD OESTERLE

Neue Entwicklungen der Raumkonditionierung unter dem Gesichtspunkt der Nachhaltigkeit

In den Industriestaaten halten sich die Menschen etwa 90 Prozent ihres Lebens in Innenräumen (Wohnungen, Arbeitsplätzen und Verkehrsmitteln) auf. Mehr als die Hälfte dieser Zeit verbringen sie am Arbeitsplatz. Ein gutes Raumklima am Arbeitsplatz ist daher für die Gesundheit und das Wohlbefinden von besonderer Bedeutung. Es zeichnet sich durch eine hohe thermische Behaglichkeit und eine gesundheitlich unbedenkliche Raumluftqualität aus. Die Herstellung eines guten Raumklimas ist in unseren Breitengraden nur mit einem beträchtlichen finanziellen und bautechnischen Aufwand zu erreichen. Es ist bei der Wahl der technischen Konzepte darauf zu achten, daß die angestrebten Lösungen einerseits für den Investor wirtschaftlich tragfähig sind und andererseits mit einem geringen Ressourcenverbrauch und niedrigen Schadstoffemissionen einhergehen.

Um diese Ziele zu erreichen, bedarf es gerade beim Bürobau einer integralen Planungsarbeit, die den Wärmeschutz, energieeffiziente Anlagensysteme zur Raumkonditionierung (Heizung, Raumlufttechnik, Kältetechnik) und deren Energieversorgung mit einem möglichst hohen Anteil an erneuerbaren Energien zu einem optimalen Gesamtsystem verbindet.

Bauteilintegrierte Flächenheizung und -kühlung

Die anhaltende Verschärfung der gesetzlichen Vorschriften zur Energieeinsparung in den letzten Jahrzehnten hat den Wärmeschutz unserer Gebäude deutlich verbessert. Dies führt einerseits während der Heizperiode zu hohen Oberflächentemperaturen an der Innenseite der Gebäudehülle, was die Behaglichkeit spürbar steigert. Andererseits ermöglicht die hiermit verbundene Reduzierung der maximalen Heizlasten auch bei niedrigen Außentemperaturen Heizsysteme mit sehr niedrigen mittleren Heizwassertemperaturen (unter 30° C). Diese niedrigen Heizwassertemperaturen führen zwangsläufig weg von konvektiv wirkenden hin zu strahlenden Heizflächen mit geringerem Heizenergiebedarf. Wegen der geringen Übertemperatur der mittleren Heizwassertemperatur zur Raumtemperatur sind allerdings große wärmeübertragende Heizflächen erforderlich. Es werden daher zunehmend sogenannte bauteilintegrierte Flächenheizsysteme, zum Beispiel in der Betondecke, im Fußboden oder auch in Wänden ausgeführt. Um hohe Wärmeverluste über die Fenster zu vermeiden, bietet es sich zusätzlich an, die hygienisch erforderliche Außenluft (30–50 m³/h und Person) mechanisch mit Hilfe einer hocheffizienten Wärmerückgewinnung aufzubereiten und in die Büroräume einzublasen.

Der erhöhte Wärmeschutz der Gebäudehülle hat allerdings nicht nur positive Wirkungen auf das Raumklima. Er hat auch dazu geführt, daß viele Fassaden deutlich größere Glasflächenanteile als früher erhalten, was infolge solarer Einstrahlung einen höheren Wärmeeintrag durch äußere Kühllasten und eine verringerte nächtliche Auskühlung der Räume im Sommer durch den Thermoskanneneffekt zur Folge hat. Zusammen mit den inneren Wärmelasten aus Computern, Personen und Kunstlicht entstehen zumeist so hohe Gesamtkühllasten, daß die Büroräume mechanisch gekühlt werden müssen. Hierfür bieten sich wiederum die bauteilintegrierten Flächenheizsysteme an, die mit energetisch günstigen mittleren Kühlwassertemperaturen um die 20° C betrieben werden und bei richtiger Planung behagliche Raumtemperaturen ermöglichen.

Die „Thermische Betonkernaktivierung" mit Raumtemperatursteuerung

Ein seit einigen Jahren bei Bürobauten im Einsatz befindliches bauteilintegriertes System zum Heizen und Kühlen ist die sogenannte Thermische Betonkernaktivierung, ein in seiner Weiterentwicklung ökonomisch und ökologisch äußerst interessantes Konzept zur Raumheizung und -kühlung.

In der neutralen Zone der Stahlbetondecken werden zwischen oberer und unterer Bewehrungslage im Abstand von 15 bis 30 cm Kunststoffrohre verlegt, durch die Wasser mit einer mittleren Temperatur zwischen circa 20° C (Kühlfall) und 26° C (maximaler Heizlastfall) fließt. Dadurch wird die Decke temperiert und heizt bzw. kühlt die angrenzenden Räume über deren Oberfläche.

Bauteilintegrierte Flächenheizsysteme
oben in der Betondecke, **unten** in Trennwänden.

EBERHARD OESTERLE

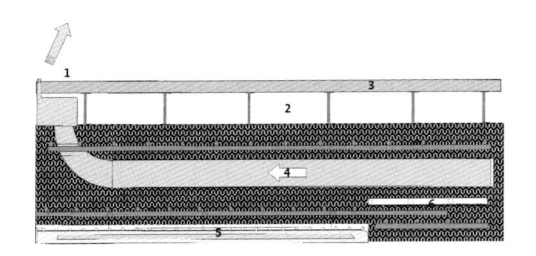

Randstreifenheizung und -kühlung. Entwickelt von
DS-Plan in Zusammenarbeit mit der Firma Zent Frenger.

1 Schlitzdurchlaß Zuluft
2 Bewehrung
3 Installationsboden
4 Zuluft
5 Randstreifenheizung- und Kühlung
6 Normale Thermische Betonkernaktivierung

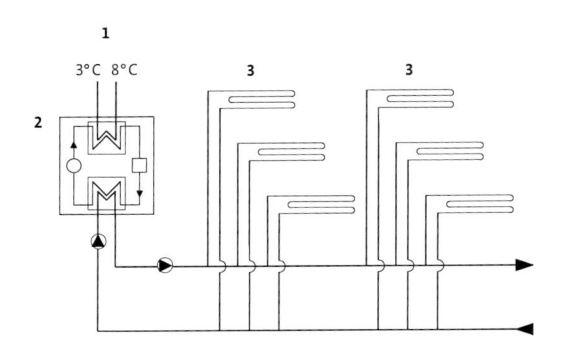

Freie Raumkühlung

1 Wärmequelle Erdreich
2 Wärmepumpe
3 Heizkreise Thermische Betonkernaktivierung

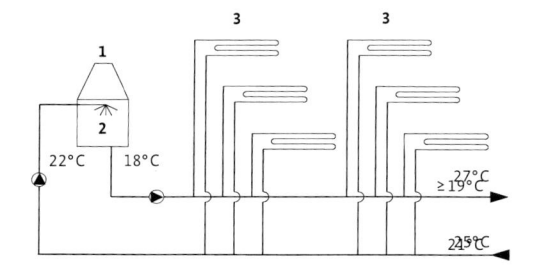

Durch Erdreich gestützte Wärmepumpe

1 Verdunstungskühler (Nachtbetrieb)
2 Regenwasser
3 Kühlkreise Thermische Betonkernaktivierung

Im Kühlfall wird die Bauteilmasse als Wärmespeicher genutzt, die die im Raum tagsüber anfallenden Wärmelasten zwischenspeichert. Diese werden nachts (zeitlich versetzt) mit Hilfe des kühlen Wassers, das durch die Stahlbetondecke fließt, abtransportiert. Die thermische Behaglichkeit und die große Trägheit des Systems setzen eine geringe Temperaturdifferenz zwischen Bauteiloberfläche und Raum voraus. Hierdurch ist die Kühl- (< 40 W/m²) und insbesondere die Heizleistung (< 30 W/m²) des Systems begrenzt. Eine individuelle Regelung der Temperatur ist nicht üblich, es werden stets eine größere Anzahl von Räumen mit den gleichen Heiz- und Kühlwassertemperaturen über die Stahlbetondecken versorgt. Um die teilweise sehr unterschiedlichen Heiz- oder Kühllasten auszugleichen, kann eine Randstreifenheizung und -kühlung, die eine begrenzte individuelle Regelung der Raumtemperatur ermöglichen, eingesetzt werden. Damit kann die Raumtemperatur in einer Bandbreite von circa 2 bis 3° C individuell beeinflußt werden.

Wenn somit die Thermische Betonkernaktivierung zusätzlich über eine solche Raumtemperatursteuerung verfügt, zeichnet sie sich durch niedrige Investitions- und Betriebskosten bei guter thermischer Behaglichkeit und hoher Umweltverträglichkeit aus. Sie kann wegen ihres Temperaturniveaus zum Heizen und Kühlen auch hervorragend mit regenerativen Energiequellen gekoppelt werden.

Oberflächennahe Erdwärme nutzen

Unsere Umwelt bietet uns Energie im Überfluß an, sie steht uns jedoch nur zu einem kleinen Teil, wie zum Beispiel durch passive Solarenergienutzung, in direkt nutzbarer Form zur Verfügung. In größerem Umfang ist deren Nutzung nur unter Zwischenschaltung technischer Anlagen möglich.

Die oberflächennahe Erdwärme bietet im Zusammenhang mit der Thermischen Betonkernaktivierung interessante Perspektiven für eine umweltfreundliche Raumkonditionierung. Das im Erdreich vorhandene Temperaturniveau kann zur Raumkühlung ohne Zwischenschaltung technischer Anlagen herangezogen werden; zum Heizen wird eine zusätzliche Wärmepumpe benötigt, um die notwendige Heizwassertemperatur zu erreichen. Als Wärmequelle bieten sich sowohl das Grundwasser als auch Erdwärmesonden und Energiepfähle an.

Mit derartigen Konzepten lassen sich bei einem erhöhten Wärmeschutz der Gebäude im Heizfall, zum Beispiel bei Einsatz von elektromotorisch angetriebenen Wärmepumpen, aus einer Kilowattstunde (kWh) Strom mehr als 4 kWh Wärme erzeugen. Bei diesem Konzept werden die Schadstoffemissionen auf ein Mindestmaß reduziert. Auch die Heiz- und Kühlenergie zur Aufbereitung der hygienisch erforderlichen Luft kann mit Hilfe der oberflächennahen Erdwärme erzeugt werden, so daß ein zweites Heiz- oder Kühlsystem zur Raumbelüftung nicht erforderlich ist.

Mit Regenwasser und Rückkühlwerken kühlen

Kann das Wasser für die bauteilintegrierten Flächensysteme nicht mit Hilfe des Grundwassers oder von Erdsonden zum Kühlen gewonnen werden, so bietet sich die Verdunstungskühlung an. Das in der Stahlbetondecke erwärmte Wasser wird nachts durch die Wärmetauscher geleitet und dort besprüht und abgekühlt (freie Kühlung). Auf eine Besprühung der Wärmetauscher mit Trinkwasser kann verzichtet werden, wenn über die Dachflächen gesammeltes Regenwasser in ausreichender Menge und Qualität zur Verfügung steht. 70 bis 80 Prozent der erforderlichen Kühlenergie eines Büroraumes können mit derartigen umweltverträglichen Konzepten erzeugt werden.

Energiepotential Luft und Wind durch Fensterlüftung optimal nutzen

Das Energiepotential von Luft und Wind kann zum Nulltarif zur Raumbelüftung über die Fenster genutzt werden. Es kann zum Zwecke der Außenluftversorgung und der Kühlung von Räumen in der Übergangszeit sehr effektiv eingesetzt werden. Allein durch thermischen Auftrieb ergeben sich dabei Luftwechselzahlen im Raum, die bei richtiger Auswahl der Fenster höhere Kühlleistungen bewirken als eine heute übliche mechanische Lüftung mit Kühlung, sofern die Außentemperatur niedriger als die Raumtemperatur ist.

Beispiel Außenluftversorgung mit dezentralen Lüftungssystemen

Erfolgt die Außenluftversorgung von Büroräumen über zentrale Lüftungsanlagen, so wird ein umfangreiches Gebäudevolumen für Lüftungszentralen, -schächte und -leitungen benötigt. Überdies wird in den Räumen meist noch eine abgehängte Decke zur Unterbringung der Zu- und Abluftleitungen benötigt, die sich unvorteilhaft auf die erforderliche Geschoßhöhe auswirkt. Bei dezentralen Lüftungssystemen hingegen können diese Nachteile umgangen werden. Die Außenluft wird hierbei über die Fassade angesaugt, gefiltert und temperiert. Hierzu werden in die Fassade oder in den Installationsboden Luftfilter, Ventilatoren und Wärmetauscher zum Heizen und Kühlen sowie Wärmerückgewinner integriert. Die Qualität der Luftfilterung ist bisher begrenzt, so daß derartige Systeme nur an Standorten mit guter Außenluftqualität zum Einsatz kommen sollten. Eine Befeuchtung oder Entfeuchtung der Außenluft ist nur unter großem Aufwand möglich.

Neben den bereits erwähnten Einsparungen im Bereich des Gebäudevolumens fallen die Investitionskosten für die Raumkonditionierung sowie die Energiekosten in aller Regel geringer aus als bei einem Gebäude mit einem entsprechenden zentralen mechanischen Lüftungssystem.

Bodenintegrierte Lösung

Die bodenintegrierte Lüftung bietet sich insbesondere bei doppelschaligen Fassaden an. Über deren Fassadenzwischenraum wird die Außenluft mit Hilfe eines elektromotorisch angetriebenen Ventilators angesaugt und über einen Grobfilter sowie den Heiz- oder Kühlkonvektor, der im Installationsboden angeordnet ist, in den Raum geblasen. Der Nutzer kann die Zulufttemperatur in begrenztem Umfang individuell regeln. Die Abluft kann entweder zentral oder über ein benachbartes Lüftungsmodul abgesaugt werden.

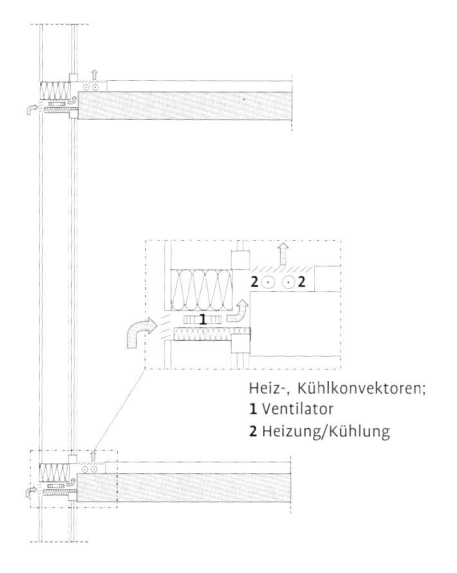

links Bodenintegrierte Lüftung
rechts Dezentrale Lüftungsfassade

Heiz-, Kühlkonvektoren;
1 Ventilator
2 Heizung/Kühlung

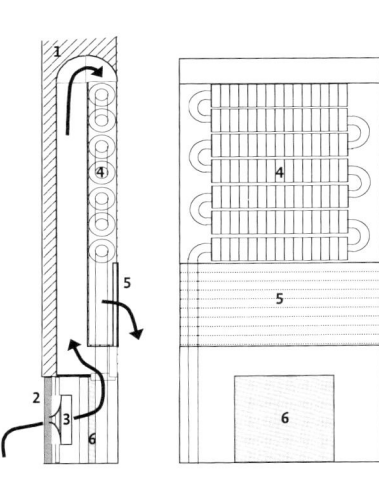

1 Wärmedämmung   4 Wärmetauscher zum Heizen und Kühlen
2 Schlitzschieber   5 Quellluftauslass
3 Drosselelement   6 Elektrofilter

Fassadenintegrierte Lösung ohne Ventilatoren

Um den Nachteil der erhöhten Wartungskosten für die Ventilatoren zu vermeiden, wurde eine dezentrale Lüftungsfassade (Entwicklung von DS-Plan) ohne Ventilatoren und elektrische Hilfsantriebe zur Integration in die Fassade entwickelt. Das Ansaugen der Außenluft erfolgt über eine zentrale Abluftanlage. Die Außenluftmenge wird trotz wechselnder Druckdifferenzen zwischen Außen- und Innenraum mit Hilfe eines selbsttätig funktionierenden Drosselelementes konstant gehalten. Für den Fall, daß die Heizung ausfällt, besteht für die in der Fassade liegenden Heizrohrleitungen die Gefahr des Einfrierens, da sie mit der Außenluft in Verbindung stehen. Eine automatische Schließvorrichtung mit Temperatursteuerung in der Außenhaut kann jedoch das Einfrieren bei kritischen Außentemperaturen verhindern.

PETER KERN UND KLAUS-PETER STIEFEL

IT-Konzepte für mobile Wissensarbeit

Schon seit jeher hat die Informationstechnik Spekulationen darüber genährt, welchen Weg die Entwicklung wohl gehen wird. Häufig jedoch beschränken sie sich auf plakative Behauptungen – „papierlos" sei hier nur als ein Beispiel genannt –, die dann letztlich einer großen Ernüchterung Platz machen mußten. Zur Kompensation dieser Enttäuschung folgte zumeist unmittelbar darauf der nächste Fehler: das, was zuvor als „die Zukunft" proklamiert wurde, sollte es nun plötzlich „niemals geben".

Tatsächlich werden vielfach die unwesentlichen oder auch die falschen Merkmale technologischer Entwicklungen mit großen Schlagzeilen favorisiert. Die wesentlichen Attribute bleiben unterrepräsentiert. Wettbewerbsvorteile lassen sich durch Informationstechnik jedoch nur dann umsetzen, wenn nicht nur auf oberflächliche, schön klingende Schlagworte gesetzt wird, sondern statt dessen die Potentiale von integrierten, breitbandigen Informations- und Kommunikationssystemen verstanden und genutzt werden.

Office goes Paperless
Papierlos, papierarm, papierüberflutet: in der Aufregung der gängigen Schlagworte der vergangenen Jahre wurden in steter Regelmäßigkeit die eigentlichen Zielsetzungen des Themas „Dokumentenmanagement" – denn darum handelt es sich – geflissentlich übergangen. Dies ist insofern von Bedeutung, als hierdurch in vielen Unternehmen die eigentlichen Chancen des Dokumentenmanagements nicht hinreichend genutzt wurden.

Welche Chancen sind das? Dokumentenmanagement ist zunächst ein Bündel von Funktionalitäten, das im wesentlichen
- die elektronische Speicherung,
- die systematische Klassifizierung und Indexierung sowie
- komfortable Mechanismen zum Wiederauffinden von Dokumenten beinhaltet.

Bis heute werden Dokumentenmanagementsysteme – gemessen an deren Funktionalität und Leistungsfähigkeit - viel zu selten eingesetzt. Die Vorteile, die durch diese Basistechnologie im Back-Office-Bereich erzielbar sind, liegen dabei nicht nur in einer höheren – auch mobilen – Verfügbarkeit und Sicherheit bei weit geringeren Speicherkosten, sondern insbesondere in einer hervorragenden Wiederauffindbarkeit von Informationen.

Entscheidend für die Qualität der Recherchierbarkeit sind folgende Leistungsmerkmale heutiger, hochentwickelter Suchmaschinen:
- Volltextindexierung, das heißt, die gesamten Textinhalte werden vollständig in einen Index aufgenommen und können – nahezu unabhängig vom Datenvolumen – in Sekunden aufgefunden werden;
- Optionen wie zum Beispiel „exakter Wortlaut", „alle bzw. beliebige Worte", ja sogar Abfragen nach Wörtern, die „ähnlich klingen wie..." sind nahezu beliebig wähl- und kombinierbar;
- kontextsensitive Recherchen, die nicht nur die Schreibweise bzw. den Klang einer Abfrage, sondern auch deren inhaltliche Bedeutung „begreifen". Ein Anwender, der zum Beispiel nach „Innovationen" sucht, erhält über einen kontextsensitiven Suchbroker nicht nur Dokumente, die „Innovation", Innovationsfähigkeit" etc. enthalten, sondern zusätzlich auch „Forschung", „Entwicklung", „FuE", „Neue Produkte" etc. Dies sind Begriffe, die vom Wortlaut her vollkommen unterschiedlich sind, die aber sehr wohl von ihrer Bedeutung her etwas mit „Innovationen" zu tun haben.
- Bildrecherchen, mit deren Hilfe sich bestimmte Bildinhalte gezielt suchen lassen. Solche Systeme stehen schon heute zur Verfügung, wobei diese zumeist keine wirkliche Bilderkennung liefern –, recherchiert werden hier vielmehr Dateien mit Bildformaten und bestimmten Titeln bzw. Attributen. Es existieren jedoch Forschungsansätze, welche es künftig möglich machen, den Inhalt eines Bildes tatsächlich elektronisch zu begreifen und entsprechend zu indizieren.

Diese hochentwickelten, integrierten Funktionalitäten moderner Recherchetools haben sehr entscheidende, häufig unterschätzte Nutzenpotentiale für Unternehmen geschaffen:
- Kosten- und Effizienzvorteile entstehen insbesondere durch deutlich reduzierte Suchzeiten. Es existieren Schätzungen, wonach die Suchzeiten im Bürobereich heute vielfach 20 bis 40 Prozent der gesamten Arbeitszeit ausmachen.
- Qualitätsvorteile ergeben sich aus deutlich verbesserten, allerdings auch umfangreicheren Suchergebnissen. Im Zeitalter der Wissensgesellschaft ist die gezielte Recherchierbarkeit nach häufig unstrukturierten und gering spezifizierten Inhalten einer der wichtigsten Wettbewerbsfaktoren überhaupt.

Fazit 1: Dokumentenmanagement ist eine grundlegende Anwendung, die als Basis für die Unterstützung von Wissensmanagement-Prozessen dient. Die hieraus erwachsenden Potentiale sind für Unternehmen weit bedeutsamer als die zumeist überbewertete Zielsetzung des papierlosen Büros.

Office goes Wireless

Es gibt derzeit zwei vielzitierte drahtlose Kommunikationstechnologien, über die in nahezu jeder Ausgabe der einschlägigen Fachzeitschriften etwas zu erfahren ist: Funk-LAN (Local Area Network) und Bluetooth. Welche Auswirkungen haben diese Technologien auf das Büro und das Bürogebäude? Ist es insbesondere wirklich so, daß künftig auf eine strukturierte Gebäudeverkabelung verzichtet werden kann?

Um es vorwegzunehmen: Dem ist nicht so. Die Gründe dafür sind:
- die verfügbare Übertragungsgeschwindigkeit sowie
- die Gebäudeflexibilität.

Ein Funk-LAN ist heute für Übertragungsgeschwindigkeiten von 11 Mbit/s ausgelegt. Diese Bandbreite wird zwischen den angeschlossenen Benutzern einer Sendestation aufgeteilt, so daß netto in aller Regel nur ein Bruchteil dieser nominellen Bandbreite zur Verfügung steht. Neuere Funk-LAN-Systeme leisten zwar Übertragungsraten von 54 Mbit/s, doch ist auch dies lediglich ein nomineller Wert. Außerdem ist eine Übertragung dieser Geschwindigkeit nur über den Wechsel auf ein höheres Frequenzband (von 2,4 GHz auf 5,2 GHz) möglich. Dies wiederum macht zum einen Systeme unterschiedlicher Bandbreite zueinander inkompatibel, und zum anderen sinkt auf einem höheren Frequenzband auch die Reichweite. Dadurch wird es notwendig, mehr Sendestationen als bislang einzusetzen. Jede dieser Sendestationen benötigt übrigens eine eigene Kabelverbindung – insofern ist es streng genommen noch nicht einmal berechtigt, bei Funk-LANs von „kabellosen", sondern allenfalls von „kabelarmen" Systemen zu sprechen.

Doch wie wichtig ist eigentlich eine hohe verfügbare Übertragungsrate für den Büroarbeitsplatz der Zukunft? Hierzu muß man sich die folgenden technologischen Entwicklungen vor Augen führen:
- Nach „Moore's Law" verdoppelt sich die Geschwindigkeit von Computer-Prozessoren etwa alle 18 Monate. Das heißt, daß jeder Computer in kürzester Zeit zu langsam und zu alt ist. Es ist kein vernünftiger Grund ersichtlich, warum sich an dieser Entwicklung etwas ändern sollte.
- Auch die internen Bussysteme von PCs sind mittlerweile sehr viel schneller geworden – interne Übertragungsraten von 100-160 MByte/s (entspricht mehr als 1 Gbit/s) sind schon heute verfügbar.

- Demgegenüber stellen existierende Fast-Ethernet-LANs mit 100 Mbit/s als reale Übertragungsrate schon heute einen Engpaß dar. Wird dieser wahrgenommen? Sehr wohl: man denke nur an lange Wartezeiten beim Starten eines PCs, die häufig durch die Übertragung großer servergespeicherter Benutzerprofile zustande kommen. Dies wird in Zukunft durch den verstärkten Einsatz multimedialer Anwendungen und die Tendenz zu sehr viel umfangreicheren Profilverzeichnissen noch weiter zunehmen.

Ohne Zweifel stellt somit die Bandbreite einen außerordentlich wichtigen Faktor für die Lauffähigkeit zahlreicher Anwendungen dar. Mehr noch: viele Anwendungen – z. B. PC-gestützte Videokonferenzen bzw. Document Sharing – sind als Software längst entwickelt, werden aber aufgrund fehlender WAN-Bandbreite (Wide Area Network) nicht akzeptiert und finden somit kaum Anwendung. Mangelnde Bandbreite ist heute zweifellos der bedeutendste Engpaß für mobiles Arbeiten, dann entstehen zwangsläufig unfreiwillige, teure und lästige Wartezeiten.

Was heißt dies nun für Funk-LAN? Tatsächlich ist auf absehbare Zeit nicht damit zu rechnen, daß Funk-LAN oder andere kabellose Netzübertragungsdienste das kabelgebundene Netzwerk ersetzen werden. Allerdings - ergänzen tun sie es sehr wohl, und zwar sehr sinnvoll: Funk-LANs erhöhen die Inhouse-Mobilität der Anwender, und dies wird aller Erfahrung nach als sehr angenehm empfunden.

Fazit 2: Unzureichende Übertragungsraten im Netzwerkbereich schaffen den Engpaß für mobiles Arbeiten. Kabellose Netzverbindungen wie Funk-LAN und Bluetooth können eine sinnvolle Ergänzung der Kabel-Netzwerke darstellen – sie werden diese jedoch nicht ersetzen. Es wäre daher aus heutiger Sicht vollkommen falsch, bei der Gebäudeplanung auf eine breitbandige, strukturierte Verkabelung zu verzichten.

Office goes Mobile
Mobilität im Büro läßt sich in zwei grundlegende Formen unterteilen:
- Konzepte des Desk-Sharing oder des non-territorialen Arbeitens stellen gewissermaßen eine „Inhouse-Mobilität" dar.
- Das „wahre" ortsunabhängige Arbeiten erfordert hingegen den Aufbau von Intranet-Diensten.

Am Fraunhofer Office Innovation Center wurden in den vergangenen zwei Jahren umfassende Erfahrungen mit dem Konzept des non-territorialen Arbeitens gesammelt. Bezüglich der IT-Konfiguration erfordert nonterritoriales Arbeiten zunächst zwingend eine zentralisierte Datenhaltung und -sicherung. Dies bedeutet, daß grundsätzlich alle Informationen auf zentralen File-, Groupware- und Intranetservern gehalten und von dort aus zur Verfügung gestellt werden.

Das IT-Konzept in einem non-territorialen Büro erfordert zudem die faktische Abkehr vom Konzept des „Persönlichen Computers", also des PCs. Das heißt nicht, daß es den PC als „Device" nicht mehr geben wird, sondern lediglich, daß kein Desktop-PC mehr als persönlich zugeordnetes Gerät vorhanden ist. Hiervon darf allerdings aus Benutzersicht möglichst nichts oder allenfalls sehr wenig zu spüren sein, da sich sonst Akzeptanzprobleme ergeben. Diese Anforderungen lassen sich durch eine Kombination aus
- „Roaming Profiles", also zentral zur Verfügung gestellten, persönlichen Benutzerprofilen,
- persönlichen Verzeichnissen, die u. a. einige wichtige Softwareinstallationen (z. B. für die Synchronisation von Handhelds) und Profileinstellungen (z. B. Browser-Profile inkl. zugehöriger Bookmarks etc) enthalten sowie
- eines zentralen Groupware-Servers für die Unterstützung von Teamprozessen wie z. B. die Terminverwaltung, Raumbelegung etc. realisieren.

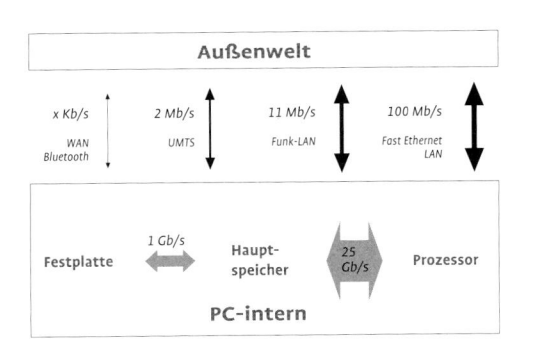

Engpaß Netzwerkverbindung – gegenüber den rechnerinternen Übertragungsraten zwischen den Komponenten stellen schon die schnellen LAN-Verbindungen heute einen Engpaß dar.

Moderne IT-Konzepte müssen zunehmend auch ortsunabhängiges, weltweites Arbeiten unterstützen. Dies kann am besten durch webbasierte Portale zu den Unternehmensinformationen, also durch Intra- und Extranets geschehen. Ihr großer Vorteil ist, daß der Zugang zu Informationen nicht nur ortsunabhängig, sondern auch geräte- und sogar softwareunabhängig erfolgen kann. Moderne Intra- und Extranetlösungen vereinen vielfache Funktionalitäten für die Unterstützung von Team- und Wissensmanagementprozessen, wie z. B. Dokumentenmanagement, Workflow, Projektmanagement, virtuelle Unternehmen etc. und stellen diese über einen simplen Webbrowser zur Verfügung. Es existieren auch Lösungen, die integrierte Recherchefunktionen über mehrere Informationspools, z. B. File- und Groupwaresysteme inkl. öffentlicher Mailboxen erlauben. Wenn solche Systeme zusätzlich die oben beschriebenen komfortablen Suchmechanismen wie kontentbasierte, mehrsprachige Recherchen ermöglichen, dann ist hier eine sehr leistungsfähige technologische Basis für den Aufbau eines Knowledge Management Systems geschaffen.

Die entsprechenden softwareseitigen Funktionalitäten sind alle verfügbar – integrierte, webbasierte Lösungen, die sämtliche der oben beschriebenen Dienste bereitstellen, werden u. a. auch am Office Innovation Center erfolgreich getestet und eingesetzt. Es ist mit Sicherheit damit zu rechnen, daß Zugriffe in Zukunft auch durch beliebige Handhelds, Handys etc. möglich sein werden. Intranet-Plattformen stellen hierfür aufgrund des standardisierten Zugriffs schon heute eine ideale Basis dar.

Allerdings stößt man auch hier wieder auf einen inzwischen wohlbekannten limitierenden Faktor: Schon bei Dokumenten mit wenigen Megabyte Größe wünscht man sich eine deutlich verbesserte Bandbreite für die Übertragung. Zwar bieten die Systeme hier softwareseitig sehr sinnvolle Unterstützung, in dem z. B. Offline-Funktionalitäten zur Verfügung gestellt werden, die ein lokales Arbeiten bei gleichzeitiger Sicherstellung der Datenkonsistenz ermöglichen. Dennoch: ganz ohne Up- und Download funktioniert es eben nicht, und da entstehen bei den heutigen WAN-Übertragungsraten noch sehr unschöne und teure Wartezeiten.

Fazit 3: Der Trend zum nonterritorialen bzw. mobilen Arbeiten wird sich weiter fortsetzen. Integrierte webbasierte Systemlösungen mit umfangreichen Funktionalitäten bilden hierfür die Plattform. Wirklich ortsunabhängiges Arbeiten wird sich allerdings erst dann verbreitet durchsetzen, wenn breitbandige, mobile Standarddienste zur Verfügung stehen.

Zusammenfassend ist festzustellen, dass es vielfach die altbekannten technologischen Entwicklungen sind, die den effektiven Anforderungen für ein mobiles Knowledge Working hinterherhinken. Der dringendste Bedarf besteht heute in einer deutlichen Ausweitung von Übertragungsraten im Netzwerkbereich – erst dann ist zu erwarten, dass sich längst entwickelte Anwendungen wie z. B. IP-Telefonie, IP-Videoconferencing mit integriertem Document Sharing, Unified Messaging, aber auch eine deutlich verstärkte multimediale Integration von Dokumenten verbreitet durchsetzen. Zwar wird das Next Generation Internet (NGI) dieses Problem über angekündigte Bandbreiten von ca. 40 Mb/s adressieren, doch wird auch dies mit Sicherheit nicht das Ende der Fahnenstange darstellen.

Als zweiter „Bremsklotz" für die konsequente, umfassende Digitalisierung wurde die heute verfügbare Displaytechnologie erkannt. Grundvoraussetzung für ein denkbares papierloses Büro ist, daß den Anwendern Displays zur Verfügung gestellt werden, die hinsichtlich Darstellung und Handhabung mindestens genau so gut und zweckmäßig sind wie das Papier, das sie ersetzen sollen. Auch hier wird es noch einige Entwicklungsschritte geben – frühestens dann werden papierlose Büros verbreitet implementiert.

Intra-/Extranet-Zugang
- Orts-,
- System-,
- Software-
  unabhängig

Dokumentenmanagement
- Indizierung
- Klassifizierung
- Retrieval

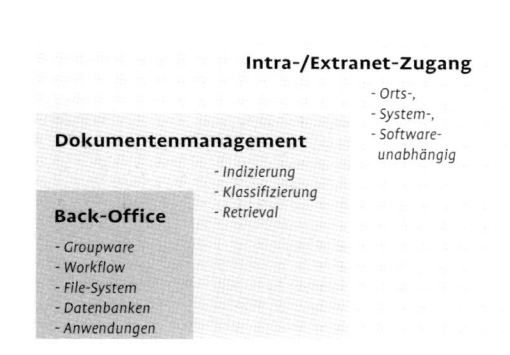

Back-Office
- Groupware
- Workflow
- File-System
- Datenbanken
- Anwendungen

Integriertes IT-Konzept für mobiles Wissensmanagement.

Bedarfsanforderungen und Planungsprozesse

BIRGIT KLAUCK

Kommunikation im Mittelpunkt der Büroplanung

Im Sprachgebrauch vieler Manager hat sich der Begriff „Human-Resource-Management" verankert, der auf das Leistungsvermögen des Angestellten verweist. Im Zusammenhang mit der Steigerung von Effektivität kommt in zunehmendem Maße neben der Technik auch der Gestaltung und Optimierung des Raumes mit seiner Ausstattung eine wichtige Rolle zu. Raumstrukturen können kooperative Arbeitsprozesse positiv beeinflussen und sie schaffen Rahmenbedingungen, die den sich aus den einzelnen Tätigkeiten der Mitarbeiter ergebenden Bedarf befriedigen helfen.

Der Bedarf bezieht sich auf Arbeitsmittel, Raum, Raumakustik, visuelle und thermische Behaglichkeit und Ergonomie, aber auch auf psychosoziale Komponenten wie Interaktion, Nähe, Privatheit, Territorium und Status. Die einzelnen Faktoren beeinflussen sich dabei gegenseitig und verweisen auf die überaus komplexen Anforderungen an die Büroraumplanung. Beispielsweise hängt die subjektiv empfundene Privatsphäre eng mit dem Schallschutz, der ergonomischen Arbeitsplatzgestaltung, der Raumgliederung, der Informationspolitik, den Arbeitsinhalten sowie der Motivation zusammen, während die Luftfeuchtigkeit und Luftströmungen eine direkte Auswirkung auf das Temperaturempfinden des Einzelnen haben.

Dabei bleiben die menschlichen Bedürfnisse relativ konstant. Die sich wandelnden Unternehmensstrukturen mit den damit einhergehenden „neuen Arbeitsformen" verändern in erster Linie den Raumbedarf, angefangen vom erweiterten Arbeitsplatz bis hin zur Gebäudestruktur. Eng damit verknüpft sind auch die psychosozialen Faktoren. Neue Bürowelten stehen daher in einem Spannungsfeld zwischen Effizienz und Individualität, bei der der Mensch im Mittelpunkt stehen soll.

Arbeitsplatzgestaltung

Bei der Analyse der Büroarbeit stellen sich drei Grundsatzfragen: Was tut man, mit wem, und wo findet es statt? Büroarbeit reicht von gestaltenden über abwickelnde bis hin zu mitteilenden Tätigkeiten und läßt sich in verschiedene Tätigkeitsfelder[1] wie „Logistik und Information", „Austausch", oder auch „Projekte" einteilen. In Abhängigkeit von der Mitarbeiterposition und -funktion vermischen sich die verschiedenen Tätigkeitsfelder im Laufe eines Tages und führen zu wechselnden räumlichen Anforderungen. Diese können beispielsweise von dem Wunsch nach Rückzug bis hin zu völliger Offenheit reichen. Mit der Gestaltung des einzelnen Arbeitsplatzes und der Gliederung des Büroraumes können sogar widersprüchliche Bedürfnisse erfüllt werden.

Der Einzelarbeitsplatz, bestehend aus Tisch mit Stuhl sowie den notwendigen freien Bewegungszonen, bildet das Grundmodul der Büroraumplanung. Dies gilt sowohl für konventionelle Büroformen als auch für neue interaktive Arbeitswelten. Der traditionelle „Schreibtisch" verwandelt sich jedoch genauso wie der Bürostuhl zu einem multifunktionalen Alleskönner, der Arbeiten im Sitzen, Stehen und Liegen ermöglicht.

Auch die Ausstattungsstandards in diesem Bereich werden heute kaum mehr nach Rangstufe oder Position geregelt. Wenige tätigkeitsbezogene Arbeitsplatztypen, die sich in Form und Funktion immer mehr annähern, ersetzen den typischen Sekretariats-, Sachbearbeiter-, Abteilungsleiter- oder Manager-Arbeitsplatz der Vergangenheit. Ausschlaggebende Faktoren für diese Entwicklung sind der komplexe Tätigkeitenmix moderner Projektarbeit, technische Entwicklungen auf dem Gebiet der Computer- und IuK-Technologie, flache Hierarchien sowie die Forderung nach mehr Effizienz in der Raumplanung. Zusammen führt dies zur zunehmenden Konzentration von Arbeitsschritten und den dafür notwendigen Geräten an einem Arbeitsplatz, der sogenannten Arbeitsstation (oder auch: Workstation; s. auch Glossar, S. 256) und damit zu mehr Flexibilität in der Raumorganisation.

Die Arbeitsstation kann als universeller Bildschirm-Arbeitsplatz ausgeführt werden oder als Touchdown-Arbeitsplatz für Mitarbeiter, die häufig mobil arbeiten und einen personalisierten Laptop nutzen. Additive Zusatzmodule, wie angefügte Besprechungs- oder Kommunikationszonen bzw. aufgesetzte Computerstellflächen, vervollständigen das Grundmodul Bildschirm-Arbeitsplatz und bringen eine gewisse Variabilität mit sich. Den beiden Arbeitsstationen mehr

Informelles Meeting bei Chiat/Day

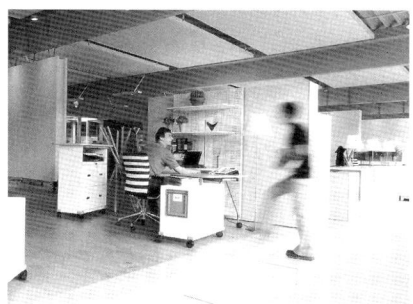

Verschiedene Grundmodule:
Bildschirm-Arbeitsplatz
Touchdown-Arbeitsplatz
Besprechungsplatz

BIRGIT KLAUCK

Erweiterte Flächenansprüche der Grundmodule

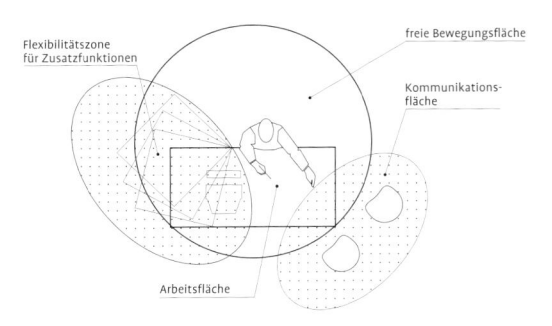

BILDSCHIRM-ARBEITSPLATZ
Regelarbeitsplatz nach Gottschalk

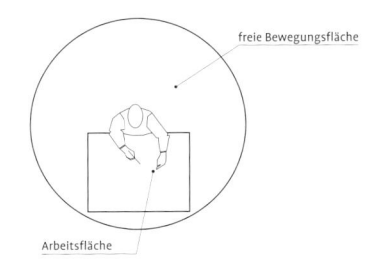

TOUCHDOWN-ARBEITSPLATZ

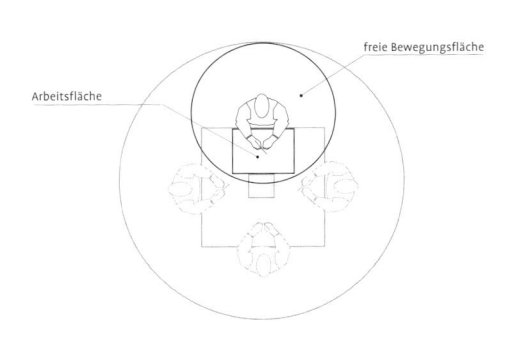

BESPRECHUNGSARBEITSPLATZ

und mehr gleichgestellt werden die von den Mitarbeitern gemeinsam genutzten Besprechungsinseln oder -tische für formelle und informelle Kommunikation. Sie bilden damit das dritte Grundmodul.

Weitere ergänzende Elemente sind meist monofunktionale Spezialarbeitsplätze wie hochwertige CAD- und Multimedia-Arbeitsplätze oder Denkzellen sowie der Club oder die Lounge. Parallel dazu wächst die Bedeutung des mobilen Arbeitens im Zug, im Hotel oder zu Hause.

Die Kombination der Grundmodule mit sporadisch genutzten Spezialarbeitsplätzen läßt vielfältige Arbeitsbereiche entstehen, die mit Zusatz- und Sonderfunktionen ergänzt werden. Notwendige Zusatzfunktionen sind: Entspannungszonen, Teeküchen, Ablage und Bürotechnik. Sonderflächen, wie das Foyer, Konferenz- und Schulungszentren oder die Caféteria, nehmen zentrale Funktionen auf und sind im Gebäude meist nur einmalig vorhanden.

Das Grundmodul Bildschirm-Arbeitsplatz ist heute die meistgenutzte Arbeitsstation, auch wenn er sich durch zukünftige Entwicklungen im IT-Bereich grundsätzlich verändern wird. Damit bleibt der Flächenbedarf je Arbeitsplatz nach wie vor eine wichtige Grundlage aller planerischen Entscheidungen. Gesetzliche Vorschriften und Verordnungen hierfür variieren erheblich von Land zu Land. So gibt die Norm in Deutschland beispielsweise mindestens 8 bis 10 m² vor, in Großbritannien hingegen wird ein Raumvolumen von 11 m³ gefordert. Hinzu kommen regionale und kulturelle Einflüsse und Gewohnheiten, die sich in „Erfahrungswerten" und in den Vorgaben einzelner Unternehmen und Organisationen niederschlagen.

	Mindeststandard (nach landeseigenen Vorschriften)	Regelarbeitsplatz	Bruttoflächenbedarf pro Arbeitsplatz
Deutschland	8-10 m²	12-15 m²	25-27 m²
UK	11 m³ bzw. ca. 4.6 m²	7-10 m²	14-16 m²
USA	–	6-12 m²	19-23 m²

Mindeststandards und durchschnittlicher Flächenbedarf (unabhängig vom Bürotyp) pro Arbeitsplatz im Vergleich

Wenige additive Grundmodule entsprechen nicht nur der Forderung nach mehr Variablität und Flexibilität, sie bringen auch erhebliche ökonomische Vorteile mit sich. So können beispielsweise die Kosten für Umzugs- und Umbaumaßnahmen, die bei Veränderungen der Raumorganisation oder bei einer hohen „Churn Rate" (interner Arbeitsplatzwechsel aller Mitarbeiter im Laufe des Jahres) auftreten, deutlich reduziert werden.

Um uniformierten Bürowelten entgegenzuwirken, die durch Flexibilität und Variabilität entstehen können, wächst die Bedeutung von Identität und Individualität. Eine 1996 von Steelcase durchgeführte Untersuchung zeigt, daß 85 Prozent aller Amerikaner, insbesondere Ältere, ihren Arbeitsplatz personalisieren, das heißt mit Fotos, Pflanzen oder einem Radio ausstatten. Der hohe Anteil an persönlichem Gestaltungswillen wurde in dieser Studie explizit als Gegenreaktion zur Flexibilisierung der Arbeitswelt gewertet. Jüngere Mitarbeiter hingegen empfinden häufig andere Faktoren als identitätsstiftend. Ein unternehmenstypisches, ganzheitliches, visuelles Erscheinungsbild (Corporate Identity) und imagebildende Arbeitswerkzeuge[2] (Laptop, Palm, Mobiltelefon, etc.) spielen eine wichtige Rolle, aber auch die bereits erwähnten räumlichen Zusatzangebote, der Club, die Lounge oder das Basketballfeld (wie z.B. bei TBWA/Chiat/Day verwirklicht; s. auch S.196). Die freie Wahl des Arbeitsortes bedeutet für sie nicht „Heimatlosigkeit", sondern Selbstbestimmung, und die Personalisierung findet auf der überall abrufbaren, personenbezogenen Schreibtischoberfläche des Computers statt.

Im Spannungsfeld zwischen Effizienz und Individualität sind somit verschiedenste Bürowelten denkbar, wobei innovative Bürokonzepte dabei mehr Wert auf die genannten zusätzlichen Angebote legen und konventionelle Konzepte eher das Grundmodul Bildschirm-Arbeitsplatz optimieren.

Kommunikation im Mittelpunkt der Büroplanung

Die Integration von Freizeitaktivitäten (TBWA/Chiat/Day, Los Angeles) hilft eine bessere und dynamischere Kommunikation innerhalb der Firma zu erzielen.

Lounge und Bibliothek (Vitra, Weil am Rhein) sind notwendige Zusatzfunktionen, die zur Entspannung und als temporärer Arbeitsplatz zur Verfügung stehen.

Arbeitsformen und Interaktion

Büroarbeiten werden entweder in Einzelarbeit, als Gruppen- oder als Teamarbeit ausgeführt. Diese Arbeitsformen geben Aufschluß darüber, in welchem räumlichen Verhältnis die Grundmodule zueinander stehen sollten.

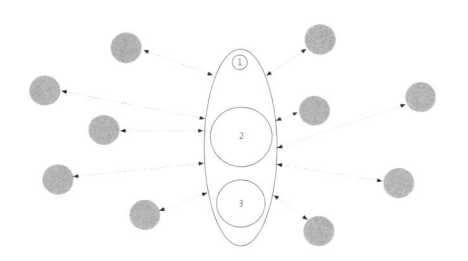

Einzelarbeit

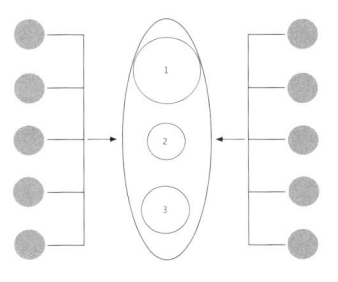

Gruppenarbeit – unabhängig, gemeinsames Ziel

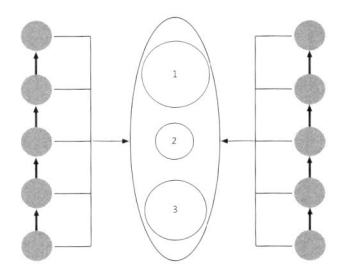

Teamarbeit – sequentiell, gemeinsames Ziel

Arbeitsformen und Interaktion
1 Besprechungszonen
2 Erfrischungs- und Ruhezonen
3 Bürotechnik und Ablage
  Drucker / Kopierer /Fax etc.

→ starke Interaktion
↔ mittlere Interaktion
⇠ schwache Interaktion

Permanente oder projektbezogene Gruppenaktivitäten sind solche, bei denen die Teilnehmer ein gemeinsames Ziel verfolgen. Bei der Gruppenarbeit wird die Gesamtaufgabe auf Einzelsachbearbeiter verteilt und relativ autonom bearbeitet. Das Wesen der kooperativen Teamarbeit hingegen besteht in der Interaktion zwischen allen Beteiligten. Karen Lalli unterscheidet verschiedene Formen von Teamarbeit:[3]

- Das sequentielle Team wird durch einen aufeinander aufbauenden Informations- und Datenfluß mit der damit einhergehenden Organisationsstruktur charakterisiert.
- Ein „Matrix-Team" bündelt Kräfte, um spezifizierte Aufgaben zu erfüllen, und besteht aus Mitarbeitern verschiedener Abteilungen. Das „Matrix-Team" ist cross-funktional, multi-disziplinär und häufig dezentral organisiert, das heißt unabhängig von räumlichen Gegebenheiten.
- Das autonome Team ist ebenfalls cross-funktional. Die Mitarbeiter gehören jedoch zur gleichen Abteilung und das Team ist räumlich zentral plaziert, wodurch eine wesentlich höhere Intensität in den Gruppenprozessen erreicht wird. Der Fokus liegt hier auf der effektivsten Kombination von Mitarbeitern mit Spezialwissen und Erfahrung, um eine gegebene Aufgabe zu erfüllen.

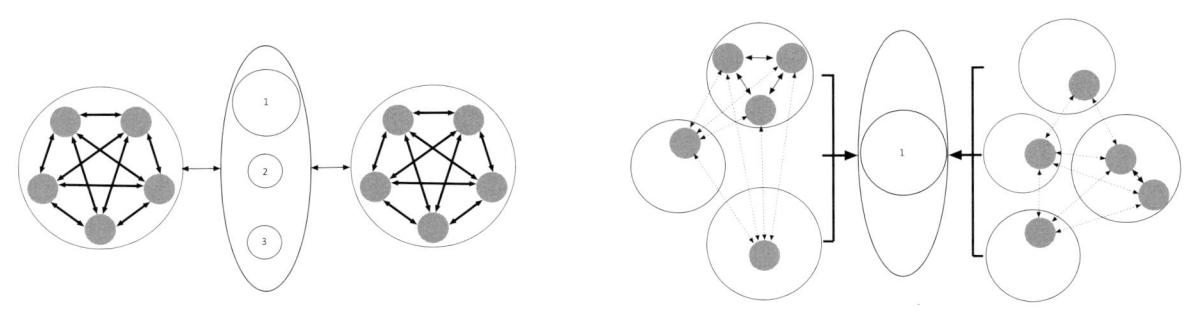

Arbeitsformen und Interaktion   Teamarbeit – autonom, gemeinsames Ziel   Teamarbeit – Matrix

Das in den Köpfen der Mitarbeiter verankerte Wissen ist heute die wichtigste Quelle für Innovationskraft, Wandlungs- und Wettbewerbsfähigkeit eines Unternehmens. Wissensarbeit in Form von kooperativer Teamarbeit entwickelt sich deshalb zum strategischen Erfolgsfaktor und wird zukünftig den größten Teil der Büroarbeit ausmachen. Durch spezifische Kombinationen und Verknüpfungen der Grundmodule entstehen Räume, die die Interaktion zwischen den Teammitgliedern fördern und damit verschiedenste Formen von Teamarbeit unterstützen.

Büroraumplanung und Kommunikation

Man verkennt dabei völlig, wie wichtig die soziale Arbeitswelt ist. Es ist unheimlich (eigentlich müßte man sagen: heimlich) wichtig, einander zu treffen. ... Viele übersehen den Unterschied von Informationsaustausch und Kommunikation. Man redet zwar immer über Kommunikation, man meint aber Informationsaustausch. Kommunikation ist Austausch von Information, von der man vorher nicht wußte, daß es sie gibt.
Herman Hertzberger[4]

Die Planung von Interaktion und Kommunikation ist ein zentrales Thema, das komplexe Anforderungen an die Gestaltung aller Räume stellt und das Bürogebäude mehr und mehr zum räumlichen Abbild kommunikativer Prozesse werden läßt.

In jeder Gemeinschaft gibt es eine Vielzahl unterschiedlicher Kommunikationsprozesse. Formelle Kommunikationsformen mit klar definierten räumlichen Abbildungen, wie Konferenzen oder geplante Besprechungen, sind zielorientiert und dienen häufig der Stabilisierung bereits bekannter Strukturen. Sie sind berechenbar und damit auch planbar. Informelle Kommunikationsformen, wie die spontane und zufällige face-to-face Kommunikation hingegen zielen auf Veränderung und Entwicklung. Sie dienen der Vertrauensbildung und dem gedanklichen Austausch. Mit zunehmender Komplexität der im Büro zu erfüllenden Aufgaben und den damit einhergehenden kooperativen Arbeitsformen steigt ihr Bedarf rapide. Auch wenn es für diese Kommunikationsformen keine klar definierten Räume gibt, da Spontaneität und Zufall nicht planbar sind, können sie durch das Gesamt-Layout zielgerichtet gefördert werden.

	face-to-face sprachlich	Telefon sprachlich	schriftlich
innerhalb von Subeinheiten	73%	22%	5%
zwischen Subeinheiten	28%	53%	19%
externe Kommunikationspartner	11%	46%	43%

Sprachliche und schriftliche Kommunikationsanteile; nach Picot/Reichwald, „Bürokommunikation. Leitsätze für den Anwender", in: R. Schweighofer, Ganzheitliche Büroraumgestaltung, Linz 1994

Trotz innovativer IT-Infrastruktur und Wissensmanagement hat die Art und Weise, wie Arbeitsflächen miteinander verknüpft oder gegeneinander abgegrenzt sind, einen Einfluß auf Kommunikationsprozesse und auch auf den Informationsaustausch. Die Verknüpfung einzelner Arbeitsflächen oder größerer Teambereiche bestimmt wesentlich die Interaktionsmöglichkeit und -häufigkeit aller Mitarbeiter untereinander. Physikalische und soziale Abgrenzung hingegen unterstützt die Ausbildung von sogenannten „Nachbarschaften", indem sie die interne Kommunikation erleichtert und die Identifikation der Mitarbeiter mit dem eigenen Team stärkt. Grenzen können vielfältig ausgebildet werden und verschiedene Funktionen übernehmen: von der klaren Trennung in Form von Wänden oder Raumteilern bis hin zu fließenden Übergängen, in denen das Team „nur" durch die Anordnung der Arbeitsplätze erkenntlich wird. Fließende Übergänge oder die Ausweitung und Anordnung von gemeinschaftlich genutzten Zusatzfunktionen – angefangen von Spezialarbeitsplätzen, Bürotechnik, Registratur und Besprechungsmöglichkeiten bis hin zu Teeküchen oder Entspannungszonen – lassen Grenzen zu verbindenden Elementen werden.

Damit sie in diesem Sinne erfolgreich sind, müssen die Zusatzfunktionen strategisch positioniert sein, also beispielsweise in unmittelbarer Nähe zu allgemein zugänglichen Verkehrsflächen. Außerdem sollten sie einen halböffentlichen Charakter haben, der auch die Möglichkeit zu einem vertraulichen Gespräch bietet.

Erschließungsstrukturen und deren Gestaltung

Erschließungsflächen können die Bewegungen von Menschen beschleunigen oder abbremsen und sind für Funktionen wie die zielgerichtete Förderung informeller Kommunikation prädestiniert.

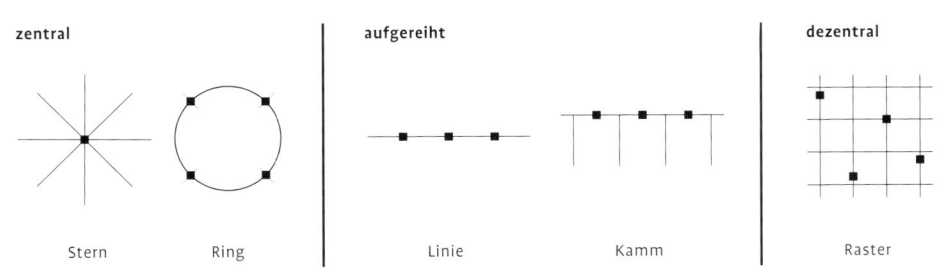

oben Das Büro, das Ideenschmiede sein soll, evoziert zufällige halb-geschäftliche Treffen. Niels Torp konzipierte für die Hauptverwaltung von British Airways in Heathrow, London, eine Bürolandschaft nach städtischen Vorbildern.

unten Auch beim Campus MLC in Sydney wird die Treppe zum kommunikativen Element. Hier verschmelzen Arbeit und Freizeit.

zentral — Stern, Ring
aufgereiht — Linie, Kamm
dezentral — Raster

Wurden früher Erschließungsflächen aus Sparsamkeitsgründen auf das Mindestmaß reduziert, so werden sie heute so gestaltet und strukturiert, daß sie zum Aufenthalt anregen und damit zufällige Begegnungen fördern. Sie werden mit Namen wie „Marktplatz", „Straße" oder „Piazza" versehen, die auf die Komplexität und Vielfalt städtischen Lebens verweisen. Erschließungsformen können in zentrale, aufgereihte und dezentrale Strukturen unterteilt werden.

Die Wahl der Erschließungsform hängt in erster Linie vom städtebaulichen Kontext ab und steht in engem Zusammenhang mit wirtschaftlichen Erwägungen und der spezifischen Organisationsstruktur des Unternehmens. Zur Förderung der Kommunikation sind alle Formen geeignet, entscheidend ist die räumliche Ausdehnung, das Programm und die Gestaltung.

Dezentrale Erschließungsstrukturen werden meist rasterartig ausgelegt. Die Wegeverbindungen können hierbei hierarchisch abgestuft, als Haupt- und Nebenstraßen oder gleichartig ausgebildet werden. Centraal Beheer in Apeldoorn (Architekt: Herman Hertzberger) ist ein Beispiel für die gleichartige Ausbildung. Die Organisationsstruktur des Unternehmens, die auf gleichartigen Teameinheiten von etwa zwölf Mitarbeitern basiert, wurde in eine einzigartige räumliche Struktur übersetzt. Es entstand ein weitmaschiges Netz aus sich zu den Verkehrswegen hin öffnenden, neun mal neun Meter großen Einheiten.

WOLFRAM FUCHS

Qualitätssicherung bei Büroimmobilien

Als Ausweg aus dem immer härteren Preiswettbewerb bieten sich neue Chancen im Qualitätswettbewerb. Der Mehrwert des Kundennutzens bemißt sich für Mieter neben der Gebäudequalität an der Flexibilität und Wirtschaftlichkeit - und an der Dienstleistungsqualität rund um den Büroarbeitsplatz. Ein neuer Standort soll in der Regel Kosten einsparen und zugleich Effizienz und Produktivität der Mieterorganisation erhöhen. Der „kalte" Quadratmeterpreis rückt dabei in den Hintergrund. Entscheidend ist die Gemeinkostenbelastung der Unternehmen, also die Kosten pro Mitarbeiter: „warm", wunschgemäß ausgebaut, flexibel betrieben mit preiswerten Dienstleistungsangeboten für möglichst alles, was nicht zum Kerngeschäft des Nutzers zählt. Im Qualitätswettbewerb kann der Vermieter vom Hersteller und Betreiber von Büroflächen zum Problemlöser und Dienstleister für Büroarbeit werden. Der Rollenwechsel erfordert indes ein Umdenken und Vorgehensweisen, die den neuen Aufgaben gewachsen sind. Die Aufgaben reichen von der Produktprofilierung über die am Kundennutzen ausgerichtete Vermarktung bis zum serviceorientierten Betrieb des Objektes. Die Ziele:
- durch Standort-und Produktprofilierung den Wert der Projektentwicklung schaffen,
- den an Marktzielgruppen orientierten Kundennutzen optimieren,
- die Positionierung des Objektes durch zielgruppenorientierte Wettbewerbsvorteile,
- Mietinteressenten frühzeitig in die Planung einbeziehen,
- die Wertentwicklung der Immobilie langfristig sichern und steigern.

Produktprofilierung als Planungsgrundlage
Zunächst müssen die markt- und wettbewerbsorientierten Ziele und nutzerbezogenen Kriterien für den Projekterfolg entwickelt und präzisiert werden. Die Ziele sollten mit meßbaren Kriterien und präzisen Lösungsvorgaben zum Pflichtenheft für die Planung werden.

In der Phase der Produktprofilierung werden die wichtigsten Verkaufsargumente konzipiert: Anforderungen an die Standortsynergie, Flächenwirtschaftlichkeit und Flexibilität der Mieteinheiten, Gebäude- und Ausbauraster, Trassenführung, Belegungskapazität, Modularität der Lichtkonzeption, Flexibilität der Sanitärkerne, Klimakomfort, Gebäudeautomation, Öko-Maßnahmen, schalltechnische Optionen, Genehmigungsflexibilität, Stellplatzbewirtschaftung, Sicherheitssysteme, Serviceangebote usw.

Dabei orientieren sich die Anforderungen an Konstruktion, Flexibilität, Gebäudetechnik, Arbeitsumwelt, Innenausbau usw. an den strategischen Zielen aus der Marktanalyse und der Wirtschaftlichkeit. Das Ergebnis ist eine fortschreibbare Steuerungsgrundlage für den Herstellungsprozeß, mit der sich die Vermarktungschancen in allen Projektphasen optimieren lassen.

Ein Beispiel: Pflichtenheft zur Flexibilität
Ziel der Gebäudeflexibilität ist es, mit geringem Aufwand auf neue Nutzungsanforderungen und die Alterung der Gebäudesysteme mit unterschiedlichen Lebenszyklen reagieren zu können. Je kürzer der Lebenszyklus eines Teilsystems, desto häufiger ist mit einem Technologiewechsel zu rechnen. Deshalb sollen Teilsysteme möglichst sauber voneinander getrennt geführt und über leicht zugängliche Nahtstellen miteinander verbunden werden. Vor allem diese Nahtstellen müssen optimiert werden und dem Stand der Technik entsprechen. Schlecht sind zum Beispiel Fassadendetails an der Innenseite des Gebäudes, die mit Vor- und Rücksprüngen den Anschluß von Trennwänden komplizieren, Heizungsrohre, die durch Trennwände hindurch verlegt sind, Heizkörper, die Fensterachsen überschreiten, Trennwände, deren Umbau Eingriffe in abgehängte Decken erfordert, Kabel in versetzbaren Trennwänden, nachträgliches Bohren von Bodentanks, Kabelübergänge von Fußboden zu Tisch, die Schmutz- und Stolperfallen sind, usw.

Manche Nutzungsanpassungen sind so wahrscheinlich, daß sie eingeplant werden sollten, wie zum Beispiel der Übergang zu künftigen Büroformen. Dazu muß eine spätere Verdichtung der Arbeitsplätze ebenso möglich sein wie die Verwandlung von Büro- in Sonderflächen – und umgekehrt.

Bürotrennwände sollen als Organisationsmöbel frei von Installationen sein. Stromkreise, Trassenführung, die Anordnung von Stromauslässen und Leuchten und die Steuerungssysteme müssen Nutzungsänderungen zulassen - ohne Nutzungsunterbrechung, Staub und Lärm.

Im Idealfall beginnt der Gebäudeentwurf auf dieser Grundlage. Existiert eine Planung, müssen die Ergebnisse – vom Entwurf über die Ausführungsplanung und den Bau bis zur Inbetriebnahme – laufend an der Zielerreichung gemessen und optimiert werden – im Spannungsfeld der Optimierung von Kundennutzen, Zukunftssicherheit und Rentabilität.

Nutzerorientierung

Bereits während der Planung können laienverständliche, nutzungs- und nutzerorientierte Instrumente entwickelt werden, die den Kundennutzen verständlicher und glaubwürdiger kommunizieren als die austauschbaren Hochglanzbroschüren. Der Vermieter sollte Wettbewerbsvorteile als Kundennutzen kommunizieren, die Problemlösungskompetenz darstellen, den Beratungsprozeß mit Mietinteressenten strukturieren und Mietinteressenten durch zielorientierte Arbeitshilfen unterstützen. Damit kann bereits während der Planung eine nachhaltige Kundenbindung aufgebaut werden.

Auslastung	nach	7 × 24 h	5 × 12 h
52 %	Wochenenden	72 %	100 %
30 %	Feier-/Urlaubstagen	63 %	89 %
15 %	Krankheitstage	59 %	83 %
37,5 %	Stundenwoche	18 %	52 %
25 %	Abwesenheit aus funktionalen und sozialen Gründen	14 %	39 %

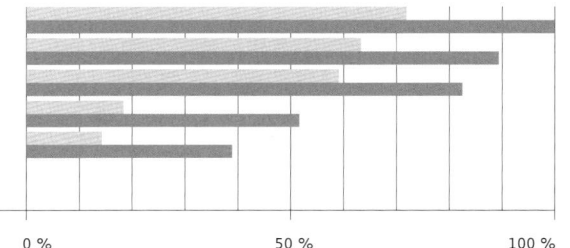

Der Flächenbedarf ergibt sich aus der Ermittlung der tatsächlichen Anwesenheitsdauer der Mitarbeiter im Büro.

mögliche Flächeneffizienz-Gewinne	
Bürokonzept Kombi-Büro, Business-Club	20-30 %
Erhöhung der Auslastung durch desk-sharing	30 %
Telearbeit 1 Tag pro Woche	20 %

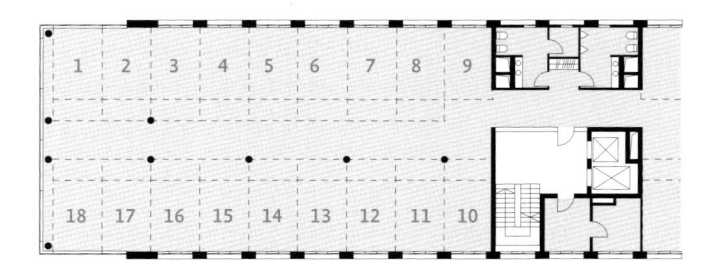

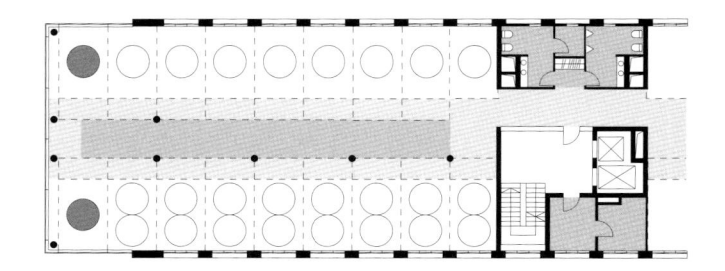

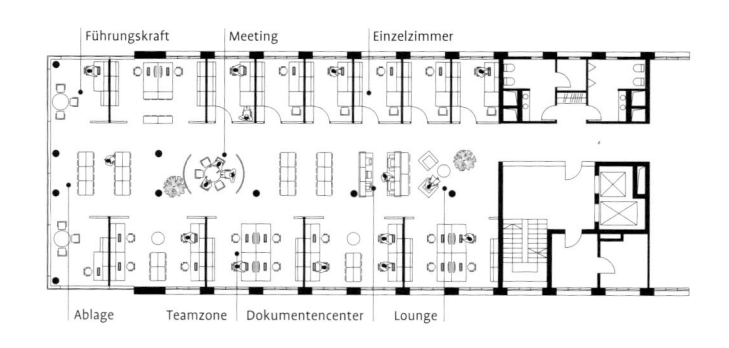

oben links Bei der Anordnung von Einzelbüros entlang eines Mittelflures bleiben kostspielige Mietflächen ungenutzt.

oben rechts Über eine Grobbelegungsplanung läßt sich die Belegungskapazität der verfügbaren Fläche ermitteln.

rechts Zur optimalen Flächennutzung ist es hilfreich, mehrere Nutzungsstrategien zu entwickeln. Diese berücksichtigen die verschiedenen Tätigkeitsbereiche der Arbeitsabläufe.

Bewährt haben sich unter anderem folgende Instrumente:

Bedarfsklärung:
In Mietverträgen stehen selten vergleichbare Werte. Da der Nutzwert eines Quadratmeters vom Gebäude und der Nutzungsstrategie abhängt, ist eine Klärung des echten Bedarfs erforderlich. Dabei erhält der Investor wichtige Ansatzpunkte für Beratung, die der Kundenbindung dienen, und Informationen von unschätzbarem Wert für ein maßgeschneidertes Problemlösungsangebot.

Belegungsplanung:
Ist der funktionale Bedarf bekannt, kann eine grobe Belegungsplanung Aufschluß darüber geben, wieviel Quadratmeter Mietfläche in einem bestimmten Objekt benötigt werden.

Flächenoptimierung:
Bei jeder Belegungsplanung stellt sich die Frage nach Einsparoptionen. Manche Optionen sind „common sense" der Büroplanung, andere sind objektspezifische Chancen.

Objektvergleich:
Anhand eines objektiven Kriteriengerüsts kann der Mieter die Vorteile des Objektes einordnen.

Entscheidungshilfen:
Arbeitshilfen können einzelne, den Prozeß begleitende Instrumente oder ein umfangreiches, auf das Projekt bezogene Miethandbuch sein.

Service
Dem Vermieter als Dienstleister bieten sich eine Reihe von Ansatzpunkten, die sich als Wettbewerbsvorteile und Mehrwert für Mieter und Vermieter rechnen - vor, während und nach dem Einzug. Dazu können Gebäudedienste, Büroserviceangebote und Dienstleistungen im Umfeld der Büroarbeit gehören.

Maximen aller Serviceangebote sind:
- die Wettbewerbspositionierung durch Kosten- und Nutzenvorteile für den Mieter;
- Rentabilität und wirtschaftliche Selbständigkeit der Dienstleistungen;
- Finanzierung aus Synergieeffekten zwischen den Mietern, etwa durch Bündelung der Einkaufsmacht oder der gemeinsamen Nutzung teurer Infrastruktur.

Dabei sind unterschiedliche Dienstleistungsgruppen für die Mieter denkbar. Jede der Dienstleistungen kann als Modul vermarktet werden, ganz nach dem Bedarf des Mieters. Die Kostenentlastung des Mieters ist dabei viel größer als bei den weitergereichten Preisvorteilen. Denn hinter fast jeder dieser Dienstleistungen stehen auch Produktivitätsgewinne des Mieters durch den Einsatz von Spezialisten und entfallende Personalkosten.

Einige Beispiele für Serviceangebote sollen das Spektrum zeigen und dessen Potentiale illustrieren.
- IT-Services: LAN-Betrieb, Bürogeräteeinkauf inklusive Wartung, Tele-Routing, Video-Konferenzen;
- Objekt-Management-Services: Flächen- und Raum-Management, Belegungs- und Einrichtungsplanung, Mobiliar-Leasing und Rent-a-desk, Umbelegungen und Umbauten, Konferenz-Sharing, Energie-Management, Kostenstellen-Abrechnung
- Flächen- und Zeitspar-Services: Büromaterialeinkauf, Druck- und Kopierservice, interne und externe Postdienste, In-House-Catering, Reisebüro, Fuhrparkverwaltung, Hausmeisterdienste in Mietflächen, Erledigungen.

EBERHARD OESTERLE

Ganzheitliche, nutzerorientierte Planungsprozesse

Bis vor wenigen Jahren war der sequentielle Planungsprozeß beim Bauen noch stark verbreitet. Dabei entwickelten die jeweiligen Planer und Berater weitgehend losgelöst von den anderen Gewerken ihre Konzepte, um sie am Ende einer Planungsphase aufeinander abzustimmen. Ein optimiertes Planungsergebnis ließ sich bei diesem Ablauf nur durch aufwendige Wiederholung von Einzelschritten erzielen.

Bei der ganzheitlichen Planung bilden die Planer zunächst ein interdisziplinäres Team, das informationstechnisch miteinander vernetzt ist und zugleich an der gestellten Aufgabe arbeitet. Dazu ist es wichtig, daß alle erforderlichen Planer, Berater und Sonderfachleute von Anfang an in die Planungsarbeit integriert werden, um Einwände zur Planung von später hinzugezogenen Beteiligten zu vermeiden.

Das große Planungsteam arbeitet unter der Federführung des Architekten oder der Architektin, ermittelt sorgfältig die Nutzeranforderungen und entwickelt auf dieser Basis von Anfang an gemeinsam alternative Teil- und Gesamtkonzepte des Gebäudes. Auswahl, Vergleich und Optimierung der Alternativen erfolgt durch intensive Kommunikation auf kurzem Wege und in kurzer Zeit. Dabei muß der Detaillierungsgrad der Gesamtkonzepte für eine spätere Realisierbarkeit hinreichend genau sein, eine zu hohe Planungstiefe soll aber vermieden werden. Die Integration von Teilsystemen in ein optimiertes Gesamtkonzept erfolgt in einem schnellen und effizienten Regelkreis.

Dieser vernetzte Prozeß ganzheitlicher Planung kann jedoch nur stattfinden, wenn die Mitglieder des Planungsteams über ein hohes Maß an fachspezifischer, interdisziplinärer und sozialer Kompetenz verfügen und effiziente Planungsmethoden mit geeigneten informationstechnischen Werkzeugen eingesetzt werden.

Lösungsansätze für einen erfolgreichen Planungsprozeß

Eine spürbare Verbesserung des Planungsprozesses kann man durch ganzheitliche, nutzerorientierte Planung erzielen, wenn man die folgenden Faktoren beachtet:

1. Die Zusammensetzung und Qualität des Planungsteams bestimmt den Projekterfolg. Dabei ist unter dem Begriff Qualität nicht nur die fachtechnische Seite, sondern auch die soziale Kompetenz zu beachten. Der/die Architekt/in sollte den Freiraum bekommen, objektspezifisch ein Spitzenteam zusammenzustellen, dessen Arbeitsweise und Struktur sich durch spezielle Merkmale auszeichnen sollte. Hierzu gehören nach Untersuchungen von Dennis C. Kinlaw (D.C. Kinlaw, Spitzenteams – Spitzenleistungen durch effizientes Teamwork, Wiesbaden 1993), die er unter anderem auch für die NASA erstellt hat, insbesondere
- die Pflege informeller Teamprozesse (Kommunikation und Kontakt);
- positive Teamgefühle (Loyalität, Verpflichtung, Vertrauen);
- eine geeignete Führung (Initiator/in, Vorbild, Coach).

2. In den letzten Jahren haben manche Bauherren einen zusätzlichen monetären Anreiz in Aussicht gestellt. Für erfolgreiche Planungsarbeit zahlte der Bauherr dem betreffenden Planungsbüro zusätzlich zum vereinbarten Honorar einen Bonus, dies löste aber das Problem der losgelösten gewerkebezogenen Optimierung nicht. Im Interesse eines Projektes wäre es besser, wenn der Bonus für ein erfolgreiches Gesamtprojekt erstattet würde. Eine derartige Regelung zwingt zu verstärkter Teamarbeit und hilft, egoistische Betrachtungen vermeiden. Beurteilungsmerkmale für ein erfolgreiches Gesamtprojekt können z. B. Ästhetik des Gebäudes, Einhaltung des Termin- und Kostenrahmens, Wirtschaftlichkeit, Nutzerzufriedenheit, Energieeffizienz und Ökologie sein.

3. Die zu ganzheitlicher Planung notwendige verstärkte Kommunikation aller Beteiligten erfordert einen intensiven Datenaustausch (CAD, Datenbanken, Textverarbeitung, Grafiken). Die heute zur Verfügung stehende IuK-Technik bietet hierfür zahlreiche Möglichkeiten, wenn bestimmte Bedingungen (Austauschformate, Layer-Strukturen, Zugriffsrechte, Datenträger etc.) frühzeitig geklärt sind und auch ein professionelles Datenmanagement erfolgt.

4. Eine Möglichkeit, den Datenaustausch und die Dokumentation der Planung informationstechnisch zu beherrschen, besteht in der Anwendung eines Projektkommunikationssystems. Es besteht aus einem zentralen Datenserver, Datenverbindungen über Internet bzw. Intranet zu allen Projektbeteiligten und einer datenbankorientierten Projektdaten-Verwaltungssoftware. Die wesentlichen Funktionen eines solchen Systems sind:
- zentrale Speicherung und ständige Aktualisierung aller projektrelevanten Daten;
- durch Zugriffsberechtigungen geregelter Datenaustausch zwischen den Beteiligten;
- automatischer Abgleich der Planungsstände durch graphischen Vergleich;
- automatische Historienverwaltung;
- Suchmaschine für Textdokumente.

Der Einsatz derartiger Systeme hat sich bei einer Reihe von großen Bauprojekten bereits bewährt. Projektkommunikationssysteme regeln jedoch den Informationsaustausch rein datentechnisch und nicht inhaltlich.

5. Inhaltliche Abstimmungsprozesse und interaktives Zusammenarbeiten räumlich getrennter Büros ermöglicht die Videokonferenztechnik. Mit ihr können beliebige Dokumente ausgetauscht, bearbeitet und neu erstellt werden. Daten lassen sich visualisieren und bearbeiten. Konzepte und Konstruktionen können trotz räumlicher Trennung der beteiligten Planer interaktiv am virtuellen Tisch gemeinsam entworfen, diskutiert und verbessert werden. Wesentliche Forderungen der ganzheitlichen Planung lassen sich so verwirklichen.

Zusammenfassung

Der zunehmende wirtschaftliche Druck auf die Mitglieder eines Planungsteams führt zwangsläufig zu Veränderungen in der Planungsstruktur und den Verantwortlichkeiten. Der/die Architekt/in wird künftig verstärkt die eigene Rolle als Teammanager/in, Leiter/in und Entwickler/in einer Planungsgruppe wahrnehmen müssen, um die Haupthindernisse einer ungenügenden Organisation und Kommunikation innerhalb eines Planungsteams zu beseitigen. Die ganzheitliche, nutzerorientierte Planung mit Spitzenteams bietet die realistische Chance, Form, Funktion und Wirtschaftlichkeit eines Gebäudes zeitgemäß und allen Ansprüchen genügend miteinander zu verbinden.

THOMAS ARNOLD UND BIRGIT KLAUCK

Systematik der Projektbeispiele

„Bei wirklich profunder Analyse der Geschichte einer Bauaufgabe lösen sich die klaren Typen auf, zu jeder Regel findet sich eine Ausnahme, im Extremfall gibt es nur noch Einzel- bzw. Sonderfälle. Typen werden nicht entdeckt, sondern durch Abstraktion erzeugt."[1]

Die Arbeit ändert sich. Sie wird komplexer und mehr und mehr von dem Bedürfnis nach schnellem, umfassendem Wissensaustausch durch moderne IuK-Technologien, vor allem aber durch zwischenmenschliche Interaktion, durch informelle Kommunikation geprägt. Organisationsstrukturen, Arbeitsweisen, Arbeitsumgebungen und Büroformen verändern sich mit ihr. Die noch vor zehn Jahren vorherrschenden Raumformen Zellen-, Großraum-, Gruppen- und Kombibüro finden sich in den heutigen Bürogebäuden selten in reiner Form wieder. Sie werden durch vielfältige Raumkombinationen ersetzt und durch neue Orte der Arbeit – das Auto, beim Kunden oder auch das eigene Zuhause – weiter ergänzt. Auf einer übergeordneten Ebene läuft diese Entwicklung parallel zu der Auflösung von Gebäudetypen; wir gehen ins Museum zum Shopping, betrachten Kunst im Spielcasino und arbeiten auf dem Flughafen.

Gebäude wurden und werden in typologischen Sammlungen auf gemeinsame, für das Erkenntnisinteresse wesentliche Merkmale reduziert. Durch die Abstraktion werden sie vergleichbar und lassen sich in Systeme einordnen. Im besten Falle macht die Reduktion die Beispiele als Leitbilder nutzbar; sie dienen damit als Grundlage für die Untersuchung und Entwicklung von zukünftigen Lösungen oder zur kreativen Nachahmung. Entscheidend hierbei ist die Frage nach den Merkmalen. Genausowenig wie man heute die Frage nach der optimalen Büroform für die im Unternehmen vorherrschende Arbeitsweise pauschal mit Zelle oder Großraum beantworten kann, kann man heute die Kategorien nach der Raumform als einzig bedeutsamer Größe einteilen. Was sind nun die relevanten Merkmale des Bürogebäudes?

Die hier angewandte Systematik baut auf den Grundlagen bereits vorliegender Projektsammlungen und Klassifizierungsmethoden auf. Ottomar Gottschalk[2] begann 1963 mit einer umfassenden Analyse von Verwaltungsbauten, bei der damals formale und konstruktive Merkmale im Vordergrund standen. Zehn Jahre später nutzte Frank Duffy[3] seine Dissertation, um erstmals gestalterische und gesellschaftliche Phänomene systematisch zur Bürogestaltung einzusetzen. In der Folge stellte die englische Firma DEGW einen Zusammenhang zwischen der Organisationsstruktur, der Arbeitsweise und der Raumform des Unternehmens her. Sie konnten damit integrierte Lösungsansätze anbieten.

Ein effizienter Informationsfluß zwischen den Menschen ist heute erfolgsentscheidend für die Büroarbeit, und der Wert von informeller Kommunikation für den geplanten und ungeplanten Wissensaustausch kann dabei kaum überschätzt werden. In der vorliegenden Systematik wird nicht nur die Arbeitsweise in den Mittelpunkt gestellt, sondern vor allem auch der Austausch von Wissen als eigenständige Arbeitsweise anerkannt; gleichwertig neben der Einzel-, Prozeß- und Teamarbeit. Die damit eingeführte neue Ordnung, die auf dem Vergleich zwischen Arbeitsweise und Grundrißform basiert, entspricht dem Stand der Entwicklung der Büroarbeit, die weg von der abwickelnden Prozeßarbeit hin zur Informationsarbeit führt.

Klassifizierungsansätze unter dem Aspekt der Nutzung
Architekten klassifizieren Bürogebäude in der Regel nach formalen und konstruktiven Kriterien. Diese wurden maßgeblich von Ottomar Gottschalk geprägt. Auch heute noch unterscheidet man zumeist zwischen Zellen-, Großraum-, Gruppen- und Kombibüro.

Das Management betrachtet Büroformen jedoch in Verbindung mit Erneuerungsstrategien der Aufbauorganisation. Die international tätige Firma DEGW verbindet daher die Unternehmensberatung mit der Büroraumplanung und entwickelte schon in den siebziger Jahren erste Ansätze zur Untersuchung der Beziehung zwischen Bürogestaltung und Unternehmensstruktur. Die von ihr vertretenen Kategorien stellen erstmals nicht mehr nur die Raumform, sondern den Organisationstyp in den Mittelpunkt.

„Patterns of Work": vier Haupttypen
(nach DEGW & BRE, New Environments for Working, 1996)

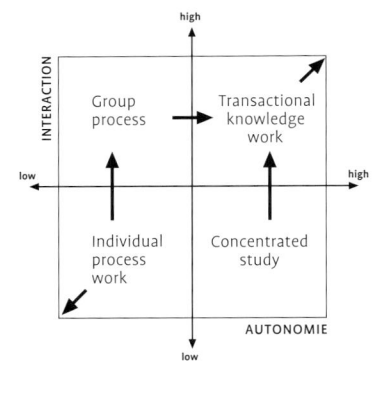

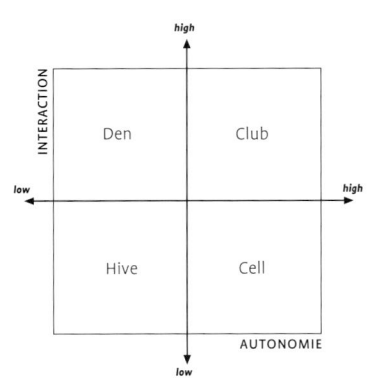

In „New Environments for Working",[4] eine Studie, die 1996 in Zusammenarbeit mit „Building Research Establishment" (BRE) entstand, werden vier Grundtypen von Büros identifiziert. „Hive", „Den", „Cell" und „Club" sind Organisationstypen mit bestimmten Arbeitsweisen, die von DEGW „individual process work", „group process", „concentrated study" und „transactional knowledge work" genannt werden und die zu einer jeweils unterschiedlichen Raumnutzung und Arbeitsplatzkonfiguration führen. Die Raumform geht damit nicht zwingend einher.

Der „Hive" läßt sich sowohl von der Arbeitsplatzanordnung als auch von den darin ablaufenden Aktivitäten mit einem Bienenstock vergleichen. Hier wird vornehmlich Einzelarbeit im Sinne von standardisierter Sachbearbeitung ausgeführt. Unter „Den" versteht man einen geschäftigen Ort, der Gruppenprozesse und interaktive Teamarbeit fördert. An die Mönchszelle eines Klosters, in der man konzentriert arbeitet, erinnert der Typ „Cell", und an den traditionellen Gentlemen's Club, einen Ort für Kommunikation, der sogenannte „Club".

Alle Modelle basieren auf der Annahme, daß das Gebäude und ihre Nutzer eine systematische Einheit bilden. Soziale, technische und organisatorische Veränderungen beeinflussen sich gegenseitig und wirken sich auf die Arbeitsplatzgestaltung aus und umgekehrt. Damit bilden die Modelle nicht nur den Ist-Zustand ab, sondern sie zeigen in mehrfacher Hinsicht Entwicklungstendenzen auf.

Grundlagen der Systematik und Sammlung

„Denn trotz, oder besser: Gerade wegen der immer leistungsfähigeren IT steigt der Anteil der Informationsarbeiter drastisch an. (...) Bereits heute lebt in den hoch entwickelten Ländern mehr als jeder zweite Erwerbstätige von Tätigkeiten, deren Rohstoff, deren Werkzeuge und deren Resultate überwiegend Informationen sind. (...) Kurz: Die Arbeit von immer mehr Menschen wird es sein, Daten in Wissen zu verwandeln."[5]

„Das mit der Industrialisierung entstandene Konzept des Büros – aus der Zeit, als Menschen zu ihren Akten fahren mußten, um arbeiten zu können – wird in vielen Fällen immer mehr zum Anachronismus. Was nach wie vor wichtig ist, sind Treffpunkte und Gelegenheiten für ungeplante Gespräche, für informelle Kommunikation. Unternehmen, die den kaum zu überschätzenden Wert informeller Kommunikation erkannt haben, konzipieren denn auch ihre Gebäude für Informationsarbeiter inzwischen vollkommen anders – als kommunikative, kreativitätsfördernde Räume und nicht mehr als Verwaltungsbauten in der Gestalt von isolierenden Zellentrakten oder nervtötenden Schreibtischhallen."[6]

Der „Informationsarbeiter" braucht das Bürogebäude für gemeinschaftliche Projektarbeit sowie für formelle und informelle Besprechungen. Orte, die informelle Kommunikationsprozesse unterstützen, stehen heute gleichwertig neben dem Grundmodul der Büroraumplanung, dem Bildschirm-Arbeitsplatz,[7] und die Austauscharbeit steht gleichwertig neben der Einzel-, Prozeß- und Teamarbeit.

Kommunikation und zwischenmenschliche Interaktion sind Voraussetzung für einen effizienten Informationsaustausch. Die Interaktion bildet die Basis für die Aneignung und Anwendung von Wissen und kann durch den Arbeitsplatz mit seiner unmittelbaren Umgebung unterstützt werden. Über die Art und Weise, wie diese Arbeitsplätze bzw. -flächen miteinander verknüpft oder gegeneinander abgegrenzt sind, ergeben sich die spezifischen Arbeitsplatzkonfigurationen. Diese sind entscheidend für die Qualität der Arbeitsumgebung und können Arbeitsabläufe entweder erleichtern oder behindern.

Die Arbeitsplatzkonfiguration hat unmittelbaren Einfluß auf die beiden Spannungspole der heutigen Büroarbeit; die Flexibilität der Büronutzung und die Interaktion unter den Mitarbeitern. Idealerweise ergibt sie sich unmittelbar aus dem Tätigkeitsschwerpunkt des Mitarbeiters bzw. der Organisationseinheit. Damit kann sie umgekehrt auch Aufschluß über die Organisation des jeweiligen Unternehmens geben.

THOMAS ARNOLD UND BIRGIT KLAUCK

Mögliche Verknüpfung von Aktivitäten (Was wird gearbeitet?), Arbeitsweisen (Wie wird gearbeitet?) und Raumkonfigurationen (Wo wird gearbeitet?).

Hier wird beispielsweise deutlich, daß „Projekte" in einer Mischung aus Einzel-, Team- und Austauscharbeit abgewickelt werden, während „Logistik und Information" immer als Einzelarbeit ausgeführt wird. Diese kann aber in verschiedenen Arbeitsumgebungen stattfinden.

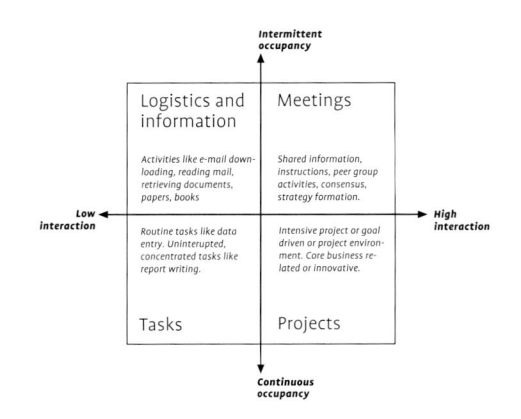

Hauptaktivitäten, Interaktion und Raumbelegung im Büro, nach: Adrian Leaman, „The Logistical City", in: John Worthington, Reinventing the Workplace. Das Diagramm verdeutlicht den Zusammenhang zwischen Tätigkeit und Interaktion. Der Begriff Interaktion steht hier für das aufeinander bezogene Handeln der Mitarbeiter. Weiterhin gibt es Aufschluß über die mögliche Arbeitsplatzbelegung.

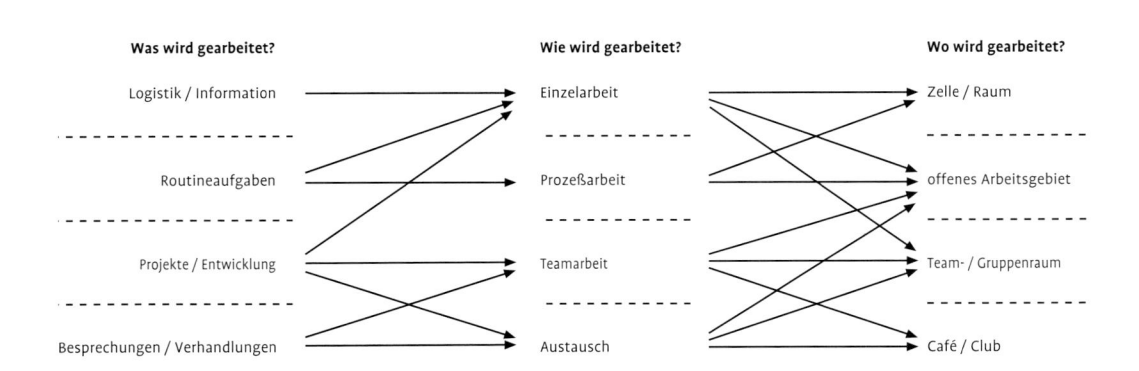

Was wird gearbeitet?

Nach DEGW und BRE setzt sich die Büroarbeit aus den vier Hauptaktivitäten Logistik und Information, Aufgaben, Projekte und Besprechungen zusammen.[8] Heutige Stellenprofile geben jedoch selten nur eine Aktivität vor, vielmehr besteht die Büroarbeit aus einer vielschichtigen Mischung der genannten Hauptaktivitäten.

Der Begriff Aufgabe beschreibt hier einfache standardisierbare Tätigkeiten, die sich wiederholen und dazu dienen, betriebliche Daten zu fixieren, auszuwerten und zu übermitteln. In der Vergangenheit war dies der Hauptbestandteil der Büroarbeit. Beim Projekt wird der Wissens- und Erfahrungshorizont einer Gruppe zur Lösung eines Problems herangezogen. Logistik und Information dient der Organisation der eigenen Arbeitsweise sowie der Bereitstellung und Übermittlung unternehmensrelevanter Informationen. Unter Besprechungen versteht man zielgerichtete Kommunikation, die dem Informationsaustausch, dem Briefing und der Strategieentwicklung dient.

Mit zunehmender Komplexität der Einzelfallaufgaben und der Projekte entwickelt sich der Büroangestellte hin zum „transactional knowledge worker", dem austauschenden Informationsarbeiter. Der Anteil an Logistik und Information sowie der aufgabenbedingte Bedarf an Austausch wird stetig steigen. Weiterhin nimmt in modernen Netzwerkorganisationen der Bedarf an informellem Austausch zu, da er nicht zuletzt auch dem Aufbau und der Aufrechterhaltung des Netzwerkes dient.

Wie wird gearbeitet?

Die Bürotätigkeiten können auf verschiedene Weise ausgeführt werden: allein, allein in der Gruppe, gemeinsam in der Gruppe oder gemeinsam in der Gesprächsrunde. Vereinfachend lassen sich – in Anlehnung an die Klassifizierung von DEGW – die Arbeitsweisen in Einzelarbeit, Teamarbeit, Prozeßarbeit und Austausch einteilen. Diese Begriffe bilden auch die Grundlage für die Gliederung unserer Projektsammlung. Sie werden in den Typogrammen, die den Projekten zugeordnet sind, verwendet (s.u.).

Prozeßarbeit beschreibt alleine in der Gruppe ausgeführte, klar strukturierte und aufeinander aufbauende Sachbearbeitung, wobei die einzelnen Arbeitsschritte Wiederholungscharakter haben. Teamarbeit zeichnet sich durch die Interaktion aller Beteiligten untereinander und durch eine gemeinsame Zielsetzung aus. Der Begriff Einzelarbeit steht für individuelle, konzentrierte Arbeiten wie Entwicklungsaktivitäten. Austausch wird in diesem Zusammenhang als informelles Gespräch, mit dem Ziel des Wissens- und Erfahrungsaustausches und der Festigung des sozialen Systems der Organisation definiert. Der „austauschende Informationsarbeiter" benötigt das Büro nicht mehr zum Abarbeiten von Aufgaben und Projekten, sondern nutzt es als Treffpunkt. Das Bürogebäude ist für ihn oder sie eine räumliche Schnittstelle in einem weit gespannten Netzwerk, und der Austausch als eigenständige Arbeitsweise gewinnt damit für die Büroraumplanung zunehmend an Bedeutung.

Systematik der Projektbeispiele

Wo wird gearbeitet?

Die verschiedenen Tätigkeiten und Arbeitsweisen erfordern im Idealfall spezifische räumliche Situationen und Arbeitsplatzkonfigurationen. Beispielsweise erfordert Einzelarbeit Ruhe und Konzentration und braucht daher einen abgeschlossenen Raum, entweder als Zelle oder mit hohen abschirmenden Trennwänden im offenen Arbeitsgebiet wie beim „Cubicle". Sie wird aber auch unterwegs in Cafés und in Businesslounges ausgeführt. Prozeßarbeit basiert auf aufeinander aufbauenden Arbeitsschritten, die sich in der Arbeitsplatzanordnung abbilden und daher am effizientesten in einem offenen Arbeitsgebiet ausgeführt werden können. Die räumliche Definition Großraum wird hier zum offenen Arbeitsgebiet, eine Fläche, die nicht nur Prozeßarbeit zuläßt, sondern zwangloses Arbeiten in verschiedenen Arbeitsweisen erlaubt und sich durch hohe Flexibilität auszeichnet. Damit trägt sie den immer schneller aufeinander folgenden organisatorischen Veränderungen der Unternehmen Rechnung.

Die für die Teamarbeit wesentliche Interaktion erfordert eine direkte Zuordnung der Arbeitsflächen zueinander, entweder im Gruppenraum oder in einem offenen Arbeitsgebiet mit klar definierter Zuordnung der Arbeitsplätze und Kommunikationsflächen. Teams, die in Netzwerkstrukturen arbeiten, haben einen festen Rahmen, innerhalb dessen sie miteinander kommunizieren (beispielsweise Webseiten), aber auch reale Treffpunkte. Diese sind räumlich für kurzfristige Interaktion ausgelegt (beispielsweise das Café der Firma „The Vision Web"[9]). Austausch findet einerseits formell im Besprechungsraum statt, während die in der Vergangenheit unterschätzte informelle Kommunikation durch räumliche Angebote wie eine Lounge, Club, Café und auch durch die Aufwertung von Servicepunkten (Bürotechnik, Teeküche) gefördert wird.

Ausblick

Büroarbeit bewegt sich heute in einem Spannungsfeld zwischen Interaktion und Flexibilität. Selten gibt das Stellenprofil eines Mitarbeiters nur eine Arbeitsweise vor. Im Laufe eines Arbeitstages ist der Wechsel zwischen hochkonzentrierter Einzelarbeit und hochinteraktiver Projektarbeit in wechselnden Teams Normalität für viele Mitarbeiter. Die Arbeitsumgebung und der Arbeitsplatz soll für jede dieser Arbeitsweisen ein unterstützendes Umfeld bieten. Flexibles Mobiliar, wie z. B. mobile Trennwandsysteme, kann diese Anforderung bislang nur zum Teil erfüllen. Ideal wäre eine Arbeitsumgebung, die sich je nach Aktivität räumlich und atmosphärisch anpaßt, das heißt, wenn die Büromitarbeiter von der konzentrierten Einzelarbeit zur Projektarbeit im Team übergehen, reduzieren sich die abgrenzenden und schallisolierenden Wände, die ihre Arbeitsplätze umgeben, und schließen die anderen Mitglieder des Projektteams mit ein, grenzen damit das Team vom Rest des Büros ab. Dieses „Morphing Office"[10] bleibt trotz intensiver Forschung im Moment noch Utopie. Büros jedoch mit vielen unterschiedlichen räumlichen Situationen, flexiblen Arbeitsplätzen und Möglichkeiten der formellen und informellen Kommunikation in Verbindung mit non-territorialen Arbeitsformen scheinen für die Anforderungen der heutigen Büroarbeit am besten geeignet zu sein.

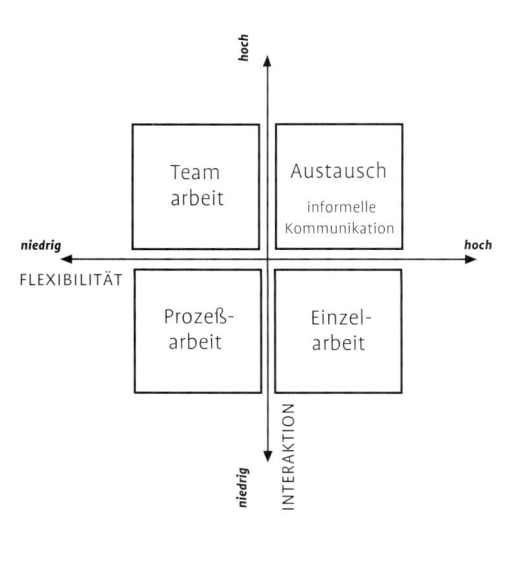

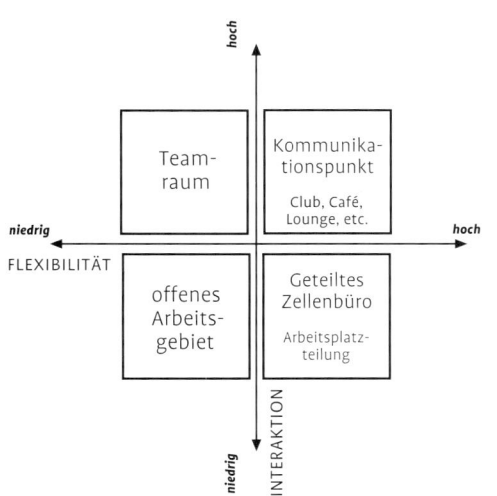

Arbeitsweisen und -umgebungen

Konzeptstudie zu einem Nachbarschaftsbüro (Richard H. Evans, 2002). Mitglieder können in diesen dezentral gelegenen „Clubs" Dienste nutzen, die ihr Home-Office ergänzen.

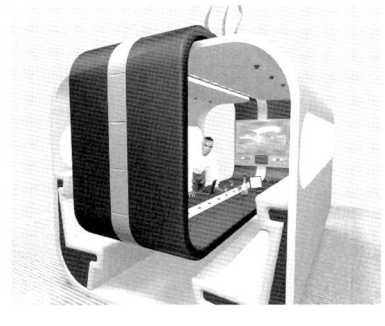

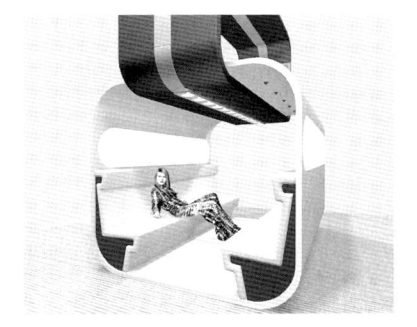

THOMAS ARNOLD UND BIRGIT KLAUCK

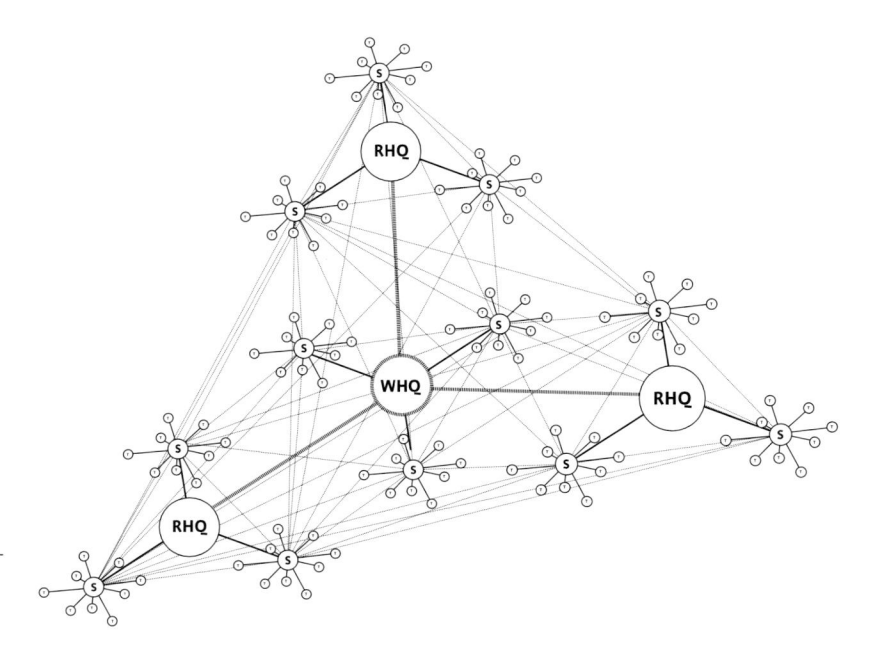

Räumliche Organisationsstruktur eines Unternehmens – das World HQ und die Regional HQ sind die Zentren für die Satellitenbüros (S) in Wohnortnähe der Mitarbeiter, die wiederum lokale Organisationspunkte für die Telearbeitsplätze (T) zu Hause sind. Jeder der Arbeitsplätze ist mit allen anderen vernetzt.

Wesentliche Tendenzen im direkten Bezug auf die Gebäudestruktur sind: die Hinwendung zu stärker differenzierten Arbeitsbereichen, der steigende Bedarf an Kommunikationsflächen (sowohl formeller als auch informeller Art), die Abwendung vom uniformierten Arbeitsraum hin zur individuellen Raumatmosphäre, die wachsende Bedeutung von ökologischen, ganzheitlichen Gebäudekonzepten und nicht zuletzt die zunehmende Bedeutung der Nutzerbeteiligung. Sie wird zum wichtigsten Instrument für die Akzeptanz von Unternehmensumstrukturierungen durch die Mitarbeiter. Die Miniaturisierung und die drahtlose Vernetzung im IT-Bereich führt zu mehr Freiheit im Bürolayout und unterstützt für die Mehrheit der Büroangestellten die neue Unschärfe zwischen den Bereichen Arbeit und Privat.[11]

Auf übergeordneter Ebene geht damit die Auflösung des Typus Bürogebäude einher. Einerseits wird die Zentralisierung aller Arbeitsplätze in großen Firmenhauptsitzen zugunsten eines differenzierten Standortangebots aufgegeben. Neben dem Hauptsitz werden kleinere Büroeinheiten in unmittelbarer Nähe des Wohnsitzes der Mitarbeiter und die Telearbeit als mögliche Arbeitsform angeboten. Auf der anderen Seite ist eine Hybridisierung des Funktionsprogramms Büro mit anderen Programmen zu beobachten, angefangen von Live & Work-Konzepten bis hin zu Anlagerungen an Verkehrsbauten oder Hotels.

Das Typogramm

Ein wichtiges Anliegen dieses Buchs ist die Systematisierung der neuen Arbeitsformen und damit einhergehenden neuen Büroformen, die sich aus der Veränderungen von Unternehmensstrukturen, Organisationsformen und Informations- und Kommunikationstechnologien ergeben. Weil Bürogebäude vor allem durch die Art und Weise, wie in ihnen gearbeitet wird, beschrieben und deshalb unterschieden werden können, haben wir ein Typogramm entwickelt, das im folgenden sowohl der allgemeinen Klassifizierung der vorgestellten Projekte wie auch als hilfreicher Faden für die spezielle Differenzierung dienen soll. Die Klassifizierung basiert auf den bereits genannten vier Arbeitsweisen Teamarbeit, Prozeßarbeit, Einzelarbeit und Austausch. Da diese Arbeitsweisen jedoch für ein komplexes Zusammenspiel zwischen vorherrschenden Tätigkeiten, Raumbelegungen und den an die Umgebung gestellten Bedarfsanforderungen stehen, soll das Typogramm ebenfalls dazu dienen, den Grad und die Art der Vermischungen ablesen zu können. Daher beginnt jede Gruppe von Projekten, die einer bestimmten Arbeitsweise zugeordnet sind (zum Beispiel der Teamarbeit) immer mit der jeweils „reinsten" Form, die sich dann in der Abfolge der Projekte zunehmend auflöst und zu einer Mischform wird, die fast schon zur nächsten Gruppe zu gehören scheint.

Systematik der Projektbeispiele

Das Typogramm, ausgehend von der reinen Form, ist ein Kreis, der sein Feld ausfüllt (in diesem Fall überwiegend Teamarbeit). Der Kreis kann sich durch seine Größe, Position und durch Zusammenschluß mit anderen Kreisen zu einer Mischform hin verändern. Dabei beschreibt die Größe den Anteil der jeweiligen Arbeitsweise im Projekt und die Position im Verhältnis zur Mitte bildet die Interaktionsfähigkeit des Gebäudes ab.

Typogramme verschiedener Projekte mit überwiegender Einzelarbeit. Einerseits wird deutlich, wie gleiche Kreisgrößen je nach Position unterschiedliche Interaktionsfähigkeiten der Projekte beschreiben. Andererseits erkennt man in der Reihe der Typogramme einen Auflösungsprozeß, von der reinen Arbeitsweise hin zu einer Mischung verschiedener Arbeitsweisen. Diese Klassifizierung und die damit einhergehende Ordnung der Projektsammlung verdeutlicht die von uns beobachtete Tendenz hin zu einem differenzierten Raumangebot im Bürogebäude.

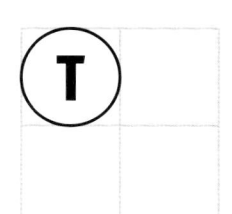

Prinzip Typogramm:

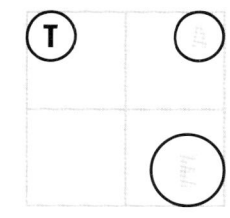

Größe

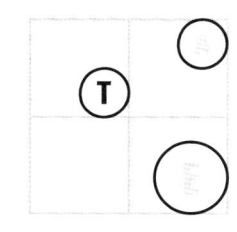

Position

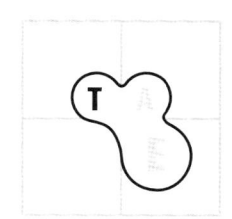

Form

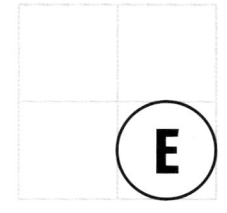

Beispiel:
Ausschließlich Einzelarbeit

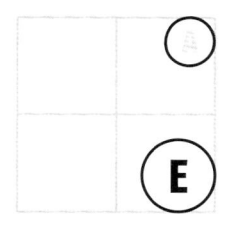

Überwiegend Einzelarbeit mit geringem Anteil an Austauscharbeit.
Interaktion ist gering.

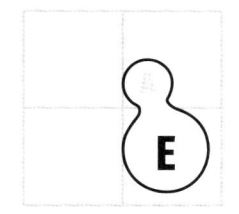

Überwiegend Einzelarbeit mit geringem Anteil an Austauscharbeit.
Interaktion ist hoch.

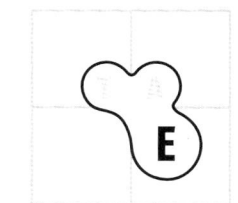

Einzelarbeit mit signifikanten Anteilen an Austausch- und Teamarbeit.
Interaktion ist hoch.

Das für diese Systematik entwickelte Typogramm zeigt daher die vier bedeutenden Arbeitsweisen Teamarbeit (T), Prozeßarbeit (P), Einzelarbeit (E) und Austauscharbeit (A), die jeweils doppelt markiert sind. Zum einen ist jeder Arbeitsweise eines von insgesamt vier Feldern in einem Quadrat zugeordnet. Diese Felder sind statisch und kennzeichnen die allgemeine Klassifizierung. Zum anderen zeigt sich in diesem Feld ein Kreis, der innerhalb eines jeden Feldes beweglich ist und auf diese Weise projektspezifische Differenzierungen und eine Vermischung mit anderen Arbeitsweisen darstellen kann. Die Mischung der vorherrschenden Arbeitsweisen wird über die Größe der Kreise und deren Verteilung auf den einzelnen Flächen erfaßt.

Daneben kann das Typogramm auch die „Interaktionsfähigkeit" des Gebäudes darstellen. Diese wird, unabhängig von der jeweils vorherrschenden Arbeitsweise, durch die Verbindung der zugeordneten Kreise zur Mitte des Typogramms hin verdeutlicht. Dabei entsteht eine neue Form. „Interaktionsfähigkeit" meint hier die direkte Zuordnung von verschiedenartigen Funktionsflächen. Beispielsweise wird ein zentrales Gebäude mit einer mittig angeordneten Multifunktionshalle die Interaktion der Mitarbeiter untereinander eher fördern als eine lineare Gebäudestruktur, in der die Besprechungsräume in einem Stockwerk konzentriert angeordnet sind und in dem keine weiteren Kommunikationsflächen bereitgestellt werden.

Die Gliederung der hier vorgestellten Projekte basiert daher auf dem entsprechenden Bürokonzept. Sie erfolgt wertneutral, jeweils ausgehend von der „reinsten" Form der jeweiligen Arbeitsweise. Mischformen bilden den Übergang zur nächsten Gruppe. Eine Wertung des Bürokonzeptes und des Gebäudes kann nur im Zusammenhang mit der jeweiligen Organisationsstruktur des Unternehmens vorgenommen werden. Verallgemeinernd kann jedoch festgestellt werden, daß Gebäude mit einer hohen Flexibilität den Erwartungen und Anforderungen zukünftiger Büroarbeit eher entsprechen als starre Raumformen, die mit einer starken Trennung der einzelnen Funktionsbereiche einhergehen. Gebäudeformen, die die vier Arbeitsweisen vereinen und zusätzlich eine hohe „Interaktionsfähigkeit" aufweisen, können in diesem Sinne als flexibel bezeichnet werden.

Einführung in die Projektsammlung

Der Projektteil zeigt mit 67 internationalen, nutzerorientierten Projekten, wie sich die neuen Ansprüche, die sich durch die wandelnde Definition von Arbeit ergeben, in Raumformen und Gebäudestrukturen ausdrücken. Um diesen Zusammenhang herzustellen, basiert die Ordnung auf der, in der Organisation vorherrschenden Arbeitsweise, jeweils ausgehend von der reinen Form. Den Anfang bildet die Projektgruppe, die vornehmlich durch Einzelarbeit definiert ist, dann folgt die Prozeßarbeit, danach die Teamarbeit und diejenigen Projekte, die einen hohen

THOMAS ARNOLD UND BIRGIT KLAUCK

1
Christian Kühn im Rahmen der Vorlesung „Gebäudelehre" an der TU Wien, Institut für Gebäudelehre am 3.11.1999

2
Ottomar Gottschalk, Flexible Verwaltungsbauten, Entwurf, Ausbau, Einrichtung, Kosten, Beispiele. Schnelle, Quickborn bei Hamburg 1963

3
Francis Duffy, „2.2 The Princeton dissertation", in: Francis Duffy, The Changing Workplace. Phaidon Press, London 1992 (Originaltitel der 1974 in Environment and Planning veröffentlichten Dissertation „Office design and organisations: 1 The theoretical basis" und „Office design and organisations: 2 The testing of a hypothetical model")

4
„New Environment for Working" ist eine 1996 fertiggestellte Studie, die vom „Building Research Establishment" für mehrere Kunden in Auftrag gegeben wurde. Beschrieben wurden die Anforderungen an die Gebäudetechnik, die von Unternehmen mit innovativer Zeit- und Raumnutzung gestellt werden.

5
Ulrich Klotz, „Die Herausforderungen der Neuen Ökonomie (Informatisierung und der Aufstieg der Informationsarbeit)", in: Gewerkschaftliche Monatshefte, 10/1999

6
Ulrich Klotz, „Neue Unternehmensmodelle führen zu einer anderen Definition von Arbeit", in: Frankfurter Allgemeine Zeitung, Nr. 124, 2000, S. 33

7
Siehe auch „Kommunikation im Mittelpunkt der Büroplanung", S. 71

8
In „New Environments for Working", 1996

9
Siehe Bart Piepers und Marcel Storms, „Neue Unternehmensstrukturen und Arbeitsweisen", S. 34

10
Amorphe Büroform ohne feste Raumstrukturen, non-territoriales Büro mit höchster Wandlungsfähigkeit, das sich dem aktuellen Bedarf flexibel anpasst. Quelle: Zukunftsoffensive Office 21, Fraunhofer – IAO, 2000

11
Ulrich Klotz, Experte für Neue Medien, IG Metall Frankfurt:
„Wenn man schaut, was heute passiert, werden diese ganzen Grenzen und Definitionen verschwimmen, also wie die Grenze zwischen Arbeitszeit und Freizeit verschwimmt, zwischen Wohnort und Arbeitsort, zwischen Lernen und Arbeiten oder zwischen Arbeit und Ruhestand, auch die Grenzen zwischen Betrieben und Branchen, das alles wird total fließend, alle Grenzen, die mit der Industrialisierung entstanden sind, lösen sich so allmählich wieder auf."

Grad an Austauscharbeit vorweisen und am Ende stehen spekulative Bürogebäude. Diesen Mietbüros kann man keine Arbeitsweise zuordnen, sie nehmen daher eine Sonderposition ein. Die nebenstehenden fünf Projekte stehen stellvertretend für zeitgemäße Bürohäuser, sie stellen eine Art Prototyp dar. Ihre Einordnung in die Systematik erfolgt über die im Typogramm dargestellten Arbeitsweisen. Im Vergleich wird deutlich, daß sie trotz unterschiedlicher Schwerpunkte durch einen signifikanten Anteil an Austauscharbeit gekennzeichnet sind. Weiterhin wird die Interaktion der Nutzer durch die Gebäudestruktur gefördert. Dies wird im Typogramm durch die Zusammenführung der kreisförmigen Flächen zur Mitte hin deutlich gemacht.

Reine Zellenstrukturen, wie beim Bürogebäude des Umweltbundesamtes, unterstützen isolierte, konzentrierte Einzelarbeit. Sie sind in Nordeuropa meist ein- oder zweibündig entlang eines Flurs angeordnet. In zeitgemäßen Zellenstrukturen werden zur Förderung des Informations- und Wissensaustauschs Flächen für Interaktion und Kommunikation bereitgestellt. Die Architekten haben hierfür beim Umweltbundesamt ein zentrales Atrium vorgesehen. Wesentliche Vorzüge von schmalen Zellenstrukturen liegen in der einfach zu realisierenden Fensterlüftung, in der guten Tagesbelichtung der Arbeitsplätze und nicht zuletzt in der individuellen Gestaltungsmöglichkeit der Nutzer.

Prozeßarbeit ist von wenigen gleichförmigen Standardabläufen geprägt und findet zumeist in uniform ausgestatteten offenen Arbeitsgebieten statt. Als Arbeitsweise verschwindet die herkömmliche Prozeßarbeit, sie wird automatisiert oder ausgelagert. Gleichzeitig entsteht eine neue Form. In Call-Centern wurde die routinemäßige Papierverarbeitung der Vergangenheit durch wenig abwechslungsreiche Kundengespräche ersetzt. Dieser gleichförmigen Arbeitsweise wird im Cellular Operation Centre in Swindon eine anregende Arbeitsumgebung, die den sozialen Austausch fördert, entgegengestellt.

Kooperative Teamarbeit ist vielseitig und beinhaltet gemeinsame Strategieentwicklung genauso wie private Besprechungen zwischen zwei Teammitgliedern oder formelle Meetings. Die Firma Wessex Water wird diesem Bedürfnis nach Flexibilität durch unterschiedlich abgestufte Teamarbeitsbereiche gerecht. Hierzu zählt der direkt dem Arbeitsplatz zugeordnete Besprechungstisch, der strategisch angeordnete Servicepunkt und das Café in der internen Straße, bis hin zu Besprechungsräumen im Arbeitsbereich und dem formellen Restaurant.

Bürogebäude, in denen ausschließlich Austauscharbeit stattfindet, werden heute noch eher als Club oder Café bezeichnet. Das Café der im Beitrag von Bart Piepers und Marcel Storms vorgestellten Firma „The Vision Web" ist ein Beispiel hierfür. Es bietet den Mitarbeitern eine Plattform zum Wissens- und Informationsaustausch, aber keine konventionellen Arbeitsplätze mehr. Firmen wie Boots The Chemist oder dvg zeigen die gleiche Tendenz, das Büro wird zum Treffpunkt. Sie bieten ihren Mitarbeitern neben Besprechungs- und Touchdown-Bereichen auch noch andere Arbeitsumgebungen, um den verschiedenen Anforderungen der Teamarbeit gerecht zu werden.

Spekulative Büroimmobilien lassen sich nicht im Zusammenhang mit der Organisationsstruktur einer Firma betrachten, da sie für verschiedene Nutzer mit unterschiedlichen Bedarfsanforderungen offen sein müssen. Das Swiss-Re Gebäude in Londons City ist auf vielen Ebenen ein in die Zukunft weisendes Beispiel. Bemerkenswert ist das anspruchsvolle Klimakonzept und die außergewöhnliche Gebäudestruktur.

So wie neue Technologien und sozio-ökonomische Entwicklungen die Definition von Arbeit verändern, so werden sich auch die Organisationstypen und damit die Arbeitsweisen verändern. Dieser kontinuierlich ablaufende Prozeß steht in keiner zeitlichen Relation zu den Lebenszyklen von Gebäuden. Während sich die Arbeitsweisen in einer Firma im Extremfall schon in Zeitintervallen von wenigen Jahren völlig verändern können, geht man bei Gebäudestrukturen von einer Lebensdauer von bis zu 100 Jahren aus. Für die Einordnung jedes einzelnen Projektes bedeutet dies, daß nur ein Ist-Zustand abgebildet werden kann. Für die nutzerorientierte Büroraumplanung dagegen ergibt sich die Herausforderung, eine Gebäudestruktur zu entwickeln, die offen ist für zukünftige Veränderungen, heute jedoch genau den Anforderungen der in ihr ausgeführten Arbeitsweisen entspricht.

Systematik der Projektbeispiele

Bundesumweltamt
sauerbruch hutton architekten

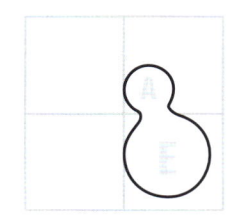

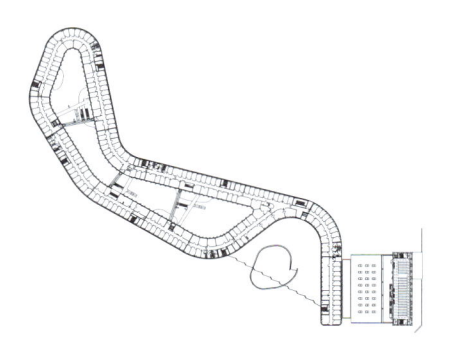

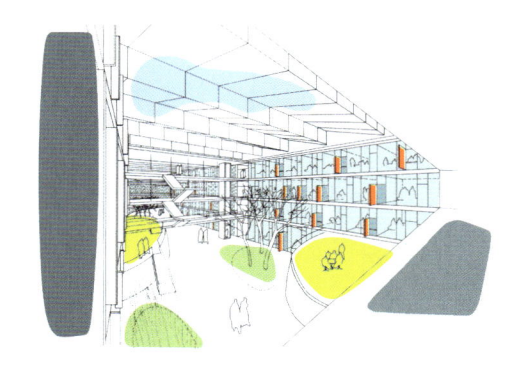

CellOp
Richard Hywel Evans

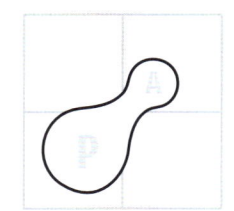

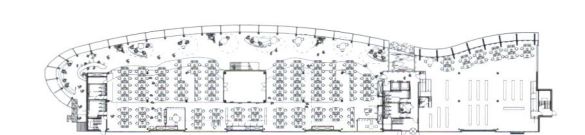

Wessex Water
Bennetts Associates Architects

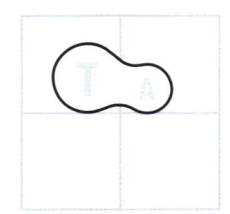

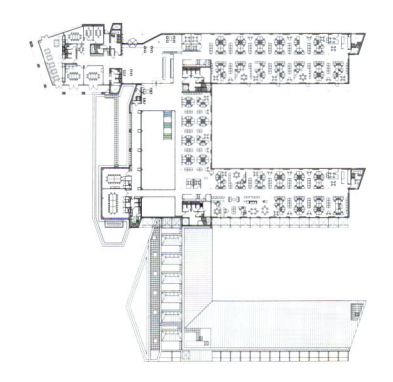

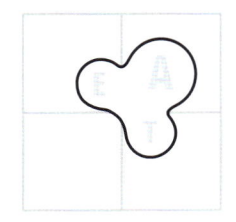

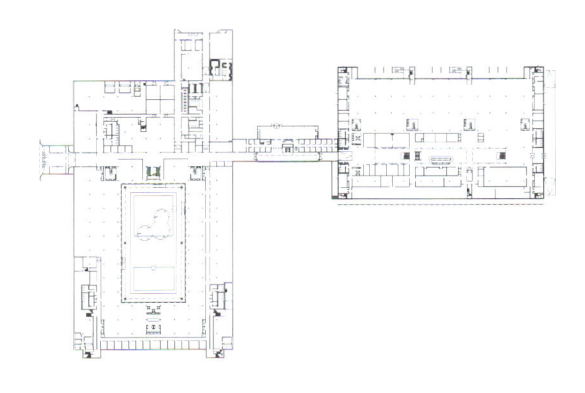

Boots
DEGW

Swiss Re
Norman Foster

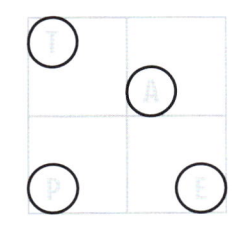

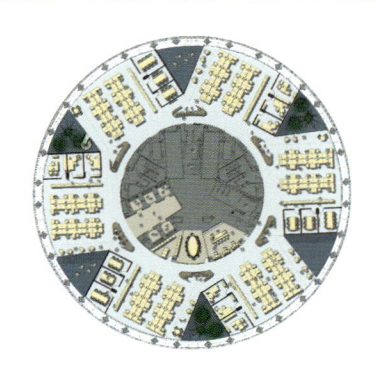

89

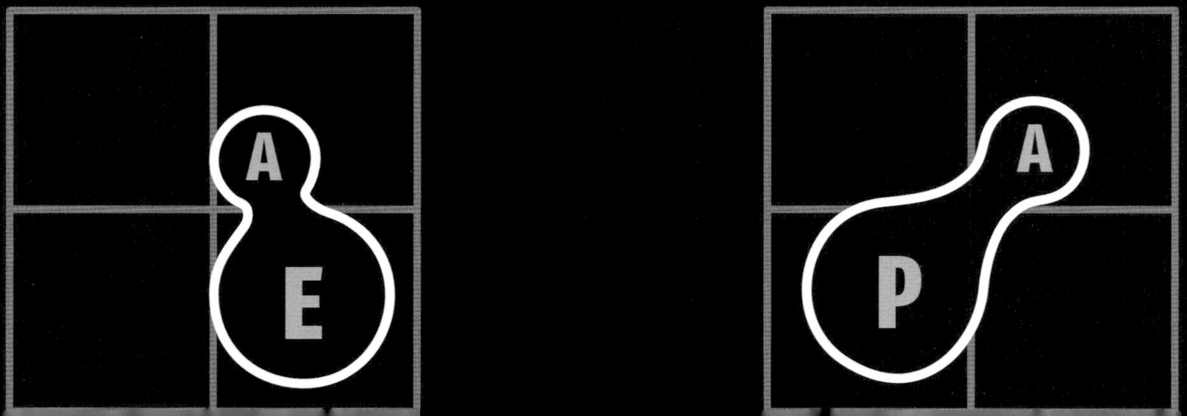
A
E
A
P

Projektauswahl

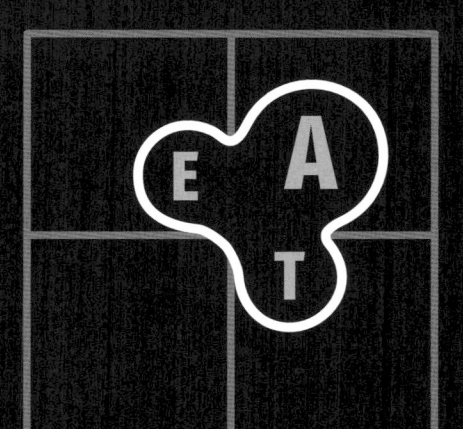

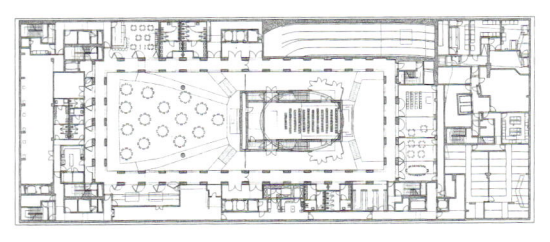

Untergeschoß

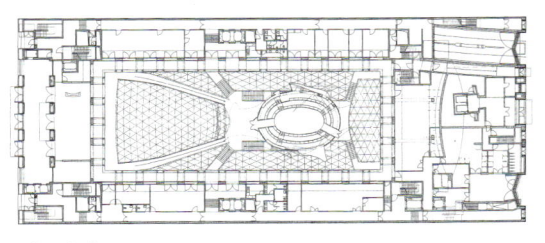

Erdgeschoß

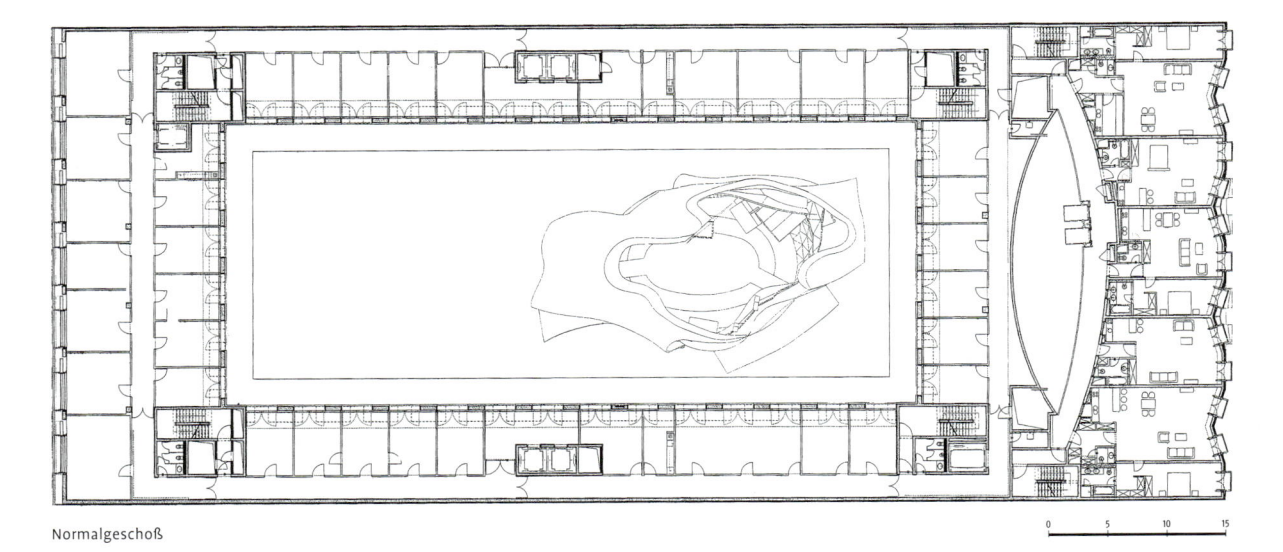

Normalgeschoß

oben Großformatige Fenster und Steinplatten aus italienischem Sandstein prägen die schlichte Fassade.

rechts Unter dem gewölbten Glasboden des Atriums bietet das „Forum" Raum für Festivitäten.

DZ-BANK

Berlin, Deutschland

Bauherr	Deutsche Genossenschaftsbank
Architekten	Frank O. Gehry
Nutzung	Finanzdienstleistung
Fertigstellung	2001
Bruttogeschoßfläche	35.000 m² (inkl. Wohnen)
Büronutzfläche	13.500 m²
Arbeitsplätze	200

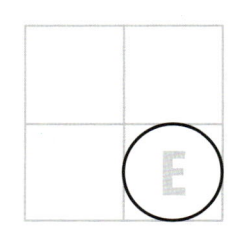

T = Teamarbeit
A = Austauscharbeit
P = Prozeßarbeit
E = Einzelarbeit

Mit der neuen Niederlassung der DZ-BANK (ehemals DG-Bank) am Pariser Platz, einem der prominentesten und geschichtsträchtigsten Orte Berlins, knüpft das Bankinstitut an seine Herkunft an. Trotz der rigiden Gestaltungssatzung für den Pariser Platz, die, bezugnehmend auf die Geschichte, das Fassadenmaterial, die Traufhöhe und den Fensteranteil festlegt, findet der Architekt eine zeitgemäße Antwort. Geschoßhohe und raumbreite Fenster- und Steinformate verleihen dem Gebäude Großzügigkeit und Eleganz. Die schlichte Fassade aus italienischem Sandstein und rahmenlosen Fenstern bildet den Auftakt zu dem spektakulären Kern des Gebäudes. In der strengen Rechtwinkligkeit des Atriums, umgeben von der Lochfassade der angrenzenden Büroräume, entfalten sich die für Frank O. Gehry

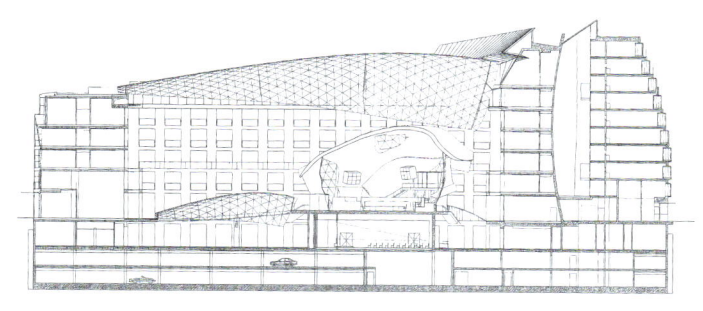

Längsschnitt

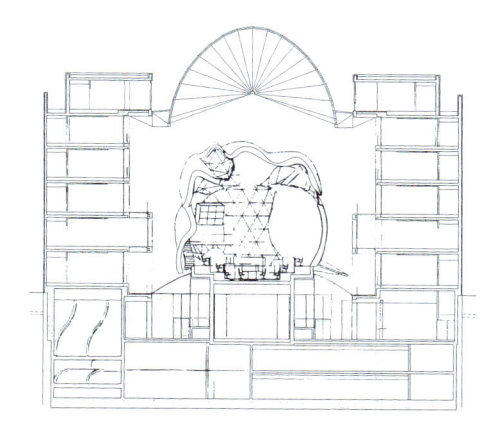

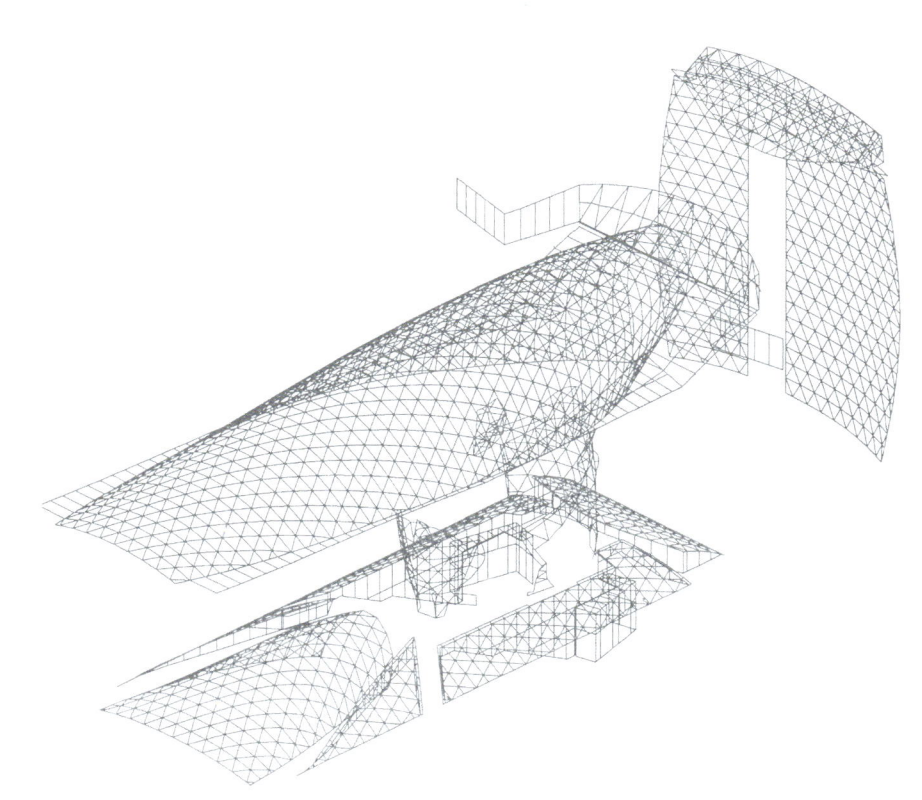

Querschnitt

Isometrie Atriumdach und -boden

links Geschwungene Stege führen zu dem biomorphen Konferenzraum.

mitte Für internationale Konferenzen ist der biomorphe Saal mit modernster digitaler Technik und Dolmetscherkabine ausgestattet

rechts Die raumgroßen Verglasungen bieten den Mitarbeitern einen freien Blick auf das Brandenburger Tor.

typischen skulpturalen Formen. Als Dach und Boden überspannen gewölbte, netzartige Glaskonstruktionen den fünfgeschossigen Innenraum. Zwei geschwungene Stege führen zu dem dramatischen Höhepunkt des Hauses, den biomorphen, mit Edelstahlplatten verkleideten Konferenzsaal. Durch den gläsernen Boden wird das mit rotem Teppich ausgekleidete „Forum" sichtbar.

Jenseits der Inszenierung der Räume arbeiten die Bankangestellten in unterschiedlichen Dezernaten mit dementsprechend unterschiedlichen Aufgabenbereichen in Büroräumen mit maximal vier Arbeitsplätzen. Die Büroorganisation erklärt sich sowohl aus den Tätigkeiten, die zum Teil konzentriertes Arbeiten und Diskretion erfordern, als auch aus der Unternehmensstruktur. Die Dezernate sind vom Sachbearbeiter bis zum Bereichsleiter in vier Hierarchiestufen gegliedert, die sich, der Position entsprechend, durch den Anspruch auf ein Einzelbüro darstellen.

Die atriumorientierten Büros werden durch das thermisch bedingte Druckgefälle über ständig geöffnete Lüftungsschlitze im Fensterbereich mit Frischluft versorgt. Eine abgehängte Klimadecke und bodenintegrierte Quellauslässe temperieren die Räume sowohl im Sommer als auch im Winter.

Die Besonderheit des Neubaus zeigt sich in dem neuartigen Konzept, das Bankgebäude, dem branchenüblichen Sicherheitsbedürfnis zum Trotz, der Öffentlichkeit zugänglich zu machen. Die Aufgaben und Geschäfte der DZ-BANK, die als eine Art Zentralbank arbeitet, liegen jenseits der für den einzelnen Privatkunden wahrnehmbaren Bankgeschäfte. Dieser mangelnde Kontakt zur breiten Öffentlichkeit findet seinen Ausgleich durch die zeitweise Vermietung der im Atrium gelegenen Sonderräume. Die Konferenzräume, mit modernster digitaler Technik und Dolmetscherkabine ausgestattet, und das Casino bieten einen professionellen und werbewirksamen Rahmen für internationale Konferenzen, Tagungen und Empfänge. Das Fernsehen nutzt die spektakulären Räume als Hintergrundkulisse für eine wöchentliche Diskussionsrunde. Architektur wird durch mediale Präsenz zum Werbeträger. *sj*

Lageplan

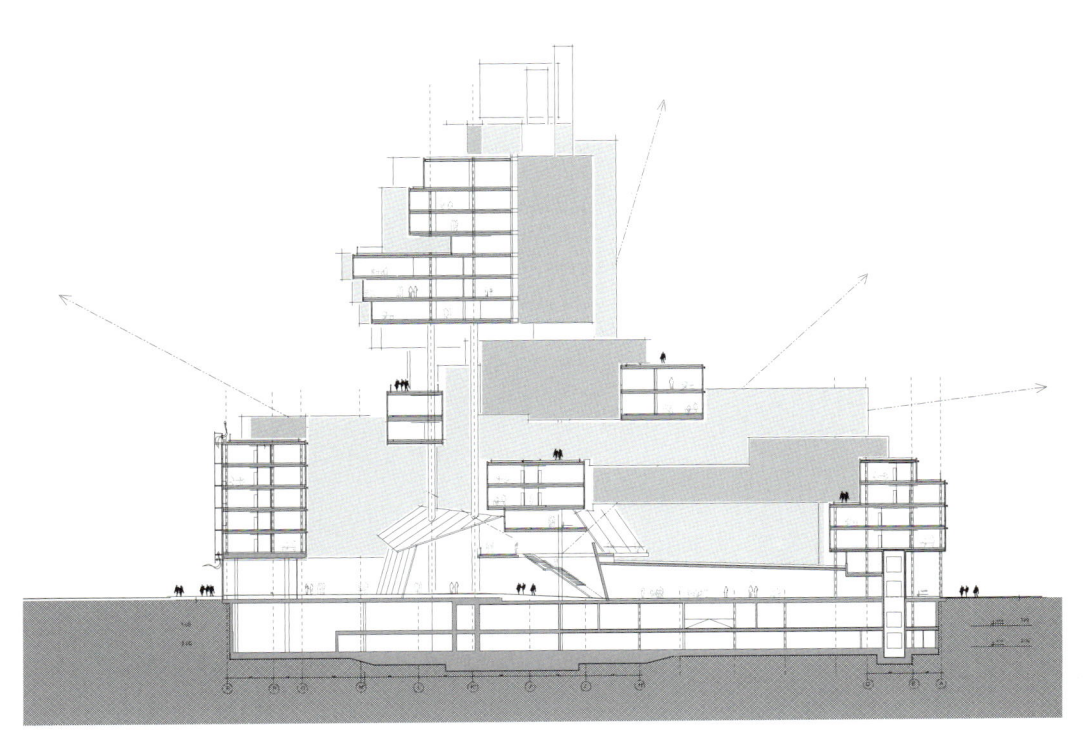

Querschnitt

von links nach rechts
Blick von Westen | Ansicht Nordost | Verbindungssteg zwischen Blockrand und Hochhaus | Hochhaus und Innenhof

Norddeutsche Landesbank

Hannover, Deutschland

Bauherr	Norddeutsche Landesbank
Architekten	Behnisch, Behnisch & Partner
Nutzung	Finanzdienstleistung
Fertigstellung	2002
Büronutzfläche	40.000 m²
Mitarbeiter	1.400 - 1.500

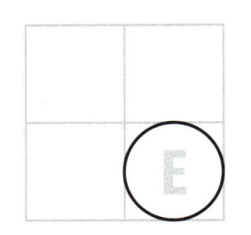

T = Teamarbeit
A = Austauscharbeit
P = Prozeßarbeit
E = Einzelarbeit

An der Schnittstelle zwischen der Geschäftsstadt Hannovers und den Wohngebieten der Südstadt liegt der Neubau der Norddeutschen Landesbank, den die Architekten Behnisch, Behnisch & Partner nach einem geladenen Architektenwettbewerb 1996 realisierten. Es war den Architekten wichtig, die Straßenräume mit einer für Hannover typischen Blockrandbebauung zu stabilisieren. Aus dem Blockrand heraus wächst im Zentrum der Anlage das Zentralgebäude ca. 70 Meter in die Höhe. Dieser höhere Gebäudeteil löst sich von der Ordnung des Blockrandes, entwickelt sich frei nach anderen Gesetzmäßigkeiten, nimmt übergeordnete Bezüge auf und formt eine Landmarke. Diese definiert den Übergang von der „lauten" City in die ruhigeren Wohngebiete. Die Verbindung von Wohn- und Ge-

Regelgrundriß 3. Obergeschoß   0 10 20 30

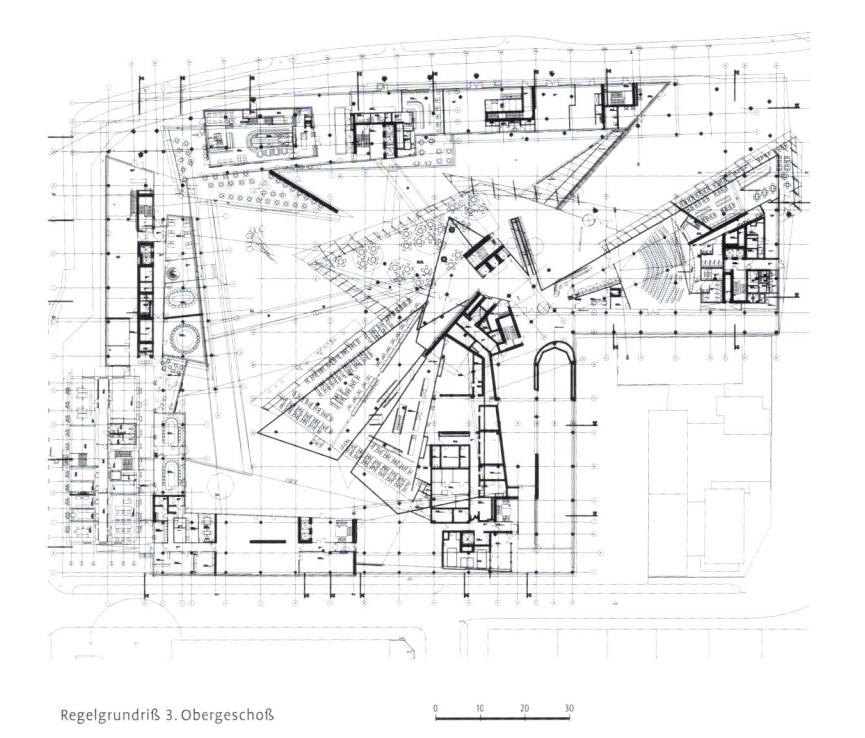

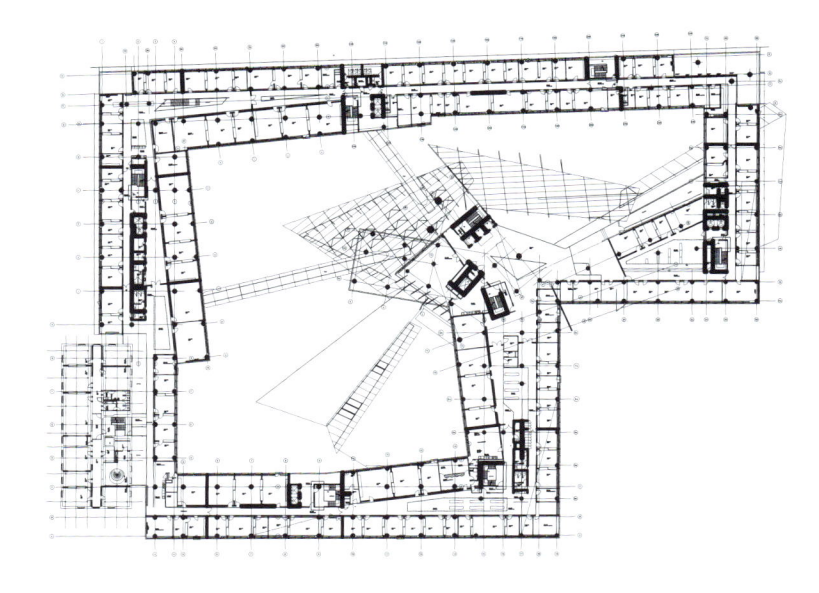

Grundriß Hochhaus 8. Obergeschoß

schäftsstadt ermöglicht ein offener, in großen Teilen frei zugänglicher Erdgeschoßbereich. Dort findet man Restaurants, kleine Geschäfte und Kaffeebars. Dieser offene Bereich des Innenhofes ist von großen Wasserflächen durchzogen. Er bietet einen entspannenden Ruhepol für Passanten und Mitarbeiter.

Die mehrgeschossige Eingangshalle liegt im Zentrum der Anlage und ist durch ein großzügiges „Tor" über einen Vorplatz erschlossen. Durch die zentrale Lage der Halle ist es möglich, sowohl die Sonderbereiche als auch alle Bürogeschosse auf möglichst kurzem Wege zu erreichen. Die einzelnen Gebäudeteile haben unterschiedliche Bürotiefen, so daß verschiedene Bürotypen – Großraum-, Einzel-, Kombi- oder Gruppenbüro – möglich sind.

In den Büros wurde darauf Wert gelegt, eine angenehme, helle Arbeitsatmosphäre zu schaffen. Deshalb wurden die Flurwände großflächig verglast. Alle Glasflächen wurden in Weißglas ausgeführt, um eine maximale Transparenz zu erzielen.

Nach unterschiedlichen Richtungen orientierte Terrassen sind in vielen Geschossen des Gebäudes den Aufenthaltsräumen vorgelagert und können von den Mitarbeitern in den Pausen genutzt werden. In dem höheren Gebäudeteil befinden sich die repräsentativen Nutzungen wie das Restaurant für Gäste, Besprechungsräume und die Räumlichkeiten des Vorstandes. Zu den lauten Straßenfronten wurde eine Doppelfassade geplant, die auch bei geöffneten Fenstern vor Schallemissionen schützt. Die

Frischluft wird unter dem Baukörper aus dem Innenhof in die Doppelfassade geleitet. Die Wasserfläche des Innenhofs und die intensiv begrünten Dachterrassen sorgen dabei für ein verbessertes Mikroklima.

In den Sommermonaten wird durch Nutzung des Kältepotentials der Erde über Wärmetauschregister kühles Wasser in die Decken der Stahlbetonkonstruktion zur Erhöhung der Speicherkapazität geleitet. Nachts werden über Dauerluftklappen in der Fassade und über Abluftkamine in den Fluren des Gebäudes alle Räume mit Frischluft durchspült, angrenzende Rohbauelemente speichern die Kühle der Nachtluft und geben sie im Laufe des Tages während der Nutzung wieder ab. *rh*

Schnitt

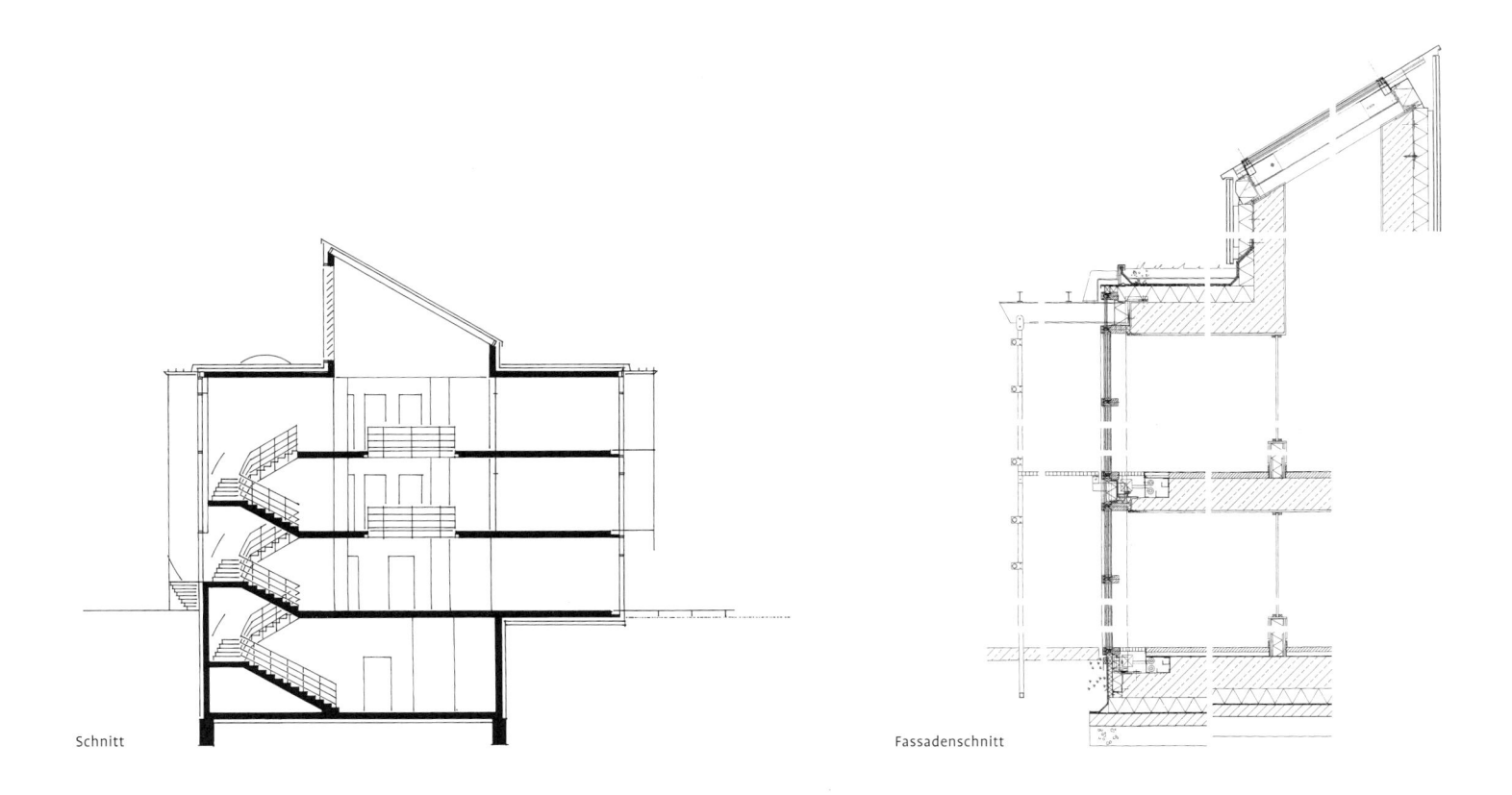

Fassadenschnitt

von links nach rechts

Eine dreigeschossige Betonscheibe markiert den Eingangsbereich des Gebäudes. Die abgeschrägten zylinderförmigen Dachaufbauten belichten das Innere des Gebäudes.

Das ringförmige Gebäude umfaßt eine 150-jährige Buchenbaumgruppe, die im Sommer gemeinsam mit dem eingewachsenen Rankgerüst einen ausreichenden Sonnenschutz bietet.

Die Büroräume gruppieren sich um eine kreisförmige Flurzone zu kleinen Raumeinheiten.

Raumhohe Verglasungen schaffen einen direkten Bezug zum Außenraum und verleihen den Räumen eine großzügige Wirkung.

Deutsche Bundesstiftung Umwelt

Osnabrück, Deutschland

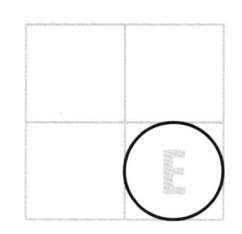

T = Teamarbeit
A = Austauscharbeit
P = Prozeßarbeit
E = Einzelarbeit

Bauherr	Deutsche Bundesstiftung Umwelt
Architekten	Erich Schneider-Wessling
Nutzung	Verwaltung und Dienstleistung
Fertigstellung	1995
Bruttogeschoßfläche	4.550 m²
Büronutzfläche	2.250 (HNF)
Arbeitsplätze	95

Die 1990 von der Bundesregierung gegründete Bundesstiftung Umwelt mit Sitz in Osnabrück fördert beispielhafte Projekte zum Umweltschutz. Neben der Organisation von Ausstellungen und Symposien besteht die Hauptaufgabe der Stiftung in der Prüfung der eingereichten Projekte. Für die Auseinandersetzung mit den komplexen Inhalten benötigen die Referenten, die unterschiedlichen Fachabteilungen zugeordnet sind, ruhige Einzelarbeitsplätze zum konzentrierten Arbeiten. Die Büros gruppieren sich um Flurzonen mit kreisförmigen Deckenausschnitten und schaffen kleine Raumeinheiten, was dem Gemeinschaftsgefühl zugute kommt. Zugleich entstehen so in der Mittelzone helle, mehrgeschossige Raumzusammenhänge, die – von oben über abgeschrägte Zylinder belichtet – zum kurzen Verweilen

Normalgeschoß

Erdgeschoß

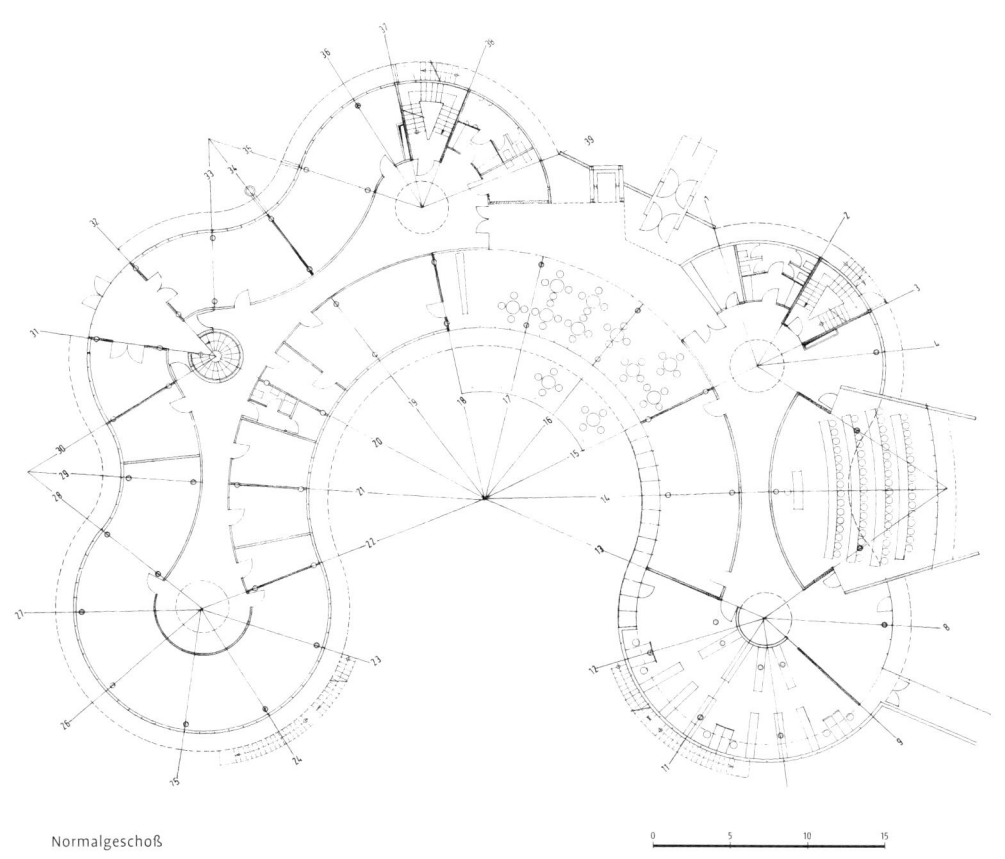

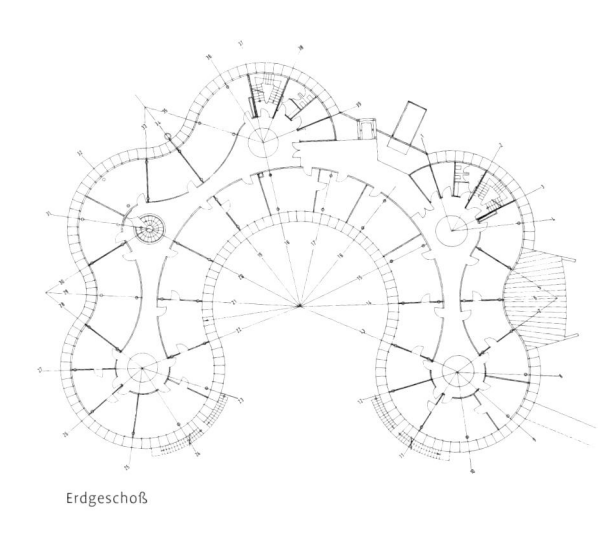

einladen. Darüber hinaus nutzen die Mitarbeiter die Bibliothek, den Konferenzraum und die Caféteria im Erdgeschoß zum fachlichen Austausch, aber auch zum entspannten Plaudern im Grünen. Der großflächigen, raumhohen Verglasung ist es zu verdanken, daß die einzelnen Büroräume großzügig und transparent wirken. Bodenbündige Heizkörper, durch die Nutzung der Sichtbetondecken als Wärmespeicher unterstützt, verstärken diese Wirkung.

Der Umweltschutz, als Themenschwerpunkt der Stiftungsarbeit, war für das Neubauprojekt verpflichtend. Vorrangiges Ziel waren die Minimierung des Energiebedarfs und die Verwendung umweltverträglicher Materialien. Neben recyceltem Beton, Glasböden und der Altpapierdämmung der Innenwände wurden ausschließlich Naturfarben und Naturfaserteppiche verwendet.

Der Gebäudekörper, eine ringförmige Reihung von Zylindern, ergibt ein annähernd optimales Verhältnis von Volumen zu Oberfläche und verringert so die Wärmeverluste. Umhüllt von einer feingliedrigen, gläsernen Haut mit einem umlaufenden, vorgelagerten Stahlgeflecht aus Fluchtbalkonen und Rankgittern, scheint der Neubau sich in der Parklandschaft aufzulösen. Sowohl die Fassade als auch die Rankgitter sind Teil des Klimakonzepts: die raumhohen Verglasungen ermöglichen eine größtmögliche Tageslichtausbeute, die Dreifachverglasung bietet den notwendigen Wärmeschutz. Im Sommer spenden der Baumbestand und das eingewachsene Rankgerüst einen natürlichen Schatten und garantieren einen ausreichenden Sonnenschutz. Nur an der parkabgewandten Seite wurden außenliegende Sonnenschutzlamellen notwendig.

Ein „intelligentes", computergesteuertes System überprüft den Wärmebedarf und steuert die Heizkörper. Das Öffnen der Fenster und das Verlassen des Hauses werden vom Computer registriert und bewirken die Drosselung der Heizleistung. Auf Wunsch ermittelt der Computer den individuellen Wärmebedarf und erstellt ein Konzept zu dessen Reduzierung. Der Neubau verbindet Hightech und Ökologie auf eine selbstverständliche und unspektakuläre Art. *sj*

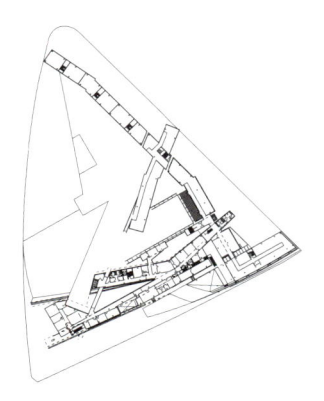

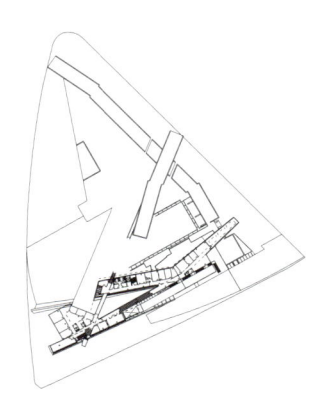

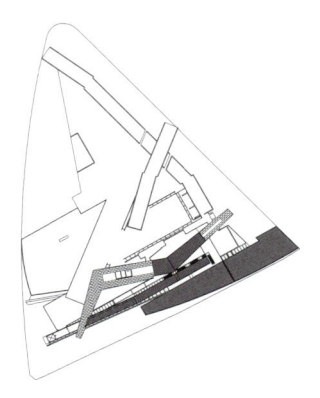

von links nach rechts
Erdgeschoß, zweites Obergeschoß, viertes Obergeschoß und Dachaufsicht

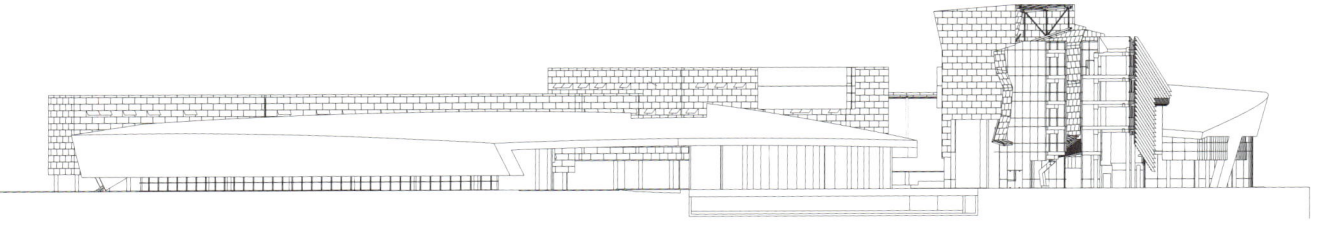

Schnitt durch das Veranstaltungszentrum und die Bankzentrale

oben Blick auf das fünfgeschossige Bankgebäude. Eine zweite Haut aus unterschiedlichen Materialien wie Glas, Lochblech und Lamellen artikulieren die einzelnen Baukörper.

rechts Das Gebäude der Hypo Alpe-Adria-Bank entwickelt sich aus einem übergreifenden flachen Dach, das als Fragment der ländlichen Topographie gelesen werden kann.

Hypo Alpe-Adria-Center
Klagenfurt, Österreich

T = Teamarbeit
A = Austauscharbeit
P = Prozeßarbeit
E = Einzelarbeit

Bauherr	Hypo Alpe-Adria-Bank
Architekten	Thom Mayne, Morphosis
Nutzung	Finanzdienstleistung
Fertigstellung	2002
Bruttogeschoßfläche	Phase 1: 10.000 m²
	Phase 2: 6.000 m²
	Phase 3: 9.200 m²
Büronutzfläche	11.800 m²

Thom Mayne erhielt für die im Osten von Klagenfurt gelegene Zentrale der Hypo-Alpe-Adria-Bank bereits 1997, zwei Jahre vor Fertigstellung, den amerikanischen „Progressive Architecture Award". Mit seiner spektakulären Architektur schaffte er ein auffälliges Image für die nach Österreich, Italien, Kroatien und Slowenien expandierende Kärntener Nationalbank. Von den insgesamt drei Bauabschnitten, die neben der Konzernzentrale auch ein Veranstaltungszentrum, Mietbüros, einen Kindergarten und Wohneinheiten beinhalten, sind bislang zwei Bauabschnitte fertiggestellt.

Der expressive, fast schon skulpturale Gebäudekomplex zeichnet sich vor allem durch seine Werbewirkung für die Bank aus. Formal markiert er den Stadtrand und ver-

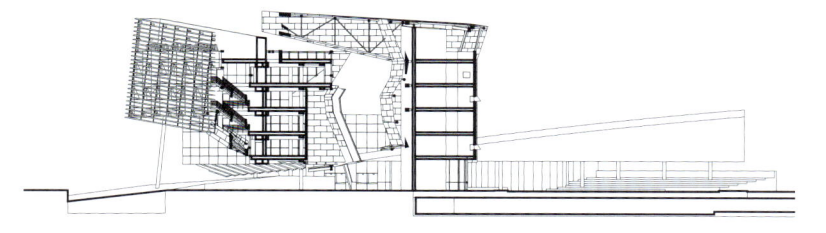

Schnitt

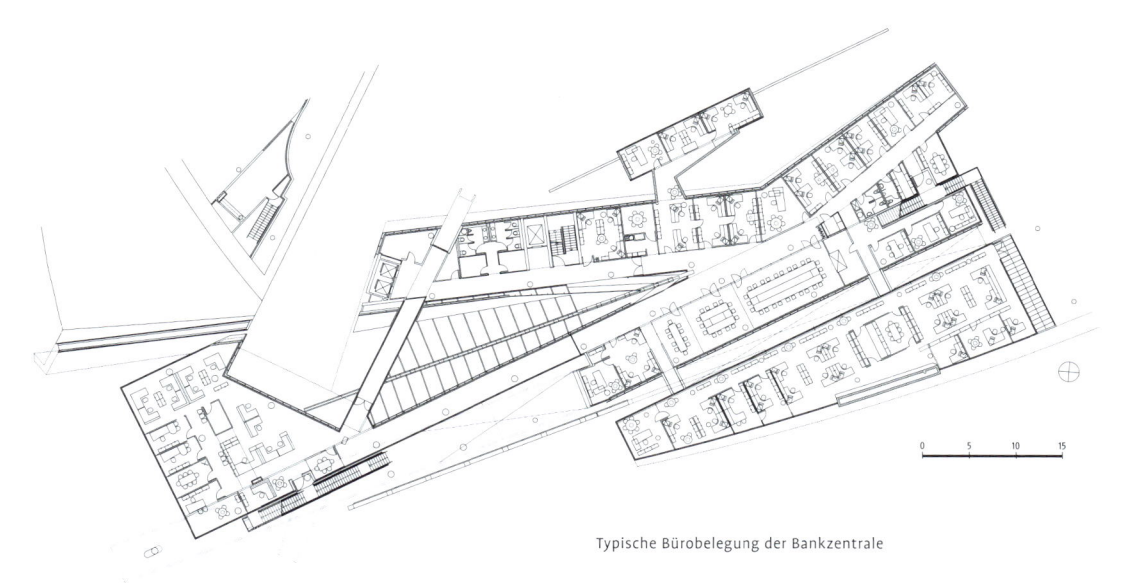

Typische Bürobelegung der Bankzentrale

von links nach rechts:

Einzelbüro, Erschließungsbereich, Großraum mit Cubicles, Bankfiliale im Erdgeschoß. Die verschiedenen Bürobereiche sind entsprechend ihren Anforderungen organisiert. Sichtbeton, satiniertes Glas, Metall und perforierte Metallverkleidungen sind charakteristische Baumaterialien.

sucht gleichzeitig einen Übergang zum angrenzenden Landschaftsraum herzustellen. Die an das Gebäude anschließenden Felder werden durch ein niedriges, flächenhaftes Element, eine aus dem Boden aufsteigende Dachlandschaft, aufgenommen und weitergeführt. Die Stadtstruktur hingegen wird in einem langen, viergeschossigen Bauteil fortgesetzt. Diese komplex ineinander gefaltete Bau-Skulptur besteht aus einem erdverbundenen und einem aufgeständerten Baukörper, die sich aufeinander zu und wieder voneinander weg bewegen. Im Zwischenraum entsteht ein öffentlich zugängliches, dreieckiges Atrium, das von Fußgängerbrücken, die die beiden Gebäudeteile miteinander verbinden, durchquert wird. Hier befindet sich die Bankfiliale, und von hier gelangt man auch in das Veranstaltungszentrum im dritten, entfernt liegenden Baukörper. Vom Architekten wurden die Büroflächen flexibel und offen konzipiert. Auf Wunsch des Bauherrn, der viel Wert auf Diskretion legt, realisierte man zunächst vorwiegend Zellenbüros. Da auch im Bankensektor die Tendenz zur Teamarbeit zunimmt, werden inzwischen Teile der allzu starren Zellenstruktur zu Gruppenbüros umgewandelt.

Thom Mayne legte Wert auf eine individuelle Raumatmosphäre, und so wurden die Büros in unregelmäßigen Größen und verschiedenen Raumhöhen realisiert. Das Lichtsystem erlaubt eine individuelle Steuerung des direkten und indirekten Lichtanteils. Eine zweite Haut aus unterschiedlich lichtdurchlässigen Materialien, bestehend aus Glas, Lochblech und Lamellen, modelliert das nach innen und nach außen fallende Licht, so daß das Gebäude sein Aussehen im Tagesverlauf verändert. Konventionelle „Fan Coil Units", eine Komponente der Teilklimatisierung, in Kombination mit einer natürlichen Be- und Entlüftung gewährleisten auch beim Raumklima eine individuelle Steuerung.

Die unverwechselbare Architektur erzeugt ein auffälliges Erscheinungsbild, das der Vorwärtsstrategie der Bank entspricht. Im Vergleich dazu bleibt das Innere mit seinen eher konventionellen Raumstrukturen und dem wenig innovativen Energiekonzept jedoch zurück.
bk

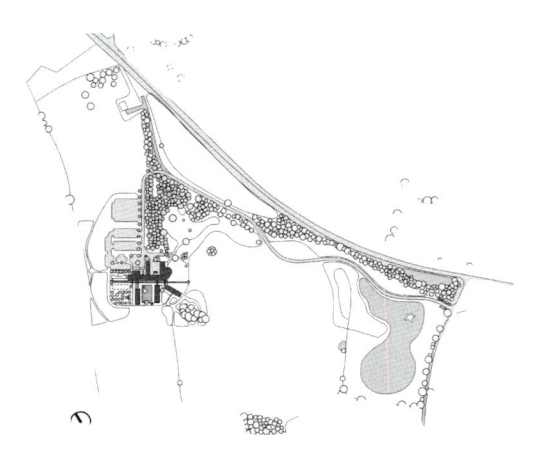

Lageplan

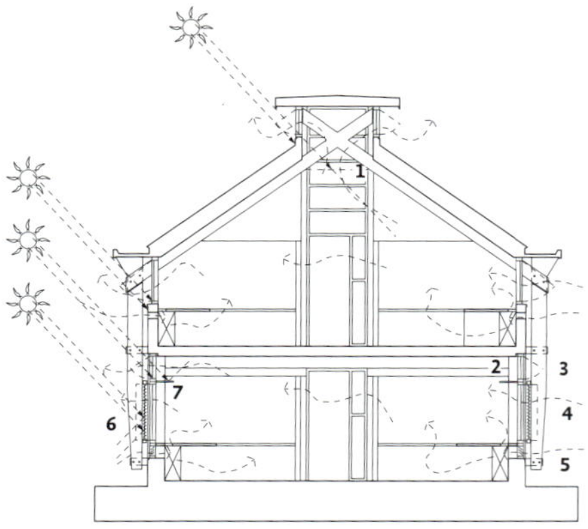

1 Zentral gesteuerte Fenster mit integriertem Sonnenschutz
2 Sichtbetondecke
3 Zentral gesteuerte Fenster
4 Öffnungsflügel
5 Gekühlte Zuluft
6 Aussenliegender Sonnenschutz
7 Innenliegender Blendschutz

Schemaschnitt durch einen „Bürofinger" mit Klimakonzept

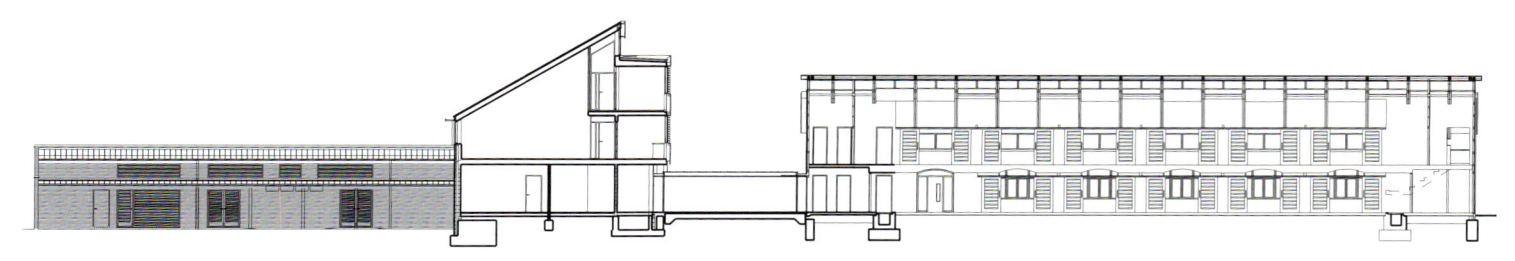

Längsschnitt

von links nach rechts

Die Computerspiele werden in der ländlichen Idylle Englands entwickelt.

Das Material kennzeichnet die unterschiedlichen Nutzungen: Der repräsentativere Hauptbaukörper ist mit patiniertem Kupfer verkleidet, die eigentlichen Büroflächen sind in Holzbauten untergebracht.

Die Differenzierung der einzelnen Gebäudeteile bezieht die Landschaft in den Komplex ein und täuscht über die strengen Sicherheitsmaßnahmen hinweg.

Die einzelnen Übergänge sind gleichzeitig Zugangskontrolle zu den Büros der Entwicklungsteams. Nicht alle Mitarbeiter haben Zutritt zu allen Bürobereichen.

Rare Ltd
Manor Park HQ

Twycross, Leicestershire / Großbritannien

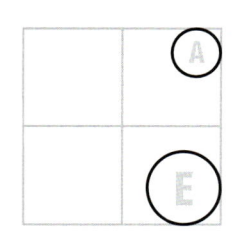

Bauherr	Rare Ltd.
Architekten	Feilden Clegg Bradley Architects
Nutzung	Forschung und Entwicklung
Fertigstellung	1999
Bruttogeschoßfläche	3.042 m²
Büronutzfläche	1.491 m²
Arbeitsplätze	200

T = Teamarbeit
A = Austauscharbeit
P = Prozeßarbeit
E = Einzelarbeit

Das neue Hauptquartier von Rare Ltd., einem bekannten Computerspieleentwickler, verkörpert die in jedem der Spiele steckende Dialektik zwischen der Spielumgebung und den Möglichkeiten des Spielers. Während die Umgebung meist an längst vergangene Welten erinnert, sind die Möglichkeiten der Spieler weit in der Zukunft angesiedelt und heute noch nicht realisierbar. Die Entwicklung eines Computerspiels dauert in der Regel zwei Jahre, benötigt eine anscheinend nur von der Rüstungsindustrie übertroffene Computerkapazität und erfolgt in einer komplexen Mischung aus Team- und Einzelarbeit mit hohem Koordinationsbedarf.

Die aus mehreren zusammenhängenden Gebäuden bestehende Anlage liegt in einem parkähnlichem

Grundriß Erdgeschoß

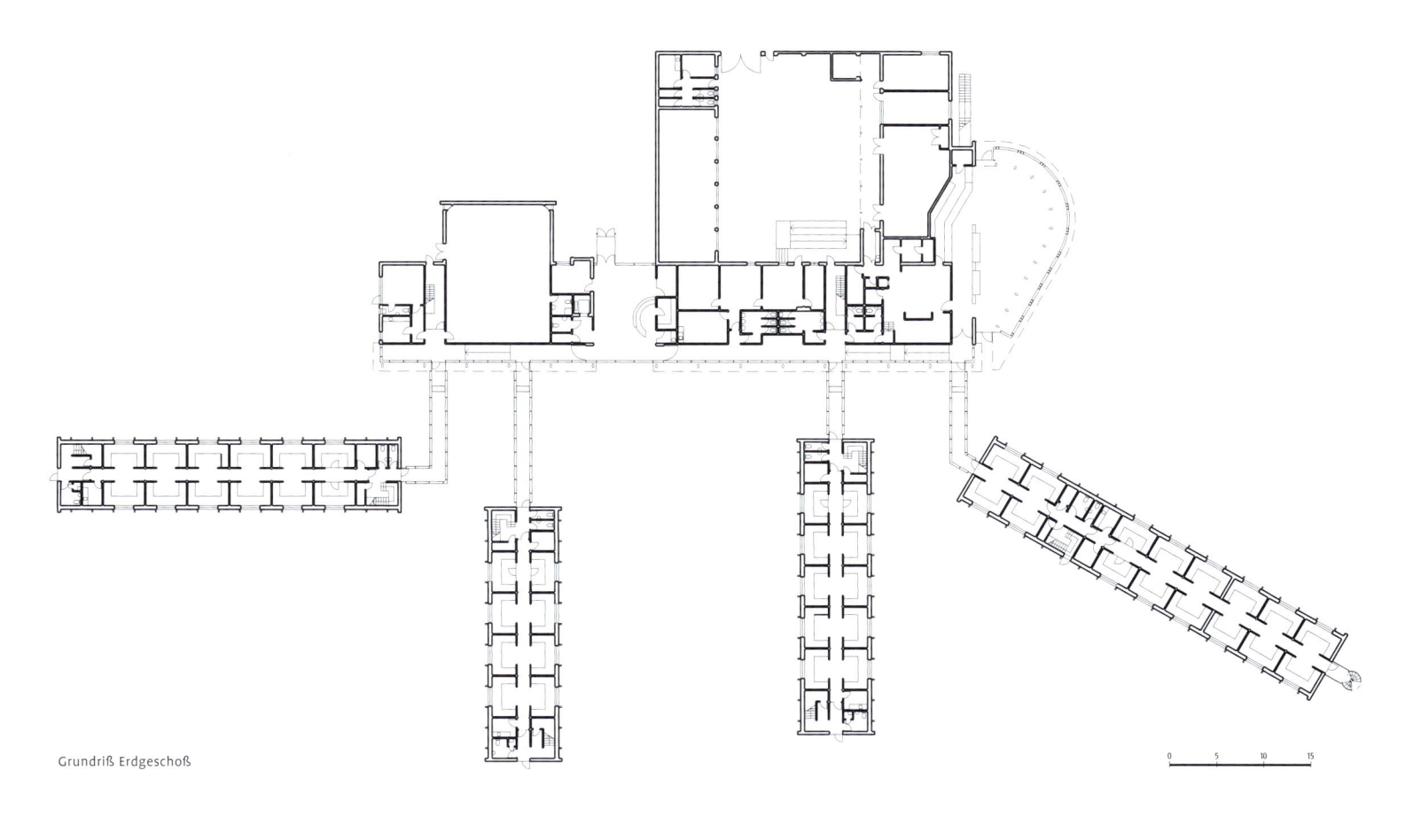

Grundstück in der Nähe von Birmingham. Der Hauptbaukörper nimmt die gemeinschaftlich genutzten Flächen wie Verwaltung, Restaurant, Hardware-Unterstützung und Tonaufnahmestudios sowie formelle Besprechungsräume auf und dient zugleich der Zugangskontrolle. Die Projektteams sind in vier zweigeschossigen „Scheunen" untergebracht, die wie Finger vom Hauptgebäude abstehen und mit diesem nur durch je einen gläsernen Gang verbunden sind. Sie bestehen aus aufgereihten und miteinander verbundenen Zellen mit je zwei Arbeitsplätzen, die in Abhängigkeit von der Teamkonfiguration unterschiedlich zusammengeschlossen werden. Die Zellen selbst können zum Durchgang hin geteilt werden, so daß ein Mittelgang mit gegenüberliegenden Einzelbüros entsteht. Der Zugang zu den einzelnen Teambereichen ist durch die hohen Sicherheitsanforderungen in der Spieleindustrie in der Regel auf die Teammitglieder beschränkt.

Der ganzheitliche und ökologische Projektansatz beginnt bei der Einbeziehung des Grundstücks und endet am einzelnen Arbeitsplatz. Anfallendes Regenwasser wird in Teichen gesammelt und zusammen mit dem Abwasser in einer Pflanzenkläranlage aufbereitet und im Grauwasserkreislauf wiederverwendet. Ein intelligentes Gebäudemanagementsystem koordiniert die Kühlung, die Ventilation und die Beleuchtung. Die Nutzung der thermischen Masse der Sichtbetondecken und der massiven Zwischenwände bewirken zusammen mit dem außenliegenden Sonnenschutz, daß der Komplex, trotz der enormen anfallenden Kühllast durch die häufig rund um die Uhr laufenden Computer, überwiegend mit Fensterlüftung auskommt. In unmittelbarer Nähe der anfallenden Wärme am Arbeitsplatz kühlen „Fan Coil Units", die mit kaltem Grundwasser aus Bohrlöchern betrieben werden, bei Bedarf nach.

Auch auf den zweiten Blick nicht mit der gängigen Vorstellung von Hightech-Computerspielen vereinbar, wurde mit Manor Park ein Bürogebäude geschaffen, das den Menschen auf mehreren Ebenen wie selbstverständlich in den Mittelpunkt stellt. *ta*

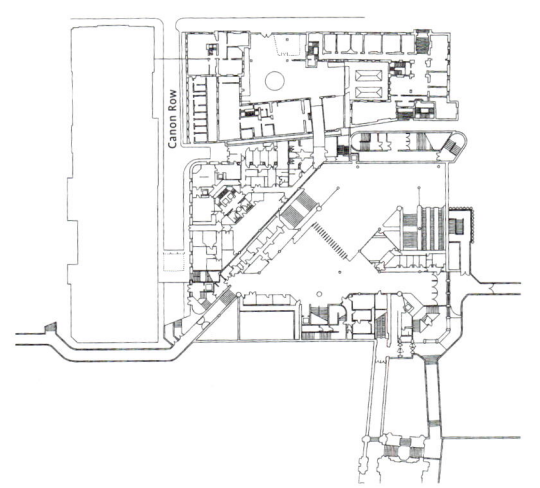

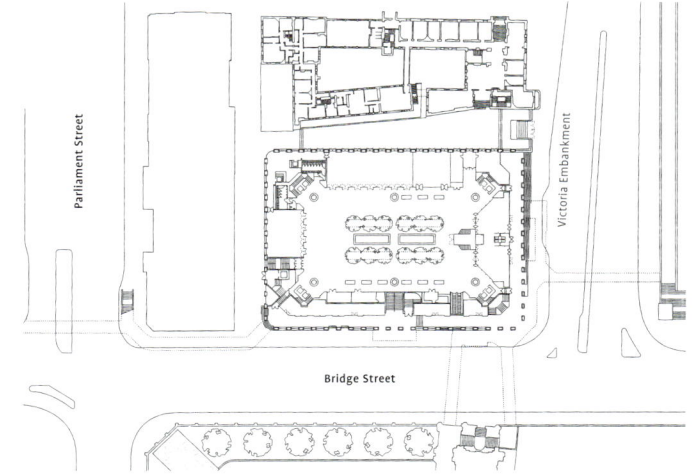

Im ersten Untergeschoß ist das zentrale Element die öffentliche Schalterhalle der U-Bahn. Die zweitgrößte Fläche nimmt die Anlieferung und der Küchenbereich ein.

Im Erdgeschoß befinden sich alle halböffentlichen und öffentlichen Einrichtungen.

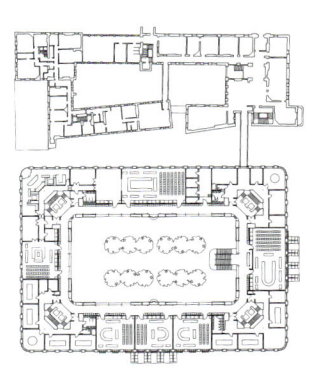

Im ersten Obergeschoß liegen die Ausschußräume. Die Treppe und der umlaufenden Korridor verbinden das Obergeschoß mit dem Hof.

oben Das Portcullis House paßt sich in die Umgebung ein.

rechts Die Lage ist eine der prominentesten in London. Dementsprechend war der Bau von äußerst kontroversen Diskussionen in der Öffentlichkeit begleitet.

New Parliamentary Building

London, Großbritannien

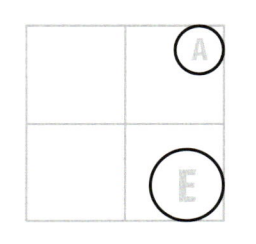

T = Teamarbeit
A = Austauscharbeit
P = Prozeßarbeit
E = Einzelarbeit

Bauherr	Parliamentary Works Directorate
Architekten	Michael Hopkins and Partners
Nutzung	Verwaltung
Fertigstellung	1999
Bruttogeschoßfläche	30.000 m²
Arbeitsplätze	300
Mitarbeiter	300

Das „New Parliament Building" ist eines der umstrittensten und widersprüchlichsten neueren Bürogebäude in England. In der englischen Presse wird es zugleich als teuerstes Bürogebäude Europas und energieeffizientestes und ökologischstes Bürogebäude Großbritanniens bezeichnet. Sein Name „Portcullis House" wird zusammen mit dem abweisendem Erscheinungsbild zum Sinnbild für Politik hinter verschlossenen Türen, ein Widerspruch zum Image der offenen und transparenten Politik in einer Demokratie des 21. Jahrhunderts. Ein Portcullis ist das Falltor einer Burg, gewöhnlich hinter der Zugbrücke.

Das Portcullis House befindet sich direkt gegenüber dem Palace of Westminster, dem Sitz des House of

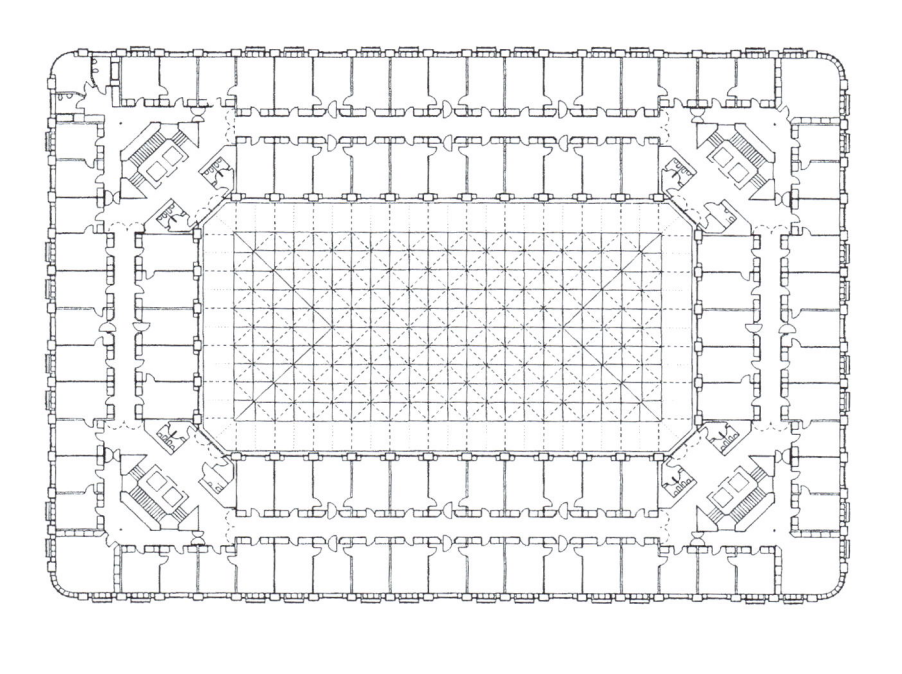

Regelgeschoß: Da die Überdachung des Hofes über dem 1. OG liegt, können die Zellenbüros in den übrigen Geschossen natürlich belichtet werden.

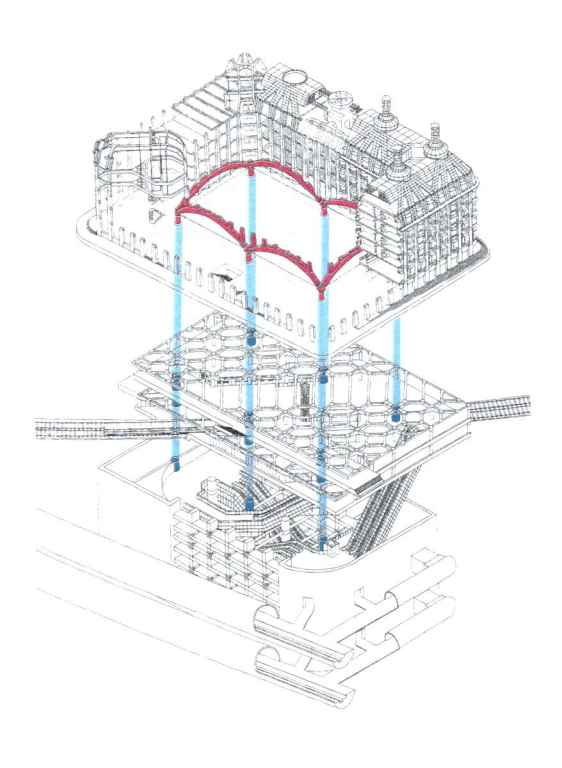

Das Diagramm zeigt die Tragstruktur in Verbindung mit der U-Bahnstation.

links und oben Der zentrale Innenhof ist die Haupterschließung und dient unterschiedlichsten Aktivitäten. Das Dach schützt die Abgeordnetenbüros bei einer eventuellen Bombenexplosion vor der Druckwelle von unten.

Parliament. Es ist Teil des sogenannten Parlament-Campus nördlich des Palace of Westminster. Michael Hopkins Partners erstellten bereits 1989 eine Studie über den Raumbedarf und die Raumkonditionen der Parlamentarier im Palace of Westminster. Danach sollten zuerst die bestehenden Gebäude am Ort an die neuen Erfordernisse der Parlamentsmitglieder angepaßt werden. Durch die Verlängerung der Jubilee Line in die Docklands mußte die U-Bahnstation Westminster jedoch erweitert werden, und es wurde beschlossen, das über der Station gelegene Areal neu zu ordnen, die bestehenden Gebäude abzureißen und durch einen Neubau zu ersetzen. Der Auftrag zum Umbau und der Erweiterung der U-Bahnstation wurde ebenfalls an MHP vergeben. Dadurch wurde es möglich, den Bau des Portcullis House in die Konstruktion der U-Bahn Station einzubeziehen.

Der Neubau paßt sich diesem wohl schwierigsten und am meisten beachteten Ort in London an und behauptet sich nicht zuletzt durch die auffälligen Kamine in seiner Umgebung, ohne diese zu dominieren. Neben der vertikalen Gliederung und der Materialität der Fassade des gegenüber liegenden Palace of Westminster wurde auch die Gebäudeform eines Hofhauses von diesem angeregt. Im Gegensatz zur Westminster Hall ist der Hof im Portcullis House über dem ersten Obergeschoß mit einer Glaskonstruktion aus Eichenholz und Stahl überdacht. Er ermöglicht geplante oder zufällige Gespräche der Abgeordneten, der Angestellten und der eingeladenen Wähler. Um den zentralen Hof herum liegen im Erdgeschoß allgemeine Einrichtungen wie Restaurant, Cafés, Bibliothek, Post und Wahlbüro, sowie an den Ecken die vertikale Erschließung des gesamten Gebäudes. Eine großzügige Treppe führt vom Hof direkt zum ersten Obergeschoß mit den Ausschuß- und Meetingräumen. Diese sind nach außen orientiert und über einen breiten, innen umlaufenden Korridor erschlossen. Wie ein Kreuzgang dient er den Abgeordneten zum informellen Austausch. In den darüberliegenden drei Geschossen sowie dem ersten Dachgeschoß befinden sich Büros für 210 Abgeordnete und deren Angestellte. Die festgelegte Größe der Büros ist 20 m². Aus der maximalen Raumtiefe, die natürliche Belichtung noch gestattet, und der geforderten Anzahl Büros pro Geschoß

Erschließungsdiagramm

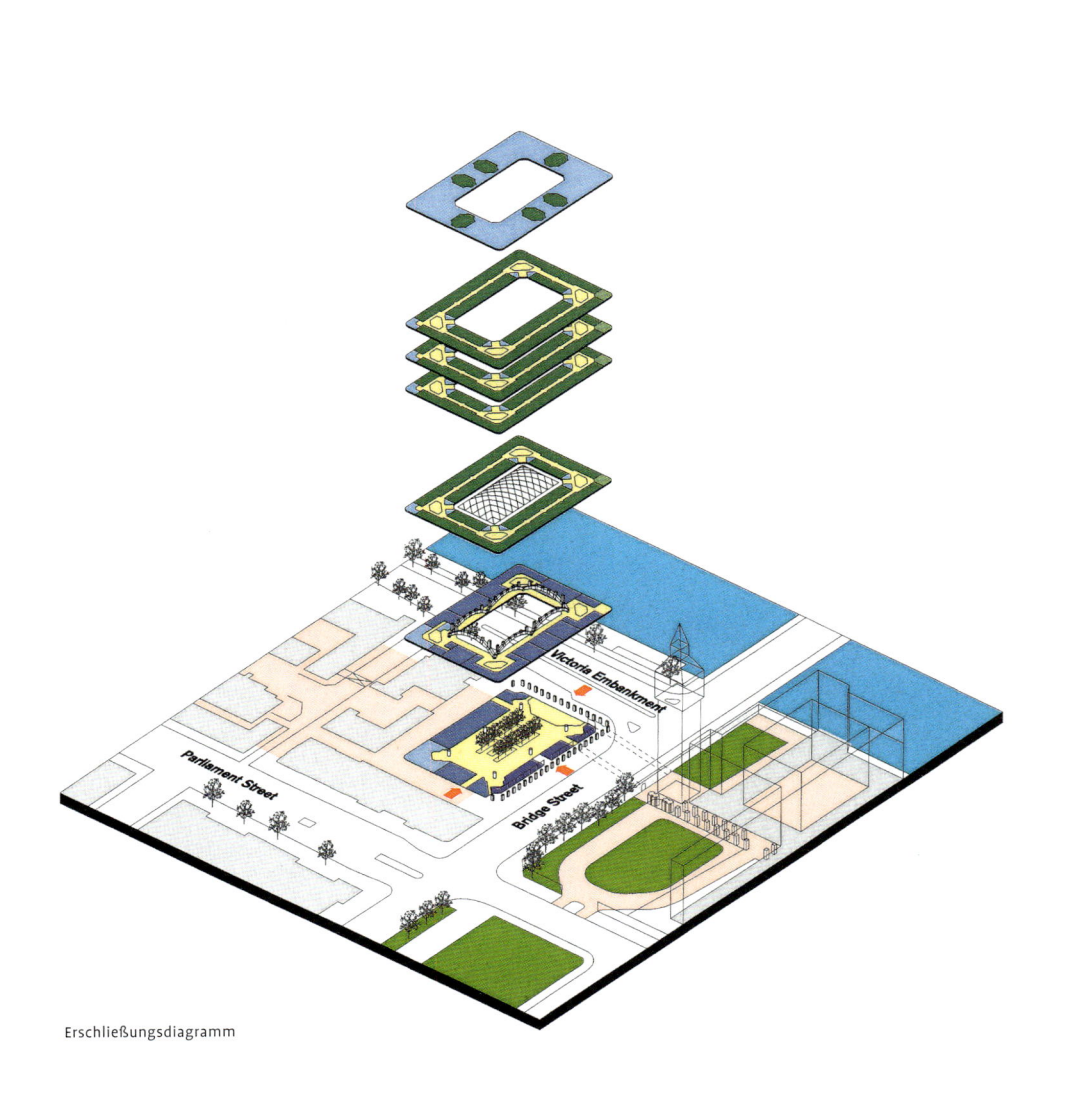

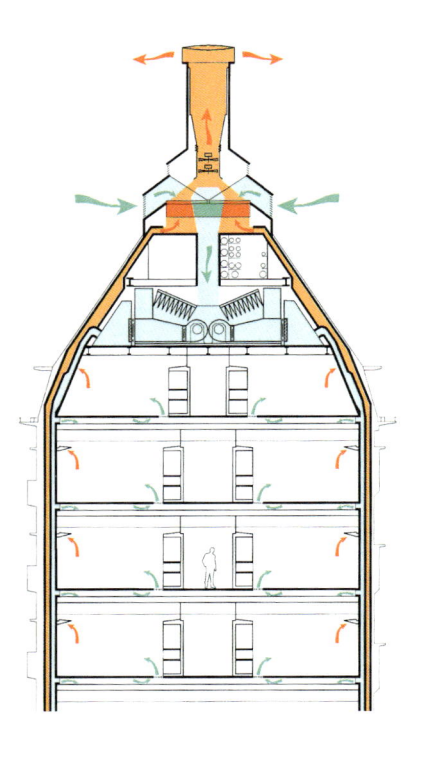

Zentrales Element des Lüftungskonzeptes sind die Thermal Wheels in der Basis der Abzüge. Hier wird die kinetische Energie der Abluft zur Frischluftzufuhr verwendet und zugleich die Wärme von Abluft und Zuluft ausgetauscht.

Im Schnitt wird die Verbindung der Einzelelemente des Parlaments-Campus deutlich.

ergab sich ein Raster von 3,60 Metern. Den Abgeordnetenbüros zugeordnet sind Räume für Angestellte und Assistenten, welche sich je nach Status zwei Abgeordnete teilen müssen. Toiletten, Waschräume und Teeküchen befinden sich in den Eckbereichen, zusammen mit den Erschließungskernen.

Die Planung der Konstruktion und der Klimatechnik lag bei dem Ingenieurbüro Ove Arup und ist ein gelungenes Beispiel für integrierte Gebäudeplanung. Um schon während der Bauzeit der U-Bahnstation mit der Errichtung des Neubaus beginnen zu können, wurde es zu 95 Prozent unter Einbeziehung der Haustechnik vorgefertigt.

Die U-Bahnstation bildet das „Kellergeschoß". Um die Kräfte des Gebäudes in die 30 Meter tief liegenden Fundamente abzutragen, befindet sich die Außenfassade über den Stahlbetonseitenwänden der Station. Die Hoffassade wird über sechs Stahlbetonbögen auf sechs Stahlbetonsäulen, die zwischen den Bereichen der sich kreuzenden U-Bahnlinien „durchgefädelt" sind, abgetragen. Die Fassaden sind als Rahmen ausgebildet, welche die Geschoßdecken als Element integrieren und gleichzeitig nach außen sichtbar machen. Die vertikalen Stützen bestehen aus massiven Sandsteinblöcken, welche sich nach oben durch sich reduzierende Lasten geschoßweise verjüngen und durch nachgespannte Stahlstäbe im Innern am Platz gehalten werden. Die Geschoßdecke besteht aus vorgefertigten Stahlbeton-

elementen in „Möwenflügelform", um die 13,80 Meter Spannweite zwischen den Wänden zu überbrücken. Die entstehende Wellenform formt die Decken der Büros und wird über den aufgeständerten Böden zur Klimatisierung mitbenutzt. In die Bronzeelemente zwischen den Sandsteinstützen und den Fensterelementen ist die Zu- und Abluft integriert; durch die Verjüngung der Stützen nach oben hin dehnen sie sich zum Dach mit den Lüftungsanlagen hin aus. Diese Kanäle sind auch in der Dachkonstruktion sichtbar. Wie Spinnenbeine sitzen sie auf der Fassade und enden oben in den 14 Kaminen des Gebäudes. Neben der Ab- und Zuluftfunktion bilden sie die Dachkonstruktion. In den Kaminen wird über „Thermal Wheels" – regenerative Wärmetauscher – die Ablufenergie zur Frischluft-

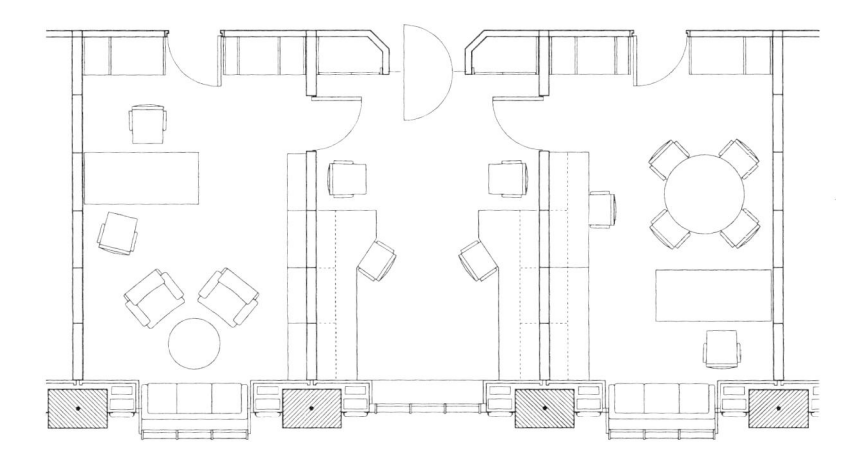

Ein Beispiel von zwei Abgeordnetenbüros, die sich ein Angestelltenbüro teilen.

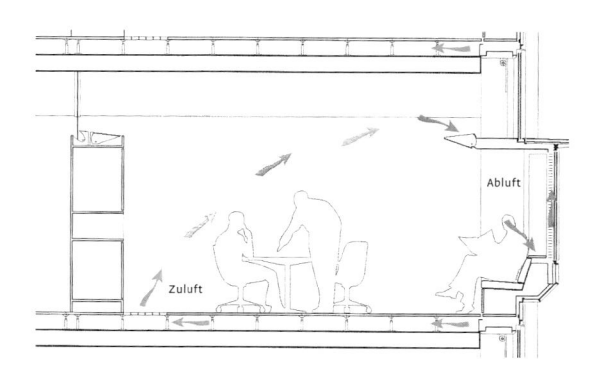

Die Abluft wird über die innenliegende Schicht der Tripleverglasung abgeführt. Alle Abgeordnetenbüros haben im Gegensatz zu den Angestelltenbüros einen Erker.

oben Im „Kreuzgang" laden Sitzmöglickeiten zum informellen Gespräch ein.

links Die Büros sind mit Eichenholz getäfelt, welches nach einem grossen Sturm 1987 aufbewahrt wurde. Es handelt sich um eine Referenz an die Täfelung von Pugin's Palace of Westminster.

zuführung verwendet. Das Gebäude kommt ohne Klimaanlage aus, wird zu 100 Prozent durch Frischluft belüftet und verbraucht 25 Prozent der Energie eines konventionell klimatisierten Bürogebäudes der gleichen Größe. Voraussetzung dafür war die konsequente Reduzierung der Kühllast durch die Dreifachverglasung mit verstellbaren Bronzejalousien im inneren Zwischenraum. Durch diesen Zwischenraum wird auch die Luft aus dem Büro abgeführt, dadurch wird der Wärmegewinn im Sommer und der Wärmeverlust im Winter reduziert. Die dunklen Bronzejalousien wirken zusätzlich als Sonnenkollektoren im Winter. Die Luftzufuhr in den Büroräumen erfolgt über den aufgeständerten Boden, in der Nacht zirkuliert kältere Luft, um die massiven Bauteile abzukühlen. Eine zusätzliche Kühlung erfolgt durch Wasser aus 200 Meter tiefen Bohrlöchern. Die natürliche Belichtung der Büros wird durch horizontale Reflektoren im Fensterbereich und dem Einsatz von Sichtbeton mit einer Micabeimischung unterstützt. Letztere gibt dem ansonsten unbehandelten Sichtbeton der Wände und Decken einen höheren Reflexionsgrad. Die gesamte Tragkonstruktion und die Fassade sind gegen Druckwellen von Bombenexplosionen gesichert.

Zusammen mit der geforderten Lebensdauer von 120 und der projizierten Lebensdauer von 200-400 Jahren verdient sich das Portcullis House seinen Ruf als eines der nachhaltigsten Bürogebäude Großbritanniens. Die umfassende Detaillierung und Durcharbeitung jedes Aspekts des Bauvorhabens in Konzept, Konstruktion und Detail war jedoch nur bei einem Projekt möglich, welches nicht den Beschränkungen des kommerziellen Büromarktes ausgeliefert ist. *ta*

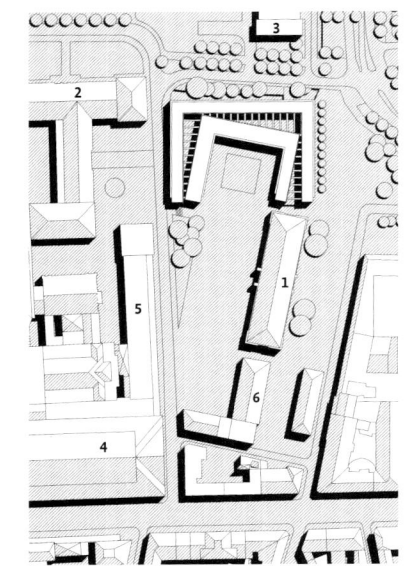

Lageplan
1 Marstall
2 Residenz
3 Staatskanzlei
4 Bayerische Staatsoper
5 Kulissenmagazin
6 Schulstall

Normalgeschoß

oben Die Lifte in der Nordhalle sind als Glasskulpturen inszeniert. Die massiven Innenfassaden dienen als Speichermasse.

links Das U-förmige Gebäude öffnet sich zum Süden und bildet einen Abschluß für den angrenzenden Marstallplatz.

Generalverwaltung der Max-Planck-Gesellschaft

München, Deutschland

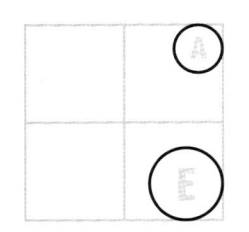

T = Teamarbeit
A = Austauscharbeit
P = Prozeßarbeit
E = Einzelarbeit

Bauherr	Max-Planck-Gesellschaft / Patio GmbH & Co
Architekten	Graf, Popp, Streib; mit: Doranth, Post
Nutzung	Verwaltung und Forschung
Fertigstellung	1999
Bruttogeschoßfläche	35.250 m²
Büronutzfläche	10.845 m² (HNF)
Arbeitsplätze	500

Mit ihrem neuen Sitz im Zentrum Münchens entschied sich die Max-Planck-Gesellschaft gegen den Umzug der Generalverwaltung nach Berlin, wo ihre Vorgängerorganisation 1911 gegründet worden war. Die Grundrißfigur des Neubaus, bestehend aus zwei ineinander geschobenen und gegeneinander verdrehten Us, erklärt sich aus dem städtebaulichen Kontext. Das historisch und architektonisch bedeutende Umfeld mit der angrenzenden Residenz (16.-19. Jahrhundert) und dem Marstallgebäude (1822) von Leo von Klenze bildet die Parameter für das neue Verwaltungsgebäude. Der U-förmige Grundriß ordnet das Marstallgelände neu; der Hofgarten im Norden, der Marstallplatz im Süden sowie der kleine Vorplatz des Ostflügels der Residenz erhalten einen räumlichen Abschluß.

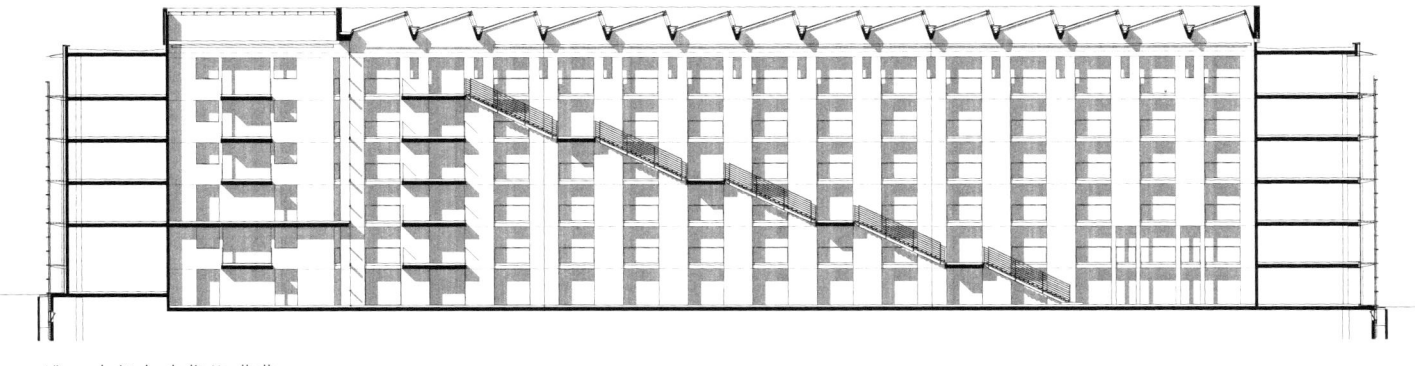

Längsschnitt durch die Nordhalle

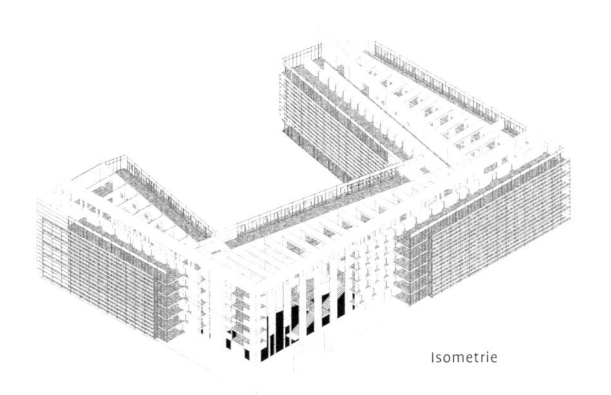

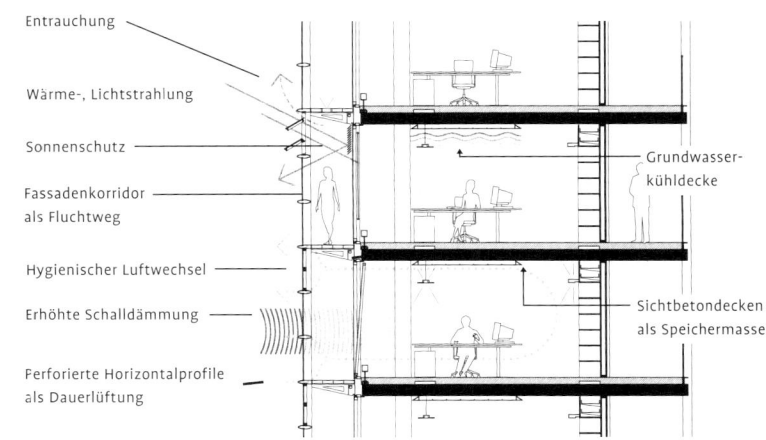

Isometrie

Entrauchung
Wärme-, Lichtstrahlung
Sonnenschutz
Fassadenkorridor als Fluchtweg
Hygienischer Luftwechsel
Erhöhte Schalldämmung
Perforierte Horizontalprofile als Dauerlüftung
Grundwasserkühldecke
Sichtbetondecken als Speichermasse

links Die dreieckige, sechsgeschossige Nordhalle wird von lasierten Betonwänden begrenzt. Treppe und Stege verbinden die Gebäudeteile.

mitte Die Caféteria im Erdgeschoß orientiert sich zum Marstallplatz.

rechts Der Konferenzraum bildet mit der gebogenen Wand eine Sonderform. Die Holzoberflächen der Wände bestimmen die Atmosphäre des Raums.

Die Verdrehung der Baukörper ergibt sich aus den unterschiedlichen Achsrichtungen von Residenz und Marstall, die der Neubau als Bindeglied aufnimmt. Im Inneren des Gebäudes wird diese axiale Verschiebung an den dreieckigen Grundrissen der mehrgeschossigen Hallen wahrnehmbar. Die sechsgeschossige Nordhalle bildet als Eingang den Auftakt. Stahlstege, Aufzüge und eine einläufige Treppe, perspektivisch verstärkt durch die Verkürzung der Laufbreiten, verbinden die Geschosse und die Gebäudehälften miteinander. Von hier aus erreichen die Verwaltungsangestellten ihre genormten Zellenbüros. Als Treffpunkte bieten kleine Sitzgruppen auf den Stegen die Gelegenheit zu kurzen, spontanen Gesprächen. Die Caféteria im Erdgeschoß, mit Blick auf den Marstallplatz, lädt zum längeren Verweilen ein.

Grau lasierte Betonwände und die Holzflächen der Böden und Bürowände bestimmen die Atmosphäre der Hallen. Die großzügigen, glasgedeckten Räume stehen in einem angenehmen Gegensatz zu den kleinteiligen Denkzellen. Das Spiel mit den Kontrasten ist auch bei den Fassaden themenbestimmend. Die massiven Lochfassaden im Innern erzeugen ein effektvolles Gegenbild zu der leichten, gläsernen Außenhaut der doppelschaligen Fassade. Die Korridorfassade (s. auch „Die veränderbare Hülle", S.59) dient nicht nur dem Schallschutz, sondern wirkt zusätzlich im Winter als Klimapuffer und nimmt die außen liegenden Rettungswege auf. Perforierte, horizontale Fassadenprofile versorgen den Fassadenzwischenraum konstant mit Frischluft. Individuell steuerbare Fensterflügel in beiden Fassadenschichten ermöglichen die natürliche Be- und Entlüftung und sorgen, unterstützt von einem Kühldeckensystem, für ein angenehmes Raumklima.

Die Positiv/Negativ-Skulptur der Minerva, als Göttin der Weisheit und Emblem der Max-Planck-Gesellschaft vor dem Eingang plaziert, kann auch als Symbol für diesen kontrastreichen, energetisch optimierten Neubau gelesen werden. *sj*

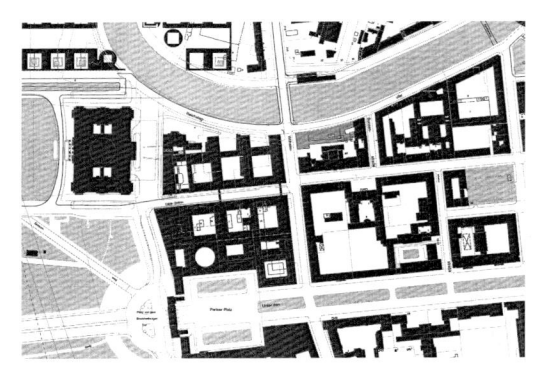

Lageplan

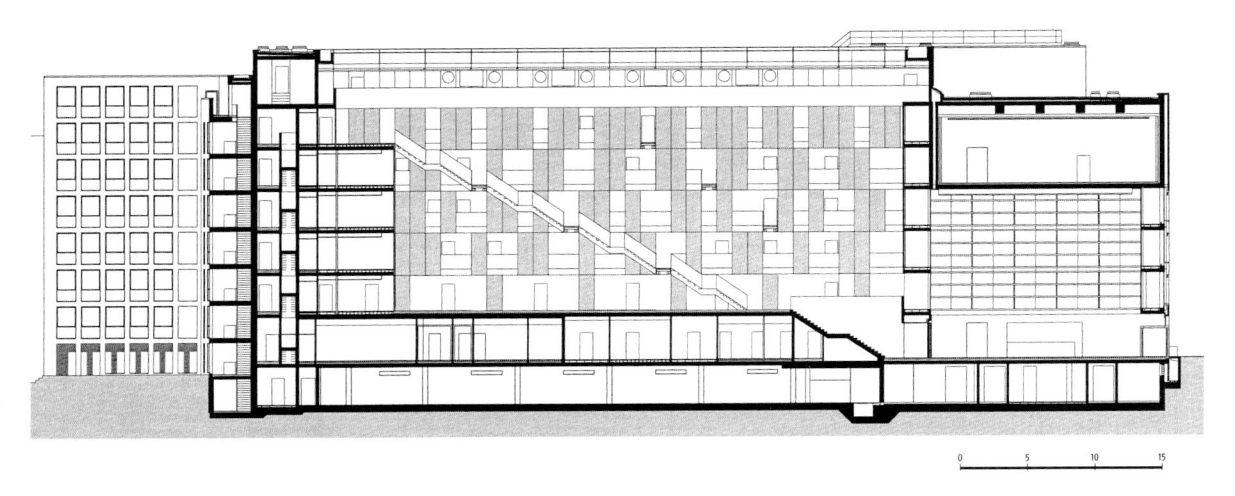

Längsschnitt

von links nach rechts

Mit den rotgefärbten Betonplatten und der Lochfassade nimmt der Neubau Bezug auf das benachbarte Institutsgebäude. Das Eckfenster markiert die Lage des großen Studios; die dreigeschossige Verglasung über dem Eingang belichtet das Foyer.

Die mehrgeschossige Eingangshalle und die straßenseitigen Läden sind der Öffentlichkeit zugänglich.

Die fünfgeschossige Redaktionshalle mit den beidseitig aufgereihten Büroräumen ist der Mittelpunkt des Hauses.

Die Metallgewebepaneele rhythmisieren den Raum.

Die Stege bieten den Mitarbeitern jederzeit einen Überblick über das gesamte Gebäudeinnere.

ARD-Hauptstadtstudio
Berlin, Deutschland

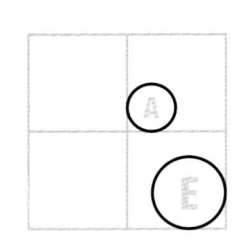

T = Teamarbeit
A = Austauscharbeit
P = Prozeßarbeit
E = Einzelarbeit

Bauherr	Bauherrengemeinschaft ARD-Hauptstadtstudio
Architekten	Ortner & Ortner Baukunst
Nutzung	Medien
Fertigstellung	1999
Bruttogeschoßfläche	10.580 m²
Büronutzfläche	5.000 m² (HNF)
Mitarbeiter	180
Arbeitsplätze	190

Der Standort des Neubaus des ARD-Hauptstadtstudios an der Spree - in fußläufiger Nähe zum Reichstagsgebäude und zum Kanzleramt – begründet sich aus der Informations- und Kontrollfunktion, die der Rundfunk einnimmt. Ganz im Zeichen der Zeit arbeiten die 80 Hörfunk- und Fernsehjournalisten nicht mehr in „normalen" Zellen-, Großraum- oder Gruppenbüros, sondern in Einzelarbeitsräumen, die mit modernster digitaler Produktionstechnik ausgestattet sind. Der Büroraum ist ein kleines Studio. In diesen schalldichten Räumen produzieren die Hörfunkjournalisten ihre Beiträge komplett selbst. Um der Vereinzelung entgegen zu wirken, konzipierten die Architekten ein Gebäude, das stufenweise zwischen öffentlichem Treiben und zurückgezogenem Arbeiten vermittelt. Das Restaurant, die Läden

4. Obergeschoß

Erdgeschoß

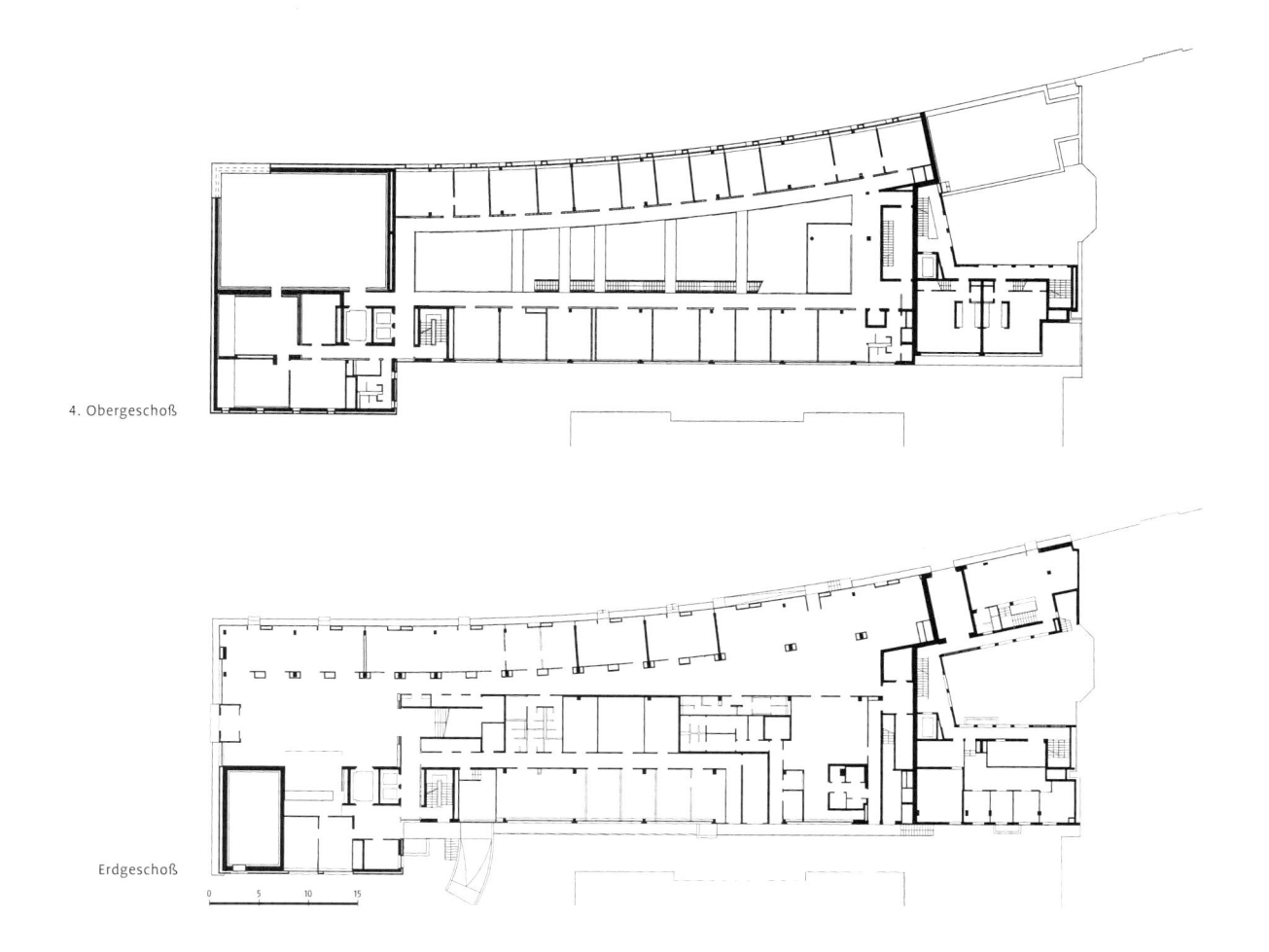

und die viergeschossige Eingangshalle (der Marktplatz der Nachrichten) im Erdgeschoß sind der Öffentlichkeit zugänglich. Von hier aus erreichen die Mitarbeiter und Gäste die fünfgeschossige Redaktionshalle über eine einläufige Treppe, die, von Sichtbetonwänden begleitet, in das erste Obergeschoß führt. Holztafelbekleidungen der innenwände und goldschimmernde, mit Metallgewebe bespannte Paneele, die die Halle unregelmäßig rhythmisieren, geben dem Raum eine schlichte Noblesse. Die längsgestreckte, lichtdurchflutete Halle bietet Festivitäten jeglicher Art den passenden Rahmen und bildet als „Nachrichtenbörse" den Mittelpunkt des Hauses. Stahlstege und eine Kaskadentreppe führen die Mitarbeiter in die angrenzenden Arbeitsräume, die sich an den Längsseiten aufreihen und jederzeit einen Überblick über das gesamte Innere des Gebäudes bieten. Ein in die Bürowände integriertes Kühlsystem und die doppelschaligen Kastenfenster sorgen für ein angenehmes Raumklima und die notwendige Schallisolierung in den Studios.

Die horizontale Funktionsteilung mit dem Hörfunk in den unteren und dem Fernsehen in den oberen Etagen zeichnet sich in der Fassade an dem Rhythmuswechsel der Fenster ab. Die Regelmäßigkeit der fassadenbündigen Öffnungen wird am Kopfende durchbrochen: ein Eckfenster markiert die Lage des großen Fernsehstudios und gibt den Blick auf Bundestag und Kanzleramt frei. Ein dreigeschossiges, fast quadratisches „Fenster" über dem Eingang belichtet das Foyer.

Der scharfkantige Kubus nimmt mit seinen rotgefärbten Fassadenplatten aus Beton und der Lochfassade Bezug auf das benachbarte, unter Kaiser Wilhelm erbaute Institutsgebäude. *sj*

1 Fortluft
2 Zuluft
3 Ventilatoren
4 Luftschächte zum Versorgen der Bürogeschosse
5 Abluftkanäle im Flurbereich der Bürogeschosse
6 Abluftöffnungen in den Trennwänden
7 Lüftungselemente aus Glaslamellen und Wetterschutzlamellen aus Metall
8 Thermoaktive Decke, Heiz- und Kühlleitungen
9 Holz/Glasfassade, Sockelkanal, Wärmeschutzglas
10 Metall/Glasfassade, Wärmeschutzglas
11 Lichthof mit Hybridkühler

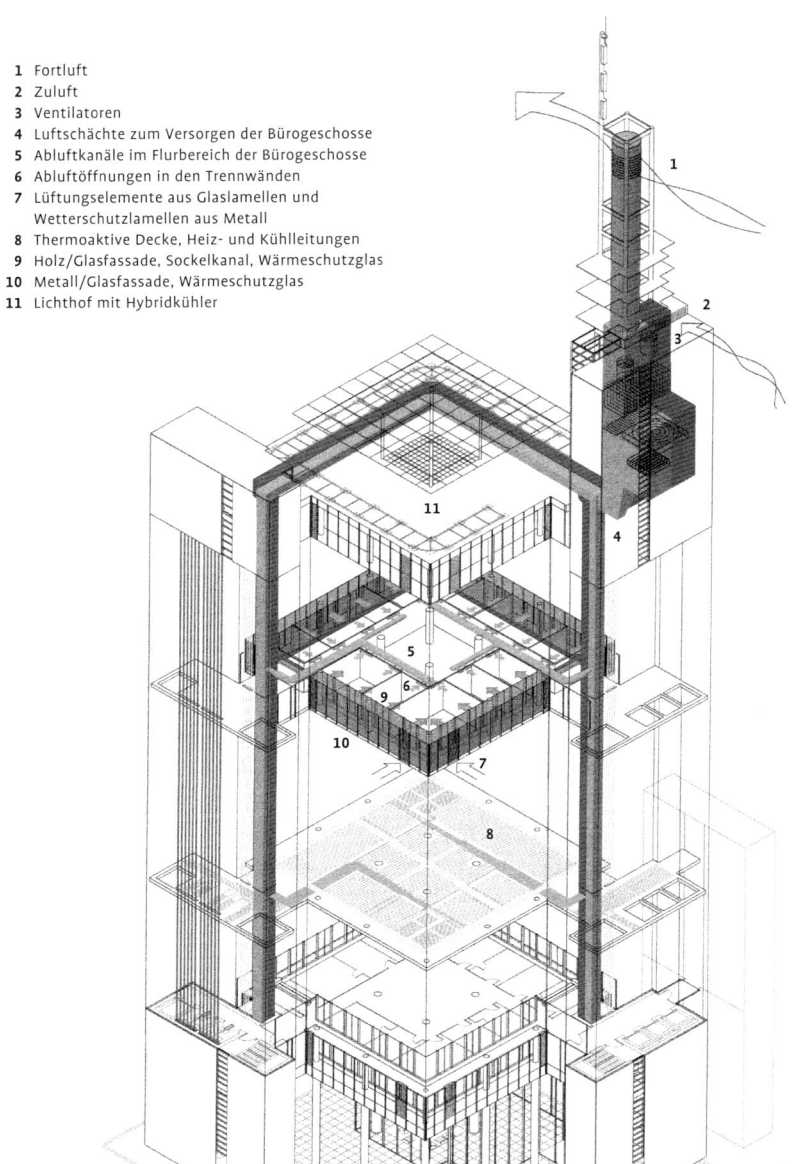

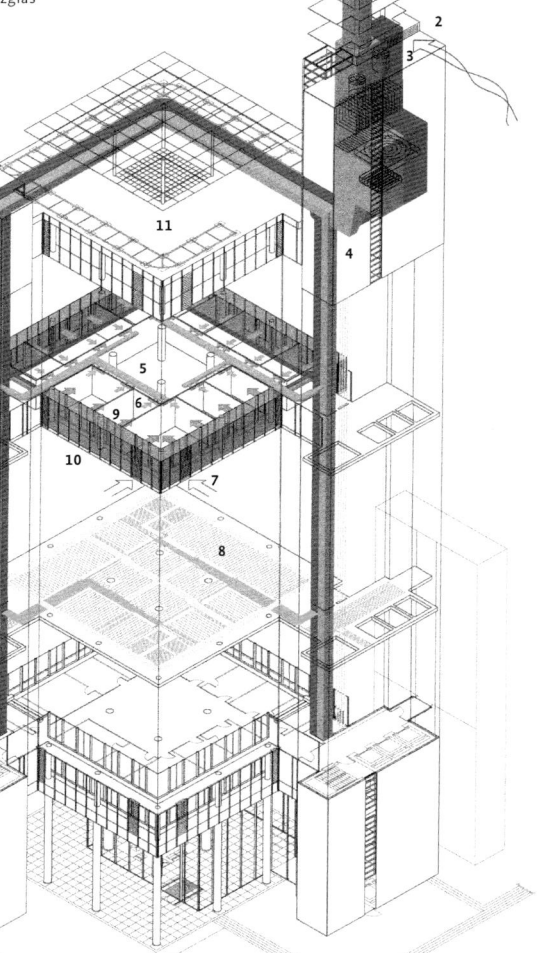

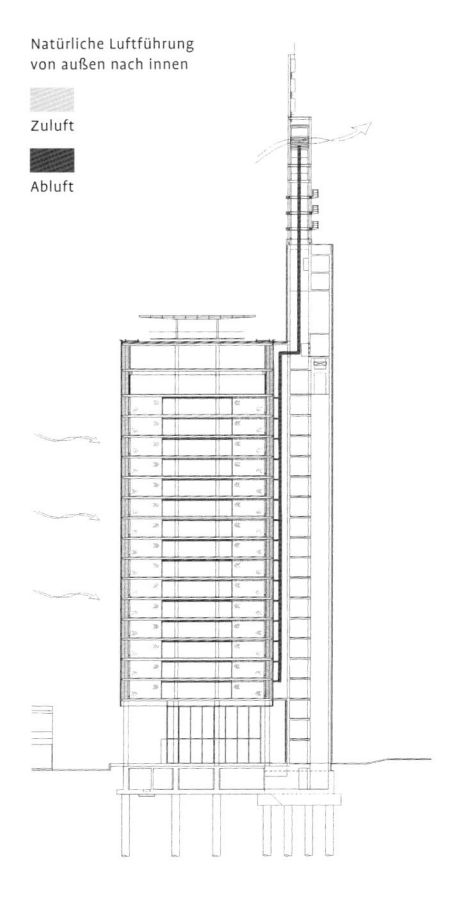

Natürliche Luftführung von außen nach innen

Zuluft

Abluft

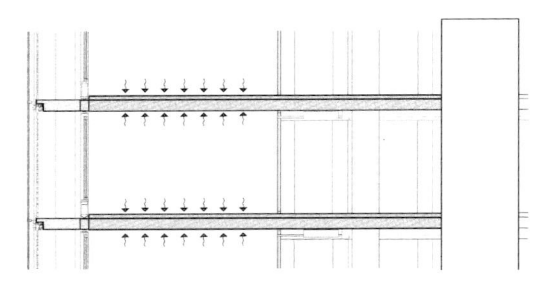

Im Sommer speichern die massiven Sichtbetondecken die Wärme der angrenzenden Räume und geben diese in der Nacht an den Außenraum ab, im Winter erwärmen sie den Raum.

von links nach rechts

Der Neubau erweitert den vorhandenen achtgeschossigen Gebäuderiegel. Durch bauliche Änderungen soll der transparente Eingang in Zukunft den öffentlichen Vorplatz mit dem halböffentlichen Grün diagonal verbinden.

Die Korridorfassade (s.S.59) ermöglicht den außenliegenden Sonnenschutz und die natürliche Belüftung.

In die Brüstungselemente integrierte Lüftungskanäle versorgen die Büros individuell steuerbar mit warmer und kalter Zuluft. Die Holzfassade bestimmt die Atmosphäre der Büros. Die Sichtbetondecken sind als „Thermoaktives Deckensystem" (s.S.63) ausgebildet.

Deutsche Messe AG
Hannover, Deutschland

Bauherr	Deutsche Messe AG
Architekten	Herzog + Partner
Nutzung	Dienstleistung und Verwaltung
Fertigstellung	1999
Bruttogeschoßfläche	13.563 m²
Mitarbeiter	ca. 250

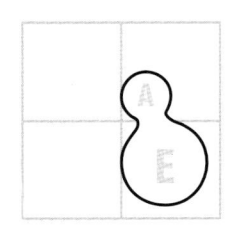

T = Teamarbeit
A = Austauscharbeit
P = Prozeßarbeit
E = Einzelarbeit

Die Deutsche Messe AG, 1947 unter britischer Besatzung gegründet, hat sich zu einem Unternehmen entwickelt, das Messen von weltweiter Bedeutung und Interesse organisiert. Der Neubau auf dem Messegelände von Hannover ist eine Erweiterung des bestehenden achtgeschossigen Gebäuderiegels aus den sechziger Jahren und beherbergt die Vorstandsebene mit der Hermeslounge als Repräsentationsebene sowie die Marketing- und die Projektabteilungen.

Beengte Grundstücksverhältnisse veranlaßten die Architekten zum Bau in die Höhe. Mit seinen zwanzig Geschossen wird der Büroturm als höchstes Gebäude auf dem Gelände zu dessen Identifikationspunkt. Die Tiefenwirkung der transparenten, doppelschaligen Fassade

Vorstandsebene

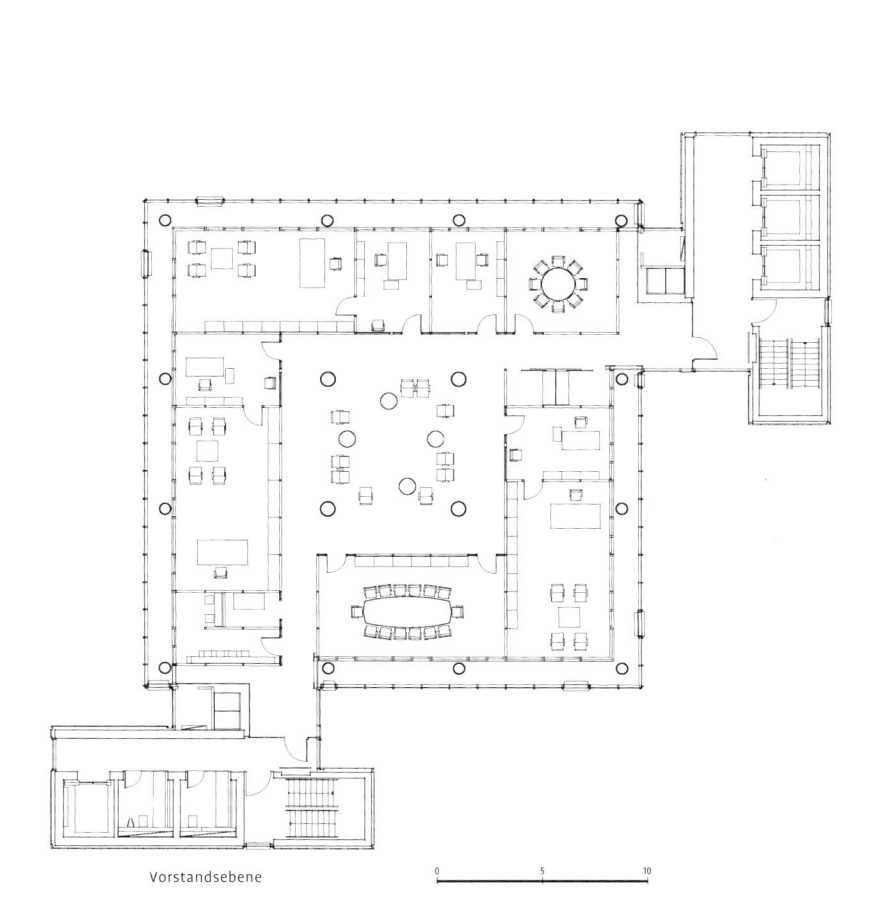

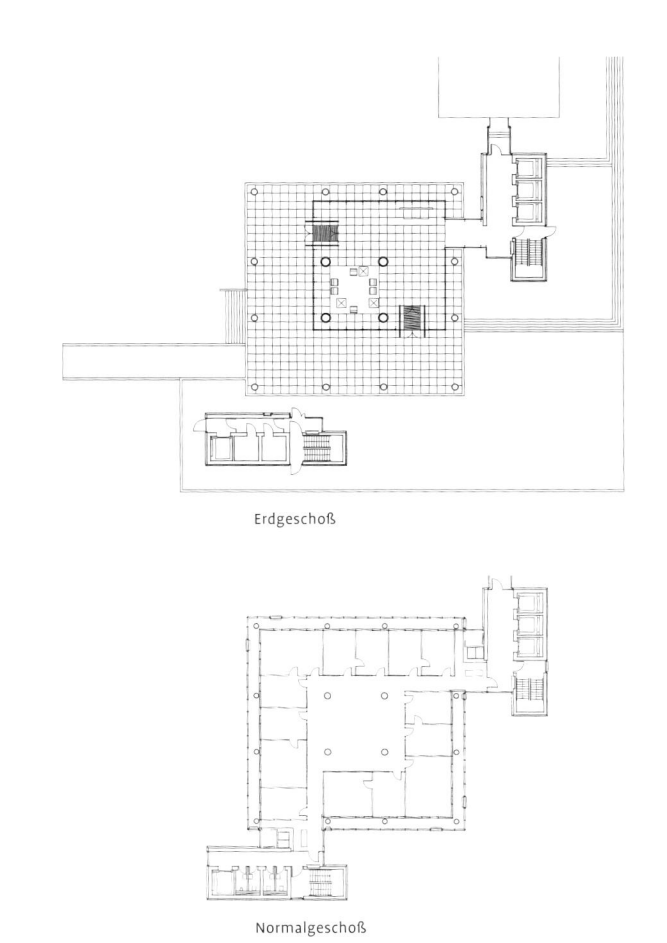

Erdgeschoß

Normalgeschoß

und die erdtönigen geschlossenen Flächen der vorgelagerten Erschließungstürme bestimmen das Außenbild des Neubaus. Das Quadrat als Grundrißfigur setzt sich bis in die Formate des dunklen Granitbodens der Eingangshalle fort. Das vierseitig verglaste, dreigeschossige Entrée erinnert in seiner minimalistischen Klarheit an Miessche Architektur. Über diesen eindrucksvollen Raum erschließen sich die übersichtlichen Büroeinheiten. Unterschiedlich große Zellenbüros gruppieren sich um eine gemeinschaftlich genutzte Mittelzone mit bequemen Sitzgelegenheiten, Büroinfrastruktur und Ablageflächen. Von hier aus akquirieren und betreuen die Sachbearbeiter die internationalen Messeaussteller. Obwohl die Projektarbeit in Gruppen stattfindet, arbeiten die einzelnen Mitarbeiter unabhängig voneinander; die sehr reduzierte interne Kommunikation findet zum großen Teil spontan in den einzelnen Büros statt. Um so wichtiger wird der zentrale Raum, der das Gemeinschaftsgefühl fördert.

Mit der Ausführung einer doppelschaligen Fassade, hier als Korridorfassade, greift der Architekt einen im Hochhausbau vorteilhaften und bereits bewährten Fassadentyp auf. Die Fassade ist Bestandteil eines komplex aufeinander abgestimmten Systems, das die Ressourcen Sonne und Wind nutzt, um ein angenehmes Raumklima zu schaffen. Sie ermöglicht die Anbringung von außenliegenden Sonnenschutzlamellen und die natürliche Belüftung der Innenräume. Dadurch kann auf Sonnenschutzglas und Vollklimatisierung verzichtet werden.

Zusätzlich versorgt ein in die Holzfassade integrierter Brüstungskanal die Räume individuell mit warmer und kalter Zuluft. Das im Verbundestrich verlegte Heiz- und Kühlsystem (TAD) und die Speicherwirkung der massiven Sichtbetondecken sind Teil dieses Systems.

Die Auffassung vom Menschen als Maßstab ist hier nicht nur eine Phrase, sondern zeigt sich in den angenehm übersichtlichen Büroeinheiten, an der individuell regelbaren Raumklimatisierung und nicht zuletzt in der Gestaltung der Holzfassaden, deren möbelhafte Anmutung die Atmosphäre der Büroräume wesentlich bestimmt. *sj*

Lageplan

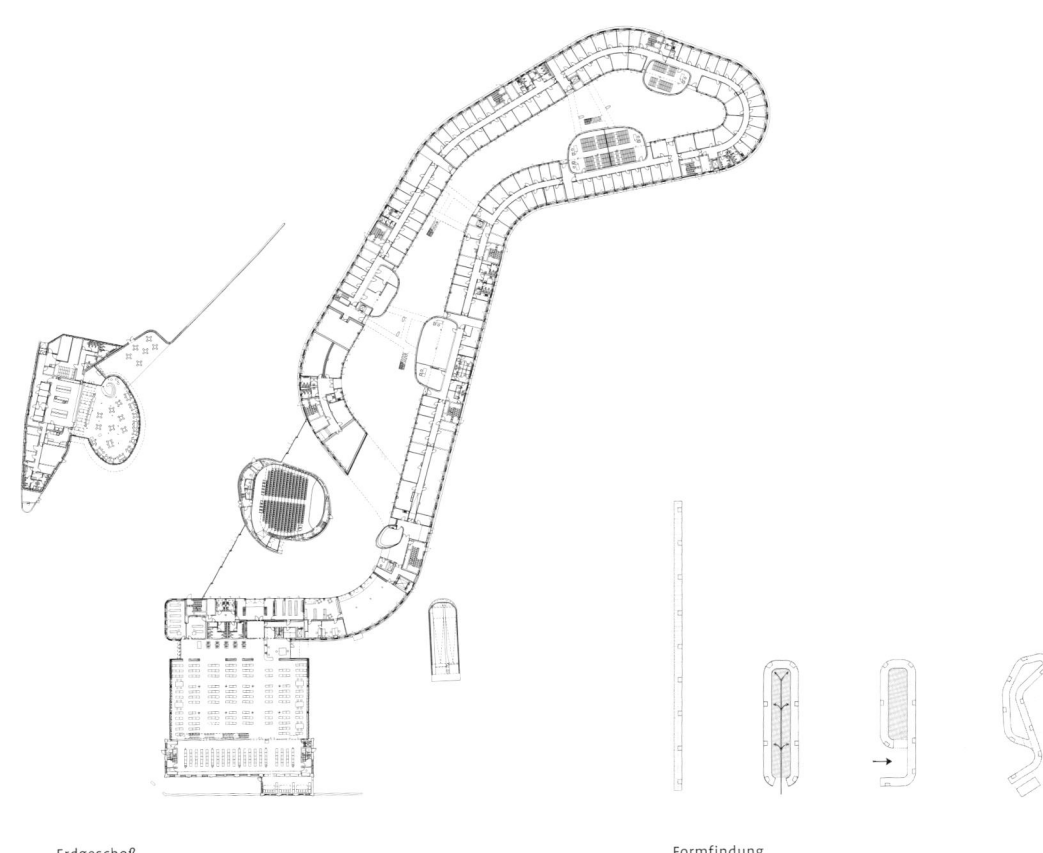

Erdgeschoß

Formfindung

rechts Als Modellvorhaben ausgelegt, sollen beim Neubau des Umweltbundesamtes ökologische Maßstäbe gesetzt werden. Darüber hinaus verspricht die Planung aber auch in die Stadt ausstrahlende atmosphärische Qualitäten, die sich nicht zuletzt aus dem Zusammenspiel der gewählten Materialien, Farben und Formen ergeben.

rechte Seite obere Reihe Arbeitsmodelle von Kantine, Bibliothek und Hörsaal.

rechte Seite untere Reihe Blick in den neu angelegten Park, in das öffenlich zugängliche UBA-Forum und ins Atrium.

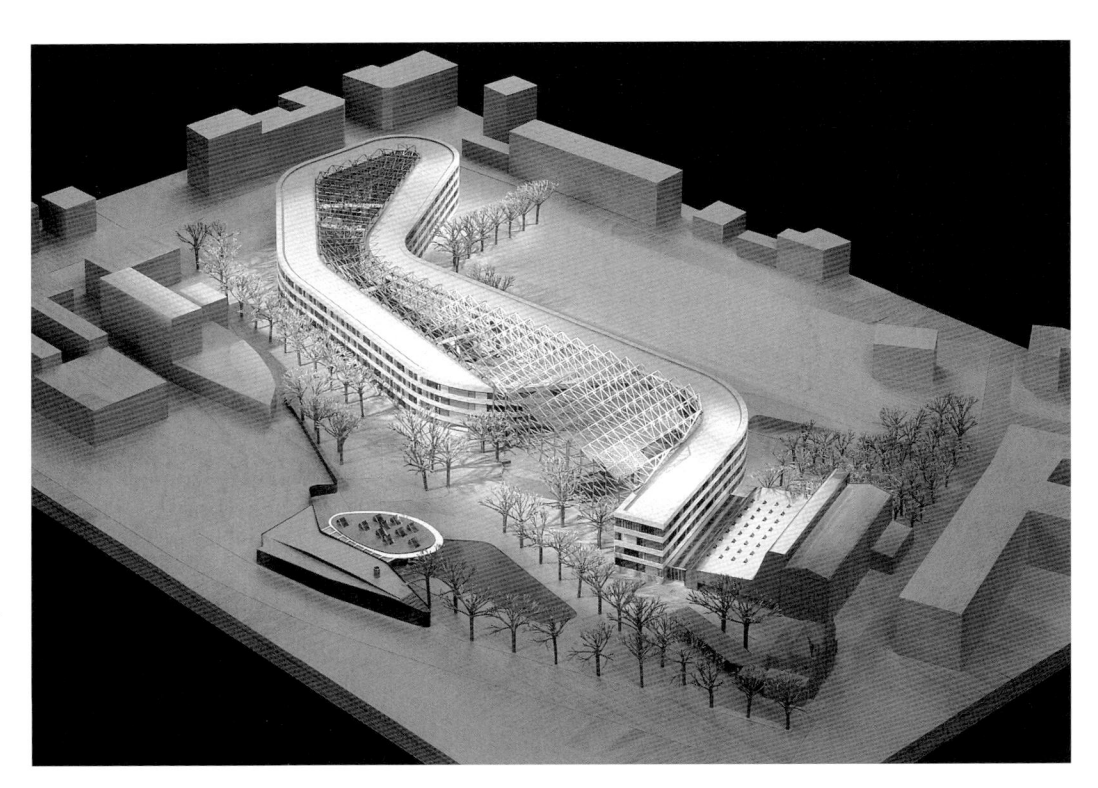

Umweltbundesamt

Dessau, Deutschland

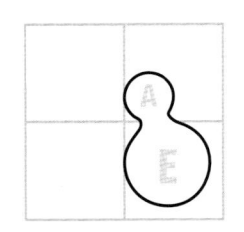

Bauherr	Staatshochbauamt Dessau der OFD Magdeburg
Architekten	sauerbruch hutton architekten
Nutzung	Verwaltung und Dienstleistung
Fertigstellung	2004
Bruttogeschoßfläche	40.000 m²
Büronutzfläche	17.700 m²
Arbeitsplätze	800

T = Teamarbeit
A = Austauscharbeit
P = Prozeßarbeit
E = Einzelarbeit

Auch wenn die Verlagerung des Umweltbundesamtes von Berlin nach Dessau bereits im Mai 1992 beschlossen wurde, zögert das komplexe Planungsverfahren den Umzug bis ins Jahr 2005 hinaus. Als Demonstrationsobjekt gedacht, soll der ökologisch vorbildliche Neubau Maßstäbe für umweltgerechtes und zugleich kostengünstiges Bauen setzen. Die Planung der Architekten sauerbruch hutton demonstriert mit der ihnen eigenen Ausdrucksweise einen gekonnten Balanceakt zwischen technischen und ökonomischen Notwendigkeiten auf der einen und hochwertiger Architektur auf der anderen Seite. So verspricht das Modellvorhaben in dreierlei Hinsicht wegweisend zu sein: Es leistet einen Beitrag zu einer nachhaltigen Stadtentwicklung, trotz stereotyper Einzelbüros entsteht eine lebendige, angenehm sinn-

Kantine

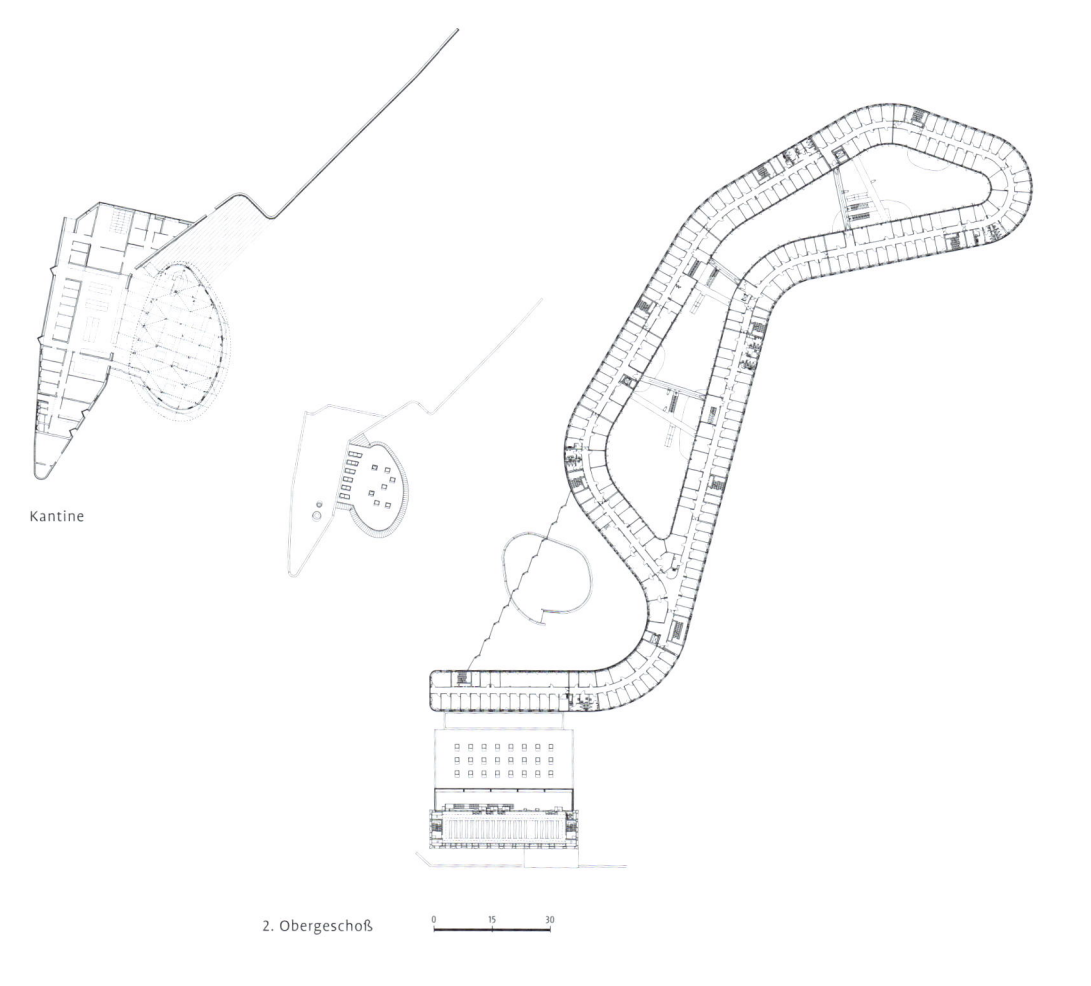

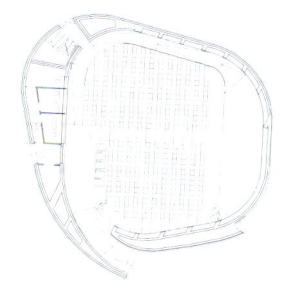

Hörsaal

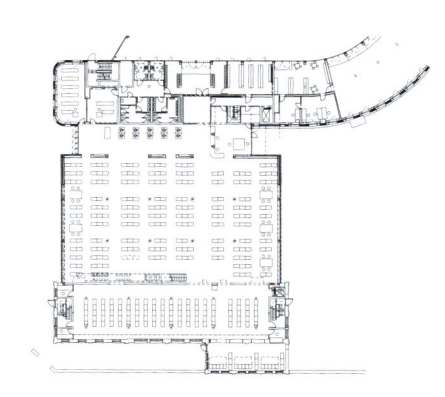

2. Obergeschoß

Bibliothek

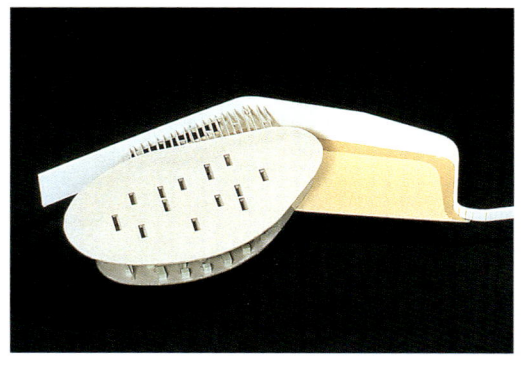

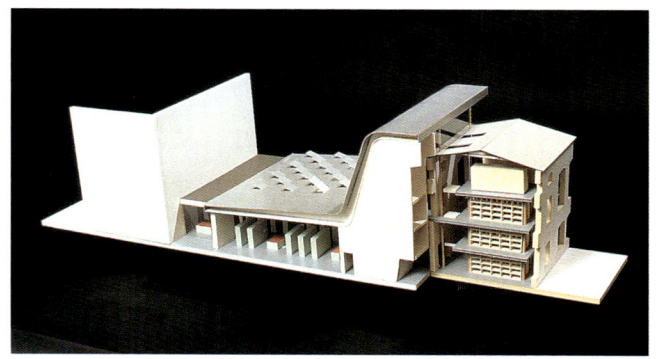

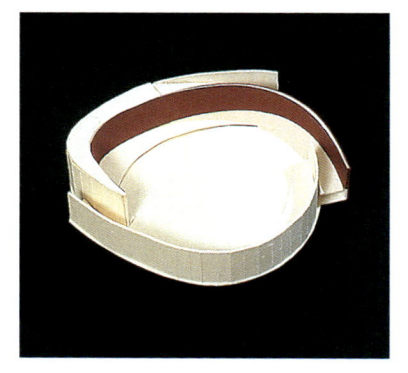

---

liche Arbeitswelt, und es werden verschiedenste Techniken des ökologischen und energiesparenden Bauens demonstrativ angewandt.

Als zukünftigen Standort wählte man das östlich des Wörlitzer Bahnhof gelegene „Gasviertel". Wie der Name schon andeutet, wurde das Gelände in der Vergangenheit von den städtischen Gaswerken genutzt, was erhebliche Bodenkontaminationen verursachte. Das Grundstück liegt an der Schnittstelle zwischen Stadt und Land. Die Planung von sauerbruch hutton architekten nutzt daher die stillgelegten Gleisstrukturen, um einen landschaftlichen Grünzug entstehen zu lassen, der eine Verbindung zum Stadtzentrum herstellt und den Übergang zum Dessau-Wörlitzer Gartenreich im Norden ausbildet.

Dieser neu angelegte Park, in den sich die „Gebäudeschleife" des Umweltbundesamtes wie selbstverständlich integriert, faßt die historischen Bauten zusammen und zieht die Öffentlichkeit in das bürgerfreundliche Amt hinein.

Das erst 1974 gegründete Amt gliedert sich in eine Zentralabteilung und vier weitere Fachbereiche mit verschiedenen Aufgabenfeldern, von der „Strategieentwicklung" über „Umwelt und Gesundheit" und „Umweltverträgliche Technik" bis hin zu „Chemikaliensicherheit und Gentechnik". Die vom Bauherrn geforderten Einzelarbeitsräume für die 800 Mitarbeiter ordnen sich als ein geschwungenes Band um „Herz und Lunge" des UBA, ein zentrales, begrüntes Atrium. Dieses dient im Som-

mer und in den Übergangszeiten als Treffpunkt oder für informelles Arbeiten; im Winter ist es Wärmepuffer für die angrenzenden Büroräume. Leichte Brücken teilen den Raum in vier überschaubare „Bürogärten" ein, die eine heitere und lebendige Arbeitswelt versprechen. Sogenannte „Felsen", aus Sichtbeton ausgeführte Räume im Erdgeschoß, in denen sich Sondernutzungen wie Registraturen oder Server befinden, sind Teil der Landschaft und setzen zusätzliche Akzente.

Um einen Ausgleich zu der isolierten Arbeitsweise in Zellenbüros zu schaffen, steht der fachliche Austausch zwischen den Mitarbeitern im Mittelpunkt der Bürokonzeption. Die Brücken sind organisatorische Fixpunkte und sozialer Fokus. Sie markieren den Zugang zu den

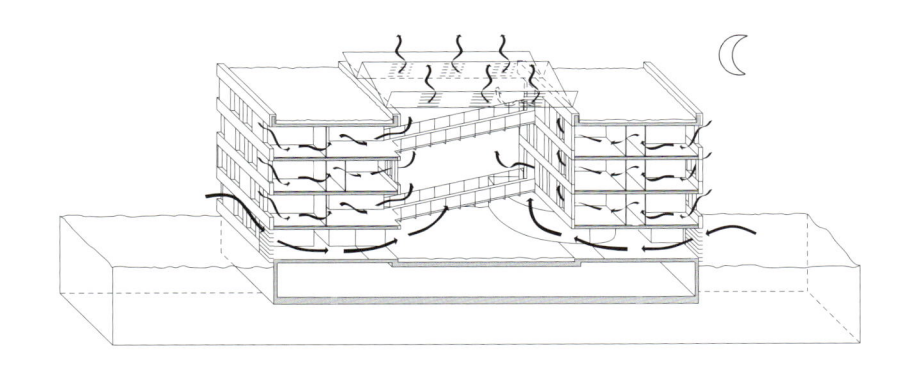

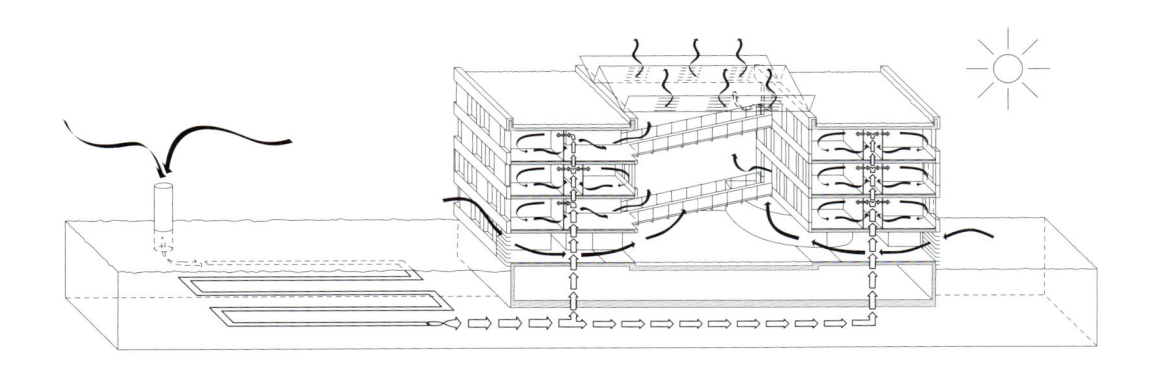

Lüftungskonzept mit Erdwärmetauscher Tag/Nacht (oben)

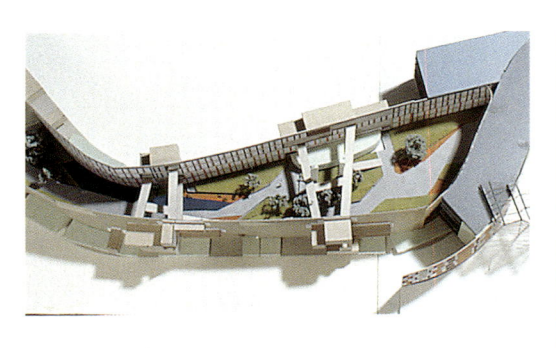

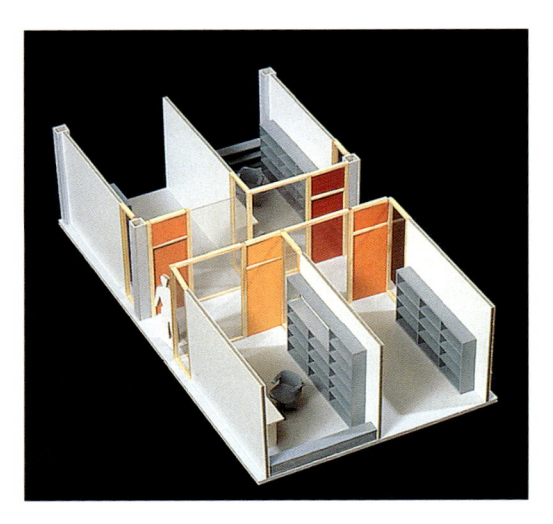

links Im Erdgeschoß ragen einzelne, mit den Stegen und Treppen verbundene „Felsen" in den Atriumraum hinein, die als Teil der Landschaft gesehen werden.

mitte Die „Felsen" bieten auf den Dächern zusätzliche Aufenthaltsbereiche. Der Bereich der Stege und Treppen ist in den Fassaden durch Vor- und Rücksprünge hervorgehoben. Hier sind raumhoch verglaste „Boxen" als Besprechungsräume vorgesehen.

rechts Im Innern wird viel Wert auf ein hohes Maß an Transparenz zwischen den Büroräumen und den Fluren gelegt.

---

räumlich vertikal organisierten Fachbereichen, und an ihrem Kopf ist Raum für gemeinschaftliche Aktivitäten verschiedenster Art. Neben der vertikalen Erschließung sind hier auch die Besprechungsräume und die Teeküchen der jeweiligen Abteilung zu finden. Auf eine hierarchische Größenabstufung der Zellenbüros wurde zugunsten dieser Gemeinschaftsflächen verzichtet. Der schmale Bürogrundriß und gläserne Flurwände schaffen eine hohe Transparenz und erlauben eine optimale Tagesbelichtung aller Bereiche. Reicht das natürliche Licht nicht aus, erfolgt die künstliche Beleuchtung über Deckenleuchten mit einer stufenlosen tageslichtabhängigen Steuerung. Der Eingangsbereich zum Umweltbundesamt ist als großzügiges, mit öffentlichen Einrichtungen ausgestattetes Forum ausgebildet.

Hierzu gehören der amorphe, frei im Raum stehende Hörsaalkörper, die sich an einen bestehenden Altbau anlehnende Bibliothek und die Ausstellungsflächen. Die hier plazierte Zentralabteilung beschäftigt sich mit der Dokumentation umweltrelevanter Daten und Publikationen und nimmt klassische Verwaltungsaufgaben wahr.

Das Modellvorhaben soll innovative, aber tragfähige Lösungsansätze für ein ökologisches Gebäudekonzept aufzeigen. Das Hauptaugenmerk liegt dabei auf der Betriebsenergie, die mit bis zu 80 Prozent in der Gesamtbilanz zu Buche schlägt. So sieht das Energiekonzept, neben der in Mitteleuropa obligatiorischen kompakten Außenform (A/V = 0,25) mit hohem Wärmeschutz, eine intelligente Haustechnik, einen reduzierten Stromver-

brauch, die beispielhafte Nutzung erneuerbarer Ressourcen und auch die Auswahl von ökologischen Baumaterialien vor. Es basiert weiterhin auf der Minimierung von Lüftungswärmeverlusten bei überwiegend freier Lüftung und auf der Reduzierung externer und interner Wärmelasten, die unter anderem durch eine hervorragende Tageslichtausnutzung und einen guten Sonnenschutz erreicht wird.

Für das Haus wurde ein flexibles, durch intelligente Gebäudeleittechnik gesteuertes Lüftungssystem konzipiert, das je nach Jahreszeit, Nutzungseinheit und entsprechender Schallschutzanforderung die Zuluft über ein fünf Kilometer langes Rohrnetz, ein Erdwärmetauschersystem, regelt oder eine freie Lüftung über die Fenster

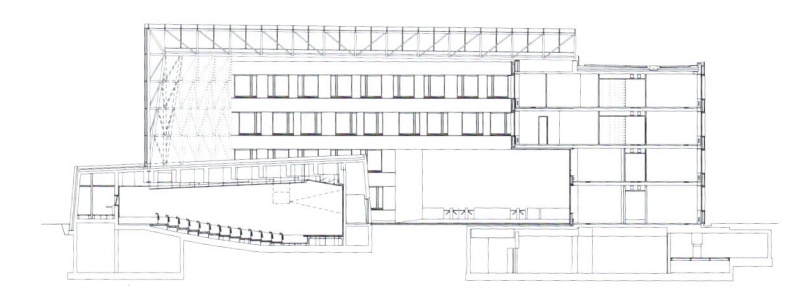

Schnitt durch UBA-Forum mit Hörsaal

Schnitt durch UBA-Forum und Bibliothek

oben Das Modell zeigt die geschwungene Form des zukünftigen, in einem Park gelegenen Umweltbundesamtes.

rechts Das UBA-Forum ist das Verbindungsglied zwischen Öffentlichkeit und Amt. Im Forum wie auch im Park gibt es Gelegenheit vorbildliche ökologische Projekte und neue Techniken zu testen und zu demonstrieren.

ermöglicht. Der durch natürliche Konvektion im Atrium erzeugte Unterdruck unterstützt die freie Abluftführung aus den Büros. Von hier gelangt die verbrauchte Luft über Überstromelemente an den Türen ins Atrium und dann ins Freie oder im Bedarfsfalle zu den zentral an den Kernen positionierten Wärmetauschern. Diese Luftführung sichert trotz des hohen Außenlärms auch bei geschlossenen Fenstern den hygienisch notwendigen Luftwechsel und ermöglicht eine zusätzliche Nachwärmung der kalten Winterluft.

Alle Baustoffe werden unter Berücksichtigung ihrer Ökobilanz ausgewählt. So kommen beispielsweise Beton für das Tragwerk, Lehm- und Glas für die Innenwände und mit Zellulose gedämmte Holztafelelemte für die Fassaden zum Einsatz. Der Glasanteil der hochgradig gedämmten, 40 Zentimeter tiefen Außenwand beträgt nur 30 Prozent. Zusätzlich wurde eine Dreifachverglasung mit einem Sonnenschutzelement zwischen den beiden äußeren Schichten gewählt, wodurch die in Deutschland gültige Wärmeschutzverordnung um mehr als die Hälfte unterschritten wird. Die Pufferwirkung des Atriums ermöglicht für die angrenzenden Fassaden einen transparenten Glasanteil von fast 60 Prozent. Hier wird der Sonnenschutz durch Lamellen auf dem Atriumdach gewährleistet, und der notwendige Blendschutz dient gegebenenfalls auch als Lichtlenkelement zur Verbesserung der Tageslichtausbeute des mit 11,8 Metern ohnehin schon sehr schmalen Grundrisses.

Um dem Anspruch des Modellvorhabens gerecht zu werden, sollen beim Betrieb des Gebäudes wenigstens 15 Prozent des Energiebedarfs durch erneuerbare Energien gedeckt werden. Eine in die Faltdachkonstruktion des Atriumdaches integrierte Photovoltaikanlage und Solarkollektoren werden hierzu beitragen.

Mit dem Neubau des Umweltbundesamtes entsteht ein Stück „Markenarchitektur", gekoppelt mit ökologischer Gebäudetechnik. Ökologie und Technik sind wichtiger Bestandteil des anspruchsvollen Modellvorhabens, Architektur aber entsteht erst in einem gekonnten Zusammenspiel von Materialien, Farben, Formen und Programm. *bk*

Lageplan

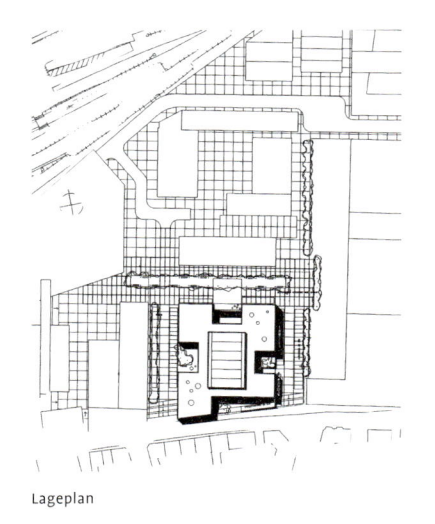

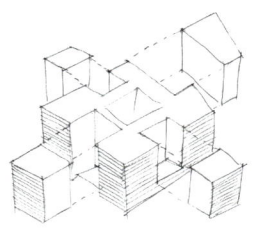

Konzeptdiagramme

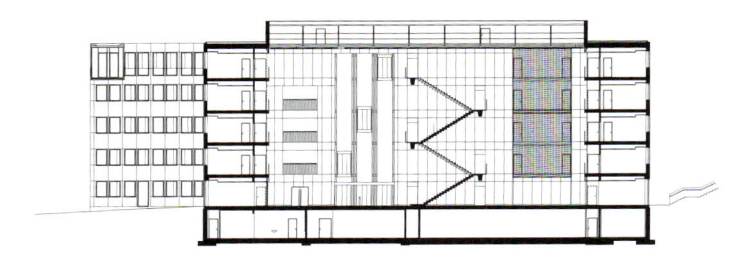

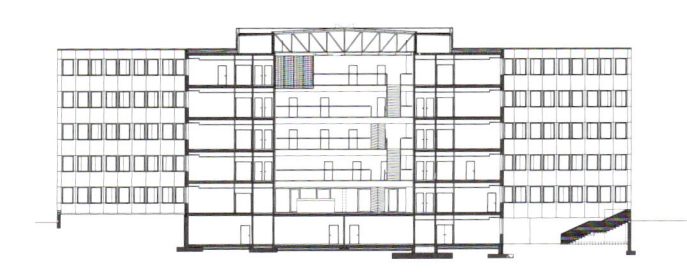

Schnitte

ganz oben Das Volumen wird optisch in vier Baukörper aufgelöst. Die Materialität der Fassaden macht die Einschnitte deutlich.

oben Die Glasfassade der Einschnitte wurde zusammen mit dem Graphiker Finn Skødt gestaltet. Im Bereich der Fenster erkennt man die Zweischichtigkeit der Fassade.

rechts Das Atrium ist der zentrale Raum des Gebäudes, vertikale Verkehrsströme sorgen für ein Spiel zwischen Öffentlichkeit und Rückzug.

Rathauserweiterung Jægergården

Århus, Dänemark

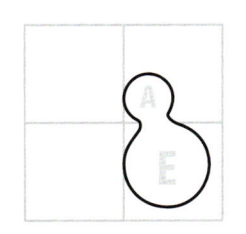

T = Teamarbeit
A = Austauscharbeit
P = Prozeßarbeit
E = Einzelarbeit

Bauherr	Ejendomsforvaltningen, Århus Kommune
Architekten	Nielsen, Nielsen & Nielsen A/S
Nutzung	Verwaltung
Fertigstellung	2000
Bruttogeschoßfläche	13.500 m²
Büronutzfläche	8.800 m²
Arbeitsplätze	495
Mitarbeiter	495

Kim Herford Nielsen, einer der Architekten der Rathauserweiterung Jægergården in Århus, vergleicht in einer Projektbeschreibung öffentliche Gebäude mit Kirchen: „So wie die Kirchen die Grundmauern des Glaubens waren, müssen die Gebäude des Wohlfahrtsstaates dem Bürger sein Funktionieren glaubhaft machen."

Zurückhaltend und repräsentativ ordnet sich der Neubau in die Umgebung ein. Die Bürofläche wurde in einem durch Einschnitte aufgelösten Kubus untergebracht, dessen Materialität und Fassaden dieses subtraktive Entwurfsverfahren sichtbar machen. Gelbweiße Glasfassaden prägen das Innere des Gebäudes, während die äußere Ziegelfassade lokale Materialien aufnimmt. So wie die Kubatur zusammen mit der Materialität der

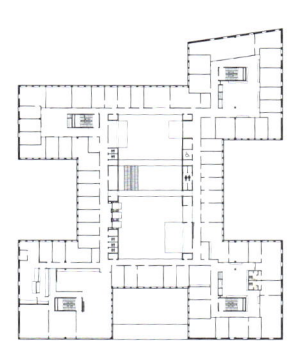

5. Obergeschoß

Erdgeschoß

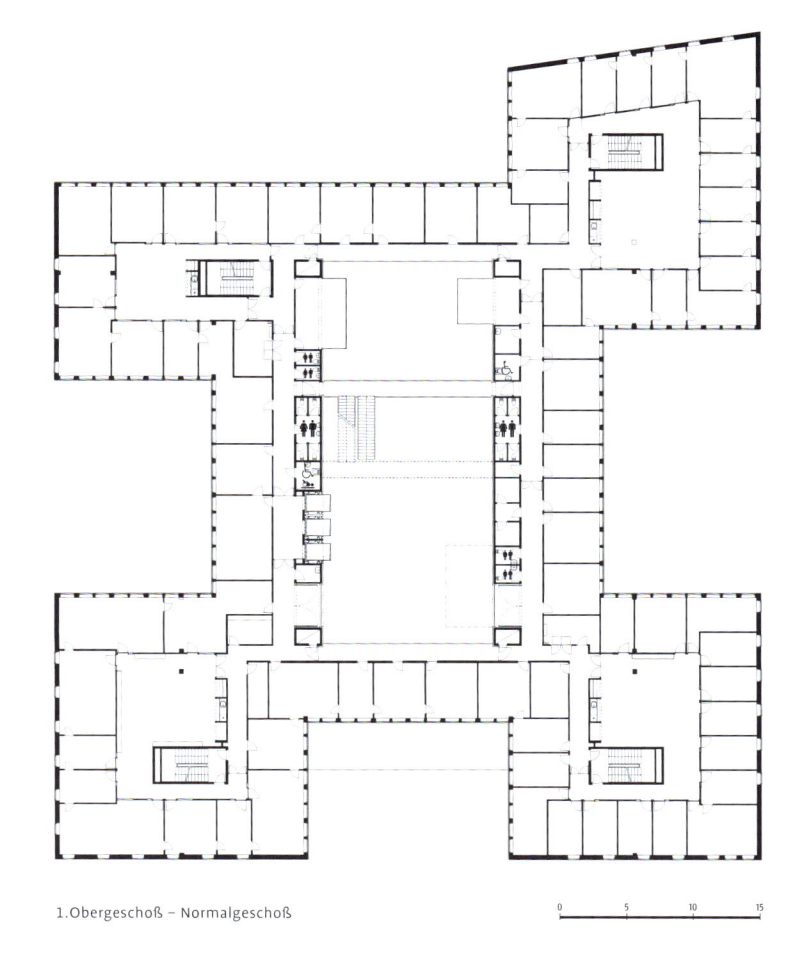

1.Obergeschoß – Normalgeschoß

links In das Atrium hineinragende Besprechungsräume und Öffnungen in der inneren Fassade spielen mit Sichtbarkeit und Unsichtbarkeit.

mitte Der Übergang vom Atrium in die Bürobereiche ist unterschiedlich formuliert. Hier wird eine harte Grenze durchstoßen.

rechts Die Gemeinschaftsräume dienen bei Teams mit Publikumsverkehr als Wartebereiche. Transparente Türen sorgen in diesen fensterlosen Bereichen für Tageslicht.

Fassaden einen Dialog mit der Umgebung führt, versucht das zentrale Atrium den öffentlichen Raum in das Gebäude hineinzubringen. Der hohe Raum mit seinen schmalen Treppen und Brücken hat eine klare, fast kalt anmutende Ordnung, die durch die überwiegende Verwendung von Holz und die Belichtung durch das großzügige Glasdach relativiert wird. Besprechungsräume in Glaskuben, die auf verschiedenen Höhen in das Atrium hineinragen, inszenieren Bürgernähe. Die Galerien vor den Arbeitsräumen schaffen eine Verbindung zum Atrium und erleichtern die Orientierung im Gebäude. Die Einschnitte in den Kubus erlauben die Anordnung sämtlicher Büros entlang der Außenfassade. Dadurch haben alle Mitarbeiter natürlich belichtete und belüftete Arbeitsplätze mit Blickkontakt nach außen. Die meisten Büros haben neben dem Fenster einen „Lichtgeber", eine transluzente Öffnung, die durch die Doppelschichtigkeit der Fassade entsteht und eine blendfreie Einrichtung der Computerarbeitsplätze ermöglicht.

Die Arbeit der Verwaltung basiert auf Teamarbeit. Kleine Plätze in den Gebäudeecken fördern mit ihrem durch transparente Wände einfallendem weichen Licht und der damit entstehenden Aufenthaltsqualität den Austausch. Sie werden als Hauptraum des Teams genutzt und unterstützen die Identifikation mit dem eigenen Arbeitsbereich innerhalb des Gebäudes. Teams mit Publikumsverkehr nutzen diese Plätze als Wartebereich. Ein Restaurant in der obersten Etage erlaubt den Blick über die gesamte Innenstadt.

Die minimalistische und klare Ordnung der Architektur zielt auf Glaubwürdigkeit und Bürgernähe der Verwaltung. Die Architekten heben die starre Zellenstruktur der Büroräume durch die Gemeinschaftsräume in den Gebäudeecken und durch die helle Leichtigkeit der Räume auf und schaffen ein transparentes, nutzerorientiertes Verwaltungsgebäude. *ta*

Isometrie vertikale Halle

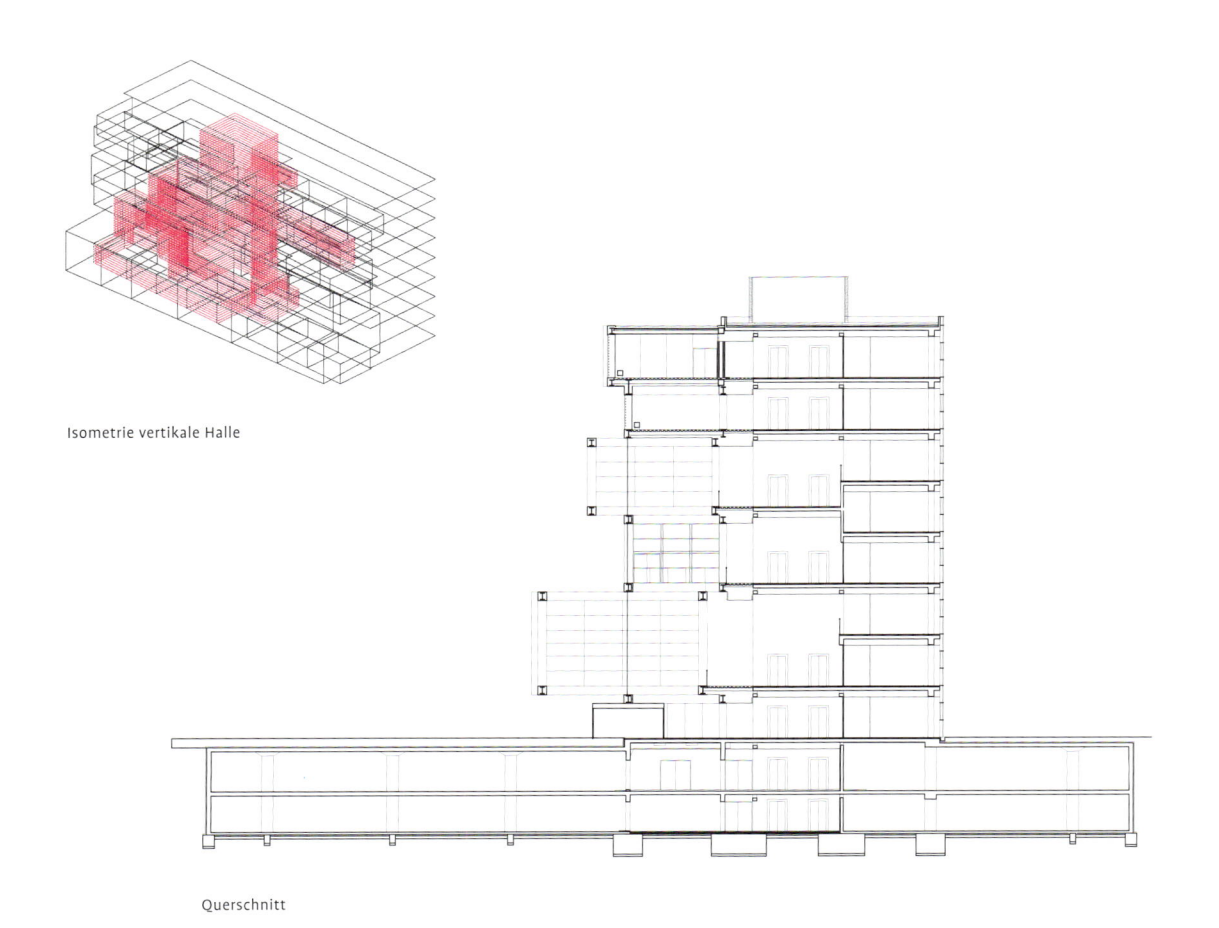

Querschnitt

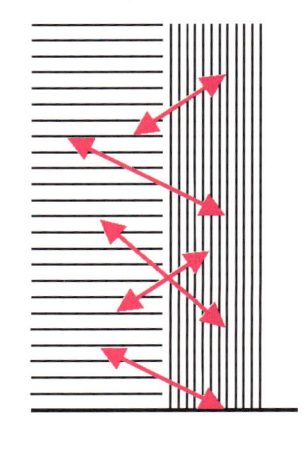

Vertikale Funktionsteilung

oben An der Ostseite wird das Gebäudekonzept der vertikalen Funktionsteilung sichtbar.

rechts Die Innenräume treten als Volumen in raumhohen Vierendeelträgern aus der Südfassade hervor.

SIHK

Lubljana, Slowenien

Bauherr	Chamber of Commerce and Industry of Slovenia
Architekten	Sadar Vuga Arhitekti
Nutzung	Verwaltung und Dienstleistung
Fertigstellung	1999
Bruttogeschoßfläche	18.200 m²

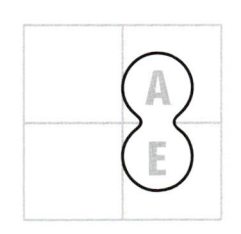

T = Teamarbeit
A = Austauscharbeit
P = Prozeßarbeit
E = Einzelarbeit

Mit der Globalisierung der Märkte und dem Wandel zur Informationsgesellschaft sind die Industrie- und Handelskammern in verstärktem Maße gefordert. Es ist ihre Aufgabe, diesen Wandel transparent zu machen und nach außen zu kommunizieren.

Mit dem Angebot von Beratungsgesprächen und der Organisation von Lehr- und Informationsveranstaltungen bietet der Neubau der SIHK (Slowenische Industrie- und Handelskammer) in Ljubljana den Firmen ein umfangreiches Programm. Die hierfür notwendigen Sonderflächen wie Bibliothek, Ausstellungs- und Seminarräume, Vortragssaal, Bar und Restaurant nehmen nicht nur einen großen Teil des Gebäudes ein, sondern bestimmen auch das Außenbild des Neubaus.

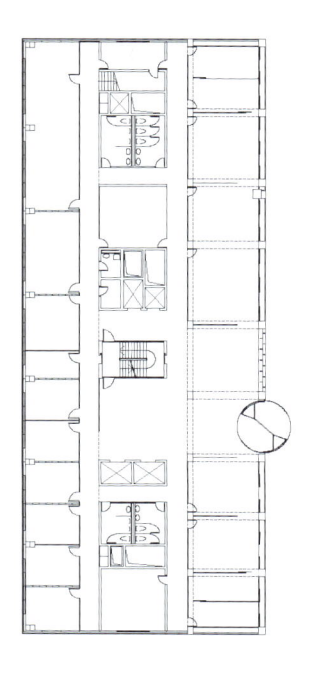

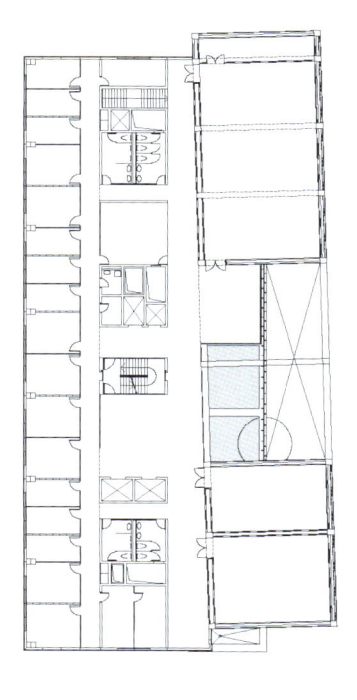

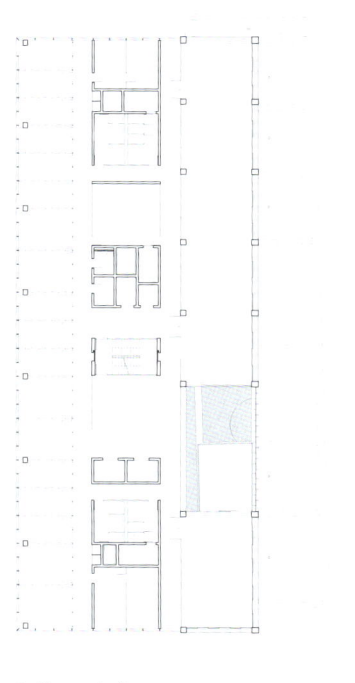

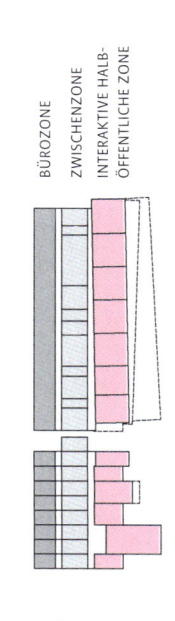

Erdgeschoß   1. Obergeschoß   3. Obergeschoß   Funktionen

oben Das Spiel von Farben, Licht und Raum ist von außen ablesbar.

mitte oben Die Seminar- und Konferenzräume sind in kräftigen Farben gestaltet.

mitte unten Nicht nur am Empfang prägen „poppige" Farben und Formen des Interieurs ein „futuristisches" Bild.

rechts Die vertikale Halle durchzieht als vielgestaltiges Raumkontinuum das gesamte Gebäude.

Einem schlichten, achtgeschossigen Gebäuderiegel mit Büronutzung vorgelagert, stapeln sich die Sonderräume, in Höhe und Tiefe variierend. Geschoßhohe Vierendeelträger bilden die Raumstruktur und werden je nach Raumbedarf von Decke, Wänden und Fassade umhüllt. Die Innenräume bilden sich als Volumen an der Fassade ab. Im Innern des Gebäudes wird dieses Spiel mit Volumen als Raumkontinuum, das alle Geschosse durchzieht, erlebbar. Jedes Geschoß stellt sich anders dar, hat seine eigene Identität und bietet im Verhältnis zum Gesamtraum eine andere Perspektive und differenzierte Blickbezüge. Offene Galerien, mit Sitzelementen bestückt, bieten Besuchern wie Mitarbeitern Gelegenheit zu spontanen Gesprächen. Nach den Vorstellungen der Architekten soll dieser Raum die „Wechselwirkung zwischen den einzelnen Aktivitäten und die Kommunikation zwischen Besuchern, Gästen und Angestellten anregen." Die vertikale Teilung von internen Büroflächen und öffentlichen Zonen führt zu einer Durchdringung der Funktionen und stellt in jedem Geschoß den direkten Bezug von Handelskammer und Öffentlichkeit her. Eine Zwischenzone mit Versorgungskernen, Besprechungs- und Ruheräumen bildet den Übergang zu den Einzelbüros der Angestellten, die sich im Norden entlang eines Flurs aufreihen. Die Büroorganisation ergibt sich aus der Beratungstätigkeit der Mitarbeiter, die Diskretion erfordert.

Farben und Licht, als wesentliche gestalterische Elemente, unterstützen die räumliche Inszenierung und werden mit der differenzierten Ausbildung der Glasfassaden von außen sichtbar. Während durch das mattierte Glas die Bewegungen der Besucher in der Bibliothek, in der Bar und der Galerie nur schemenhaft erkennbar werden und das Licht diffus nach außen dringt, gibt die raumhohe, transparente Verglasung von Foyer und Eingangshalle den Blick auf die Innenräume frei. Die kräftigen Farben der monochrom gestalteten Vortrags- und Unterrichtsräume tauchen jeden Raum in ein anderes Licht.

Zwischen Popkultur, Dekonstruktivismus und Funktionalismus angesiedelt, und in dem Spiel von Farben und Volumen, signalisiert der Neubau den Aufbruch in eine neue Zeit. *sj*

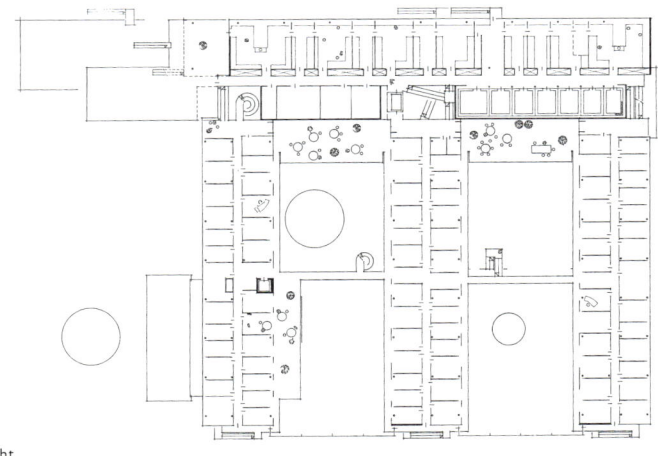

2. Obergeschoß: Man betritt das Gebäude über die Höfe und nicht über den „Kammrücken".

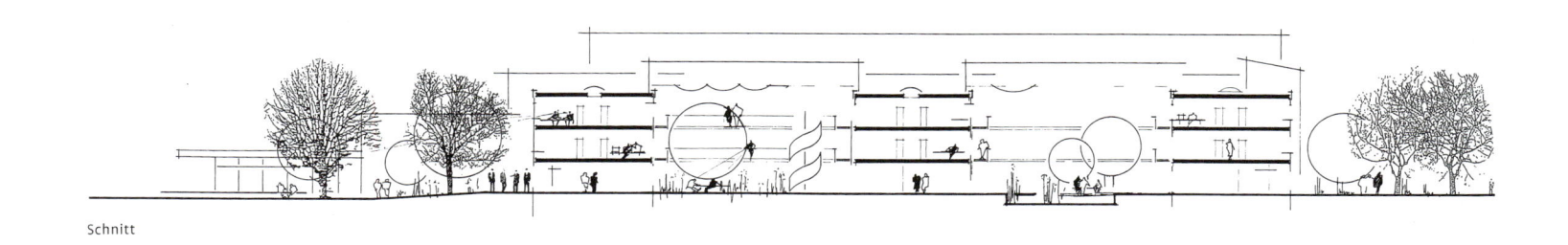

Schnitt

oben Südansicht mit Blick auf die verglasten Höfe.

rechts Die üppig bepflanzten und verglasten Räume zwischen den Büroriegeln haben eine hohe Aufenthaltsqualität.

Institut für Forst- und Naturforschung

Wageningen, Niederlande

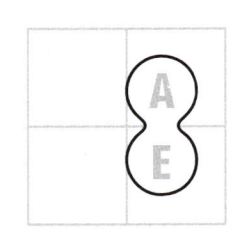

T = Teamarbeit
A = Austauscharbeit
P = Prozeßarbeit
E = Einzelarbeit

Bauherr	Rijks Gebouwen Dienst Dir. Ost Arnhem
Architekten	Behnisch, Behnisch & Partner
Nutzung	Forschung und Entwicklung
Fertigstellung	1998
Bruttogeschoßfläche	9.855 m² (ohne Höfe)
Büronutzfläche	3.814 m²
Arbeitsplätze	314

Das Institut für Forst- und Naturforschung sah in dem unattraktiven, chemisch hochbelasteten Grundstück, das am Nordrand der Univertätsstadt Wageningen liegt, eine Chance, die eigenen Aufgaben nach außen darzustellen. Mit der Renaturierung der Landschaft und dem Bau ihres Institutsgebäudes als Niedrigenergiehaus zeigte es beispielhaft den ökologisch sinnvollen Umgang mit der Natur. Im Norden bildet das dreigeschossige Gebäude mit dem Forschungs- und Labortrakt eine Kante zum angrenzenden, neu entstandenden Biotop aus, im Süden greifen drei Büroriegel in die Landschaft. Zwischen den Gebäuderiegeln setzt sich das Biotop als Kulturgarten mit einer üppigen Bepflanzung und unterschiedlich gestalteten Wasserflächen fort.

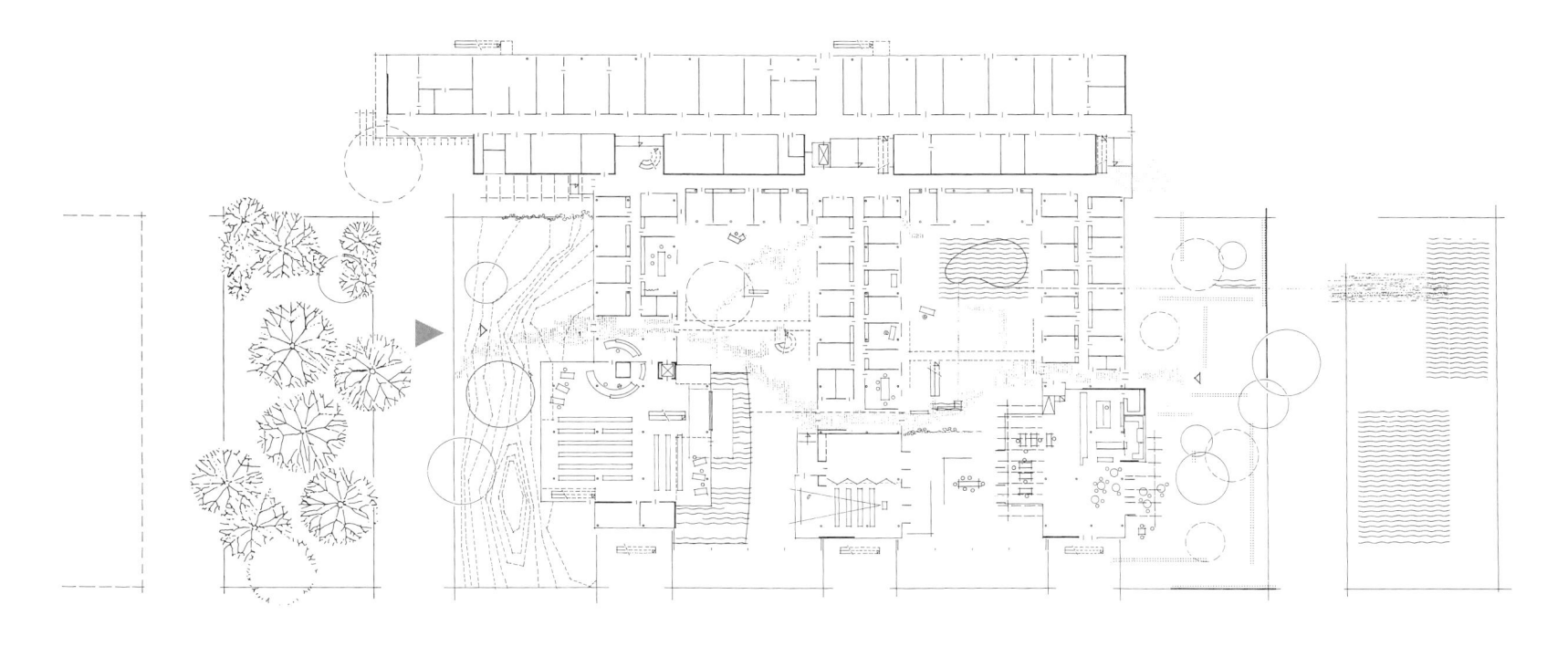

Im Erdgeschoß ist die Auflösung der starren Zellenbüros in informelle Zonen am deutlichsten.

oben Bequeme Sitzgelegenheiten fördern die Kommunikation zwischen den Mitarbeitern. Mit den raumhohen Verglasungen und den angrenzenden Terrassen sind die Übergänge von innen nach außen fließend.

links Vorgelagerte Stege erschließen die atriumorientierten Einzelbüros und stellen den direkten Bezug zu den Höfen her.

Umhüllt von einer Glaskonstruktion, werden die Zwischenräume zu Innenräumen und können so, wetterunabhängig, in den Pausen und für Besprechungen, aber auch zum Arbeiten genutzt werden. Stahlstege, den innenliegenden Büros als Erschließung vorgelagert, Terrassen auf den einzelnen Geschossen und freie Treppen fordern zum Verweilen auf und schaffen den direkten Bezug zwischen den Höfen und den Büroräumen. Zum konzentrierten Arbeiten ziehen sich die Wissenschaftler in Einzelbüros zurück, die sich zweihüftig entlang eines Mittelgangs aufreihen. Diese starre Raumstruktur wird am südlichen Ende des Gebäuderiegels von der Caféteria, dem Konferenzraum und der Bibliothek durchbrochen. Mit großflächigen Fassadenöffnungen, vorgelagerten Terrassen und bequemen Sitzgelegenheiten erweitern sich die Räume in die grünen Höfe, verschwimmen die Grenzen zwischen innen und außen. Der Kontrast zwischen der seriellen Büroraumstruktur und den fließenden halböffentlichen Räumen macht die Qualität des Gebäudes aus und wird von den Mitarbeitern sehr gut angenommen.

Die verglasten Höfe erinnern nicht nur auf Grund der üppigen Bepflanzung an Gewächshäuser. Die Dachkonstruktion, eine Reihung von Satteldächern mit innenliegender Folienbespannung als Sonnenschutz im Sommer und Wärmeschutz im Winter, ist dem Gewächshausbau entlehnt. Ausgangspunkt für das Klimakonzept des Gebäudes war die Reduzierung des Wärmebedarfs zur Entlastung der Umwelt. Die Wärmeschutzverglasung der Bürofassade, das „Superglazing-System" (hochwärmedämmendes Glas) der nordorientierten Institutsräume und die Pufferwirkung der Atrien reduzieren die Wärmeverluste auf ein Minimum. Im Sommer wird die in den Sichtbetondecken gespeicherte Wärme über die geöffneten Glasdächer an die kühle Nachtluft abgegeben. Ein zusätzlicher Kühleffekt entsteht durch die Verdunstung des Teichwassers und die unversiegelten, bepflanzten Hofflächen. Durch das Zusammenspiel der begrünten Glashallen und der thermischen Speichermasse der Betonteile konnte auf die Klimatisierung des Gebäudes verzichtet werden. Nur einige Sonderbereiche und einzelne Laborräume werden über eine individuell regelbare Lüftungsanlage zusätzlich mit Frischluft versorgt. *sj*

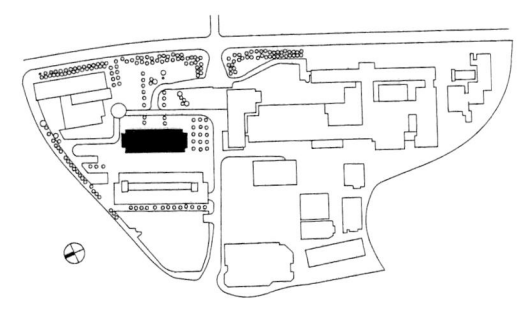

Lageplan

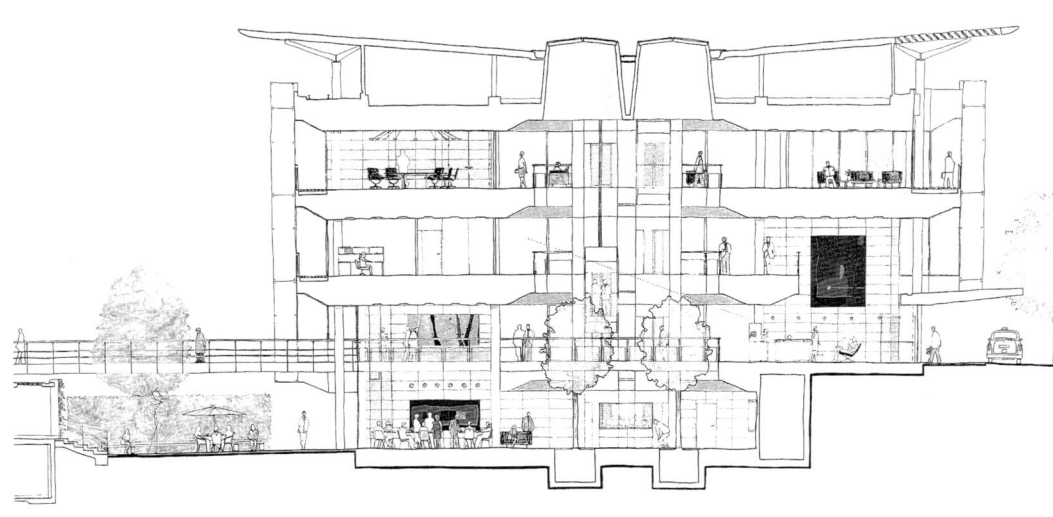

Schnitt; deutlich wird die Anpassung des Gebäudes an das Gelände.

von links nach rechts

Südansicht. Im Bereich der Terrakottafassade befinden sich die Servicekerne.

Die Detaillierung der Fassade läßt die äußere Haut wie ein Schleier erscheinen.

Im begehbaren Zwischenraum der Doppelfassade ist der Sonnenschutz angebracht. Starre Lamellen aus Zedernholz werden von Rollos ergänzt.

Glaxo Wellcome House

West Greenford, Großbritannien

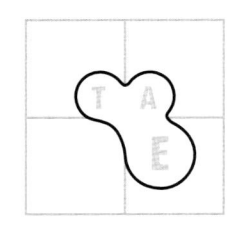

T = Teamarbeit
A = Austauscharbeit
P = Prozeßarbeit
E = Einzelarbeit

Bauherr	Glaxo Wellcome Project Management
Architekten	RMJM Architecture Engineering Masterplanning
Nutzung	Firmenverwaltung
Fertigstellung	1997
Bruttogeschoßfläche	8.350 m²
Büronutzfläche	5.285 m²
Arbeitsplätze	200

Die Fusion der beiden multinationalen Pharmahersteller Glaxo und Wellcome im Jahr 1997 erforderte einen neuen Hauptsitz, der Transparenz und Offenheit sowie den neuen Arbeitsstil ausdrücken sollte.

Ein vorhandener Standort im Westen Londons wurde neu definiert. Schon die Gesamtanlage des Forschungs- und Verwaltungskomplexes sollte über die campusartige, in die Landschaft eingebettete Gruppierung von Gebäuden die gewünschte Offenheit und Nähe zum Verbraucher vermitteln. Zentrum dieses Masterplanes wurde der von RMJM geplante Verwaltungshauptsitz. Hauptforderung des Bauherrn war Transparenz: ungehindert hinein- und hinausschauen. Sie stellte aber auch die größte Herausforderung der Planung dar. Die

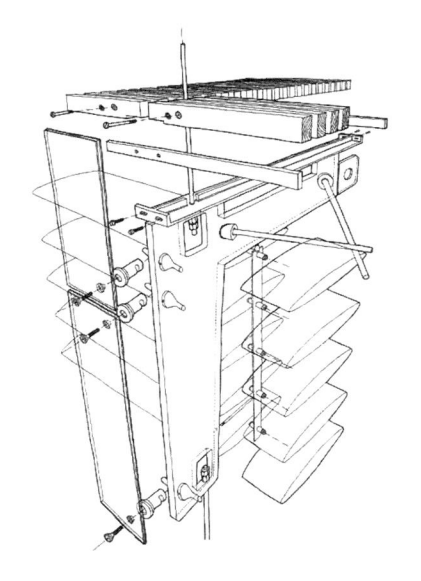

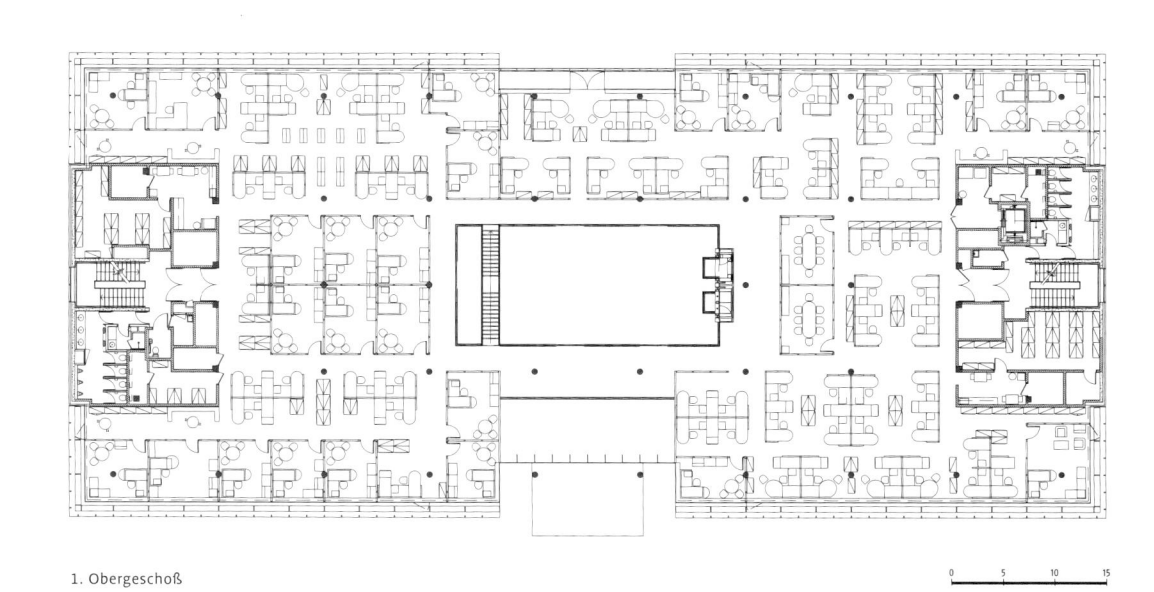

Perspektivische Darstellung der Fassadenkonstruktion   1. Obergeschoß

von links nach rechts

Das Atrium ist Mittelpunkt der Gebäudeorganisation.

Im Untergeschoß befindet sich das Restaurant. Zusammen mit dem Atrium und den angrenzenden Umgängen werden hier auch Mitarbeiterversammlungen abgehalten.

Typische Arbeitsplatzsituation.

dem Masterplan folgende Ost-West-Orientierung der Hauptfassaden läßt große Wärmeeinträge durch die Sonne entstehen. Um zusätzliche Wärmeeinträge zu vermeiden, ohne die Transparenz zu stören, wurde das Prinzip der in Großbritannien bisher wenig verwendeten Doppelfassade eingesetzt. (s. auch „Die veränderbare Hülle", Seite 59) Wie im Lehrbuch geplant und ausgeführt, besteht sie außen aus einer punktgehaltenen Einfachverglasung und innen aus einer Wärmeschutzdoppelverglasung mit differenzierten Sonnenschutzelementen im Zwischenraum. Er ist etwa einen Meter breit, begehbar und über regelbare Öffnungen unten und oben entlüftet. Der Sonnenschutz erfolgt durch den fest eingebauten Serviceumgang im Fassadenzwischenraum und starren Lamellen aus rotem Zedernholz, sowie automatisierten transluzenten Rollos. Diese werden nur bei direkter Sonneneinstrahlung eingesetzt und bestehen aus einer Gaze, welche die Blickbeziehungen minimal einschränkt. Eine Nutzung der anfallenden Energie zur Gebäudeklimatisierung konnte wegen der Forderung des Bauherrn nach einer konventionellen Klimaanlage nicht durchgesetzt werden.

Das Innere des dreigeschossigen Gebäudes ist um ein zentrales Atrium herum organisiert, welches gleichermaßen als Mittelpunkt des Gebäudes dient. Neben der Haupterschließung befinden sich hier Gemeinschaftsfunktionen wie Restaurant und Ausstellungsfläche. Die Arbeitsplätze der Teams selbst sind in offenen Arbeitsgebieten nach Aufgabenstellung flexibel arrangiert.

Durch die Anordnung der Arbeitsplätze in „Cubicles" sind die Mitarbeiter jedoch relativ isoliert. Veränderungen in der Arbeitsorganisation können durch bewegliche Trennwände, in Verbindung mit dem entsprechend großen Lastenaufzug, unkompliziert Folge geleistet werden. Eine hochwertige farbenfrohe Ausstattung und zeitgenössische Kunstwerke schaffen in den Gemeinschaftsbereichen eine offene, kreative Atmosphäre für die Mitarbeiter der Konzernverwaltung.

Durch den gelungenem Einsatz der genau detaillierten Doppelfassade wird die Offenheit und Transparenz umweltfreundlich und wirtschaftlich umgesetzt. *ta*

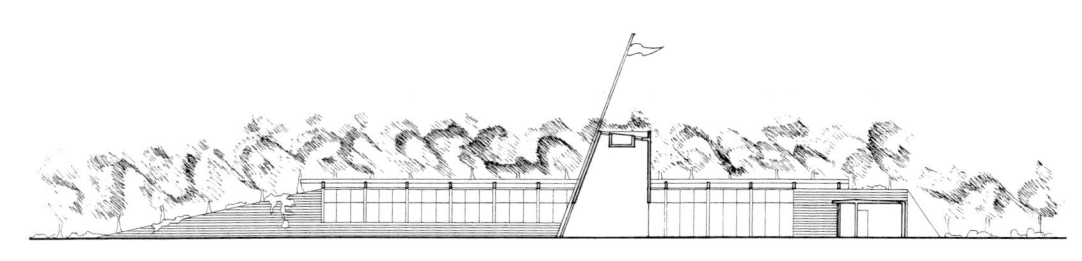

Längsschnitt

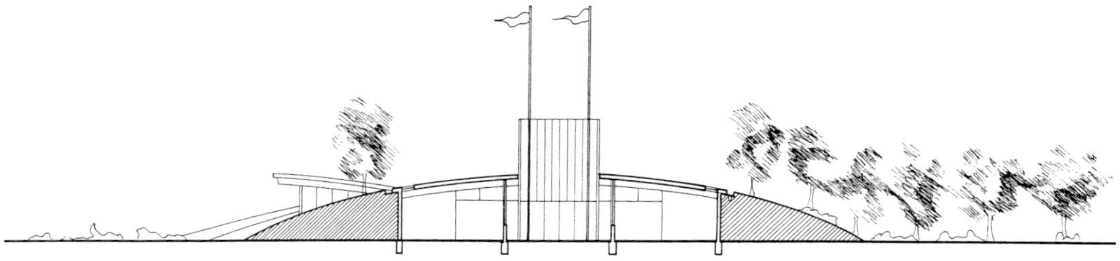

Querschnitt

Lageplan; Das nach Westen erweiterbare neue Bürogebäude liegt parallel zur Straße, am südlichen Rand der Produktionsanlage.

oben Der mittig liegende Garten wird im anschließenden Park durch eine noch spärliche Baumreihe fortgesetzt.

rechts Nur im Westen öffnet sich das Bürogebäude großzügig zur Landschaft hin.

Pioneer

Paine, Chile

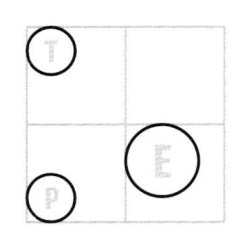

T = Teamarbeit
A = Austauscharbeit
P = Prozeßarbeit
E = Einzelarbeit

Bauherr	Pioneer
Architekten	Enrique Browne
Nutzung	Firmenverwaltung
Fertigstellung	1996
Bruttogeschoßfläche	698 m²
Büronutzfläche	687 m²
Arbeitsplätze	40

Pioneer, eine in Produktion und Verkauf von Saatgut tätige Firma, entschloß sich, auf ihrem Firmengelände in Paine, etwa 55 Kilometer südlich von Santiago de Chile, ein neues Verwaltungsgebäude zu errichten. Da das vergleichsweise geringe Bauvolumen gegen die Masse der angrenzenden Produktionsanlagen nicht konkurrieren kann, wählte Enrique Browne den umgekehrten Weg. Seine Entwurfsstrategie basiert auf der Verschmelzung von Architektur und Landschaft. Inmitten eines Konglomerats aus utilitären Fabrikationsanlagen entstand ein introvertierter, fast schon „kontemplativer" Arbeitsraum für 40 Mitarbeiter, der in einem unerwarteten Kontrast zu dem industriellen Kontext steht.

1 Foyer	6 Teamarbeitsbereich
2 Sekretariat	7 Ablage
3 Lounge	8 Service
4 Besprechung	9 Sanitär
5 Zellenbüros	10 Garten

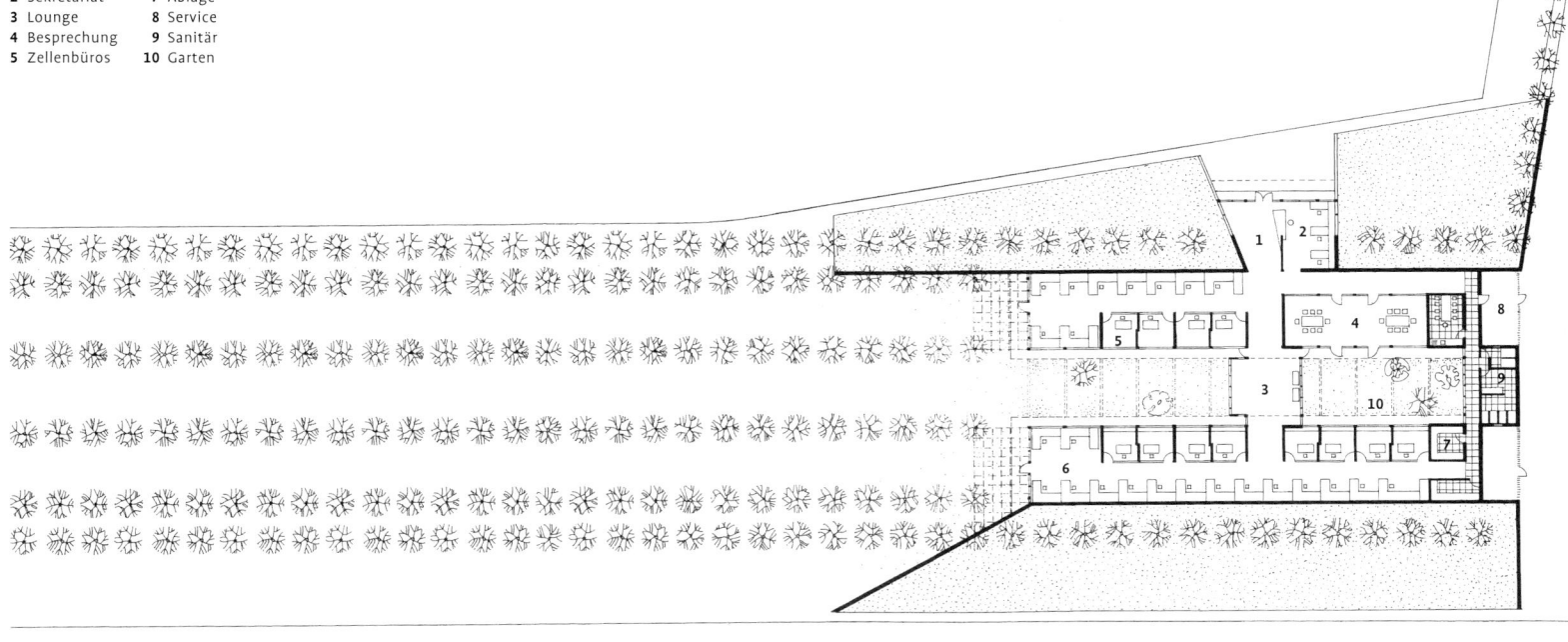

Grundriß; die verschiedenen Zonen mit unterschiedlichen Arbeitsumgebungen werden klar definiert.

oben In der vorwiegend sonnigen Region spendet die Masse der Stützwände willkommene Kühle. Die Arbeitsplätze werden ausschließlich von oben durch schlitzartige Einschnitte im Dach belichtet.

mitte Die Lounge bildet den gemeinschaftlichen Mittelpunkt. Hier laufen alle Wege zusammen.

rechts Die rauhe Stützwand, die im Kontrast zu den glatten Oberflächen der Ausbauelemente steht, verdeutlicht im Innern den Schnitt zwischen Erdwall und Gebäude.

Eingebettet in einen Landschaftspark am südlichen Rand der Produktionsstätte erhebt sich ein sanft gewölbter grüner Erdwall. In diesem verschwindet, für Passanten kaum mehr sichtbar, das aus zwei parallelen Büroflügeln bestehende Gebäude. Nur der mittig gelegene Garten zeichnet sich als Einschnitt ab und öffnet sich nach Westen hin. Entsprechend der linearen Gebäudeform ist das Büro in Zonen organisiert. In einem offenen Bürobereich wurde entlang der äußeren Stützmauern jeweils eine einzelne Reihe von Arbeitsplätzen angeordnet. Besprechungsräume und Einzelbüros hingegen profitieren vom direkten Bezug zum Garten. Ein von oben belichteter, ungewöhnlich hoher, gemeinschaftlicher Aufenthaltsraum, die Lounge, verbindet beide Büroflügel miteinander. Für die Mitarbeiter schafft der Raum einen Bezug zum Garten und zu der sich anschließenden Landschaft. Das leicht gewölbte Dach aus Holzleimbindern nimmt die sanfte Welle des Erdwalls auf und führt sie nicht nur über den Büros, sondern auch als offene Struktur im Gartenbereich weiter. Die rustikalen, aus rauhen unbehandelten Steinen errichteten Stützwände erzeugen eine angenehm kühle, fast höhlenähnliche Atmosphäre, die durch das von oben einfallende Tageslicht noch verstärkt wird. Leichte Trennwände aus mattweißem lichtdurchlässigen Glas streuen das Licht. Das helle Holz des Dachtragwerks und der Verkleidungspaneele steht im Kontrast zu den kühlen Stützwänden.

Der Erdwall spielt auch für das von Enrique Browne entwickelte Klimakonzept eine wichtige Rolle. Die thermisch wirksame Speichermasse von umgebendem Erdreich und vom Gebäude selbst, die Sonnenschutzverglasung und der hohe natürliche Verschattungsgrad tragen zur Temperaturregulierung bei. Trotz des subtropischen Klimas kann das Gebäude auf diese Weise ausschließlich natürlich be- und entlüftet werden.

Die wechselseitige Beziehung zwischen Erdreich und Saatgut hat Enrique Browne bildhaft auf das Gebäude übertragen. Das Haus, das Bestandteil der Landschaft ist, schafft für die Mitarbeiter Abstand zur Produktion und gleichzeitig auch einen neuen Bezug zum eigenen Produkt, dem „Saatgut". **bk**

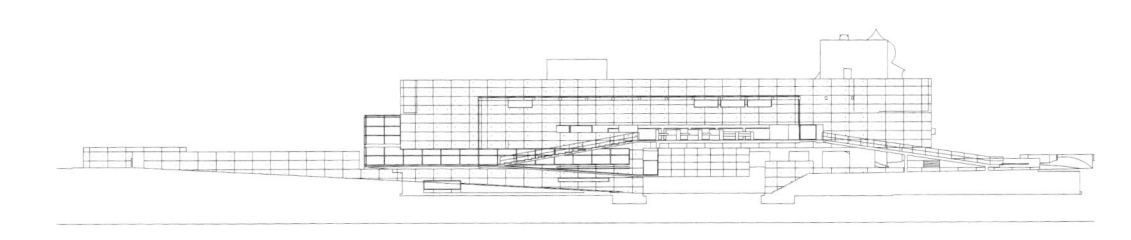

Schnitt durch die Eingangsrampe und den Abgang in den Konferenzraum

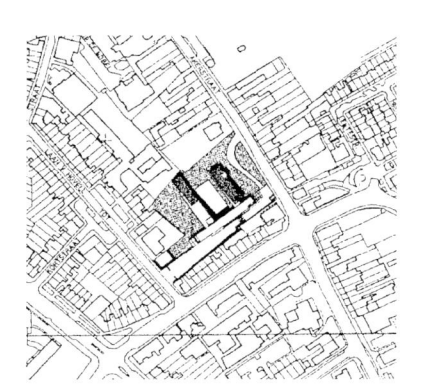

Lageplan; mit dem Gebäude entstand eine neue Verbindungsachse im Stadtgefüge von Heerlen.

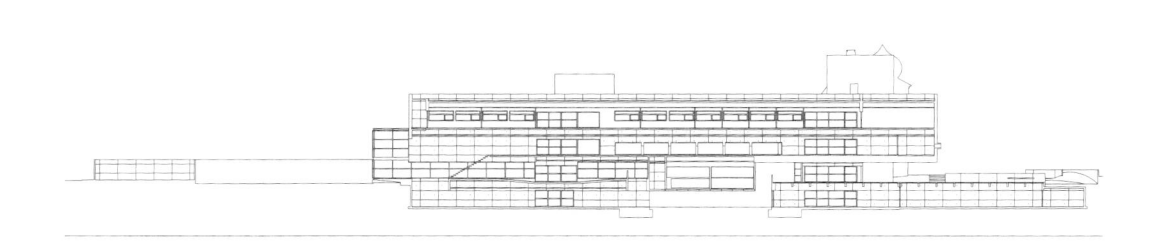

Schnitt durch die Eingangshalle mit darunterliegendem Konferenzraum und dem Mitarbeitercafé am Ende des Riegels.

Das langgestreckte Eingangsgebäude, ein Verbindungstrakt zwischen zwei parallelen Büroflügeln, schwebt wie eine Brücke über dem eingegrabenen Platz. Unter seinem auskragenden Ende versteckt sich die Eingangstreppe. Unter den Glasbausteinen liegt das Archiv.

AZL Pensioenfonds

Heerlen, Niederlande

Bauherr	Pensioenfonds AZL Beheer Heerlen
Architekt	Wiel Arets Architect & Associates bv
Nutzung	Finanzdienstleistung
Fertigstellung	1995
Bruttogeschoßfläche	5.400 m²
Büronutzfläche	3.400 m²
Arbeitsplätze	230

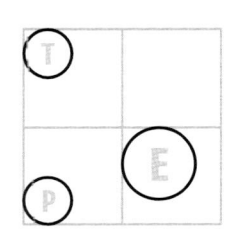

T = Teamarbeit
A = Austauscharbeit
P = Prozeßarbeit
E = Einzelarbeit

„More than an extension, it is not quite a free-standing building", sagt Stan Allen über das Gebäude des niederländischen Rentenversicherers AZL und spricht damit eine wichtige Eigenschaft an, das „in-between", das „im-Dazwischen-sein". Wiel Arets' Gebäude läßt sich von keinem Standpunkt aus mit einem Blick begreifen. Genauso wie der Film lebt es von wohlüberlegten Schnitten, die einen imaginären Raum zwischen einzelnen Szenen aufspannen. Die Schnitte schaffen neue Bezüge für die Menschen und verleihen den Verbindungselementen, den Rampen, Treppen und schrägen Ebenen, eine Schlüsselfunktion im Gebäudekonzept.

Die ausdrucksvolle, in sich ruhende Anlage ersetzt die ursprünglichen Gebäude der AZL fast vollständig. Übrig

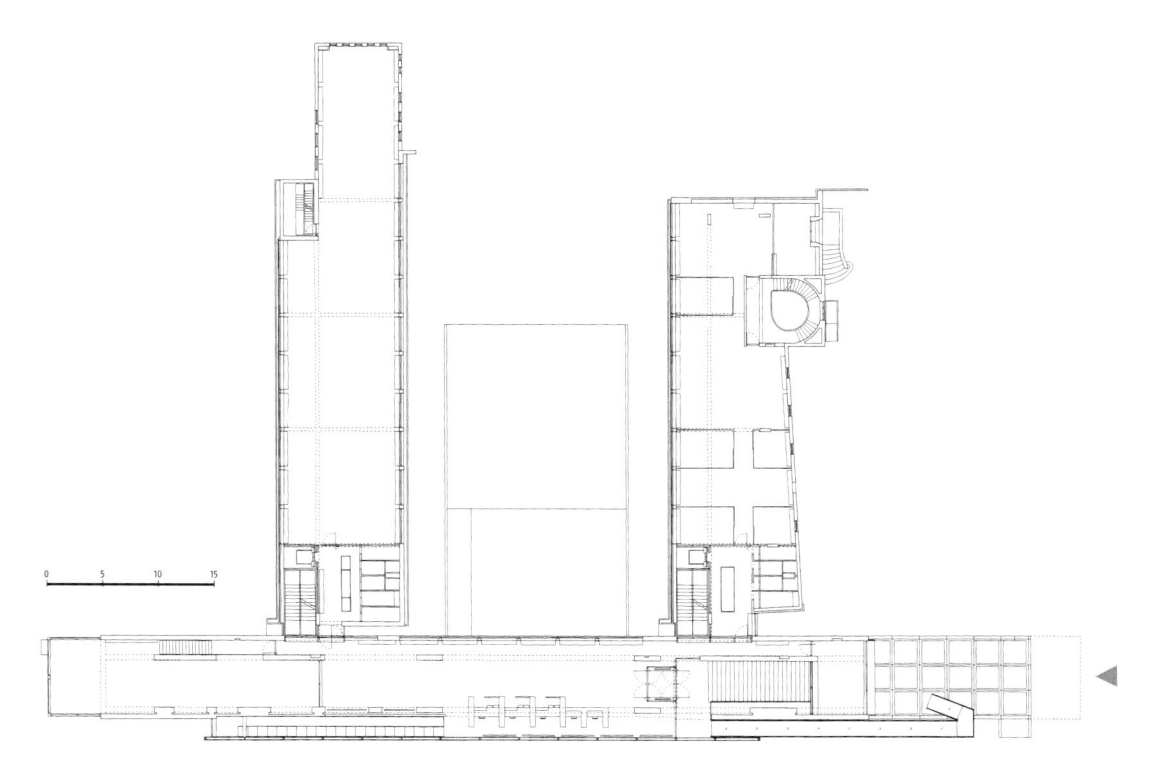

1. Obergeschoß (Eingangsebene); von dem stattlichen Ziegelgebäude und dem dahinter liegenden Gebäude sind nur Teile der Fassaden und die aufwendige Treppenanlage erhalten.

Der überwiegende Teil der Büroflächen wurde in den beiden, rechtwinklig zur Eingangshalle stehenden Gebäudevolumen untergebracht.

links Am Ende befindet sich das Mitarbeitercafé, eine lichtdurchflutete gläserne Box.

mitte Vielfältige Verbindungselemente wie diese ausladende Treppe verleihen dem Gebäude eine unerwartete Komplexität.

oben In der Kundenhalle dominiert grober Sichtbeton. Die Inneneinrichtung wurde von Wiel Arets in Zusammenarbeit mit der niederländischen Firma Lensvelt entwickelt.

blieben zwei vertraute Fassaden an die der Neubau unmittelbar, allerdings für den Besucher nicht auf den ersten Blick ersichtlich, anschließt. Über einen geschwungenen Pfad, vorbei an dem ehemaligen Eingang, gelangt man zu einer neuen Eingangsebene aus Glasbausteinen. Das gesamte Gebäudevolumen ist angehoben, um den ungewöhnlichen Zugang von unten zu ermöglichen. Eine ausladende Treppe führt unter dem glatten grauen Kopf durch eine dunkle Zone in die Kundenhalle. Unscharfe Übergänge dominieren hier das Gestaltungskonzept. Hierzu zählt der nur durch einen einfachen Materialwechsel angedeutete Übergang vom Wartebereich zur Bewegungsfläche der Mitarbeiter, der Zone, in der auch die Kundengespräche stattfinden. Oder auch die Rampe, die den zweiten Zugangsweg bildet. Diese preßt sich in den Zwischenraum zwischen der Kundenhalle und ihrer scheinbar völlig losgelösten Außenwand im Südosten. In ihrer Fortführung verwandelt sie sich in den Abgang zum unter der Eingangshalle liegenden Konferenzraum. Auch die Direktoren gelangen über diesen außergewöhnlichen Weg, der an der Küche des Mitarbeitercafés vorbeiführt, in den introvertierten Konferenzraum mit Blick auf einen surrealen Betongarten. Einen klaren Schnitt hingegen, in Form eines Einschnitts, gibt es zwischen dem Eingangsgebäude und den eigentlichen Bürotrakten. Graugrüner Teppich, verschiebbare transluzente Trennelemente und Ablageeinheiten, die gleichzeitig zur Schallabsorption beitragen, bestimmen die auf das wesentliche reduzierten Bürobereiche. Unterschiedlich große Gruppenbüros sind vorherrschend, nur Direktoren und leitende Angestellte profitieren von Einzelbüros. Eine zweite Haut aus dünnen Edelstahlpaneelen ist so perforiert, daß sie von außen fast opak wirkt, von innen jedoch nur wie ein Schleier. Diese Haut gibt weder Raumhöhe noch die dahinter liegende Funktionen preis. Als wirksamer Sonnenschutz trägt sie in dem natürlich be- und entlüfteten Gebäude zur Energiereduzierung bei.

Die neuen Gebäudeteile wurden laut Architekt buchstäblich in die Altbauten und damit in das vorhandene Stadtgefüge hineingesteckt. So offenbart sich die auf den ersten Blick nüchtern erscheinende Anlage als ein ungewöhnlich mehrschichtiges Haus. *bk*

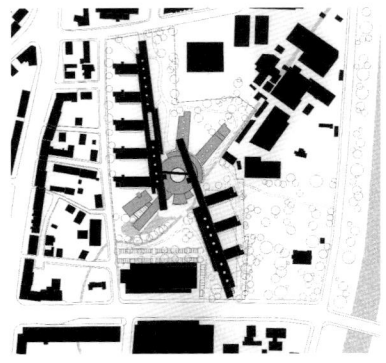

Lageplan

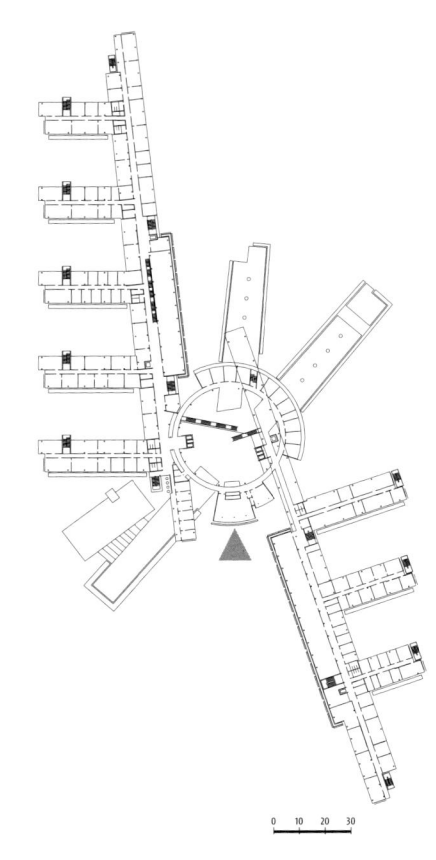

Grundriß eines Regelgeschosses mit zentraler Verteilerhalle

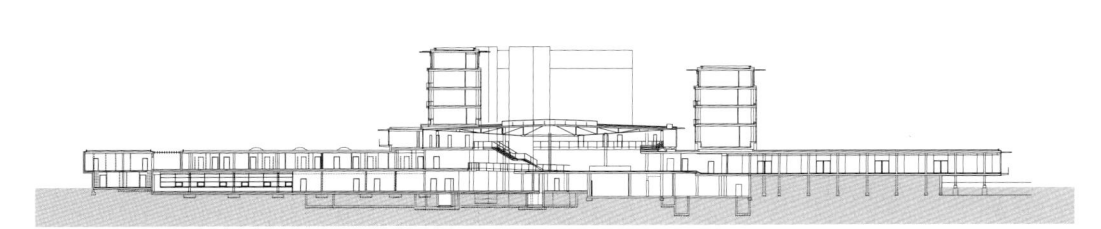

Querschnitt

Landesversicherungs-anstalt Schwaben

Augsburg, Deutschland

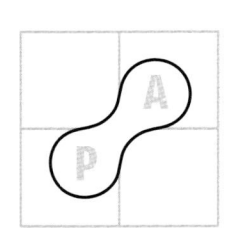

T = Teamarbeit
A = Austauscharbeit
P = Prozeßarbeit
E = Einzelarbeit

Bauherr	LVA Schwaben
Architekten	Hascher + Jehle
Nutzung	Dienstleistung und Verwaltung
Fertigstellung	2001
Bruttogeschoßfläche	52.350 m²
Büronutzfläche	28.000 m²
Arbeitsplätze	1.300

Die Landesversicherungsanstalt Schwaben betreut rund 1,3 Millionen Versicherte. Daher forderte sie ein besucherfreundliches Haus, das gestalterisch einen transparenten Dienstleister repräsentiert.

Um die vorhandene kleinmaßstäbliche Ordnung des Umfeldes nicht durch die große Baumasse zu dominieren, wurde der Gesamtkomplex des Neubaus mit moderater Höhenentwicklung entworfen und in eine Reihe von differenzierten Einzelbaukörpern aufgelöst.

Der Besucher wird in ein Haus der Bürgernähe eingeladen, das zugleich Service, Auskunft und Beratung bietet. Eine zentrale Eingangshalle ist Dreh- und Angelpunkt des gesamten Gebäudekonzeptes. Sitzungssäle,

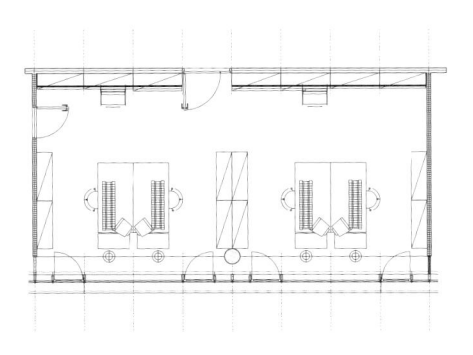

Gruppenarbeitsräume für 2-4 Personen

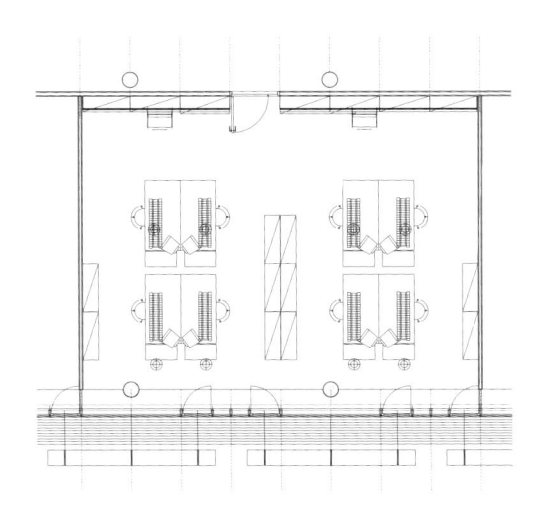

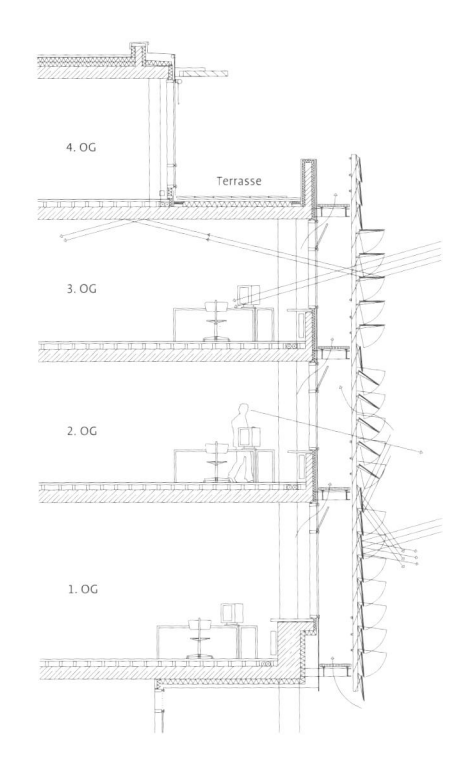

Schnitt; bewegliche, metallbedampfte Glaslamellen reflektieren in geschlossenem Zustand die direkte Sonneneinstrahlung und lenken in geöffneter Einstellung das Tageslicht tief in den Raum.

von links nach rechts
Eingangsbereich und Caféteria | Zentrales Foyer mit Wartebereichen | Sitzungssaal | Eine großzügige Seenanlage verbessert das Mikroklima | Zweite vorgelagerte Glasfassade aus beweglichen Lamellen zur Regulierung des Lichteinfalls.

Besprechungsräume, Schulungszentrum, Kantine, Poststelle sowie die Arztbereiche sind alle über diesen zentralen Verteilerraum erschlossen.

Zusammen mit heimischen, hellen Hölzern für die Innenwände verleiht das differenzierte Farbenspiel der Glasfassaden dem Haus eine freundliche, lichte Atmosphäre. Die Beschäftigten arbeiten mehrheitlich an Gruppenarbeitsplätzen zu je vier Personen. Diese Teambüros bilden eine sich wiederholende, räumliche Grundeinheit und werden als Zweibünder zu einer kammartigen Gebäudestruktur addiert. Durch einen Raumteiler in der Mitte wird die Größe dieser Teambüros in zwei private Sphären aufgeteilt. Auf der Flurseite befinden sich große Ablageflächen mit beleuchteten Leseschlitten.

Das Gebäude wird bis auf die Kantine, das Rechenzentrum und die Sitzungssäle ausschließlich natürlich be- und entlüftet. Auch bei der tiefen Eingangshalle konnte durch die Konzeption eines Erdkanals für die Zuluft und eines Abluftkamins (siehe Kapitel „Nachhaltige Gebäudekonzepte", S. 47) auf eine Lüftungsanlage verzichtet werden. Um ein angenehmes Klima zu gewährleisten, wird durch großzügige Pflanzzonen die Luftqualität in der Halle noch verbessert.

Auf eine technische Kühlung der Büroräume wird verzichtet. Im Zusammenhang mit nächtlicher Durchlüftung wird die massive Konstruktion der Decken als Speichermasse herangezogen. Sie dämpft im Sommer die Temperaturamplitude und sorgt auf diese Weise für einen konstanten Temperaturverlauf im Raum. Neben den Speichermassen werden die Wasserflächen des Sees zur Verdunstungskühlung herangezogen.

In den Archivbereichen mit größeren Raumtiefen sind vor der Fassade bewegliche Glaslamellen montiert. Diese dienen bei senkrechter Stellung als Sonnenschutz und bewirken bei elektrisch betriebener Drehung um 90° in eine waagerechte Position eine Umlenkung des Außenlichts in den Raum und damit eine Aufhellung tiefer liegender Raumzonen. Die vorgesetzte Glaslamellenstruktur bietet für die sommerliche Nachtauskühlung bei geöffneten Fenstern den dafür notwendigen Schlagregenschutz. **rh**

Lageplan

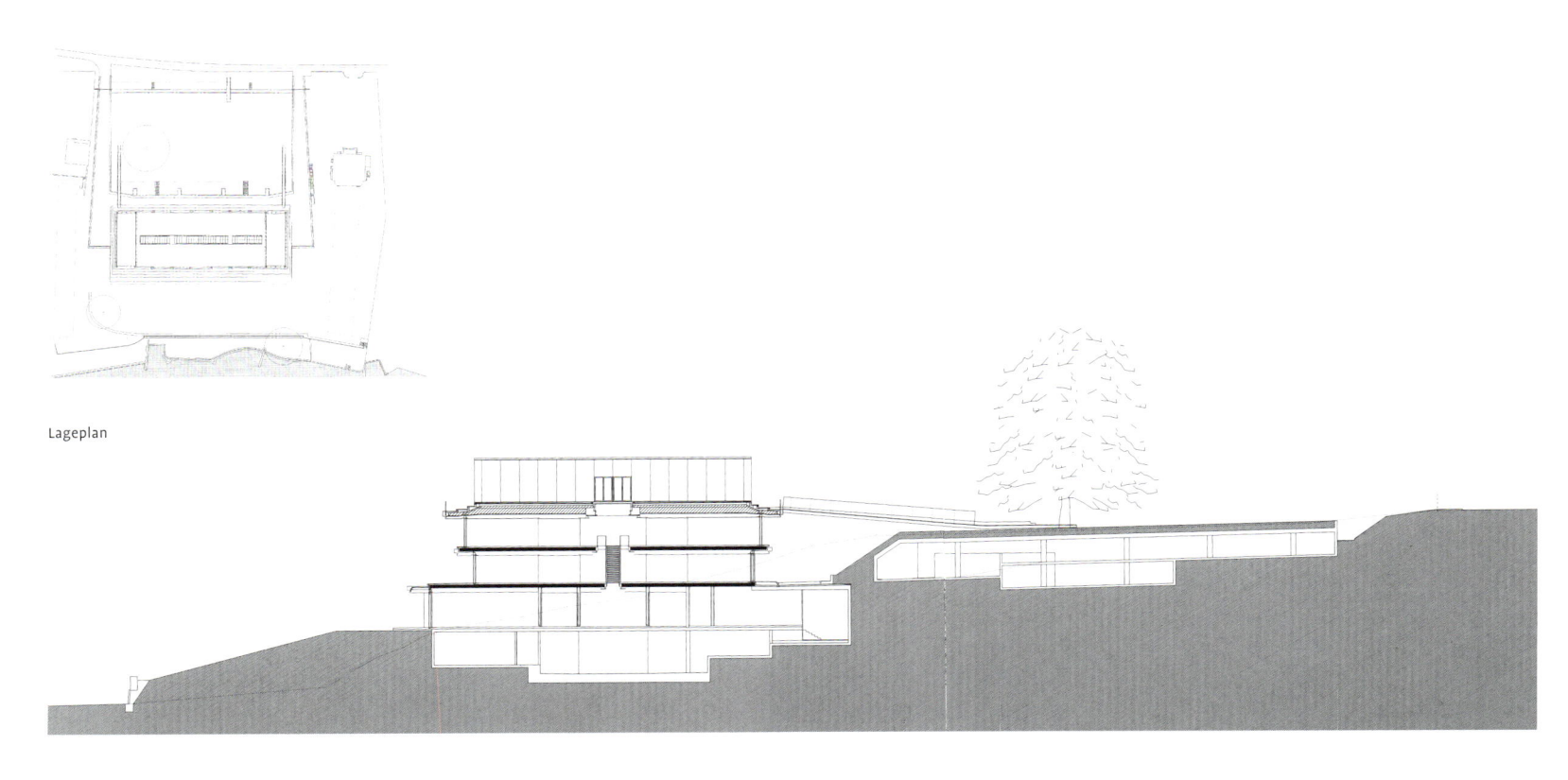

Querschnitt durch die in den Hang eingebettete Anlage

von links nach rechts

Ansicht vom See | Büro | Erschließungshalle mit Oberlicht | Büro | Blick von der Straßenseite

UEFA Headquarters
Nyon, Schweiz

Bauherr	UEFA
Architekten	Patrick Berger
Nutzung	Dienstleistung und Verwaltung
Fertigstellung	1999
Mitarbeiter	110

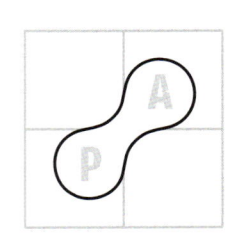

T = Teamarbeit
A = Austauscharbeit
P = Prozeßarbeit
E = Einzelarbeit

1994 gewann Patrick Berger den Wettbewerb für die neue Hauptzentrale der UEFA, des europäischen Fußballverbands, mit einem minimalistischen Entwurf, der durch eine außerordentliche Transparenz des Baukörpers besticht.

Der Reiz des Grundstücks am Genfer See wird durch das entwurfsbestimmende Element einer sich über das ganze Gebäude erstreckenden Terrasse auf dem Dach besonders hervorgehoben. Dieses Terrassendach liegt von der Straße aus gesehen genau auf Augenhöhe und öffnet so einen grandiosen Blick auf den Genfer See und das schneebedeckte Massiv des Mont Blanc. Gerahmt wird dieses Panorama durch zwei flankierende gläserne Aufbauten an den beiden Enden des Gebäudes,

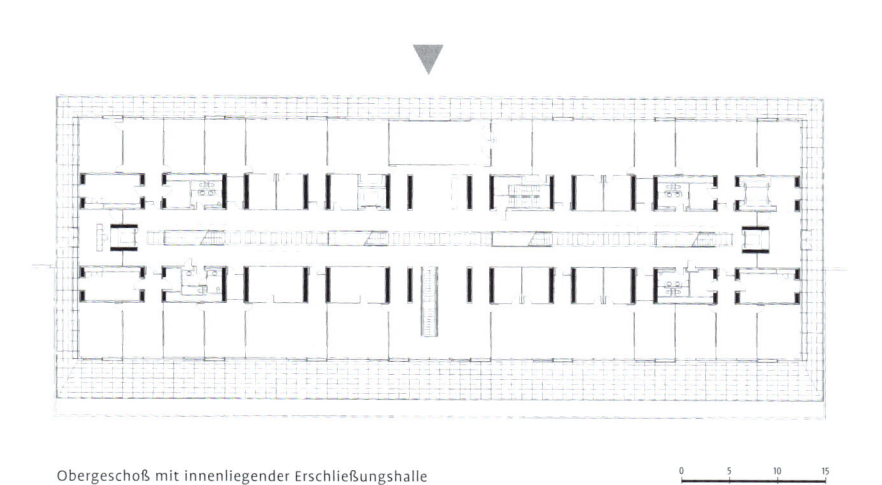

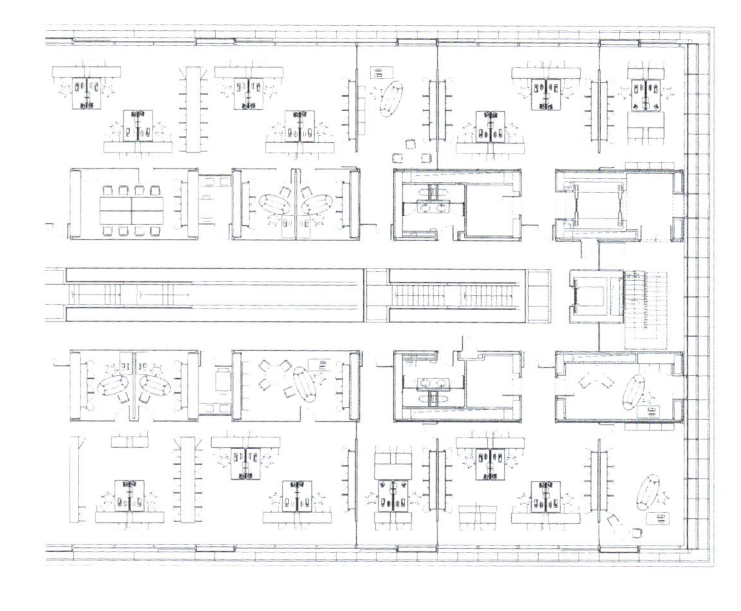

Obergeschoß mit innenliegender Erschließungshalle

Grundrißausschnitt mit Möblierung

das mit seinem Hauptvolumen unaufdringlich in der Hanglandschaft verschwindet.

Neben Empfangs-, Ausstellungs- und Versammlungsräumen bietet der 82 Meter lange und 27,3 Meter tiefe Baukörper für 110 Mitarbeiter Büros und Besprechungsräume, die über einen zentralen glasüberdeckten Lichthof erschlossen werden. Von dieser lichtdurchfluteten, sich über die ganze Länge des Gebäudes erstreckenden Halle gelangt man über eine repräsentative Treppe hinunter zum Empfangsfoyer, wo sich Restaurant, Auditorium und ein Saal für das UEFA-Gericht befinden. Diese tiefer liegenden Geschosse sind auf der Rückseite in den Hang eingegraben.

Das zentrale architektonische Thema des Hauses ist seine beeindruckende Transparenz, da die Hülle als eine völlig durchsichtige Klimagrenze entwickelt wurde. Zwischen den Geschoßplatten, die durch kurze in Querrichtung zum Baukörper stehende Wandschotten, die getragen und teilweise auch abgehängt werden, dehnen sich die Glasfronten wie endlose Membranen aus und bieten ein uneingeschränktes Blickfeld auf den See.

Hochwertigste Sonnenschutzgläser verhindern im Zusammenspiel mit der Haustechnik eine Überhitzung des Innenraums, und transluzente Stoffbahnen auf der Fassadeninnenseite bieten dem Auge Schutz vor Reflektionen der Wasserfläche. Der See wird über Wärmepumpen zur Energiegewinnung unterstützend herangezogen. Im Winter wird dem Wasser Wärmeenergie entzogen, und im Sommer produzieren die Pumpen die nötige Kühlenergie für die Abkühlung und Trocknung der Zuluft. Durch hydraulische Kreisläufe wird das Seewasser als Kühlmedium für die Kältekompressoren verwendet und mit einer durchschnittlichen Kühlung von drei Kelvin in den See zurückgeführt. Die Hauptheizquelle für das Gebäude ist eine Bodenheizung. In den Sommermonaten sorgen Kühldecken für den Komfort in den Büros. *rh*

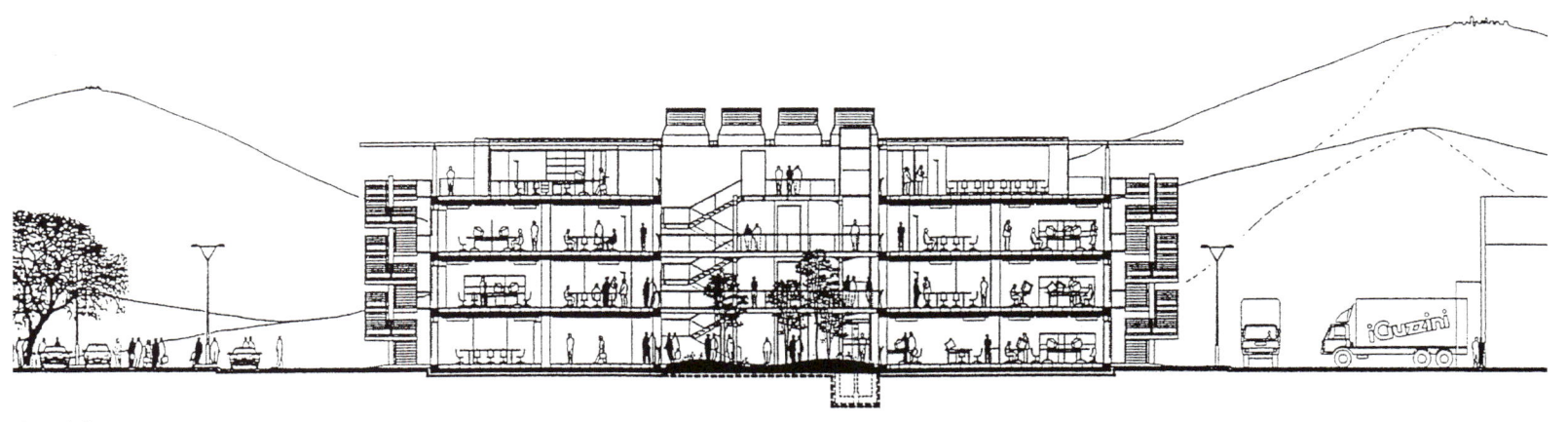

Längsschnitt

von links nach rechts

Glatte Oberflächen, transparente Strukturen und reduzierte Details prägen das Äußere des Niedrigenergie-Bürohauses der Firma iGuzzini Illuminazione.

Nur die Ost- und Westfassaden, mit den vorgelagerten Feuertreppen, sind opak.

Eine weit auskragende Lamellenstruktur verschattet die Ganzglasfassade vollständig.

iGuzzini Hauptverwaltung

Recanati, Italien

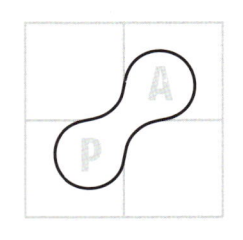

T = Teamarbeit
A = Austauscharbeit
P = Prozeßarbeit
E = Einzelarbeit

Bauherr	iGuzzini Illuminazione srl
Architekten	MCA, Mario Cucinella Architects
Nutzung	Firmenverwaltung
Fertigstellung	1999
Bruttogeschoßfläche	8.350 m²

Mit einem rationalen und zugleich eleganten Entwurf schuf Mario Cucinella ein zeitgemäßes Niedrigenergie-Bürohaus für den italienischen Leuchtenhersteller iGuzzini Illuminazione. Das Verwaltungsgebäude steht beispielhaft für einen bewußten Umgang mit Ressourcen und bietet den Mitarbeitern einen hohen thermischen und visuellen Komfort. Offene Arbeitsebenen, die um ein lichtdurchflutetes Atrium angeordnet sind, und die für Italien ungewöhnlich transparenten Fassaden gewährleisten im Zusammenspiel nicht nur optimale Arbeitsbedingungen, sondern auch eine unverwechselbare Identität.

Der einfache Baukörper, der im Zuge einer groß angelegten Umstrukturierung des gesamten Produktions-

Erdgeschoß   0 5 10 15

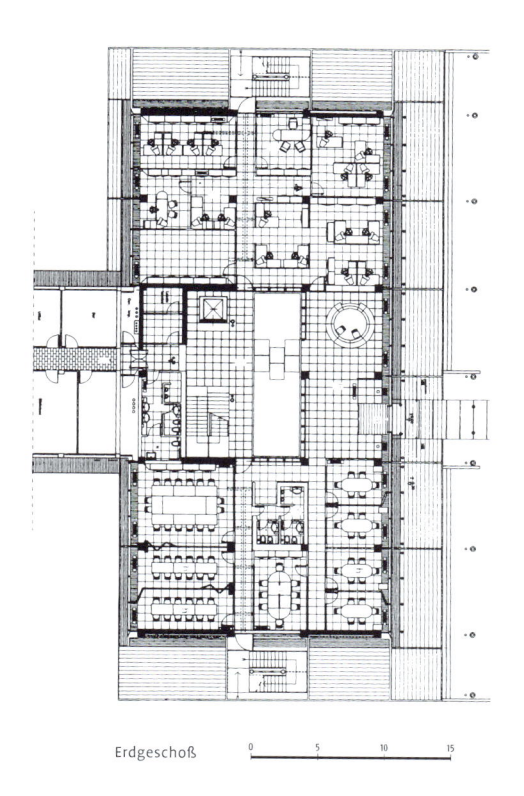

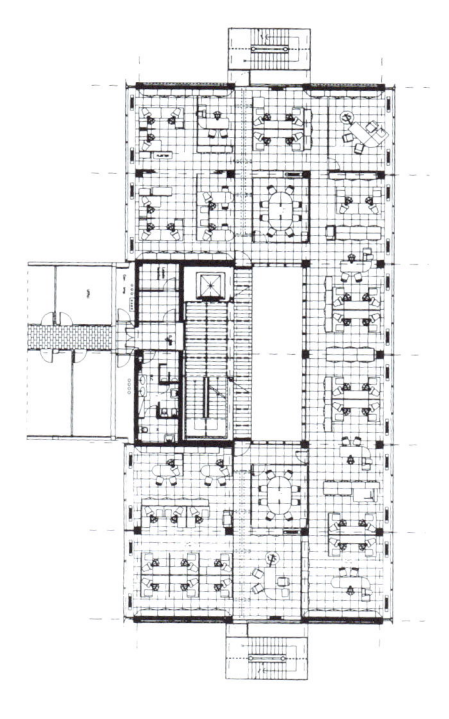

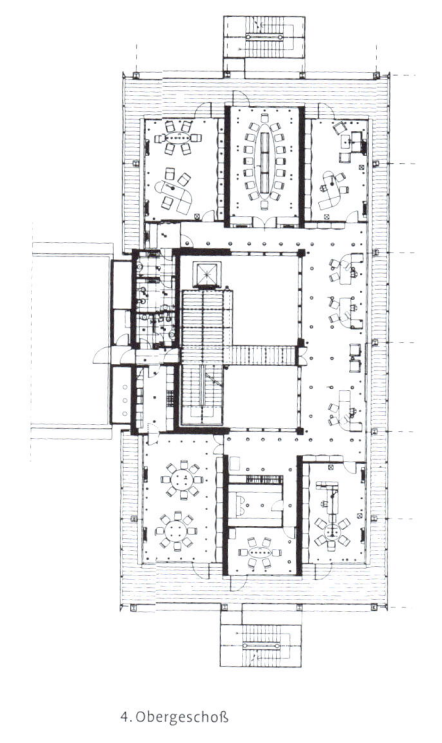

2. und 3. Obergeschoß

4. Obergeschoß

standortes entstand, liegt in einem Industriegebiet am Rande Recanatis, eine Bergstadt an der italienischen Adriaküste. Seine prägnante, mehr als sechs Meter auskragende Dachstruktur wird von einer feingliedrigen Stahlkonstruktion unterstützt. Mit Aluminiumlamellen versehen, verschattet sie die vollkommen transparente Südfassade.

Ein unspektakuläres, eher konventionelles Bürokonzept spiegelt die hierarchische Struktur der Firma wider. Die großzügigen Einzelbüros der Unternehmensführung befinden sich im oberen Geschoß, welches zudem den Vorzug einer umlaufenden Terrasse hat. In den drei unteren Geschossen wurde eine Mischung aus Zellen- und Teambüros für die Verwaltungsangestellten und die Verkaufsabteilung verwirklicht. Kundengespräche finden in der Regel im Erdgeschoß statt; hier findet man ein großes Angebot an Besprechungsräumen.

Der Wunsch der Firma nach einem offenen Austausch mit den Kunden prägt auch die Atmosphäre des Arbeitsumfeldes. Das luftige Atrium ermöglicht den Sichtkontakt zum Bürogeschehen und umgekehrt. Trotz seiner Großzügigkeit wurden 83 Prozent nutzbare Bürofläche erreicht. Damit entspricht das Gebäude den Marktstandards für Bürogebäude. Das zentrale Gestaltungselement im Gebäudeinnere ist das mittig liegende Atrium, welches gleichzeitig als Empfangshalle dient. Der Raum stellt eine visuelle und auch physische Verbindung zwischen den vier Bürogeschossen her. Ein mit Bambus bepflanzter, japanisch anmutender Garten sowie die zwölf Oberlichter, die Tageslicht in das Innere hineinlassen, sorgen für eine angenehme Atmosphäre. Um auch im Erdgeschoß eine möglichst hohe Tageslichtausbeute zu erreichen, realisierte man eine Stahltreppe mit gläsernen Stufen.

Das Klimakonzept wurde in umfangreichen Simulationen und Lichtstudien erarbeitet und überzeugt in seiner auf maximierter Tageslichtnutzung und wirkungsvoller natürlicher Lüftung und Kühlung der Büroflächen beruhenden Einfachheit. Es besteht aus verschiedenen fein aufeinander abgestimmten aktiven und passiven Maßnahmen. Die auskragende und abknickende Dachstruktur und das Atrium mit seinen markanten Oberlichtern

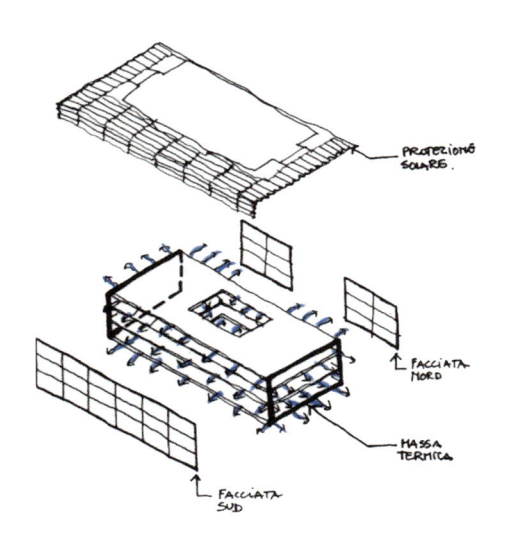

Die Konzeptdiagramme verdeutlichen das in erster Linie auf passiven Maßnahmen basierende Klimakonzept, hier die Nutzung von Speichermassen.

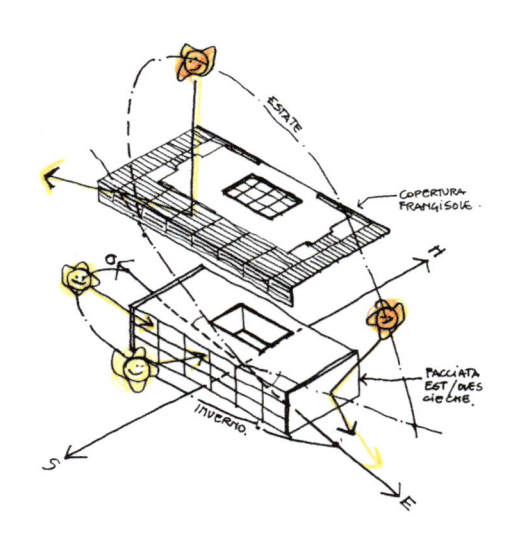

Die Aluminiumlamellen wurden so angeordnet, daß die tiefstehende Wintersonne mit dem Potential des Wärmegewinns tief ins Gebäudeinnere gelangt, die hochstehende Sommersonne hingegen wird abgehalten.

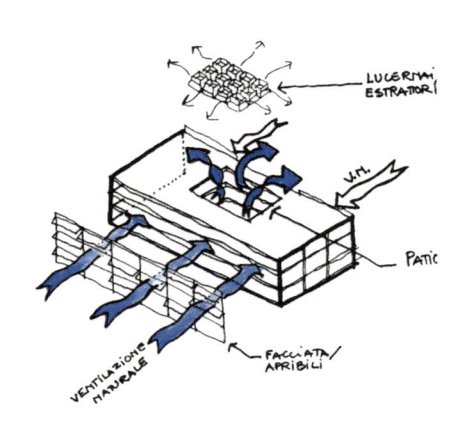

Auch bei sommerlichen Temperaturen bis zu 40° Celsius kann ein natürliches Lüftungskonzept verwirklicht werden.

von links nach rechts

Ansichten vom Atrium mit der teilweise aus Glas bestehenden Treppe.

Das begrünte Atrium mit dem zu Repräsentationszwecken genutzten Garten steht in einem angenehmen Gegensatz zu dem kühlen Materialkonzept.

---

sind nicht nur gestalterische Elemente, sondern auch wichtiger Bestandteil des Klimakonzeptes. Das Atrium übernimmt eine Doppelfunktion: Mit zwölf Oberlichtern versehen, bringt es Tageslicht ins Innere des Gebäudes und dient als Abluftkamin, eine Komponente des natürlichen, auf Querlüftung basierenden Lüftungskonzeptes. Die Oberlichter wurden formal so ausgebildet, daß an heißen, windarmen Tagen der Kamineffekt unterstützt wird. Dieser saugt verbrauchte Luft aus den Büros ab und läßt frische Luft über Kippflügel im Brüstungs- und Oberlichtbereich nachströmen. Durch Nachtlüftung wird die Tag-/Nachttemperaturdifferenz im Sommer zur Kühlung der Arbeitsräume ausgenutzt. Als thermische Speichermasse wirken Sichtbetondecken und massive Innenwände. In Kombination mit einer konsequenten Verschattung können so während eines großen Teils des Jahres komfortable Temperaturen am Arbeitsplatz erreicht werden. Spitzenlasten werden durch eine zusätzliche unterstützende Teilklimatisierung, in Form von „Fan Coil Units", ein Umluftkühlgerät im Brüstungsbereich abgeführt.

Für die vollkommen transparente Südfassade ergaben die Computersimulationen erwartungsgemäß die Notwendigkeit einer hundertprozentigen Verschattung im Sommer; in den Übergangszeiten reichen 80 Prozent aus. Daher wurden die horizontalen Lamellen in dem Bereich, der die Fassade verschattet, mit einem Abstand von 400 mm angebracht, und in der Vertikalen beträgt der Abstand 500 mm. Innenliegende Jalousien dienen der individuellen Regelung der Helligkeit und verhindern die Blendung an den Computerarbeitsplätzen. Ein zusätzliches horizontales „Lightshelf", das das Tageslicht über die Decken ins Gebäude reflektiert, ermöglicht Tagesbelichtung bis weit ins Innere und erzeugt für die fensternahen Bereiche eine gleichmäßige Verteilung der Lichtintensität. Für alle Bereiche des Gebäudes konnte so ein guter Tageslichtquotient erreicht werden; das von oben belichtete Atrium trägt wesentlich hierzu bei. Den prognostizierten Energieverbrauch von bis zu 70 Prozent unter dem eines konventionellen Bürogebäudes soll eine Langzeitstudie, die im Rahmen einer Forschungsarbeit durchgeführt wird, verifizieren.

Querschnitt

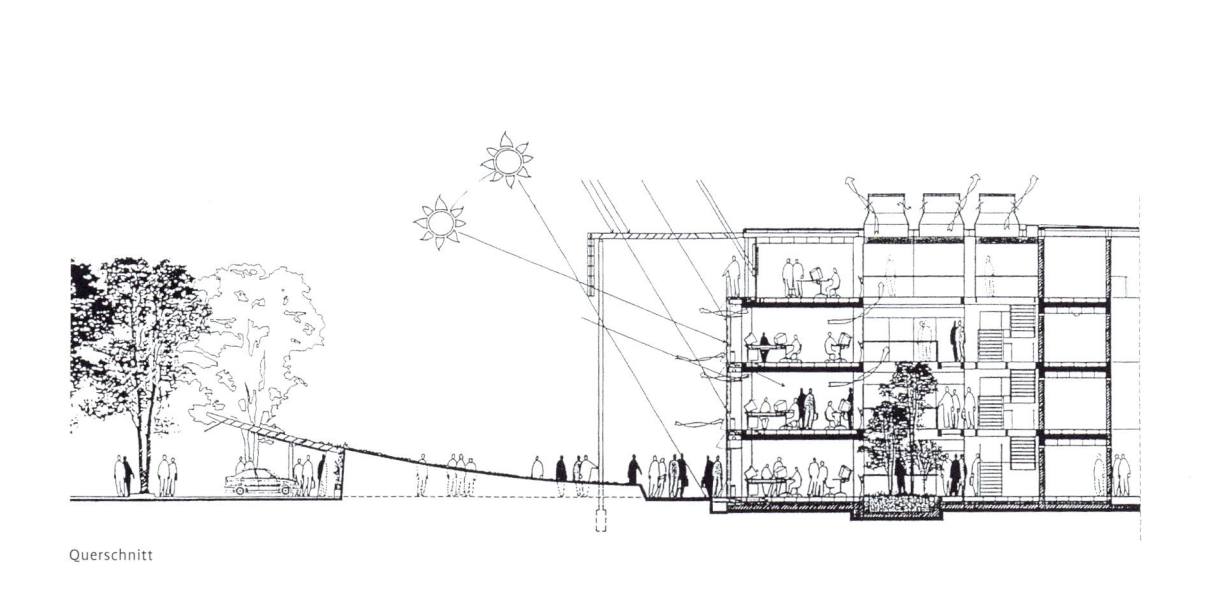

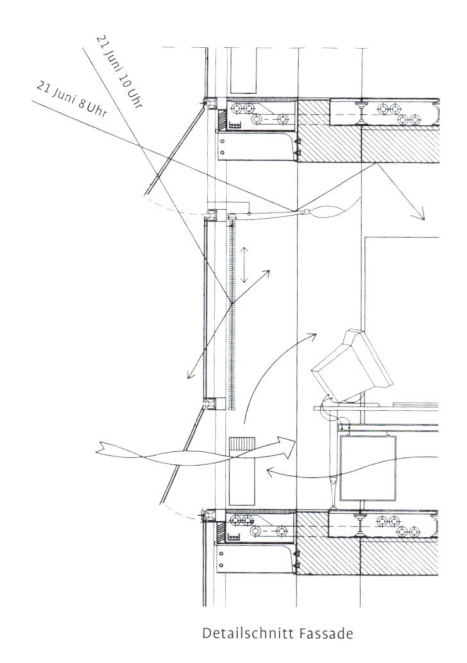

Detailschnitt Fassade

Das Haus verkörpert als Corporate Architecture das selbstgewählte Bild des Leuchtenherstellers iGuzzini, das auf einer hohen Detailqualität, einem optimierten Umgang mit Ressourcen und einer „humanen" Arbeitsplatzgestaltung beruht. *bk*

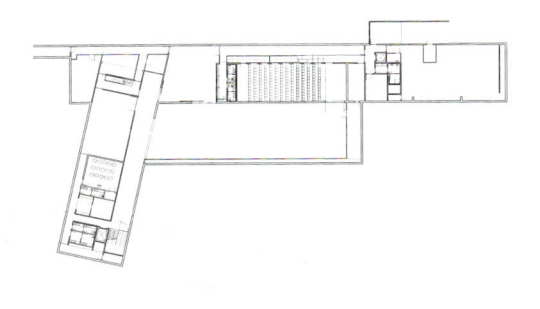

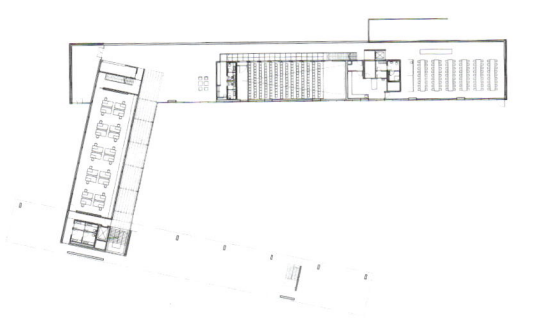

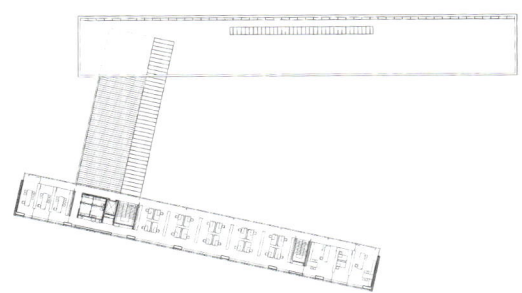

Grundrisse Untergeschoß – Erdgeschoß – 2. Obergeschoß

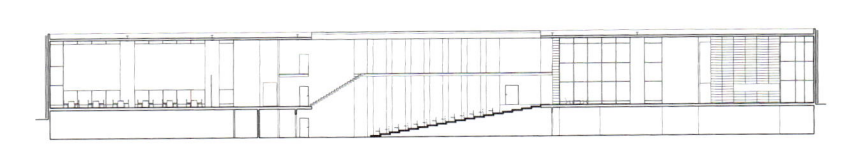

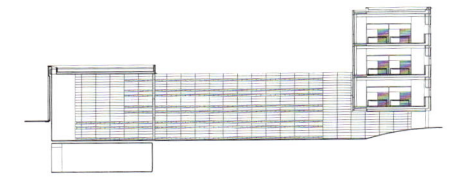

Schnitt durch die Mitarbeiterkantine und das Auditorium

Westansicht

oben Der Wunsch nach einer ruhigen und harmonischen Beziehung zwischen Gebäude und Landschaft zeigt sich in den zurückhaltenden Fassaden und in der Verwendung von ortsüblichen Materialien.

rechts Die hohe Transparenz der hofseitigen Fassaden ermöglicht einen freien Blick auf alle Aktivitäten.

Bang & Olufsen Hauptverwaltung

Struer, Dänemark

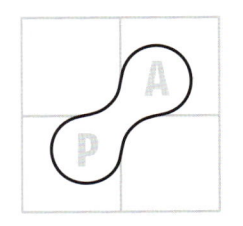

T = Teamarbeit
A = Austauscharbeit
P = Prozeßarbeit
E = Einzelarbeit

Bauherr	Bang & Olufsen A/S
Architekt	KHR AS arkitekter Jan Søndergaard
Nutzung	Firmenverwaltung
Fertigstellung	1998
Bruttogeschoßfläche	5.150 m²
Büronutzfläche	2.300 m²
Arbeitsplätze	230

Bang & Olufsen entschloß sich 1996, in Struer ein neues Verwaltungsgebäude zu errichten. Die Unternehmensführung wünschte sich einen Hauptsitz, der die firmeneigene Identität ausdrückt, ohne prätentiös zu sein. Sie übergab Jan Søndergaard von KHR AS arkitekter die volle Verantwortung für das Gebäude, vom Programm bis hin zur kompletten Inneneinrichtung. In Bauhaustradition entstand so ein offenes, in die Landschaft eingebundenes Gebäude, das trotz einfacher Geometrie von reizvollen Kontrasten lebt.

Der U-förmige Neubau am südlichen Rand des Produktionsgeländes besteht aus drei klar ausformulierten Gebäuderiegeln, die sich um einen Hof gruppieren und zur Landschaft hin öffnen. Ruhige Fassaden kennzeich-

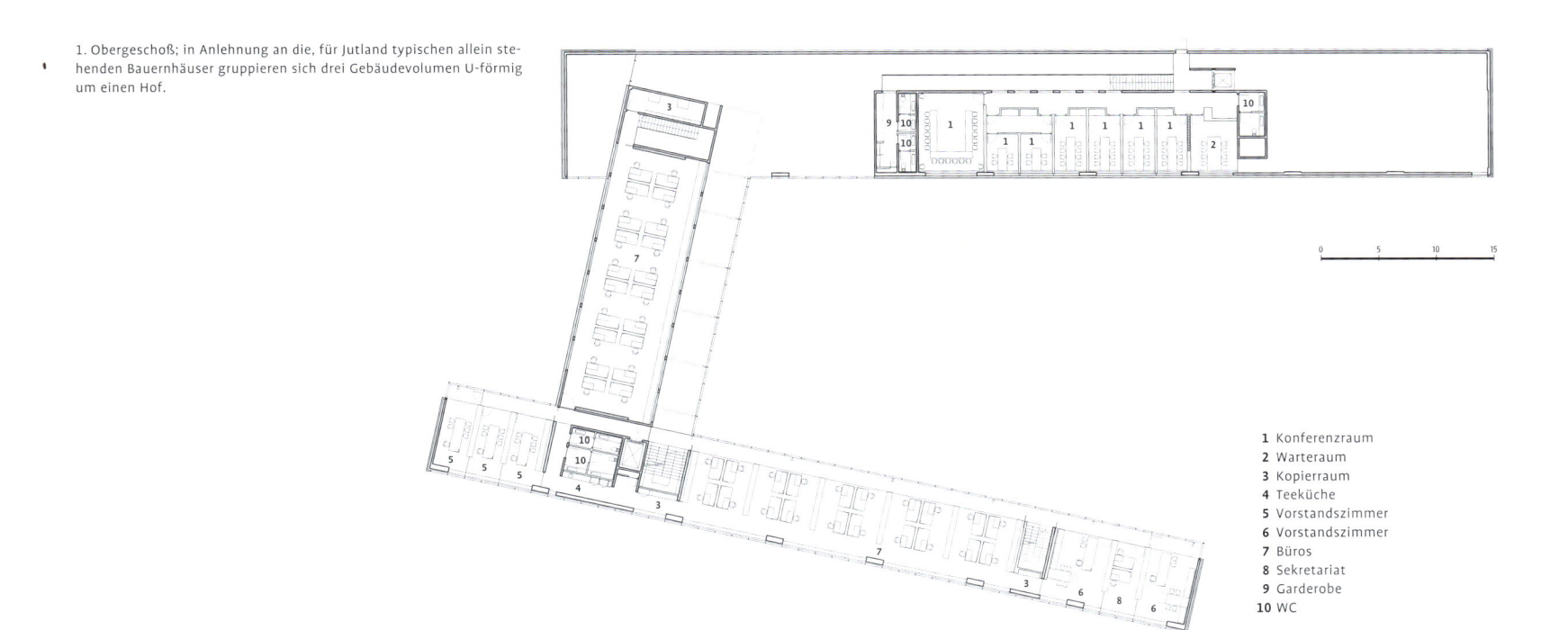

1. Obergeschoß; in Anlehnung an die, für Jutland typischen allein stehenden Bauernhäuser gruppieren sich drei Gebäudevolumen U-förmig um einen Hof.

1 Konferenzraum
2 Warteraum
3 Kopierraum
4 Teeküche
5 Vorstandszimmer
6 Vorstandszimmer
7 Büros
8 Sekretariat
9 Garderobe
10 WC

links oben Aus der Verschneidung der Gebäudevolumen ergeben sich räumliche Variationen, die durch die Wahl der Materialien noch unterstrichen werden.

links unten Der Büroriegel zeichnet sich durch einen nahezu schwebenden Charakter aus, der durch die statisch anspruchsvolle Vierendeelkonstruktion möglich wurde.

oben Von der zentral gelegen Empfangshalle gelangt man über einen gläsernen Gang, vorbei an der Marketingabteilung, zu den Teamarbeitsbereichen der Hauptverwaltung.

mitte Die Verwendung von Glas für Geschoßdecken, Treppen und Oberlichter kreiert vielfältige Stimmungen, die sich in Abhängigkeit von dem Wetter wandeln.

nen das Äußere. Im Gegensatz dazu lebt das Innere von einer unerwarteten Komplexität und einem beeindruckenden Ausblick auf die nahegelegene Meerenge.

Von dem etwas zu beiläufigen Haupteingang erschließen sich erst die im nördlichen Riegel gelegenen repräsentativen Funktionen. Hierzu gehören die zentrale Empfangshalle, das Besucherzentrum mit Vortrags- und Besprechungsräumen, die Mitarbeiterkantine und auch der im Untergeschoß liegende Showroom. In den beiden verbleibenden Gebäudeteilen befinden sich die vorwiegend offenen Arbeitsbereiche der in Teams strukturierten Hauptverwaltung. Jeweils am Kopfende des im Süden liegenden, ungewöhnlich schmalen und aufgeständerten Riegels sind Einzelbüros für Direktoren und Chefs abgetrennt. Alle Erschließungszonen sind hofseitig entlang der hochtransparenten Fassade angeordnet. Dadurch werden die internen Abläufe verdeutlicht, es ergeben sich Sichtkontakte, die Bewegung der Menschen wird zelebriert und die Kommunikation der Mitarbeiter untereinander erleichtert. Die Übergänge zwischen den einzelnen Funktionsbereichen sind fließend und werden subtil durch Materialwechsel angedeutet. Isländischer Basalt, sandgestrahltes Glas, Ortbetonoberflächen sowie helle Holzfußböden sind die vorherrschenden Materialien.

Das Klimakonzept basiert auf der konsequenten Reduzierung der externen und internen Kühllasten. Für die schmalen Gebäuderiegel konnte ein hybrides Lüftungssystem realisiert werden. Dieses ermöglicht fast ganzjährig eine natürliche Be- und Entlüftung für 75 Prozent des Hauses. In die fast vollständig verglaste Nordfassade sind mit CO_2- Sensoren betriebene, horizontale Lüftungsklappen integriert. Die hier einströmende Zuluft wird im Winter durch dahinter liegende Heizkörper, eine Art Randstreifenheizung, erwärmt. In der vergleichsweise geschlossenen Südfassade werden die sonst individuell zu bedienenden Öffnungsflügel im Sommer automatisch betrieben, um die Nachtauskühlung zu ermöglichen. Die Treppenhauskerne sind gleichzeitig auch Abluftschächte und für den Bedarfsfall mit Ventilatoren ausgerüstet. Das Lüftungssystem ist vergleichbar mit der auf Seite 65 beschriebenen „Außenluftversorgung mit dezentralen Lüftungssystemen". **bk**

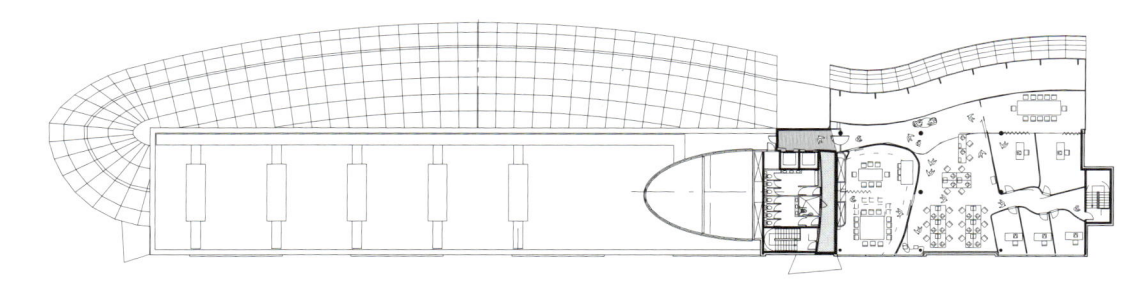

2. Obergeschoß; Einzelbüros und Meetingräume der Geschäftsführung

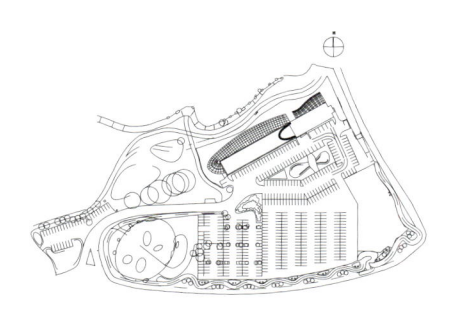

Lageplan

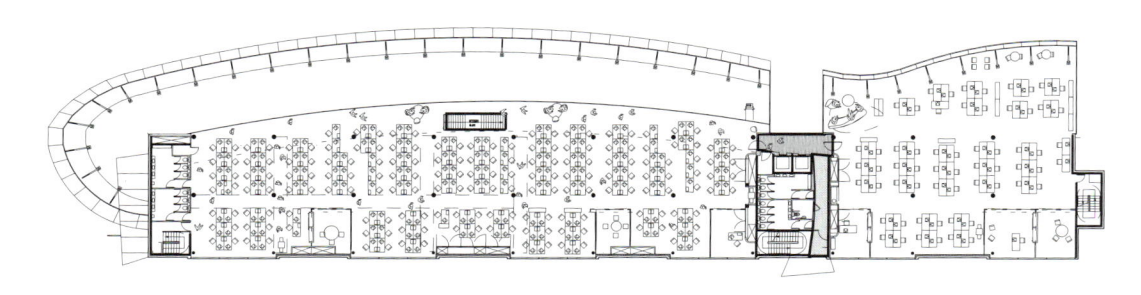

1. Obergeschoß; durch die Anordnung hat jeder Arbeitsplatz eine räumliche Beziehung zur Halle.

oben Wie ein futuristisches Flugobjekt liegt das Cellular Operations Centre in der suburbarnen Landschaft.

rechts Die Halle ermöglicht „harte" Pausen und Meetings sowie „weiche" Pausen, Snacks und Gossip.

Cellular Operations Ltd.

Swindon, Großbritannien

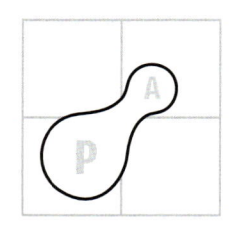

T = Teamarbeit
A = Austauscharbeit
P = Prozeßarbeit
E = Einzelarbeit

Bauherr	Highbridge Properties / Cellular Operation Ltd.
Architekten	Richard Hywel Evans
Nutzung	Dienstleistung
Fertigstellung	Januar 2000
Bruttogeschoßfläche	4.313 m²
Büronutzfläche	3.650 m²
Arbeitsplätze	250
Mitarbeiter	650

Mit dem Hauptsitz von Cellular Operations Ltd. von Richard Hywel Evans Architekten wurde einer seit den letzten Jahren sich entwickelnden Art von Büroarbeit bewußt Rechnung getragen. Call Center übernehmen für Firmen und Organisationen die Kommunikation mit ihren Kunden. Durch den Einsatz moderner Informationstechnologie arbeiten sie unabhängig von Raum und Zeit 24 Stunden am Tag. Ihre Mitarbeiter sind die „Blue Collar Workers" unter den „White Collar Workers". Sie führen ausschließlich Einzelarbeit in projektbezogenen Gruppen an non-territorialen Arbeitsplätzen aus. Die Gespräche mit den Kunden finden nach einem genau festgelegten Ablauf statt, die Autonomie des „Büroarbeiters" ist gering.

Schnitt

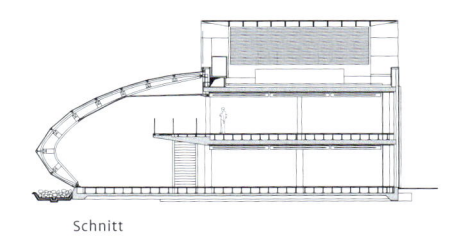

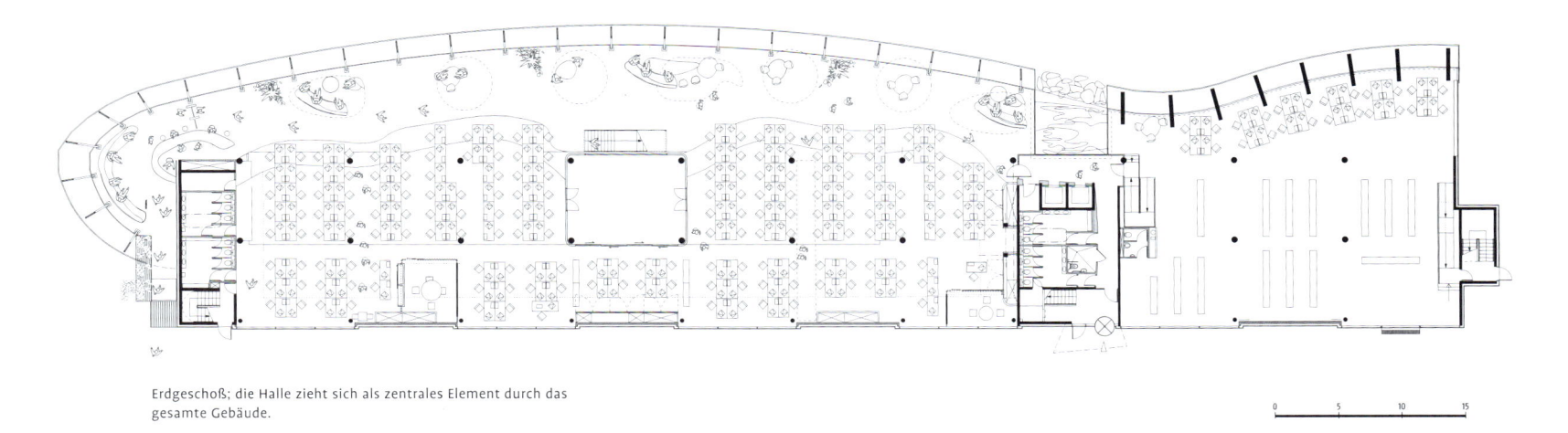

Erdgeschoß; die Halle zieht sich als zentrales Element durch das gesamte Gebäude.

links oben Typischer Arbeitsplatz

links unten Details der Fassade wurden in einem Werk für Fahrzeugreplicas als Einzelstücke hergestellt.

mitte Eine der Sanitäranlagen „Das Schwimmbad", die eher an einen Nachtclub als ein Büro erinnern.

oben Der inszenierte Serverraum hinter der zentralen Treppe zeigt die Informationstechnologie als Grundlage des Geschäftes von CellOp.

Zusammen mit seinem Bauherrn trieb Richard Hywel Evans das Projekt nach dem aus der Autoindustrie stammenden Leitgedanken für die Innenausstattung von Autos – „Surprise and Delight" – voran. So sollte eine aufregende, spielerische Arbeitsumwelt geschaffen werden, um die branchenübliche hohe Fluktuation der Mitarbeiter zu minimieren.

Der Eintritt in die Arbeitswelt von Cellular Operations erfolgt durch eine Schleuse aus hydraulisch bewegten, überdimensionierten Glasscheiben. Ein amorph aussehender Tresen aus genietetem Aluminium verwandelt sich vom Empfang zu einer Espressobar, über der in Neonleuchtschrift „Rick's Café" steht. Sie verweist gleichzeitig auf den gleichnamigen Geschäftsführer von CellOp und auf das berühmteste Café der Filmgeschichte. „Surprise and Delight" wird in vielen Details deutlich: Der zentrale Datenserver wird zusammen mit der Haupttreppe aus skelettartigen Betonelementen durch Licht inszeniert; die Aufzüge sind technisch mit einer außenliegenden Fontäne gekoppelt: Wenn der Aufzug nach oben fährt, steigt auch die Fontäne an. Wie in Clubs sind die Toilettenanlagen nach Themen angelegt; es gibt futuristische aus Edelstahl bis hin zu eher noblen Waschräumen aus schwarzem Marmor. Nach den Prinzipien der Eventarchitektur wurde eine konventionelle und daher kostengünstige Grundstruktur mit individuellen und aufwendigeren Elementen angereichert. Die Büroflächen werden im Süden durch eine einfache Stahlbetonkonstruktion, die „Black Box", hergestellt.

Im Norden hingegen bildet eine aufwendige, speziell für dieses Projekt zusammen mit der Firma Pilkington entwickelte Glaskonstruktion eine Verkehrs- und Kommunikationszone. Von jedem Arbeitsplatz aus sichtbar, ist die gläserne Halle Fokus- und Identifikationspunkt und versorgt die Arbeitsplätze mit Tageslicht.

Mit dem CellOp Headquarter schaffte Richard Hywel Evans ohne viel Aufhebens einen funktionierenden Raum für einen noch jungen Typus der Büroarbeit. Ein Stück Eventarchitektur wird zum Bürohaus und läßt damit die Grenze zwischen Freizeit und Arbeit verschwimmen. *ta*

Lageplan

Schnitt

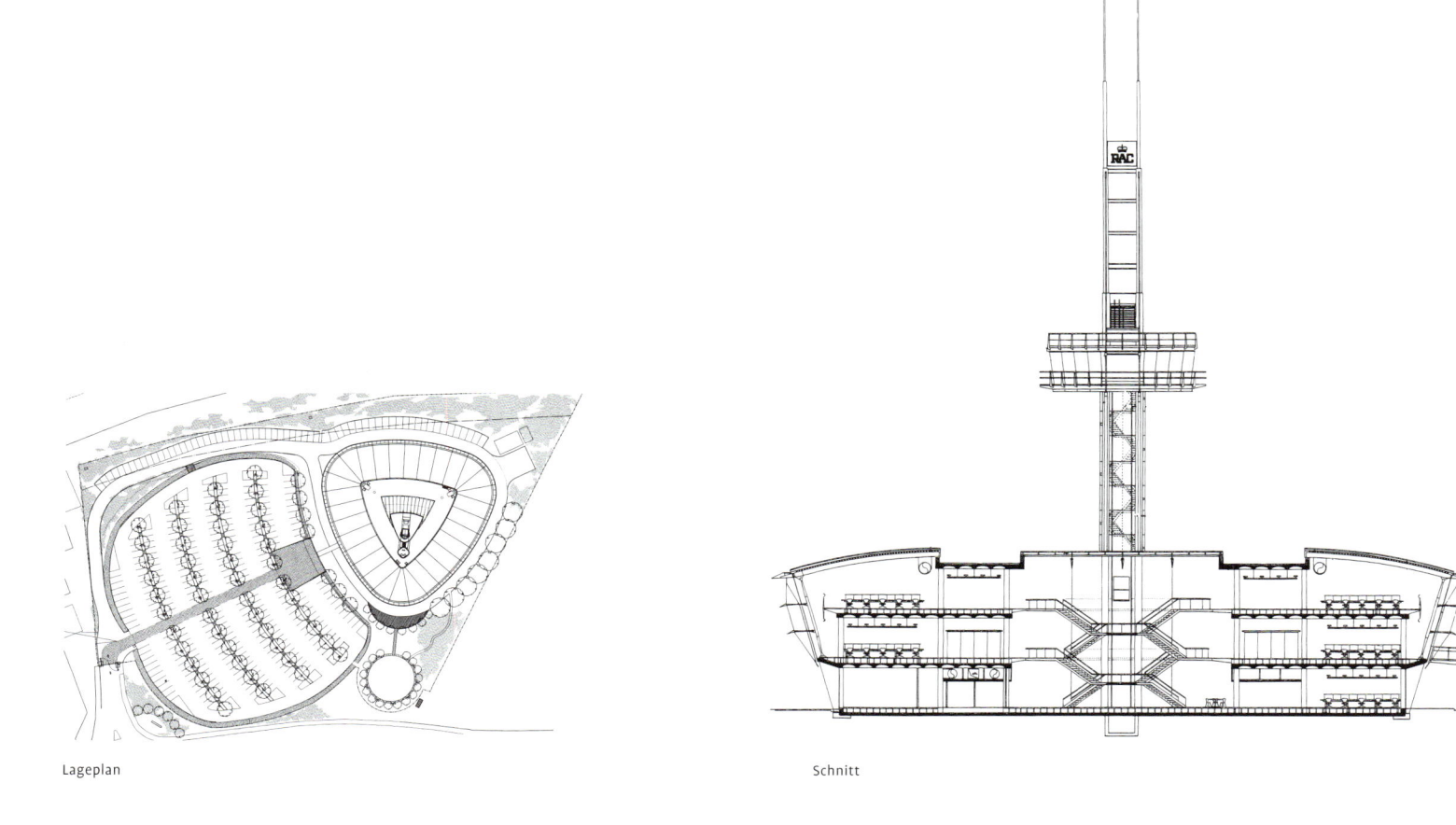

oben Blick vom Besucherraum auf das Autobahnkreuz und weit ins Land.

rechte Seite von links oben nach rechts unten
Die spinnenartige Treppe im Atrium verbindet alle Ebenen wirkungsvoll miteinander.

Die Bespannung der Decke mit Diffusionsgewebe läßt einen „Lichthimmel" entstehen und ist zur Reinigung abnehmbar.

Deutlich werden das eingestellte zweite Obergeschoß und der Spalt zur Fassade sichtbar.

Das Gebäude wird über eine Brücke zum ersten Obergeschoß betreten.

RAC Regional Headquarters

Bristol, Großbritannien

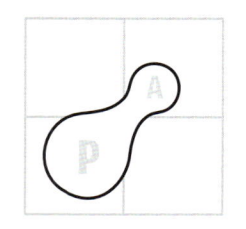

T = Teamarbeit
A = Austauscharbeit
P = Prozeßarbeit
E = Einzelarbeit

Bauherr	RAC Motoring Services Ltd.
Architekten	Nicholas Grimshaw & Partners Ltd.
Nutzung	Dienstleistung
Fertigstellung	1995
Bruttogeschoßfläche	7.000 m²
Büronutzfläche	5.800 m²
Arbeitsplätze	450 – 600
Mitarbeiter	800

Die kommunikativste Anordnung bei Versammlungen von Menschen und die effizienteste Grundfläche bezogen auf die Außenfläche ist der Kreis. Grimshaw and Partners gelang es mit dem RAC Regional Headquarter, beides zu einem Klassiker des kommunikativen und energiesparenden Bürobaus zu nutzen. Es war ursprünglich für die Koordination der Aktivitäten des RAC (Royal Automobile Club) in Südwestengland geplant. Seit dem Verkauf des RAC-Motoring Services an Lex Service PLC dient es der allumfassenden Mitgliederbetreuung, von der Autofinanzierung bis zur Pauschalreise.

Das Gebäude liegt direkt an einem Autobahnkreuz nördlich von Bristol. In seiner Gestalt erinnert es durch seine Kompaktheit und durch den 60 Meter hohen

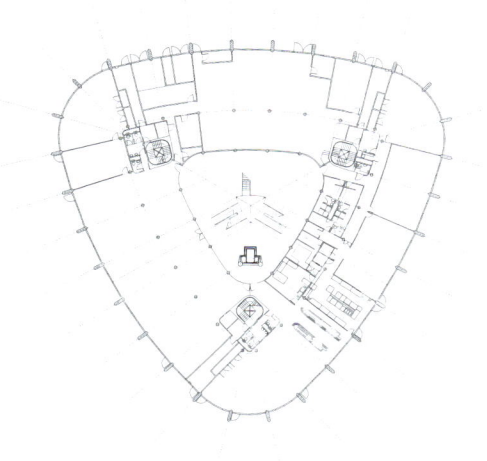

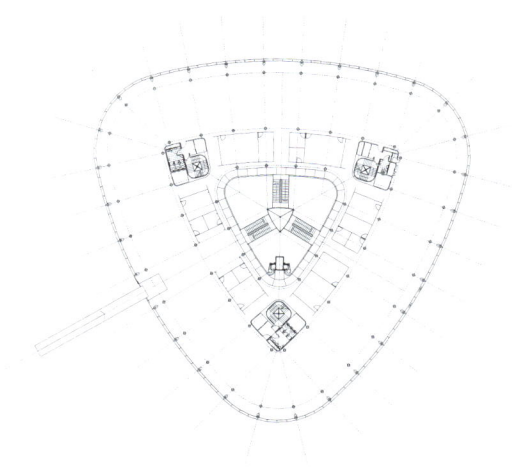

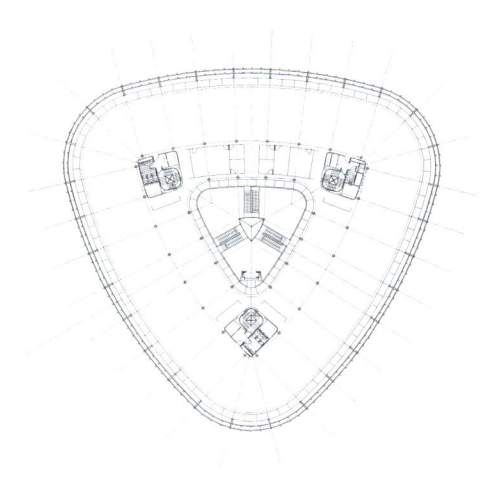

Erdgeschoß   Erstes Obergeschoß   Zweites Obergeschoß

Antennenturm, zu dem auch ein Besucherraum auf 35 Meter Höhe gehört, an einen Kontrollturm. Zu diesem Eindruck trägt die dunkel getönte, in den oberen beiden Geschossen rahmenlose Glasfassade bei. Sie ist zudem geneigt und hat umlaufende Wartungsstege, die der Verschattung dienen. Besucher und Mitarbeiter betreten das Gebäude vom Parkplatz aus über eine Brücke zum ersten Obergeschoß und gelangen dann in das lichtdurchflutete zentrale Atrium. Es ist mit seinem Netzwerk verbindender Treppen der soziale und funktionale Mittelpunkt. Ursprünglich für 450 Mitarbeiter geplant, arbeiten im Gebäude heute rund 800 Menschen an 600 Arbeitsplätzen. Diese sind auf drei Ebenen um das Atrium herum angeordnet und haben Blickkontakt nach außen. Durch diese radiale Anordnung entstehen sehr kurze Verkehrswege. Der innere Ring aus verglasten Konferenzräumen ermöglicht Sichtbeziehungen zwischen den einzelnen Geschossen. Hocheffiziente Deckenstrahler sorgen in den sonnenlosen Stunden des Tages indirekt über die freiliegenden Kassettendecken im Erdgeschoß und im ersten Obergeschoß für die blendfreie Beleuchtung der Arbeitsplätze. Im zweiten Obergeschoß befinden sich die Leuchten über einer mit Diffusionsgewebe abgehängten Decke. Konstruktion und Gebäudegeometrie wurden weitgehend zum Klimakonzept herangezogen. Die freiliegende Deckenkonstruktion trägt durch ihre thermische Masse zur Gebäudeklimatisierung bei. Die Zuluft der mit 100 Prozent Frischluft arbeitenden Klimaanlage gelangt über die aufgeständerten Böden in die Bürobereiche. Die Abluft wird über das Atrium und über eine umlaufende Öffnung zwischen der Decke des zweiten Obergeschosses und der Fassade nach oben abgeführt, um im oberen Bereich des Atriums abgesaugt zu werden. Um die Wärme und Luftfeuchtigkeit im Gebäude zu halten, wird ein regenerativer Wärmetauscher, ein sogenanntes Thermal Wheel, eingesetzt.

Formal und organisatorisch an einen Bienenstock erinnernd, gelang das seltene Kunststück, zusammen mit der Gebäudeform und der Organisation der Arbeitsplätze ein kommunikatives und verbindendes Umfeld zu schaffen, welches trotz der Verdoppelung der Mitarbeiter nichts von seinen Qualitäten verloren hat. *ta*

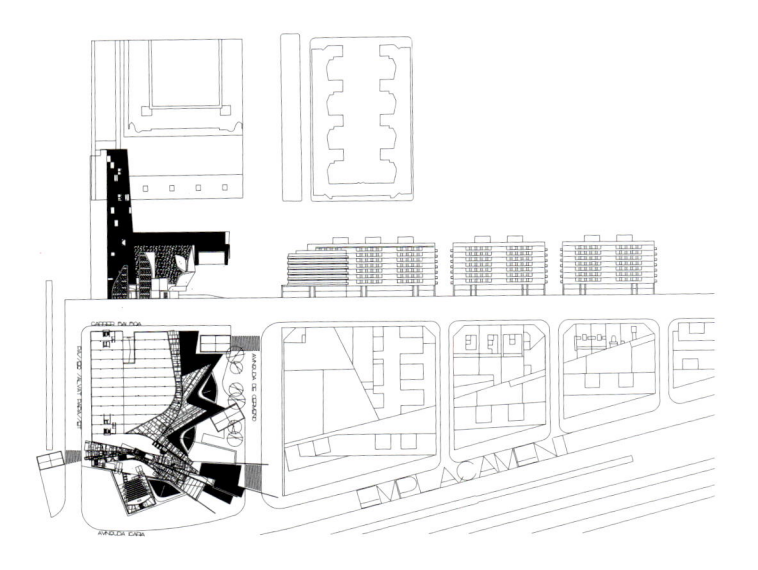

Lageplan und Ansicht

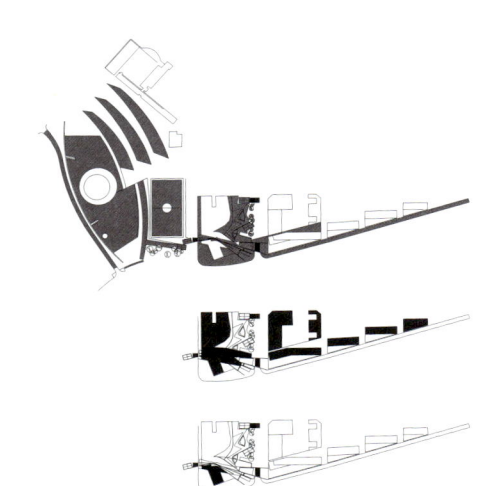

Städtebauliche Beziehungen
- Park mit Gasometer
- Barcelonetta
- Bahngleise

Blick von Süden entlang der Bahn. Die Wohnblocks formen das westliche Ende von Barcelonetta.

Der alte Gasometer im Park erinnert an den Ursprungsort des heute multinationalen Unternehmens. Ansicht von Norden.

Gas Natural Headquarters

Barcelona, Spanien

Bauherr	Gas Natural SDG
Architekten	Enric Miralles & Benedetta Tagliabue Arquitectes Associats
Nutzung	Firmenverwaltung
Fertigstellung	ca. 2004
Bruttogeschoßfläche	22.000 m²

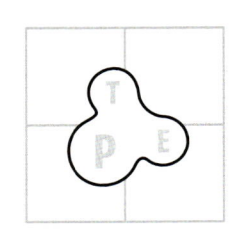

T = Teamarbeit
A = Austauscharbeit
P = Prozeßarbeit
E = Einzelarbeit

Mit dem Neubau seines Hauptsitzes konzentriert das spanische Energieversorgungsunternehmen „Gas Natural" seine verschiedenen multinationalen Aktivitäten im Stadtgebiet und kehrt damit nach 160 Jahren an seinen ursprünglichen Standort nördlich des alten Fischerquartiers Barcelonetta zurück. Das Projekt ist Teil der seit den Olympischen Spielen beschleunigten Stadterneuerung Barcelonas und der damit erfolgenden Wiederanbindung des urbanen Barcelonas an das Meer. Das Gebäude ist eine Collage aus verschiedenen Baukörpern, eine Art Energie- und Kulminationspunkt, der Eigenschaften des Kontextes aufnimmt und sichtbar macht. Es liegt an der Schnittstelle zwischen dem strengen Raster Barcelonettas, dem Bahnhofsgelände und einem Park auf dem Gelände der alten Gaswerke.

Erdgeschoß

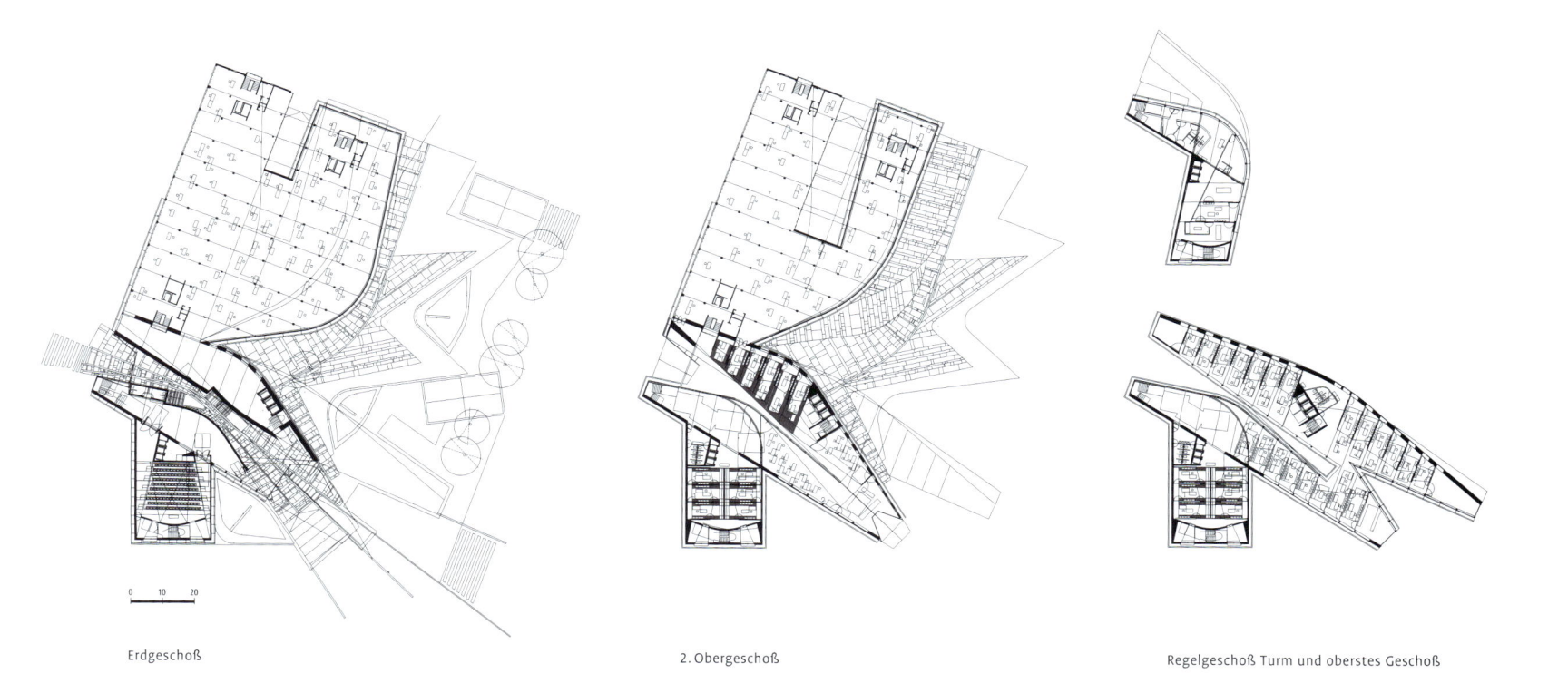

2. Obergeschoß

Regelgeschoß Turm und oberstes Geschoß

Seinen Photocollagen maß Enric Miralles dieselbe Bedeutung bei wie seinen Bauten. Ansicht des Gas Natural-Haupsitzes von Westen über die Bahngleise.

Die einzelnen Baukörper sind aufeinandergeschichtet; in einer Drehung gegen den Uhrzeigersinn staffeln sie sich in die Höhe. Der flache Baukörper liegt parallel zum Park, das mittlere Volumen bildet zwanzig Meter über der Straße einen ausladenden, viergeschossigen Kragarm – zugleich ein Tor für das Stadtviertel Barcelonetta –, der „Turm" hingegen steht direkt an der Kurve der Bahngleise und reagiert damit auf den entfernter liegenden Bahnhof.

Für die Büronutzung bieten sich vielfältige räumliche Situationen. Sie reichen von großen offenen Arbeitsbereichen für die Prozeßarbeit (siehe „Systematik der Projektbeispiele", S. 82) über kleinere Arbeitsbereiche für Gruppenarbeit bis hin zu Bürozellen und Kombinationen aus beiden. Organisatorischer wie formeller Mittelpunkt ist der „Turm", in dessen beiden ersten Geschossen sich auch der großzügige Eingangsbereich befindet. Die vertikale Organisation spiegelt die hierarchische Firmenstruktur wider; die offenen Arbeitsbereiche liegen in den unteren Geschossen, während die Einzelbürokombinationen im Turm mit der Höhe an Exklusivität zunehmen. Die Fassade ist als mehrschichtiger transluzenter „Schleier" geplant, der klimatechnische Funktionen wie Sonnenschutz und Belüftung übernimmt, aber auch die abstrakte, skulpturale Wirkung durch die undifferenzierte Behandlung der einzelnen Baukörper verstärkt. Über wenige große Fensteröffnungen werden eindeutige, ausgewählte Beziehungen zur Umgebung hergestellt.

Das Büro Miralles und Tagliabue verbindet die Funktion eines Bürogebäudes mit einer wirkungsvollen städtebaulichen Aussage. Durch die Differenzierung des Bauvolumens in Abhängigkeit zu seiner Umgebung schaffen sie die Eingliederung von massiver Bürofläche in die Struktur der Stadt. *ta*

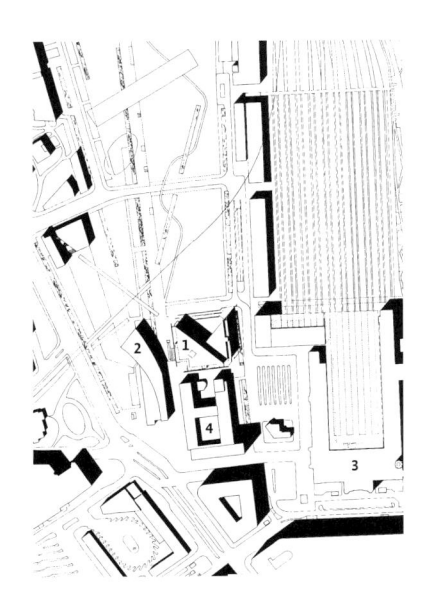

Lageplan
1 Sanoma Haus
2 Kiasma Museum
3 Hauptbahnhof
4 Hauptsitz der Finnischen Post

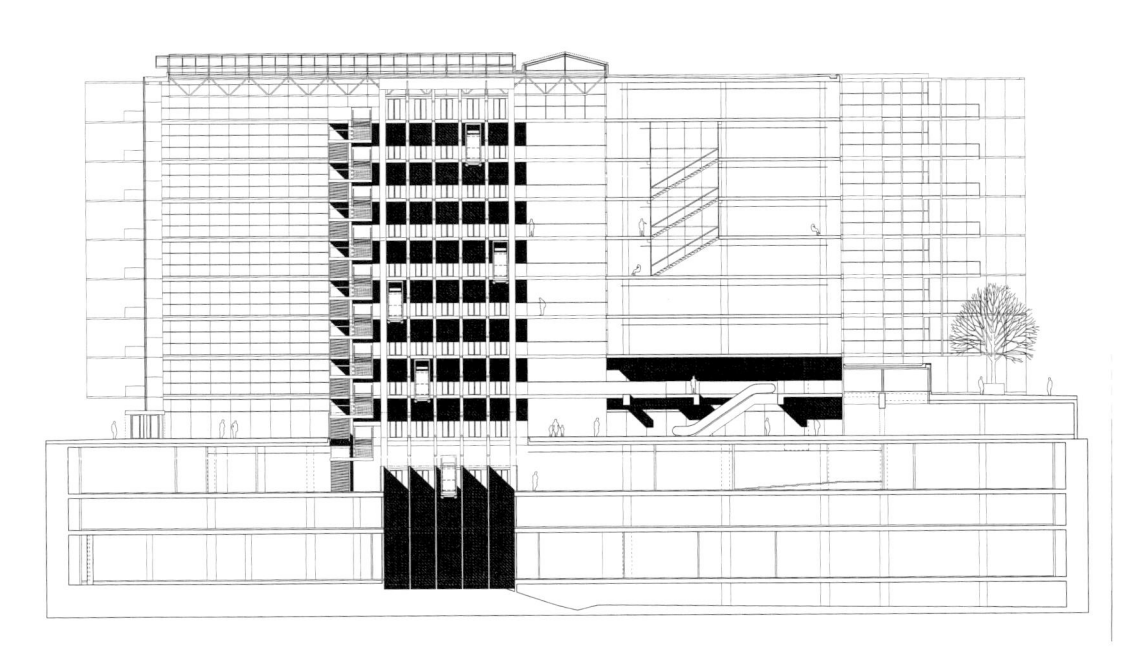

Schnitt

Sanoma House

Helsinki, Finnland

Bauherr	Sanoma Corporation
Architekten	SARC Architects
Nutzung	Medien
Fertigstellung	1999
Bruttogeschoßfläche	43.000 m²
Büronutzfläche	38.708 m²
Arbeitsplätze	ca. 1000

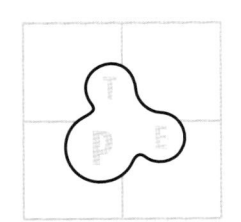

T = Teamarbeit
A = Austauscharbeit
P = Prozeßarbeit
E = Einzelarbeit

Nordwestlich der hafenzugewandten Innenstadt Helsinkis erstreckt sich entlang des Töölö-Sees ein Areal, das noch Anfang des 20. Jahrhunderts die Rückseite der Stadt bildete. Vom Wachstum der Stadt verschont, versuchten zahlreiche städtebauliche Planungen im Laufe des Jahrhunderts dem vernachlässigten Gebiet mitten in der Stadt ein Gesicht zu geben. Die Idee Alvar Aaltos von 1969, das Westufer des Sees mit einer Reihe von öffentlichen Gebäuden zu fassen, wird nun Wirklichkeit. Der Neubau des finnischen Medienkonzerns Sanoma bildet mit seinem Gegenüber, dem Museum für moderne Kunst von Steven Holl, den markanten, südlichen Endpunkt dieser Reihe. Nur ein Park wird das Gebäude zukünftig vom See trennen, so daß der neungeschossige Glaskubus von weitem sichtbar ist. Mit Läden,

Erdgeschoß

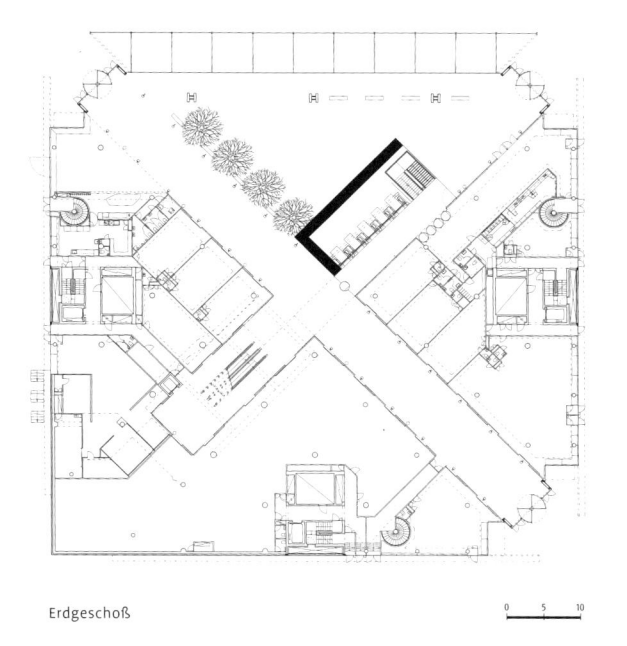

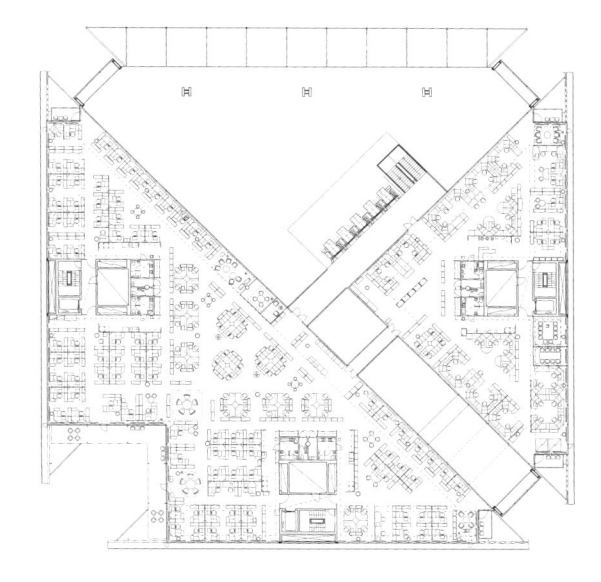

Regelgeschoß

von links nach rechts

Die Media Piazza, ein öffentlicher Platz im Verlagshaus, bietet den Passanten einen freien Blick auf den See.

Die neungeschossige Hallenfassade ist vom Dach abgehängt und wird durch eine vorgespannte Stahlkonstruktion ausgesteift. Vor den Bürofassaden bilden gläserne Wandscheiben die äußere Schicht der doppelschaligen Fassade.

Über einen Deckenausschnitt erhalten die Passanten einen Einblick in die Verlagskantine. Das gläserne Treppenhaus und frei im Raum gleitende Fahrstühle verbinden die oberen Verlagsgeschosse mit den Sonderräumen.

Holzverkleidete Brücken überspannen den Luftraum der Fußgängerpassage und verbinden die dreieckigen Büroebenen.

Das rötlich schimmernde Holz der Wandverkleidung veredelt den Konferenzbereich.

Restaurant und Designzentrum in den unteren zwei Geschossen wird das Medienhaus Teil des städtischen Lebens.

Ein diagonales Wegekreuz führt durch das Gebäude und teilt den quadratischen Grundriß spannungsvoll in Dreiecksflächen. Das nördliche Dreieck bildet die Media Piazza, ein öffentlicher Platz in einer neungeschossigen Glashalle, mit Blick auf den See. Frei im Raum gleitende Fahrstühle und ein gläsernes Treppenhaus verbinden die oberen Bürogeschosse des Zeitungsverlages mit den Sonderräumen – Verlagskantine, angrenzende Konferenzräume, Auditorium sowie eine Art Übungsredaktion für Schüler und ein Fitnessbereich mit Sauna – im Untergeschoß, die über einen Deckenausschnitt für Passanten sichtbar sind. In der Fußgängerpassage überspannen holzverkleidete Brücken den Luftraum und verbinden die dreieckigen Büroebenen miteinander.

Eine gut funktionierende Kommunikation und die enge Zusammenarbeit der Mitarbeiter tragen wesentlich zu dem Gelingen einer Tageszeitung bei. Zu diesem Zweck verteilen sich die Arbeitsplätze in Gruppen zusammengefaßt in den offenen Grundrissen. Nur in Teilbereichen bieten verglaste Wände für Einzelarbeitsplätze und kleine Besprechungsräume eine akustische Trennung. Für kurze und spontane Gespräche stehen den Mitarbeitern bequeme Sitzgruppen und Besprechungstische in den offenen Zonen zur Verfügung. An der sonnigen, eingezogenen Südwestecke des Gebäudes bietet ein winkelförmiger Balkon, im Windschatten der vorstehenden Fassadenenden, Sitzgelegenheiten im Freien.

Vor den Bürofassaden bilden gläserne Wandscheiben, geschoßweise durch horizontale Profilbänder gegliedert, als zweite Haut einen Wind- und Wärmeschutz. Automatisch gesteuerte Fassadenklappen regulieren die Durchlüftung des Fassadenzwischenraums der Korridorfassade. (s. auch „Die veränderbare Hülle", S. 59)

An der Nordseite bestimmt eine dreidimensionale Stahlkonstruktion, über die die neungeschossige Hallenfassade abgehängt und ausgesteift wird, die Außenwirkung. *sj*

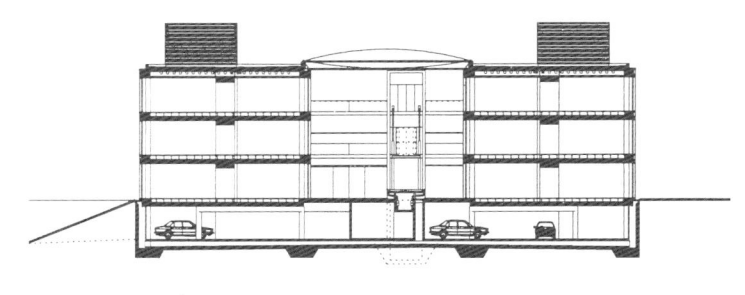

Querschnitt

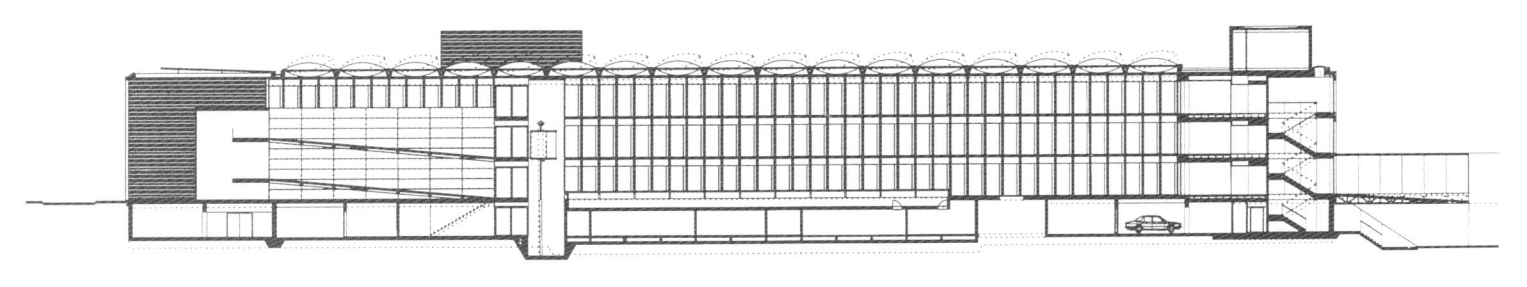

Längsschnitt

Braun
Hauptverwaltung
Kronberg, Deutschland

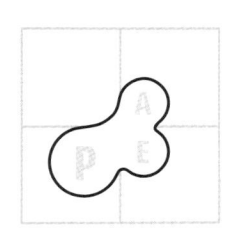

T = Teamarbeit
A = Austauscharbeit
P = Prozeßarbeit
E = Einzelarbeit

Bauherr	Braun GmbH
Architekten	Schneider + Schumacher
Nutzung	Firmenverwaltung
Fertigstellung	2000
Bruttogeschoßfläche	13.350 m²
Bruttonutzfläche	ca. 6.650 m²
Arbeitsplätze	350 – 450

Der Name Braun steht seit den zwanziger Jahren für qualitativ hochwertige Radios und nicht erst seit dem legendären „Schneewittchensarg" (1956 die erste Kompaktanlage) für erstklassiges Design. Seit den sechziger Jahren ist der ehemalige Familienbetrieb als Tochterfirma des Gillette-Konzerns vorwiegend mit Haushaltsgeräten auf dem Markt vertreten.

Der schlichte, dreigeschossige Glaskubus steht mit seiner geometrischen Strenge in der Tradition der klassischen Moderne. Der Minimalismus, der sich bis ins Detail durchsetzt - bei der Ausbildung des Dachrands, in der profillosen Außenhaut oder bei den Sichtbetonkernen –, und der zurückhaltende Umgang mit den Materialien bestimmen das Außenbild des Gebäudes.

Erdgeschoß

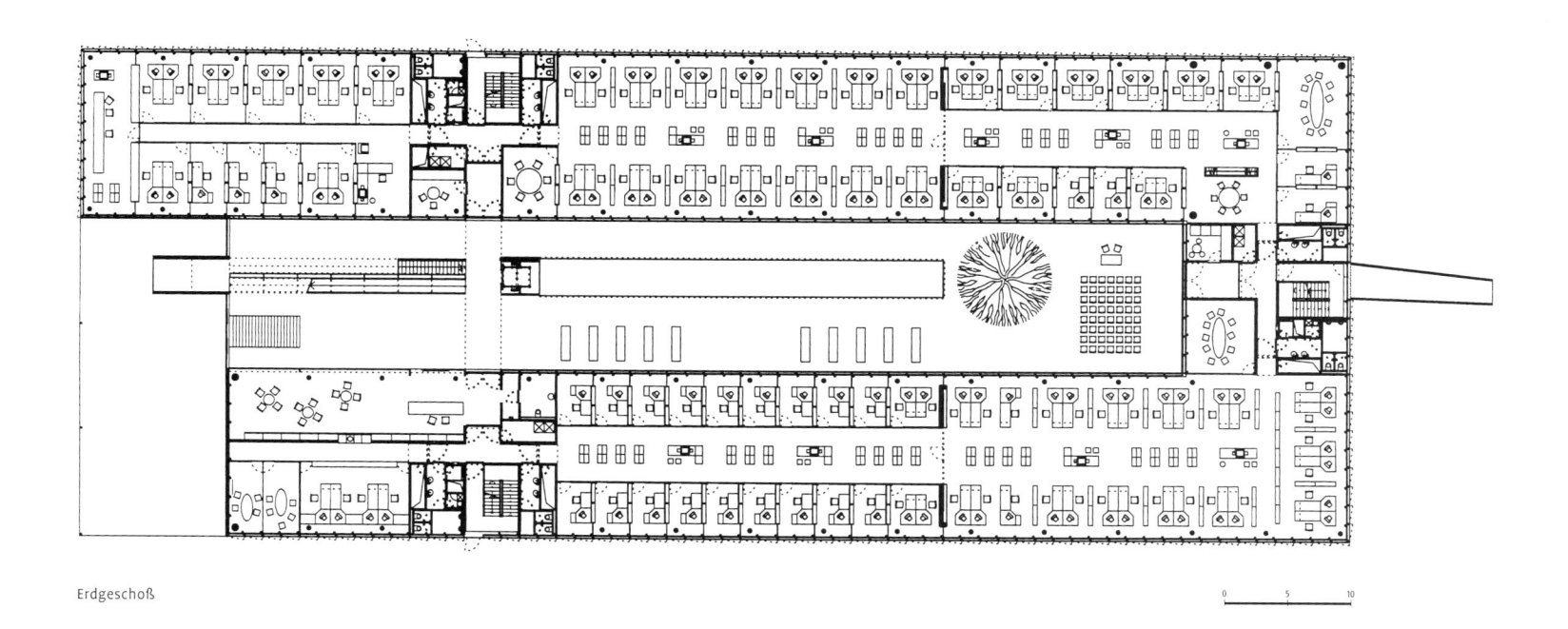

oben Die Fassade wird durch den Wechsel von Festverglasung und Öffnungsklappen rhythmisiert.

links Ein ausladendes Dach ergänzt den Kubus und markiert den Eingangsbereich.

rechts Entlang einer hinterleuchteten Glaswand wird der Zugang zu den Büros über Rampen und Stege zelebriert.

Ein ausladendes Vordach und großformatige Bodenplatten komplettieren den Baukörper zu einem Rechteck und geben den Blick auf das innenliegende Atrium frei, das an drei Seiten von den angrenzenden Büroräumen gefaßt wird. Über diesen dreigeschossigen, von oben belichteten Raum erschließt sich das Gebäude. Der Zugang zu den Büros erfolgt über eine Rampe, die an einer hinterleuchteten Glaswand mit integrierten Vitrinen entlangführt, die die Produkte des Konzerns präsentieren, oder über den freistehenden, gläsernen Aufzug. Rampe und Aufzug sind in einer Flucht angeordnet, die mit einem langen, schmalen Wasserbecken fortgesetzt wird und in einem Baum den Abschluß findet. Diese lineare Reihung der Elemente verstärkt die Wirkung des längsgerichteten Atriums.

Die Mitarbeiter der Hauptverwaltung übernehmen die üblichen Aufgaben wie Einkauf, Marketing, Finanzen und Personalwesen. Aufgabenbereiche also, die entweder von Routinearbeit oder konzentrierter Einzelarbeit geprägt sind. Dementsprechend wurden in dem U-förmigen Grundriß eine Mischung aus Großraum- und Kombibürokonzepten realisiert. In den Kombibürozonen trennen weiße, raumhohe Schrankwände die Einzelarbeitsräume voneinander und großflächige Verglasungen mit schwarzen, schlanken Profilen stellen einen optischen Bezug zur gemeinsam genutzten Mittelzone her. Die Mittelzone bietet mit temporären Arbeitsplätzen, Teeküchen und Ablageflächen Raum für zufällige Begegnungen, unterstützt die spontane Kommunikation und wirkt der Vereinzelung der Mitarbeiter entgegen. In den Großraumbüros sind die Arbeitsplätze frei im offenen Raum verteilt oder durch raumhohe, nischenbildende Schrankelemente zu kleinen Gruppen zusammengefaßt. Für kleine Besprechungen und Sitzungen sind jeder Abteilung dementsprechende Räume zugeordnet; für größere Sitzungen buchen die Angestellten einen der Räume in dem zentral angeordneten Besprechungsbereich. Die schlichten Glastrennwände, die zurückhaltende Farb- und Materialwahl und nicht zuletzt die durchgehenden, massiven Decken erzeugen klar gestaltete Innenräume.

Neben dem ästhetischen Wert sind die sichtbaren, massiven Decken wesentlicher Bestandteil der Raumklimatisierung. Im Deckenputz integrierte, wasserführende

Skizze Luftkissenpolster Dach

Klimakonzept Büroraum

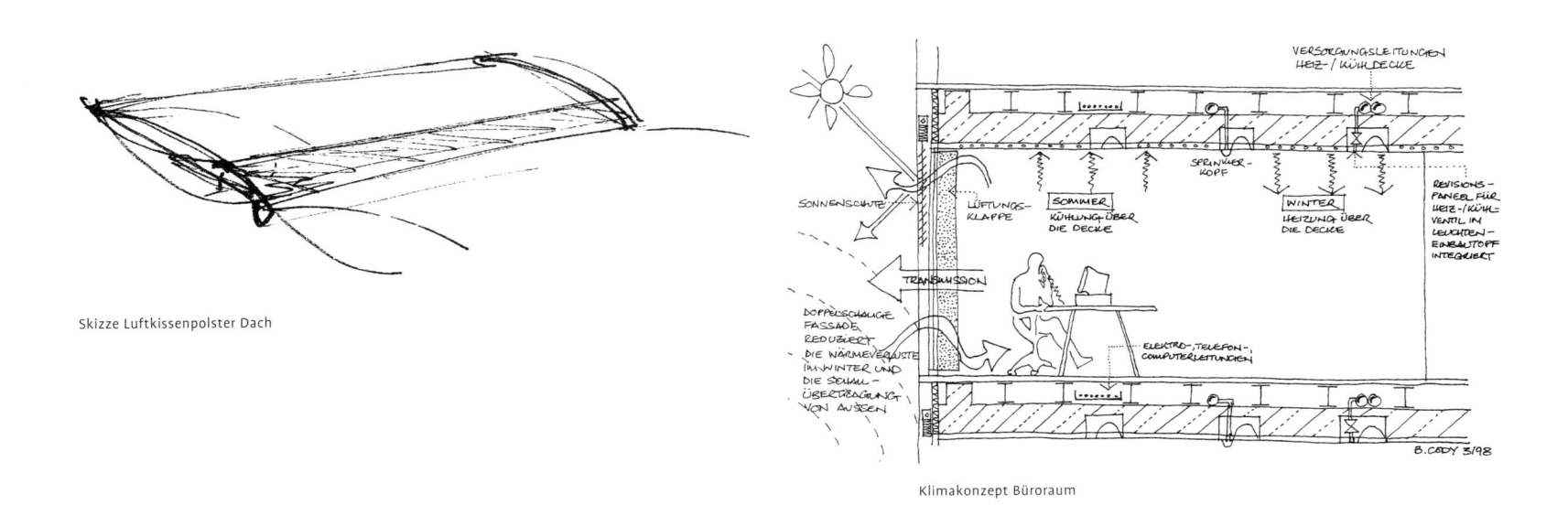

von links nach rechts

Sensoren steuern das Öffnen und Schließen der profillosen Gläser der äußeren Fassadenschicht.

Eine typische Bürosituation als Kombibüro. Großflächige Verglasungen und schlanke Profile erzeugen Eleganz.

Die Halle dient den angrenzenden Büros als Klimapuffer und wird temporär für Ausstellungen genutzt

Kapillarrohrmatten heizen und kühlen die Räume. Um den individuellen Bedürfnissen gerecht zu werden, ist das System in Abhängigkeit von der Himmelsrichtung und dem Gebäudebereich in Zonen unterteilt, die unterschiedlich temperiert werden können. Dieses auf Niedertemperatur basierende Heizsystem konnte auf Grund der guten Dämmwerte der doppelschaligen Fassade, die funktional wie ästhetisch außergewöhnlich ist, realisiert werden. Zur Minimierung der Wärmeverluste und maximalen Nutzung der Sonnenenergie reagiert die äußere Fassadenschicht, über Sensoren gesteuert, optimal auf Licht, Temperatur und Niederschlag. Der Wandel der Jahres- und Tageszeiten zeichnet sich durch das Öffnen und Schließen der geschoßhohen Gläser an der Fassade ab. Zeit wird zum Schmuckwerk.

Die innere Fassade, rhythmisiert durch den Wechsel von großflächigen, festverglasten Elementen und schmalen, wärmegedämmten Öffnungsflügeln, wird von den Mitarbeitern manuell bedient. Bemerkenswert einfach sind die schmalen Innenflügel, die statt mit den üblichen Beschlägen nur mit einem Griff und Kühlschrankdichtungen ausgestattet sind. Beim Öffnen des schmalen Flügels folgt der Außenflügel der Bewegung des Innenfensters. Durch horizontale und vertikale Abschottungen im Fassadenzwischenraum besteht die Fassade, konstruktiv wie lüftungstechnisch relevant, aus einer Addition von Kastenfenstern.

Für die atriumorientierten Büros übernimmt das Volumen der unbeheizten Halle die Funktionen der zweiten Fassadenschicht. Das Dach der Halle besteht aus gläsernen, in Stahlrahmen gefaßten, Luftkissen. Je nach Jahreszeit und Luftqualität ist das Dach komplett geöffnet oder geschlossen, ist das Atrium Pufferzone oder Außenraum. Über Erdkanäle gekühlte oder vorgewärmte Zuluft sorgt auch bei extremen Außentemperaturen für angenehme Temperaturen in der Halle.

Mit dem Neubau der deutschen Hauptverwaltung auf dem Werksgelände in Kronberg finden die Braun-Produkte, die Funktionalität und Design in sich vereinen, ihre Entsprechung. *sj*

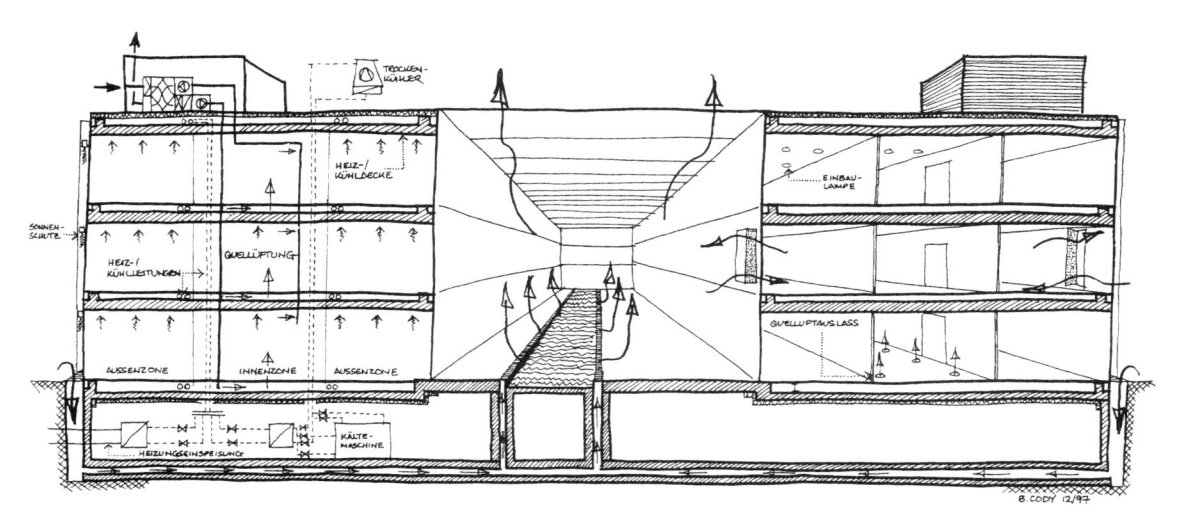

Klimakonzept Gebäude

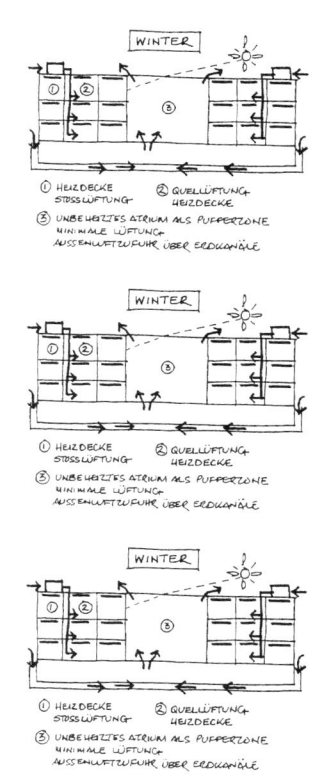

Lageplan

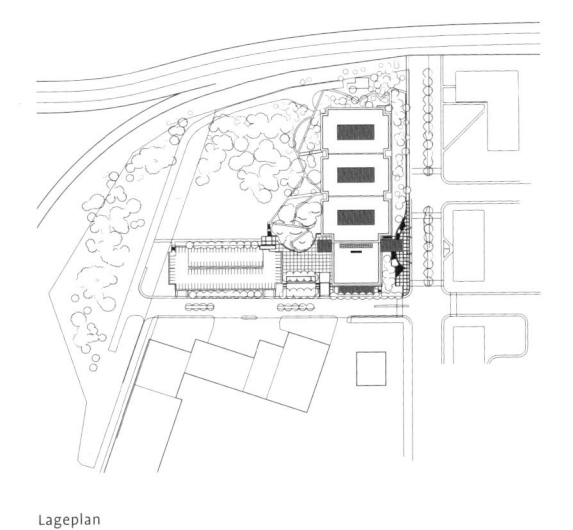

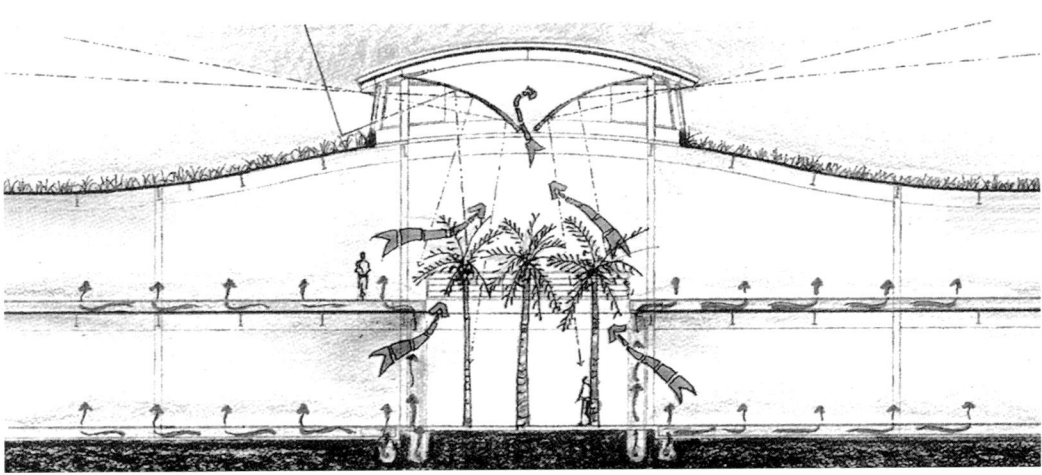

Schematischer Schnitt durch ein Atrium mit Be- und Entlüftungssystem

oben Der Gebäudekomplex erstreckt sich entlang der Cherry Avenue und wird durch Einschnitte optisch in drei Volumen geteilt.

rechts Blick von der Parkseite, der ursprüngliche Baumbestand wurde erhalten. Für das GAP 901 Cherry Building in San Bruno, Kalifornien erhielten William McDonough + Partners 1998 den „Good Design is Good Business Award" gemeinsam von Business Week und Architectural Record.

GAP 901 Cherry

San Bruno, Kalifornien / USA

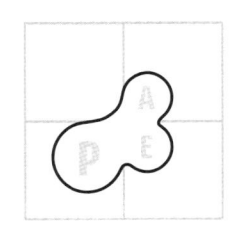

T = Teamarbeit
A = Austauscharbeit
P = Prozeßarbeit
E = Einzelarbeit

Bauherr	GAP Inc.
Architekten	William McDonough + Partners
Nutzung	Firmenverwaltung
Fertigstellung	1998
Bruttogeschoßfläche	16.878 m²
Büronutzfläche	11.830 m²
Arbeitsplätze	600
Mitarbeiter	600

Der Architekt William McDonough bekam 1996 von US-Präsident Clinton den „Presidential Award for Sustainable Development", die höchste Auszeichnung Amerikas für Umweltschutz verliehen. International bekannt durch seine Aktivitäten für den Umweltschutz, entwickelte McDonough zusammen mit seinem Partner Michael Braungart für die EXPO 2000 die „Hannover Principles", Richtlinien für eine nachhaltige Entwicklung der Gesellschaft. Das GAP-Gebäude ist der Versuch der Umsetzung dieser Konzepte.

Die Firma GAP ist ein international agierendes Unternehmen der Bekleidungsindustrie, das in den letzten Jahren stark expandierte. Dadurch wurde es notwendig, die mehr und mehr auseinanderliegenden angemiete-

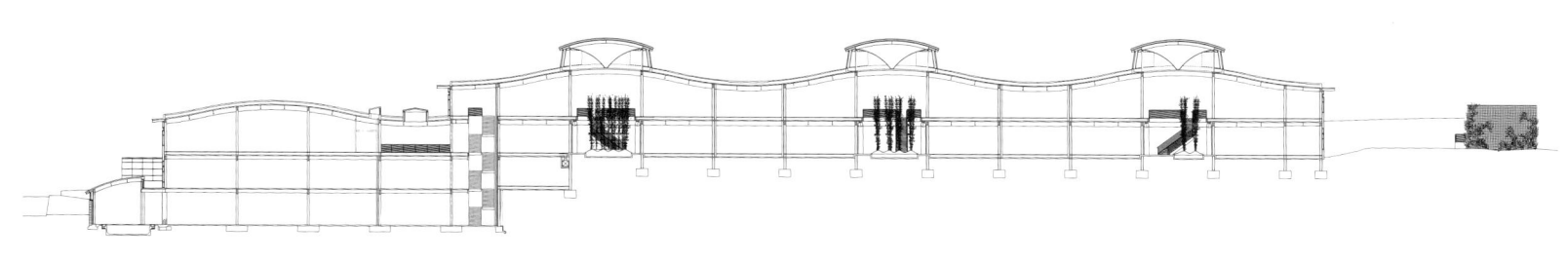

Längsschnitt

oben Das Restaurant ist auch öffentlich zugänglich und als Treffpunkt beliebt.

links Die gebäudehohe Eingangshalle ist zugleich Lobby für die angrenzenden Konferenzräume.

ten Büroflächen an einem Ort zu konzentrieren und den ersten Neubau der Firma zu errichten. Aufgrund der Lage im Silicon Valley, nur wenige Kilometer südlich des Internationalen Flughafes von San Francisco, wurde San Bruno als Standort für den Hauptsitz ausgewählt. Mit der Beauftragung von William McDonough + Partners für den Neubau versuchte GAP, die mit den eigenen Marken verbundenen ökologischen Werte zu transportieren, das „Brand Value" zu verstärken. In Zusammenarbeit mit Gensler Associates und mit dem Ingenieurbüro Ove Arup entstand ein Gebäude, das in zweifacher Hinsicht außergewöhnlich ist; zum einen mit einer auf den Menschen zugeschnittenen Arbeitsplatzumgebung und zum anderen mit einer um 30 Prozent höheren Energieeffizienz als vom kalifornischen Gesetz gefordert.

901 Cherry unterscheidet sich schon von außen durch das intensiv mit lokaler Vegetation begrünte, wellenförmige Dach von seinen Nachbarn. Der Gebäudekomplex erstreckt sich über einer in den Hang hineingebauten großen Tiefgarage entlang der Cherry Avenue. Er ist in zwei, durch eine gebäudehohe Eingangshalle verbundene Bauvolumen unterteilt. Gemeinsame Flächen für die Mitarbeiter – ein Restaurant mit Terrasse, Fitness-Studio, Swimmingpool, moderne Telekonferenzeinrichtungen und große Konferenzräume – befinden sich im südlichen, kleineren Baukörper. Die eigentlichen Büroflächen sind im nördlichen Baukörper durch Einschnitte im Grundriß in drei Teile gegliedert. Zentrales Element in jedem Teilbereich ist ein Atrium mit einer eingestellten Treppe und thematischen Gärten. Das Atrium versorgt die

Büroflächen zusätzlich mit natürlichem Tageslicht, schafft eine räumliche Verbindung zwischen den beiden Etagen und dient der Entlüftung. Der Hauptanteil der Arbeitsplätze ist um die Atrien herum in „Cubicles" angeordnet. An der Peripherie befinden sich Zellenbüros mit Einzelarbeitsplätzen ebenso wie formale Besprechungsräume. In den Zwischenzonen der Teilbereiche findet man die gemeinsam genutzte Büroinfrastruktur, den Arbeitsplätzen zugeordnete Pausenzonen und die notwendigen Treppen. Die Erweiterung der Infrastrukturstandorte zu informellen Pausenzonen sorgt für zwanglose und zufällige „weiche" Treffen unter den Mitarbeitern, die sonst an ihren Arbeitsplätzen wenig Kontaktmöglichkeiten untereinander haben. Die Raumaufteilung ist den Anforderungen des Unternehmens

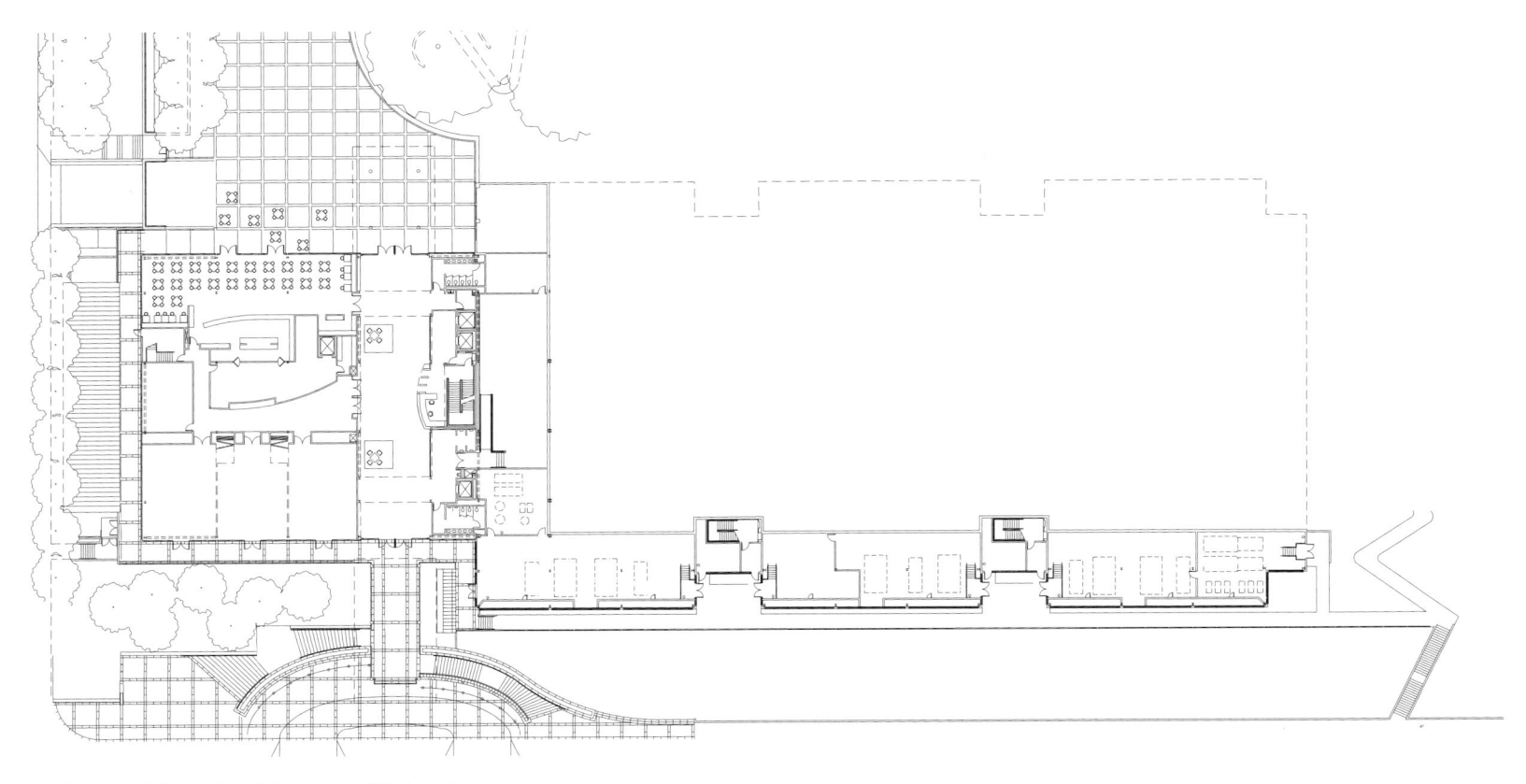

Erdgeschoß mit Eingangsbereich, Restaurant und Konferenzräumen

links Eine helle und freundliche Atmosphäre entsteht durch die verwendeten Materialien und Farben.

rechts Die Atrien sind das zentrale Element der Bürobereiche. Neben der Tageslichtversorgung und der Orientierung dienen sie auch zur Entlüftung.

ganz rechts Informeller Treffpunkt im 2. OG mit Blick auf die intensiv begrünte Dachlandschaft.

gemäß schnell veränderbar, da sämtliche Medien im aufgeständerten Fußboden geführt werden.

Neben dem Gründach sind bei 901 Cherry verschiedene, für die Vereinigten Staaten bisher außergewöhnliche Konzepte des nachhaltigen Bauens zur Anwendung gekommen. Ein Lichtumlenksystem im Dach des Atriums sorgt dafür, daß kein Arbeitsplatz mehr als 9 Meter vom natürlichen Tageslicht entfernt ist. Die Fenster in den Zellenbüros sind öffenbar, und der Sonnenschutz kann vom Nutzer selbst geregelt werden. Ein Belüftungssystem bringt Frischluft über den Boden ein, die Entlüftung erfolgt über die Atrien. Die verbrauchte warme Luft wird damit ständig vom Nutzer nach oben hin weggeführt. Durch den Verzicht auf abgehängte Decken ist eine Raumhöhe von bis zu 5 Meter möglich, und die warme Luft kann sich über der Kopfhöhe sammeln. Dadurch wird der zu kühlende Raumanteil geringer. Weil zugleich die thermische Masse der freiliegenden Deckenkonstruktion zur Nachtkühlung genutzt wird und der hohe Tageslichtanteil die Kühllast, die durch künstliche Beleuchtung entsteht, reduziert, konnte die Klimaanlage minimiert werden. Darüber hinaus wurden, wenn möglich, nachwachsende Rohstoffe oder Materialien verwendet, die wenig Energie durch ihren Herstellungsprozeß gebunden haben. So kam beispielsweise das gesamte im Innenausbau verwendete Holz aus nachhaltiger, zertifizierter Holzwirtschaft. Die Raumhöhen in den oberen Ebenen lassen, zusammen mit den weißen Deckenoberflächen und dem hellem Holz, eine lichte, großzüge und freundliche Atmosphäre entstehen. Die vollständige Umsetzung der theoretischen Grundlagen von McDonough und Braungart war nicht möglich; Umweltbelastungen durch den Bau sind nur minimiert worden. Trotzdem ist Cherry 901 ein gelungenes Beispiel der Aktivierung von „Brand Value" durch nachhaltiges Bauen und zeitgemäße Arbeitsorganisation zum Vorteil der Umwelt und der Mitarbeiter. Leider blieb es auf dem Campus von GAP in San Bruno bei einem einzigen Gebäude, der nachfolgende Neubau läßt die Qualitäten von 901 Cherry vermissen. *ta*

Möblierungsplan 1. Obergeschoß

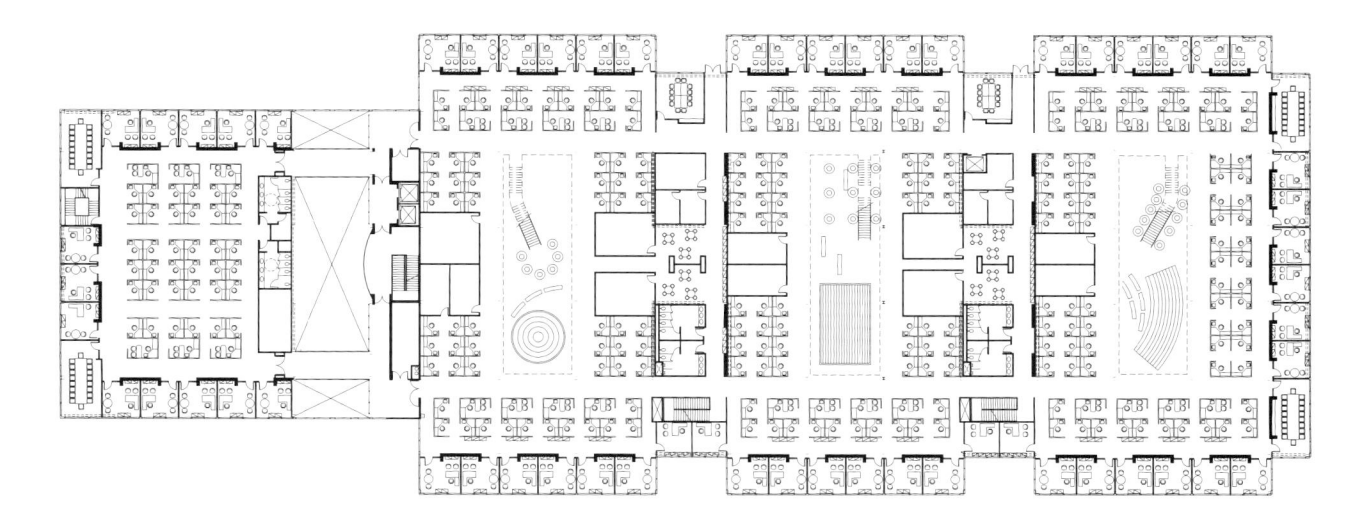

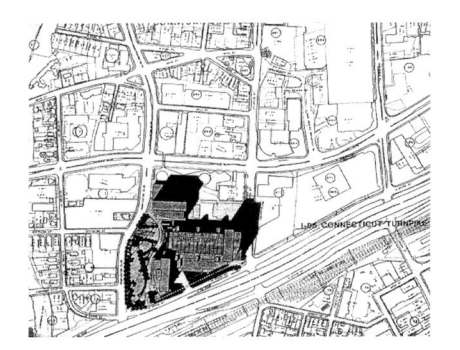

Lageplan

1 Handelsparkett
2 Technikgeschoß
3 Parkgarage
4 Restaurant Terrasse
5 Empfang

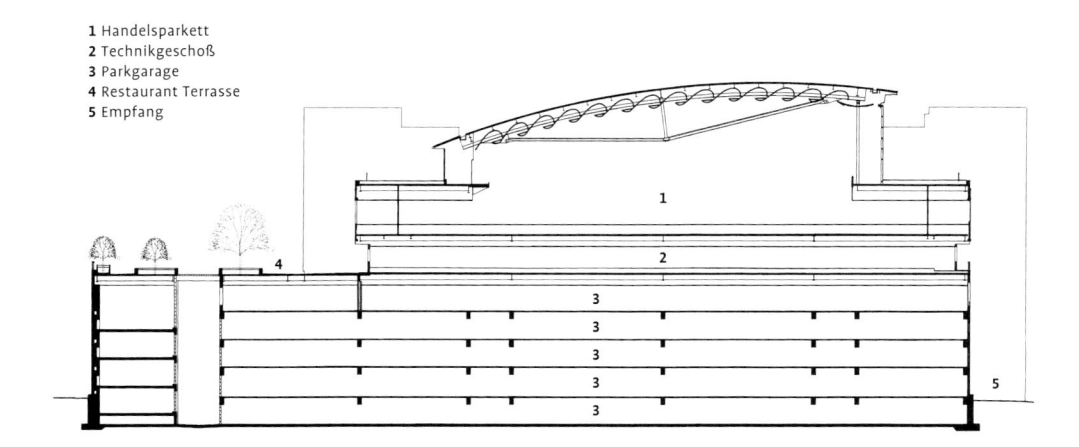

Schnitt; die Börse befindet sich auf dem Dach des sechsgeschossigen Parkhauses.

UBS Trade Center
Stamford, Connecticut / USA

Bauherr	SBC Warburg Dillon Read
Architekten	Skidmore, Owings & Merrill LLP
Nutzung	Finanzdienstleistung
Fertigstellung	1997
Bruttogeschoßfläche	4.645 m²
Büronutzfläche	2.575 m² (Halle)
Arbeitsplätze	950

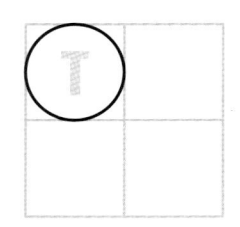

T = Teamarbeit
A = Austauscharbeit
P = Prozeßarbeit
E = Einzelarbeit

Abseits vom Finanzzentrum Manhattans entstand in Stamford das neue Zentrum der verschiedenen Niederlassungen einer Schweizer Bank in den USA, mit der Börse auf dem Dach des mehrgeschossigen Parkhauses. Der Zugang zum räumlichen und inhaltlichen Zentrum der UBS erfolgt über eine imposante, fünfgeschossige Eingangshalle, deren Noblesse der Wichtigkeit des Raumes gerecht wird. Als Ort der höchsten Informations- und Kommunikationsdichte nimmt das Handelsparkett eine Sonderposition im Bereich der Bürowelten ein. In der ca. 2.500 m² großen Halle sitzen 950 Händler dicht gedrängt, multimedial über mehrere Bildschirme und Telefone mit der Außenwelt verbunden. Ein ungestörter Blickkontakt und Übersicht über das Geschehen im Raum als Voraussetzung für die nonverbale Kommu-

1 Handelsparkett
2 Empfang
3 Konferenzraum
4 Teeküche
5 Büro für das Handelsparkett

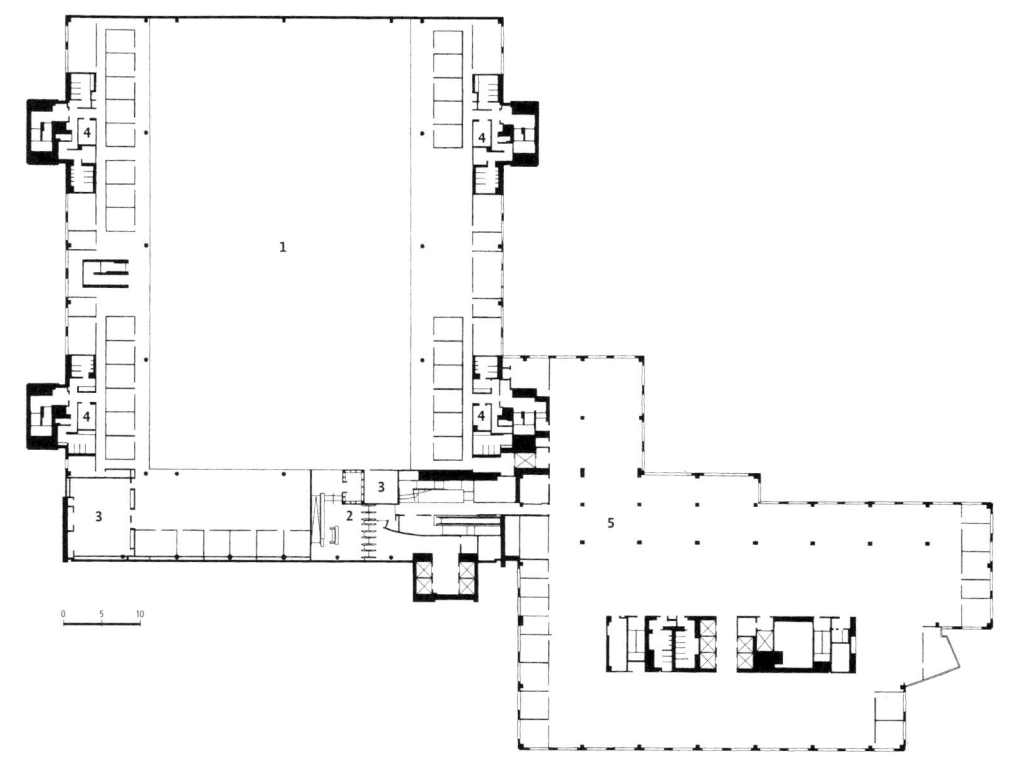

Das Handelsparkett im 6. Geschoß

linke Seite Die Teams sitzen dicht gedrängt an langen Tischreihen. Der stützenfreie Raum ermöglicht einen ungestörten Überblick über den gesamten Raum.

rechte Seite Für Besprechungen und zum kurzzeitigen Pausieren ziehen sich die Händler in die angrenzenden Räume zurück. Durch raumhohe Verglasungen können sie das Geschehen in der Halle verfolgen.

nikation sind verantwortlich für die hallenartige und stützenfreie Ausführung des Raumes.

Die hohe Fluktuation und Mobilität der Angestellten, die sich immer wieder zu neuen Gruppen zusammensetzen, fordern ein Gebäude, das auf die permanenten Veränderungen reagieren kann. Die Arbeitsplätze in der Halle, die über flexible Kabel und Bodenauslässe vernetzt sind, werden mehrmals im Jahr in kürzester Zeit dem Wandel der Teams angepaßt. Die Arbeitsräume der Teamleiter, die die Halle dreiseitig umgeben, sind mit verglasten Systemtrennwänden ausgestattet, die bei Bedarf über Nacht umgebaut werden können. Eine Vielzahl von Besprechungs- und Konferenzräumen in unterschiedlichen Größen und Ausstattungen bieten Raum für interne und externe Treffen, spontan oder geplant. In ihren meist kurzen Pausen nutzen die Händler die Zeit für eine erfrischende Dusche in den angrenzenden Baderäumen, zur Entspannung in einer Lounge mit einem Snack aus den Automaten oder begeben sich zu einer richtigen Mahlzeit in die Caféteria. Im Sommer bieten die Terrasse, das Restaurant und das Café im neu angelegten Park die Möglichkeit zum Entspannen.

Die technische Infrastruktur, der sensibelste Bereich des Gebäudes, ist auf Höchstleistung ausgelegt. Unterhalb der Halle bietet ein komplettes Geschoß Raum für die Datenbahnen, die Server, die Monitorsysteme und die Energieversorgung, die mit zwei voneinander getrennten Systemen funktioniert. In dem unwahrscheinlichen Fall, daß beide Systeme zusammenbrechen, gewährleistet ein Notgenerator den Fortgang der Geschäfte. Die Halle wird in einer Höhe von 9 bis 13 Metern von einem bogenförmigen Dach überspannt. Die abgehängte Decke aus wellenförmigen, perforierten Fiberglaspaneelen ist wesentliches Element der Raumkonditionierung. Die Perforierung verteilt die Frischluft, die über Rohre, die in das Tragsystem integriert sind, in das Gebäude geleitet wird, gleichmäßig im Raum und ist zugleich akustisch wirksam. Das Nordlicht der Fensterbänder und die wellenförmigen Fiberglaspaneele, mit Reflektoren bestückt, hüllen den Raum in ein gleichmäßiges und blendfreies Licht. **sj**

Isometrie

1 Besprechung
2 Wartebereich
3 Empfang
4 Cafeteria

Erdgeschoß

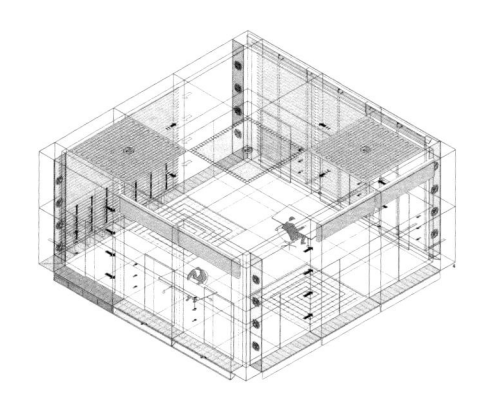

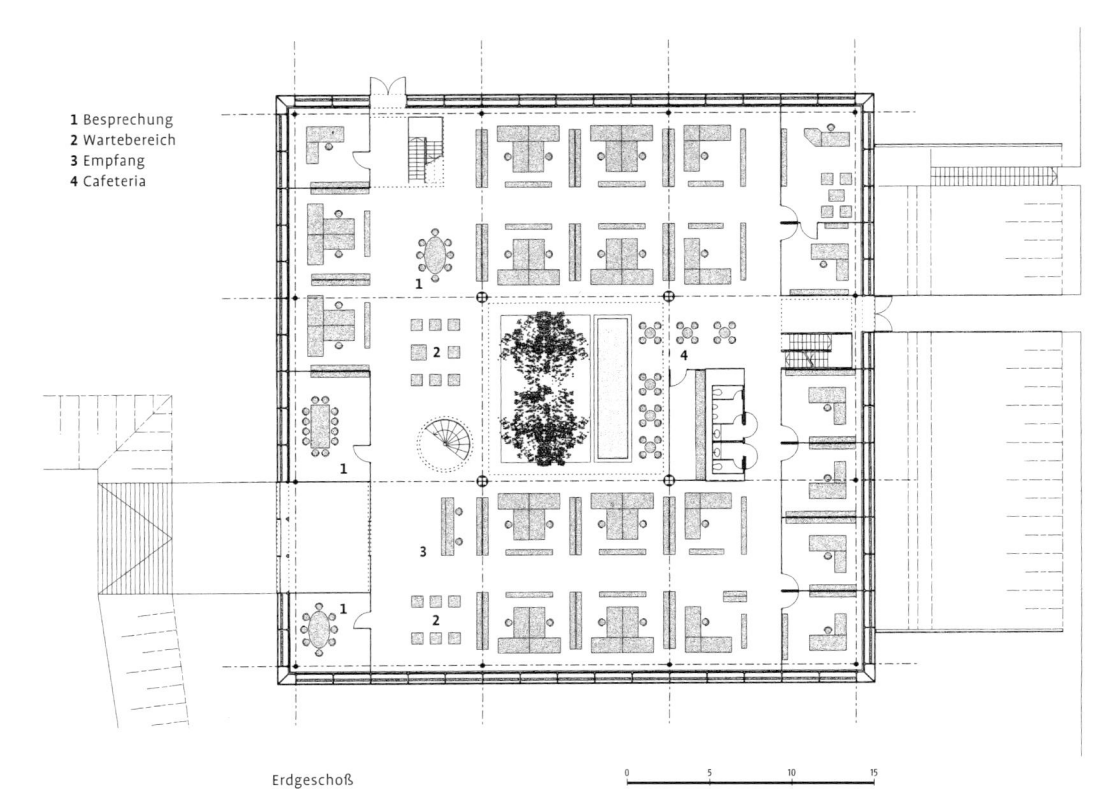

oben Eingang von Osten.

rechts Die gleichmäßige Struktur der äußeren Fassadenschicht bestimmt das Außenbild des schlichten Glaskubus.

Götz
Hauptverwaltung

Würzburg, Deutschland

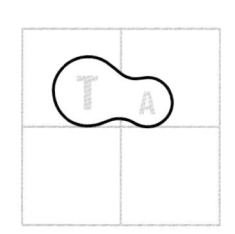

T = Teamarbeit
A = Austauscharbeit
P = Prozeßarbeit
E = Einzelarbeit

Bauherr	Götz GmbH
Architekten	Webler + Geissler Architekten
Nutzung	Entwicklung und Forschung
Fertigstellung	1995
Bruttogeschoßfläche	3.400 m²
Büronutzfläche	2.450 m² (HNF)
Arbeitsplätze	100

Mit dem Neubau ihrer Hauptverwaltung im Industriegebiet von Würzburg setzt die Firma Götz in vielerlei Hinsicht neue Maßstäbe. Das Bürogebäude präsentiert sich als minimalistischer, zweigeschossiger Glaskubus mit vier fast identischen Seiten. Über eine große Freitreppe führt der Weg durch gläserne Schiebetüren zur Rezeption. Von hier aus kann man das gesamte Erdgeschoß mit einem Blick erfassen. In der klaren, quadratischen Grundrißfigur, die sich in den Platten des grauen Granitbodens und in der abgehängten Metallkasettendecke fortsetzt, entwickelt sich eine transparente und offene Bürolandschaft. Durch hüfthohe Schrankelemente voneinander getrennt, entwickeln die Ingenieure des Metallbauunternehmens anspruchsvolle Fassadensysteme. Kommunikation und Interaktion als wesentli-

Klimakonzept Sommer

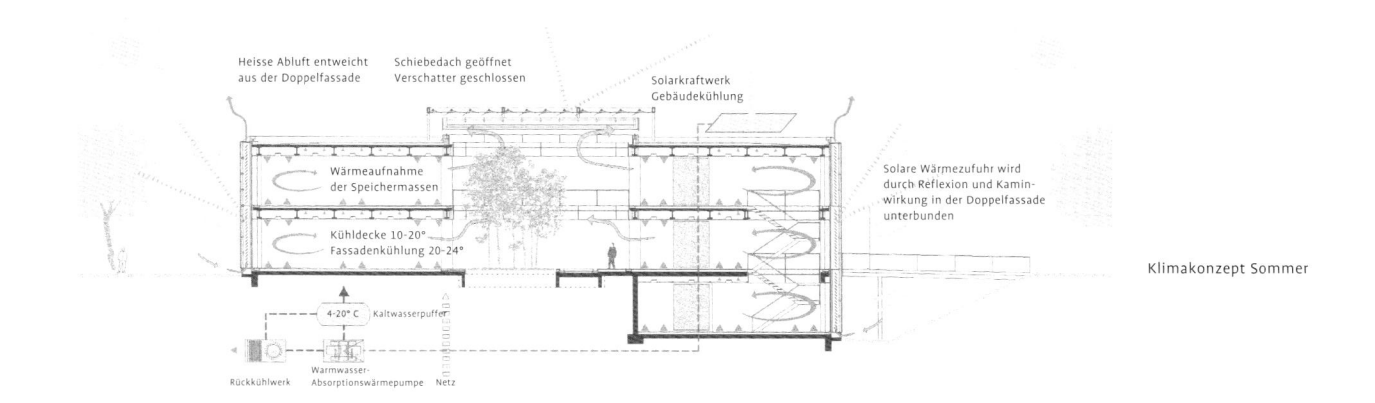

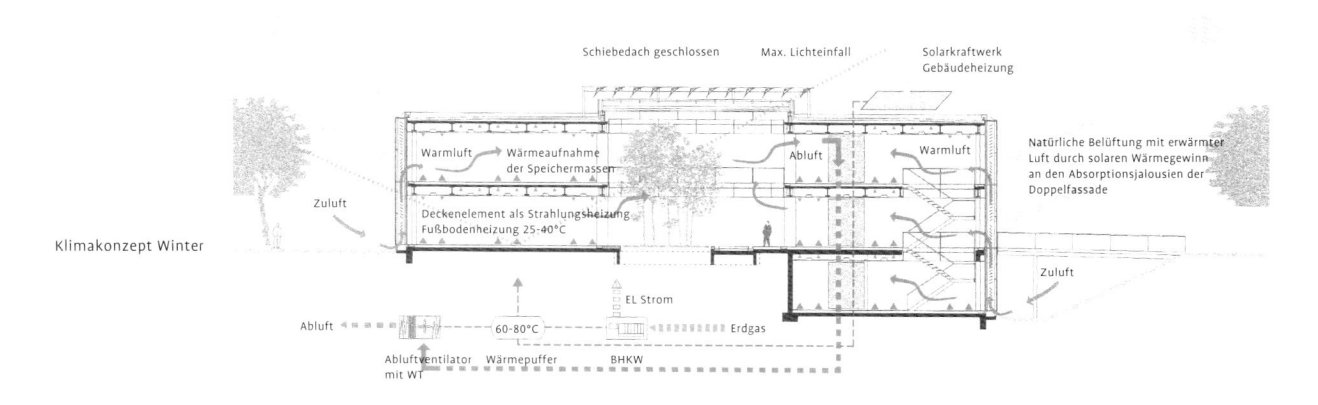

Klimakonzept Winter

oben Hüfthohe Schrankelemente bilden räumliche Nischen. Die quadratischen Deckenfelder sind mit reflektierendem Stoff, mit Kühlelementen oder mit einem Metallgitter ausgestattet.

links Die Arbeitsplätze und die Kommunikationszonen gruppieren sich um das begrünte, offene Atrium.

---

che Voraussetzung für die Teamarbeit werden durch die offene Raumgestaltung gefördert. Gleichzeitig ermöglicht das Großraumbüro die unkomplizierte Umgestaltung der Tischanordnung, dem Wandel der Arbeitsgruppen entsprechend. Den Mittelpunkt des Gebäudes bildet ein von oben belichtetes Atrium, das beide Geschosse räumlich miteinander verbindet. Mit der üppigen Bepflanzung, durch ein Wasserbecken ergänzt, entsteht im Atriumbereich ein angenehmes Mikroklima. In den Pausen und zu kurzen Gesprächen nutzen die Mitarbeiter die Caféteria oder die bequemen Sitzgelegenheiten, die sich um den Grünbereich gruppieren. Ganzglaskonstruktionen trennen Besprechungsräume und wenige Einzelarbeitsplätze akustisch vom Büroraum ab, treten optisch aber kaum in Erscheinung.

Ebenso wenig sichtbar ist das aufwendige Energiemanagement, das dafür sorgt, daß das Gebäude weitgehend energieautark und emmisionsfrei betrieben werden kann. Eine Vielzahl von Sensoren erfaßt das Außen- und Innenklima und steuert die Klima- und Fassadentechnik. Das Gebäude wird über Lüftungsklappen in der äußeren Schicht der Doppelfassade und über das Atriumdach natürlich be- und entlüftet. Im Winter erwärmt die Sonnenenergie, von den einseitig schwarz beschichteten Sonnenschutzlamellen unterstützt, die Luft im Fassadenzwischenraum. Mittels Umluftventilatoren, die für eine horizontale Luftzirkulation im Fassadenzwischenraum sorgen, werden die Temperaturdifferenzen im Norden und Süden ausgeglichen. Über Schiebetüren läßt sich die Innenfassade individuell und großflächig

öffnen. Während die Fassade die solare Energie passiv nutzt, wird sie von Sonnenkollektoren in die notwendige Kühl- und Wärmeenergie umgewandelt. Die bereichsweise regelbare Fußbodenheizung wird an extrem heißen Tagen zum Kühlen genutzt, ebenso wie die partiell angeordneten Kühlelemente in der abgehängten Decke die Heizleistung des Bodens unterstützen. Fossile Brennstoffe werden nur noch zur Deckung von Bedarfsspitzen genutzt.

Die Hauptverwaltung wird durch die konsequente Verknüpfung der hochleistungsfähigen Fassade mit dem solaren Energiekonzept zum idealen Werbeträger der Firma. *sj*

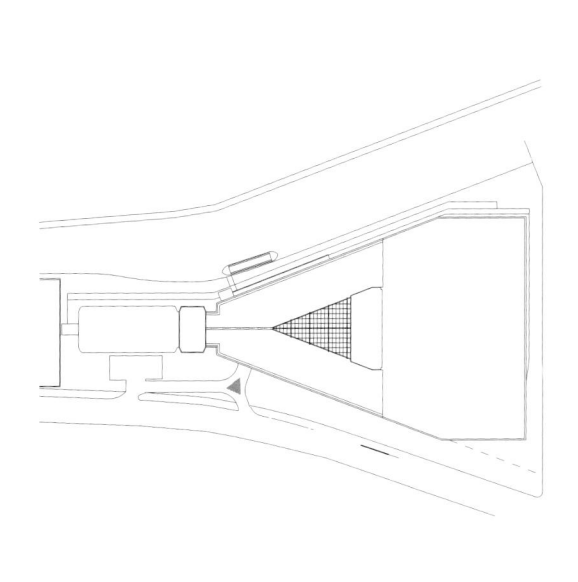

Lageplan; das Gebäude befindet sich zwischen einer stark befahrenen Straße und einem belebten Kanal.

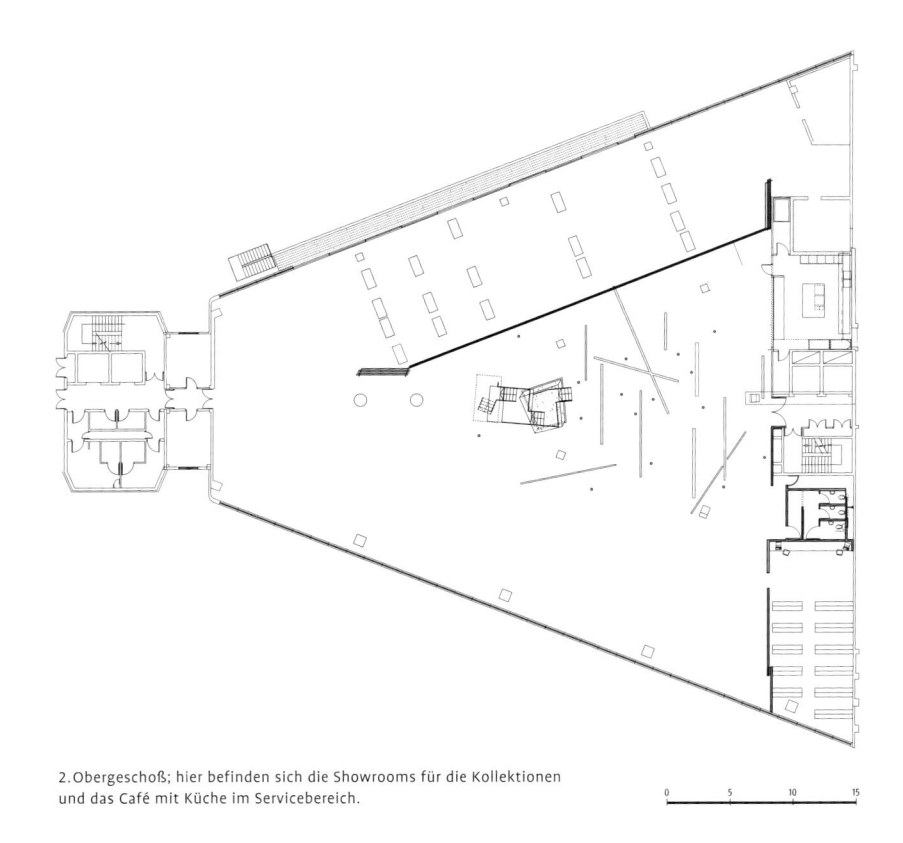

2. Obergeschoß; hier befinden sich die Showrooms für die Kollektionen und das Café mit Küche im Servicebereich.

Ted Baker Offices

London, Großbritannien

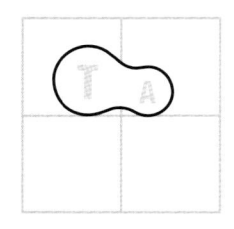

T = Teamarbeit
A = Austauscharbeit
P = Prozeßarbeit
E = Einzelarbeit

Bauherr	Ted Baker PLC
Architekten	Matthew Priestman Architects
Nutzung	Firmenverwaltung
Fertigstellung	2000
Bruttogeschoßfläche	3.716 m²
Büronutzfläche	1.579 m²
Arbeitsplätze	99
Mitarbeiter	100

Die Firma Ted Baker PLC ist ein 1988 gegründetes Modelabel und eine internationale Einzelhandelskette. Die Person Ted Baker ist eine vom Firmengründer Raymund Kelvin erfundene Kunstfigur. Ted Baker steht nach außen für die Eigenschaften der Marke und dient den Mitarbeitern als Identifikationsfigur und Wertmaßstab.

Wegen des cinematographischen Ansatzes ihrer Architektur erhielten Matthew Priestman Architects den Auftrag für den Umbau der oberen beiden Stockwerke eines Postgebäudes aus den achtziger Jahren zum neuen Firmenhauptsitz. Viel eher als ein Büro entwarfen sie eine Erlebniswelt, das sogenannte Tedodrome. Der Übergang in die Welt von Ted Baker findet narrativ statt. Durch eine große Werbetafel vor dem äußerlich völlig unver-

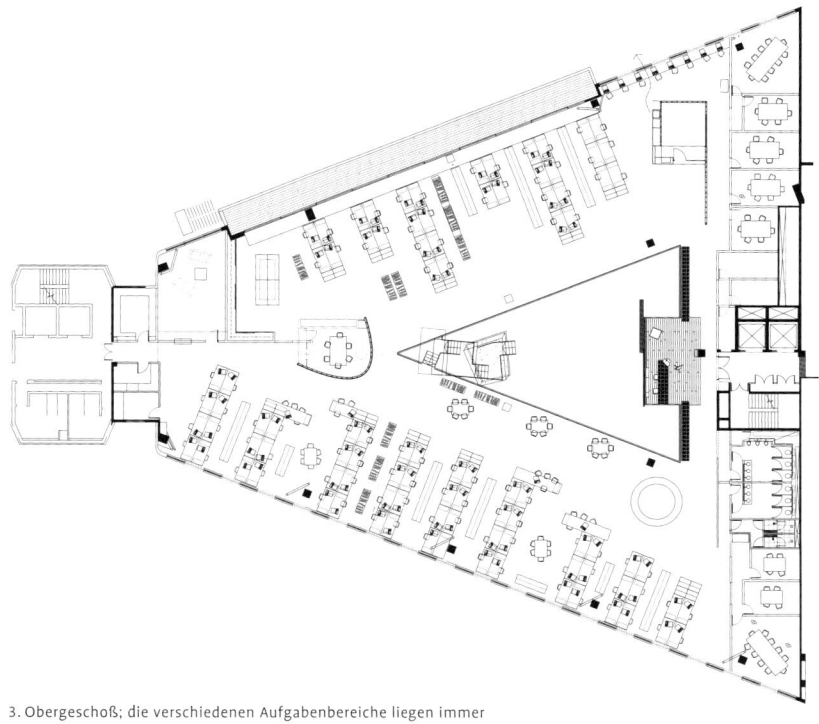

3. Obergeschoß; die verschiedenen Aufgabenbereiche liegen immer direkt nebeneinander. Hinter dem Empfang befindet sich der Servicebereich mit den externen Besprechungsräumen.

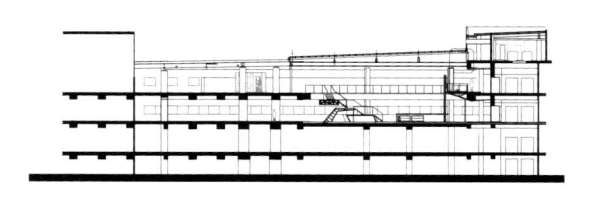

Schnitt

von links nach rechts

Eine Werbetafel ist der Haupteingang zu Ted Baker PLC.

Die Lobby mit der Empfangsdame auf einem Bildschirm im Hintergrund.

Das Café, im Hintergrund die Showrooms.

Der Arbeitsplatzbereich mit den Ablagefächern und den nach oben gerichteten Leuchten, deren Licht durch Lichtreflektoren an der Decke zurück auf den Arbeitstisch geworfen wird.

Das Plakat mit dem Wasserfall bei der Caféteria.

änderten, als „the ugly brown building" bekannten Gebäude, betritt man eine fensterlose und reduziert eingerichtete Lobby. Hier wird man von einer Empfangsdame auf einem Bildschirm begrüßt und erhält weitere Instruktionen. Durch einen langen gelben Gang, vorbei an inszenierten Artefakten aus der Firmengeschichte, kommt man mit einem Industrieaufzug in den dritten Stock. Erst hier eröffnet sich die Büroarbeitswelt von Ted. Ein vorher nicht nutzbarer dreieckiger Innenhof wurde durch den Einbau eines Glasdaches zum lichten, großzügigen und kommunikativen Zentrum. Um dieses herum gruppieren sich sämtliche Arbeitsplätze. Da bei Ted Baker PLC vom Design bis zum Verkauf alles im eigenen Hause ausgeführt wird, arbeiten im offenen Großraum verschiedene Abteilungen nebeneinander. Es entstehen kurze Wege in der Arbeitsorganisation und das Gefühl einer großen Firmenfamilie. Den einzelnen Abteilungen zugeordnet befinden sich die Arbeitsplätze an langen Doppeltischen. Sie stehen im rechten Winkel direkt an der Außenwand und werden über diese mit den nötigen Medien versorgt. Dadurch konnte auf abgehängte Decken und aufgeständerte Fußböden verzichtet werden. Jeder Arbeitsplatz wird indirekt über Deckenreflektoren beleuchtet. Die Leuchten sind in farbige Ablageelemente auf den Tischen integriert, somit leicht zugänglich und von den Mitarbeitern einstellbar. In dem mechanisch be- und entlüfteten Büro ist keiner der Arbeitsplätze mehr als 8 Meter vom Fenster entfernt. Unterschiedlich gestaltete Besprechungsräume für interne Meetings geben den einzelnen Arbeitszonen individuellen Charakter. Für Besprechungen mit externen Teilnehmern stehen im Bereich des Empfangs acht Räume unterschiedlicher Größe und Themen wie Big Apple, Romance oder Les Alpes zur Verfügung.

Durch den narrativen Ansatz entstand ein Firmensitz an der Schnittstelle von Büroarbeit und Büroentertainment, wo neben der räumlichen Umsetzung von Arbeitsprozessen auch erzählerische Qualitäten von Räumen einbezogen werden. **ta**

Lageplan

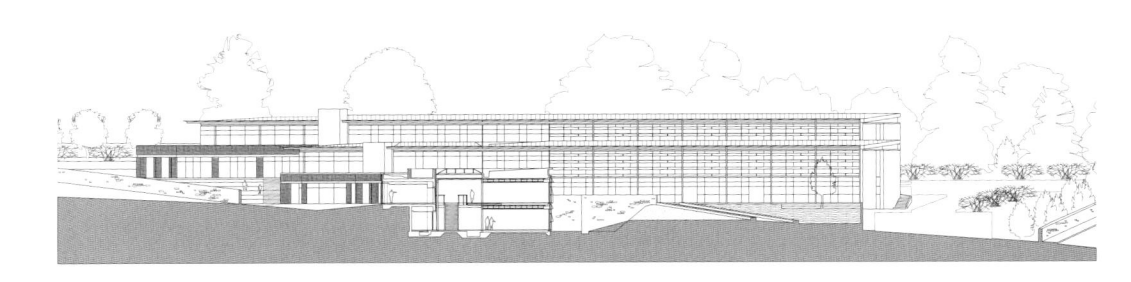

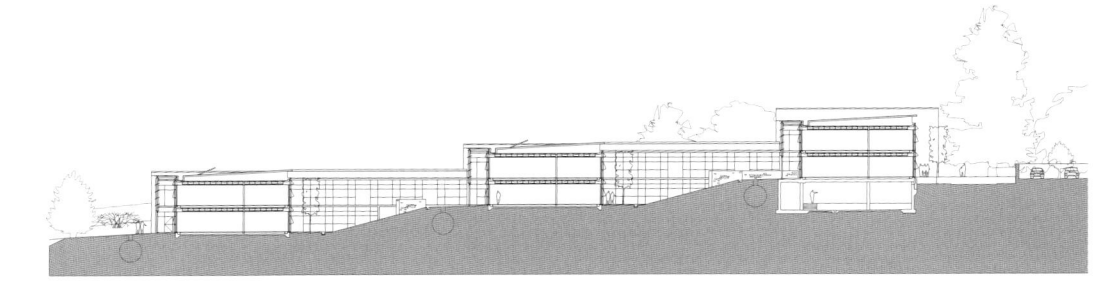

Querschnitt

Längsschnitt; man betritt das Gebäude von oben (rechts).

oben Die Hauptverwaltung von Wessex Water geht eine harmonische Beziehung mit der Landschaft ein.

rechts Wie die Höfe zwischen den einzelnen Büroflügeln sind die gesamten Außenanlagen mit dem Ziel der optimalen Einpassung in die Umgebung gestaltet.

Wessex Water Operation Centre

Bath, Großbritannien

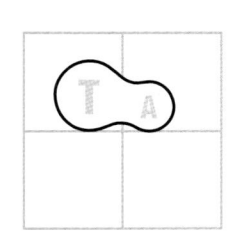

T = Teamarbeit
A = Austauscharbeit
P = Prozeßarbeit
E = Einzelarbeit

Bauherr	Wessex Water Services Ltd.
Architekten	Bennetts Associates Architects
Nutzung	Firmenverwaltung
Fertigstellung	2000
Bruttogeschoßfläche	10.000 m²
Arbeitsplätze	580
Mitarbeiter	580

Das Wessex Water Operation Centre in Bath ist ein herausragendes Beispiel für ein nachhaltiges und umweltfreundliches Bürogebäude. Im Jahr 2000 wurde es als ökologischstes Bürogebäude in Großbritannien bezeichnet, denn sein Energieverbrauch liegt nur bei 100 KWh/m² pro Jahr, im Vergleich zum britischen Durchschnitt von 300-400 KWh/m². Nach BREEAM 98, der Vergleichsmethode des Building Research Establishment (BRE) für nachhaltiges Bauen (siehe „Better Buildings, Better Business", S.55) erreichte das Wessex Water Operation Centre die höchstmögliche Punktzahl. Zugleich schafft es auch eine Arbeitsumwelt, die den Nutzer in den Mittelpunkt stellt und sich äußerst sensibel der Landschaft anpaßt. Erreicht wurde diese Qualität zum einen durch das Engagement des Bauherrn, der

Ebene 4

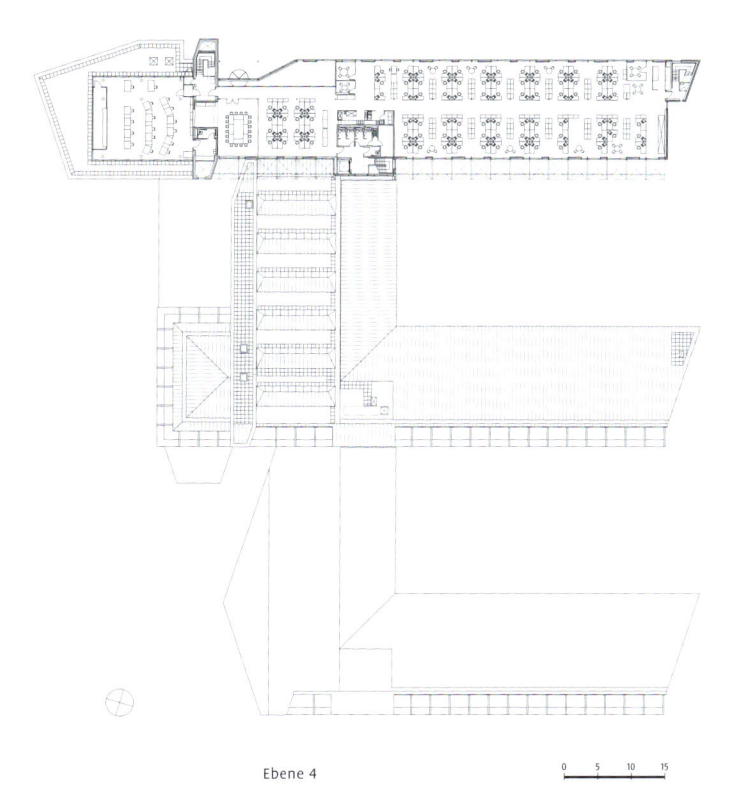

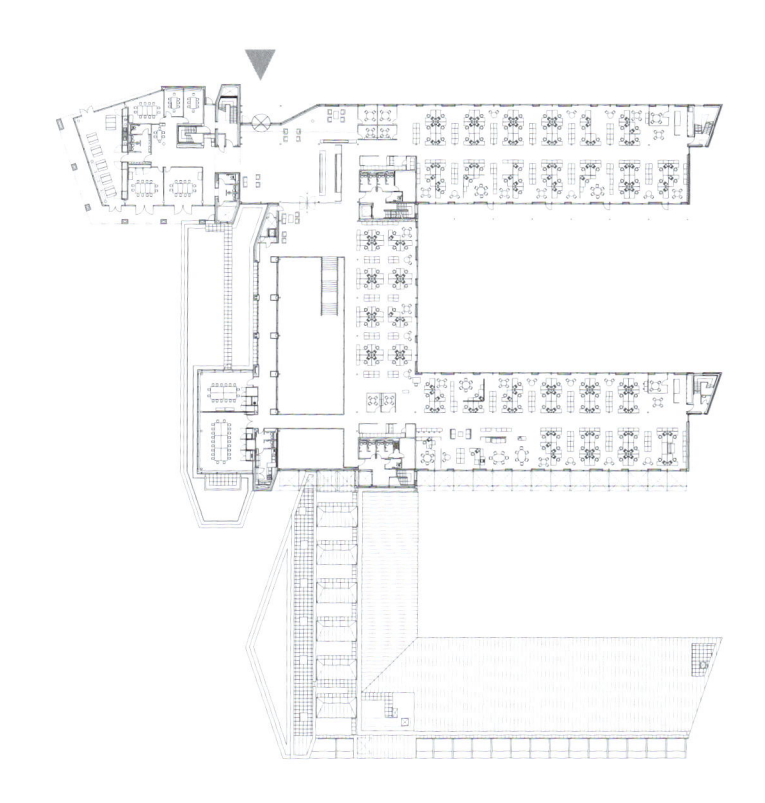

Ebene 3

oben Im Bereich der Erschließungsstraße laden verschiedene Sitzmöglichkeiten zur informellen Begegnung ein.

links Auf Ebene 3 betritt man das Gebäude. Die Erschließungsstraße durchquert das gesamte Gebäude und ist der organisatorische und kommunikative Mittelpunkt der Anlage.

forderte, das Projekt sollte „ein exzellentes Beispiel dafür sein, wie ein kommerzielles Gebäude umweltfreundlich und nachhaltig sein kann", und zum anderen durch die Erfahrung von Bennetts Associates auf dem Gebiet des nachhaltigen Bauens, die sie durch Projekte wie den Hauptsitz der PowerGen oder der British Telecom in Edinburgh bewiesen haben.

Wessex Water ist ein seit 1998 zu einem amerikanischen Energiekonzern gehörender lokaler Wasserversorger im Südwesten Englands mit Hauptsitz in Bath, das noch heute ein einzigartiges geschlossenes Stadtensemble von international kultureller Bedeutung besitzt. Entsprechend hoch sind hier die Anforderungen an einen Neubau. Das Grundstück, früher Standort eines Hospitals, liegt weit über der Stadt an einem nach Süden hin abfallenden Hang. Die steilhügelige Landschaft wird von den für Südengland charakteristischen, mit Kalksteinmauern eingefaßten Feldern, kleinen Wäldchen und weitreichenden Ausblicken geprägt.

So wie die Stadt Bath durch die Verwendung von einheimischem Kalkstein die Farben und Lichtstimmungen der Umgebung aufnimmt, geht auch das Wessey Water Operation Centre sowohl durch die verwendeten Materialien wie Kalkstein, Stahl und Glas als auch durch begrünte Dächer mit der Landschaft eine enge Beziehung ein. Seine vier Geschosse folgen in Stufen der Topographie; im Grundriß ist es als ein nach Osten offener Kamm angelegt. Organisatorisches und kommunikatives Zentrum ist die „Straße". Sie verläuft den Hang hinunter und verbindet die drei parallel zu den Höhenlinien angeordneten Flügel miteinander. Auf dieser Straße befinden sich öffentliche Einrichtungen wie Rezeption, Kontrollraum, Café, Bibliothek und informelle Treffpunkte. Nach Westen hin schließen sich ein Restaurant mit Terrasse, Besprechungsräume sowie Trainings- und Sozialeinrichtungen an. Offene Arbeitsbereiche an der gegenüberliegenden Seite setzen sich in den Gebäudeflügeln nach Osten fort. Grundriß und Schnitt erlauben vielfältige Blickbeziehungen, sowohl im Innern des Gebäudes als auch zur Landschaft hin. Das sich mit dem Lauf der Sonne verändernde Licht- und Schattenspiel schafft zusammen mit den von Brunnenskulpturen erzeugten Klängen eine mit der Natur verbunde-

Ebene 2   0 5 10 15   Ebene 1

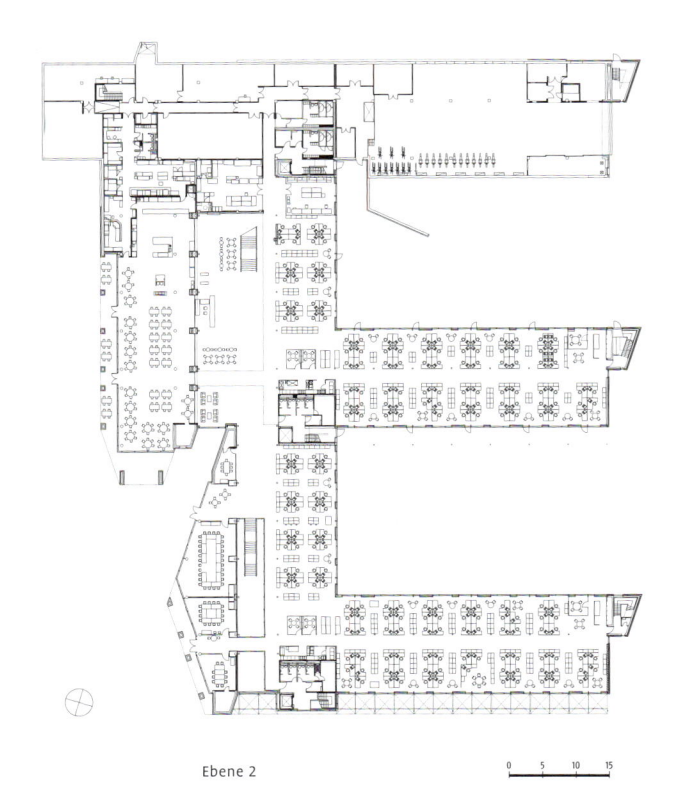

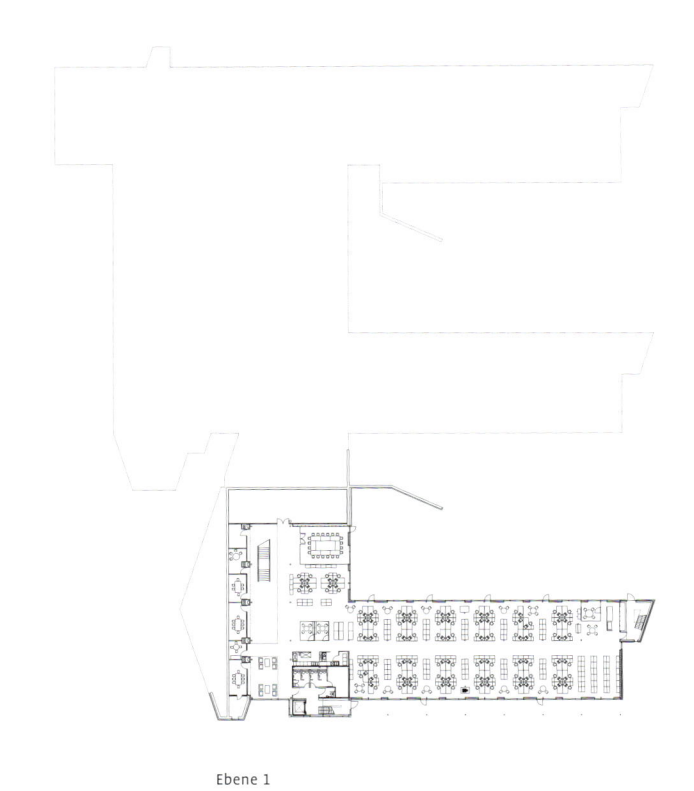

oben Sämtliche Arbeitsplätze sind natürlich belichtet und belüftet.

rechts Unten sieht man in die Bibliothek, oben in eines der offenen Arbeitsgebiete. Die Orientierung fällt leicht, da alle Zonen von der internen Straße aus sichtbar sind.

ne, ruhige Stimmung im gesamten Haus. Teamarbeit bestimmt die Organisationsstruktur von Wessex Water, und alle Mitarbeiter, leitende Angestellte eingeschlossen, arbeiten an personalisierten Arbeitsplätzen in offenen Bereichen. Besondere Aufmerksamkeit bei der Büroplanung kam der Informationsarbeit, dem formellen und informellen Austausch, zu. Sie wurde als den anderen Bürotätigkeiten gegenüber gleichwertig behandelt. Jeder Arbeitsbereich in den Büroflügeln ist nach demselben Prinzip organisiert und fördert die Informationsarbeit durch abgestufte Raumangebote. Teambesprechungen können direkt in offenen, dem Arbeitsplatz zugeordneten Besprechungszonen stattfinden, aber auch in geschlossenen Besprechungsräumen organisiert werden. Die beiden sogenannten Businesscenter jedes Arbeitsgebietes bieten den Mitarbeitern ebenfalls Gelegenheit, sich beim Kopieren, Faxen oder bei einer Erfrischung auszutauschen. Für längere Gespräche gehen die Mitarbeiter ins Café oder im Sommer nach draußen in die Gärten. Formellen Besprechungen mit externen Teilnehmern stehen größere Räume auf der anderen Seite der Erschließungsstraße zur Verfügung. Die einfache und übersichtliche Erschließung und die Blickbeziehungen durch das gesamte Gebäude fördern die Interaktion unter den Mitarbeitern und sorgen für Kreativität und Produktivität.

Konstruktion und Klimakonzept bildeten von vornherein eine Einheit. Bennetts Associates arbeiteten eng mit den Herausgebern von BREEAM 98 (Building Research Establishment Environmental Assessment Method) zusammen. Die Architekten legten nach diesen Richtlinien und nach denen des Movement for Innovation (M4I), einer weiteren Initiative zur Förderung des nachhaltigen Bauens, an der sie selbst führend beteiligt sind, sechs Kategorien zum Vergleichen der Nachhaltigkeit des Gebäudes fest: laufender Energieverbrauch, verbaute Energie, Transportenergie, Müllmanagement, Wassermanagement und Erhalt der ökologischen Vielfalt (Biodiversität).

Der laufende Energieverbrauch wurde durch konsequente Anwendung von bekannten Prinzipien ökologischen Bauens, wie Nutzung von thermischer Speichermasse, Verschattung, natürlicher Ventilation und Belichtung,

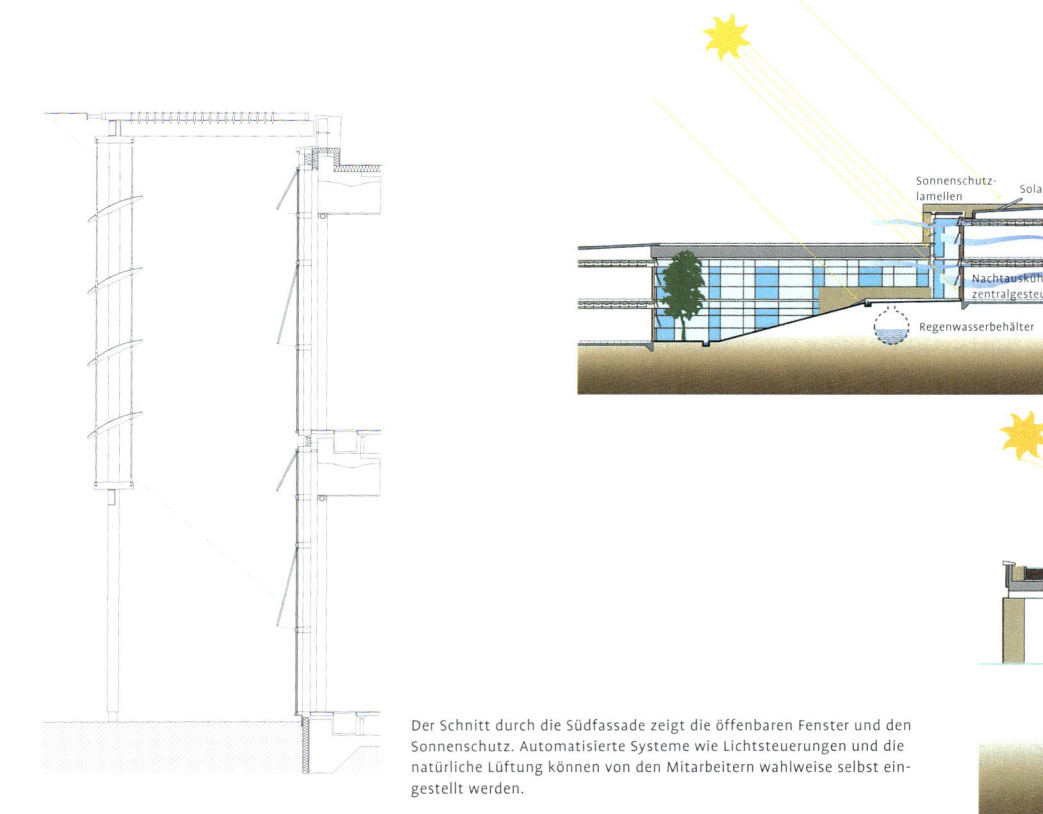

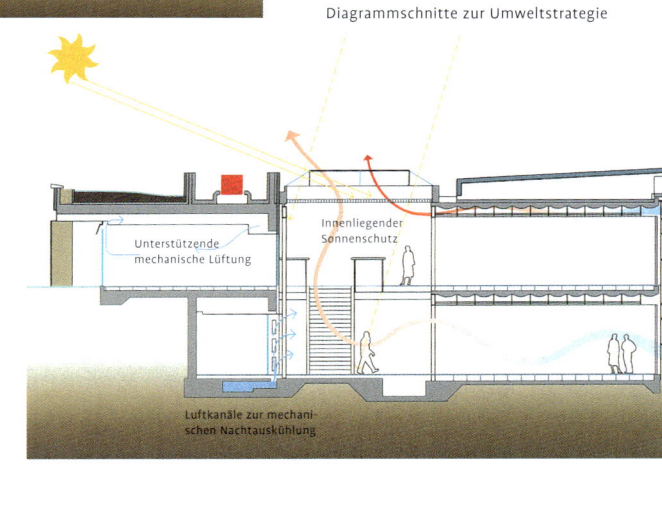

Der Schnitt durch die Südfassade zeigt die öffenbaren Fenster und den Sonnenschutz. Automatisierte Systeme wie Lichtsteuerungen und die natürliche Lüftung können von den Mitarbeitern wahlweise selbst eingestellt werden.

Diagrammschnitte zur Umweltstrategie

sowie Solarenergienutzung zum Heizen und zur Warmwasseraufbereitung auf 100 kWh/m² pro Jahr reduziert. Die verbaute Energie wurde hauptsächlich durch Minimierung des Bauteilvolumens besonders bei Beton und Stahl stark reduziert. Beispielsweise konnte nach Untersuchungen zum thermischen Speicherverhalten von Beton die Dicke der tragenden, als Schale ausgebildeten Deckenelemente auf siebeneinhalb Zentimeter verringert werden. Die Verwendung von Material mit einer niedrigen Umweltbelastung bei der Herstellung oder von recycelten Materialien verminderte die verbaute Energie weiter. Die aufgewendete Transportenergie wurde durch die weitgehende Verwendung von lokal verfügbaren Materialien wie Kalkstein und Eiche und durch Erdarbeiten ohne Zwischenlagerung von Aushub außerhalb der Baustelle stark verringert. Müllmanagement auf der Baustelle, die weitgehende Verwendung von Fertigteilen und die Wiederverwendung von Materialien brachten sogar einen finanziellen Gewinn durch die Reduzierung von Entsorgungskosten. Regenwasser wird in großen unterirdischen Tanks gesammelt und für den Grauwasserkreislauf verwendet.

Die angewandten Methoden zur Erreichung einer hohen Umweltverträglichkeit gehen jedoch weit über das Gebäude und den Bauprozeß hinaus. Flächenversiegelung wurde zwar durch wasserdurchlässige Pflasterung der Parkplätze vermieden, effektiver und grundsätzlicher ist aber die Förderung des Verzichts auf das Auto. Ein firmeneigener Shuttle-Bus, der die Mitnahme von Fahrrädern ermöglicht, Umkleide- und Duschmöglichkeiten für Radfahrer sowie Vereinbarungen mit lokalen Märkten zur Online-Bestellung von Lebensmitteln und der Einbau von Kühlräumen für die Lagerung der Einkäufe helfen den Mitarbeitern, auf das eigene Auto zu verzichten.

Gesamtheitliches umweltbewußtes Bauen geht hier mit der Arbeitsorganisation und dem Bauherrn eine mitarbeiterorientierte Verbindung ein, die Nachhaltigkeit von Bürogebäuden als umfassenden Prozeß versteht. Wessex Water ist ein exzellentes Beispiel für den Umgang mit natürlichen und humanen Ressourcen. *ta*

Picknick

Surf'n'Turf

von links nach rechts

Die Verwendung von echtem Rasen sorgt für die außergewöhnliche Atmosphäre im Büro.

Turf bedeutet Rasen, aber auch Wettkampfplatz.

Schaukeln ersetzen die üblichen Sessel im Empfang.

Die Vielschichtigkeit der Arbeitsflächen ermöglicht die einfache Rekonfiguration der Kabelverbindungen.

another.com

London, Großbritannien

Bauherr	another.com
Architekten	Nowicka Stern
Nutzung	Forschung und Entwicklung
Fertigstellung	2000
Bruttogeschoßfläche	251 m²
Büronutzfläche	251 m²
Mitarbeiter	40

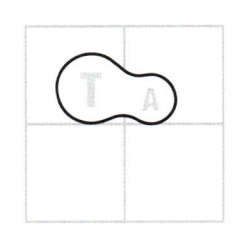

T = Teamarbeit
A = Austauscharbeit
P = Prozeßarbeit
E = Einzelarbeit

Das Grundmotiv des Bürokonzeptes von Nowicka Stern für another.com, eine britische Startup-Firma, die individuelle E-Mail-Adressen anbietet, ist „Surf'n'Turf". Der Begriff beschreibt zutreffend das Spannungsfeld der Büroarbeitswelt eines IT-Startups; Surfen im Internet wird von der Freizeitbeschäftigung zur Büroarbeit, und der Turf, die Wiese, bringt die Freizeit ins Büro. Der Arbeitsplatz kann eine Arbeitsstation, aber auch der Rasen sein. Firmen im E-Business sind häufig Impulsgeber für einen neuen Umgang mit dem Arbeitsplatz. Sie haben ein enormes Wachstumspotential, eine flache Hierarchie, wenig interne Bürokratie und meist sehr junge Mitarbeiter, die, erstmals auf dem Arbeitsmarkt, noch das Gemeinschaftsgefühl und die Aufgeschlossenheit der Universität mitbringen. Der Mangel an Spezialisten

Swing

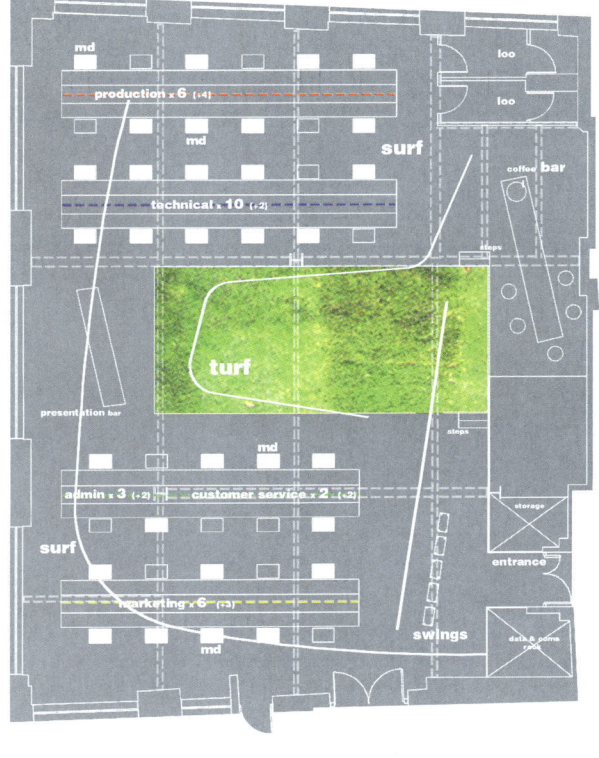

Grundriß

führt dazu, daß die E-Businessfirmen beim Anwerben von Mitarbeitern neben finanziellen Anreizen auch mit anderen Mitteln arbeiten müssen. Another.com setzt die unmittelbare Arbeitsumgebung ein und schafft das Gefühl, in einer „angesagten" Firma zu arbeiten.

Another.com befindet sich im Londoner Stadtviertel Kentish Town in einem aufgelassenen Lagerhaus. Das bestimmende atmosphärische Element des Büros für 40 Mitarbeiter ist der Rasenplatz im Zentrum. Gleichzeitig natürlich und artifiziell, wird er zweimal in der Woche von einem Gärtner gemäht, nachts mit UV-Licht bestrahlt und mit einem ausgeklügelten Bewässerungssystem direkt an den Wurzeln versorgt, so daß er an der Oberfläche immer trocken bleibt. Der Geruch des Grases, die Frische und Feuchtigkeit durchziehen das Büro. Durch opake Leichtbauwände abgeschirmt, nutzen die Mitarbeiter die Wiese für Meetings, aber auch zum Arbeiten oder Picknicken. Schon am Empfang wird man auf die Ungewöhnlichkeit der Firma vorbereitet, statt Ledersesseln dienen eine Reihe von Schaukeln als Warteplätze für Besucher, die dann zu einer Besprechung auf der Wiese gebeten werden. Auf beiden Seiten des Rasenplatzes befinden sich die 40 Computerarbeitsplätze, in Blöcken mit jeweils etwa zehn Arbeitsplätzen aufgestellt. Die insgesamt vier Blöcke sind den einzelnen Aufgabenfeldern des kleinen Unternehmens zugeordnet. An große Werkbänke erinnernd, sind sie den Erfordernissen der IT-Arbeit angepaßt und durch ihren Aufbau in verschiedene Tischebenen für unterschiedliche Kabelverbindungen einfach und flexibel zu konfigurieren. Eine Kabeltrasse verläuft geschwungen unter der Decke und verbindet alle Elemente des Büros miteinander.

IT-Startups können schnell unkonventionelle Konzepte zum Nutzen der Mitarbeiter, aber auch etablierter Unternehmen ausprobieren. Nowicka Stern hat mit dem Entwurf für another.com eine einfache Idee konsequent umgesetzt und mit dem Einbau eines realen Rasenplatzes ein atmosphärisch wirksames Gegenstück zur virtuellen Arbeitswelt geschaffen. *ta*

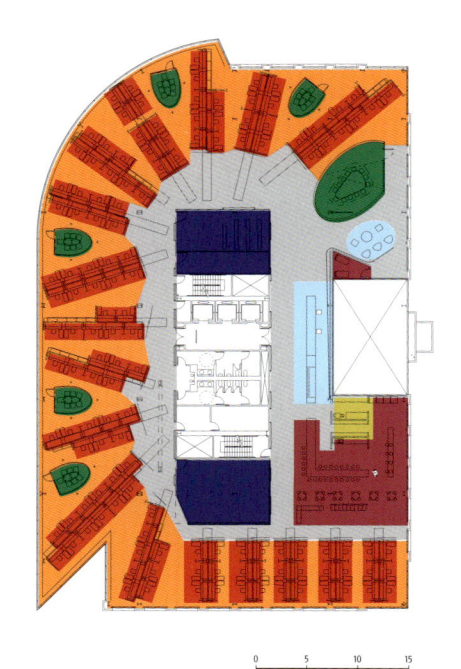

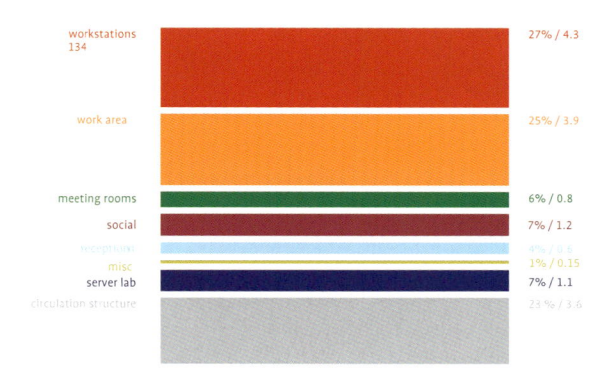

RealNames I, Grundriß und Funktions-/Flächendiagramm

		workstations 134	27% / 4.3
		work area	25% / 3.9
		meeting rooms	6% / 0.8
		social	7% / 1.2
		reception	3% / 0.5
		misc	1% / 0.15
		server lab	7% / 1.1
		circulation structure	24% / 3.6

links RealNames I: der Eingangsbereich mit einem Besprechungsraum im Hintergrund.

oben Der typische personalisierte Arbeitsplatz steht im Kontrast zur kontrollierten Kühle des Empfangs.

RealNames I und II

San Carlos und Redwood City, Kalifornien
USA

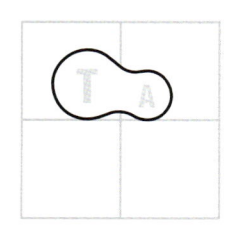

T = Teamarbeit
A = Austauscharbeit
P = Prozeßarbeit
E = Einzelarbeit

Bauherr	RealNames Corporation	
Architekten	Blauel Architects	
Nutzung	Forschung und Entwicklung	
	Real Names I	**Real Names II**
Fertigstellung	1999	2000
Bruttogeschoßfläche	2.500 m²	5.000 m²
Büronutzfläche	2.000 m²	4.500 m²
Arbeitsplätze	150	300

Der in den neunziger Jahren erfolgte Boom von jungen dynamischen Startups, die Millionen von Dollar Venture-Kapital anziehen konnten, war eine Zeit, in der die Idee einer Unternehmung mehr zählte als deren Struktur. RealNames hatte die Idee, die Navigation im Internet zu vereinfachen. Statt mit umständlichen IP- oder DNS-Adressen sollte mit einfachen Schlüsselbegriffen gearbeitet werden. Seit der Firmengründung 1996 erfolgreich entwickelt und international vermarktet, ist diese Technologie heute in Browsern und in Suchmaschinen integriert.

Für die durch den Erfolg notwendigen neuen Räume waren eine Umsetzung der hierarchisch flachen Arbeitsstrukturen und ein der Dynamik und dem jungen Durch-

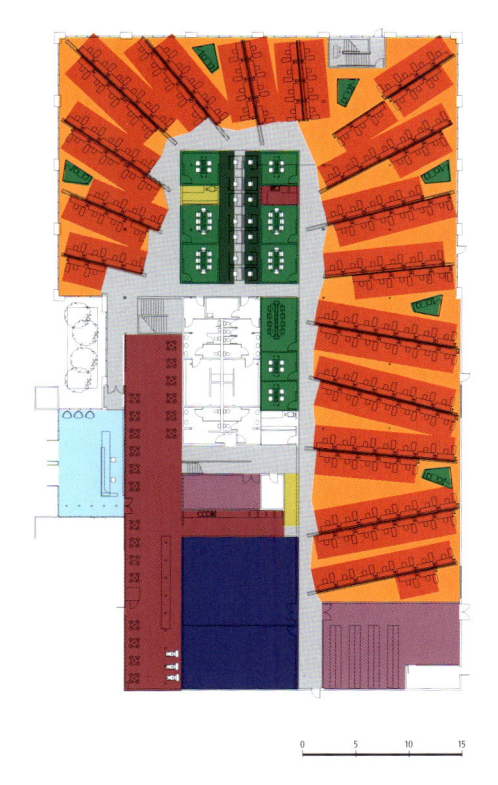

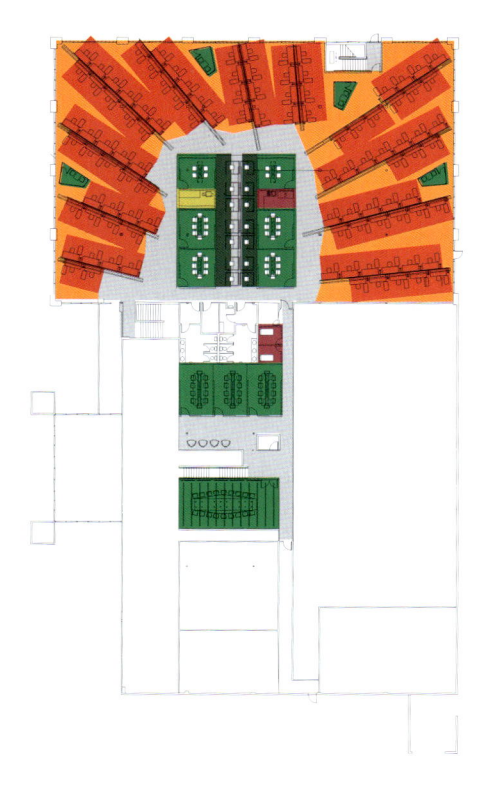

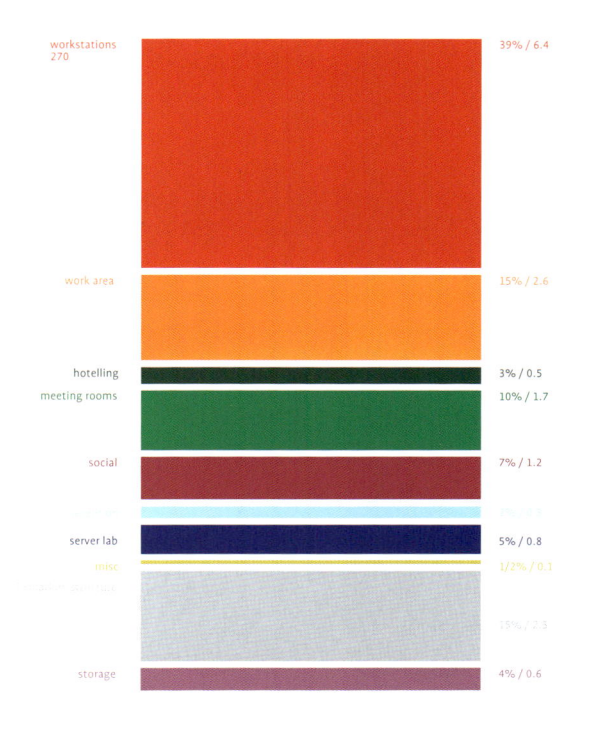

RealNames II, Grundrisse EG und 1. OG und Funktions-/Flächendiagramm

links Real Names II: die Doppelgeschossigkeit der ursprünglichen Lagerhalle wurde für den Ausbau genutzt.

rechts Das Mitarbeiterrestaurant mit der Fiberglasleuchtwand und der Boardroom im 2. Obergeschoß.

schnittsalter der Mitarbeiter entsprechendes Image gefragt. In Anlehnung an die Gestaltung von vielen Werbeagenturen und Graphikbüros entstand in San Carlos, im Silicon Valley, eine Arbeitsumgebung, die durch die billigen, aber einfallsreich angewendeten Materialien an den Mythos der Silicon-Valley-Garage erinnert. Seit der Fertigstellung des ersten Büros im Jahr 1999 von 150 auf 300 Mitarbeiter gewachsen, realisierte die Firma ein Jahr später in direkter Nachbarschaft einen weiteren Innenausbau nach den gleichen Prinzipien. Flexibilität der Arbeitsumgebung wird durch die radiale Anordnung von langen „Werkbänken" um einen neu eingebauten Kern und durch die Versorgung mit den notwendigen Medien über die Decke gewährleistet. Die Verteilung der Arbeitsplätze erfolgt nicht nach Status, sondern ausschließlich nach der Funktion. Die einzigen abgeschlossenen Räume sind unterschiedlich große Besprechungsräume, der hinter Glas inszenierte Serverraum und ein Entwicklungslabor. Während in der ersten Phase die Besprechungsräume hauptsächlich noch dem Arbeitsbereich zugeordnet waren und eher internen Teambesprechungen dienten, wurden sie in der zweiten Phase im Kernbereich zentralisiert, um den durch die Firmengröße gewachsenen Anforderungen gerecht zu werden. In den Arbeitsbereichen wurden dafür kleinere abgeschlossene Räume mit nur zwei Plätzen eingerichtet, die für konzentriertes Arbeiten, ungestörtes Telefonieren und Face-to-Face-Treffen genutzt werden. Auf die verstärkte internationale Aktivität wurde in der zweiten Phase mit einem „Hotelling"-Bereich im Kern reagiert.

Soziale Bereiche mit verschiedenen Spielgeräten und bequemen Möbeln, Ruheräume, Café und Restaurant sind heute Teil der Unternehmenskultur im Silicon Valley.

Im Silicon Valley hieß es Ende der Neunziger, die Evolution eines Startup erfolgt in drei Schritten: von der Garage über den eigenen Innenausbau zum Unternehmenssitz im eigenen Neubau. Mit dieser Evolution wird die nicht-hierarchische, leistungsorientierte Unternehmenskultur nach und nach Teil der Corperate World. **ta**

Schnitt

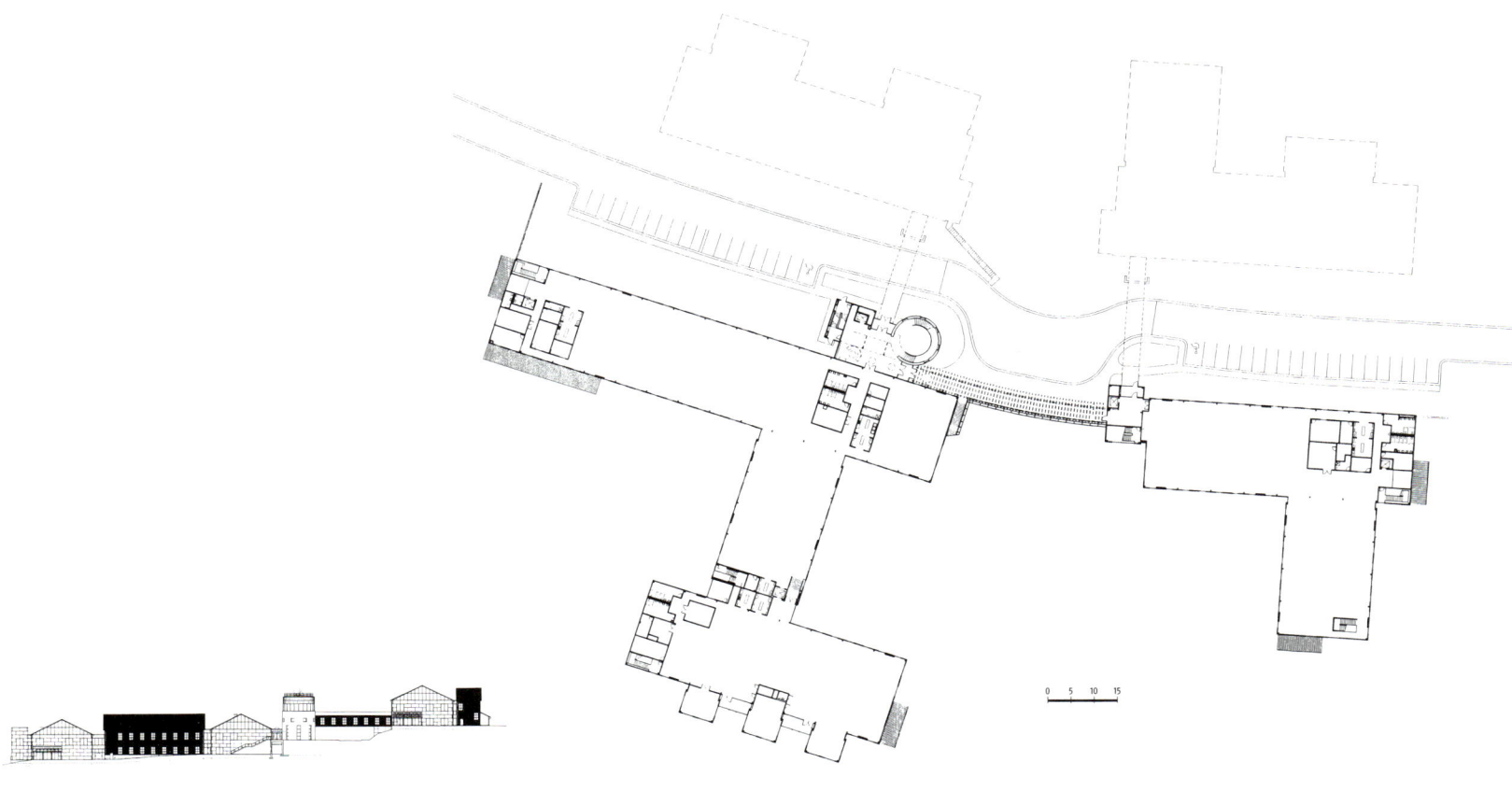

Grundriß Haupteingangsebene

oben Der Hauptsitz nimmt Elemente von amerikanischen Farmen auf und paßt sich so in die Landschaft ein.

rechts Die einfachen Fassaden sollen an stark vergrößerte Pixel erinnern und schaffen einen farbigen Gegenpol zur ländlichen Idylle.

SEI Investment Headquarters

Oaks, Pennsylvania / USA

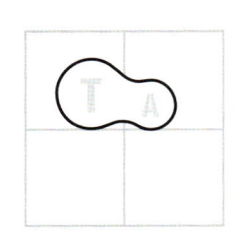

T = Teamarbeit
A = Austauscharbeit
P = Prozeßarbeit
E = Einzelarbeit

Bauherr	SEI Investments, Inc.
Architekten	Meyer, Scherer & Rockcastle
Nutzung	Finanzdienstleistung
Fertigstellung	1996
Bruttogeschoßfläche	21.400 m²
Büronutzfläche	13.000 m²
Arbeitsplätze	800

Oft geht mit der Errichtung eines neuen Hauptsitzes eine Neuorganisation der Firma einher. Die Architektur kann eine solche Erneuerung fördern. SEI Investments begann 1968 mit der Entwicklung von computergestützten Trainingsprogrammen für Bankangestellte und wurde zu einem weltweit führenden Anbieter von Vermögensmanagement und Investmenttechnologie. Die Geschäfte wuchsen, aber das Geschäftsmodell stagnierte. Um weiterhin erfolgreich zu sein, mußte SEI schneller auf Marktsituationen reagieren können, innovativer werden und näher am Kunden sein. Dafür wurde Anfang der neunziger Jahre eine flache Hierarchie eingeführt, radikal auf Teamarbeit umgestellt und das Mittelmanagement mehr am Erfolg beteiligt. Damit änderte sich die Unternehmenskultur grundlegend.

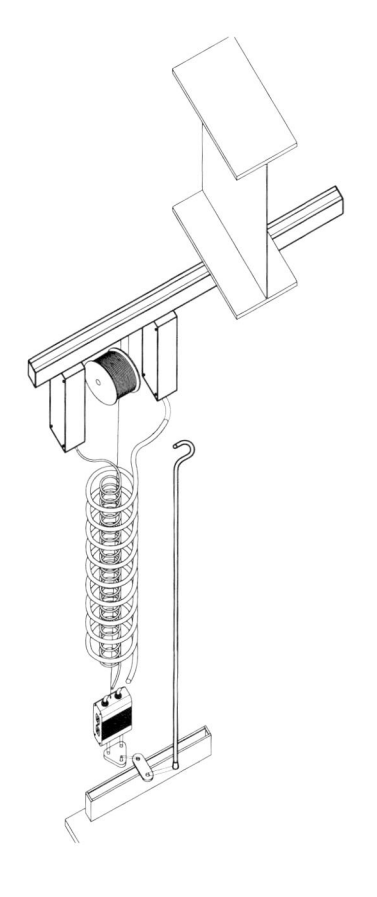

Kern des Projektes sind von der Decke hängende Medienanschlüsse.

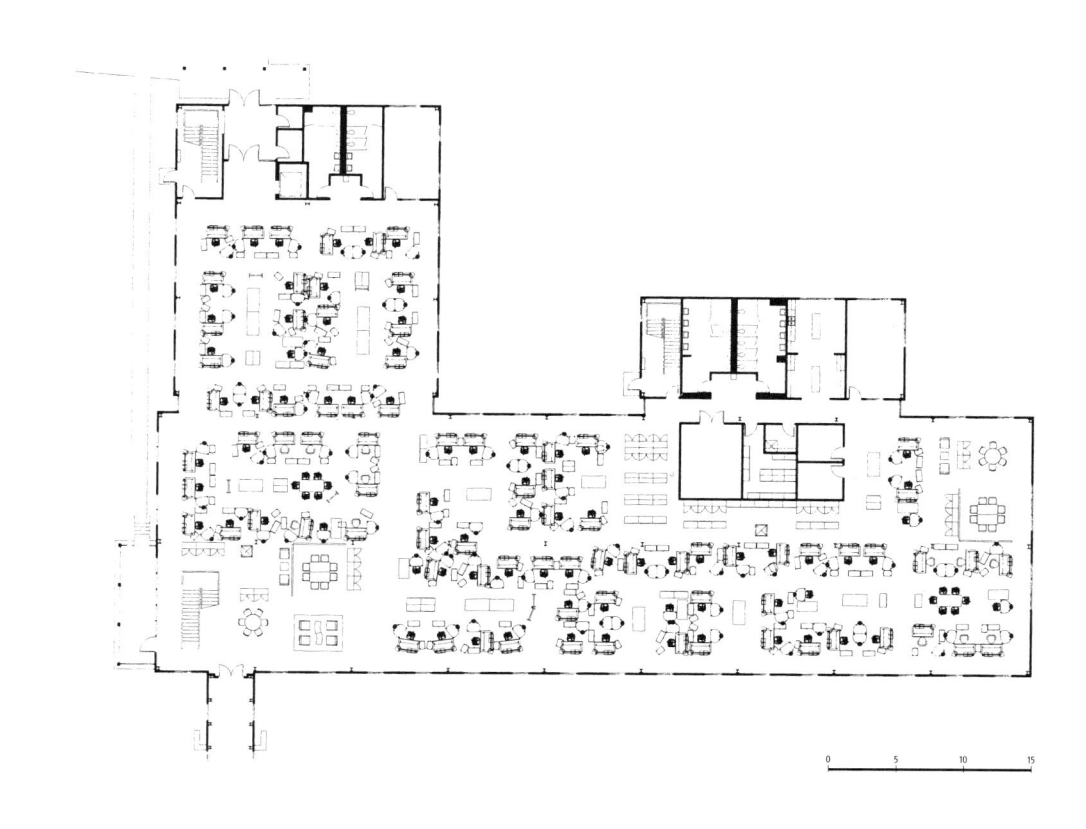

Grundriß einer typischen Arbeitsebene

oben Die Teams arrangieren ihre Arbeitsumgebung nach Notwendigkeit und Zusammensetzung selbst.

rechts SEI stellt seinen Mitarbeitern den Raum mit Andockstellen und die Workstation mit Peripheriegeräten zur Verfügung.

Der neue Campus, geplant von Meyer, Scherer & Rockcastle, unterstützte diesen Wandel. Eine halbe Stunde von Philadelphia entfernt gelegen, erinnert der Komplex aus fünf zweigeschossigen Gebäuden mit Fassaden, die aussehen wie stark vergrößerte Pixel, an eine Farm aus Legosteinen. Die Gebäude orientieren sich parallel zum leicht ansteigenden Gelände entlang einer alten Bahnlinie, die zur Erschließungsstraße wurde. Sie sind über Brücken und unterirdische Wege miteinander verbunden. In den „Scheunen" sind die Büroflächen untergebracht, während Sonderflächen, wie der Eingangsbereich oder Serviceflächen, in „Silos" oder „Speichern" angeordnet sind. Neben der Aufteilung des Bauvolumens in mehrere Gebäude, die sich formal in die Landschaft einfügen, tragen Elemente wie Veranden oder Verbindungsbauten aus Glas zum menschlichen Maßstab des Campus bei. Die Gebäude bestehen aus einfachen, sichtbar gelassenen Konstruktionen, die auch innen an Scheunen erinnern, und sind über große Fenster und Oberlichter, trotz einer Gebäudetiefe von 21 Metern, natürlich belichtet. Die Büroflächen werden über ein Netz von Medienanschlüssen versorgt, die an vorgespannten Federn von der Decke hängend am Arbeitsplatz eingeklinkt werden.

Den Mitarbeitern werden die klimatische Hülle, eine „Workstation" auf Rollen und die Infrastruktur zur Verfügung gestellt. Je nach Aufgabe findet sich ein Team organisatorisch und räumlich zusammen. So können sich innerhalb von kürzester Zeit eine große Anzahl von Mitarbeitern reorganisieren. Mit einer flachen Unternehmenshierarchie gibt es keine Untergebenen und keine Anordnungen. Es zählt nur die Überzeugungskraft des Teamleiters, der seine Kollegen dazu gewinnen muß, ihn bei den gestellten Aufgaben zu unterstützen. Ideen können auf diese Weise schnell durchgesetzt und durch die Zusammenstellung des Teams überprüft werden. Das erhöht laut Management die Effizienz, weil die Mitarbeiter an Aufgaben arbeiten, die sie mögen und von denen sie Kenntnisse haben.

SEI's Campus unterstützt mit seinen flexiblen Räumen und dem Netzwerk von Infrastrukturpunkten die Neuorganisation des Unternehmens. Die Architektur wird zur Dienstleistung am Unternehmensziel. *ta*

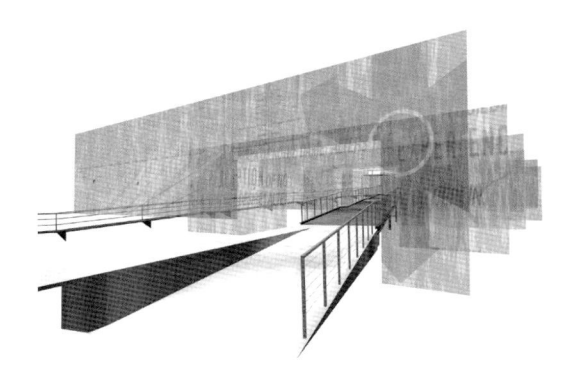

Konzeptskizze

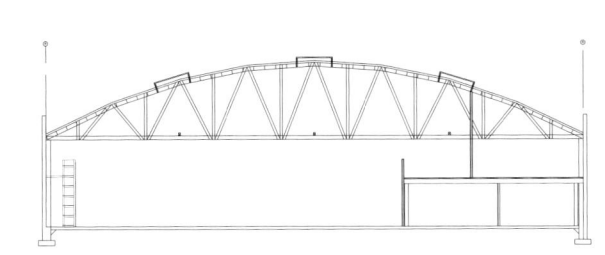

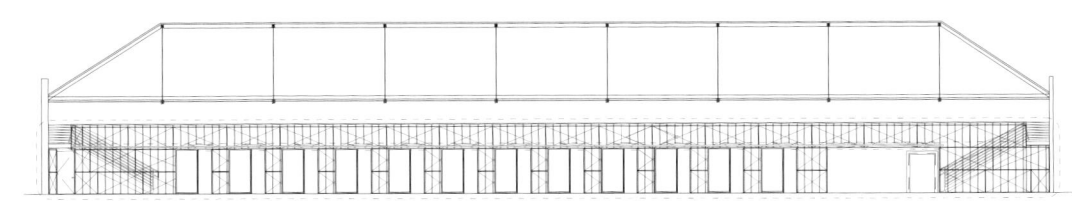

Querschnitt

Längsschnitt

von links nach rechts

Die Welt von Ground Zero betritt man von oben.

Der theatralische Eintritt endet am Empfang. Auf den quergespannten Projektionsflächen werden ständig wechselnd die neuesten Projekte projiziert.

Dachfenster lassen Licht in die sonst fensterlose Halle. Die einzelnen „Workstations" vermitteln Offenheit und kreatives Chaos.

Die „Workstations" wurden mit Miller Furniture in Form eines Minimalbüros entwickelt. Sie rotieren um einen Festpunkt und können auch näher an andere Workstations herangerückt werden. Im Hintergrund die „brand rooms".

Ground Zero

Los Angeles, Kalifornien / USA

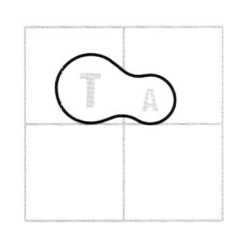

T = Teamarbeit
A = Austauscharbeit
P = Prozeßarbeit
E = Einzelarbeit

Bauherr	Ground Zero Advertising Agency
Architekten	Shubin + Donaldson Architects
Nutzung	Beratung und Medien
Fertigstellung	1999
Bruttogeschoßfläche	1.600 m²
Büronutzfläche	1.550 m²
Arbeitsplätze	70

Ground Zero, eine junge, schnell wachsende Werbeagentur mit 75 Millionen Dollar Umsatz im Jahr, ist für Transparenz in der Projektstruktur bekannt. Der Kunde hat jederzeit direkten Zugang zu seinem Projektteam und allen relevanten Informationen. Ein Lagerhaus in Culver City wurde als neuer Standort erworben und umgebaut. Der Entwurf wurde in enger Zusammenarbeit mit dem Auftraggeber entwickelt und zielt darauf ab, die offene und kreative Kultur der Werbeagentur zu zeigen. Die Lagerhalle wurde in ihrem industriellen Charakter belassen, lediglich zwei Elemente geben dem Großraum Struktur. Eine Rampe verläuft diagonal fast über die ganze Länge des Raumes, während raumhohe Projektionsflächen aus leichtem, transluzenten Gewebe im Abstand von wenigen Metern über die gesamte Quer-

Grundriß Galeriegeschoß

Erdgeschoß

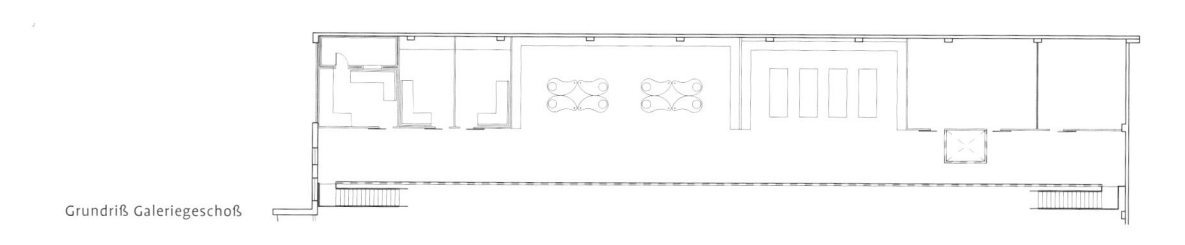

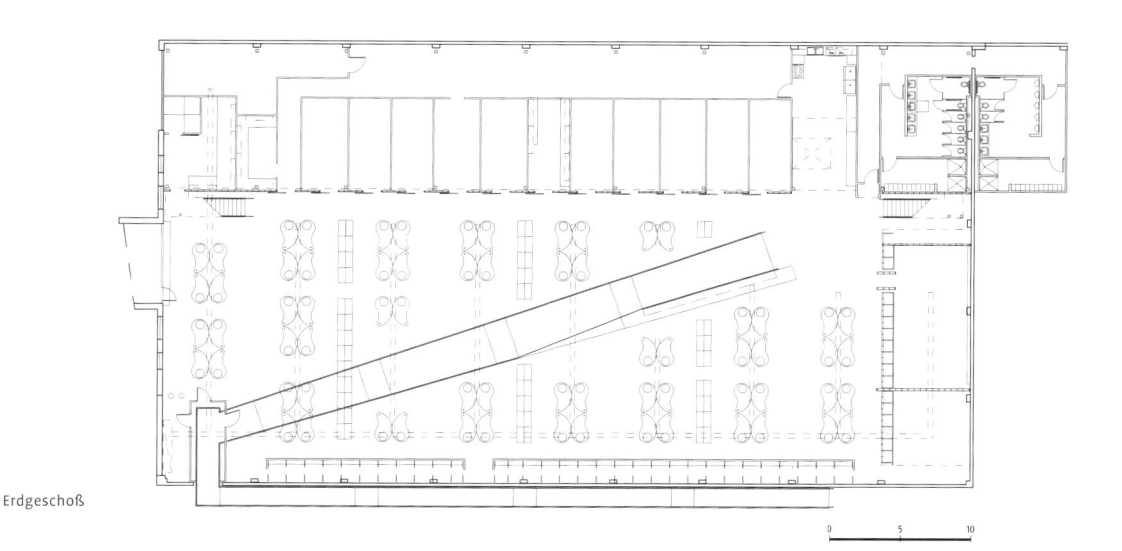

richtung von der Decke hängen und auf diese Weise für eine räumliche Aufteilung sorgen.

Potentielle Auftraggeber, Kunden und Mitarbeiter betreten die Agentur über die Rampe an ihrem höchsten Punkt, der etwa bei 3,50 Meter liegt. Von hier aus durchschreiten sie den ganzen Raum. Besucher können somit während des Eintretens unmittelbar Einblick in sämtliche Projekte bekommen, die auf den Projektionsflächen präsentiert werden, und zugleich wie auf einer Art Laufsteg von jedem der etwa 70 Mitarbeiter beobachtet werden. Diese ungewohnte Theatralik beim Betreten eines Büros entspricht den Vorstellungen des Auftraggebers: „Der traditionelle Empfang am Eingang wird vermieden, und der Besucher kommt mitten in der Seele von Ground Zero an." Sämtliche Büroarbeitsplätze befinden sich im offenen Raum. Es gibt keine Hierarchie in der Arbeitsorganisation, unabhängig von seiner Position hat jeder Mitarbeiter einen gleich ausgestatteten festen Arbeitsplatz. Eigens für Ground Zero entwickelt, werden diese „Workstations" durch die Mitarbeiter individuell gestaltet und schaffen dadurch eine Identifikation mit dem Arbeitsplatz als „Zuhause".

Da Projektteams je nach Kampagne verschieden zusammengesetzt werden, ist für die Dauer einer Kampagne den Projekten jeweils ein „brand room" zugeordnet. Die „brand rooms" sind als Ankerpunkt „die Heimat" des Teams und werden für projektinterne Besprechungen, für die Sammlung des Materials, aber auch als Rückzugsort für Teammitglieder genutzt. Direkt am Fuß der Rampe im Erdgeschoß befinden sich auch die Konferenzräume für Projektpräsentationen und Meetings. Auf einem Galeriegeschoß über den „brand rooms" sind die Bibliothek, Videoschnittplätze und ein Fokusgruppenraum, der zum Testen von Konsumentenverhalten durch Probanden dient, untergebracht.

Ground Zero verbindet die kommunikativen Vorteile des Großraumbüros mit der Intimität der „brand rooms" und macht dadurch eine flexible Arbeitsstruktur mit maximaler Flächenausnutzung möglich. *ta*

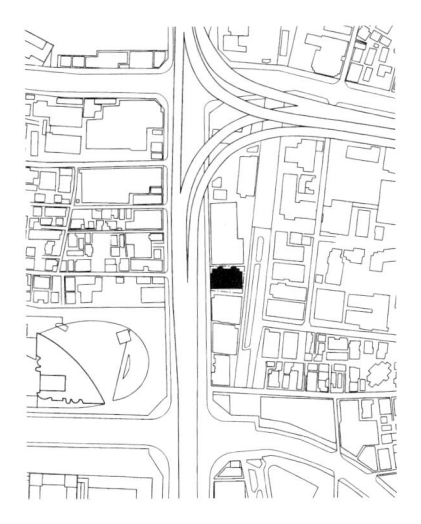

Lageplan

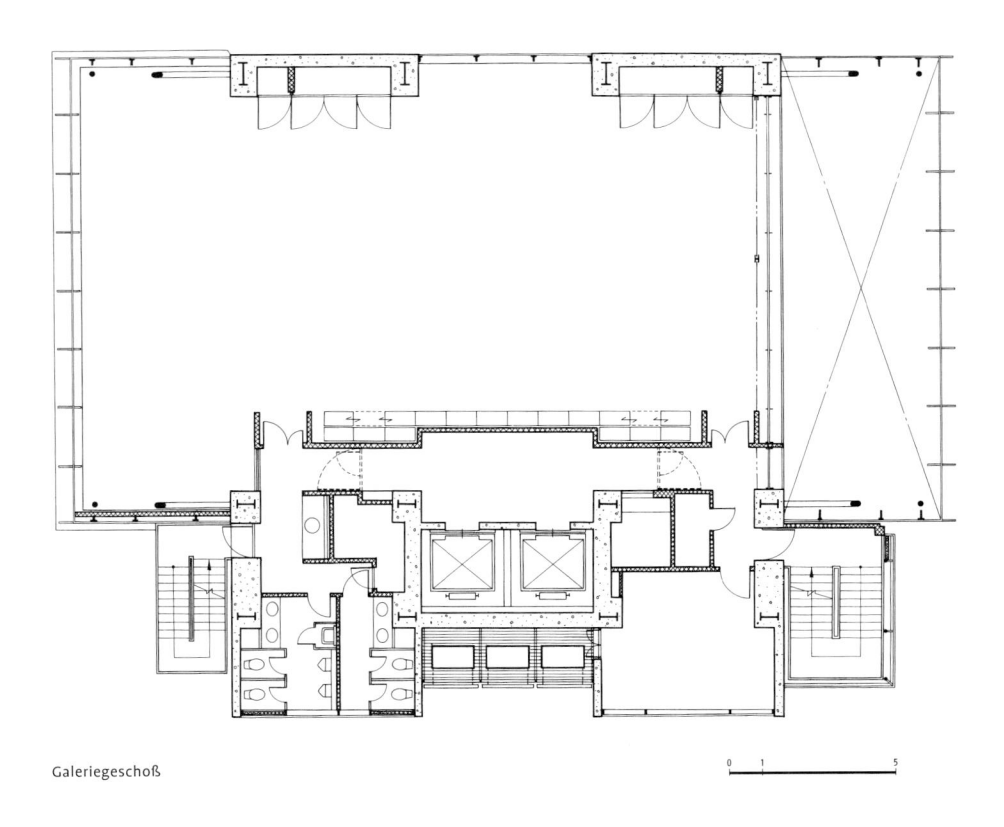

Galeriegeschoß

ENIX Corporation
Tokio, Japan

Bauherr	ENIX Corporation
Architekten	Nikken Sekkei
Nutzung	Firmenverwaltung und Entwicklung
Fertigstellung	1996
Bruttogeschoßfläche	5.380 m²
Büronutzfläche	3.900 m²
Arbeitsplätze	190
Mitarbeiter	130 (fest) + freie Mitarbeiter

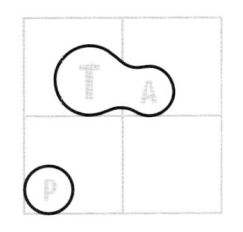

T = Teamarbeit
A = Austauscharbeit
P = Prozeßarbeit
E = Einzelarbeit

Die Enix Coorporation hat sich in den letzten Jahren durch die Entwicklung von Computersoftware für Videospiele einen Namen gemacht. Der elfgeschossige Neubau der Hauptverwaltung, im dichtgedrängten städtischen Gefüge von Tokio, mit Untergrundbahn und vielspurigem Straßenverkehr auf mehreren Ebenen, präsentiert sich an der straßenseitigen Schmalseite mit einer Ganzglasfassade, die den Blick auf zweigeschossige Bürozonen freigibt. Bestückt mit Gruppentischen und Monitoren, dienen die hohen Räume der formellen oder informellen Kommunikation der Softwareentwickler, die sich aus Teams mit Festangestellten und Freiberuflern zusammensetzen. Hier tauschen die „kreativen" Mitarbeiter Ideen aus, lassen sich inspirieren und entwickeln neue Konzepte. Farbige Arne-Jacobson-Stühle,

Schnitt

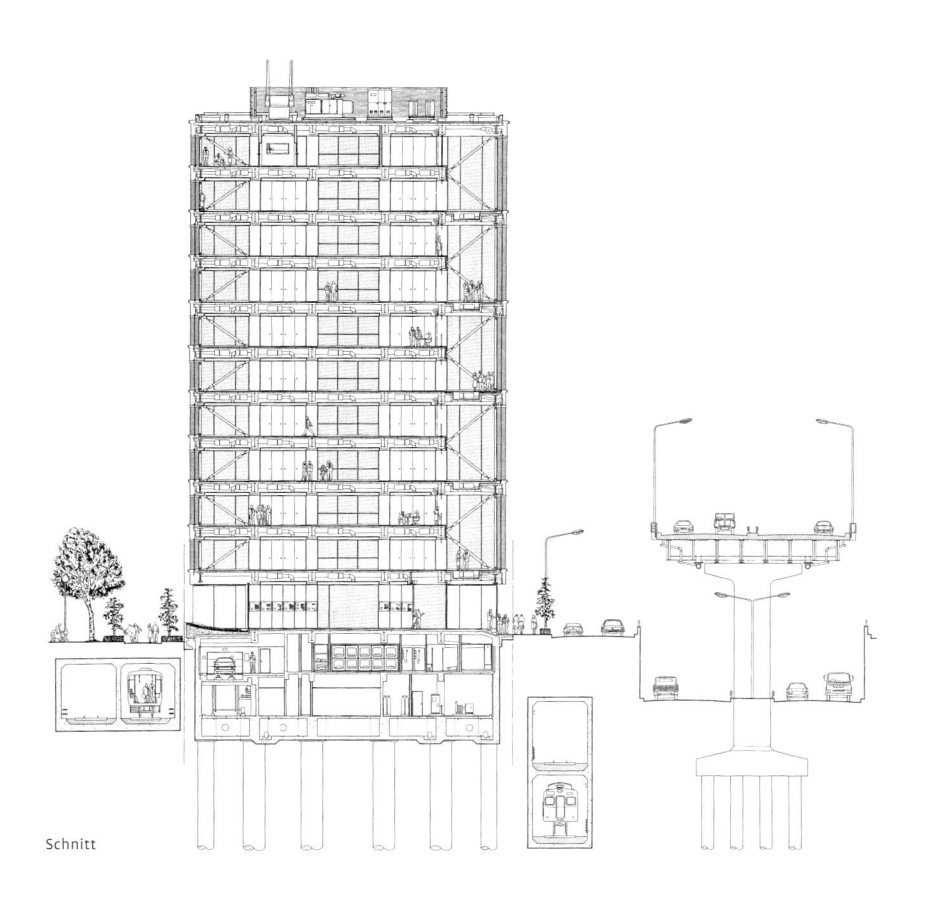

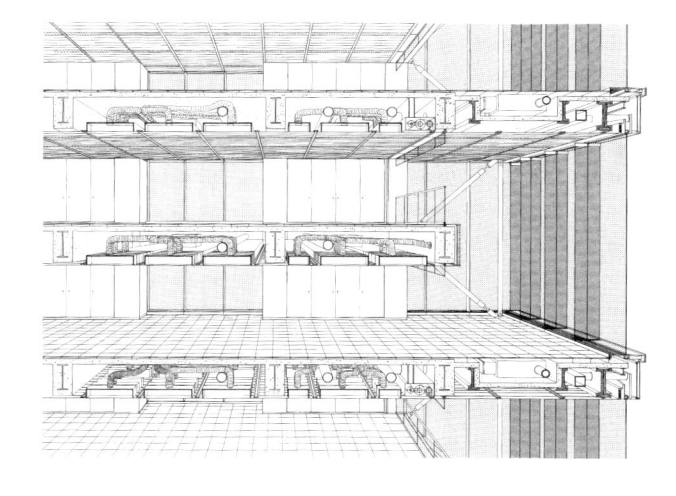

Teilschnitt

von links nach rechts

Die Ganzglasfassade, zweigeschossig durch horizontale Bänder gegliedert, bestimmt die Außenwirkung des Gebäudes.

In den zweigeschossigen, lichtdurchfluteten Räumen befinden sich die Sonderzonen mit temporären Arbeits- und Teambereichen.

Die einzelnen Abteilungen entwickeln sich geschoßweise getrennt in offenen Grundrissen.

Die Stahlkonstruktion an den Schmalseiten besteht aus ineinander geschobenen Rohren, die die Bewegungen des Gebäudes aufnehmen.

als einzige Farbtupfer in der von schwarz und weiß dominierten Arbeitswelt, signalisieren den speziellen Charakter dieser Zonen. In den angrenzenden Großraumbüros, die durch eine klare Grundrißgestalt in überschaubaren Raumeinheiten organisiert sind, setzen die Softwarespezialisten, mit Laptops ausgestattet, die Ideen um.

Die externen Mitarbeiter arbeiten zu Hause oder belegen in den unteren Geschossen, die für sie reserviert sind, einen Arbeitsplatz für die Dauer ihrer Anwesenheit. Die Softwareentwickler teilen sich den Neubau mit der Buchhaltung, der Marketingabteilung und dem Vorstand, die sich auf die Galeriegeschosse mit Blick in die zweigeschossigen Bürozonen verteilen.

Die Räume werden über die abgehängten, perforierten Metallpaneeldecken je nach Jahreszeit mittels kalter oder warmer Luft temperiert. Statt außenliegender Sonnenschutzlamellen verhindert ein Luftvorhang vor den Fassaden, über Bodenkanäle gespeist, im Sommer eine Überhitzung der Räume und mindert im Winter die Wärmeverluste. Die raumhohe Glasfassade sorgt für Tageslicht bis tief in das Gebäude hinein. Über Tageslichtsensoren gesteuerte, innenliegende Stoffstores bieten bei direkter Sonneneinstrahlung einen Blendschutz.

Mögliche Erschütterungen durch ober- und unterirdischen Verkehr und durch Erdbeben erforderten eine außergewöhnliche Konstruktion. Die dreiseitig verglasten Bürozonen an den Schmalseiten des Gebäudes sind als auskragende Bauteile ausgebildet. Das sichtbare Tragwerk, bestehend aus ineinander geschobenen Stahlrohren, die sich teleskopartig verlängern und verkürzen, nimmt die Bewegungen des Gebäudes auf. Vor diesem Hintergrund wird die großflächige Verglasung der Fassade zu einer Besonderheit. Beweglichkeit bestimmt das konstruktive wie das inhaltliche Konzept der Firma. *sj*

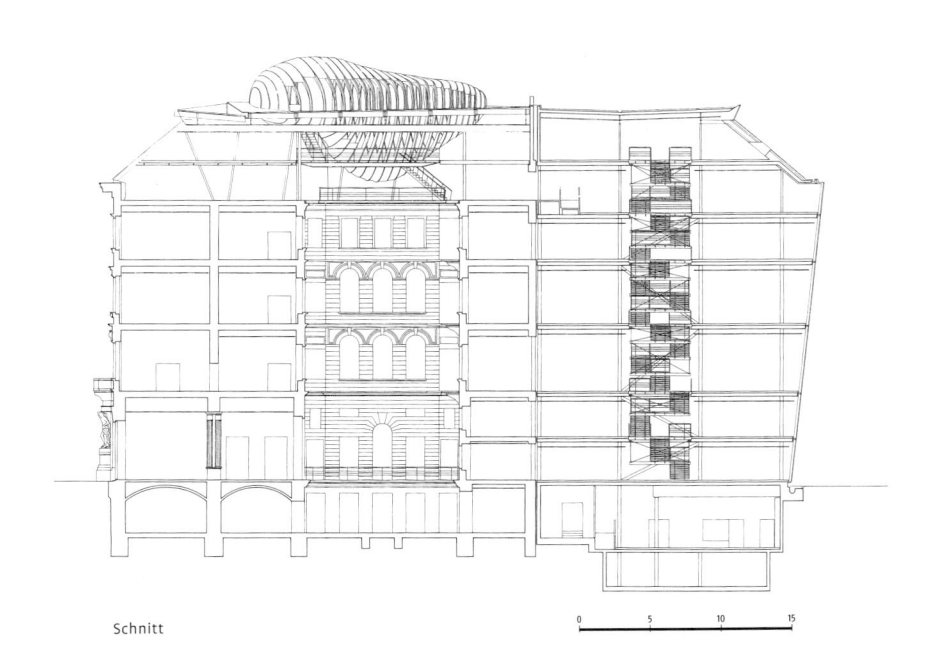

Schnitt

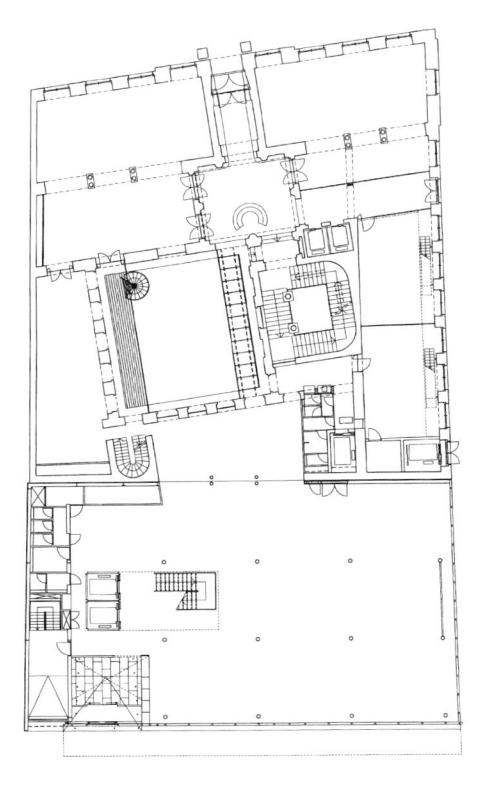

Erdgeschoß

links In einer ersten Phase wurde ein Hofgebäude aus der Zeit der k.u.k.-Monarchie für die ING& NNH Gruppe restauriert und erweitert.

oben Der Neubau, der im Süden anschließt, entstand in einer zweiten Phase und vervollständigt den städtischen Block. Die verglaste Fassade neigt sich leicht nach vorne in die schmale Straße, so daß sich am Tage die Gebäude auf der gegenüberliegenden Seite darin spiegeln.

ING Bank & NNH Hauptniederlassung

Budapest, Ungarn

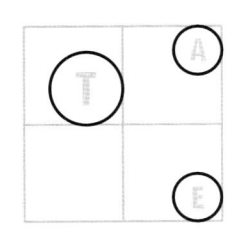

Bauherr	Nationale Nederlanden, ING Bank, ING Real Estate
Architekten	(EEA) Erick van Egeraat associated architects
Nutzung	Finanzdienstleistung
Fertigstellung	1994 / 1997
Bruttogeschoßfläche	7.830 m² (Andrássy út)
Bruttogeschoßfläche	6.800 m² (Paulay Ede utca)

T = Teamarbeit
A = Austauscharbeit
P = Prozeßarbeit
E = Einzelarbeit

Die ungarische Hauptverwaltung der ING Gruppe befindet sich in einem 1882 errichteten Neo-Renaissance-Gebäude im Geschäftszentrum von Budapest. Trotz der konservierenden Grundhaltung der Stadtplanung und der denkmalpflegerischen Anforderungen, die keinerlei von der Straße aus sichtbare Veränderung am Gebäude zuließen, wollte der Auftraggeber explizit ein in die Zukunft gerichtetes Haus, sowohl in bezug auf die Arbeitsplatzqualität und Effizienz als auch in bezug auf die architektonische Repräsentation der Firmenziele. Erick van Egeraat ergänzte die geforderte authentische Restaurierung daher durch wenige zeitgemäße Elemente und einen sich an der Rückseite anschließenden kompromißlosen Neubau. 1991 aus dem Zusammenschluß der beiden niederländischen Banken Nationale Neder-

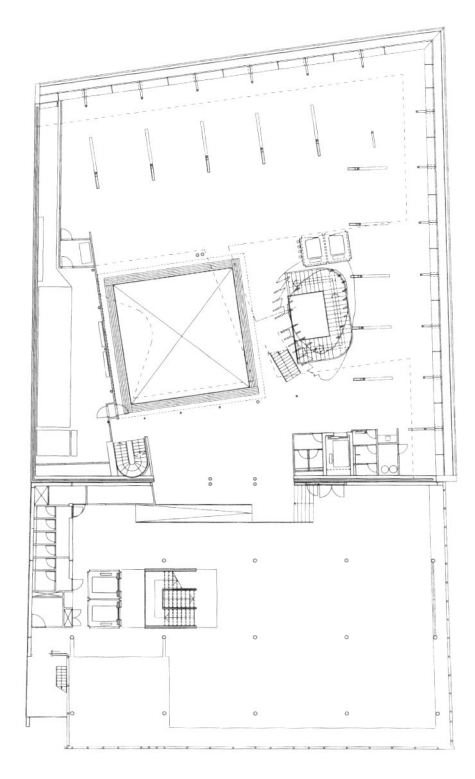

5. Obergeschoß 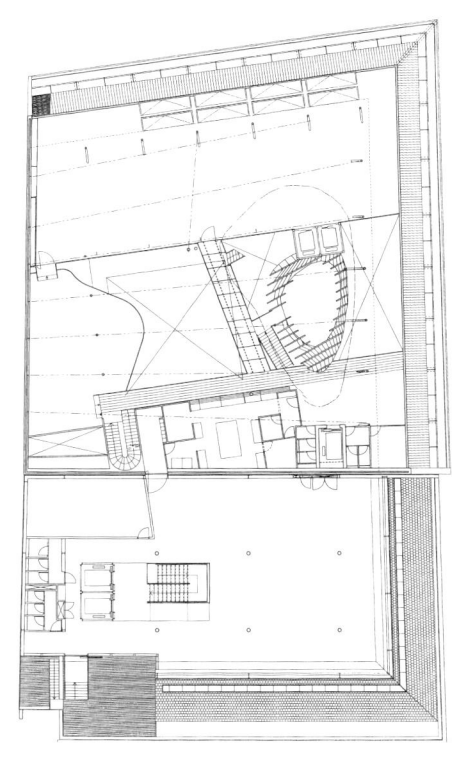   6. Obergeschoß 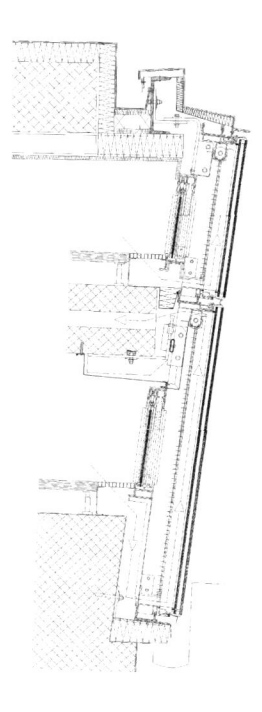   Detailschnitt Klimafassade

oben Die bauchige Form des Konferenzraums, der sogenannte „Walfisch", bricht aus der gläsernen Hofüberdachung heraus. 26 Leimschichtholzrahmen sind in die Hauptstahlkonstruktion eingehängt und analog zum Schiffsbau mit einer Lattung verkleidet und mit einer Haut aus Zinkblech überzogen.

rechts Die zweigeschossige Erweiterung in der Attika des Altbaus lebt von der verführerischen Form des „Wals".

landen und NMB Postbank Groep hervorgegangen, ist die ING Gruppe (Internationale Nederlanden Groep) im Bereich Bankwesen, Versicherungen und Vermögensverwaltung tätig. Um die Koexistenz zwischen den beiden Firmen und die von ihnen vertretenen Werte darzustellen, wurden bewußt alte und neue Elemente in harmonischem Einklang zueinander gesetzt. Ein reichhaltig dekorierter ehemaliger Salon im ersten Geschoß ist heute der Sitzungssaal für die Bank. Das moderne Gegenstück dazu bildet die über dem Haupttreppenhaus schwebende freie Form des Sitzungssaales der Versicherung. Dieser „Walfisch" scheint in einer gläsernen, auf laminierten Ganzglasträgern aufliegenden Hofüberdachung zu schwimmen. Als zusätzliches neues Element wurden zwei offene Bürogeschosse in der Attika geschaffen.

Der Erweiterungsbau, eine rationalistische Stahlkonstruktion mit einer teilweise bedruckten Klimahülle aus Glas, schließt sich auf der Südseite des Gebäudes an. Durch die vom Altbau übernommene großzügige Geschoßhöhe und die vollständig verglasten Fassaden und Zwischenwände wird das Gebäude hervorragend natürlich belichtet. Die offenen Geschoßflächen sind für verschiedene Bürokonzepte flexibel zu nutzen. An der Nahtstelle von Alt- und Neubau wurde die Glasfassade auf Wunsch der Denkmalpflege mit Siebdrucktechnik ornamentiert, so daß die Fassaden den Rhythmus der Fensteröffnungen des Altbaus weiterführen. Die Klimafassade und eine unter einer abgehängten Decke aus Streckmetall angebrachte Kühldecke gewährleisten sowohl im Sommer als auch im Winter ein komfortables Raumklima. Der Zwischenraum zwischen der Isolierverglasung außen und der Einfachverglasung innen dient zur Abführung der verbrauchten sowie der durch Sonneneinstrahlung erwärmten Luft. Die Luft wird hierbei im Fußbodenbereich angesaugt und über die Geschoßdecken abgeführt. Im Winter wirkt die Doppelfassade als Puffer und verhindert damit die Bildung von Zugluft an der Innenfassade.

Die erste Niederlassung der ING Gruppe in Osteuropa steht beispielhaft für einen sensiblen und zugleich originären Umgang mit denkmalgeschützter Bausubstanz in historischen Innenstädten. **bk**

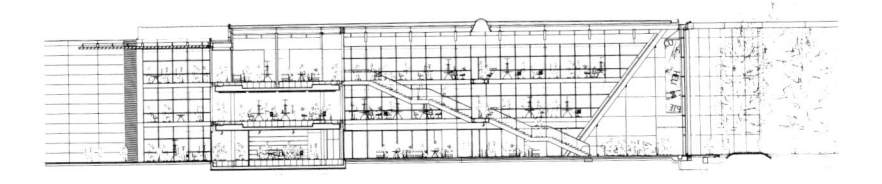

Schnitt durch einen verglasten Innenhof und das Atrium

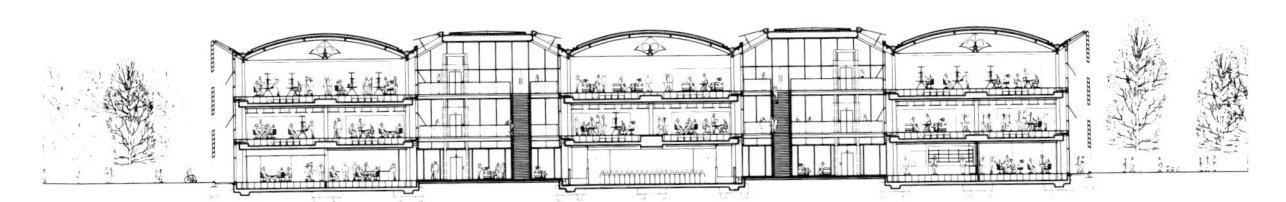

Schnitt durch die drei Büro"finger"

oben Der Besuchereingang durch das Atrium; daneben die Fassade eines Bürotraktes mit Sonnenschutz.

rechts Nachtansicht mit dem See

Electronic Arts

Chertsey, Surrey / Großbritannien

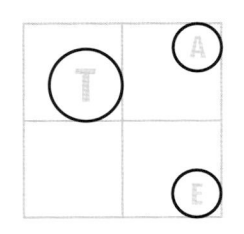

T = Teamarbeit
A = Austauscharbeit
P = Prozeßarbeit
E = Einzelarbeit

Bauherr	Electronic Arts Europe Ltd. P&O Cevelopments / Connought Estates Ltd.
Architekten	Norman Foster and Partners
Nutzung	Forschung und Entwicklung
Fertigstellung	2000
Bruttogeschoßfläche	17.968 m²
Büronutzfläche	41.810 m²
Arbeitsplätze	500
Mitarbeiter	400 - 500

Das Unternehmen Electronic Arts ist einer der weltweit führenden Hersteller von interaktiver Unterhaltungssoftware, dessen Interesse einer „auf Aktivität basierenden, team-orientierten Umgebung galt. Die Lage an einem See, der Teil einer Parkgestaltung aus dem 18. Jahrhundert ist, unterstützte den Ansatz einer Arbeit und Freizeit synthetisierenden Erlebniswelt. Drei parallele, dreigeschossige Bürotrakte öffnen sich wie sich spreizende Finger zu einem gebäudehohen Atrium, das sich entlang der Krümmung des Sees erstreckt und von diesem nur durch eine schmale Plattform getrennt ist. Das Atrium ist der soziale Brennpunkt des „Campus". Mit einem Minimum an Konstruktion voll verglast, kann es über dreigeschossige Glasschiebetüren vollständig zum See hin geöffnet werden. Zusammen mit dem Erdgeschoß

Erdgeschoß

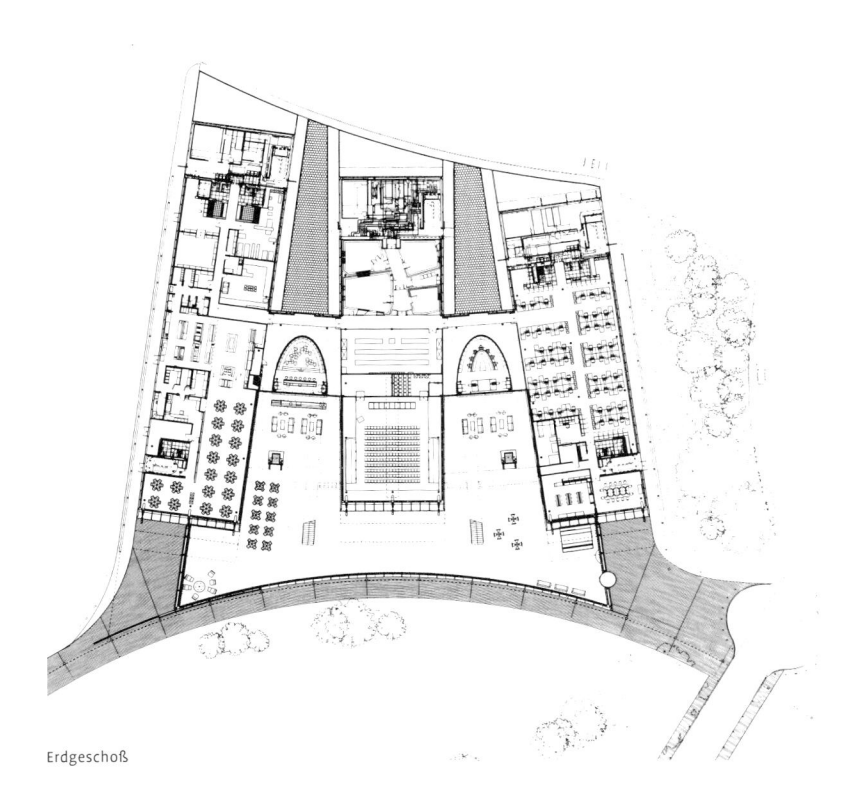

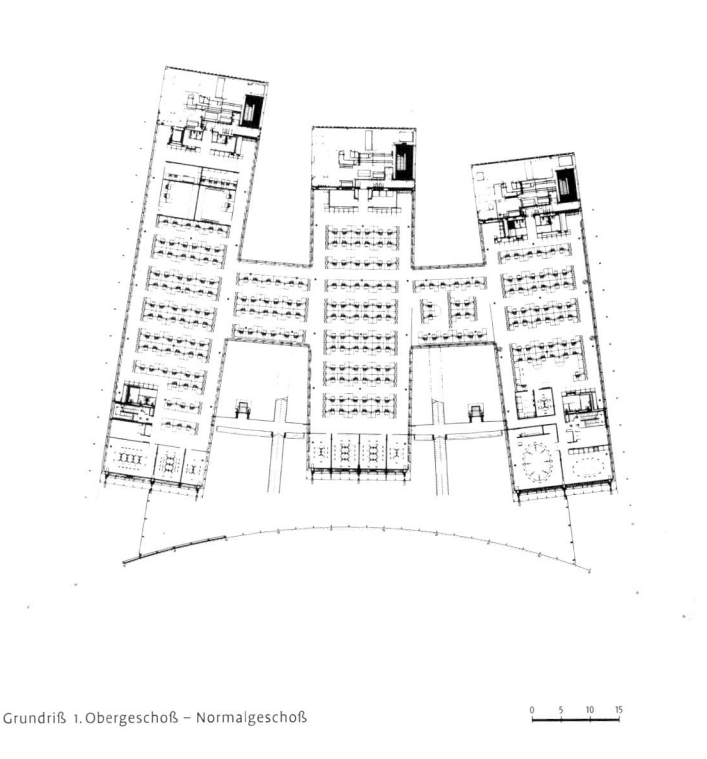

Grundriß 1. Obergeschoß – Normalgeschoß

von links nach rechts

Das Atrium ist der soziale und organisatorische Brennpunkt des Gebäudes. Im Hintergund eine der dreigeschossigen Schiebetüren, die das Atrium im Sommer zum See hin öffnen.

Die kalifornische Unternehmenskultur von Electronic Arts trifft auf die englische Landschaft. Links oben das Restaurant am Wasser und oben die Promenade am Seeufer.

An der Peripherie der Büroflächen gibt es kleine informelle Besprechungsmöglichkeiten.

---

der Bürotrakte nimmt der offene, hohe Raum die allgemeinen Einrichtungen auf. Angefangen vom Restaurant, einer Bar, einem Fitnessraum, Umkleideeinrichtungen für Radfahrer und Jogger, über Präsentationsräume, Soundstudios und einer „Videospielarkade" bis hin zu Kühleinrichtungen für angelieferte, online bestellte Einkäufe ist alles vorhanden, was die Mitarbeiter veranlaßt, vom „homing from work" (als Gegenstück zu „working from home") zu sprechen. Die Arbeitsorganisation basiert auf einem sogenannten Produzentensystem: Ein „Produzent" stellt ein Team von Mitarbeitern zusammen, um die vom Unternehmen vorgegebene Aufgabe zu erfüllen. Damit versucht Electronic Arts, die weltweit besten frei arbeitenden Fachleute für die Dauer eines Projektes einzubinden. Management, Marketing- und Vertriebserfahrung hingegen werden durch permanente Mitarbeiter zur Verfügung gestellt.

Das Klimakonzept entspricht der zukunftsorientierten Arbeitsorganisation. Natürliche Be- und Entlüftung sorgen zusammen mit Nachtkühlung im Normalfall für angenehme Raumtemperaturen. Ein zentrales Gebäudemanagementsystem kontrolliert die Arbeitsplatzumgebung, öffnet und schließt automatisch Fenster und Lüftungsöffnungen und setzt in Spitzenfällen auch eine Klimaanlage ein. Hohe Wärmeeinträge werden durch eine Verschattungsanlage als Teil des Fassadensystems vermieden. Das Gebäude ist mit einem Lichtmanagement versehen, das jede individuelle Leuchte mit einem Raum-zu-Raum-Anwesenheitsmelder vernetzt, so daß nur benutzte Räume beleuchtet werden und der Energieverbrauch minimiert wird. Eine der größten gebäudeumfassenden audio-visuellen Präsentationsanlagen in Europa und ein mobiles Telekommunikationssystem, mit dem jeder Mitarbeiter im Gebäude erreicht werden kann, unterstützen das teamorientierte Arbeiten.

Mit EA wird ein Bürogebäude zu einer große Teile des sozialen Lebens integrierenden räumlichen Erfahrung, wobei das Bürogebäude als Typus erhalten bleibt. Es bietet den Teams für die Dauer eines Projektes eine Heimat und fördert die kreative und reibungslose Erfüllung der Aufgabe. *ta*

Lageplan

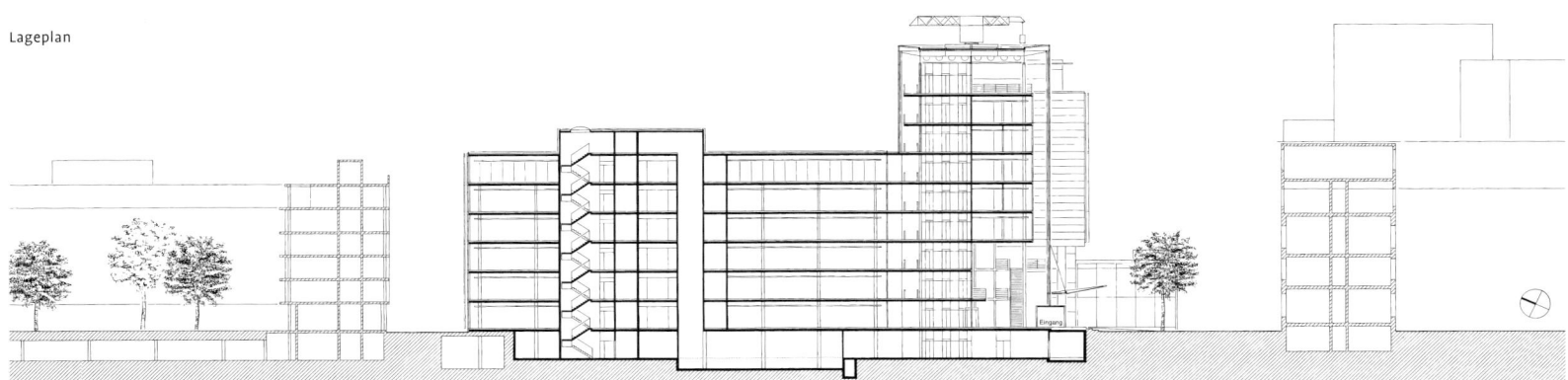

Querschnitt

von links nach rechts

Der Turm und der Längsbau bilden das Rückgrat des Gebäudes.

Verglaste Gänge verbinden die Querbauten im 2. und 3. OG.

Die Stege und Galerien im lichtdurchfluteten Raum bieten Platz für zufällige Begegnungen und Gespräche.

Die Stege führen entlang der Administration in die Großraumbüros der Querbauten.

ABB Konnex
Baden, Schweiz

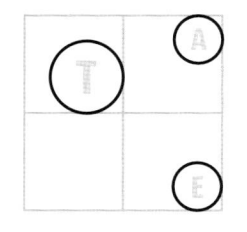

T = Teamarbeit
A = Austauscharbeit
P = Prozeßarbeit
E = Einzelarbeit

Bauherr	Miteigentümergemeinschaft Dienstleistungsgebäude Konnex Baden
Architekten	Theo Hotz Architekten
Nutzung	Forschung und Entwicklung
Fertigstellung	1995
Bruttogeschoßfläche	49.500 m²
Bruttonutzfläche	37.000 m²
Arbeitsplätze	2.100

Der Schweizer Großkonzern ABB, hauptsächlich im Bereich der Energietechnik tätig, kann auf eine über hundertjährige Firmentradition zurückblicken. Die Anfänge des Unternehmens sind an den Industriehallen auf dem firmeneigenen Werksgelände in Baden sichtbar. Durch den industriellen Wandel und die damit verbundene Verlagerung des Tätigkeitsbereichs der ABB von der Produktion zur Entwicklung und Forschung wurden die seit 1891 errichteten Werkhallen obsolet, das Unternehmen wich auf andere Standorte aus, und das Areal verkam zu einer Industriebrache.

Ende der achtziger Jahre entwickelte die ABB gemeinsam mit der Stadt ein neues Leitbild für das Areal, das aufgrund der attraktiven Lage im Zentrum der ehemali-

Erdgeschoß

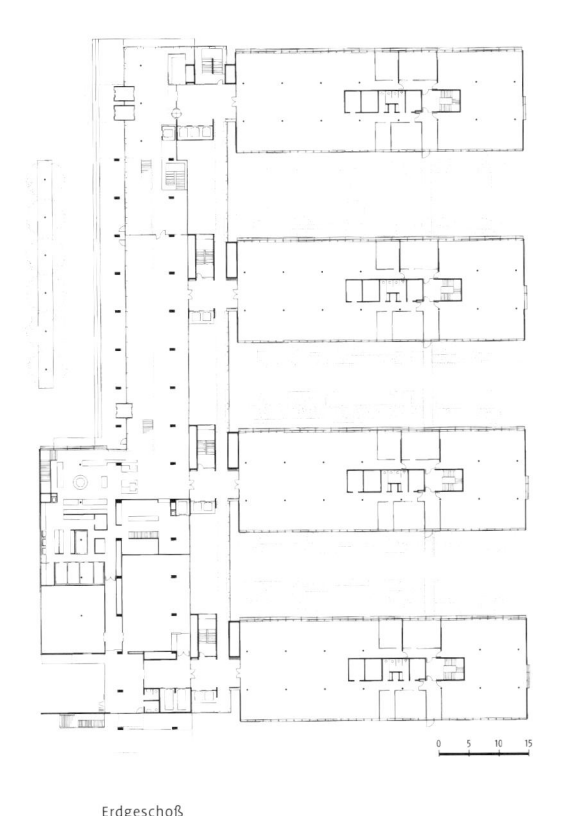

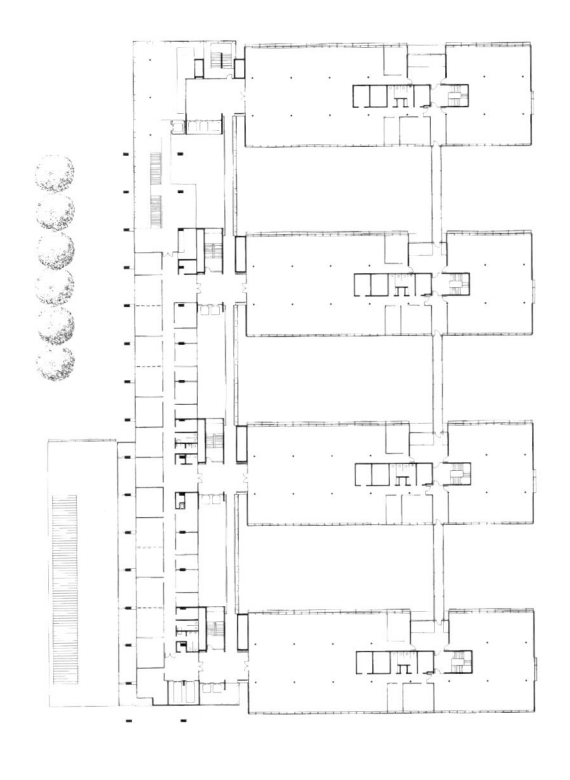

2. Obergeschoß

gen Bäderstadt und direkten Nachbarschaft zum Bahnhof ein hohes Entwicklungspotential besitzt. Der von Theo Hotz geplante Neubau ist Teil dieses Entwicklungsplans, der eine Umnutzung des Gebiets zu einem neuen Stadtteil mit Mischnutzung vorsieht.

Mit dem Neubau beschreitet die ABB Kraftwerke AG in zweierlei Hinsicht neue Wege: Sie organisiert eine kommunikative Bürostruktur und entwickelt ein ganzheitliches Klimakonzept. In dem prozeßorientierten, in Teams strukturierten Unternehmen hat Kommunikation einen wesentlichen Anteil am Erfolg. Die „Engineeringtätigkeit" als Wissensarbeit basiert auf einem funktionierenden Informationsfluß. Die Zusammenlegung der vormals auf 25 Standorte verteilten 1.900 Mitarbeiter soll die „face-to-face"-Kommunikation fördern. Die urbane Struktur des Gebäudes bietet die dafür notwendigen Flächen. Klimatisch und räumlich voneinander getrennte Gebäudeteile, bestehend aus dem neungeschossigen Konferenzturm, dem achtgeschossigen Längsbau mit Vorstand, Administration und Sonderräumen und vier sechsgeschossigen Querbauten mit Großraumbüros für die Teams, sind kammartig angeordnet und durch vorgelagerte Stege, Galerien, freie einläufige oder gewendelte Treppen und Lifte miteinander verbunden. Umhüllt von einer profilreduzierten, gläsernen Haut entsteht eine unbeheizte Vorzone mit ineinanderfließenden, lichtdurchfluteten Räumen. Die „frei im Raum schwebenden" Verkehrsflächen, die temporär mit Leseecken, Stehtischen, Informationstafeln und Ausstellungen bestückt sind, werden zu Kommunikationsflächen. Den Büroräumen direkt zugeordnete Cafébars und Sitzecken sowie die großzügige Caféteria am Eingangsbereich ergänzen diese Flächen. Zusätzlich unterstützt die Anordnung der Teams in Großraumbüros den kommunikativen Charakter des Bürokonzepts. Hüfthohe Schrankelemente, die der räumlichen Abgrenzung der Projektgruppen dienen, werden den Gruppengrößen entsprechend verteilt und bieten so teamübergreifende Bezüge und ein größtmögliches Maß an Flexibilität. Nur die Abteilungsleiter arbeiten ungestört in Zellenbüros, die den jeweiligen Projektteams zugeordnet sind. Für formale Besprechungen oder Konferenzen buchen die Mitarbeiter einen der unterschiedlich großen Besprechungsräume, die im Längsbau sowie im Turm untergebracht sind. Losgelöst

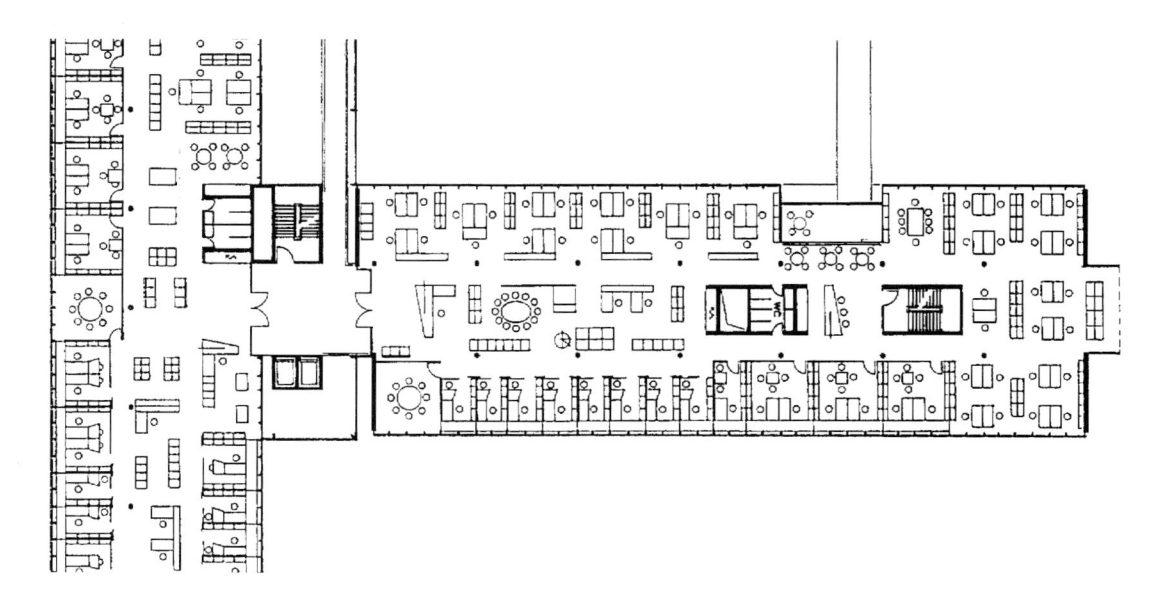

Möblierter Grundrißausschnitt der Großraumbüros in den Querbauten.

von den eigentlichen Bürozonen können diese Räume, die mit der neuesten Technik ausgestattet sind, auch von „Externen" angemietet werden.

Die Grundrißorganisation, die differenzierte Fassadenausbildung und die Gebäudeausstattung sind vielschichtig miteinander verwoben und dienen zusätzlich dem Klimakonzept. Die Anordnung der Verkehrsflächen in der unbeheizten Vorzone verleiht dem Gebäude nicht nur eine wohltuende Großzügigkeit und Transparenz, sondern reduziert ebenso die Betriebskosten. Gleichfalls wirkt sie für die angrenzenden Innenräume als Klimapuffer. Die Fassaden sind, abhängig von der Himmelsrichtung und der Raumnutzung, unterschiedlich konstruiert. Die Außenhaut der vorgelagerten Verkehrsflächen ist als abgehängte Konstruktion mit punktgehaltenen, großformatigen Glaselementen ausgebildet. An der Südseite schützen außenliegende, feststehende Lamellen den Innenraum vor Überhitzung, während im Osten und Westen innenliegende Stoffstores für einen ausreichenden Sonnenschutz sorgen. Die Isolierverglasung der Bürozonen ist an den Südseiten mit außenliegenden, beweglichen Sonnenschutzlamellen ausgestattet. Zentral gesteuert oder individuell geregelt, passen sich Sonnenschutz und Fassadenöffnungen den äußeren Klimaverhältnissen an. Abhängig von der Jahreszeit wird die Sonnenenergie passiv genutzt oder die Einstrahlung verhindert. Im Sommer wird die in den Sichtbetondecken gespeicherte Wärme über Oberlichter, die sich bei Raumtemperaturen über 16° C automatisch öffnen, an die kühle Nachtluft abgegeben. Nach längeren Hitzeperioden wird das System von einer Teilklimatisierung unterstützt. Offenliegende Lüftungskanäle versorgen die Räume mit frischer Zuluft und führen die verbrauchte Luft ab. Die Abwärme wird mittels Wärmerückgewinnung für die Warmwasseraufbereitung genutzt.

Die raumhohen Verglasungen bieten größtmögliche Tageslichtausbeute. Harte Schwarzweiß-Kontraste und sichtbare Stahl- und Betonbauteile im Innenraum ergeben zusammen mit den klaren, kantigen Fassaden ein einheitliches Gesamtbild und erzeugen den gewünschten technoiden Charakter des Gebäudes. *sj*

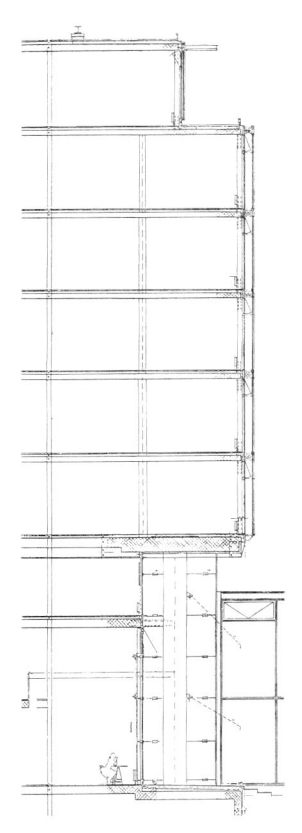

Fassadenschnitt Längsbau Ost

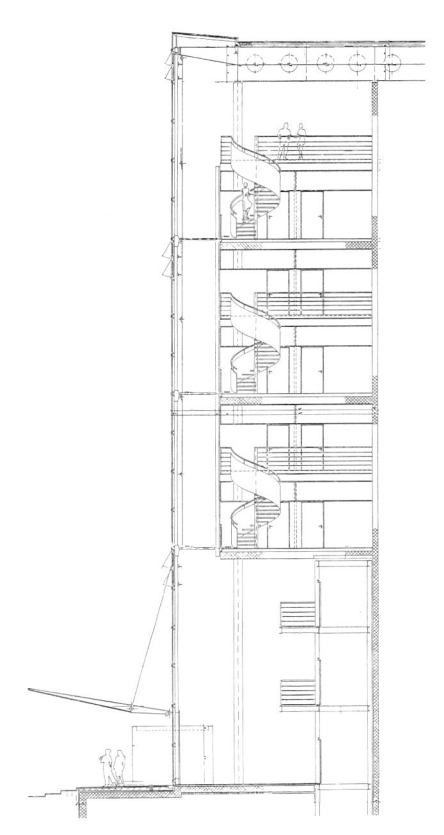

Fassadenschnitt Turm Ost

von links nach rechts

Die Caféteria am Eingangsbereich ist Teil der volumetrisch komplexen Vorzone und Treffpunkt für die Mitarbeiter.

Die Wendeltreppen verbinden die Galerien der Konferenzräume im Turm.

Die punktgehaltene Fassade des Turms ist als abgehängte Konstruktion ausgebildet.

Nach dem Haus-in-Haus-Prinzip ist der Konferenzturm von einer zusätzlichen gläsernen Hülle umgeben.

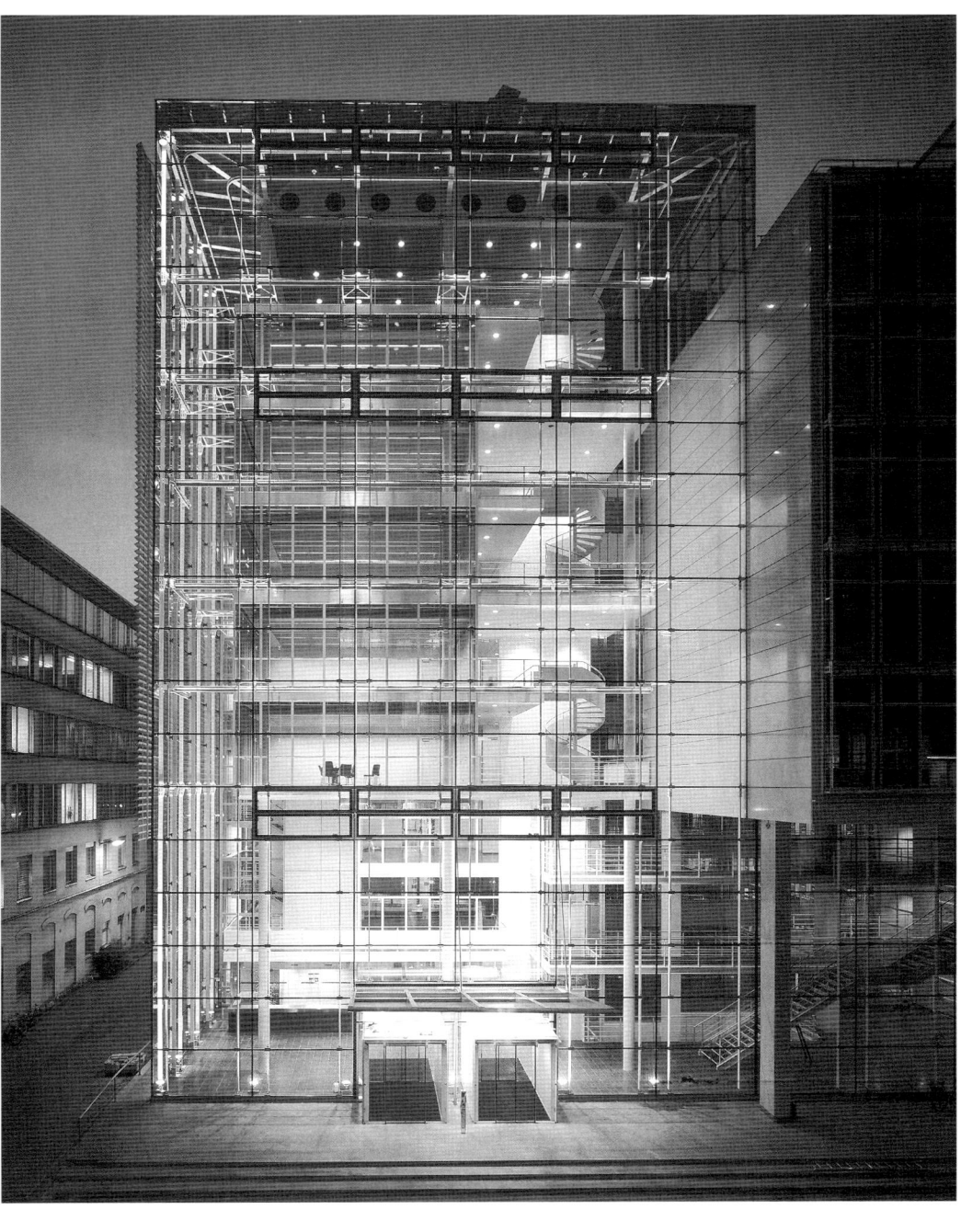

Erdgeschoß

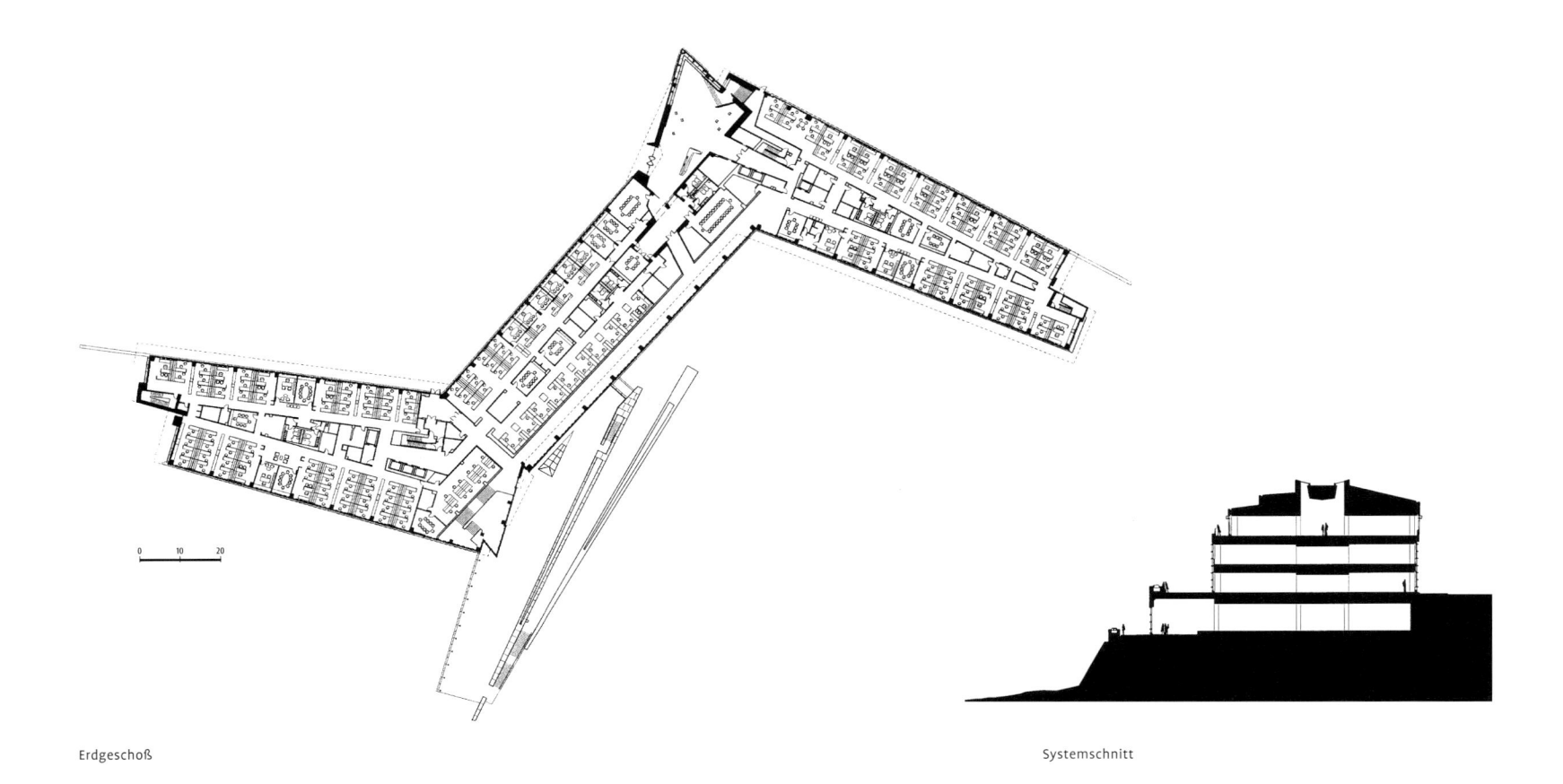

Systemschnitt

oben Blick auf den Eingangsbereich. Kühle Hightech-Materialien vermitteln ein technikfreundliches Image.

rechts Das Z-förmige Gebäude stellt einen direkten Dialog mit der Landschaft von Westchester her, die durch leichte Hügel und dichte Kronen von Laub- und Kiefernbäumen geprägt wird. Landschaftsinterventionen verstärken diesen Effekt.

IBM World Headquarters

Armonk, New York / USA

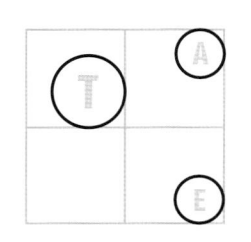

T = Teamarbeit
A = Austauscharbeit
P = Prozeßarbeit
E = Einzelarbeit

Bauherr	IBM Corporation
Architekten	Kohn Pedersen Fox Associates
Nutzung	Firmenverwaltung
Fertigstellung	1997
Bruttogeschoßfläche	26.000 m²
Arbeitsplätze	600

Die Konzernzentrale der Computerfirma IBM befindet sich auf dem traditionsreichen, seit mehr als 30 Jahren existierenden Firmengelände in Armonk, etwa 50 Meilen nördlich von Manhattan. Kühle High-Tech Materialien wie Edelstahl, Glas, Aluminium und polierter Stein, in Kombination mit kristallinen Formen, vermitteln ein progressives, der Corporate Identity des Konzerns entsprechendes Bild und stehen in angenehmen Kontrast zu den Laub- und Kiefernbäumen des bewaldeten Grundstücks.

Das Gebäude ist Sitz der Firmenleitung mit Chairman und Chief Executive Officer, dem CEO, und deren Assistenten und dient damit vor allem der Repräsentation. Dies gilt auch für die Innenausstattung der öffentlich

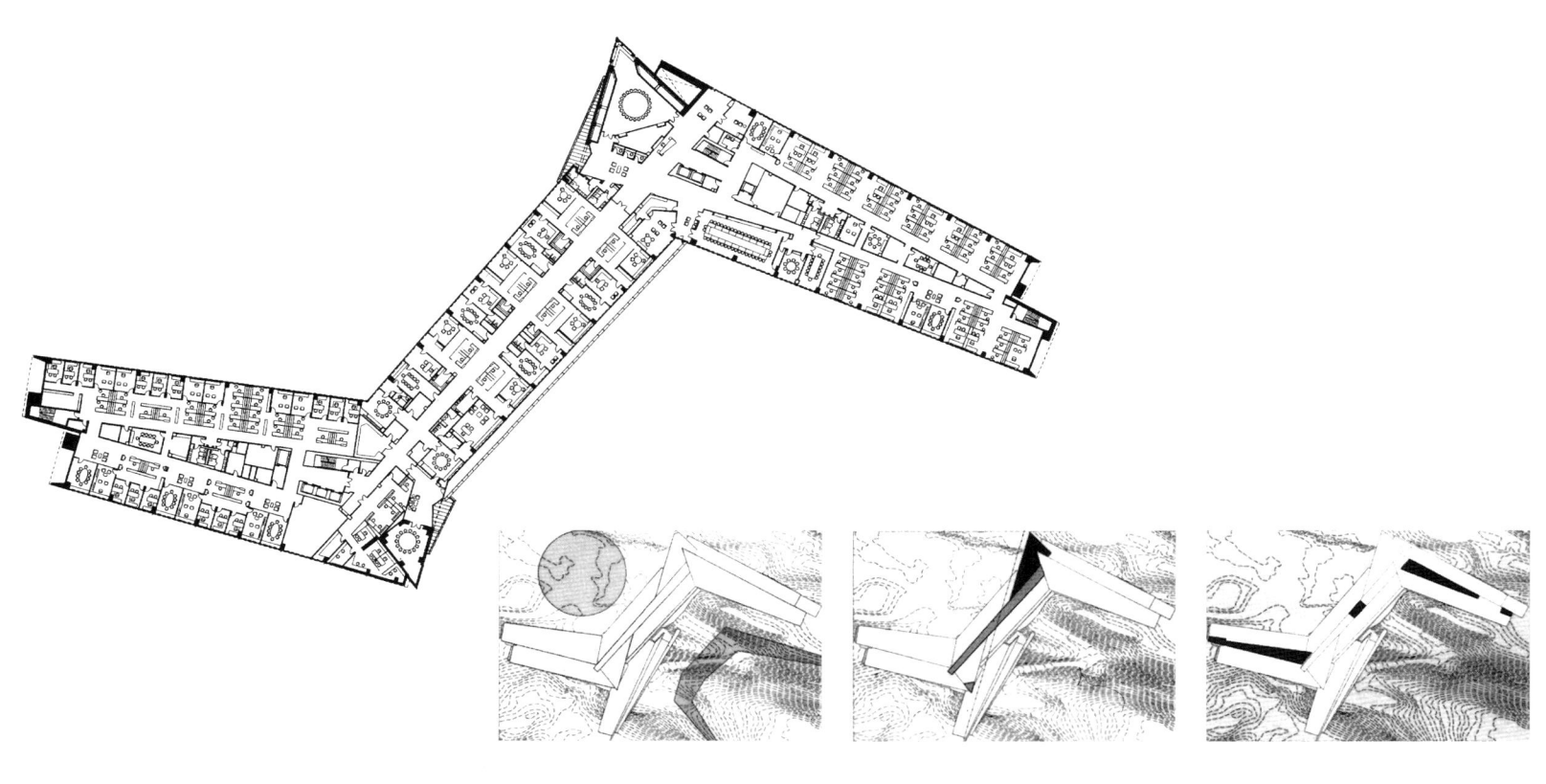

3. Obergeschoß

Konzeptdiagramme

oben Repräsentative Besprechungsräume, wie der Boardroom, befinden sich in den Verbindungsknoten zwischen den Flügeln.

mitte Die Unterscheidung zwischen Dach und Wand wird in der Bemühung, eine größere Einheit zu erzielen, nahezu aufgegeben.

rechts oben Hochwertige Materialien werten die Sonderbereiche auf.

rechts unten IBM's Geschichte ist ein wichtiger Teil des Ausbaukonzeptes, wie hier im Foyer, wo firmeneigene Produkte präsentiert werden.

zugänglichen Gebäudeteile; insbesondere für das Besucherzentrum mit ausgedehnten Trainings- und Konferenzbereichen sowie Touchdown-Arbeitsplätzen für Kunden und Mitarbeiter, den großzügigen Empfangsbereich, und auch für den mit modernstem audiovisuellem Equipment ausgestatteten Konferenzraum, in dem über Video Kontakt zu Kunden in der ganzen Welt aufgenommen wird. Die Arbeitsweise der Firmenleitung zeichnet sich durch einen hohen Kommunikationsbedarf aus, es wird flexibel in globalen Teams an wechselnden Projekten gearbeitet. Bei der Organisation und Ausstattung der Büroflächen wurde daher neben hoher Flexibilität, Effizienz und Funktionalität viel Wert auf informelle und formelle Besprechungsmöglichkeiten gelegt. Beides steht hier für eine zeitgemäße Arbeitsplatzgestaltung.

Das Gebäudevolumen ist in drei horizontal ausgerichtete Flügel unterteilt, die ein Z formen. Hochflexible Geschoßebenen, die nach der Prämisse „maximale Raumausnutzung und Anpassungsfähigkeit" entwickelt wurden, stehen im Kontrast zu dieser spezifischen äußeren Form. In den Anschlußpunkten zwischen den einzelnen Flügeln findet man formelle und auch informelle Besprechungsräume, sonst bestimmen offene Arbeitsbereiche, die mit nur zwei verschiedenen „Cubicles" belegt wurden, das Bild. Im allgemeinen etwa 7 m² oder 14 m² (für die Managing Directors) groß, spiegeln sie den Wandel in der Unternehmensstruktur von IBM zu einer flacheren Hierarchie hin, wider. Alle Arbeitsplätze haben einen direkten Bezug zu natürlichem Tageslicht und durch die vielfältigen Freizeitmöglichkeiten, die in das Campuskonzept integriert wurden, zur umgebenden Landschaft. So profitieren die Mitarbeiter in zweierlei Hinsicht von der einzigartigen Lage.

Die IBM-Zentrale vereint die beiden Spannungspole heutiger Büroraumgestaltung. Durch die Kombination von hochflexiblen, fast schon monotonen Arbeitsplatzsystemen mit besonders ausgestatteten Sonderbereichen, wie Foyer, Sitzungszimmer des Aufsichtsrats oder Besucherzentrum, und einer auffälligen Gebäudehülle ist sie identitätsstiftend und hocheffizient zugleich. *bk*

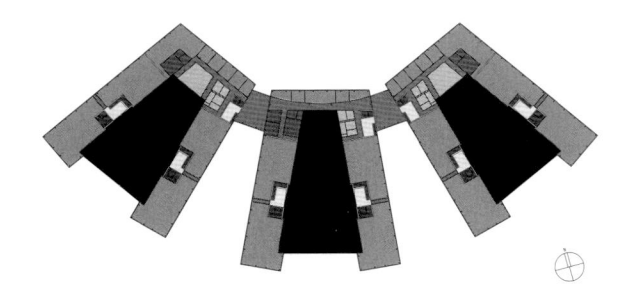

■ Büro   ▨ Besprechung
■ Nebenräume   ▨ Treppen
▨ Sanitärbereiche ■ Atrium

Grundrißschema

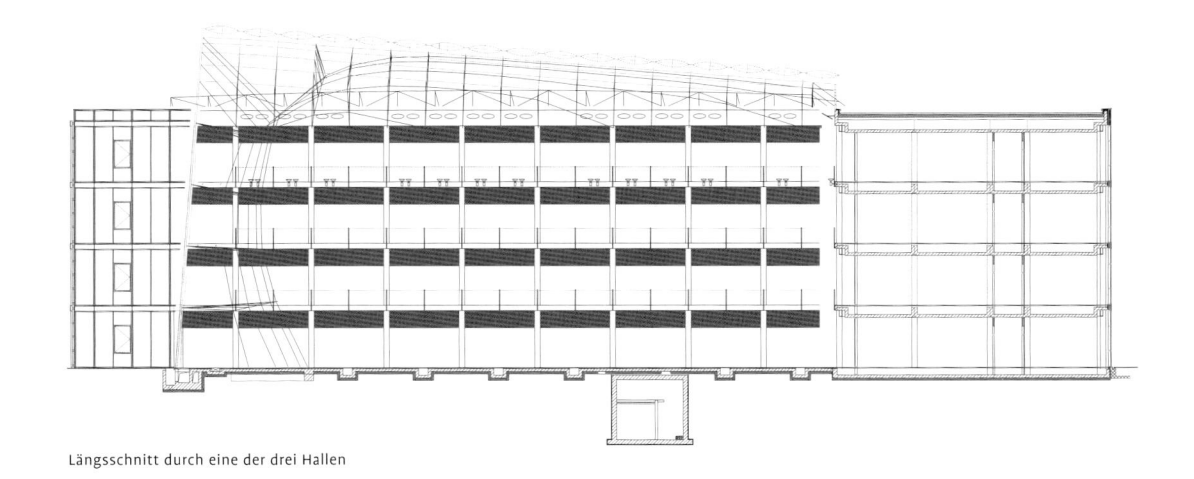

Längsschnitt durch eine der drei Hallen

von links nach rechts
Südansicht | Werksanlage mit davorliegendem Bürokomplex |
Blick in eine der drei Hallen | Fassadenausschnitt mit Arbeitsplätzen

Festo
TechnologieCenter
Esslingen, Deutschland

Bauherr	Festo AG & Co., Esslingen
Architekten	Entwurf und Planung: Architekturbüro Ulrich Jaschek
Nutzung	Firmenverwaltung
Fertigstellung	2001

T = Teamarbeit
A = Austauscharbeit
P = Prozeßarbeit
E = Einzelarbeit

Die Festo AG & Co. in Esslingen-Berkheim ist einer der weltweit führenden Hersteller und Entwickler von pneumatischen Systemen. Die Mitarbeiter in über 30 Mietobjekten sollten wieder an einem einzigen Standort in unmittelbarer Nachbarschaft zur Produktion konzentriert werden. Die im Gebäude unterzubringenden Funktionen reichen vom Call Center bis zum Vorstandsbüro.

Die fingerartigen Baukörper des Komplexes sind der großflächigen Nutzung vorbehalten. Die Einzelbüros liegen in den Verbindungsbauten der Quergänge. Die Bereiche zwischen den Verbindungsbauten und den einzelnen „Fingern" dienen als Besprechungszonen. Durch die Atrien mit ihren Galerien, Caféterias, Aktionszonen und Veranstaltungsbereichen wurden zentrale Kommu-

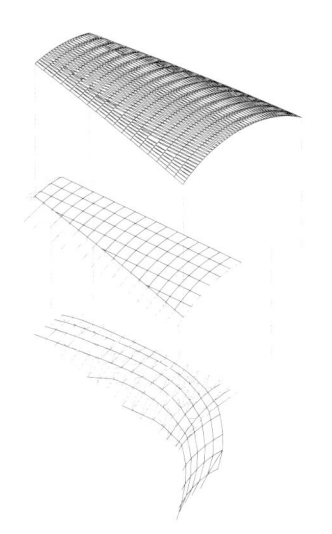

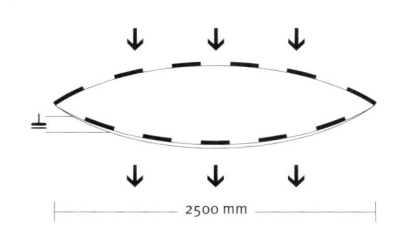

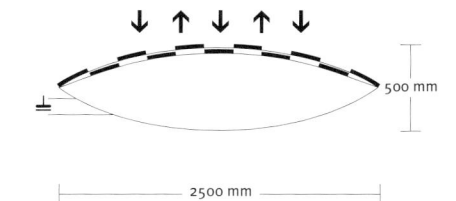

Steuerung der Lichttransmission durch mehrlagige Folienschichten

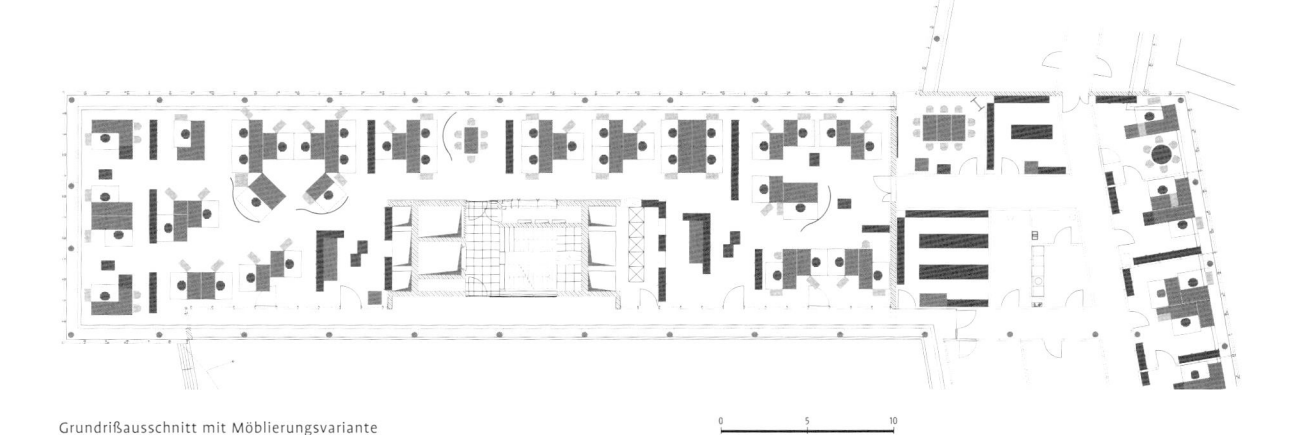

Tragstruktur der Hallendächer
(Ingenieurbüro IPL, Radolfzell)

Grundrißausschnitt mit Möblierungsvariante

nikationsbereiche geschaffen, die für Pausen, kurze Besprechungen und interaktive Begegnungen genutzt werden. Natürliche Helligkeit, gute Akustik, angenehmes Klima und ein Bürokonzept für optimale interne Abläufe und Kommunikation sind als zeitgemäßer Standard für die Mitarbeiter selbstverständlich. Für die energetischen und ökologischen Zielsetzungen bezüglich eines „low-energy-concepts" sollten neueste Technologiekomponenten zum Einsatz kommen, bevorzugt aus eigener Entwicklung und – entsprechend dem Produktionsschwerpunkt der Firma – mit „Luft" als Baumaterial.

Die Primärkonstruktion der Atrien besteht aus einer orthogonalen Stahlgitterschale, die durch eine gekrümmte Seilnetzunterspannung stabilisiert wird. Die neu entwickelten, pneumatischen Atriendächer bestehen aus dreilagigen, durch den Innendruck stabilisierten ETFE-Folienkissen und verfügen über einen integrierten Sonnenschutz. Die oberste und die mittlere Folienlage sind mit einem positiven und einem negativen Schachbrettmuster bedruckt. Durch Veränderung der Druckverhältnisse in den Kissen bzw. der Position der mittleren Folienlage wird ein Sonnenschutz von 50 bis 93 Prozent erzielt. Die Kissen selbst haben einen Isolierwert von etwa k=2,3 und können bei Bedarf gespült werden, um aufgeheizte Luft zu tauschen.

Die Sonnensegel an der Südseite der Atrien sind bis zu 120 m² groß und werden hydraulisch auf frei gespannte Stangen aufgerollt. Die Technik hierfür stammt aus dem Bootsbau und wurde erstmals für ein Gebäude eingesetzt. Der gesamte Komplex ist ein Niedrigenergiegebäude. Die Ganzglashülle aus mit Krypton gefüllten Drei-Scheiben-Verglasungen erreicht einen k-Wert von 0,8 über die gesamte Hüllfläche.

Die drei größten bisher gebauten Kältemaschinen zur Adsorptionskühlung wandeln die anfallende Abwärme aus der Produktion in Kälte um. Zusammen mit der Bauteilkühlung, der Nutzung von Erdwärme, der Drei-Scheiben-Verglasung und dem Sonnenschutzsystem hat die neue Zentrale ein richtungsweisendes, innovatives Gesamtenergiekonzept. *rh*

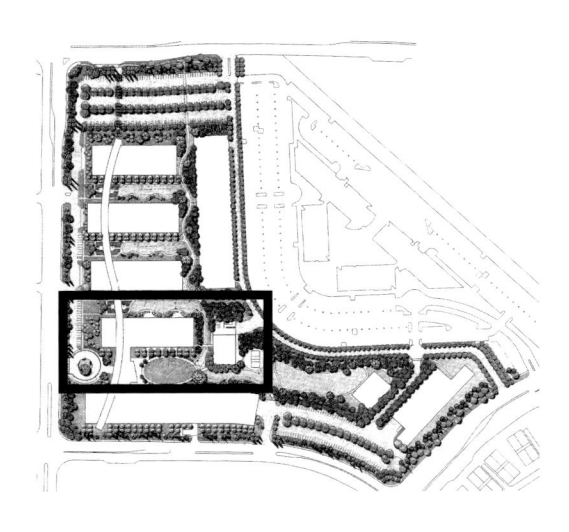

Masterplan; der erste Bauabschnitt ist der zweite Büroblock von Süden. Die Rückgratfunktion der „Spine" ist deutlich erkennbar.

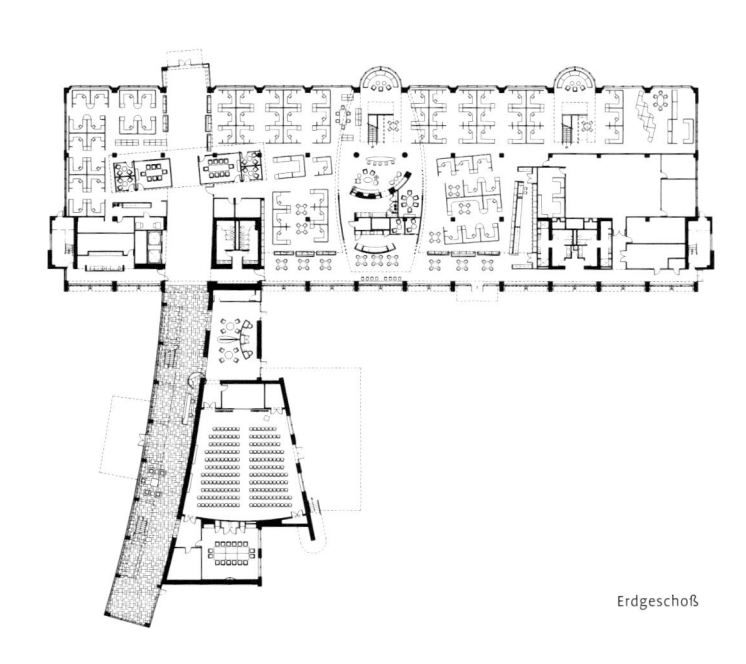

Erdgeschoß

Shaklee Corporation

Pleasanton, Kalifornien / USA

Bauherr	Shaklee Corperation
Architekten	Gensler
Nutzung	Firmenverwaltung
Fertigstellung	1999
Bruttogeschoßfläche	23.200 m²
Arbeitsplätze	275

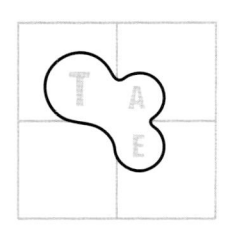

T = Teamarbeit
A = Austauscharbeit
P = Prozeßarbeit
E = Einzelarbeit

Shaklee ist ein Hersteller und Entwickler von natürlichen Gesundheitsprodukten, die über ein landesweites Netz von nebenberuflichen Vertretern vertrieben werden, dem sogenannten „Multi Level Marketing", wie es auch von Tupperware™ bekannt ist. Da die meisten Mitarbeiter einer solchen Organisation über das gesamte Land verteilt sind, brauchte Shaklee einen identitätsstiftenden Neubau, der den Leitspruch „In Harmony with Nature"™ transportiert. Daneben sollte der veränderten Arbeitsorganisation durch Tele- und Teamarbeit Rechnung getragen werden.

Die Lage in einem Suburb, also näher an den Mitarbeitern, und der vorhandene Anschluß an das öffentliche Schienennahverkehrssystem waren deshalb ausschlag-

1. Obergeschoß

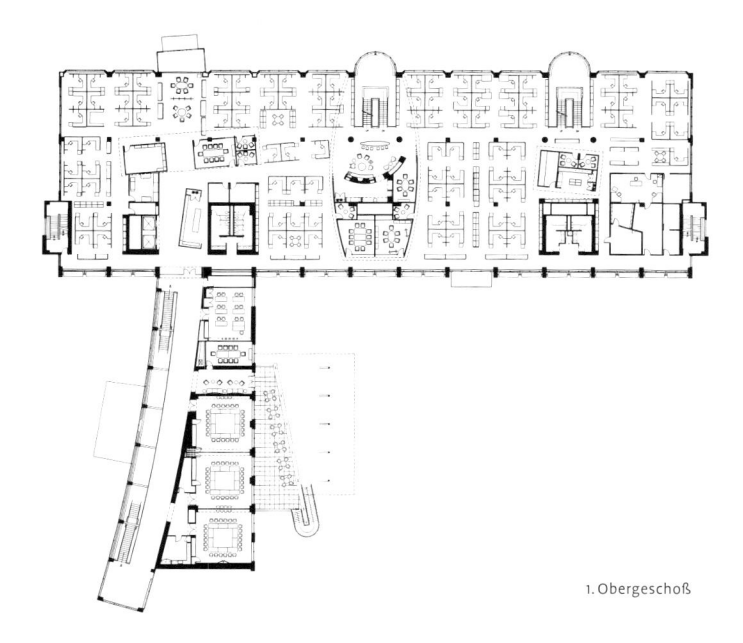

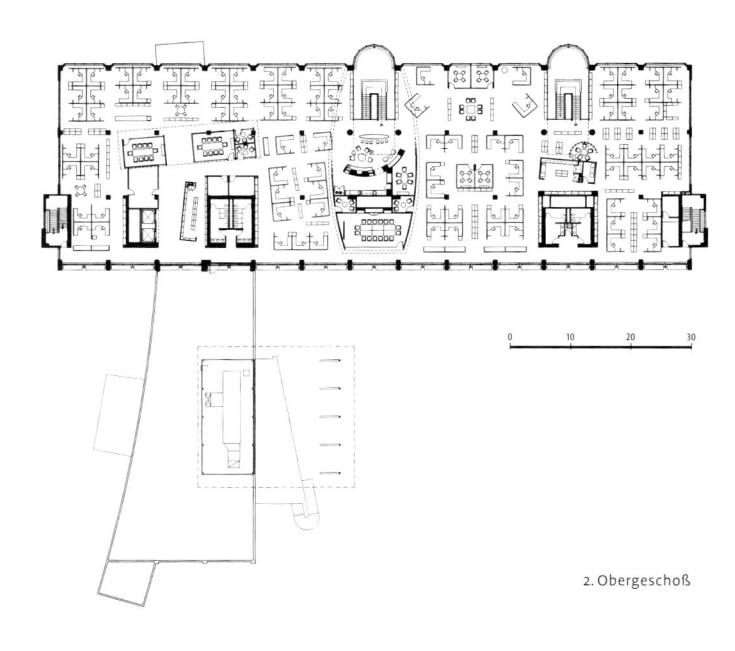

2. Obergeschoß

von links nach rechts

Die „Spine" bildet das Rückgrat der Anlage.

Der zweigeschossige Eingangsbereich ist zugleich Vorhalle für die Konferenz- und Versammlungsbereiche der landesweiten Vertreter von Shaklee-Produkten.

In den Atrien befinden sich wintergartenähnliche Bereiche zur Entspannung oder Informationsarbeit.

Das Zentrum jedes Bürogeschosses ist ein wohnlicher Raum mit Kamin und bequemen Sitzgelegenheiten.

Typische Arbeitsplatzsituation. „Cubicles" bestimmen den Raumeindruck, sämtliche Stoffe sind aus recycelten Fasern hergestellt.

gebend für die Wahl des Grundstücks. Von dem von Gensler entwickelten Masterplan wurde nur der erste Bauabschnitt verwirklicht, da Shaklee während der Planung verkauft und umstrukturiert wurde. Dieser besteht aus zwei Baukörpern: einem dreistöckigen Büroblock und der zweistöckigen „Spine". Diese dient für den Empfang, aber auch als Austellungshalle für Shaklee-Produkte und als Zugang für einen Versammlungsraum für 250 Mitarbeiter im Erdgeschoß und Konferenzräume im ersten Obergeschoß. Der parallel zum Lauf der Sonne ausgerichtete Büroblock wird durch zwei an der Nordseite eingeschobene Atrien natürlich belichtet und erschlossen. An der Südseite reflektieren horizontale „Light Shelfs" das Tageslicht in das Gebäude und verschatten es gleichzeitig.

Herz jeder Büroebene ist ein privat anmutender Wohnbereich mit einem Kamin, Bibliothek, Teeküche und Sofas, der den Mitarbeitern ein Gefühl von Zuhause in der Firma geben soll. Daneben gibt es im Bereich der Workstations – halbgeschlossenen „Cubicles" – immer wieder kleine offene Besprechungsbereiche. Unterstützt wird die „Wohnlichkeit" des Büros durch die vorherrschenden Farben und Materialien. Die Muster der aus recycelten Materialien hergestellten Teppiche und Bespannungen wurden speziell für das Projekt entwickelt und entsprechen dem Geschmack der kalifornischen Mitarbeiter. Hohe Flexibilität und individuelle Behaglichkeit wird durch den Einsatz eines in den USA noch unüblichen aufgeständerten Fußbodens ermöglicht. Nachtkühlung über die thermale Masse der Betondecken und individuell am Arbeitsplatz regelbare Luftauslässe sowie die Entlüftung im Bereich der Decke sind Teil des intelligenten Klimakonzepts. Die Baumaterialien stammen weitgehend aus zertifizierten erneuerbaren Ressourcen, sind recycelt oder recycelbar.

Shaklee zeigt einmal mehr den Übergang der amerikanischen Corperate World von der traditionellen Arbeitsorganisation zu team- und mitarbeiterorientierten Strukturen, von umweltbelastenden, vollklimatisierten Bürogebäuden zu nachhaltiger und umweltverträglicher Architektur. Das Projekt gewann mehrere Preise für nachhaltiges und umweltverträgliches Bauen, unter anderen den AIA Energy Efficency Design Award. **ta**

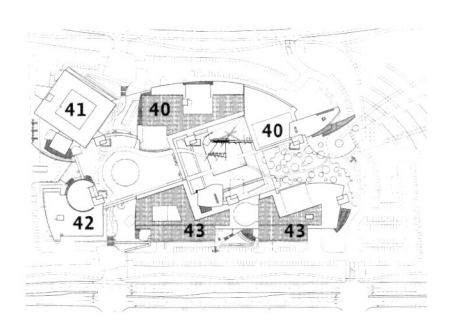

Lageplan

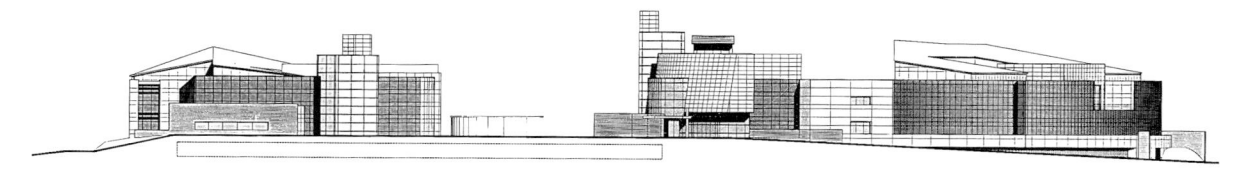

Hofansicht Süd

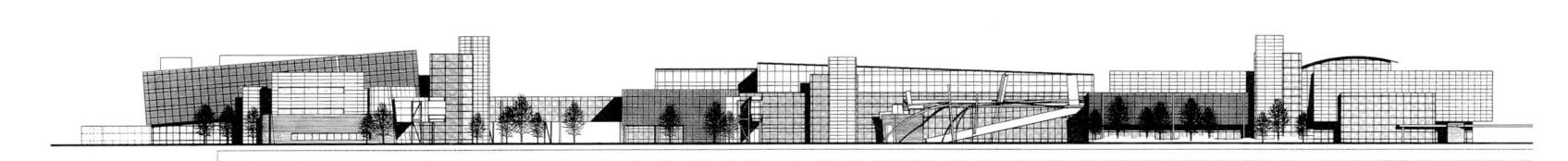

Ansicht Ost

von links nach rechts

Blick auf den Haupteingang des SGI Campus. Die vier Gebäude erheben sich auf einer Art Podium, eine ebenerdige Garage mit 1.000 Stellplätzen, die intensiv begrünt wurde. Das Campusgelände geht nahtlos in einen öffentlichen Landschaftspark über.

Die Freiterrasse der „Gourmet"-Caféteria ist eine der vielen im Silicon Valley üblichen „Amenities". Diese sind wichtiger Bestandteil einer entspannten Arbeitsatmosphäre.

Entlang der Erschließungswege sind Besprechungstische mit beschreibbaren Oberflächen angeordnet. Diese „White Boards" sollen den spontanen Ideenaustausch fördern.

SGI Amphitheatre Technology Center

Mountain View, Kalifornien / USA

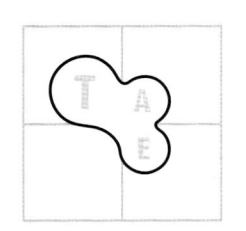

T = Teamarbeit
A = Austauscharbeit
P = Prozeßarbeit
E = Einzelarbeit

Bauherr	Silicon Graphics Inc. (SGI)
Architekten	STUDIOS architecture
Nutzung	Forschung und Entwicklung
Fertigstellung	1997
Bruttogeschoßflächen	Gebäude 40: 13.935 m²
	Gebäude 41: 9.290 m²
	Gebäude 42: 9.290 m²
	Gebäude 43: 13.935 m²
	gesamt: 46.450 m²

Das SGI Amphitheatre Technology Center der Firma Silicon Graphics in Mountain View hebt sich in zweierlei Hinsicht von der Masse der eher gesichtslosen Gebäude des Silicon Valley ab. Eine verspielte Gebäudekubatur, hochwertige Materialien und fröhliche Farben vermittelt bereits von außen „serious fun", den Leitspruch der Firma. Im Innern hat das Büro STUDIOS architecture außerdem großen Wert auf die räumliche Unterstützung von Kommunikationsprozessen gelegt.

SGI entwickelt hochleistungsfähige Computer und graphikorientierte Lösungen. Soft- und Hardware-Ingenieure stellen etwa die Hälfte der Mitarbeiter und bilden den kreativen Kern der Firma. Sie führen ihre Entwicklungstätigkeiten hochkonzentriert aus und neigen da-

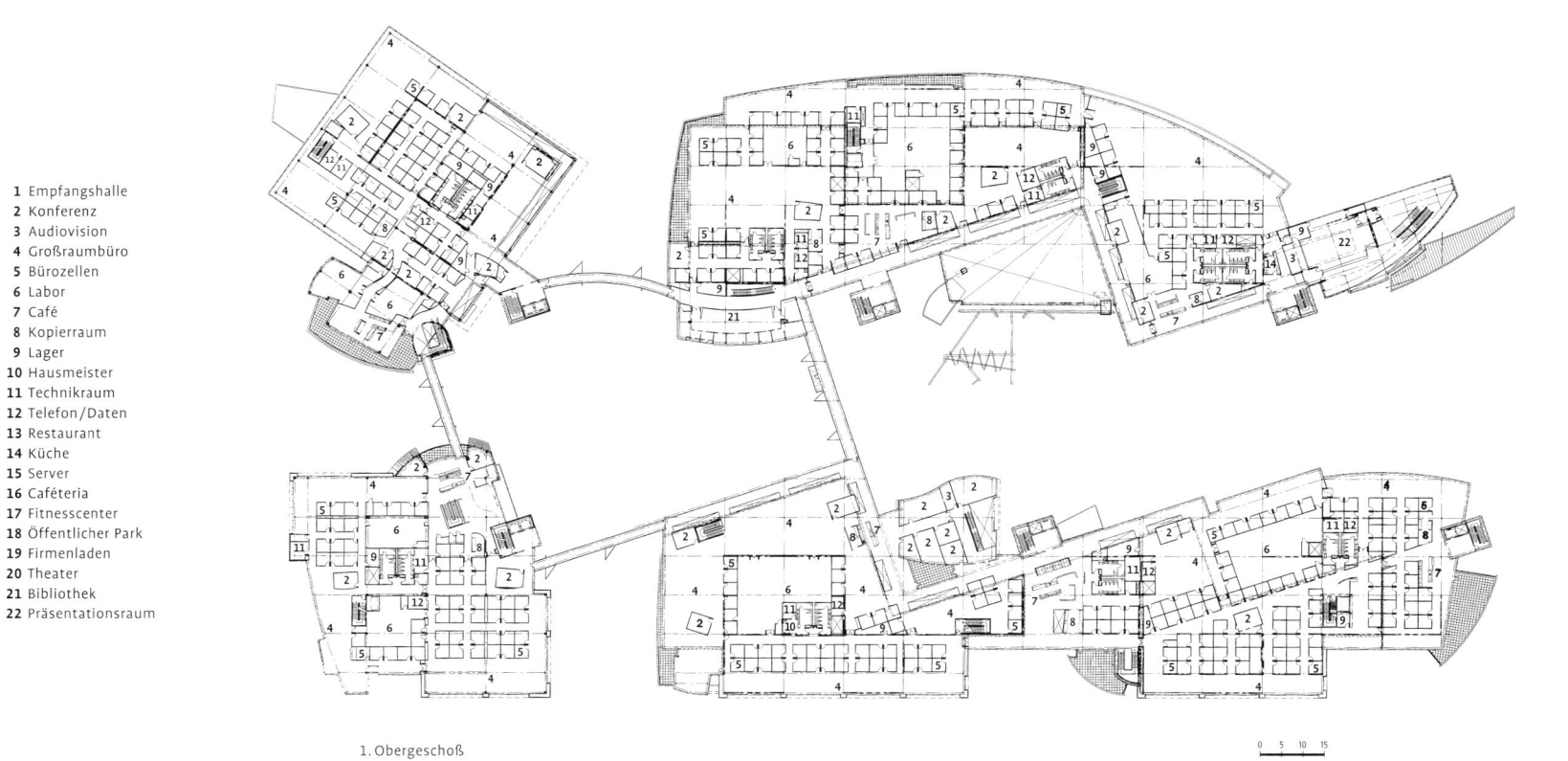

1 Empfangshalle
2 Konferenz
3 Audiovision
4 Großraumbüro
5 Bürozellen
6 Labor
7 Café
8 Kopierraum
9 Lager
10 Hausmeister
11 Technikraum
12 Telefon/Daten
13 Restaurant
14 Küche
15 Server
16 Cafeteria
17 Fitnesscenter
18 Öffentlicher Park
19 Firmenladen
20 Theater
21 Bibliothek
22 Präsentationsraum

1. Obergeschoß

her zu unkonventionellen Arbeitszeiten und zu persönlicher Isolation. Demgegenüber steht die unternehmerische Notwendigkeit, Entwicklungen und Innovationen durch spontanen Gedankenaustausch zu fördern. Die Kommunikationsqualität stand daher, neben der obligatorischen „Exit-Strategie" und der Flexibilität, im Vordergrund der Planung. Der Einsatz von IuK-Technologien versteht sich im Silicon Valley von selbst. Auf räumlich innovative Konzepte wurde bislang jedoch wenig Wert gelegt. Vorbildlich reichen diese bei SGI von großzügigen, fließend organisierten Erschließungsbereichen über private Teeküchen bis hin zur zentralen Plaza, dem gemeinsamen Treffpunkt aller Mitarbeiter. Um diese Plaza gruppieren sich vier eigenständige, vergleichsweise kleine Gebäude. Die einzelnen Gebäude des Campus sind eingebettet in einen Landschaftspark und werden durch die Haupterschließungswege, die im Außenbereich als Brücken fortgeführt werden, zusammengefaßt. Um den Gemeinsinn zu fördern, sind die Arbeitsplätze in sogenannten Nachbarschaften angeordnet. Etwa 70 Mitarbeiter teilen sich eine großzügige Küche mit benachbartem Gemeinschaftsraum, der der Entspannung und dem Austausch dient.

Flache Hierarchien kennzeichnen wie viele der meist noch jungen Firmen des Silicon Valley auch SGI. Demzufolge gibt es nur drei Arten von Arbeitsplätzen, die sogenannte Höhle und zwei variierende „Cubicles". Als Höhle werden die mit 3,5 mal 3,5 Metern kleinen, privaten Büros der Ingenieure bezeichnet. Alle anderen Mitarbeiter und das Management arbeiten in „Cubicles", die offen im Großraum angeordnet sind. Die Büros der Ingenieure befinden sich im Zentrum, in unmittelbarer Nähe zu den Laboratorien, so daß die Fensterflächen frei bleiben und alle Arbeitsplätze Tageslichtbezug haben.

Die Anlage zeichnet sich durch ein nachhaltiges Konzept aus, das auf einer Kombination mehrerer Maßnahmen beruht. Vor allen Dingen ist die für amerikanische Verhältnisse hohe Ausnutzung von natürlichem Tageslicht hervorzuheben. Bemerkenswert ist auch der großzügige Landschaftspark, ein Geschenk von SGI an die Stadt Mountain View sowie die intelligente Wiederverwertung eines kontaminierten Grundstücks. *bk*

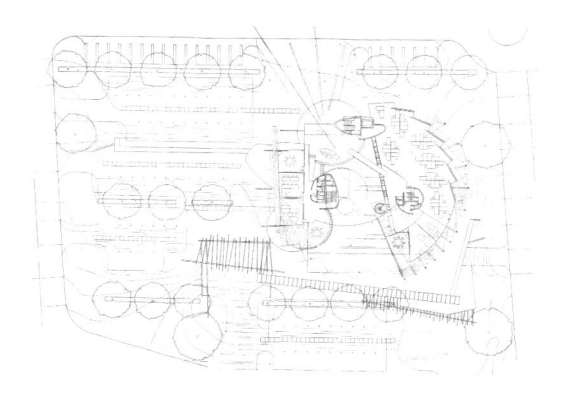

Erdgeschoß

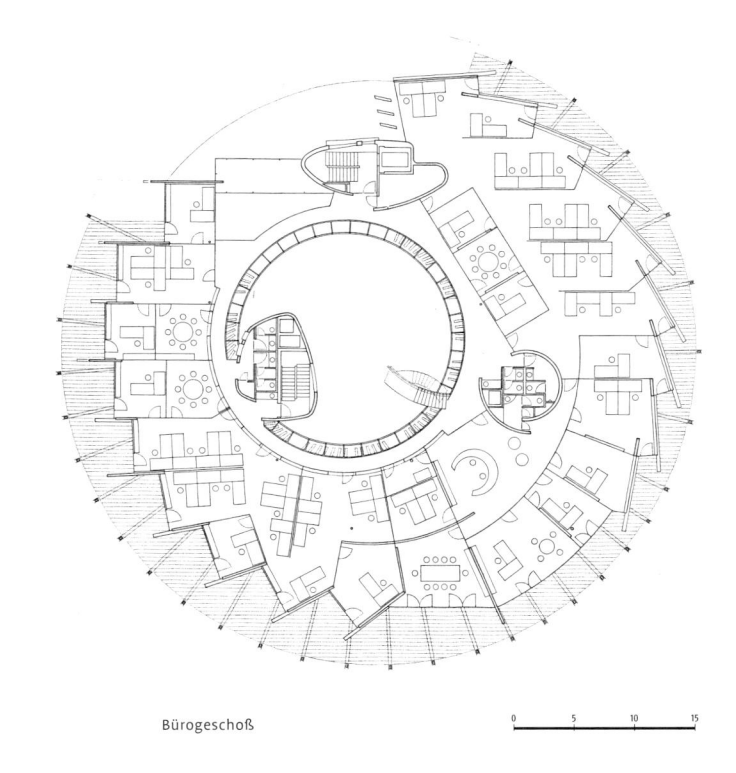

Bürogeschoß

von links nach rechts

Die schlichten Holzbalkone und die geschuppte Fassade prägen die Gestalt des Rundbaus.

Die orthogonal gerichtete Seilschar des Atriumdaches ist zugleich Tragwerk und Auflager der Glasscheiben.

Caféteria und kreisförmige Stege fördern die zufällige Begegnung und den informellen Informationsaustausch.

DATAPEC
Gniebel, Deutschland

Bauherr	Grundstücksgesellschaft Gniebel GbR
Architekten	Kauffmann Theilig & Partner
Nutzung	Forschung und Entwicklung
Fertigstellung	1995
Bruttogeschoßfläche	6.339 m²
Büronutzfläche	3.500 m²
Mitarbeiter	250

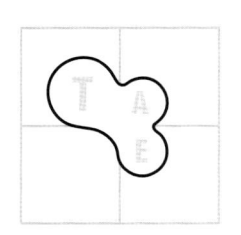

T = Teamarbeit
A = Austauscharbeit
P = Prozeßarbeit
E = Einzelarbeit

Als neuen Firmensitz der DATAPEC verwirklichten Kauffmann, Theilig und Partner einen viergeschossigen Rundbau in der Randlage des Gewerbegebiets der schwäbischen Stadt Gniebel. Das Kapital der in Teams organisierten Softwarefirma ist eine gut funktionierende Kommunikation zwischen den Mitarbeitern. Symbolhaft steht die richtungslose Kreisform für eine hierarchielose, auf Teamarbeit basierende Unternehmensstruktur. Die ringförmige Anordnung der Gruppenbüros verstärkt zusammen mit den transparenten Bürotrennwänden das Zusammengehörigkeitsgefühl der Mitarbeiter und die Identifikation mit dem Unternehmen. Im Mittelpunkt der transparenten Bürowelt steht ein lichtdurchflutetes, viergeschossiges Atrium. Hier werden die Erschließungsflächen, die als Freitreppen und kreisför-

Längsschnitt

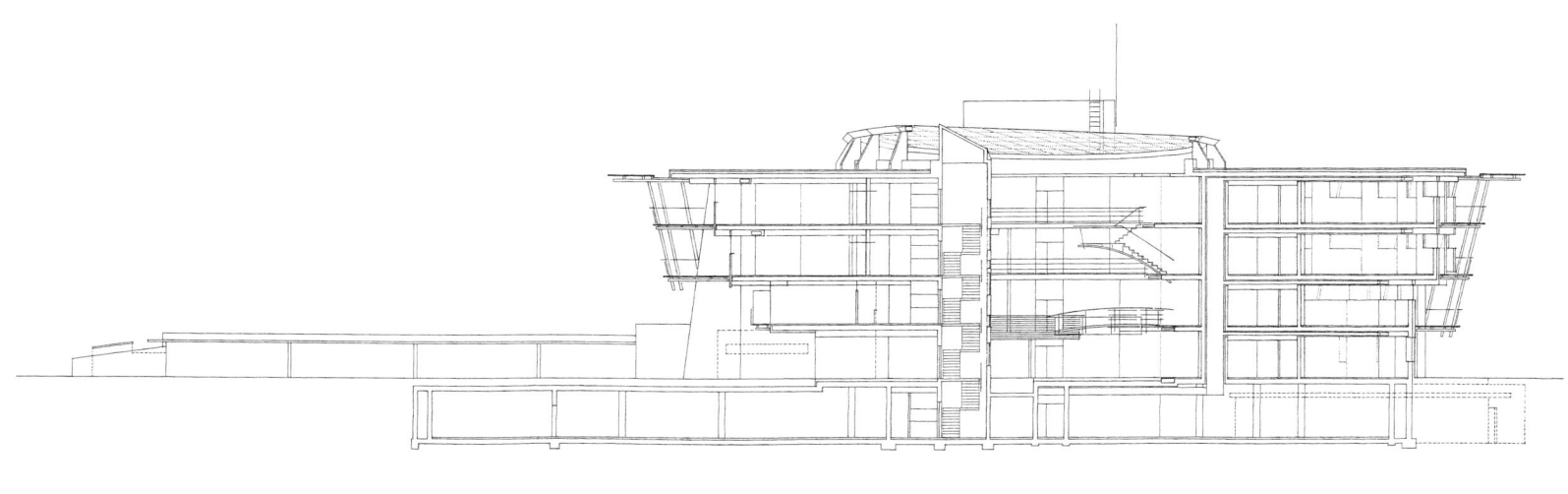

mige Stege die einzelnen Geschosse und Büros miteinander verbinden, zu Kommunikationsflächen. Die hohe Aufenthaltsqualität des Raumes lädt zum Verweilen ein und leistet auf diese Weise einen wesentlichen Beitrag zur internen informellen Kommunikation.

Ein weiteres gestaltbestimmendes Thema des Neubaus war die computergerechte Ausführung der Arbeitsplätze. Um eine Blendung und zu große Helligkeitsunterschiede in den Büroräumen zu vermeiden, werden die Computerarbeitsplätze ausschließlich mit indirektem Sonnenlicht oder Nordlicht belichtet. Die tiefer im Gebäudeinnern liegenden Büros werden indirekt und ausreichend über das Glasdach des Atriums belichtet. Für die an den Außenwänden liegenden Büros lösten die Architekten das Problem durch das Wechselspiel von verglasten Fassadenteilen und geschlossenen Betonscheiben in zahnradartiger Anordnung. Weit auskragende, schlichte Holzbalkone umfassen ringförmig das gesamte Gebäude und bringen die gewünschte Verschattung. Neben der Möglichkeit der zwanglosen Begegnung bieten diese außen liegenden Erschließungsflächen einen Blick über die Schwäbische Alb.

Der Computer als Initiator für die außergewöhnliche Fassadengestaltung beeinflußte ebenfalls das Klimakonzept. In der Regel sind die Arbeitsplätze mit mehreren Computern ausgestattet, was zu hohen Wärmelasten führt und sich im Winter positiv auf das Raumklima auswirkt. Die notwendige Restwärme gelangt über Zuluftkanäle, die im Boden integriert sind, in die Büroräume. Zur Schonung der Ressourcen wird die Zuluft über Erdkanäle und durch Abluftwärme vorgewärmt. Im Sommer bildet das Atrium den „kühlen" Kern des Gebäudes. Die über den Erdkanal vorgekühlte Frischluft wird zentral in das Atrium transportiert und gelangt aufgrund der Temperaturdifferenz zwischen dem Atrium und den Büros durch den natürlichen Luftaustausch in die angrenzenden Arbeitsräume. Ventilatoren, die die Zuluftkanäle mit der kühlen Luft versorgen, unterstützen das System. Die Sichtbetondecken als Speichermasse tragen im Sommer und im Winter wesentlich zu einem angenehmen Raumklima bei. So findet das „High-tech" Unternehmen seine Entsprechung in einer „Low-tech" Architektur. *sj*

Lageplan

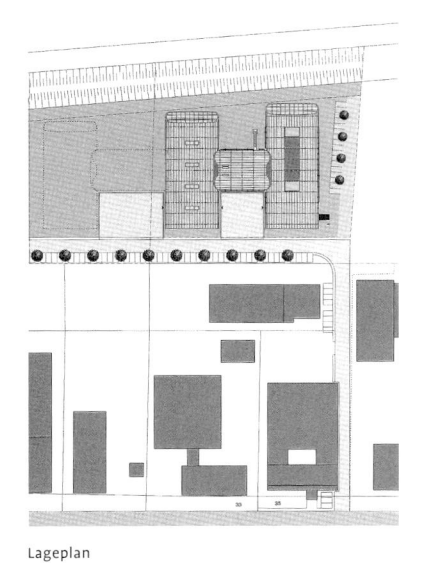

Schnitt

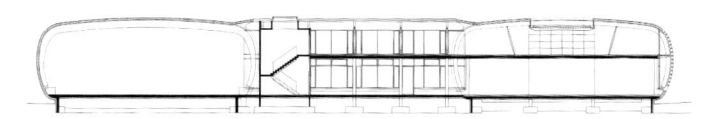

Unmöblierter Grundriß

oben Die vor der Glasfassade liegenden Holzleimbinder bilden gleichzeitig die Aufnahmepunkte für eine zweite Haut aus bedruckten Glaslamellen.

rechts Zwei dunkelblaue, nach Süden ausgerichtete Solarfassaden verbinden ästhetische und funktionelle Aspekte der Gestaltung zu einer Visitenkarte des Gebäudes und der Firma.

Tobias Grau
Rellingen, Deutschland

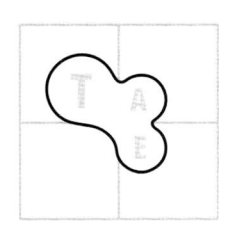

T = Teamarbeit
A = Austauscharbeit
P = Prozeßarbeit
E = Einzelarbeit

Bauherr	Franziska und Tobias Grau
Architekten	Bothe Richter Teherani Architekten
Nutzung	Firmenverwaltung
Fertigstellung	1998 / 2001
Bruttogeschoßfläche	4160 m²
Büronutzfläche	1460 m²
Arbeitsplätze	60

Mit hoher Detailqualität schufen die Architekten Bothe Richter Teherani zwei langgestreckte, ovale Baukörper, die die Büros und die Werkstätten des Hamburger Leuchtendesigners Tobias Grau beherbergen. Die beiden Röhren sind ein auffälliges Zeichen in dem monotonen Einerlei des Gewerbegebietes. Das Raumprogramm umfaßt ein Fertigteillager mit Endmontage, Anlieferung und Versand sowie einen Büroteil für Verwaltung und Entwicklung. Offen organisierte Büroflächen entsprechen der teamorientierten Arbeitsweise der mit nur 60 Mitarbeitern relativ kleinen Firma. Management, Verwaltung, Vertrieb und Produktentwicklung existieren hier unbürokratisch nebeneinander und profitieren von kurzen Wegen und einem unmittelbaren Gedanken- und Ideenaustausch untereinander.

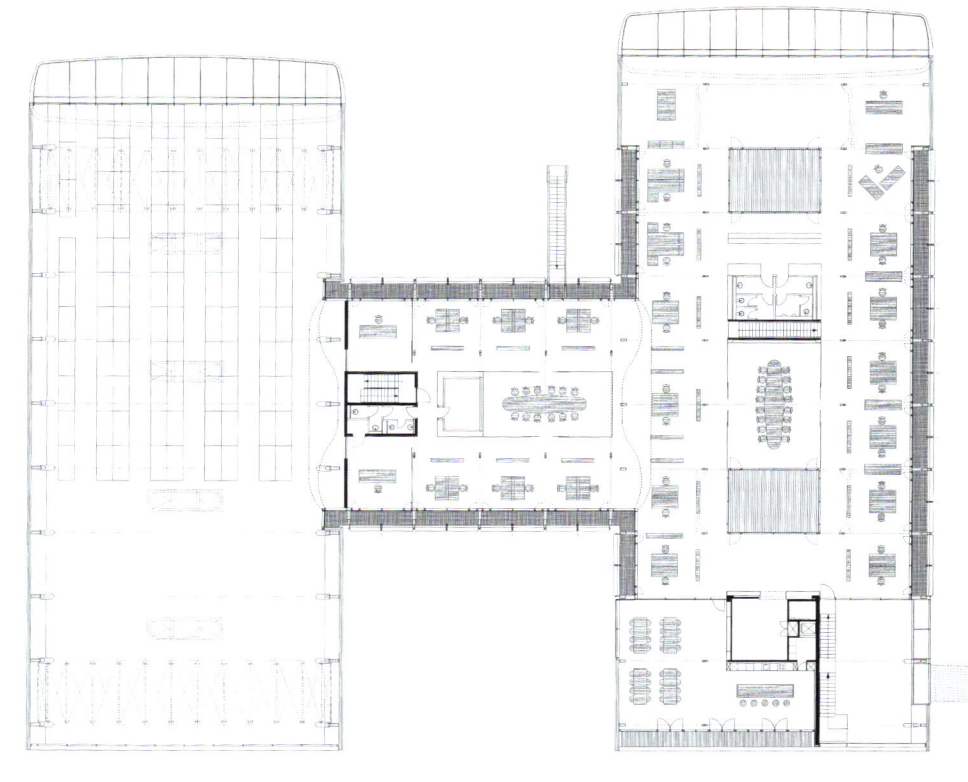

Möblierungsplan; das Gebäude, das in zwei Bauabschnitten entstand, bildet eine verschmolzene H-Form aus langen zweigeschossigen Röhren und einem ebenfalls zweigeschossigen quergestellten Zwischenbau. Nur Teile des Obergeschosses enthalten Büros, die restlichen Flächen dienen der Produktion und der Lagerung.

oben links Die Architektur bildet den Hintergrund für den Leuchtenkatalog und wird so zum untrennbaren Bestandteil der Corporate Culture.

oben rechts Der typische Arbeitsplatz besteht aus wenigen Elementen: Halbhohe Ordnungs- und Kommunikationsmöbel schaffen zwischen Fenster und Gangzone Arbeitsnischen, in denen bis zu drei Schreibtische angeordnet werden können.

untere Reihe Für Konferenzräume, Treppen und Arbeitsplätze wurden von der Firma selbst industrielle Serienleuchten neu entwickelt.

Das Bürogeschoß ist als typischer Dreibünder organisiert und damit in folgende klar definierte Zonen unterteilt: Eine Mittelspange, bestehend aus kubischen Lichthöfen, Sanitärbereichen und verglasten Konferenzräumen, die Gangzone und die hiervon durch Pendelstützen abgetrennten eigentlichen Arbeitsbereiche. So sind die Konferenzräume jedem Mitarbeiter zugänglich, und die Lichthöfe verbessern die Tagesbelichtung der Arbeitsplätze. Vom Bauherrn selbst entworfene halbhohe Besprechungs- und Präsentationstische gliedern die Arbeitsbereiche und dienen als Stauraum. Die Konstruktion, der Innenausbau und auch die Möbel wurden in Holzwerkstoffen ausgeführt, so daß insgesamt ein ruhiger und harmonischer Raumeindruck entsteht.

Über zwanzig Meter spannende, im Abstand von fünf Metern aufgestellte Holzleimbinder tragen die glatte Außenhaut aus Aluminium und Glas und geben die Röhrenform vor. Außenliegende, in Abhängigkeit von der Sonneneinstrahlung ausgerichtete Glaslamellen schützen die Räume der lichtdurchlässigen Konstruktion während der Sommermonate vor Überhitzung und die Arbeitsplätze vor Blendung. Diese Lamellen bestehen aus gebogenem und bedrucktem Glas mit einer Spannweite von 2,5 Metern. An heißen Sommertagen wird die Fußbodenheizung mit kaltem Wasser bestückt, wodurch sie als bauteilintegrierte Flächenkühlung (siehe „Neue Entwicklungen der Raumkonditionierung," Seite 63) wirkt und so zur Temperierung des natürlich be- und entlüfteten Gebäudes beiträgt. Die Eigenstromerzeugung erfolgt durch ein System aus einem Blockheizkraftwerk, in das die durch zwei Solarfassaden im Süden gewonnene Energie eingespeist wird. Die Photovoltaik-Konstruktionen an den Südseiten der zwei Röhren sind als Structural-Glazing-Fassaden ausgeführt, wobei die einzelnen Solarmodule in einem Raster auf Abstand gesetzt sind, so daß Tageslicht einfallen kann.

Diese Fassaden sind die Visitenkarte des Unternehmens, sie verdeutlichen die Verknüpfung von Technik und Ästhetik und präsentieren damit einen wichtigen Leitsatz der Firmenidentität nach außen. Im Innern finden diese Qualitäten in den offenen unhierarchisch organisierten Bürozonen ihre logische Fortsetzung. **bk**

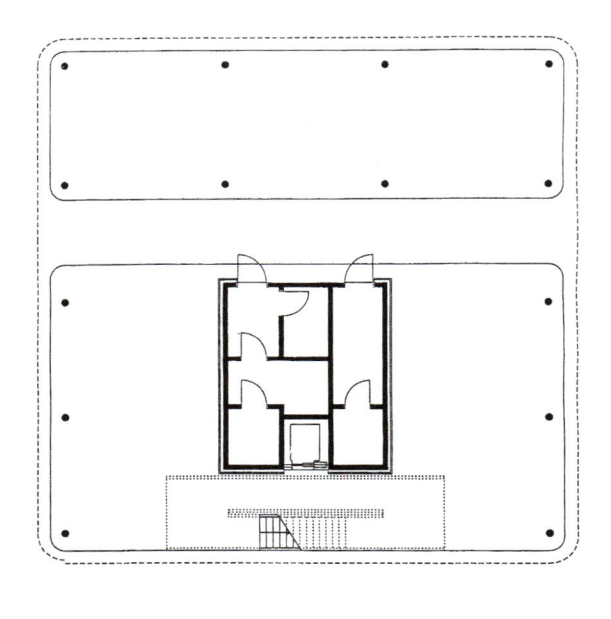

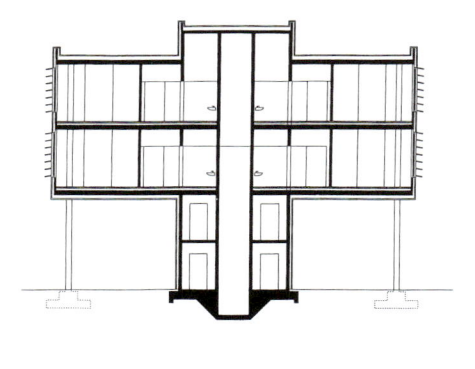

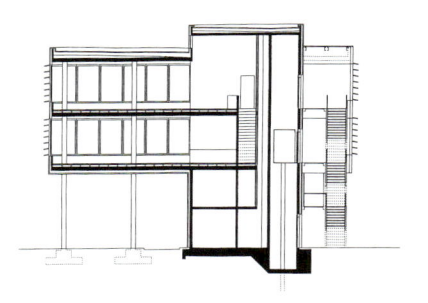

Erdgeschoß

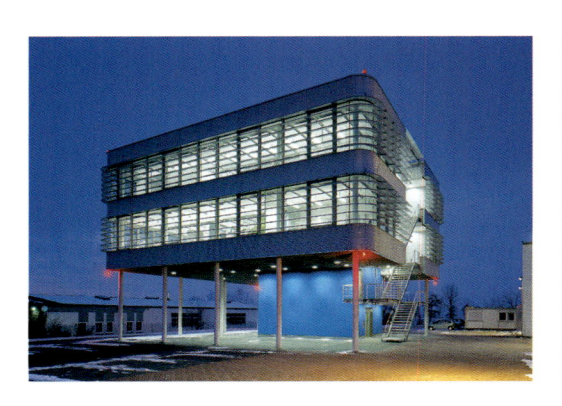

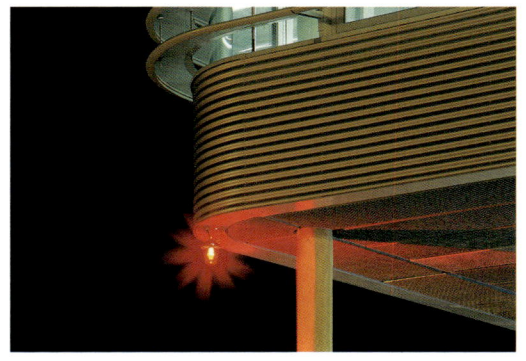

Schnitte

MABEG
Verwaltungsgebäude
Soest, Deutschland

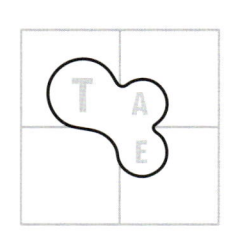

T = Teamarbeit
A = Austauscharbeit
P = Prozeßarbeit
E = Einzelarbeit

Bauherr	MABEG
Architekten	Nicholas Grimshaw & Partners
Nutzung	Firmenverwaltung
Fertigstellung	1999
Bruttogeschoßfläche	860 m²
Büronutzfläche	715 m²

Das neue Bürogebäude der Firma MABEG ist der erste Bauabschnitt eines Masterplans, der der wachsenden Firmengröße gerecht werden soll. Teil des Unternehmensimage ist die Zusammenarbeit mit namhaften Architekten und Designern, so war eines der Hauptanliegen des Neubaus die Nutzung des Gebäudes als Markenzeichen von MABEG, eines Herstellers für Beschilderungs- und Möblierungssysteme.

Die Lage in einem zersiedelten Gewerbegebiet südöstlich von Soest, zwischen Autobahn und Bundesstraße, machte besondere Maßnahmen erforderlich, um das Ziel der Öffentlichkeitswirksamkeit zu erreichen. Wie ein veredelter Fremdkörper verhält sich die aufgeständerte, objekthafte „Box" zu ihrer Umgebung. Durch die klare,

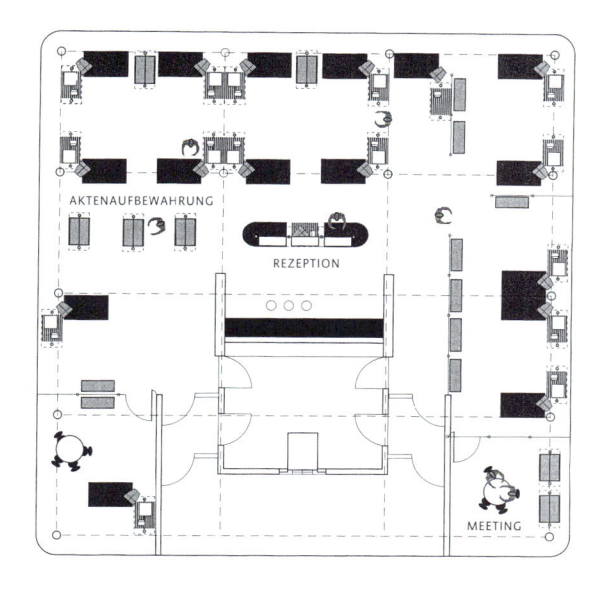

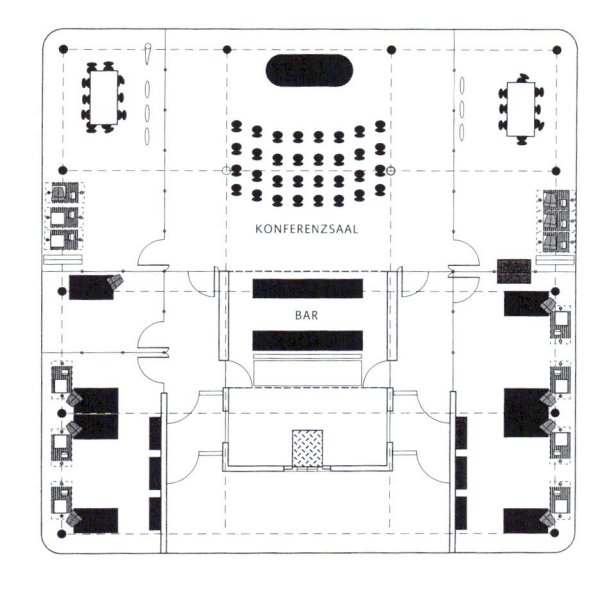

1. Obergeschoß

2. Obergeschoß

von links nach rechts

Der vertikale Kern bricht die „Box" auf. Die Treppenkonstruktion entspricht der von Bohrinseln.

Das Gebäude geht nur durch den industriellen Charakter der Materialien auf seine Umgebung ein.

Offener Arbeitsbereich, rechts eine der am Kern anschließenden großzügigen Teeküchen.

gut detaillierte Form, aber auch durch die überschaubare Größe nutzen die Architekten die Formlosigkeit der Umgebung zu einer eindrucksvollen Inszenierung. Die Beton- und Stahlkonstruktion ist in ihrer Einfachheit elegant, besonders die runden Stützen zwischen Boden und Obergeschossen wirken durch ihre Länge von fünf Metern filigran. Ein blaubeschichteter Stahlbetonkern beherbergt die Sanitäranlagen und den Aufzug und ist für den U-förmigen Zuschnitt des Grundrisses der „Box" verantwortlich. Verstärkt wird diese Wirkung durch die speziell aus gebogenen Aluminiumprofilen hergestellten Sonnenschutzelemente, durch rote Positionslampen an den Ecken und durch die Reflexion der Aluminiumfassade. Vor Ort hilft die Auffälligkeit dem schnellen Auffinden des Firmensitzes für Kunden und Besucher.

Die Klarheit setzt sich im Innern fort: In den beiden offenen Bürogeschossen herrscht Workshopcharakter. Die Büroebenen erreicht man entweder über eine außenliegende Stahltreppe oder über den Aufzug, ohne an einem Empfang aufgehalten zu werden. Die beiden offenen Geschoßebenen sind mit einem flexiblen Möbelsystem eigener Herstellung ausgestattet, welches aus einem Messebausystem entwickelt wurde und eine offene und kommunikative Arbeitsatmosphäre ermöglicht. Trennwände bestehen aus mobilen Regalelementen oder aus Glas und gliedern die Geschosse, ohne die Sichtbeziehungen zu unterbinden. Der weitgehende Verzicht auf Hierarchie in der U-förmigen Grundrißorganisation spiegelt die offene Unternehmenskultur wider. Nur der Geschäftsführer und die Buchhaltung haben je einen abgeschlossenen Raum im ersten Obergeschoß. Mit dem Verwaltungsgebäude für MABEG wurde ein offenes, kommunikatives Arbeitsumfeld für die Mitarbeiter geschaffen und die lokale und überregionale Öffentlichkeit erreicht. Mit dieser Synthese aus Marke und Architektur wird das Image des Unternehmens als zeitgemäßer, innovativer und präzise arbeitender Hersteller von Möbeln und Beschilderungen transportiert.
ta

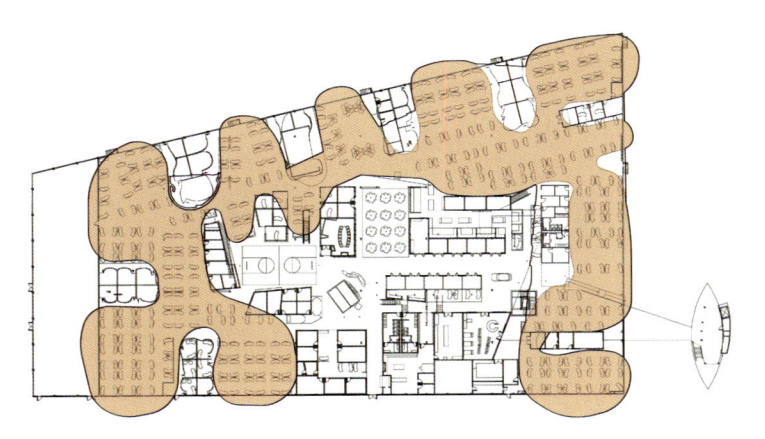

Konzeptdiagramm mit flexiblen Teamarbeitsbereichen

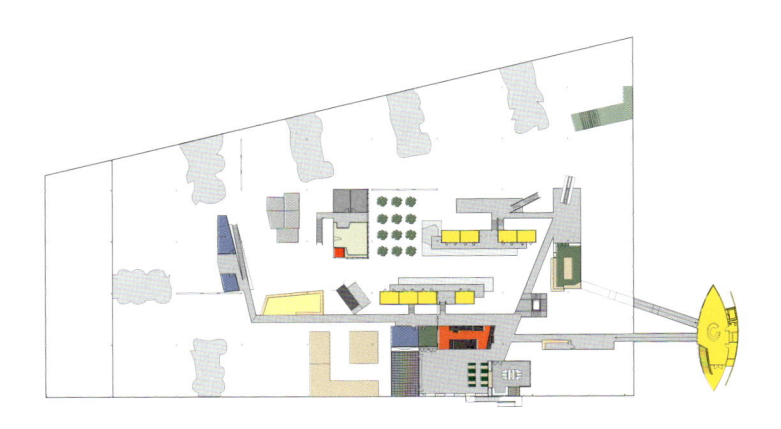

Obergeschoß

oben Die Integration von Dienstleistungsangeboten, die man auch entlang der „Main Street" einer kleinen Stadt findet, bietet Gelegenheit zum freien Austausch von Ideen und Raum für spontane, informelle Arbeitsbesprechungen.

rechts Die als „Cliff Dwellings" bezeichneten Raumzellen bieten den Artdirektoren und Werbetextern die notwendige Abgeschlossenheit für konzentrierte Einzelarbeit.

TBWA / Chiat / Day

Playa del Rey, Kalifornien / USA

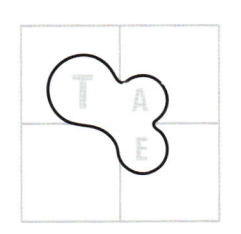

T = Teamarbeit
A = Austauscharbeit
P = Prozeßarbeit
E = Einzelarbeit

Bauherr	TBWA / Chiat / Day Inc.
Architekten	Clive Wilkinson Architects
Nutzung	Beratung und Medien
Fertigstellung	1998
Bruttogeschoßfläche	11.150 m²
Büronutzfläche	10.950 m²
Arbeitsplätze	540

TBWA/Chiat/Day ist eine der größten Werbeagenturen der Westküste, die durch unkonventionelle Werbekampagnen internationales Renommee erlangte und zugleich durch eine avantgardistische Herangehensweise an das eigene Arbeitsumfeld von sich reden machte.

Jay Chiat, einer der Firmengründer, war schon zu Beginn der neunziger Jahre zu der Überzeugung gelangt, ein progressives Ambiente könne innovatives Arbeiten unterstützen und dazu beitragen, den angestrebten Wandel in der Unternehmenskultur zu initiieren. Vor diesem Hintergrund ließ er nicht unumstrittene Designlösungen realisieren, so zum Beispiel Frank O. Gehrys „Binocular Building" in Venice – so benannt wegen Claes Oldenburgs überdimensionalem Fernglas am

Erdgeschoß

links Blick in einen offenen Teamarbeitsbereich mit einem aus leichten Textilstrukturen bestehenden Projektraum, dem „Project Den".

mitte Abgestimmt auf die besonderen Belange der Produktion und Archivierung von Bildmaterial und Druckvorlagen artikuliert das Artstudio eine deutlich andere Arbeitsumgebung.

rechts Das Indoor-Basketballfeld, am Ende der „Main Street", ist ein verhältnismäßig extremes Beispiel für die sonst üblichen Fitnessbereiche. Zusammen mit den anderen bildhaften Elementen reflektiert es den kulturellen Hintergrund der vornehmlich jungen Mitarbeiter.

Eingang – oder die von Gaetano Pesce konzipierte Niederlassung in New York. Einerseits regte Chiats auf der Fusion von Architektur und „befreiender Technologie" basierende Strategie einen für eine Werbeagentur unerläßlichen Erneuerungsprozeß an, andererseits führte das übergreifend non-territoriale Bürokonzept aber zur Entfremdung der Mitarbeiter. Dem von Natur aus kooperativen und kommunikativen Charakter der Branche wurde das virtuelle Bürokonzept mit ständig wechselnden Arbeitsszenarien nicht gerecht.

Der Einzug in die neue Firmenzentrale, eine alte Lagerhalle in einem Industriebezirk von Playa del Rey, markiert den jüngsten Schritt im Entwicklungsprozeß der Firma. Auf 11.150 m² realisierte Clive Wilkinson ein narratives Konzept, das seine Bezüge in städtebaulichen Metaphern sucht und subtil auf die verschiedenartigen Arbeitsabläufe abgestimmt ist. Den Übergang zur Welt von Chiat/Day betont ein öffentlich zugänglicher, torhausähnlicher Ausstellungspavillon. Dahinter entfaltet sich überraschend eine kontrastreiche, auf unterschiedlichen Ebenen angeordnete Stadtlandschaft mit grünen Lichthöfen, „landmarks" und eindeutig erkennbaren Nachbarschaften. Da das Firmenportfolio auf wenigen großen Projekten basiert, war die Einführung von crossfunktionalen Projektteams sowie deren räumliche Umsetzung in nestartige Arbeitsbereiche um den „Project Den", das „Gemeinschaftshaus", möglich. Als gliederndes und zentrumsbildendes Element dient die „Main Street", an der Teambereiche, Konferenz- und Besprechungsräume, Caféteria sowie verschiedene Serviceeinrichtungen verankert sind. Die Erschließungsachse beherbergt neben wichtigen, Identität und Kommunikation fördernden Elementen – Firmenmaskottchen, „Central Park", Surf-Bar, Basketballfeld – die sogenannten „Cliff Dwellings". In diesen aufgestapelten Industriecontainern, einem herausragenden Gestaltungselement, wird das eigentliche Herz der Agentur, die Kreativabteilung mit Artdirektoren und Textern, zelebriert.

TBWA/Chiat/Day, ein Unternehmen das Architektur und Technologie von jeher bewußt einsetzt, hat mit ihrer neuen Firmenzentrale eine eigene kleine Stadt geschaffen, die ihre 540 Mitarbeiter dazu einlädt, sie regelrecht zu bewohnen. *bk*

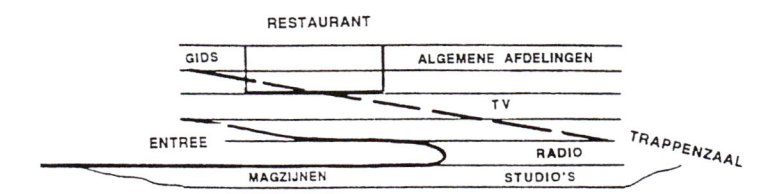

Nutzungsdiagramm

Die Geschoßebenen werden als geologische Formation behandelt und werden damit zum Bestandteil der umgebenden Landschaft.

Lageplan

von links nach rechts:

Als „fünfte Fassade" wurde die intensiv begrünte Dachlandschaft ausgeführt und fügt sich so in den landschaftlichen Kontext des Medienparks ein.

Der Eingang wird durch eine nach oben gewölbte Geschoßebene gebildet.

Einschnitte und interne Patios bringen Licht und Luft ins Innere des Gebäudes.

Eine steile Treppe mit einem Baumstamm als Geländer führt nach oben in die Eingangshalle.

Als Reminiszenz an die eigene Vergangenheit wurden im Eingangsbereich Kronleuchter und Perserteppiche übernommen.

Villa VPRO

Hilversum, Niederlande

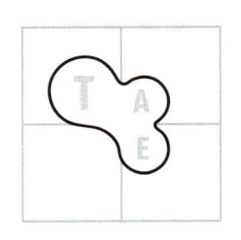

Bauherr	VPRO Hilversum
Architekten	MVRDV
Nutzung	Beratung & Medien
Fertigstellung	1997
Bruttogeschoßfläche	10.500 m²
Arbeitsplätze	350

T = Teamarbeit
A = Austauscharbeit
P = Prozeßarbeit
E = Einzelarbeit

Mit der „Villa VPRO" realisierten MVRDV eine synthetische Landschaft für einen niederländischen Rundfunk- und Fernsehsender. Sechs aufeinander gestapelte Geschoßplatten, die durch ein komplexes Wegesystem diagonal und senkrecht miteinander verknüpft sind, geben Raum für eine pluralistische Arbeitsumgebung. Markante Einschnitte und eine bewegte Dachlandschaft prägen die scheinbar unfertige und noch formbare Struktur.

Die gemeinnützige Medienanstalt VPRO ist Teil einer national vernetzten Struktur aus acht großen und mehreren kleinen Sendern, die sich die Sendezeiten der drei öffentlichen Fernsehkanäle teilen. In der Vergangenheit existierten die einzelnen Sender konkurrenzlos neben-

Ebene 0   0 5 10 15

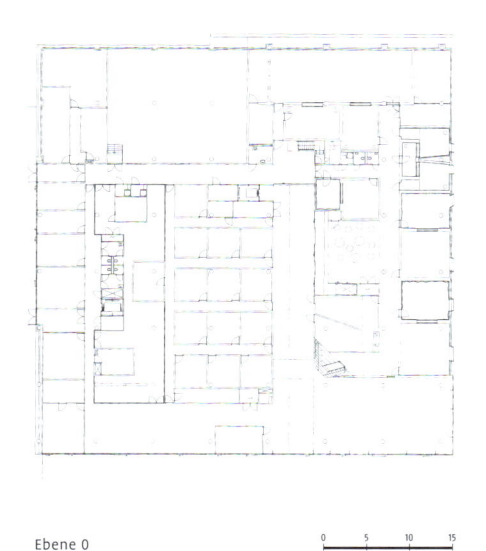

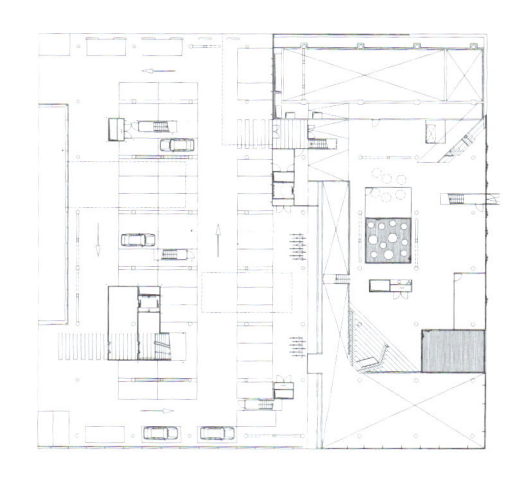

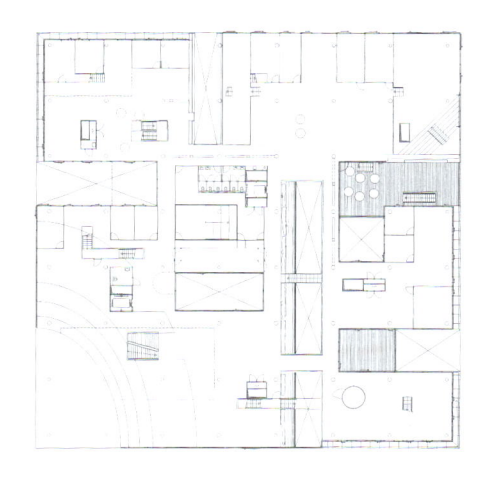

Ebene 1

Ebene 2

einander, sie repräsentierten jeweils eine soziale Gruppe. Erst zu Beginn der neunziger Jahre wurde der Druck, ausgelöst durch die Liberalisierung des Fernsehmarktes und eines veränderten Publikumsverhaltens, so groß, daß die öffentlichen Anstalten gezwungen waren zu handeln. VPRO entschloß sich, der Konkurrenz der kommerziellen Sender offensiv zu begegnen, das liberale und freizügige Profil zu schärfen und ihre bisherigen, auf 13 frei stehende Villen verteilten Einrichtungen, die den Anforderungen an Arbeitsplätze einer Rundfunk- und Fernsehanstalt nicht mehr gerecht wurden, in einem neuen Hauptsitz zusammenzufassen. Dieser liegt jetzt im Medienpark von Hilversum.

VPRO versteht sich in erster Linie als ein Produzent von Programmen, die unabhängig von dem jeweiligen Medium TV oder Radio existieren. So produziert der VPRO auch Informationsbroschüren für seine Mitglieder, Bücher und digitale Medien. Die über Jahre bestehende räumliche Trennung der Redaktionen auf einzelne Häuser hat die Organisationsstruktur, die Arbeitsweise und auch die Identität des Senders nachhaltig geprägt. MVRDV nahmen aus diesem Grunde das Motiv der Villa im Hinblick auf ihre Kompaktheit, die Möglichkeiten der Raumaneignung und die Raumatmosphäre auf. So konnte die informelle Art, mit der die alten Büros genutzt wurden, in einen effizienten Neubau übertragen werden. Klassische bauliche Motive wie Salon, Veranda und Patio finden sich in der neuen offenen Bürolandschaft ebenso wieder wie Zitate traditioneller Villeninterieurs. Die 350 Mitarbeiter sind in Teams, den sogenannten „Program Producers", organisiert, die eine hohe kreative und journalistische Autonomie besitzen. Auf flexiblen Geschoßebenen können sich die Teams, die früher gewohnt waren, in Wohnzimmern, Dachkammern oder in der Beletage einer Villa zu arbeiten, ihre eigenen Bereiche aneignen und individuell ausstatten.

Die Geschoßdecken des mit einer Grundfläche von 50 mal 50 Metern und einer Höhe von 21 Metern äußerst kompakten Kubus sind ähnlich einer „geologischen Formation" angeordnet. Plaziert wurde der Neubau in einer Bodenwelle des Medienparks, so daß das mit Heidekraut bedeckte, fast schon „hügelige" Dach die vorhandene Landschaft nahezu fortzuführen scheint.

West-Ost Schnitt

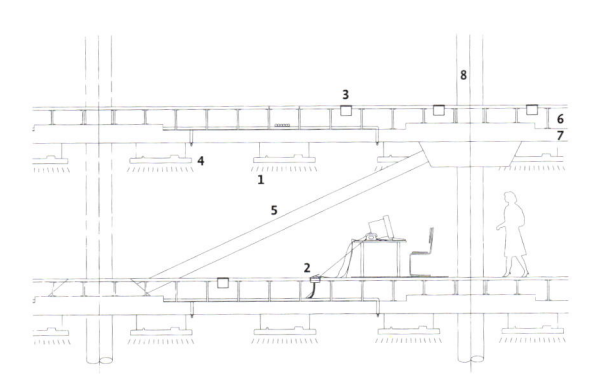

Detailschnitt
1 Allgemeinbeleuchtung
2 Datenauslaß im Bodentank
3 Luftauslaß
4 Sprinkler
5 Aussteifung
6 Geschoßdecke
7 Doppelboden
8 Stütze

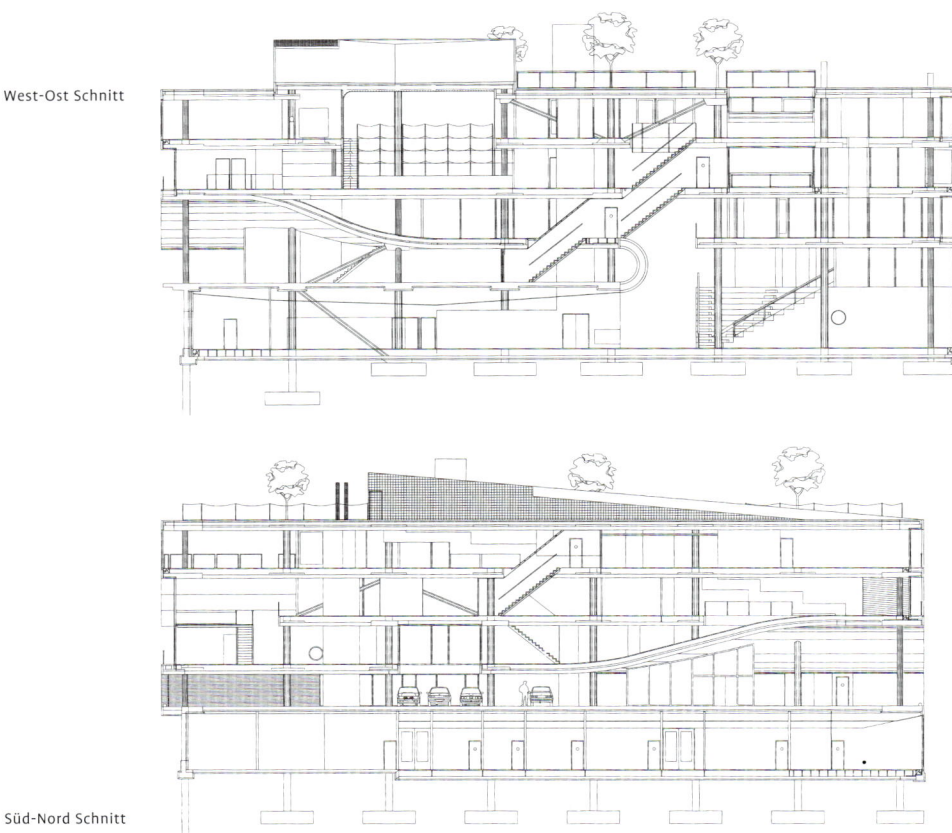

Süd-Nord Schnitt

Im Innern findet sich eine große Vielfalt von möglichen Bürowelten.
Von links nach rechts:
· ein offenes Arbeitsgebiet
· abgeschiedene Einzelarbeitsnischen
· Restaurant und Lesetisch
· eine bequeme Sitzecke für informelle Besprechungen;
  im Hintergrund ein formeller Konferenzraum.

rechts Charakteristisch für das Haus sind die oft unerwarteten Sichtbezüge. Hierdurch entsteht trotz des extrem kompakten Gebäudevolumens ein hohes Maß an Großzügigkeit.

Für Fußgänger, Fahrräder und Autos erfolgt der Zugang von der nach außen hin offenen „Ebene Eins", die gleichzeitig als Garage dient. Unter einer sich aufwölbenden Geschoßdecke leitet eine Treppe den Besucher nach oben in das Foyer. Rampen, Hügel und Treppen formen einen Weg, der wie beiläufig an Arbeitsplattformen vorbeiführt, hin zur begrünten Dachterrasse des Baukörpers. Große zusammenhängende Raumfluchten, die sich wie überdimensionale Treppen, sogenannte „Supertreppen", quer durch das Gebäude ziehen, wechseln sich dabei mit intimen Räumen oder „versteckten" Bereichen ab. Zahlreiche Lichthöfe und seitliche Einschnitte schaffen vielfältige räumliche Bezüge zwischen den einzelnen Arbeitsbereichen. Einerseits werden hierdurch zwischenmenschliche Beziehungen gefördert, und andererseits gewährleistet das Raumgefüge auch für die Arbeitsplätze im Herzen des Gebäudes Tageslichtbezug und einen direkten Kontakt zur Außenwelt. Die typischen Ausbauelemente und Einrichtungssysteme des Bürobaus sucht man hier vergeblich. Es gibt keine verputzten Wände oder Systemdecken, sondern nur ein aufgeständertes Fußbodensystem mit Anhydridestrich, das die flexible Grundrißaufteilung ermöglicht. Der hohe Anteil an harten Oberflächen hat allerdings akustische Nachteile, die durch das fließende Raumgefüge noch verstärkt werden. Die von MVRDV konzipierte Einrichtungsstrategie basiert auf der Kombination von unterschiedlichen Elementen. Hierzu gehören identitätsstiftende Möbelstücke aus den ehemaligen Villen, besondere Designermöbel, speziell angefertigte Regalsysteme und auch Möbel aus dem Standardkatalog. Eine vergleichbare Vielfalt findet sich auch in den Fassaden. 35 in Farbe, Transparenz und Reflexion unterschiedliche Glaspaneele bilden die äußere Haut des Kubus. Preisgünstige perforierte Gummivorhänge, die teilweise über mehrere Geschosse geführt werden, unterstützen die Wirkung dieser Sonnenschutzgläser. Im Innern des kompakten Kubus der Medienanstalt VPRO eröffnet sich eine pluralistische Arbeitslandschaft mit sehr unterschiedlichen Szenen, von dramatischen Blickbeziehungen über intime Nischen oder provisorische Zellen bis hin zu clubähnlichen Treffpunkten. Die Räume wirken beim durchqueren fast schon labyrinthisch, repräsentieren aber auch den liberalen und offenen Charakter des Senders. **bk**

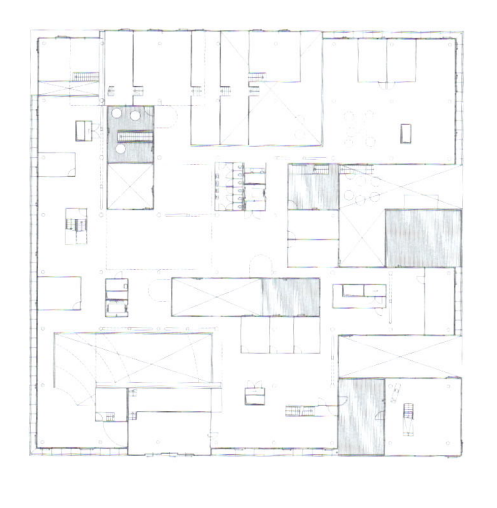

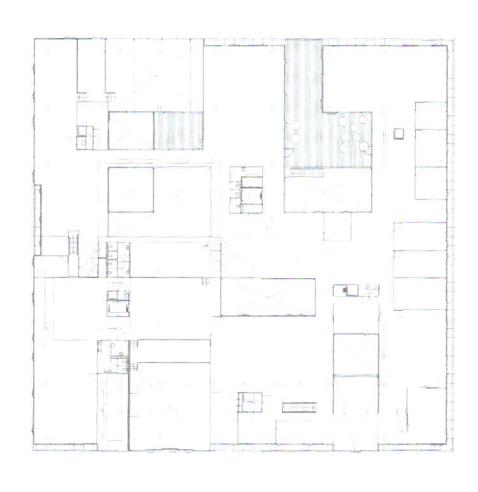

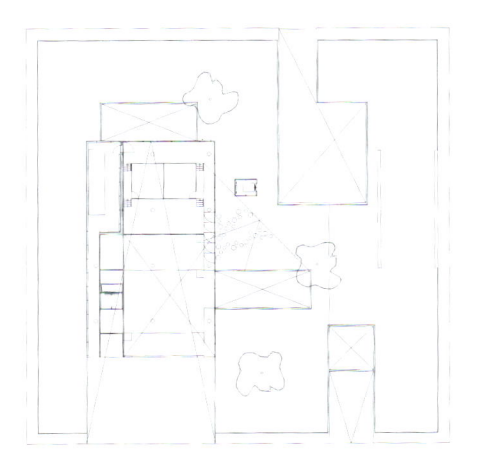

Ebene 3   0 5 10 15   Ebene 4   Dachaufsicht

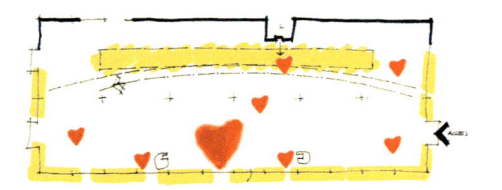

Konzeptdiagramm

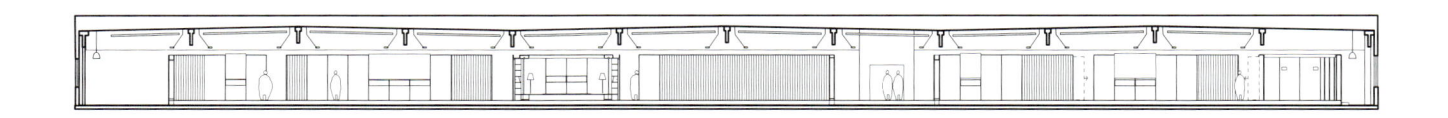

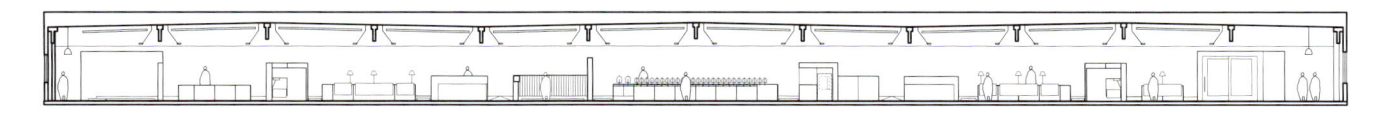

Schnitte

oben Das Fabrikgebäude von Nicholas Grimshaw war das erste in einer Reihe von prestigeträchtigen Projekten, die in den letzten 20 Jahren auf dem Produktionsgelände des Möbelherstellers Vitra entstanden.

oben rechts Auf dem Haupterschließungsweg befindet sich das Café mit den Mailboxen für die Mitarbeiter. Verschieden große Besprechungszonen sind am Rand und auf der Plattform integriert.

rechts Etwa ein Drittel der Mitarbeiter arbeitet non-territorial. Für sie stehen unterschiedliche Bereiche, wie Touchdown-Arbeitsplätze, Besprechungszonen oder auch die sogenannten „Denk-Zellen", die im Hintergrund zu sehen sind, zur Verfügung.

Vitra

Weil am Rhein, Deutschland

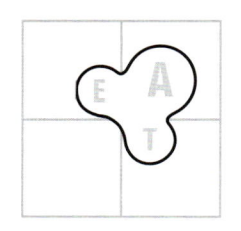

T = Teamarbeit
A = Austauscharbeit
P = Prozeßarbeit
E = Einzelarbeit

Bauherr	Vitra Management AG
Architekten	SPGA – Sevil Peach Gence Associates
Nutzung	Firmenverwaltung
Fertigstellung	2000
Bruttogeschoßfläche	2.250 m²
Büronutzfläche	2.128 m²
Arbeitsplätze	87
Mitarbeiter	120 Personen ca. 1/3 arbeitet non-territorial

Der Verwaltungssitz des Möbelherstellers Vitra befindet sich im ersten Stock eines von Nicholas Grimshaw errichteten Produktionsgebäudes. Die in der Vergangenheit nur provisorisch genutzte Bürofläche verwandelte die Architektin Sevil Peach in eine dynamische Arbeitswelt, die es den Mitarbeitern erlaubt, ihren Arbeitsplatz entsprechend den eigenen Bedürfnissen frei zu wählen. Vielfältige Arbeitsplatzangebote, Bereiche für Konzentration und Zonen für Kommunikation unterstützen die Arbeit im Team und ermöglichen territoriales und non-territoriales Arbeiten. Das neue Büro von Vitra ist ein Testfeld für kooperative und flexible Arbeitsformen, und seine Einrichtung veranschaulicht die Auflösung der Grenzen zwischen Wohnen und Arbeiten.

Möblierungsplan

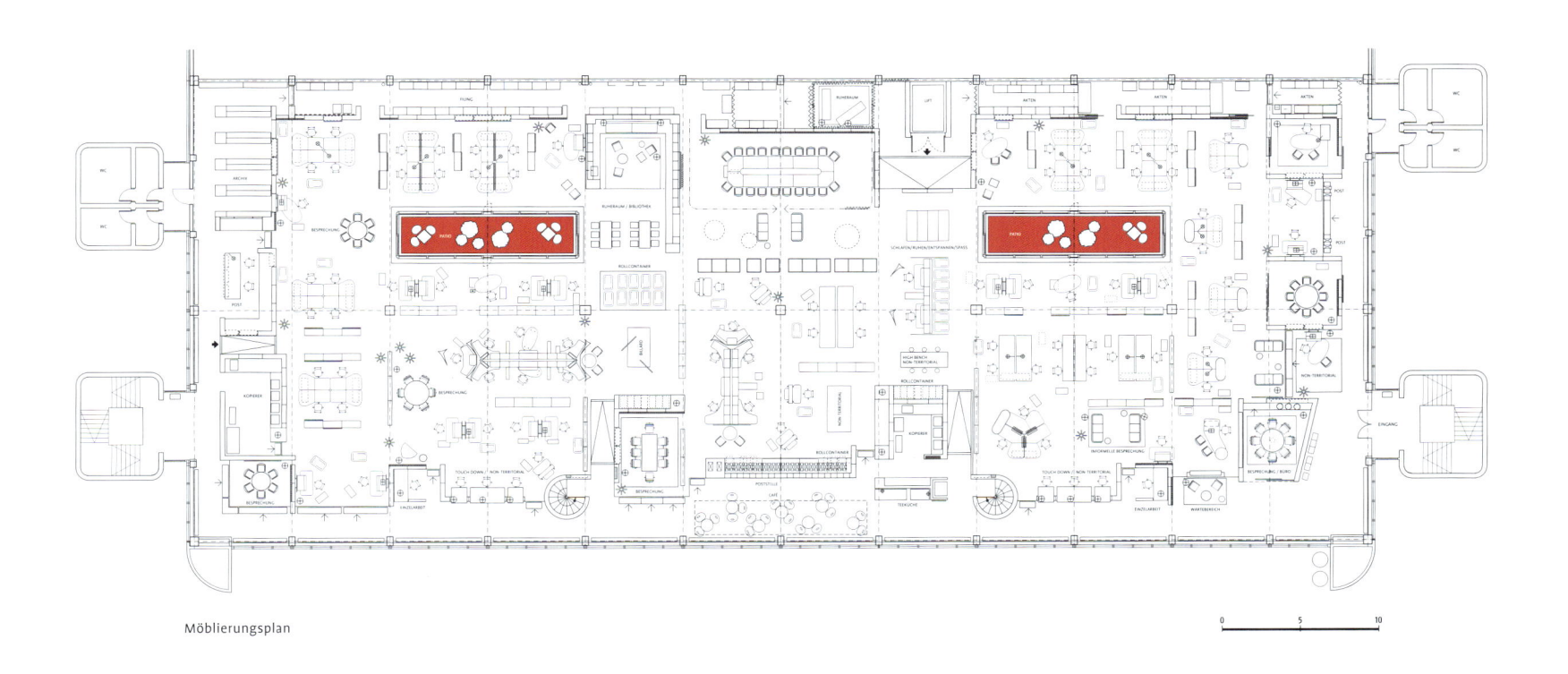

oben Während die Bibliothek eher für informelle Treffen genutzt wird, dient der im Hintergrund sichtbare Projektraum mit moderner IuK-Technologie für formale Besprechungen.

oben rechts Das Büro ist eine Synthese unterschiedlicher Konzepte und bietet eine differenzierte Arbeitsumgebung, die den selbstbestimmten Wechsel zwischen Einzel- und Teamarbeit erlaubt.

rechts In der offenen Bürolandschaft hat jeder Mitarbeiter einen Ausblick auf die umgebende Landschaft.

Ohne die Großzügigkeit des Raumes zu zerstören, gliederte Peach die fast fußballfeldgroße Fläche mit wenigen Mitteln in klar definierte, der Organisationsstruktur des Unternehmens entsprechende Teambereiche mit eigener Identität. In die bestehende Gebäudestruktur wurde ein erhöhter und unterlüfteter Holzboden integriert. Als frei im Raum stehende Plattform trennt sie die Arbeitsbereiche von der Erschließung und schafft symbolisch eine Bühne für die Arbeit. In Querrichtung wechseln sich Zonen für konzentriertes und für kommunikatives Arbeiten ab. Ein Billardtisch oder eine Highbench – ein überdimensionaler Tisch – für spontane Treffen sind genauso Bestandteil der kommunikativen Zonen wie die Bibliothek oder Technikinseln mit Drucker und Kopierer. Hier werden auch die für non-territoriale Arbeitsformen häufig genutzten Rollcontainer, in denen die Mitarbeiter ihre persönlichen Utensilien aufbewahren, geparkt. Eine Gliederung in Längsrichtung wird durch zwei offene Holzpatios erreicht. Die beiden grünen Inseln im hinteren Teil des Raumes wurden nachträglich in das Gebäudevolumen eingeschnitten und bringen natürliches Licht und frische Luft in den vorher dunklen Bereich. Gleichzeitig trennen sie sensible Arbeitsbereiche wie die Personalabteilung und das Controlling von den offenen Arbeitsbereichen ab. Im vorderen Bereich entlang der Fensterfront verläuft der Haupterschließungsweg mit Café, Mailboxen und Technikinseln. Jeder Mitarbeiter kann die freie Aussicht auf die umgebende Landschaft genießen, insbesondere diejenigen, die non-territoriale Arbeitsformen bevorzugen. Alle Touchdown-Plätze sind am Rand der Plattform zu den Fenstern hin angeordnet. Großflächige, von der Tragstruktur abgehängte Akustikpaneele gliedern den Raum zusätzlich. Sie werden als Pinboard oder als Projektionsfläche genutzt. Unter der Decke dienen sie als Reflexionsfläche für die indirekte Beleuchtung.

Das Büro von Vitra ist ein Patchwork aus zwanglos integrierten Besprechungszonen sowie Rückzugsmöglichkeiten für ruhebedürftige und konzentrierte Arbeiten. Es dient der Darstellung der eigenen Produkte und entspricht dem innovativen und experimentellen Image des Möbelherstellers. **bk**

Der Ausschnitt zeigt die neue Treppenanlage, die durch die elf Geschosse geschnitten wurde. Um die Treppe wurden folgende Themen realisiert:

„Hospital Curtain" Besprechungsraum
Die „City", das formalste Geschoß
Der „Table", ein überdimensionaler Küchentisch
Der „Zen-Den" mit begehbarem Besprechungstisch, ungewöhnlichen Skulpturen und Aquarium
Das „Café Six", ein kommerzielles Café mit Wandtafel
Das „Global", der Ort für Videokonferenzen
Die „Gallery" mit der firmeneigenen Kunstsammlung
Das „Forum", eine Versammlungsstätte mit überdimensionalen Treppen
„Connections", ein Spieleraum
„Fifty-Seven", Reminiszenz an das alte Gebäude
Das „Studio", ein Raum für Brainstorming
Der „Beach", die After Work Lounge.

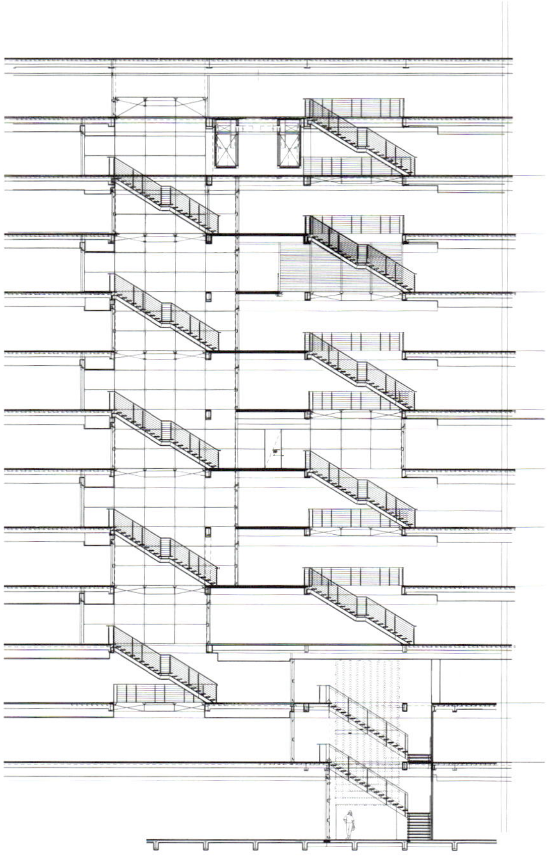

Die Photos zeigen beispielhaft die Bandbreite der Themen, die auf den unterschiedlichen Ebenen um die neue Treppe realisiert wurden.

Campus MLC

Sydney, Australien

Bauherr	MLC
Architekten	Bligh Voller Nield
Nutzung	Finanzdienstleistung
Fertigstellung	2001
Bruttogeschoßfläche	27.000 m²
Büronutzfläche	23.900 m²
Arbeitsplätze	1.680

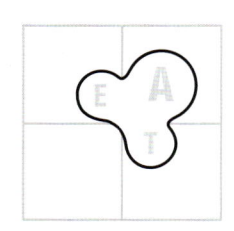

T = Teamarbeit
A = Austauscharbeit
P = Prozeßarbeit
E = Einzelarbeit

Der 1985 erfolgte Zusammenschluß der Finanzdienstleister MLC und Lend Lease markiert den Beginn eines firmeninternen Erneuerungsprozesses. Nach außen wird dieser durch die Modernisierung ihres 1957 erbauten und mittlerweile unter Denkmalschutz stehenden Firmensitzes kommuniziert. Intern baute man die pyramidenförmige Hierarchie ab; es entstand eine teamorientierte Unternehmensstruktur mit einer völlig neuen Arbeitsweise, die maßgeblich zum heutigen Firmenerfolg beitrug. Auch im Planungsprozeß beschritt man einen neuen Weg. Zusammen mit dem Entwurfsteam, bestehend aus dem Architekturbüro Bligh Voller Nield, dem Organisationsberater DEGW und dem Projektentwickler Bovis Lend Lease, initiierte MLC eine begleitende Serie von Workshops und Meetings mit

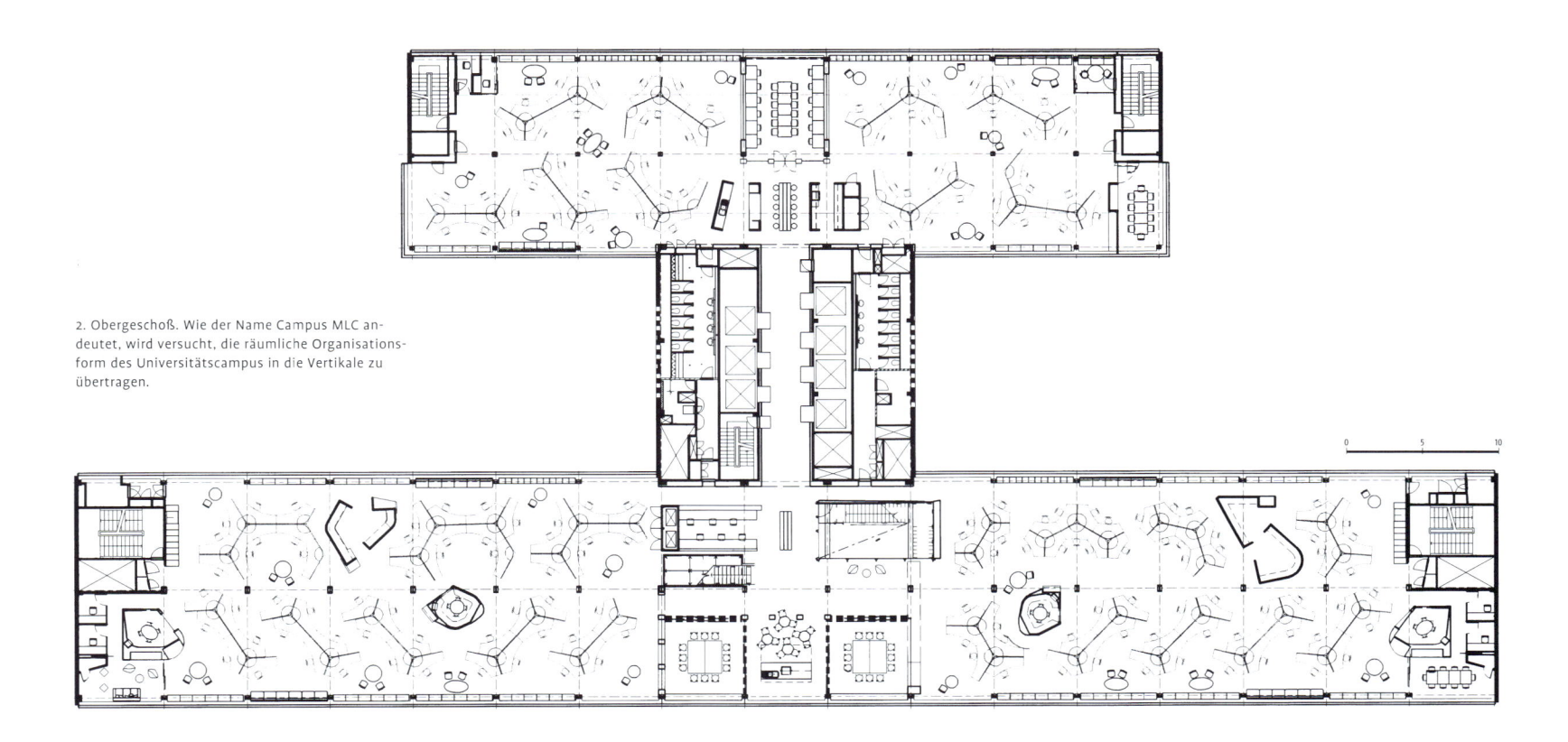

2. Obergeschoß. Wie der Name Campus MLC andeutet, wird versucht, die räumliche Organisationsform des Universitätscampus in die Vertikale zu übertragen.

dem Ziel, die Mitarbeiter in den Planungsprozeß zu integrieren. Das Resultat dieses komplexen Vorhabens ist eine farbenfrohe Bürolandschaft, sehr persönlich und gewollt wohnlich, in der es keine privaten Büros und keine „Cubicles" gibt, statt dessen aber ausgedehnte Gemeinschaftsbereiche mit vielfältigen Raumqualitäten. Die neuen Räume für MLC spiegeln heute den erfolgreichen Wandel der Unternehmenskultur wider. Als wichtigste architektonische Intervention wurde ein neues Treppenauge in die H-förmige Gebäudestruktur eingeschnitten. Die Treppe fungiert als verbindendes Element und als vertikale Straße mit angegliederten Besprechungsräumen. Die einzelnen Geschosse wurden dabei als eine Serie von Themenräumen mit jeweils eigenen Namen entwickelt, angefangen vom „Zen-Den", ausgestattet mit abstrakten Skulpturen, einem begehbaren Besprechungstisch und einem tropischen Aquarium, über „The Table", dem überdimensionalen Küchentisch, bis hin zum „Hospital Curtain Room". Informelle oder zufällige Treffen fördern die interne Kommunikation und den Wissensaustausch. Hierfür wurden die Gemeinschaftszonen um die Treppen so reichhaltig wie möglich ausgebildet, alle Arbeitsflächen nach dem „Plug and Work"-Prinzip an das digitale Netzwerk angeschlossen und die Aufzüge so geschaltet, daß sie nur in jedem zweiten Geschoß halten. Bei den personifizierten Arbeitsbereichen hingegen stand die Anforderung nach maximaler Flexibilität im Vordergrund. Sie sind mit effizienten, hochflexiblen Arbeitsstationen ausgestattet, die es erlauben, ein Geschoß innerhalb von drei Tagen komplett umzustrukturieren. Drucker und Plotter verschwinden in amorphen Zellen, und sogenannte „Quiet Rooms" stehen für konzentrierte Arbeit oder für diskrete Telefonkonferenzen zur Verfügung. Die Renovierung eines Hochhauses aus den fünfziger Jahren ist nicht nur ein couragiertes Unterfangen, sondern auch eine Form von Nachhaltigkeit. Campus MLC, das ungewöhnliche Ergebnis eines gemeinschaftlichen Planungsprozesses, unterstützt die Arbeitsweise der Teams und trifft mit seinem vielfältigen Raumangebot das Lebensgefühl des modernen Büroangestellten. Als vertikales Dorf gedacht, ist es eher ein Treffpunkt als ein Arbeitsort und steht damit beispielhaft für ein modernes Bürogebäude. *bk*

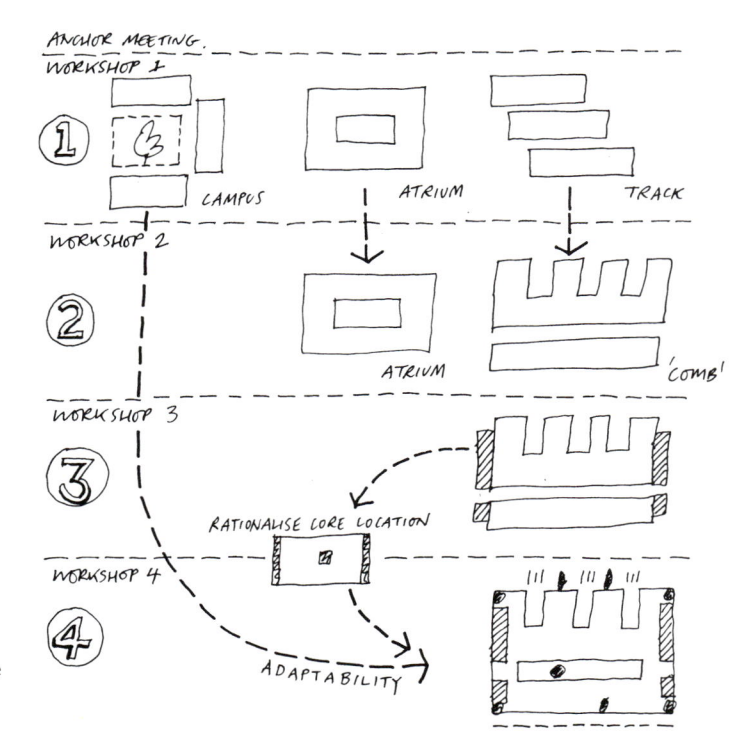

Konzeptdiagramme – Entwurf; das neue Gebäude wurde in einer Reihe von Workshops entwickelt. Eine interne Straße und kammartig angeordnete Atrien sind die Hauptgestaltungselemente.

oben Für die Zentrale von Boots wurde der von Skidmore, Owings & Merill erbaute, mittlerweile unter Denkmalschutz stehende Firmensitz (Grade II* listed) modernisiert und durch den hier zu sehenden neuen Anbau erweitert.

rechts Links im Bild das SOM-Gebäude; rechts daneben der Neubau von DEGW.

Boots The Chemists

Beeston, Großbritannien

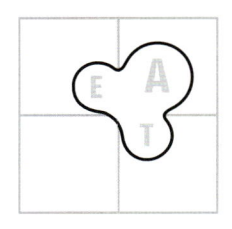

T = Teamarbeit
A = Austauscharbeit
P = Prozeßarbeit
E = Einzelarbeit

Bauherr	The Boots Company PLC
Architekten	DEGW
Nutzung	Firmenverwaltung
Fertigstellung	D90 West (Altbau) 1999
	D90 East 1998
Bruttogeschoßfläche	39.509 m²
Büronutzfläche	26.486 m²
Arbeitsplätze	D90 West (Altbau): 1.170
	D90 East: 1.143

Die Firma Boots The Chemists, eine Drogeriekette, entschloß sich 1995, all ihre Verwaltungsangestellten an einem Standort zu konzentrieren und den hierfür notwendigen Erweiterungsbau als Katalysator für einen Wandel in der Unternehmenskultur einzusetzen. Die durch einen Neubau ergänzte Zentrale befindet sich im südlich von Nottingham gelegenen Beeston, wo Boots seit 1968 ansässig ist.

In einem beispielhaften integralen Planungsprozeß stellte man ein erfahrenes Team aus dem Architekturbüro und Organisationsberater DEGW, dem Bauherrn Boots, der Bauleitung Mace und dem Ingenieur Roger Preston zusammen. Zweiphasig angelegt, wurde erst ein Neubau errichtet, um dann in der zweiten Phase

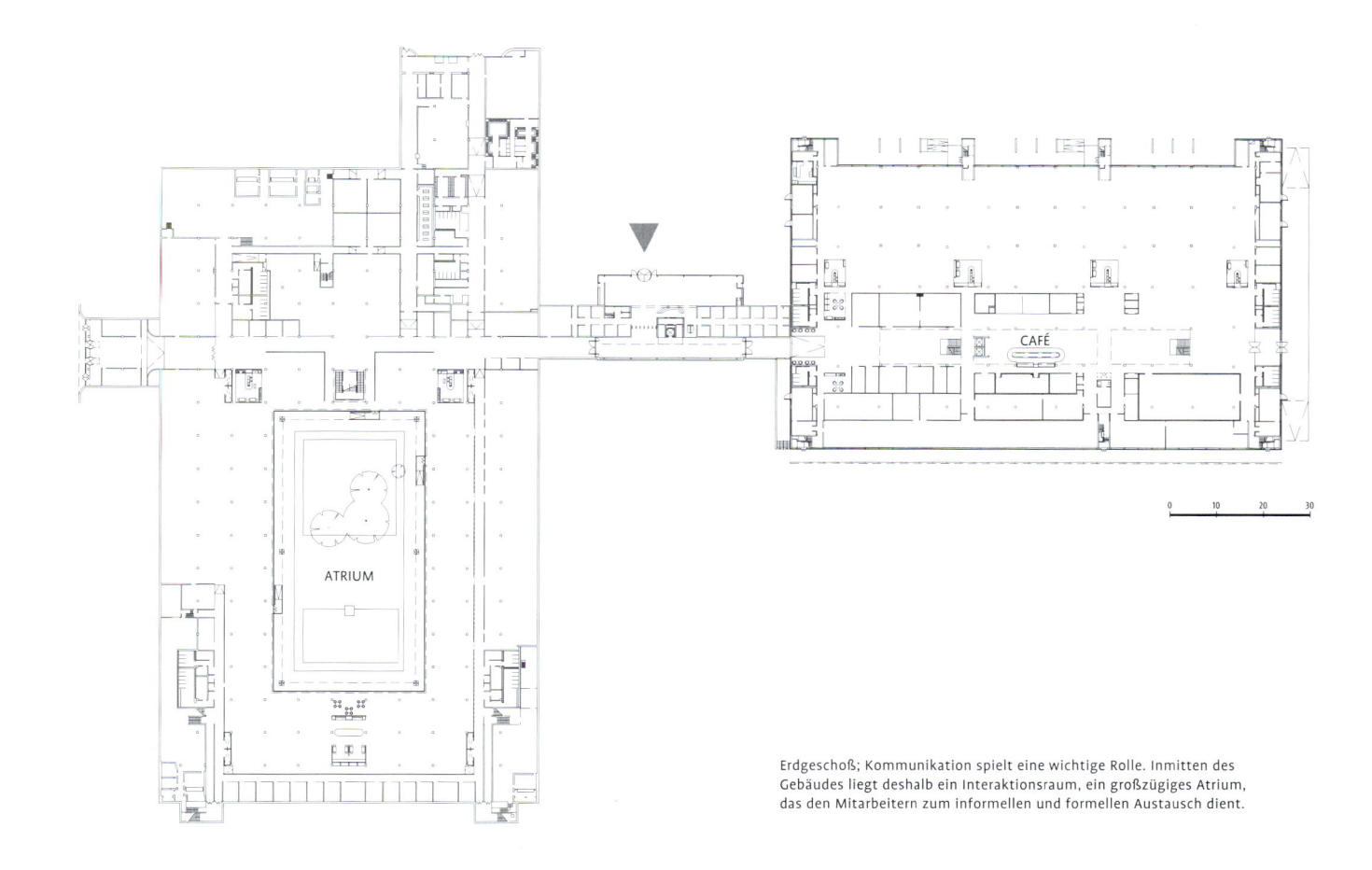

Erdgeschoß; Kommunikation spielt eine wichtige Rolle. Inmitten des Gebäudes liegt deshalb ein Interaktionsraum, ein großzügiges Atrium, das den Mitarbeitern zum informellen und formellen Austausch dient.

oben Von einem zentralen Eingangspavillon aus gelangt man in beide Gebäudeteile: den Neubau D90 East und den modernisierten Altbau D90 West. Er ist Bestandteil der internen „Hauptstraße".

rechts Das jeweils aktuelle Shopdesign der Drogeriekette spiegelt sich in der Empfangstheke des Eingangspavillons wider.

den mit D90 bezeichneten ersten Firmensitz von Skidmore, Owings & Merill von Grund auf zu sanieren. Dieser flache, rechteckige Glaspavillon mit braunem Stahltragwerk ist nicht nur ein Klassiker der Moderne, sondern war auch das erste Großraumbüro in Großbritannien. Damals als bahnbrechende Büroarchitektur gepriesen, bot es 30 Jahre später nicht mehr den adäquaten Raum für zeitgemäße Arbeitsweisen und konnte auch nicht mehr alle Mitarbeiter aufnehmen.

Eine Reihe von Personalbefragungen und -beratungen waren wichtiger Bestandteil des Planungsprozesses. Sie wurden schon zu Beginn mit dem Ziel durchgeführt, die Bedürfnisse der Mitarbeiter aufeinander abzustimmen und die neuen Arbeitsweisen einzuführen. In gemeinsamen Workshops entwickelte man ein maßgefertigtes Bürogebäude, das auf einer Reihe von scheinbar simplen Prinzipien beruht, deren Auswirkungen auf Programm und Entwurf aber groß sind. Zu diesen Prinzipien zählt die Einführung von Teamstrukturen und der Einsatz neuester IuK-Technologien. Im Zusammenspiel fördern sie die Kommunikation zwischen den Abteilungen und die Mobilität der Mitarbeiter. Diese können jetzt flexibel von Projekt zu Projekt oder von Umgebung zu Umgebung wandern; sie sind unabhängig von Papier- und Ablagesystemen und damit auch bei auswärtigen Tätigkeiten voll eingebunden. Die programmatischen Auswirkungen beziehen sich beispielsweise auf die Anzahl an Besprechungsmöglichkeiten, hier insbesondere auf Räume und Flächen, die zufällige und unerwartete Treffen fördern, oder auf den weitestgehenden Verzicht auf persönliche Arbeitsbereiche, die isolierte Arbeitsweisen unterstützen würden.

Formal ordnet sich der Neubau seinem benachbarten Vorgänger unter, wobei er in den Proportionen weniger geglückt scheint. Ein neuer Eingangspavillon dient als Verbindungselement und ist Bestandteil einer internen Straße, die die beiden Gebäudeteile miteinander verbindet und die Firma vereint. Diese Straße öffnet sich über die Länge des Neubaus zu einem Atrium mit Café und Restaurant, Shops, Geldautomaten und Aufzügen. Nach dem Plug-and-Work-Prinzip wurden diese Bereiche in die Arbeitsumgebung mit eingebunden. Zum Beispiel sind Cafétische an das firmeninterne Datennetzwerk

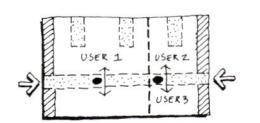

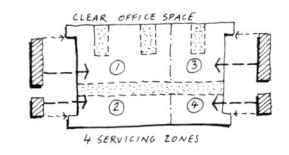

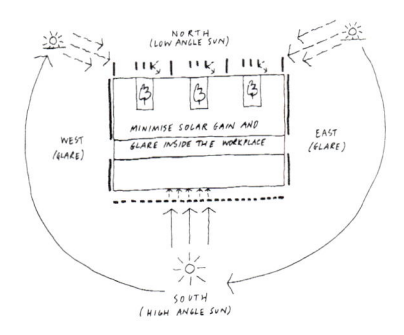

Konzeptdiagramme - Klima; vertikale Fassadenelemente vor den nördlich ausgerichteten Atrien schützen vor der seitliche einfallenden tiefstehenden Morgen- und Abendsonne. Im Süden spendet eine vorgelagerte horizontale Lammellenstruktur Schatten und dient als Blendschutz.

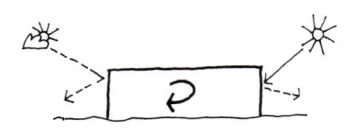

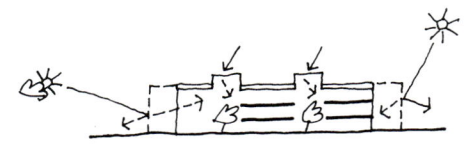

Konzeptdiagramme – Klima; Oberlichter im Bereich der Atrien lassen zusätzliches Tageslicht in den extrem tiefen Grundriß einfallen.

von links nach rechts

E-Mail, Intranet, tragbare Telefone mit Kontaktnummer, oder auch ein vernetzter Kalender mit Buchungssystem für alle Mitarbeiter unterstützen ihre Mobilität.

Die Ausbaumaterialien entsprechen denen des SOM-Vorbildes.

Blick in die „Hauptstraße". Vergleichbar einer Dorfstruktur findet man hier ein Café und andere Serviceeinrichtungen.

---

angeschlossen, so daß jeder Mitarbeiter den Laptop auch hier anschließen kann. Drei weitere kleinere Atrien sollen Nachbarschaftsfunktionen anregen und den Gebäudeumfang vergrößern, so daß alle Mitarbeiter vom natürlichen Licht und vom Ausblick profitieren. Kein Arbeitsplatz ist mehr als neun Meter von einem Fenster oder einem Atrium entfernt. Die Arbeitsplatzstrategie entwickelte sich als Ansammlung von zwanzig „Nachbarschaften" auf drei Ebenen, die eine selbstbestimmte Mischung aus sechs verschieden „Work-Layouts" aufweisen, von kleinen personenbezogenen Schreibtischen, ruhigen Bürozellen für private Gespräche oder konzentrierte Arbeiten, über großzügige gemeinschaftliche Besprechungsbereiche hin zu Touchdown-Tischen. Zentral gelegen, von jeweils zwei Nachbarschaften genutzt, liegt der „Hub"; hier sind die gesamte Bürotechnik sowie Teeküchen und Ruhebereiche zu finden.

Die Arbeitsbedingungen sollten in beiden Gebäuden gleichwertig sein. Für das SOM-Gebäude bedeutete dies ein Paket von organisatorischen, klimatechnischen und architektonischen Maßnahmen. Sperrige Raum-in-Raum Systeme wurden zugunsten der großzügigen Raumwirkung aufgegeben. Nur die Zellenbüros entlang der Fensterfront behielt man als Besprechungsräume bei. In dem 1968 für weniger als 1.000 Mitarbeiter konzipierten Gebäude arbeiten heute 1200. Klimaanlage, Beleuchtungssysteme und Informations- und Kommunikationsmedien wurden den heutigen Ansprüchen und der höheren Belegungsdichte angepaßt. Ein neues Deckensystem und ein Doppelboden, der die flexible Datenanbindung aller Arbeitsflächen im Großraum sichert, wurden notwendig. Ein durchgehender Doppelboden hätte aber die Außenansicht, die von den schmalen Geschoßdecken geprägt ist, zerstört. Aus ästhetischen und denkmalschützerischen Erwägungen sah man daher eine Zirkulationsfläche ohne Doppelboden entlang der raumhohen Verglasung vor. Auch in der Farbgestaltung behielt man die vorgefundenen Brauntöne bei. Im Gegensatz dazu findet man im Neubau von DEGW eine Mischung aus fröhlichen Gelb-, Rot- und Blautönen. Im übrigen ist die Materialwahl von Wänden, Raumteilern, Türen und Decken in beiden Gebäuden identisch und die Detaillierung ähnlich minimalistisch.

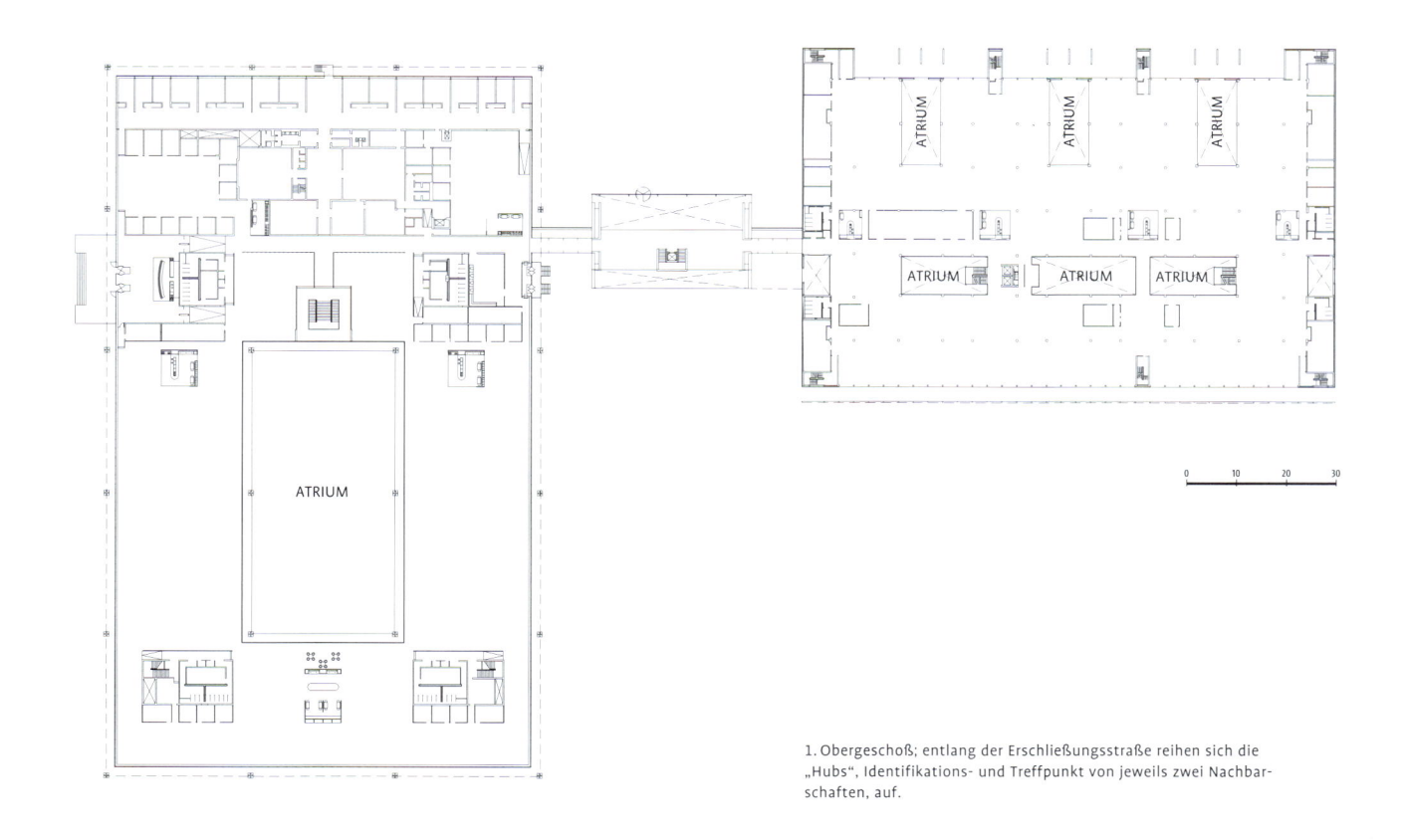

1. Obergeschoß; entlang der Erschließungsstraße reihen sich die „Hubs", Identifikations- und Treffpunkt von jeweils zwei Nachbarschaften, auf.

Wie bei zeitgemäßen Bürokonzepten üblich, bietet das Gebäude den Mitarbeitern eine Reihe von gemeinschaftlichen und individuellen Arbeitsumgebungen. Der extrem tiefe Grundriß mit seinem flexiblen internen Layout unterscheidet den Firmensitz jedoch von anderen Projekten. Nicht zuletzt entstand hierdurch ein energiesparendes, weil kompaktes Gebäude. Auch wenn es ästhetisch nicht ganz das Format seines Vorgängers erreicht, so ist es doch eine Art Prototyp für die sorgfältige Abstimmung auf den Nutzer, seine Arbeitsweisen und seine Komfortansprüche. Beim Durchschreiten des Gebäudes wird man keine Tür und auch kein privates Büro finden. Das Gebäude ist als gigantischer Raum für ein Team von 2.300 Mitarbeitern konzipiert. *bk*

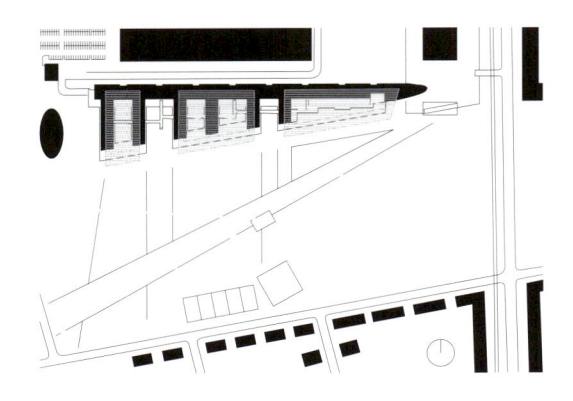

Lageplan; die „Finger" der Bürobereiche orientieren sich zu einer Parkanlage im Süden.

Querschnitt durch einen glasüberdachten Grünhof

von links nach rechts

Haupteingang

Büroterrassen mit vorgelagerter Seenanlage

Südansicht: Die Glashallen sind zur Optimierung passiver Solargewinne nach Süden orientiert.

dvg Hauptverwaltung

Hannover, Deutschland

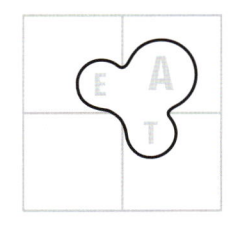

T = Teamarbeit
A = Austauscharbeit
P = Prozeßarbeit
E = Einzelarbeit

Bauherr	dvg Hannover Datenverarbeitungsgesellschaft
Architekten	Hascher + Jehle
	Heinle, Wischer und Partner
Nutzung	Finanzdienstleistung
Fertigstellung	1999
Arbeitsplätze	1.300
Mitarbeiter	1.850

Als Folge eines europaweiten Wettbewerbs erhielten Hascher + Jehle den Auftrag für die Hauptverwaltung der dvg Hannover, Datenverarbeitungsgesellschaft mbH, und begannen 1997 die Planung in Arbeitsgemeinschaft mit Heinle, Wischer und Partner.

Das 380 Meter lange Verwaltungsgebäude orientiert sich nach Süden zur Landschaft hin. Die fingerartige Struktur verzahnt sich mit dem Grünraum. Überdeckt mit drei Glashallen, sind die nach Süden ausgerichteten Baukörper für eine passive Solargebäudekonzeption optimal orientiert. Im Empfangsbereich beginnt die innere Verkehrsader in Form einer „Mall", die als horizontale Hauptachse das gesamte Gebäude durchzieht. An dieser „Hauptstraße" liegen Kommunikations- und

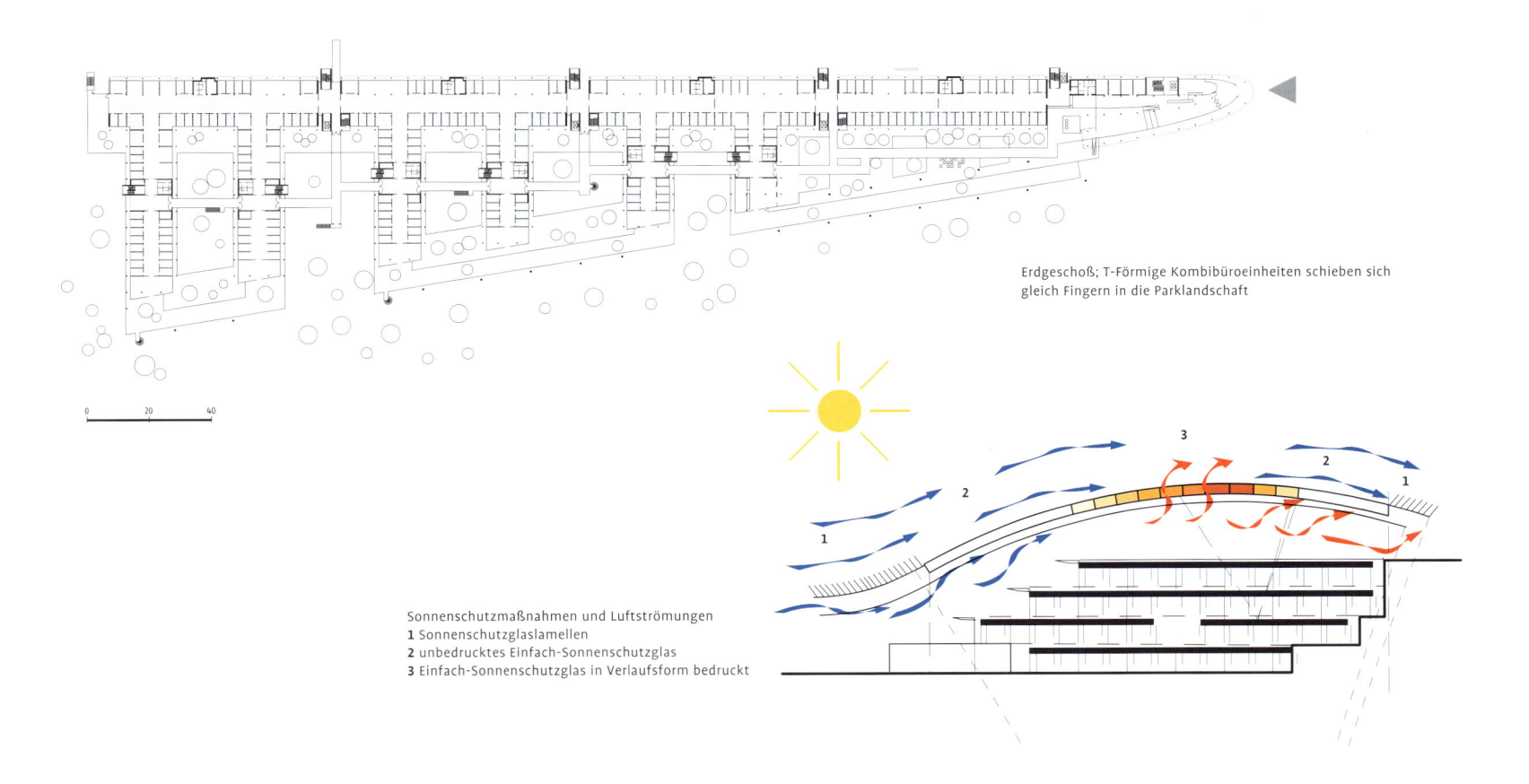

Erdgeschoß; T-Förmige Kombibüroeinheiten schieben sich gleich Fingern in die Parklandschaft

Sonnenschutzmaßnahmen und Luftströmungen
1 Sonnenschutzglaslamellen
2 unbedrucktes Einfach-Sonnenschutzglas
3 Einfach-Sonnenschutzglas in Verlaufsform bedruckt

Aufenthaltsbereiche sowie besondere Bereiche für Caféteria, Shops, Marktstände und SB-Bank.

Neben der Konzeption einer offenen, „grünen" Bürolandschaft, die sich terrassenförmig abtreppt und in die Landschaft öffnet, wird die Baustruktur durch die T-förmigen Kombibüroeinheiten geprägt, die eine hohe innerbetriebliche Flexibilität und Vernetzung bei der Gruppenorganisation ermöglichen. So werden ideale Voraussetzungen für zeitlich begrenzte Gruppenzusammensetzungen und spontane Kommunikationsmuster geschaffen. Ein Gebäude für 1.850 Mitarbeiter benötigt aber darüber hinaus Raum für informellen Informationsaustausch. Statt einer starren Bürostruktur wurde in Zusammenarbeit mit Concept-International eine Kommunikationslandschaft realisiert, in der die Mitarbeiter sich zwanglos begegnen und auch in den Pausen über die Organisations- und Gruppeneinheiten hinaus miteinander sprechen können.

Große, lichtdurchflutete Innenhöfe mit Oliven-, Feigen- und Granatapfelbäumen bieten dem Auge Erholung von der Arbeit am Bildschirm. Ebenso trägt die Bepflanzung der Hallen zur natürlichen Verbesserung der Luftqualität bei. Von allen Büros gibt es einen direkten Zugang zu den begrünten Innenhöfen oder den Terrassen. Licht und Schatten unter dem Glasdach sorgen für stets neue Farbspiele. Sonne, Wind und Regen sind auch im Innern des Gebäudes zu spüren, das durch eine ruhige Grundstimmung gekennzeichnet ist.

Zur Optimierung von Raumnutzung für Interaktion und Kreativität bei gleichzeitiger Minimierung der Arbeitsplatzkosten wurde auf das Büroorganisationsmodell des „Business-Clubs" zurückgegriffen. Die Vorteile des Kombibüros – kommunikative Gemeinschaftszone mit Besprechungsecken, Espressobar, Sitzgruppen, Bereichsarchiv, Bibliothek etc. – sind mit einer Mischung aus offen gestalteten Arbeitsplatzbereichen und einer Anzahl von ruhigen Arbeitsräumen kombiniert. Alle Arbeitsplätze sind standardisiert und vernetzt. Da davon ausgegangen werden kann, daß durchschnittlich ca. 20-30 Prozent der Arbeitsplätze wegen Urlaub, Krankheit, Besprechungen, Seminaren etc. nicht besetzt sind, werden weniger Arbeitsplätze als Mitarbeiter ausgewiesen. „Clean desk", das komplette Freiräumen des Arbeits-

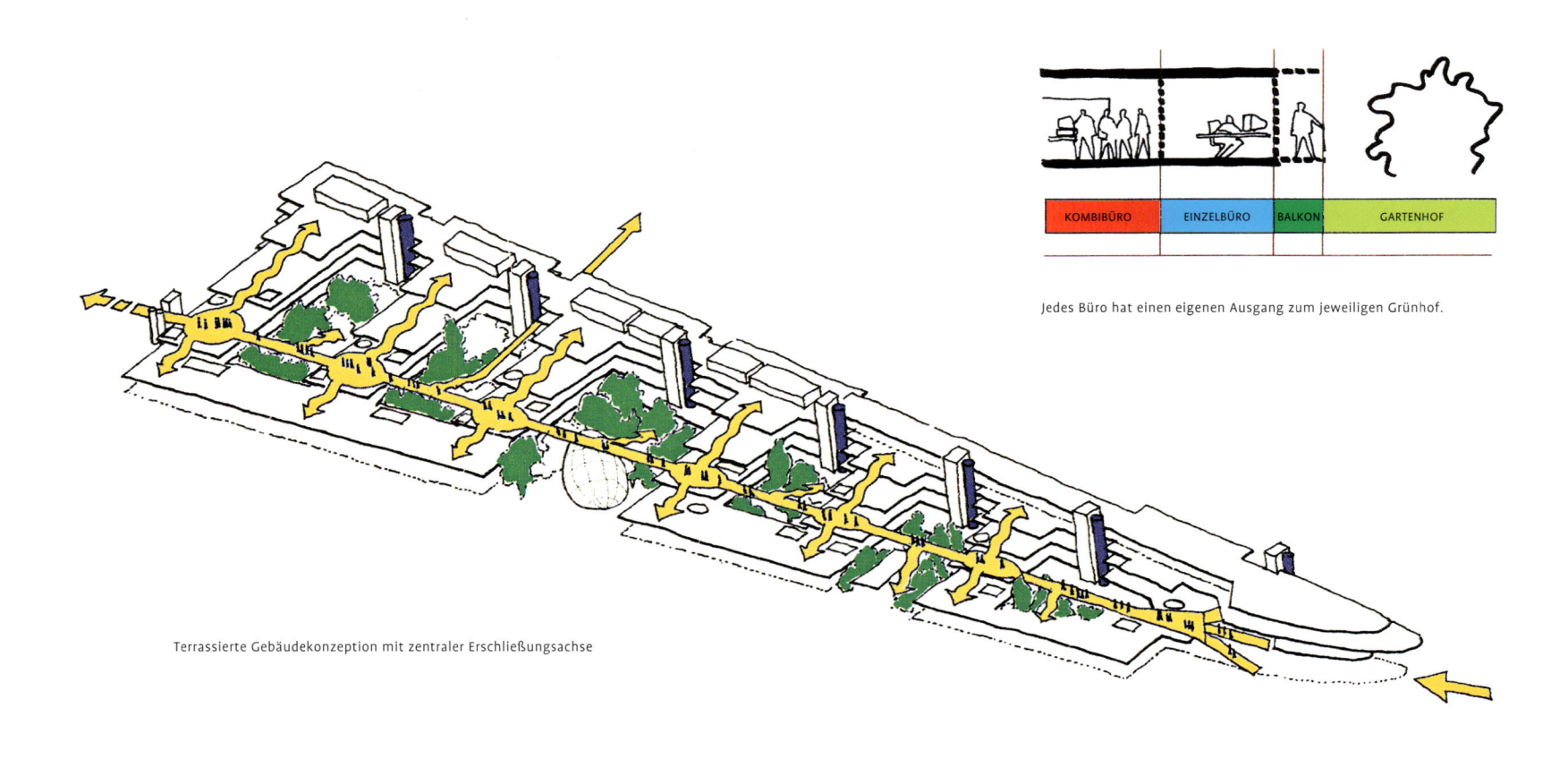

Terrassierte Gebäudekonzeption mit zentraler Erschließungsachse

Jedes Büro hat einen eigenen Ausgang zum jeweiligen Grünhof.

oben „Lounge" im Kombibürobereich

mitte·oben Gruppenarbeitsplätze

mitte unten Glastrennwände zur Kombizone

rechts Glasgedeckte Haupterschließung mit Besprechungsgruppen

platzes, ist Pflicht beim Verlassen des Platzes für mehrere Stunden oder länger. Investitionskosten sowie laufende Unterhaltskosten für das Gebäude werden auf diese Weise drastisch gesenkt.

Gebäudestruktur und Oberfläche sind geeignet, das ganzjährige Umweltangebot an Sonne und Wind so zu nutzen, daß möglichst wenig Fremdenergie zur Bewirtschaftung nötig ist. Aus diesem Grund wurde die Geometrie des Baukörpers strömungstechnisch optimiert. Über den Bürobaukörpern „schweben" drei Glasdächer und bilden einen Klimapuffer zwischen innen und außen. Die Glashallen können mit Ausnahme von wenigen, kalten Wintertagen für Aufenthalt, Besprechung und Arbeitspausen genutzt werden. Durch die Glashalle wird im Winter solare Wärmeenergie gewonnen, die zur Minimierung von Heizenergie beiträgt. Die Glashülle bildet kein zusätzlich zu beheizendes Raumvolumen, sondern bewirkt eine „klimatische Verschiebung", sie erzeugt ein Klima mit allen Vorzügen mediterraner Zonen und einer ganzjährig grünen Vegetation. Ein Aufheizen des Glashauses im Sommer wird insbesondere dadurch verhindert, daß große Flächen geöffnet und damit ein Außenraum geschaffen wird, der optimal auf natürliche Weise durchlüftet wird. Zusätzliche Glaslamellen aus Sonnenschutzglas an den auskragenden Dachrändern schützen die Hallen insbesondere vor der flacher einfallenden Sonne in den Morgen- und Abendstunden. Für die Belüftung und einwandfreie Durchströmung dieser großen Räume und für die Optimierung der darüber liegenden Tragwerkstruktur wurden umfangreiche Windkanalversuche durchgeführt.

Die Büroflächen werden durch ein thermoaktives Deckensystem mit offen liegenden Stahlbetonspeichermassen konditioniert. Für die Energieversorgung der Gesamtanlage kam ein Blockheizkraftwerk zum Einsatz.
rh

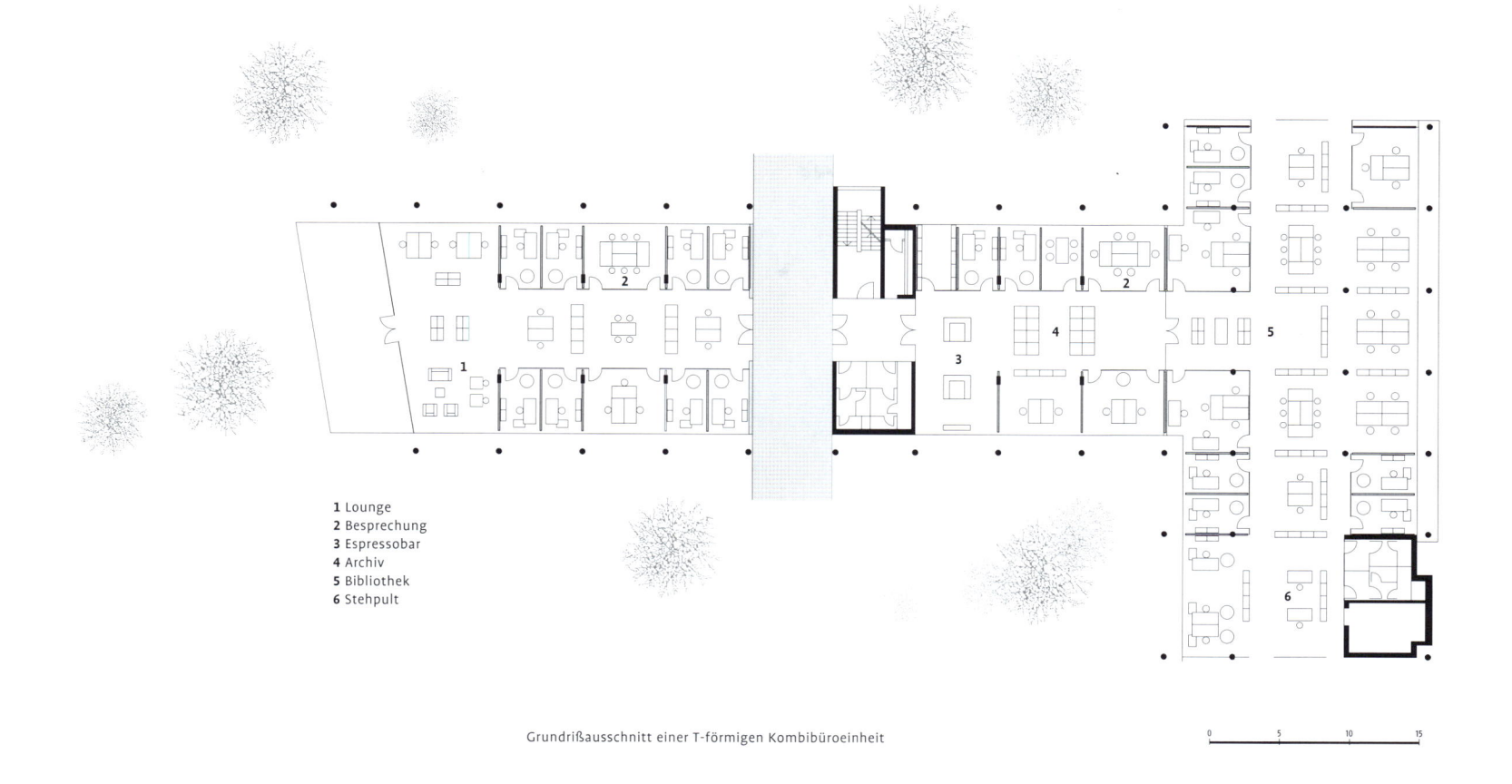

1 Lounge
2 Besprechung
3 Espressobar
4 Archiv
5 Bibliothek
6 Stehpult

Grundrißausschnitt einer T-förmigen Kombibüroeinheit

rechts Glasgedeckter Hof mit mediterraner Bepflanzung.

oben Glasgedeckter Übergang durch einen offenen Grünhof.

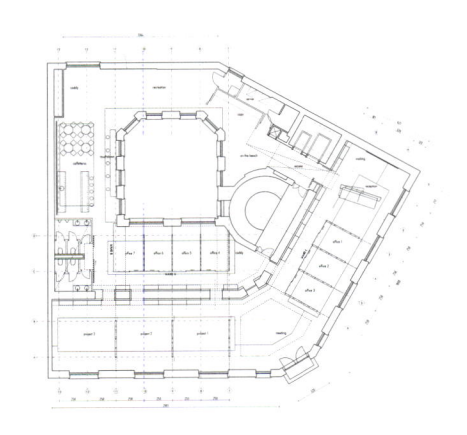

Grundriß

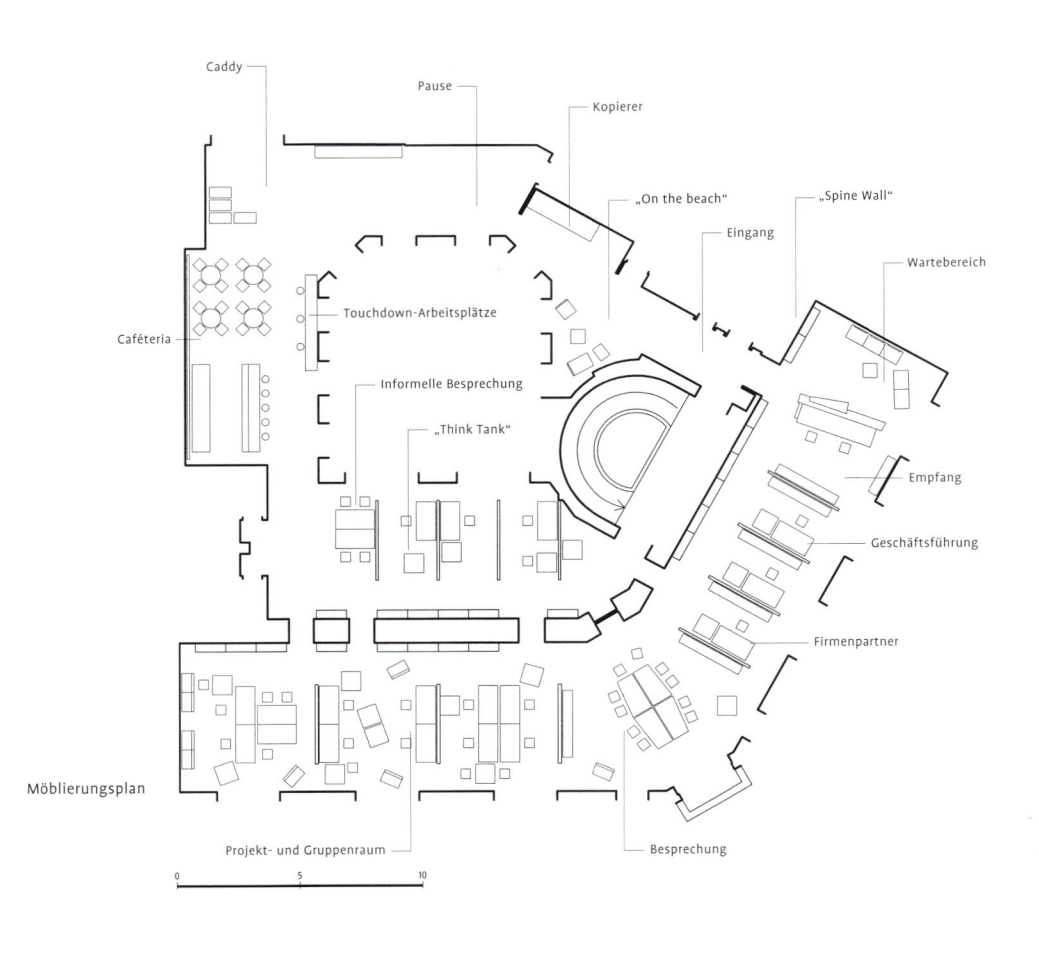

Möblierungsplan

Labels on plan: Caddy, Pause, Kopierer, „On the beach", „Spine Wall", Eingang, Wartebereich, Cafétéria, Touchdown-Arbeitsplätze, Informelle Besprechung, „Think Tank", Empfang, Geschäftsführung, Firmenpartner, Projekt- und Gruppenraum, Besprechung

von links nach rechts

Die Rezeption ist die Informations- und Koordinationsstelle im Büro.

Die Cafétéria ist Schnittstelle zwischen Arbeit und Freizeit.

Die Funktionszonen – hier die Teamzone – entwickeln sich entlang der hinterleuchteten Archivwand.

Deloitte Consulting
Wien, Österreich

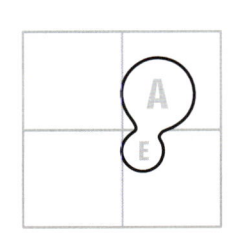

T = Teamarbeit
A = Austauscharbeit
P = Prozeßarbeit
E = Einzelarbeit

Bauherr	Deloitte Consulting, Wien
Architekten	DI Dustin A. Tusnovics
Nutzung	Beratung und Medien
Fertigstellung	1999
Büronutzfläche	500 m²
Arbeitsplätze	ca. 21
Mitarbeiter	35 – 45

Deloitte Consulting gehört als weltweit agierende Unternehmensberatungsfirma zu den neuen Unternehmen der Informationsgesellschaft. Wissen als „Produkt" wird mittels direkter Kommunikation verkauft. Der Arbeitsplatz ist bei den Kunden vor Ort, im Hotel, im Zug oder im Büro. Für die Nomaden des postindustriellen Zeitalters ist das Büro mehr als nur ein Arbeitsplatz; es ist eine Art Heimat, wo Wissen gebündelt und ausgetauscht sowie soziale Kontakte gepflegt werden.

Der neue Standort befindet sich im Herzen Wiens, im vierten Geschoß eines Gründerzeitgebäudes. Der Altbau, in der Nähe von Hotel Sacher und Staatsoper, scheint zum einen auf konservative Werte wie Gediegenheit, handwerkliches Können, Zuverlässigkeit zu verweisen, zum anderen verbindet er sich spannungsvoll mit dem zukunftsorientierten, non-territorialen Bürokonzept.

Das augenfälligste Gestaltungselement des Büros und Teil der Corporate Identity ist die „Spine Wall", die als Rückgrat den Raum ordnet. Entlang dieser hinterleuchteten Glaswand entwickelt sich eine Arbeitswelt, die sich nicht über feste Arbeitsplätze, sondern über Funktionszonen definiert. Freistehende Wandscheiben mit Drahtgewebepaneelen und profillose Glaswände gliedern den Raum und schaffen einen fließenden Übergang der Zonen. Für die konzentrierte Team- oder Einzelarbeit stehen den Mitarbeitern Gruppenzonen mit 4-6 Arbeitsplätzen und sogenannte „think tanks" zur Verfügung.

Kommunikation als wesentliches Element ihrer Arbeit manifestiert sich räumlich in den Besprechungsräumen, der Caféteria, der „touchdown bar" und den Liegestühlen „on the beach". Hier treffen sich die Mitarbeiter zufällig oder gezielt in einer Umgebung, in der die Grenzen zwischen Arbeit und Freizeit fließend sind. Mit Netzanschlüssen ausgestattet, können diese Zonen zusätzlich jederzeit für kurzzeitiges Arbeiten genutzt werden. Territoriale Ansprüche werden gegen vielgestaltige Arbeitsplätze eingetauscht. Nach dem Prinzip „first come, first served" belegen die Mitarbeiter, die sich in Abhängigkeit ihrer Aufenthaltsdauer in „Residents" und „Visitors" unterscheiden, einen Arbeitsplatz für wenige Stunden, Tage oder Monate. Nur dem Office-Management und den Partnern, deren Tätigkeit eine dauerhafte Anwesenheit erfordert, stehen feste Arbeitsplätze zur Verfügung. Damit das „desk-sharing"-Prinzip funktioniert, werden die Arbeitsutensilien in mobilen, persönlichen Boxen verstaut und bei Abwesenheit im Caddy Bahnhof geparkt. Die Rezeption und das Office-Management sind Koordinations- und Informationsstellen. Die sorgfältige Planung der Netzanschlüsse und die Ausstattung mit rollbarem Mobiliar ermöglichen die unkomplizierte Umgestaltung der Räume und bieten so ein hohes Maß an Flexibilität.

Das ausgewogene Spiel von Licht, Farben und Material verleiht den Räumen eine anregende und entspannte Arbeitsatmosphäre und überzeugt bis ins Detail. *sj*

1 Wartebereich
2 Empfang
3 Besprechung
4 Konferenz
5 Caféteria
6 Kurzzeitarbeitsplätze

Unteres Geschoß des Züricher Büros

links oben Blick vom Empfang in den offenen Arbeitsbereich
links Großer Konferenzsaal
rechts Offener Arbeitsbereich

Accenture

Zürich, Schweiz und Hamburg, Deutschland

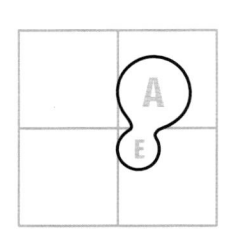

T = Teamarbeit
A = Austauscharbeit
P = Prozeßarbeit
E = Einzelarbeit

Bauherr	Accenture	
Architekten	Grego & Smolenicky (Zürich)	
	Schnell & Partner (Hamburg)	
	Zürich	Hamburg
Nutzung	Beratung und Medien	
Fertigstellung	1999	2001
Büronutzfläche	2.390 m²	1.420 m²
Arbeitsplätze	105	90
Mitarbeiter	328	342

Accenture entwickelt als weltweit agierendes Beratungsunternehmen Technologie- und Unternehmensstrategien für innovationsfreudige Kunden. Die Mitarbeiter ziehen, länder- und kontinentüberschreitend, von Projekt zu Projekt und arbeiten je nach Umfang der Aufgabe allein oder im Team, vornehmlich bei den Kunden. Nur für interne Treffen, Recherchen und kurzzeitiges Arbeiten rekrutieren sie die nächstgelegenen firmeneigenen Büroräume. Den benötigten Arbeitsplatz buchen sie per Internet für wenige Stunden, Tage oder Monate. Die Mitarbeiter wählen, ihrer Tätigkeit entsprechend, zwischen einem Arbeitsplatz im Gruppenraum, im Einzelbüro, im Konferenzraum, in der Telephonkabine, in der offenen Zone oder entscheiden sich für Kurzzeitarbeitsplätze und informelle Kommunikationsbereiche.

1 Wartebereich
2 Empfang
3 Besprechung
4 Touch-down
5 Lounge
6 Café
7 Kurzzeitarbeitsplätze

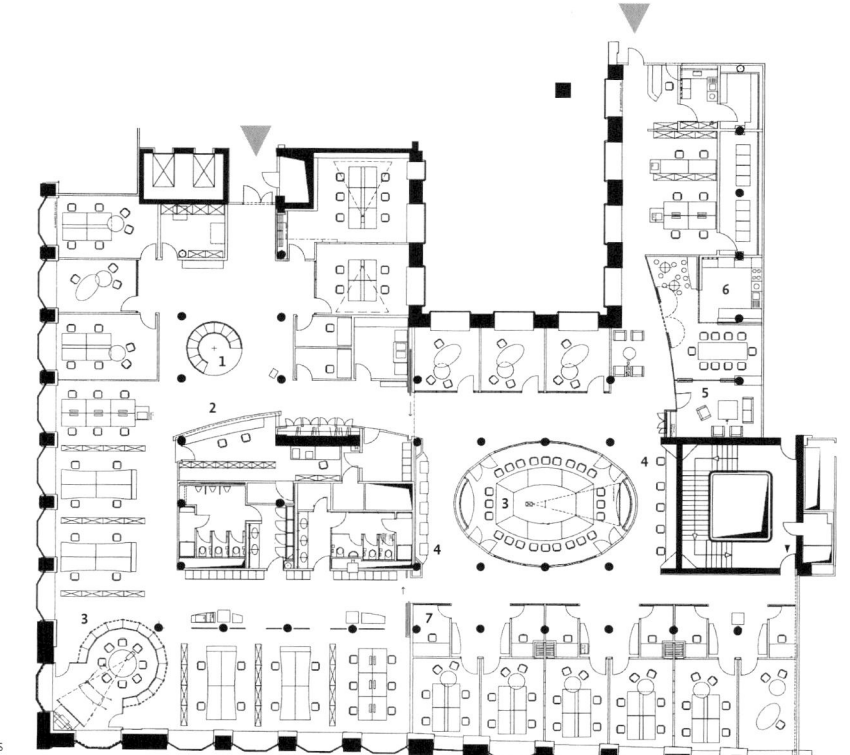

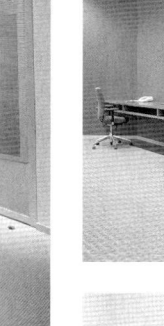

Grundriß des Hamburger Büros

von links oben nach rechts unten

Der Konferenzraum als elliptische Sonderform

Arbeitsplätze zum kurzzeitigen Arbeiten (sog. Touchdowns)

Offener Arbeitsbereich

Aufenthaltsraum mit bequemen Clubsesseln

Mit ihren Laptops sind die Berater von jedem Arbeitsplatz aus per Internet vernetzt und haben über das Intranet Zugriff auf die weltweit verwendeten Daten der Firma. Neben dem Prinzip der Arbeitsplatzverteilung beinhaltet das „Hotelling" einen umfangreichen Service. Zusätzlich zu den üblichen Sekretariatsaufgaben übernimmt das Background Office Recherchearbeiten, Ticket- und Hotelzimmerreservierungen, stellt Speisen und Getränke bereit, organisiert Karten für Freizeitveranstaltungen und ist bei der Wohnungssuche behilflich. Die Mitarbeiter sollen sich in ihrem Büro wie Gäste fühlen.

Mit dem „Hotelling" und der Arbeitsplatzvielfalt als übergeordnetem Prinzip folgt jeder Standort einer eigenen Gestaltungsidee. In Zürich stand bei der Innenraumgestaltung der englische Club Pate. Auf zwei Geschossen eines neoklassizistischen Gebäudes im Zentrum der Stadt entwickelt sich in Braun-, Beige- und Rottönen eine Bürowelt mit Clubsesseln, stoffbespannten Tischleuchten, Vorhängen und schlichten, gediegenen Holztischen. Der selbstverständliche Umgang mit den neuen Technologien bleibt unsichtbar. Die Räume erinnern kaum an ein Büro, bei dem Effizienz und Perfektion im Vordergrund stehen.

Im Hamburger Büro, das in dem 1909 erbauten „Kaufmannshaus" residiert, entwickelt sich der Business Club zu einem wohnlichen Ambiente. Neben den beschriebenen Arbeitsplatztypen bieten der Speiseraum, die Caféteria und eine Art Wohnraum mit Clubsesseln ein umfangreiches Angebot an Entspannungs- und Kommunikationszonen. Als zentrale Orte der Kommunikation bilden der Konferenzraum und der kleine Besprechungsraum räumliche Sonderformen und setzen augenfällige Akzente. Orangetöne und helles Holz unterstützen den Wohnungscharakter des Büros.

In dieser Arbeitswelt, in der Flexibilität und Mobilität als oberstes Gesetz herrschen, werden Büros zu Kommunikationsräumen, die den Verlust der räumlichen Bindung durch eine angenehme Arbeitsumgebung kompensieren. *sj*

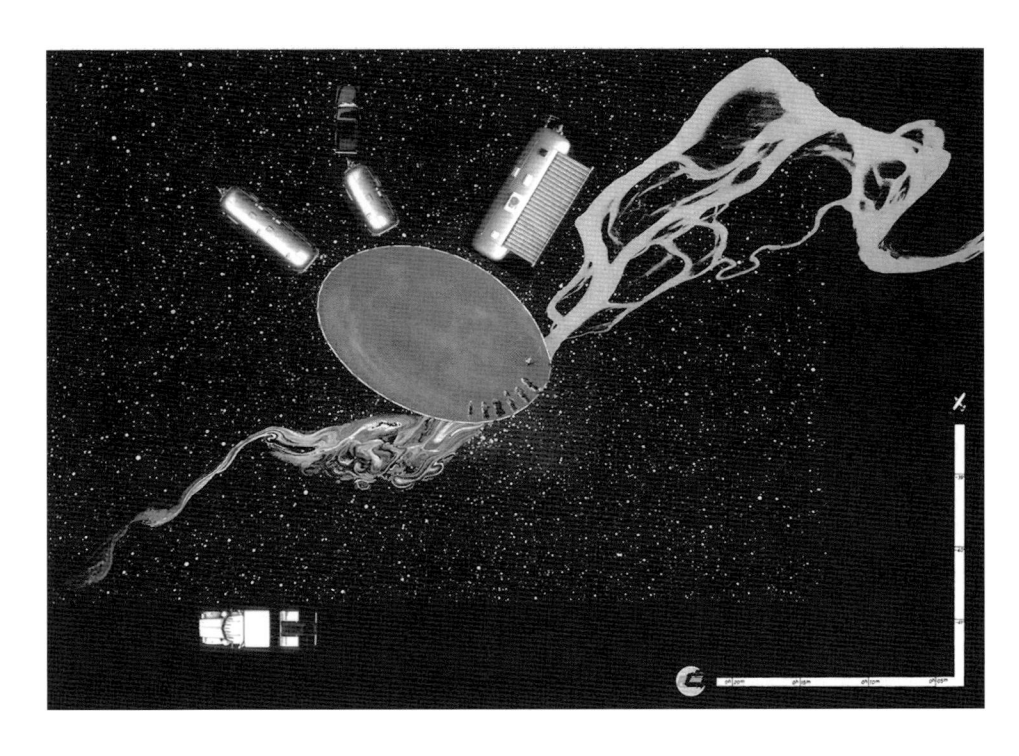

Lageplan mit geparkten Wohnwagen im Zentrum. Die Sterne der Milchstraße werden durch Rollbahnleuchten erzeugt.

oben Die Radiostation, mit deren Hilfe die Zentrale des IVCHGC mit den im Land verstreuten Mitgliedern Kontakt hält.

rechts Die Mitarbeiter sind hauptsächlich sogenannte „Snowbirds", Pensionäre, die im Winter in wärmere Gebiete gezogen und dageblieben sind.

IVCHGC

Bombay, Kalifornien / USA

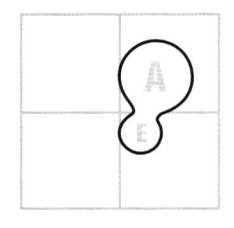

T = Teamarbeit
A = Austauscharbeit
P = Prozeßarbeit
E = Einzelarbeit

Bauherr	Imperial Valley Chapter of the Honda Goldwing Club
Architekten	Casaverde Construction
Nutzung	Verwaltung
Fertigstellung	1999 -
Bruttogeschoßfläche	510 m²
Arbeitsplätze	17
Mitarbeiter	99

Die Büros des IVCHGC (Imperial Valley Chapter of the Honda Goldwing Club) befinden sich in Bombay, Kalifornien. Der Club besteht ausschließlich aus Pensionären, die als sogenannte „Snowbirds" aus allen Landesteilen zum Überwintern ins sonnige Südkalifornien ziehen. Siebzehn der etwa einhundert Mitglieder, die sich anfänglich jeden Winter in Bombay getroffen haben, sind hier seßhaft geworden und haben die Verwaltung des IVCHGC übernommen. Sie bilden den „Hub" eines Netzwerkes, das sich über die gesamten Vereinigten Staaten erstreckt und durch die Erfahrungen der Mitglieder Synergien auf den verschiedensten Gebieten, wie Gesundheit, Investment und Technologie bilden. Die Aufgabe des „Hubs" ist es die Mitglieder zu koordinieren und der mobilen Organisation eine räumliche

Treffpunkt ist die Gold Disc.

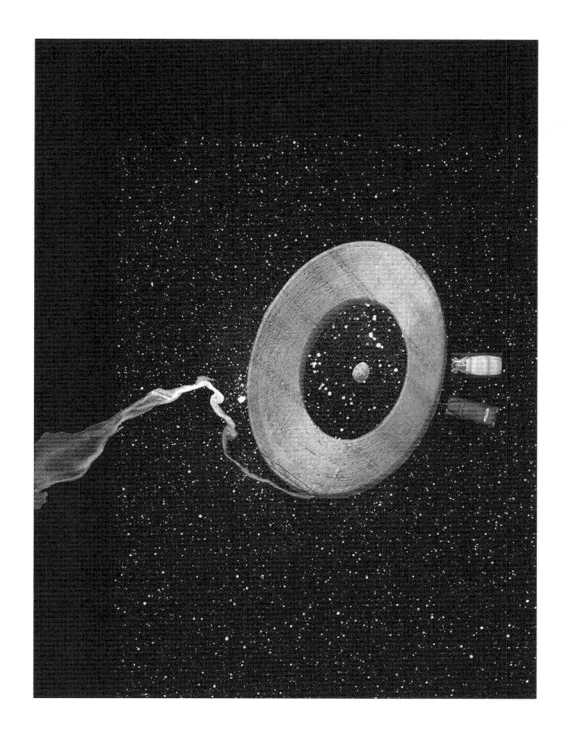

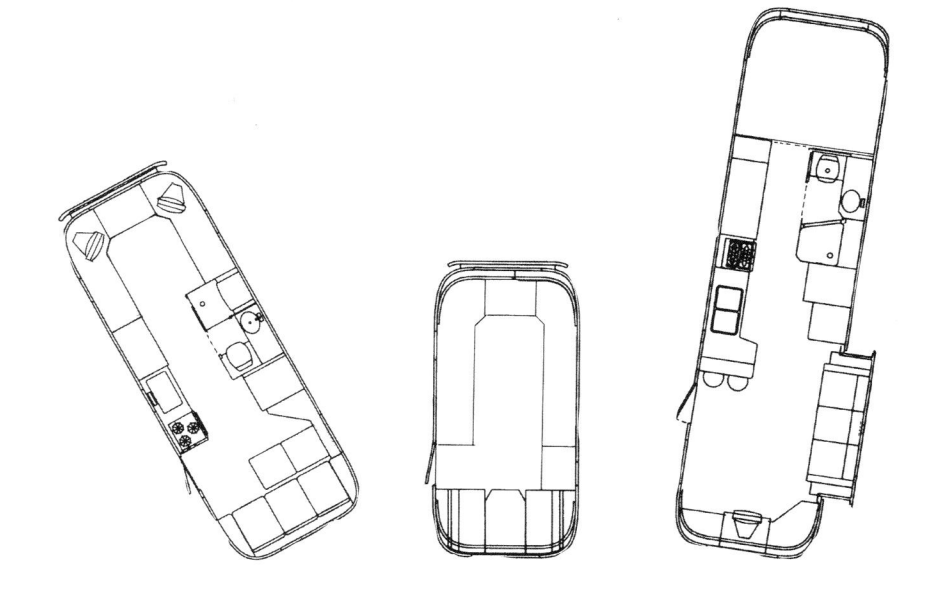

Beispiel einer typischen Anordnung von Bürotrailern (Wohnwagen)

oben und rechts Die Mitarbeiter der Verwaltung arbeiten in Wohnwagen, besonders bevorzugt sind die mit den Mitteln des Flugzeugbaus hergestellten Airstreams.

Identität zu geben. Jedes Mitglied kann unterwegs durch den Einsatz von GPS (Global Positioning System) lokalisiert werden.

Der IVCHGC ist ein „Virtual Office", wie das Vision Web in den Niederlanden (siehe „Neue Unternehmensstrukturen" S. 34). Der Hauptteil der Organisation findet über das Netzwerk statt. Die wenig notwendigen Büros befinden sich in Wohnwagen, wobei der Typ des „Airstream" wegen seiner leichten und robusten Bauweise bevorzugt wird. Mit seiner Aluminiumhülle und der aerodynamischen Form erinnert er an seine Herkunft, den Flugzeugbau. Die Wohnwagen sind radial um eine ovale Scheibe mit fünfzehn Metern Durchmesser angeordnet. Sie besteht aus rotem Asphalt und wird am Rand gleichmäßig durch weiße Neonleuchten illuminiert. Die Motorräder der Mitglieder und Gäste werden auf der Scheibe ebenfalls radial geparkt. Von hier aus führt ein langgestreckter, mehrfarbiger verwundener Streifen zur Straße, dessen Form den Flügelbewegungen eines einsitzigen Flugzeuges nachempfunden wurde. Er verbindet auch den Standort der Büros mit dem zentralen Treffpunkt, der Gold Disc. Bei offiziellen Anlässen werden hier die Mitgliedertreffen abgehalten. Verschiedene Möglichkeiten für Entertainment sind hier vorgesehen, wobei – so die Architekten – am beeindruckendsten das Gedenken an die verstorbenen Mitglieder ist. Dann werden Staubwolken vom Wüstenboden in die Luft gewirbelt und mit Scheinwerfern von der Gold Disc aus illuminiert. Der Wüstenboden selbst ist mit Landebahnlichtern überdeckt, die maßstäblich die Anordnung der wichtigsten Sterne der Milchstraße am 16. August 1977 um 03:40 EST wiedergeben, dem genauen Zeitpunkt der Gründung des IVCHGC.

Eine faszinierende Inszenierung der Konstanten einer losen, weit verstreuten und äußerst mobilen Organisation. Da auch der „Hub" des Netzwerkes mobil ist, wird die fest verräumlichte Verwaltungsstruktur durch die Schaffung einer funktionierenden Identität ersetzt. Es entstand ein Treffpunkt der Mitglieder in der Tradition des amerikanischen Westens, in Form einer temporären Wagenburg. Im Laufe der Zeit bleiben nur die beiden Scheiben als Spur erhalten. *ta*

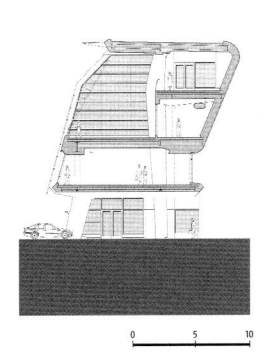

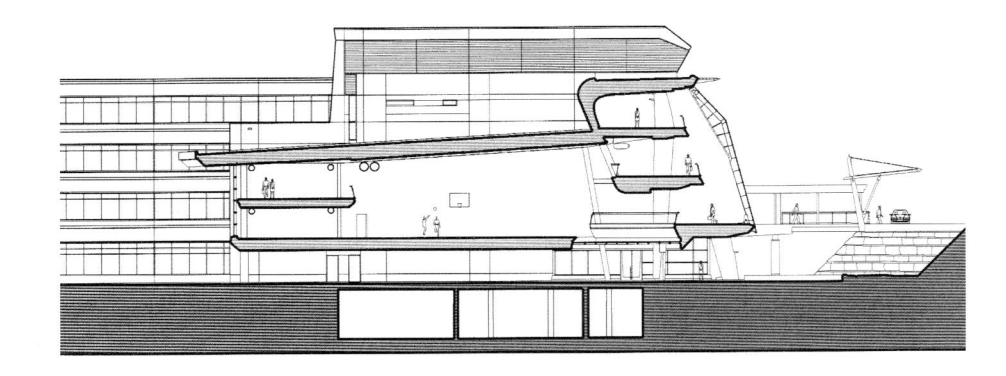

Schnitt durch das verbindende Rückgrat: Der Besucher betritt das Gebäude im ersten Obergeschoß. Eine unterirdische Serviceebene ermöglicht die störungsfreie Anlieferung.

oben Das digitale Modell zeigt das Gesamtkonzept des Campus: eine gekrümmte Kammstruktur, umgeben von sieben Sportfeldern.

rechts Die viergeschossige, mit einer filigranen Vorhangfassade versehene Eingangshalle folgt der imaginären Außenkurve eines Sportfeldes.

Reebok World Headquarters

Canton, Massachusetts / USA

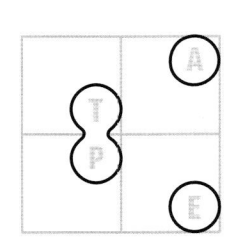

T = Teamarbeit
A = Austauscharbeit
P = Prozeßarbeit
E = Einzelarbeit

Bauherr	Reebok International Ltd.
Architekten	NBBJ
Nutzung	Firmenverwaltung
Fertigstellung	2000
Bruttogeschoßfläche	48.550 m²
Büronutzfläche	38.500 m²
Arbeitsplätze	ca. 1.400

Reeboks eindrucksvoller neuer Hauptsitz in Canton, Massachusetts, verkörpert eine von technologischen Innovationen geprägte Sport- und Fitnesskultur. Der Neubau gab den Anstoß, die eigene Marktposition neu zu definieren und interne Arbeitsprozesse umzustrukturieren. Die Architekten NBBJ konzipierten eine Welt, in der Arbeit und Freizeit ineinander fließen, einen inspirierenden Arbeitsplatz, der Menschen, Produkte und Aktivitäten zusammenfaßt.

Inmitten der weichen Hügellandschaft von New England etwa 15 Meilen südlich von Boston liegt der aus mehreren Gebäudeteilen bestehende Reebok Campus auf einem von Wäldern umgebenen Gelände. Sieben Sportfelder, die Teil des „Product Performance Center"

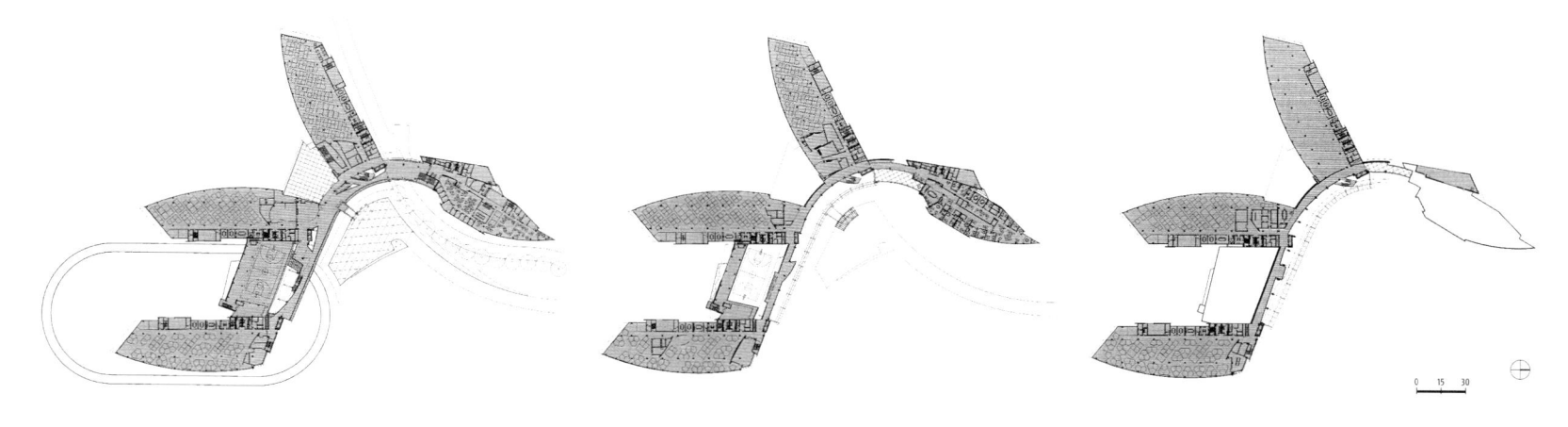

1., 2. und 3. Obergeschoß

links Die elegante innovative Konstruktion des repräsentativen Rückgrats entspricht dem Image des Sportartikelherstellers.

mitte oben Von den verschiedenen Ebenen des Rückgrats hat man einen Blick auf das unmittelbar neben dem Haupteingang liegende Basketballfeld und auch auf die im Freien liegenden Spielfelder.

mitte unten Eine Laufspur durchquert das Gebäude und verschwindet dann in der Landschaft.

oben Ein typischer Arbeitsplatz eines Reebok Mitarbeiters.

sind, verweben den Komplex mit der umgebenden Landschaft. Sportler und Mitarbeiter testen neu entwickelte Produkte auf Fußball-, Baseball- und Basketballfeldern. Unscharfe Übergänge entstehen durch eine Laufbahn, die den Gebäudekomplex durchquert und dann in der Landschaft verschwindet.

Über eine durch ein Glasdach überdeckte Brücke betreten Besucher zuerst eine effektvolle gläserne Empfangshalle, die formal an ein Schalenfragment eines Sportstadions erinnert. Als „Hauptstraße" oder Rückgrat, an die die vier eigenständig voneinander funktionierenden Büroflügel angegliedert sind, bildet sie das Schlüsselelement im Gestaltungskonzept. Der belebte halböffentliche Raum vereint mehrere Funktionen. Er verbindet die Design- und Entwicklungsstudios mit den Marketing- und Managementabteilungen. Für das weltweit operierende Verkaufspersonal bietet er Präsentationsmöglichkeiten. Weiterhin animiert das ebenfalls im Rückgrat befindliche Indoor Fitnesscenter, mit angegliedertem Basketballfeld, zum Training, und im Café treffen sich Kollegen zufällig oder geplant. Die Transparenz des Rückgrats überwindet visuell und metaphorisch Grenzen, sowohl zwischen innen und außen als auch zwischen den Mitarbeitern der verschiedenen Abteilungen. Konsequent wurde diese Transparenz in einem offenen Bürokonzept weitergeführt. Am Rand liegende Servicekerne schaffen eine flexibel zu nutzende ununterbrochene Geschoßfläche. Die Büroebenen sind mechanisch be- und entlüftet, und der hohe Verglasungsanteil trägt zu einer entsprechenden Tageslichtausbeute bei. Alle Ebenen sind mit einem Servicebereich, vier Konferenz- und weiteren Besprechungsräumen ausgestattet. Die Grundstruktur des Gebäudes ist, wie bei Projekten dieser Art üblich, für zukünftige Veränderungen ausgelegt. Die klare Trennung der einzelnen Gebäudeabschnitte ist Teil der „Exit-Strategie", und die großen Spannweiten der Geschoßebenen gewährleisten die notwendige Planungsflexibilität.

Der von NBBJ konzipierte Campus ist symptomatisch für die Marketingstrategie eines Unternehmensbereichs, der sich weg von einem funktionalistischen Image hin zur fröhlichen, Arbeit, Freizeit und Unterhaltung vermengenden Konsumkultur orientiert. *bk*

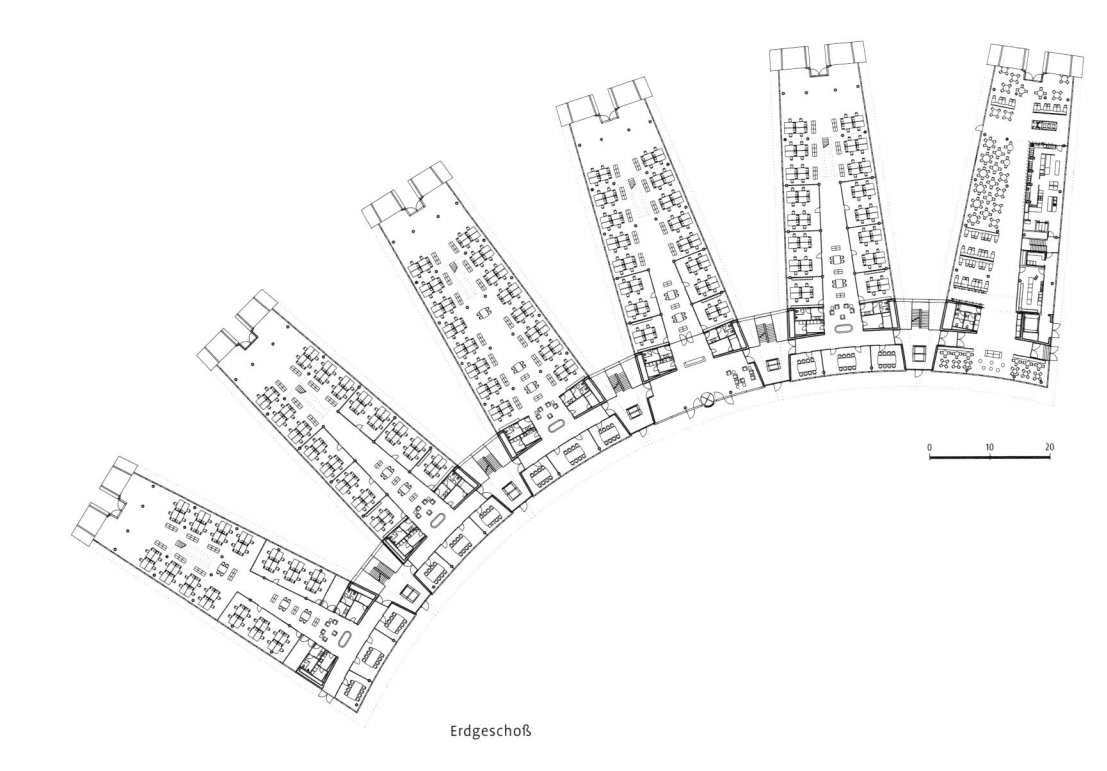

Lageplan

Erdgeschoß

links Die viergeschossige Fassade entwickelt sich entlang des gebogenen Straßenverlaufs.

rechts Das Gebäude verzahnt sich mit der Landschaft. Die gebogenen Dächer bilden einen fließenden Übergang von der Stadt in den Grünraum.

Burda Medienpark
Offenburg, Deutschland

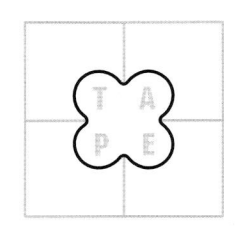

T = Teamarbeit
A = Austauscharbeit
P = Prozeßarbeit
E = Einzelarbeit

Bauherr	Hubert Burda Media
Architekten	Ingenhoven Overdiek Kahlen und Partner
Nutzung	Medien
Fertigstellung	2000 / 2001
Bruttogeschoßfläche	21.300 m²
Büronutzfläche	11.800 m² (HNF)
Arbeitsplätze	720

Hubert Burda gründete 1907 in Offenburg eine kleine Druckerei und legte damit den Grundstein für die heutige Burda Media Holding, einen Medienkonzern, der mittlerweile weltweit 160 Zeitschriften verlegt. Mit dem Entschluß, das neue Verlagsgebäude auf dem bisherigen Firmengelände zu errichten, entschied sich der Bauherr zugleich für die Neuordnung des gesamten Firmenareals. Die bestehenden Gebäude, die weder eine architektonische Einheit bilden noch einem städtebaulichen Leitbild folgen, werden zukünftig saniert, abgerissen, ergänzt und neu organisiert. In diesem Zusammenhang ist der Neubau nicht nur von städtebaulicher Bedeutung, sondern hat bezüglich der Büroorganisation und der Klimakonzeption eine Leitbildfunktion.

2. Obergeschoß

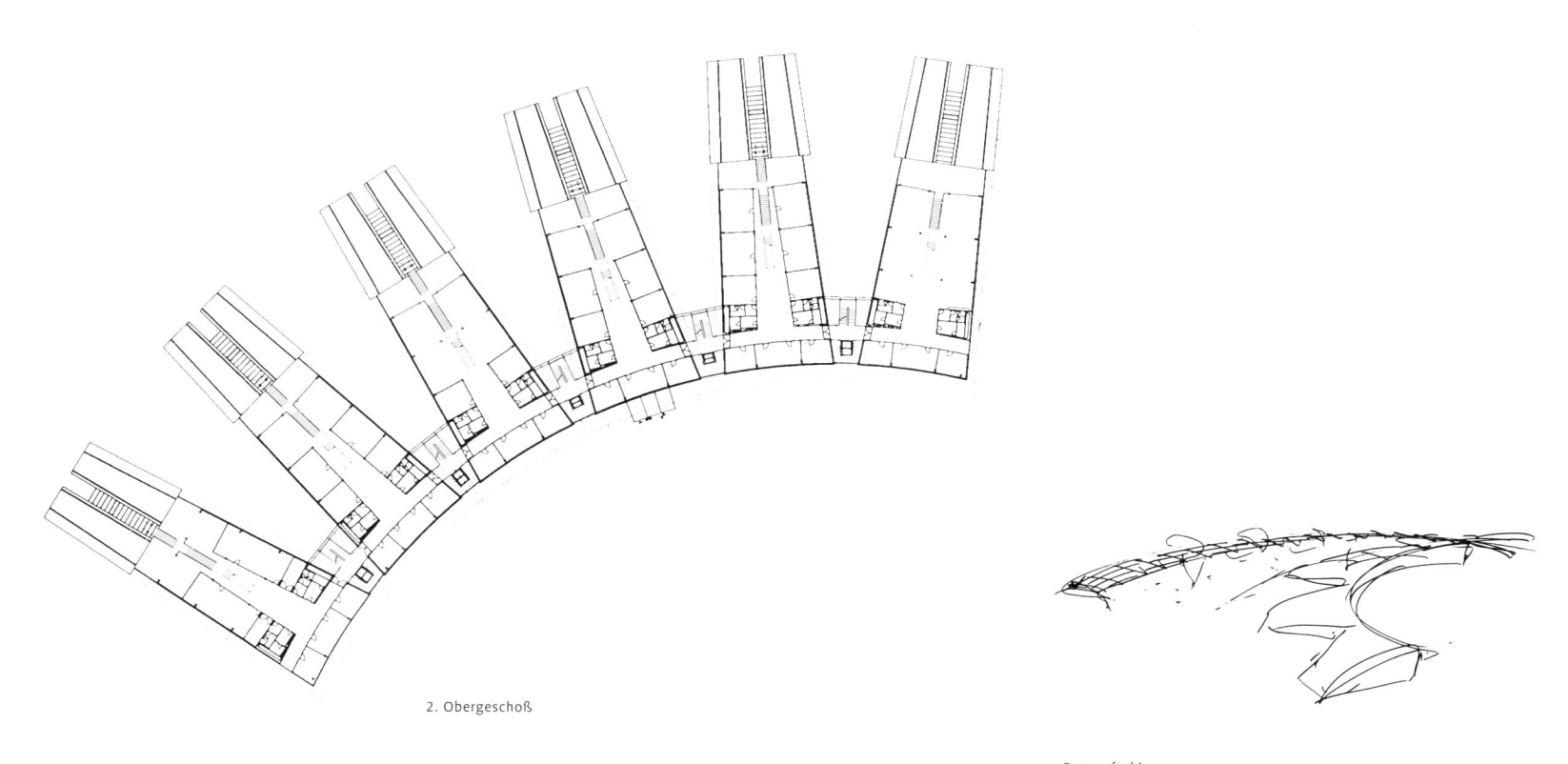

Entwurfsskizze

Querschnitt

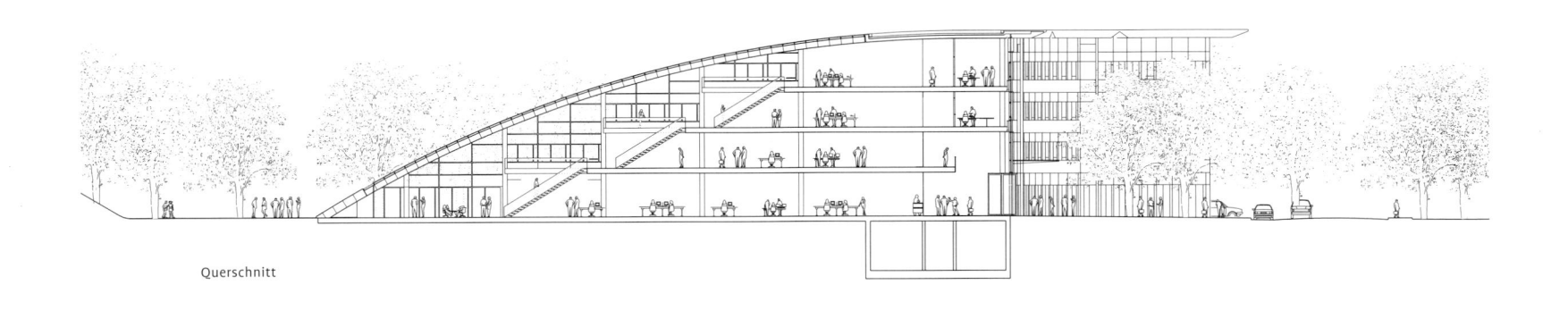

Der Neubau entwickelt sich entlang des gekrümmten Straßenverlaufs und faßt die gegenüberliegenden Solitäre optisch zusammen. Holzverkleidete Brüstungsbänder, in regelmäßigen Abständen unterbrochen, gliedern die viergeschossige, transparente Glasfassade. Die Gebäudestruktur, eine Reihung von trapezförmigen Baukörpern, die sich strahlenförmig mit der Landschaft verzahnen, wird an der Straßenfront nur an den sechs weit auskragenden Dächern sichtbar. Jedes Dach spannt einen 50 Meter langen Bogen von der viergeschossigen, stadtzugewandten Seite in die angrenzende Auenlandschaft und bildet so einen fließenden Übergang vom Stadt- zum Landschaftsraum. Gläserne Aufzüge und filigrane Stahltreppen bilden mit profilreduzierten Glasfassaden die Bindeglieder zwischen den einzelnen Segmenten. Ausgangspunkt für die Errichtung des neuen Verlagsgebäudes war der Wunsch des Bauherrn, die einzelnen Verlage zusammen zu legen und die journalistischen Kompetenzen zu bündeln. Kommunikation, Interaktion und Vernetzung spiegeln sich in dem Bürokonzept wider.

Unter den gebogenen Dächern entwickelt sich eine Bürolandschaft, die an Herman Hertzbergers Bürogebäude Centraal Beheer in Apeldoorn, Niederlande, erinnert. Mit dem Bogenverlauf der Dächer wandelt sich die innere Raumstruktur von Einzelbüros über Gruppen- und Besprechungsräume zu einem offenen Raumgefüge mit geschoßweise versetzten Terrassen. Mit diesen vier Arbeitsplatztypen, die in jedem der sechs Gebäudeteile zu finden sind, wird der Neubau dem breiten Aufgabenspektrum des Verlages gerecht. Interaktion und Kommunikation haben in den einzelnen Abteilungen mit Anzeigen- und Marketingbereich, Buchhaltung und den Redaktionen einen unterschiedlichen Stellenwert, was in den differenzierten Raumanforderungen zum Ausdruck kommt. Die Arbeitswelt entwickelt sich in den einzelnen Segmenten entlang der Mittelachse, die – als Verkehrs- und Kommunikationszone mit Besprechungstischen und Sitzecken bestückt – Raum für kurze, spontane Teambesprechungen bietet. Transparente Glaswände trennen die Zellenbüros von der Mittelzone und werden so zu Kombibüros. Eine filigrane einläufige Treppe, begleitet von einem zwei Meter breiten Oberlichtband in der Dachhaut, verbindet die offenen Ter-

Möblierungsvariante „offene Bürozone"

Klimakonzept

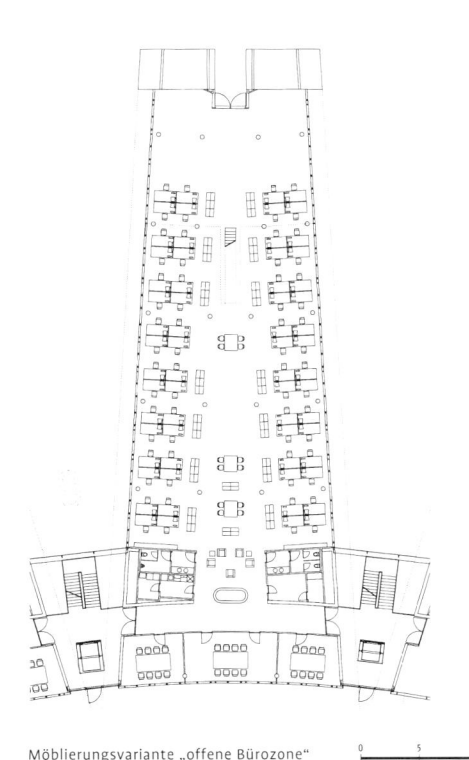

1 Natürliche Fensterlüftung
2 Bauteilkühlung durch Betonkerntemperierung
3 Metallkühldecke
4 Außenliegender Sonnenschutz
5 Innenliegender Blendschutz
6 Mechanische Lüftung
7 Heizkörper und -konvektoren

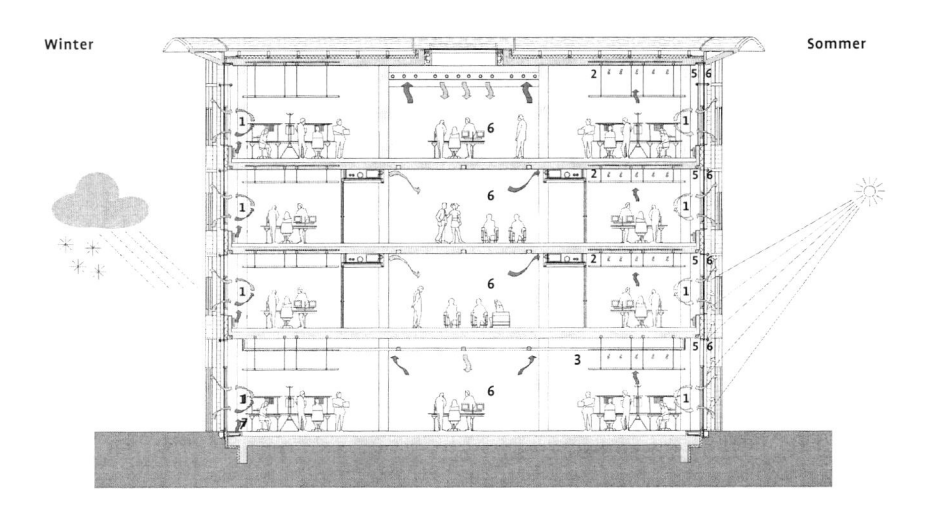

Winter — Sommer

von links nach rechts

In der zweigeschossigen Eingangshalle mit Galerie finden zeitweise Ausstellungen statt.

Unter den gebogenen Dächern befindet sich eine mehrgeschossige Bürolandschaft.

Durch die raumhohen Verglasungen haben die Teams einen direkten Bezug zur Landschaft.

Die Büroräume im „Rücken" stehen den Mitarbeitern für Besprechungen und konzentrierte Einzelarbeit zur Verfügung.

---

rassen miteinander und ermöglicht eine enge Zusammenarbeit der unterschiedlichen Medienredaktionen, aber auch der unterschiedlichen Bereiche wie Layout, Bildredaktion und Graphik. Die Terrassen bieten räumliche Nischen und stellen gleichzeitig in dem offenen Raumgefüge einen Bezug zum Gesamtraum her, der im Erdgeschoß durch die raumhohen Verglasungen der Fassade in die Landschaft übergeht. Durch Fenstertüren gelangen die Mitarbeiter direkt in die angrenzende Grünfläche, die im Caféteriabereich als Außenterrasse gestaltet ist. Die Caféteria, im ersten der fingerartigen Gebäudetrakte zu finden, wird mit Internetzugang zum Internetcafé. Ein großer Veranstaltungsraum und die zweigeschossige Eingangshalle bieten den Mitarbeitern im Rahmen von Festivitäten, Diskussionen und Vorträgen die Möglichkeit zu ungezwungenen Gesprächen mit den Kollegen.

Analog zu der Arbeitsplatzvarianz kommen auch bei der Gebäudeklimatisierung unterschiedliche Systeme zur Anwendung. Als übergeordnetes Prinzip paßt sich das Gebäudeklima über eine automatische Steuerung den äußeren klimatischen Bedingungen an, kann aber jederzeit auch individuell geregelt werden. Als Speichermasse temperieren Sichtbetondecken die offenen Bürobereiche im Sommer wie im Winter passiv und aktiv durch die integrierte Bauteilkühlung (s. auch „Neue Entwicklungen der Büroraumkonditionierung", S. 63). Im Sommer verhindern außenseitige, computergesteuerte Stoffstores eine Überhitzung des Gebäudes, und regensichere Lüftungsflügel, die in der Fassade unterhalb der Öffnungsflügel angeordnet sind, gewährleisten die Auskühlung der Räume während der Nacht. In Teilbereichen wird das System durch Heizkörper und abgehängte Kühldecken ergänzt. Die quirlige Verlagswelt findet in der lebendigen Gebäudestruktur mit den differenzierten Büro- und Klimakonzepten ihre Entsprechung. *sj*

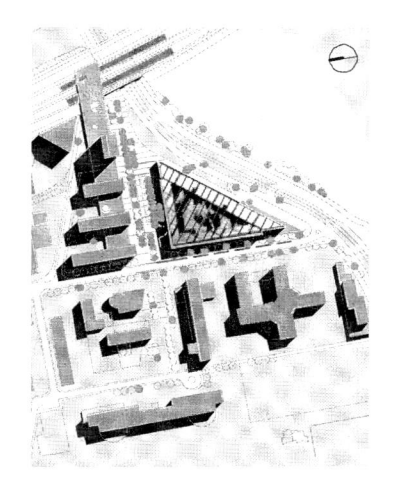

Lageplan

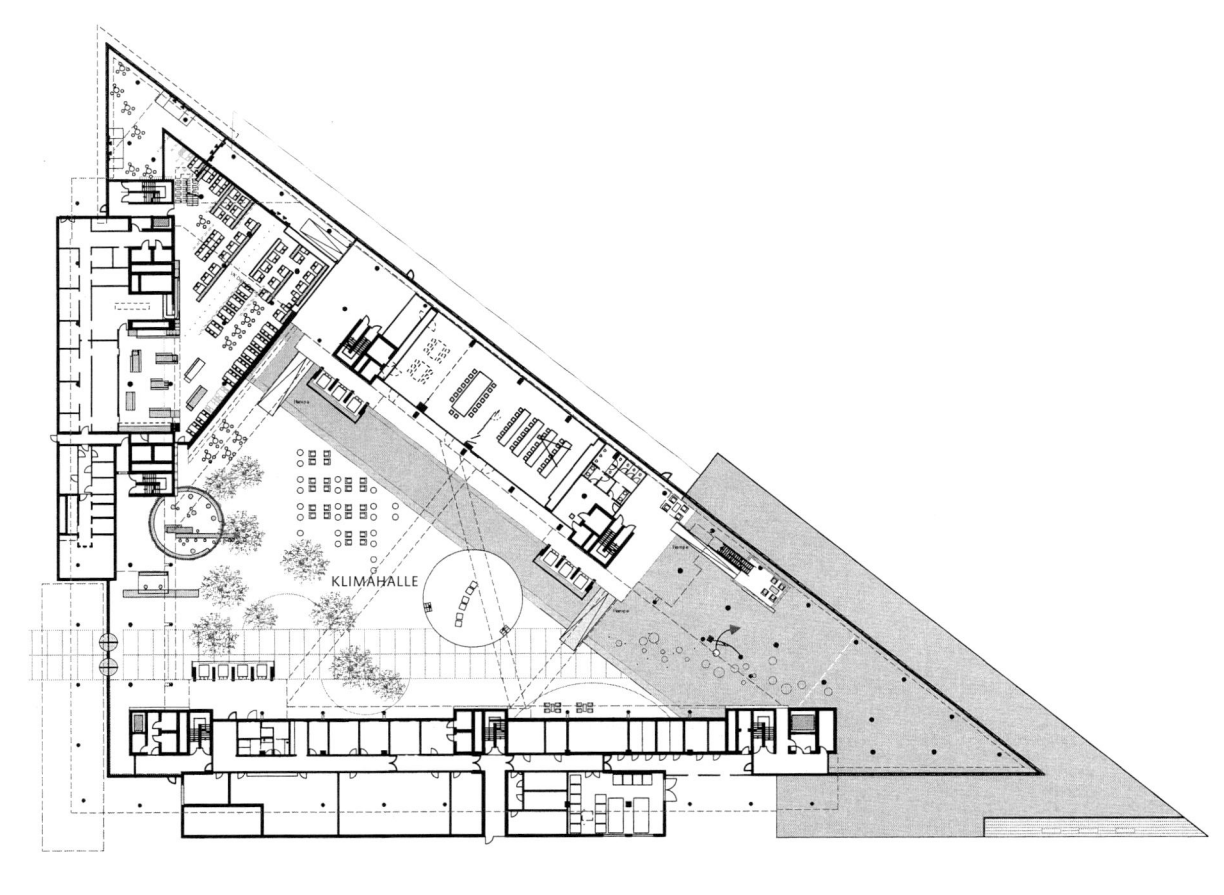

Erdgeschoß

oben Im Südosten öffnet sich die großflächig verglaste, doppelschalige Fassade zur angrenzenden Stadtlandschaft.

rechts Der dreieckige Baukörper bildet klare Kanten im Stadtraum.

Prisma
Frankfurt, Deutschland

Bauherr	HOCHTIEF AG
Architekten	Auer + Weber
Nutzung	Finanzdienstleistung
Fertigstellung	2001
Bruttogeschoßfläche	64.670 m²
Büronutzfläche	35.100 m² HNF, 31.340 m² Mietfläche
Mitarbeiter	ca. 1.400

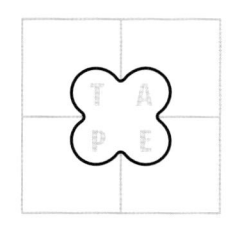

T = Teamarbeit
A = Austauscharbeit
P = Prozeßarbeit
E = Einzelarbeit

Abseits vom Höhenrausch in der Frankfurter City verwirklichen die Architekten Auer + Weber in der monofunktionalen Bürostadt Niederrad aus den sechziger Jahren einen Bürokomplex, der sowohl klimatechnisch als auch organisatorisch bemerkenswert ist.

In einem Umfeld, das von Solitären und undefinierten Außenräumen geprägt ist, bildet der zehn- bis zwölfgeschossige Neubau, der dreieckigen Grundstücksgrenze folgend, klare Kanten im Stadtraum. Horizontale Fensterbänder gliedern die Aluminumfassaden der aufgeständerten, massiven Baukörper, die sich zur Bürostadt abgrenzen. Im Südosten dagegen öffnet sich das Gebäude mit einer großflächigen Fassade zur Stadtlandschaft. Eine filigrane Glashaut überdacht den dreiecki-

Normalgeschoß

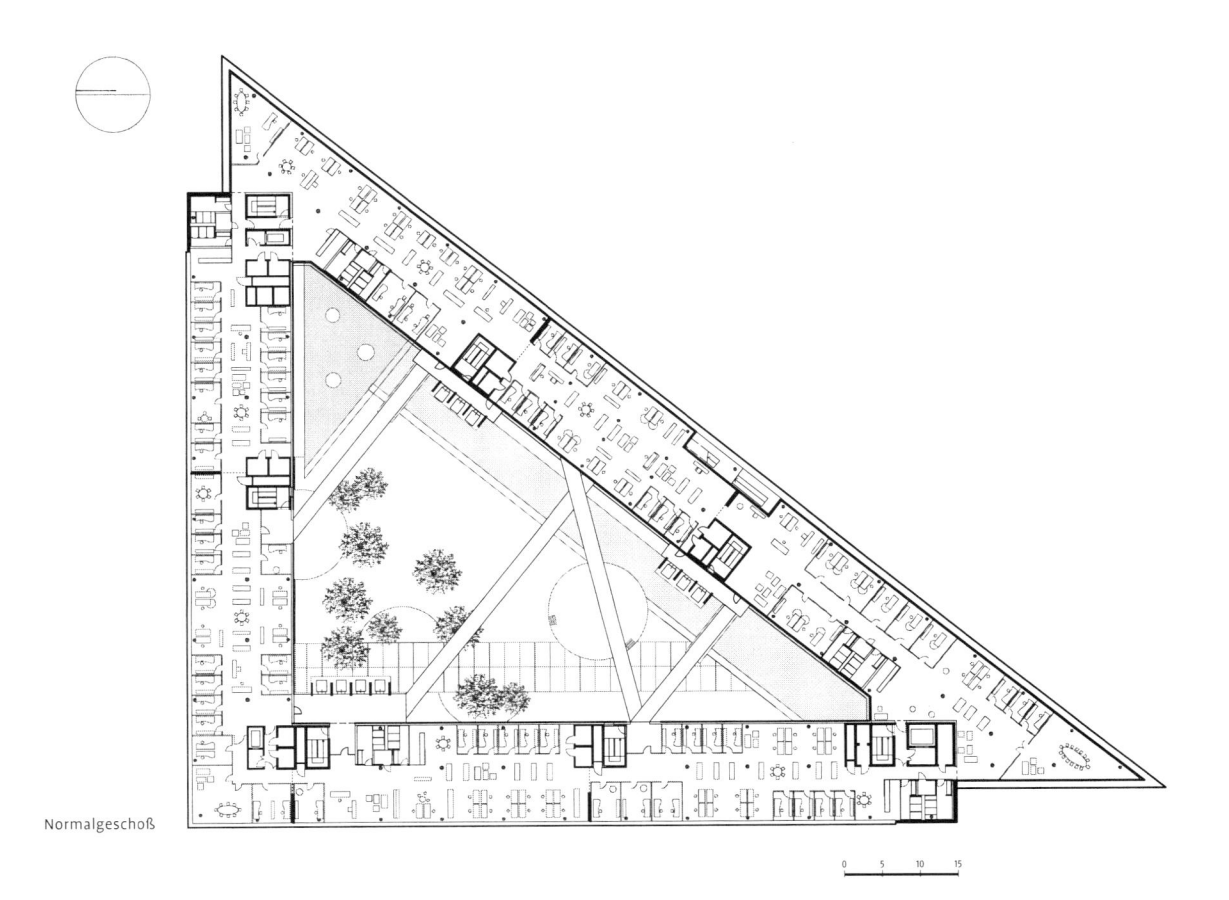

links Stahlstege verkürzen in luftiger Höhe die internen Wege.
oben Sichtbetonflächen und verglaste Trennwände prägen den Innenraum.

gen Innenhof und bietet an der langen Südostfront als zweite Fassadenschicht Schutz vor dem Lärm der angrenzenden, mehrspurigen Straße. Die differenzierte Raumbildung im Innern, bestehend aus zweigeschossigen Wintergärten, Büroflächen, Sondernutzungen in den unteren Geschossen und einer einläufigen Kaskadentreppe im Fassadenzwischenraum, wird, von außen sichtbar, zum gestalterischen Element der großflächigen Verglasung. Seit Ende letzten Jahres nutzt die DGZ-Deka Bank als Mieterin die Raumvielfalt, die der Neubau bietet. Ein Gang durch die Räumlichkeiten liest sich wie ein Lehrburch über Büroorganisation. Die differenzierten Aufgaben der Hauptverwaltung mit Buchhaltung, Back-Office, Systementwicklung und -betreuung und Rechnungs- und Personalwesen erfordern routine-geprägte Sacharbeit, konzentrierte Einzelarbeit und Projektarbeit in Teamstrukturen. Statt ein durchgängiges Bürokonzept zu verwirklichen, reagiert die Bank auf die jeweiligen Tätigkeiten mit unterschiedlichen Raumorganisationen. Die Angestellten arbeiten ihren Aufgaben und Wünschen entsprechend in Zellen-, Gruppen- und Kombibüros. Freie Mitarbeiter, die die Projektteams zeitweise unterstützen, belegen einen Arbeitsplatz in dem Großraumbüro im zweiten Obergeschoß, das als „non-territoriales" Bürokonzept organisiert ist. Unabhängig von der Büroform geben mit Stehtischen ausgestattete Teeküchen, Sitzgruppen und Besprechungstische in offenen Zonen den Mitarbeitern Gelegenheit zu spontanen Gesprächen. Für geplante Besprechungen und Konferenzen buchen die Mitarbeiter einen der Räume, die in den unteren Geschossen in die Skelettkonstruktion eingehängt sind und einen direkten Bezug zum Atrium haben. In den Pausen können sich die Bankangestellten in den Wintergärten ausruhen, die in den Dreiecksspitzen als attraktive Aufenthaltsräume gestaltet sind, oder im Internetcafé weltweit kommunizieren.

Als Haupterschließung und Aufenthaltszone bildet das glasüberdachte, temperierte Atrium den kommunikativen Mittelpunkt des Gebäudes. Der lichtdurchflutete, hohe Raum wird von sandfarbenen Bodenplatten, Pflanzen und Wasserflächen geprägt. Die Caféteria erweitert sich mit einer Terrasse in den Raum und lädt ebenso wie die frei verteilten Sitzgelegenheiten zum

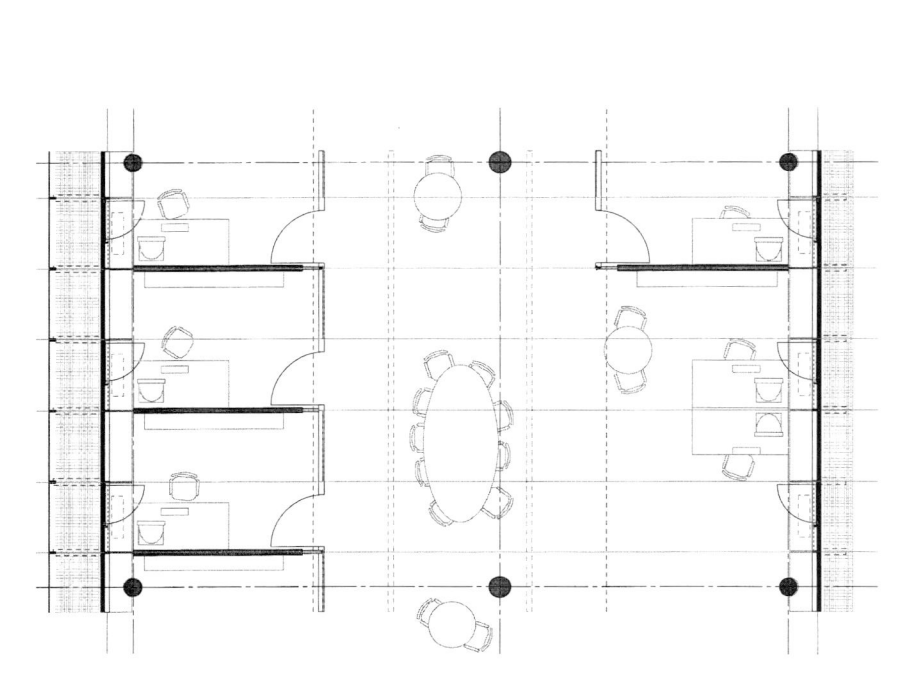

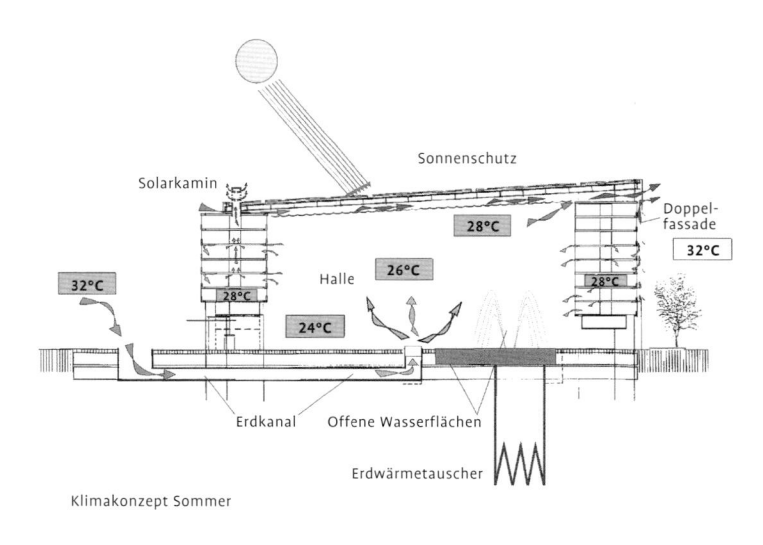

Grundrißausschnitt Büro

Klimakonzept Sommer

oben Im 2. Obergeschoß wird das Großraumbüro von freien Mitarbeitern genutzt, die ihren Arbeitsplatz nur zeitweise, für die Dauer ihrer Anwesenheit belegen.

rechts In dem spitzen Winkel des Gebäudedreiecks stellen offene Galerien geschoßübergreifende Bezüge her. Die Wasserfläche verbindet das Atrium mit dem Außenraum.

rechte Seite Das glasüberdachte Atrium ist der kommunikative Mittelpunkt des Gebäudes und wesentlicher Bestandteil des Klimakonzepts.

Verweilen ein. Gläserne Aufzüge, mit offenen Balkonen den Gebäuderiegeln vorgelagert, bringen die Mitarbeiter in ihre Büros. In luftiger Höhe verkürzen Stahlbrücken die internen Wege und bieten einen spannenden Überblick über den Raum.

Das Atrium, als Mittelpunkt des Gebäudes, ist auch beim Klimakonzept von zentraler Bedeutung. Vorrangiges Ziel des Klimakonzepts war die natürliche Be- und Entlüftung des Neubaus. Das Lüftungskonzept basiert auf der Nutzung von physikalischen Effekten und natürlichen Ressourcen in Verbindung mit einem, in den Stahlbetondecken integriertem Rohrsystem, das jedes Büro lufttechnisch sowohl an die Doppelfassade als auch an das Atrium anschließt. Im Winter wird das Gebäude über die Doppelfassade belüftet. Die im Fassadenzwischenraum vorgewärmte Außenluft gelangt über Lüftungsklappen oder über das Rohrsystem in die Büros. In den Dreiecksschenkeln ersetzen Solarkamine die Funktion der Doppelfassade. Die verbrauchte Luft wird über das Atriumdach abgeführt und als Abwärme zum Heizen genutzt. Im Sommer funktioniert die Luftzirkulation in entgegengesetzter Richtung. Das Atrium wird durch den hochwirksamen Sonnenschutz oberhalb des Glasdaches und über in Erdkanälen gekühlte Zuluft zum kühlen Mittelpunkt des Gebäudes. Die kühle Luft gelangt über die Fenster oder das Rohrsystem in die Büroräume und wird als verbrauchte Luft über die Doppelfassade oder die Solarkamine abgeführt. Nachts geben die Sichtbetondecken die gespeicherte Wärme nach dem Winterprinzip über das Atrium an die kühle Außenluft ab. Bei geschlossenem Sonnenschutz werden die atriumorientierten Büros über ein Lichtlenksystem ausreichend belichtet. In spannungvoll inszenierten Räumen verbindet der Neubau zukunftsweisende Klima- und Bürokonzepte. *sj*

Klimakonzept Winter

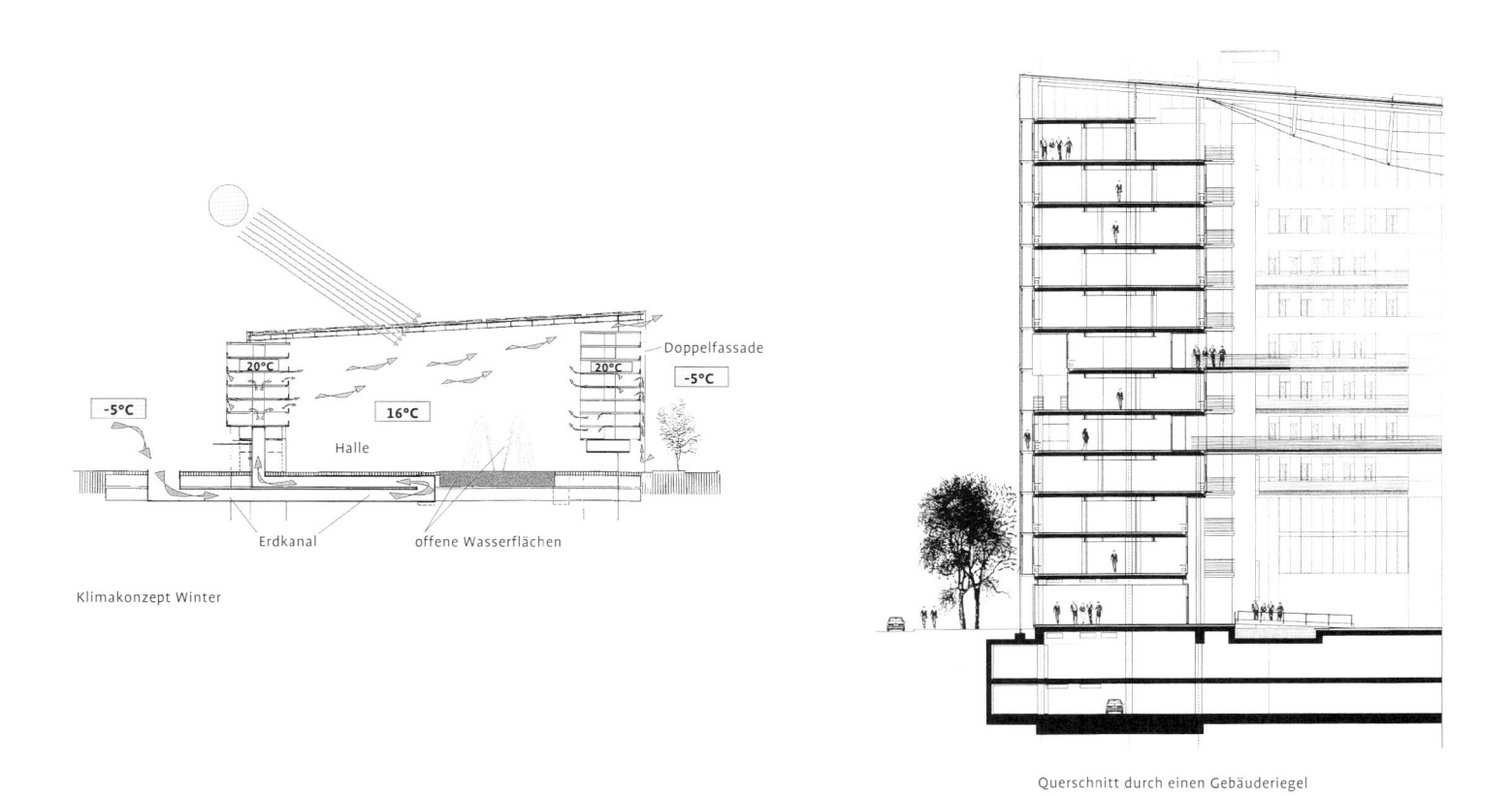

Querschnitt durch einen Gebäuderiegel

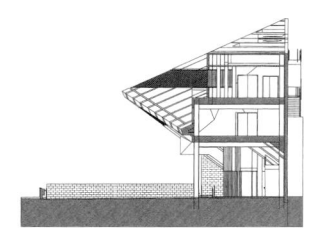

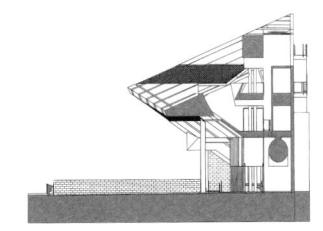

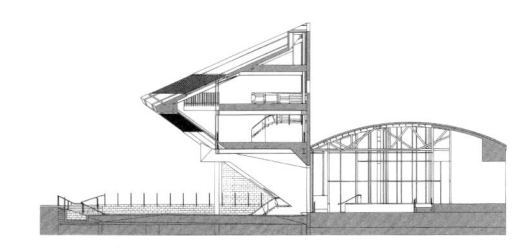

Schnitte

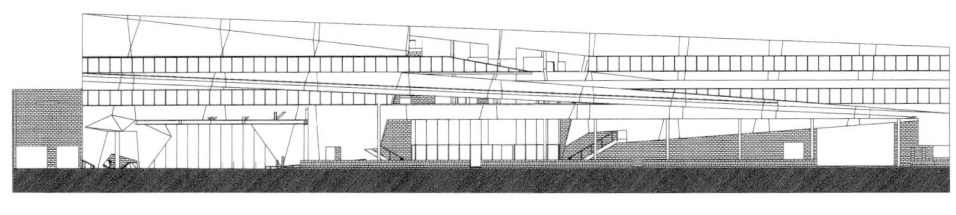

Lageplan

Ansicht Hayden Avenue

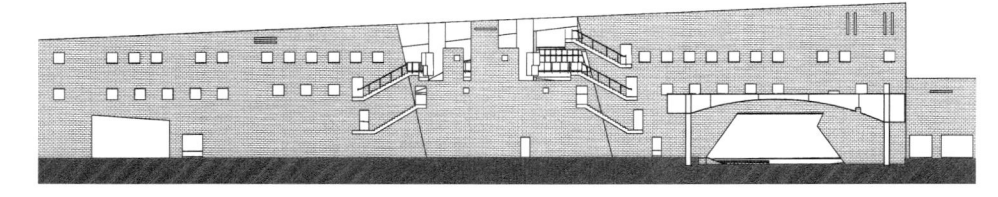

Ansicht Hof

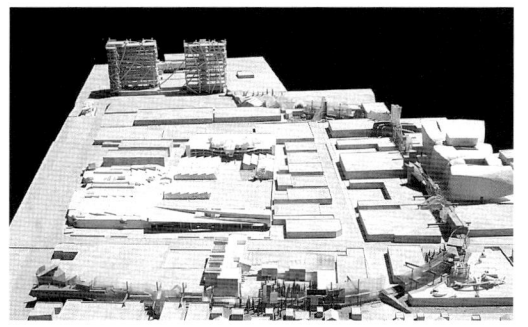

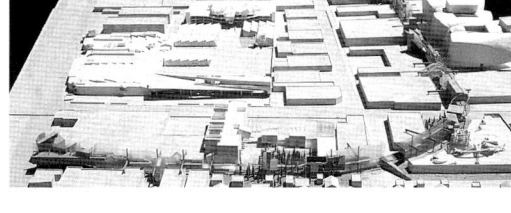

von links nach rechts

Das Modellphoto zeigt den Stadtteil Hayden Tract mit dem ehemaligen Bahnkorridor, auf dem das „Palindrome" mit seinen konzentrierten urbanen Programmen entstehen wird.

Mit seiner hybriden Architektur, den signifikanten Formen und nicht zuletzt aufgrund der urbanen Qualität, die durch den Campuscharakter im Blockinnern entsteht, gilt der etwa 23 Hektar umfassende Bezirk als „die" heiße Adresse in der Medienbranche.

Blick auf den abgesenkten Garten.

Im Nordflügel wurde die 2. Büroebene als offenes Mezzanin ausgebildet.

Das milde kalifornische Klima erlaubt eine ganzjährige Nutzung der zum Außenraum hin offenen Erschließungsbereiche. Sie bieten Raum für spontane oder zufällige Treffen.

Stealth

Culver City, Kalifornien / USA

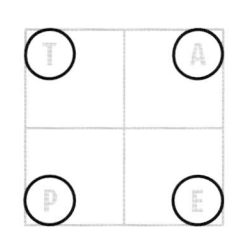

T = Teamarbeit
A = Austauscharbeit
P = Prozeßarbeit
E = Einzelarbeit

Bauherr	Frederick und Laurie Samitaur Smith
Architekten	Eric Owen Moss Architects
Nutzung	spekulativ
Fertigstellung	2001
Bruttogeschoßfläche	4.180 m²
Büronutzfläche	3.950 m²

Das Investorenehepaar Frederick und Laurie Samitaur Smith und der Architekt Eric Owen Moss arbeiten seit etwa 10 Jahren an der radikalen Erneuerung der Industriebrache Hayden Tract in Culver City. Der Block ist Bestandteil einer groß angelegten Städtebauvision von Smith und Moss, die „Conjunctive Points" genannt wird und eine schrittweise Umwandlung des gesamten Stadtteils vorsieht. Ihre Strategie basiert auf punktuellen Eingriffen in Form von Umnutzungen und Erweiterungen ungenutzter Lagergebäude zu Bürogebäuden, welche dann erfolgreich als „Attraktoren" für weitere Entwicklungen wirken. Im Mittelpunkt steht das noch im Konzeptstadium befindliche „Palindrome", eine parkähnliche, programmatisch verdichtete Fußgängerzone, die als Rückgrat fungiert und zum urbanen Zentrum

3. Obergeschoß

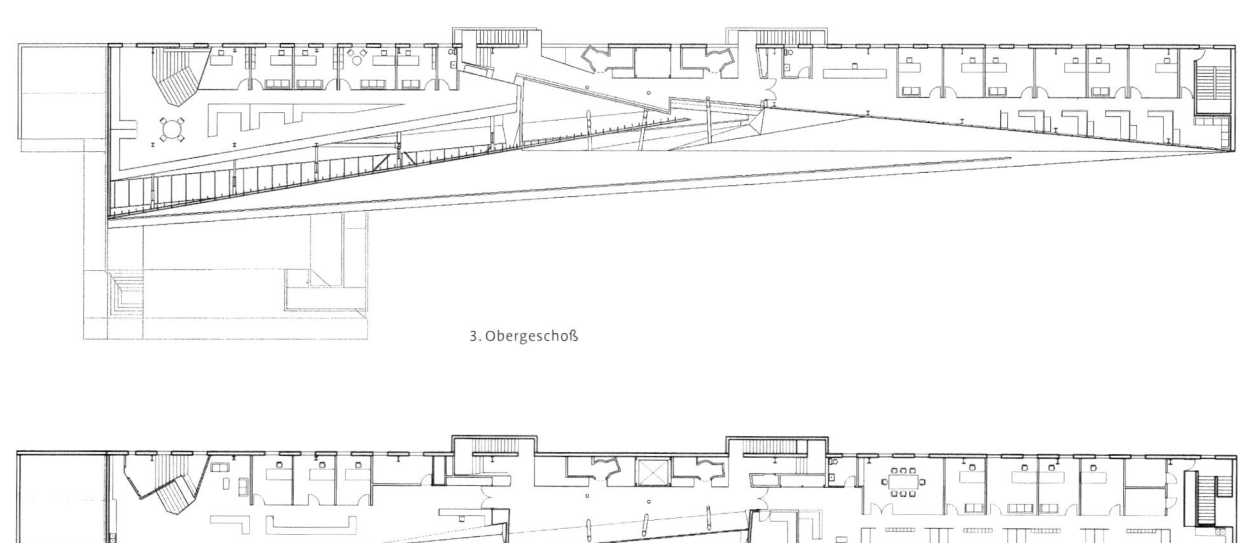

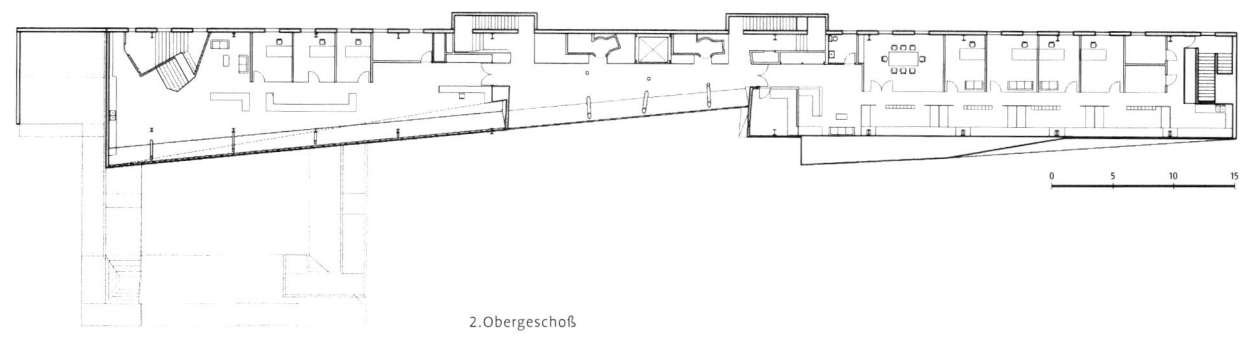

2. Obergeschoß

Die Grundrisse zeigen eine mögliche Ausbauvariante für zukünftige Mieter.

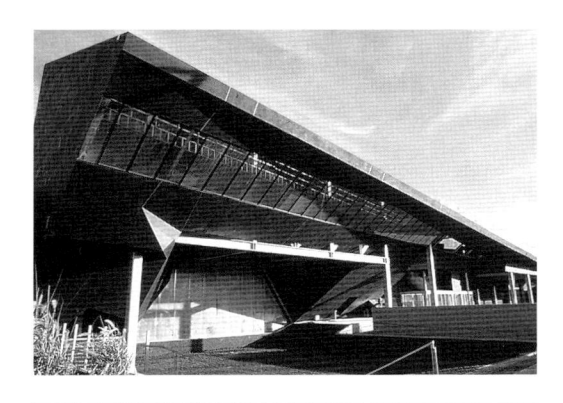

werden soll. Sowohl das „Palindrome" als auch die scheinbar zufällig in den desolaten Stadtteil eingestreuten Bürogebäude sind ausnahmslos spekulative, privat finanzierte Projekte.

„Stealth", das jüngste Gebäude in Hayden Tract, erinnert mit seiner signifikanten Form an den gleichnamigen Kampfflieger. Das Gebäude entwickelt sich aus einer parallel zur Hayden Avenue verlaufenden massiven Wand und markiert den Eingang zum großen Innenhof, um den sich die anderen Gebäude, „Slash and Backslash", „The Umbrella" und „Pterodactyl", gruppieren. Zwei großzügige Öffnungen in der Wand ermöglichen den Zugang zum Hof und stellen eine direkte Verbindung zum benachbarten Gebäude her. Eine Senke, die sich nach der Abtragung von kontaminierter Erde ergab, nutzte man, um einen Garten entstehen zu lassen, der die im Nachbargebäude liegende Veranstaltungsbühne erweitert. Hier haben bis zu 600 Besucher Platz. Das Erdgeschoß wurde bis auf die Lobby und den Servicekern freigehalten; das Bürogebäude überspannt diesen Bereich.

Der zentral gelegene Eingang teilt das Gebäude in zwei Büroflügel mit insgesamt drei überschaubaren Mieteinheiten, die sich für kleinere Firmen oder für Startups eignen. Beide Büroflügel werden über außenliegende Brücken im zweiten und dritten Geschoß erschlossen. Der sich über die Länge des Gebäudes vom Rechteck zum Dreieck transformierende Schnitt erzeugt vielfältige Innen- und Außenräume. Für den zukünftigen Mieter sind entlang der Hofwand eine Reihe von Zellenbüros geplant, in denen konzentriert gearbeitet werden kann. Eine offene Kommunikationszone davor bietet genügend Möglichkeiten für gemeinsame Aktivitäten eines Teams.

Die ungewöhnlichen, oft verzerrten Geometrien, die Eric Owen Moss in seiner Architektur einsetzt, werden sowohl als aggressiv als auch als erzählend empfunden. Den Design-, Film- und Hightech-Firmen bieten sie ein auffälliges Image und eine „Adresse". Die Architektur trägt hier zur Transformation eines Stadtteils bei und spielt eine wichtige Rolle bei dem auf mehreren Ebenen erfolgreichen Investorenprojekt. *bk*

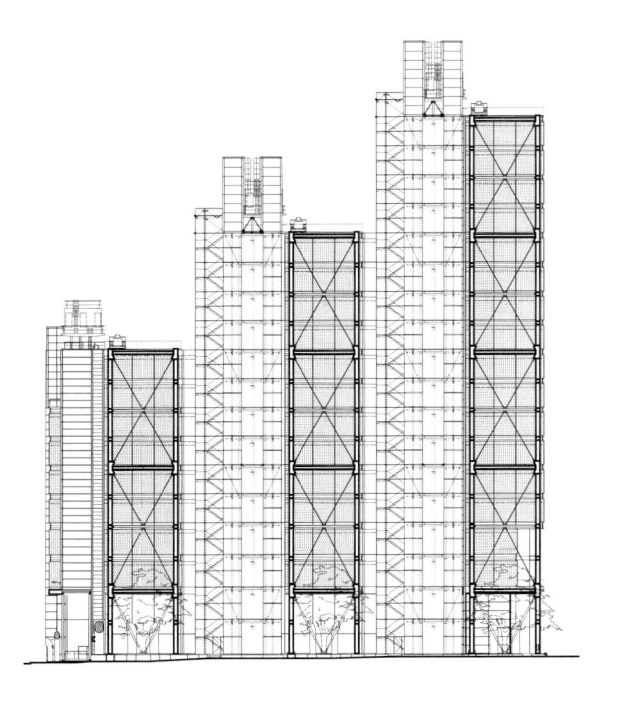

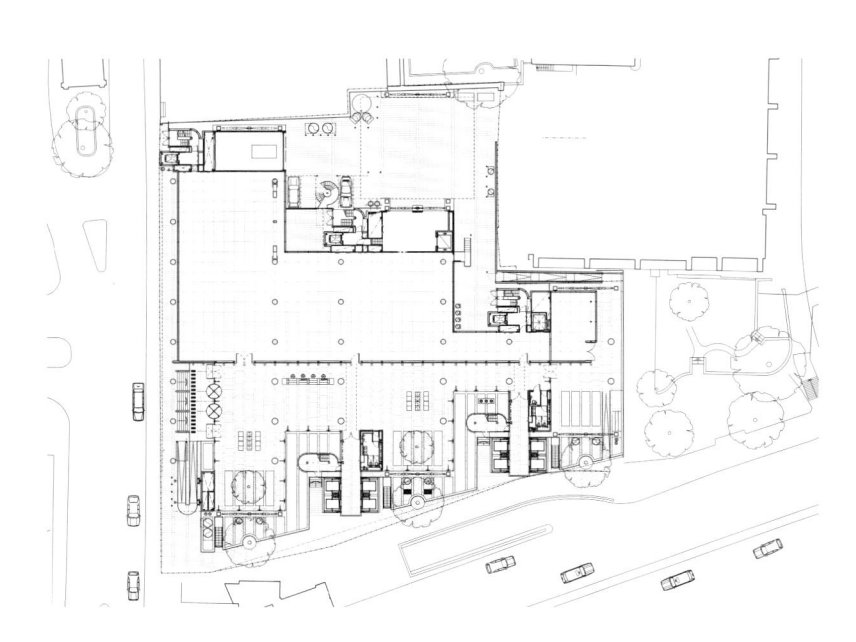

Ansicht

Lageplan

rechts Von der Straße London Wall aus gesehen, wird die Vertikalität und die typische Sprache des Büros RRP deutlich.

88 Wood Street

London, Großbritannien

Bauherr	Daiwa Europe Property
Architekten	Richard Rogers Partnership
Nutzung	spekulativ
Fertigstellung	1999
Bruttogeschoßfläche	34.098 m²

T = Teamarbeit
A = Austauscharbeit
P = Prozeßarbeit
E = Einzelarbeit

Vierzehn Jahre nach dem Lloyds Building entstand mit 88 Wood Street das zweite Hightech-Bürogebäude von Richard Rogers Partnership in der Londoner City. Ursprünglich als Londoner Haupsitz des japanischen Finanzkonzerns Daiwa geplant, wurde es nach Verzögerungen schließlich – komplett überarbeitet – als rein kommerzielles Bürogebäude fertiggestellt. Die Vorgabe des Bauherrn war zuletzt sehr einfach: auf dem dreieckigen Grundstück mit einer Höhenbegrenzung auf 18 Geschosse sollte soviel hochqualitative Bürofläche wie möglich errichtet werden. Die pragmatische Antwort von RRP ist die Plazierung von drei 18 Meter tiefen, genau dem Bürostandard Großbritanniens entsprechenden Quadern parallel zur Wood Street. Diese entwickeln sich entsprechend den Planungsvorgaben der City of London und

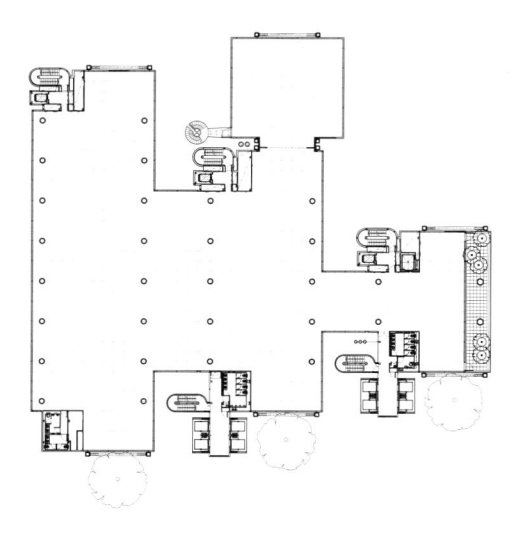

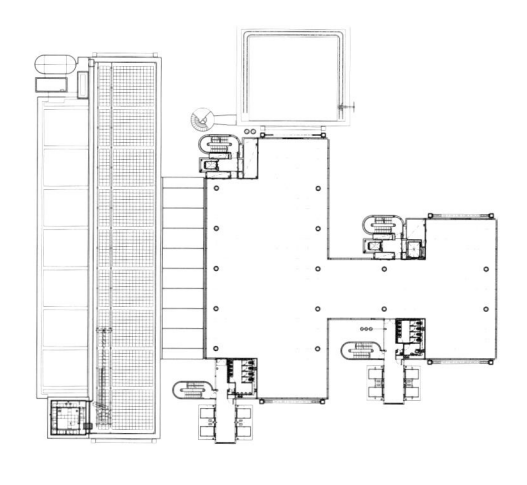

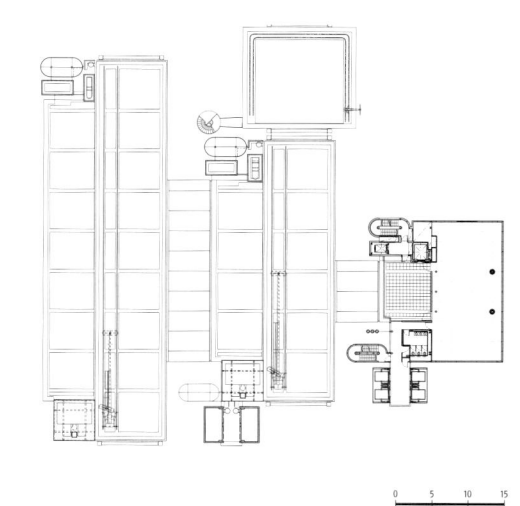

2. Obergeschoß   10. Obergeschoß mit Terrasse   16. Obergeschoß

oben Die Treppenhäuser sind aufwendig und spielerisch detailliert. Die Verwendung von Gelb für die Verkehrswege, Rot und Blau für die Haustechnik erinnert an das Centre George Pompidou.

rechts Die Großzügigkeit der zweigeschossigen Eingangshalle wurde dem Bauherrn, dem ein weiteres Bürogeschoß lieber gewesen wäre, abgerungen.

dem städtebaulichen Kontext in die Höhe. Das Gebäude paßt sich an die Umgebung an; zugleich entstanden vielfältige Möglichkeiten, die Büroflächen zu teilen, ein für die Vermarktung nicht unerheblicher Vorteil. Außerdem werden die Büroflächen verhältnismäßig gut mit natürlichem Tageslicht versorgt. Die so entstandenen Dachterrassen können von den Büroangestellten jederzeit genutzt werden. Treppen- und Aufzugtürme, Toiletten und vertikale Versorgungsstränge wurden außen in den zehn Meter breiten Einschnitten zwischen den Quadern untergebracht und ermöglichen flexible, frei nutzbare Flächen. Die Büroflächen selbst sind gemäß des üblichen Standards mit aufgeständerten Fußböden und abgehängten Decken ausgestattet. Sie bestechen durch einen unverstellten Blick durch eine rahmenlose, vom Boden bis zur Decke reichende, eisenoxidarme Dreifachverglasung. Mit Ausnahme der Nordfassade, die als Doppelverglasung ausgeführt wurde, sind im dritten Zwischenraum automatisch verstellbare Lamellen integriert. Sie sorgen für die Verringerung des Wärmeeintrags durch Sonneneinstrahlung und werden über Photozellen auf dem Dach zentral gesteuert (s. auch „Die veränderbare Hülle", Seite 59). Eine Einzelsteuerung ist nicht möglich, um die Einheitlichkeit der Fassade nicht zu stören. Über innen liegende Öffnungen im Bodenbereich und über die abgehängte Decke wird der Fassadenzwischenraum bei Erwärmung be- und entlüftet, um anfallende Wärme sofort abzuführen. Darüber hinaus ist das Gebäude voll klimatisiert. Die vor Ort gespannte, außenliegende Aussteifung der Betonkonstruktion gibt dem Gebäude zusammen mit den leichten, genau detaillierten Treppenhäusern und den verglasten Aufzugsschächten Vertikalität und macht die Stapelung der Büroflächen deutlich.

Mit den außenliegenden Erschließungs- und Servicekernen ist das Gebäude flexibel und wirtschaftlich. Zusammen mit der hochästhetischen, transparenten Erscheinung zählt 88 Wood Street zu einem der gelungeneren kommerziellen Bürogebäude. Leider wird das von der Hightech-Architektur erzeugte Bild einer perfekt funktionierenden Maschine nicht bei den eigentlichen Themen heutiger Architektur – Nachhaltigkeit und Nutzerorientierung – angewandt. *ta*

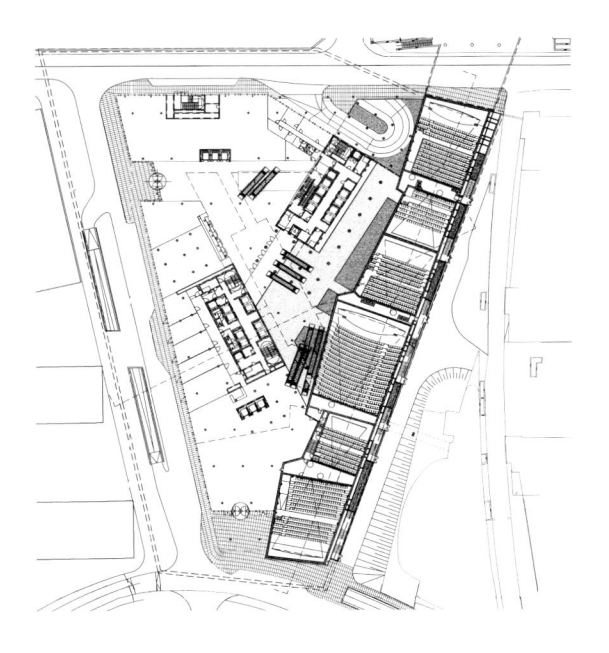

Eingangsgeschoß

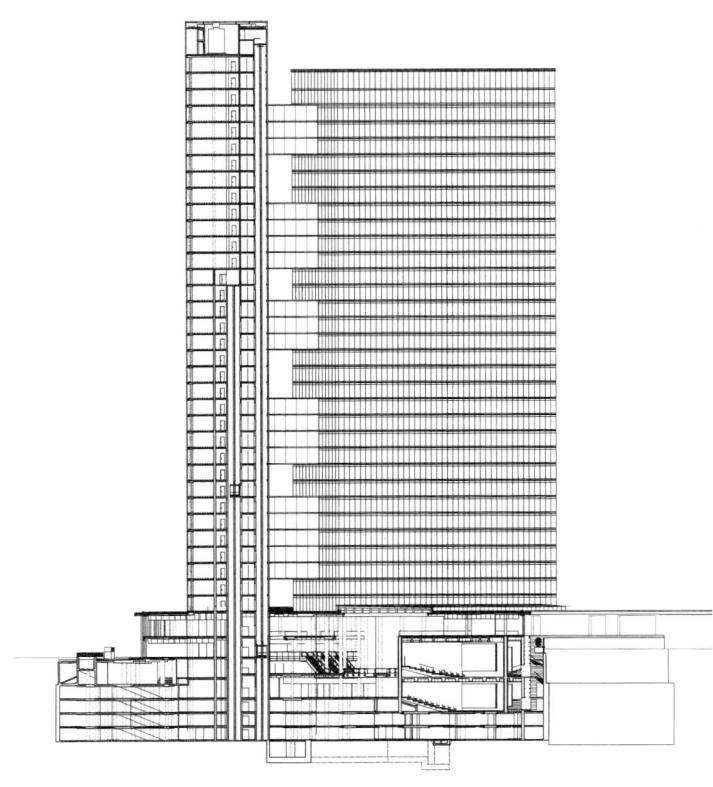

Schnitt

von links nach rechts

Gläserne, beweglich gelagerte Brücken verbinden die schlanken Bürotürme miteinander.

Je nach Betrachterstandpunkt und Tageszeit verändert sich die Erscheinung.

Das Entertainment Center in dem dreigeschossigen Sockel beinhaltet einen Kinokomplex, Läden, Restaurant und Seminarräume.

Twin Towers
Wien, Österreich

Bauherr	Immofinanz Immobilien Anlagen AG
	Wienerberger Baustoffindustrie AG
Architekten	Massimiliano Fuksas
Nutzung	spekulativ
Fertigstellung	2001
Bruttogeschoßfläche	139.500 m²
Büronutzfläche	48.300 m²
Mieteinheiten	130 – 2.250 m²

T = Teamarbeit
A = Austauscharbeit
P = Prozeßarbeit
E = Einzelarbeit

Weithin sichtbar, auf dem Wienerberg im Süden Wiens, erheben sich die gläsernen Türme von Massimiliano Fuksas. Umhüllt von einer transparenten Haut, erscheinen die hohen Gebäude fast körperlos. Das Stahlbetonskelett, von außen sichtbar, strukturiert die Fassade. Durch die Technik der Weißglasherstellung werden die Visionen von Mies van der Rohe gebaute Wirklichkeit. Die schlanken Türme erheben sich aus einem mehrgeschossigen, trapezförmigen Sockel mit dem Entertainment Center, das die Mietbüros in den Türmen um Konferenz- und Seminarräume, Läden, Restaurants und einen Kinokomplex ergänzt. Mit der Polyfunktionalität folgt der Neubau dem Konzept des „living office", der bildhaften Idee von urbanem Leben, in dem sich Wohnen, Arbeit und Freizeit mischen. Folgerichtig soll bei

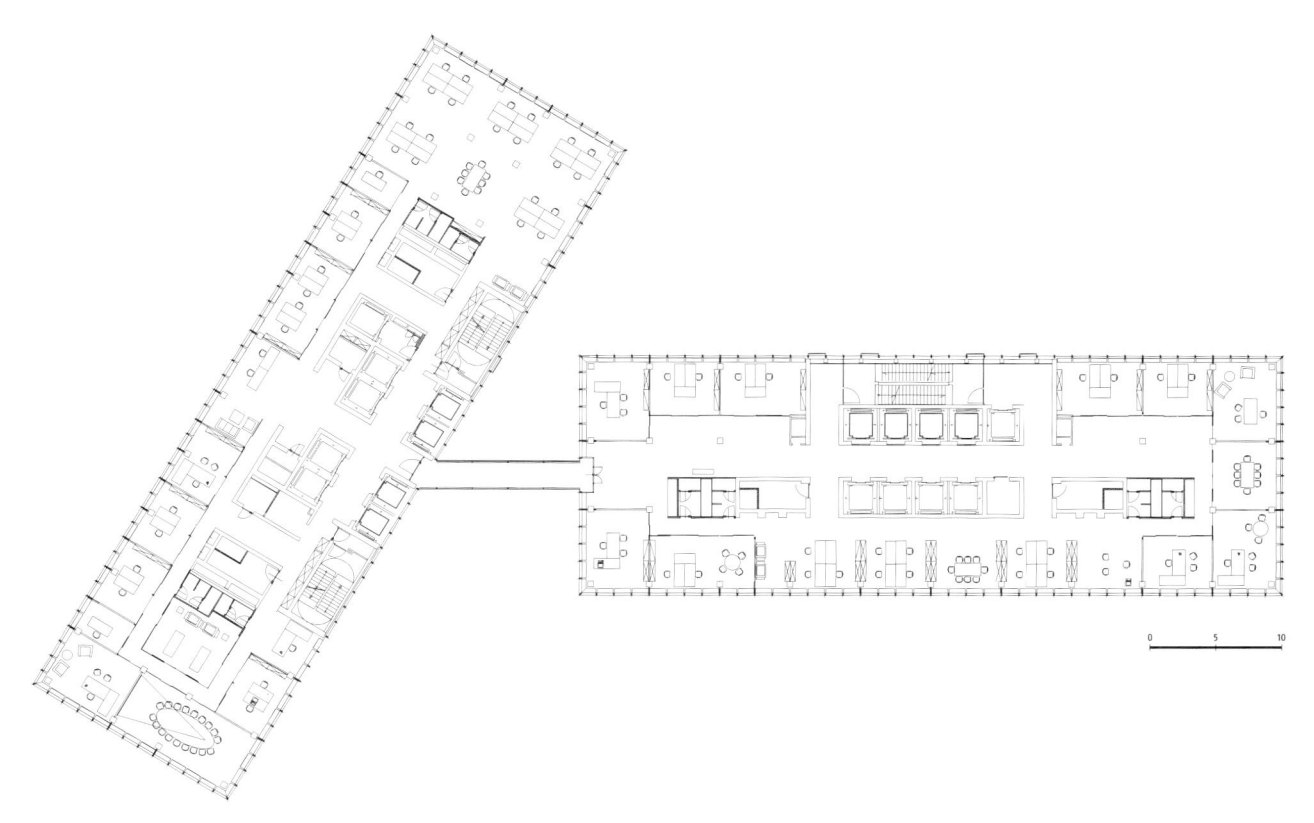

Möblierungsvariante mit geschlossenen und offenen Arbeitsbereichen

von links nach rechts

Durch die transparente Weißglasfassade wird das Innenleben der Büros sichtbar.

Die großzügige, raumhohe Glasfassade gibt den Blick auf die Stadt frei. Die Büroeinheiten können mit der Minimalausstattung (Doppelböden und abgehängten Decken), aber auch komplett ausgebaut und möbliert angemietet werden.

der Planung der Bürotürme der potentielle Mieter im Zentrum der Betrachtungen stehen.

Umfangreiche Studien zur Nutzung und Aufteilung der Bürogrundrisse zeigen bei diesem spekulativen Bau eine Vielfalt von Bürokonzepten. Neben den konventionellen Zellen-, Gruppen- und Großraumbüros lassen sich das Kombibüro und der Business-Club realisieren. Ein Mieterhandbuch ist den Firmen bei der Optimierung ihrer Büroflächen, bei der Suche nach dem passenden Bürokonzept behilflich. Die kleinste Mieteinheit von 130 m² ergibt sich aus der Dreiteilung der Grundrisse. Größere Raumzusammenhänge entstehen durch die horizontale Verbindung der Türme über beweglich gelagerte, gläserne Brücken oder durch vertikale Verbindungen über interne Treppen, die über leicht demontierbare Deckenpaneele jederzeit nachgerüstet werden können.

Üblicherweise übernehmen die Mieter ihre Büroeinheiten mit Doppelböden und abgehängten Metalldecken, in die neben der Technik für die Raumkonditionierung (Klima und Licht) die Infrastruktur für die interne Vernetzung integriert ist. Die Bürotrennwände und die Computer können in einem vorgegebenen Raster an Decke und Boden angeschlossen werden. Auf Wunsch übernimmt der Investor den endgültgen Ausbau einschließlich der Möblierung und bietet den Mietern mit Reinigungsdiensten, Beschaffung von Büroartikeln und Catering einen umfangreichen Service. Die REGUS-Gruppe, als Zwischenmieter, geht noch einen Schritt weiter. Mit dem Angebot von komplett ausgestatteten Büroräumen einschließlich Infrastruktur und Sekretariat können die Firmen einzelne Tische oder Räume für Stunden oder Monate, aber auch langfristig mieten. Die edlen Holzverkleidungen der massiven Kerne und die raumhohen, festverglasten Fassadenelemente bieten den Mietern einen einzigartigen Blick über die Stadt und geben den Räumen einen Hauch von Luxus.

Mit den umfangreichen, differenzierten und nutzerfreundlichen Angeboten und einer identitätsstiftenden Architektur wird spekulative „Investorenarchitektur" zu einer exklusiven Adresse in Wien. **sj**

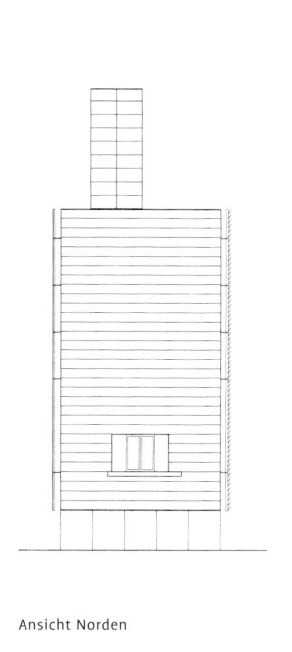

Ansicht Norden 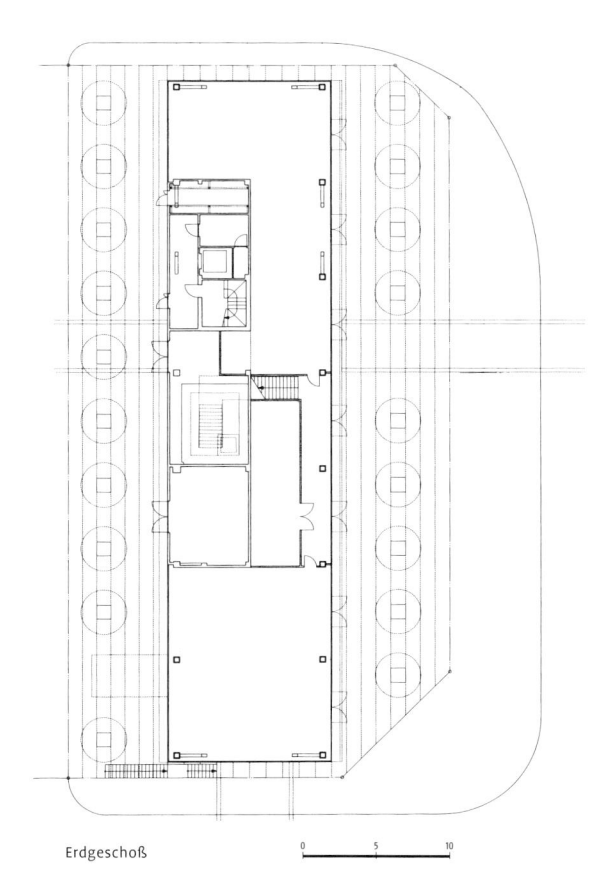　　Erdgeschoß 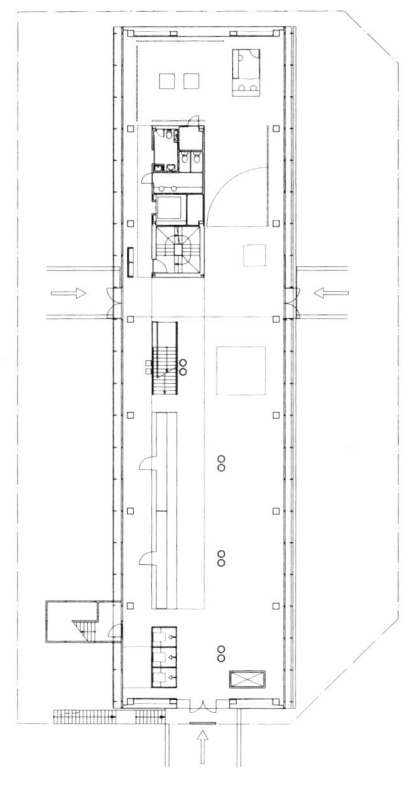　　1. Obergeschoß, Wartebereich Busbahnhof

Ein Fußgängersteg verbindet den Neubau mit dem Bahnhof und führt in den Wartebereich des Busbahnhofs. Horizontale Glaslamellen überlagern die innere Fassadenstruktur und verleihen dem Gebäude ein gleichmäßiges Erscheinungsbild.

U-Building
Ushiku, Japan

Architekten	Kazuyo Sejima, Ryue Nishazawa
Nutzung	spekulativ
Fertigstellung	1998
Bruttogeschoßfläche	2.750 m²
Büronutzfläche	1.490 m²
Mieteinheiten	40 – 1.000 m²

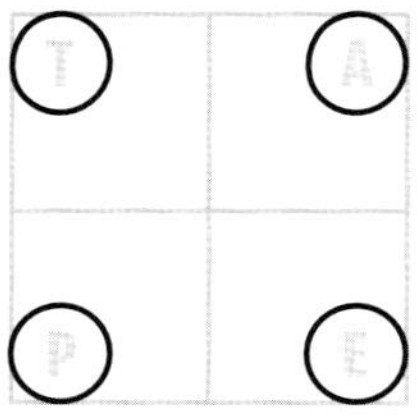

T = Teamarbeit
A = Austauscharbeit
P = Prozeßarbeit
E = Einzelarbeit

In Ushiku, eine Zugstunde von Tokio entfernt, entsteht ein neues Stadtviertel. Anfangs- und Ausgangspunkt für die Satellitenstadt bilden der neue Bahnhof und das benachbarte „U-Building" von Kazuyo Sejima. Durch die Ungewißheit der zukünftigen Umgebung und der internen Nutzung wird Flexibilität zum bestimmenden Thema für das neue, spekulative Bürogebäude, was sich sowohl an den Fassaden als auch in den Grundrissen zeigt.

Der sechsgeschossige Neubau bildet räumlich wie inhaltlich das Bindeglied zwischen dem Bahnhof und dem angrenzenden Wohnquartier. Im Erdgeschoß sind Restaurants und Läden für den täglichen Bedarf untergebracht. Die folgenden zwei Geschosse beherbergen Warteräume für den Busbahnhof, eine Cafébar, ein In-

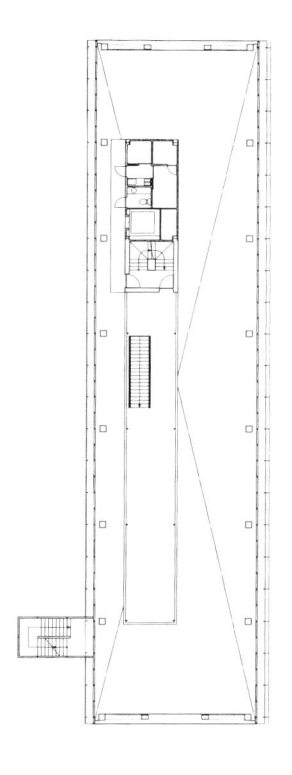

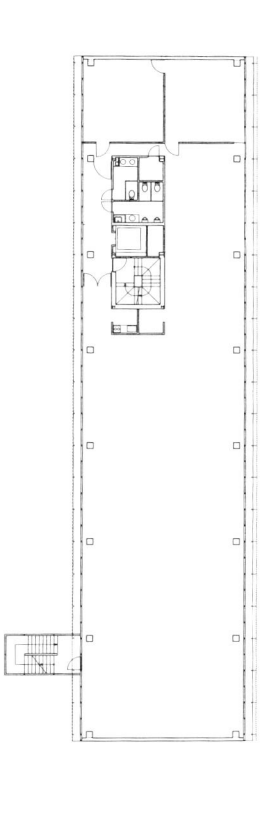

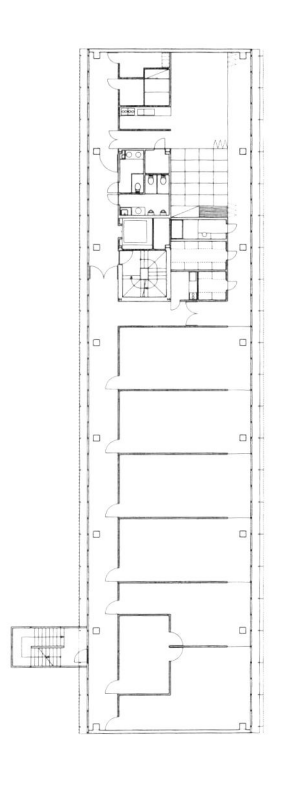

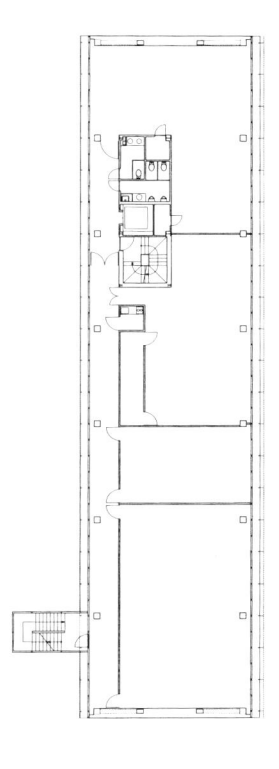

Galeriegeschoß   Grundrißvarianten Normalgeschoß

oben Die Glaslamellen reflektieren das Wolkenbild. Mit dem Wandel des Himmels verändert sich der Ausdruck des Gebäudes.

rechts Schwarz-Weiß-Kontraste dominieren den Innenraum und unterstützen die Raumkomposition.

formationszentrum sowie eine zweigeschossige, multifunktionale Halle mit Galerie. Ein schmaler Fußgängersteg erschließt diesen Bereich und verbindet den Bahnhof mit der Busstation und dem Wohnviertel. Die Klarheit des schlichten, rechteckigen Baukörpers wird im Innern von der zurückhaltenden Material- und Farbwahl unterstützt. Der gezielte Einsatz von weißen und schwarzen Flächen bringt die volumetrische Raumkomposition zur Geltung. In den oberen drei Geschossen befinden sich mietbare Büroflächen, die sich mittels beweglicher Zwischenwände beliebig aufteilen lassen. Unabhängig von der zukünftigen Grundrißgestalt als zweibündige oder einbündige Anlage, als Großraumbüro oder Gruppenbüro, bietet der nur elf Meter tiefe Baukörper mit den raumhohen Glasfassaden an den Längsseiten eine optimale natürliche Belichtung der Innenräume.

Eine außen liegende Sekundärstruktur aus horizontalen Glaslamellen und perforierten Metallplatten überlagert die innere Fassadenstruktur und verleiht dem Gebäude unabhängig von der internen Nutzung ein gleichmäßiges und gleichbleibendes Erscheinungsbild. An der Westseite schützen die horizontalen Glaslamellen in dem Wechselspiel von Transparenz, Transluszenz und Reflexion die großflächig verglasten Innenräume vor der Sonneneinstrahlung. Je nach Stellung der Lamellen zeichnet sich der Himmel oder das Treiben auf dem Bahnhofsvorplatz an der Fassade ab. Im Osten läßt der „Vorhang" aus perforierten Metallplatten als zweite Fassadenschicht das Licht nur gebrochen in den Raum und das Gebäudeinnere nur schemenhaft durchscheinen. Von Innen dagegen haben die Reisenden und Büroangestellten einen freien Blick auf die Umgebung.

In der desolaten Umgebung eines Entwicklungsgebiets setzt der Neubau mit seiner Klarheit und Bestimmtheit einen hohen Maßstab für die zukünftige angrenzende Bebauung. *sj*

Lageplan

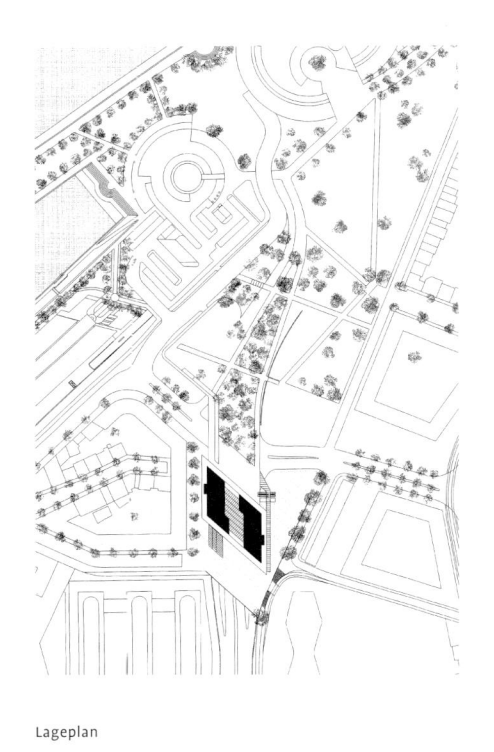

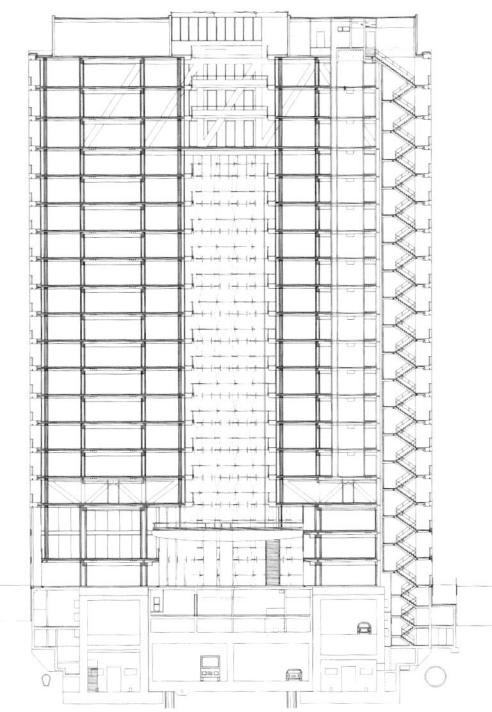

Schnitt durch das Atrium

von links nach rechts

Ansicht bei Nacht | Blick in das Atrium | Aufsicht und Untersicht der Erschließungsplattform

Düsseldorfer Stadttor

Düsseldorf, Deutschland

T = Teamarbeit
A = Austauscharbeit
P = Prozeßarbeit
E = Einzelarbeit

Bauherr	Engel Projektentwicklung GmbH&Co. KG
Architekten	Wettbewerb, Entwurfs- und Genehmigungsplanung: Overdiek, Petzinka und Partner
	Ausführung und Realisierung: Petzinka Pink und Partner
Nutzung	spekulativ
Fertigstellung	1997
Bruttogeschoßfläche	41.000 m²
Büronutzfläche	27.000 m²
Mitarbeiter	variabel, unterschiedliche Einheiten

Im Herzen von Düsseldorfs Kultur- und Medienviertel überragt das sogenannte Stadttor als beeindruckende Stahl-Glasstruktur mit neunzehn Geschossen den Rhein und das Hafengebiet.

Mit einer Höhe von 80 Metern ist es über der Einfahrt der tiefer gelegten Rheinuferstraße in das südliche Ende des Rheinufertunnels errichtet worden und bildet zusammen mit dem Bürgerpark das vorläufige Ende der Uferpromenade. Die ungewöhnliche Form eines Parallelogramms als Grundrißkonfiguration ergibt sich aus dem städtebaulichen Umfeld, aus den Restriktionen des darunter verlaufenden Tunnelbauwerks und aus der optimierten Ausrichtung zu den Windhaupteinfallsrichtungen, die in langwierigen Untersuchungen ermittelt wurde.

1 Haupteingang
2 Atrium
3 Lobby
4 Büros
5 Konferenz
6 Empfang
7 Atrium-Balkone

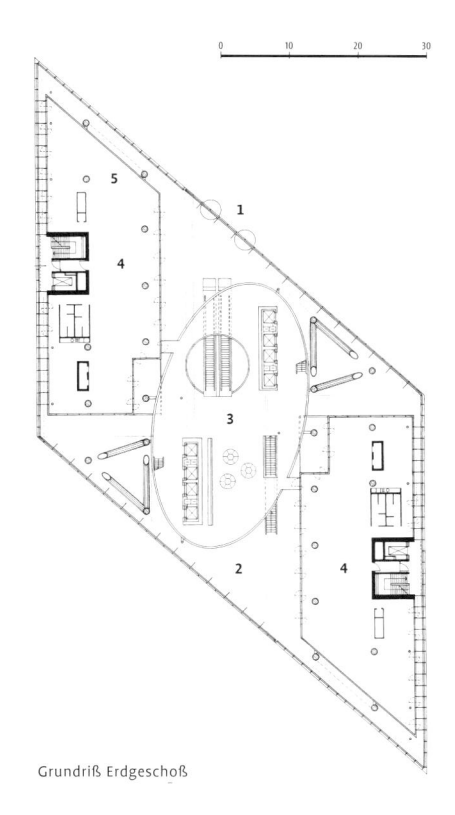

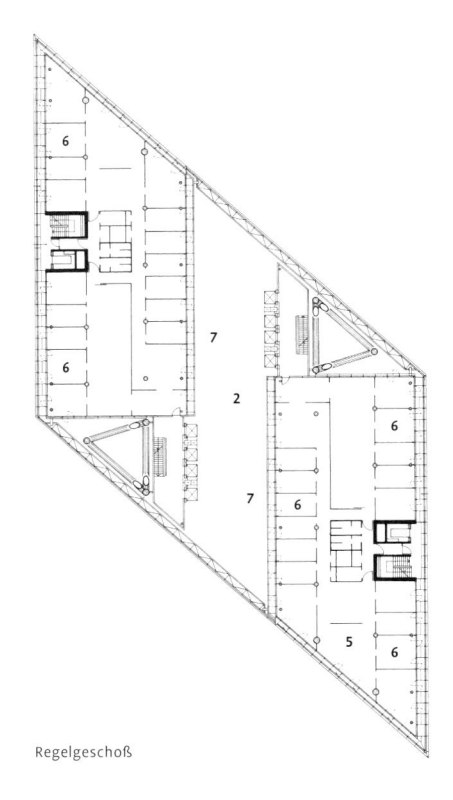

Grundriß Erdgeschoß

Regelgeschoß

Die grundlegende Forderung an die Regelgeschosse, die über etwa 780 m² Nutzfläche verfügen, war ein Maximum an Flexibilität. Systemtrennwände ermöglichen den Mietern sowohl individuelle Raumanordnungen als auch die Gestaltung ganzer Etagen. Je nach Bedarf können Einzel-, Gruppen-, Großraum- oder Kombibüros konfiguriert werden. Zum Mietangebot gehört auch ein 1.500 m² großes Dienstleistungszentrum im Erdgeschoß, in dem es Restaurants, Cafés, Läden und einen Bankomaten gibt.

Als Stahlverbundbauweise konstruiert, erheben sich über der dreigeschossigen Eingangsebene zwei Bürotürme mit dem dazwischen liegenden 58 Meter hohen Atrium. Dieses Atrium und die Lage des Gebäudes am Südportal des Rheinufertunnels geben dem Hochhaus seinen Namen.

Ab dem 16. Geschoß sind die Türme verbunden. Hängestützen fangen die Lasten der frei auskragenden Doppelfassade ab und werden durch ein Tragwerk in den oberen drei Geschossen zurück auf die Hauptstützen übertragen. Die seitliche Stabilität des Gebäudes wird durch zwei dreieckige Raumfachwerke aus Stahl erreicht. Diese Stahltürme sind durch ein dreigeschossiges Fachwerk in den obersten Geschossen miteinander verbunden und bilden einen Portalrahmen.

Die Fassade sollte nicht nur transparent sein, sondern darüber hinaus noch anderen Ansprüchen genügen: der Reduktion des Primärenergieverbrauches, dem komfortablen sommerlichen und winterlichen Wärmeschutz, der Möglichkeit individueller Lüftung der Nutzflächen und der Senkung der Betriebskosten. Auf der Basis von aerodynamischen Versuchen und thermodynamischen Simulationen wurde die Fassade ausgeführt.

Diese Doppelfassade hat einen Abstand von 90 bzw. 140 cm zwischen der außenliegenden Einfachverglasung und der innenliegenden Isolierverglasung. Ein hochreflektierender Sonnenschutz wird direkt hinter der außenliegenden Fassadenebene montiert. Die Lamellen des Sonnenschutzes werden abhängig von den herrschenden Lichtverhältnissen für das Gesamtgebäude zentral gesteuert. Die Forderung nach freier Lüftung

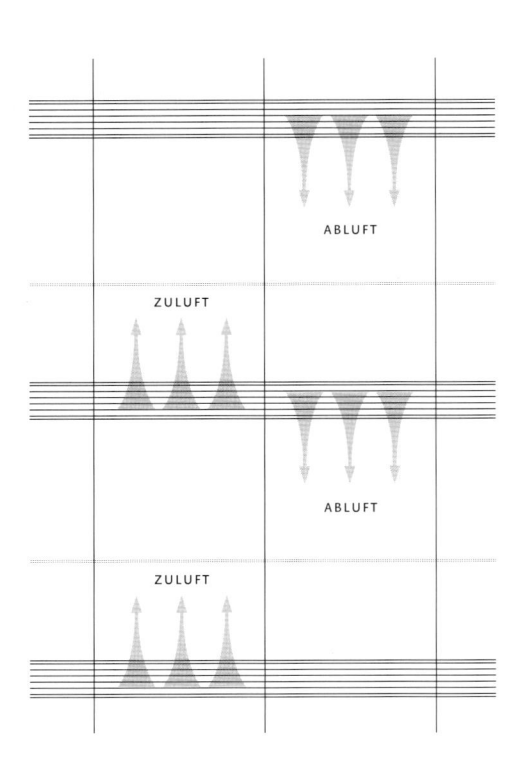

Teilansicht der Korridorfassade

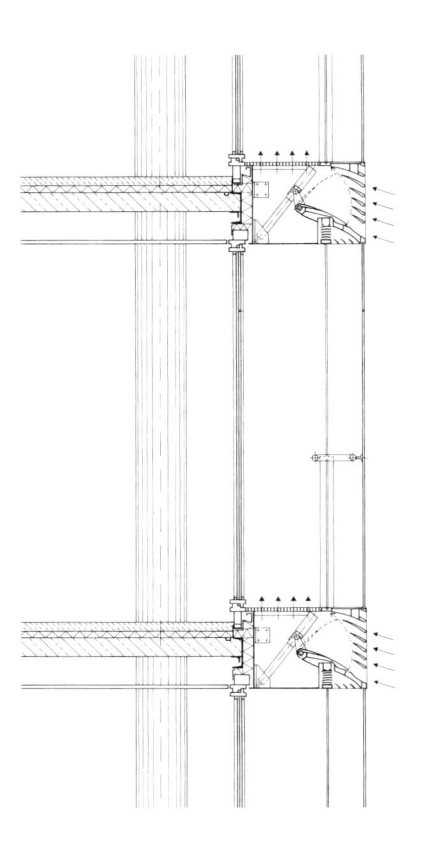

Teilschnitt der Korridorfassade

von links nach rechts
Wartebereich | Innere Zusatzerschließung im Atriumbereich | Aussteifungsfachwerk | Blick in den Fassadenkorridor

und individuell konditionierbaren Räumen stellte unter den genannten Bedingungen sehr hohe Anforderungen an die Regelungstechnik der Lüftungskästen. Diese Lüftungskästen, deren Einlaß- und Auslaßöffnungen übereinander liegen, sind über Sensoren elektronisch steuerbar. Durch die strömungstechnische Optimierung der Leitbleche innerhalb des Lüftungskastens wurde für die im Normalfall herrschenden Windverhältnisse eine laminare Durchströmung erreicht.

Die Innenfassade besteht aus einer verleimten Rahmenkonstruktion aus Bausperrfurnierholz. In jeder zweiten Achse sind Wendeflügel zur Belüftung des Büros eingebaut, über die die Korridorfassade wie ein Balkon betreten werden kann. Die Betriebserfahrungen zeigen, daß ca. 70-75 Prozent des Jahres frei gelüftet werden kann. Zusätzlich kann mit einem zweifachen stündlichen Luftwechsel mechanisch be- und entlüftet werden. Die Büroräume werden über Heiz- bzw. Kühldecken aus wasserführenden Kupferrohren über der abgehängten Akustikdecke temperiert. Über Wärmetauscher wird Grundwasser mit 14° C zur Energieversorgung dieses Deckensystems genutzt. Das zentrale Atrium ist integrierter Bestandteil des Klimakonzeptes, es dient speziell der „freien Lüftung" der Büros.

Der Sonderfunktionsbereich des inneren Atriums ist zweiseitig mit einer hinterspannten Einfachverglasung versehen und bietet von Nordost bis Südwest eine komplette Durchsicht. Um die enormen Winddruck- und Sogkräfte aufnehmen zu können, wurde eine Stabfachwerkkonstruktion gewählt, deren automatisch gesteuerte Öldruckhalterungen bewirken, daß das Kräftepotential dieser gewaltigen Fassade im Gleichgewicht bleibt und Zerstörungen durch Verformungen vermieden werden. *rh*

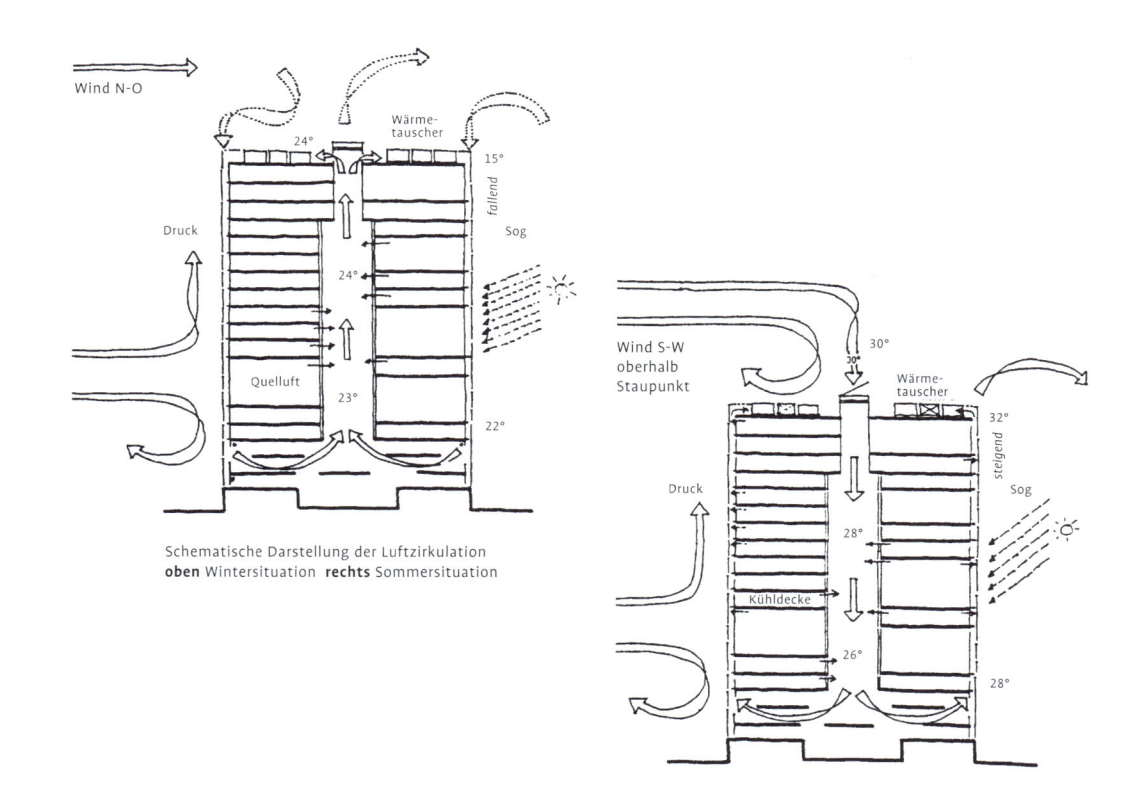

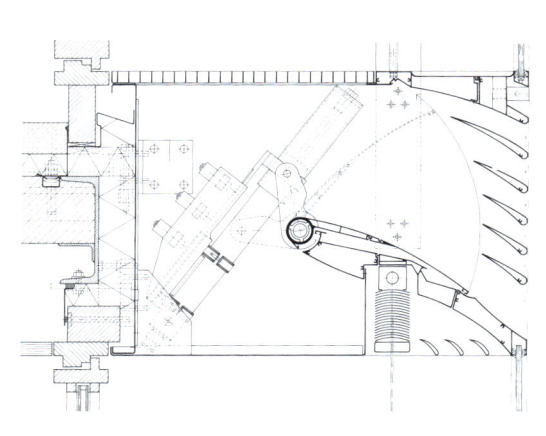

Klappenmechanik im Deckenbereich für die regelbare
Zu- und Abluftsteuerung.

Schematische Darstellung der Luftzirkulation
oben Wintersituation **rechts** Sommersituation

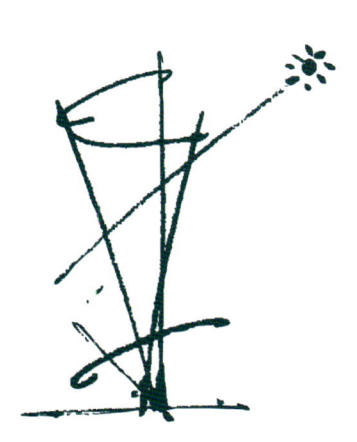

Die frühe Entwurfsskizze Renzo Pianos zeigt ein konisch geformtes, expressives Hochhaus.

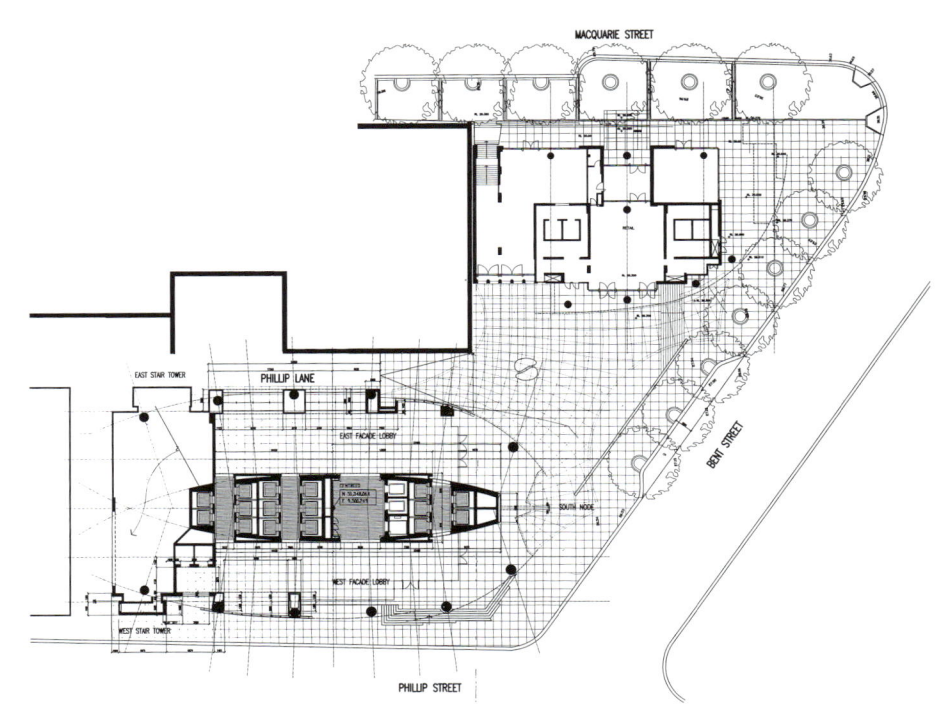

Lageplan; eine Piazza verbindet den Hochhausturm mit dem Appartementblock.

von links nach rechts

Das Bürohochhaus liegt am Rand des botanischen Gartens und bildet ein neues Zeichen in Sydneys Skyline. Seine geschwungenen Glassegel beziehen sich in Form und Farbe auf Jørn Utzons Opernhaus.

Im Kontrast zu den rahmenlosen, mattweißen „structural glazing"-Fassaden wurden die Schmalseiten des Gebäudes mit einer geschoßweise durch Sonnenschutzgitter strukturierten Lamellenfassade ausgebildet. Dahinter befinden sich die Wintergärten.

Erdfarbenes Terrakotta, weißes Glas und grau-grüner Straßengranit sind die vorherrschenden Materialien im Eingangsfoyer, eine schlichte Raumkomposition aus matten Flächen. Helles Holz markiert den Übergang zu den Bürogeschossen im Bereich der Liftlobbies.

Aurora Place

Sydney, Australien

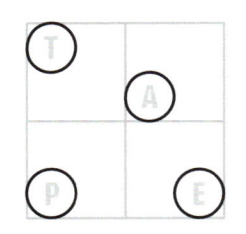

T = Teamarbeit
A = Austauscharbeit
P = Prozeßarbeit
E = Einzelarbeit

Bauherr	Lend Lease Development and East Asia Property Group
Architekten	Renzo Piano Building Workshop Architects mit Lend Lease Design Group Ltd. und Group GSA Pty Ltd. (Sydney)
Nutzung	spekulativ
Fertigstellung	2000
Bruttogeschoßfläche	61.300 m²
Büronutzfläche	49.700 m²

Renzo Pianos erste Entwurfsskizzen für das im Herzen von Sydneys Business District gelegene Bürohaus Aurora Place zeigen einen aus mehreren geschwungenen Glassegeln geformten und sich nach oben hin öffnenden Turm. Wie häufig bei spekulativen Projekten in innerstädtischer Lage haben ökonomischer Druck, lokale Planungsrichtlinien und bautechnische Anforderungen den Entwurf in eine rationalere Form gepreßt. Der Stadtentwicklungsplan sah eine Blockrandbebauung als Sockel mit zurückgesetztem Hochhausturm vor. Diesen interpretierte Piano als eine „verdichtete Zone"; eine mit einem Glasdach überdeckte Piazza. Das für Piano typische erdfarbene Terrakotta bestimmt sowohl im Außen- als auch im Innenraum den orthogonal gegliederten Eingangsbereich. Über dieser „Terrakotta Basis",

Ansicht Ost; beidseits auskragende „Finnen" und ein bis zu 32 Meter über das Gebäude hinausragendes „Segel" kennzeichnen das elliptisch geformte Gebäude.

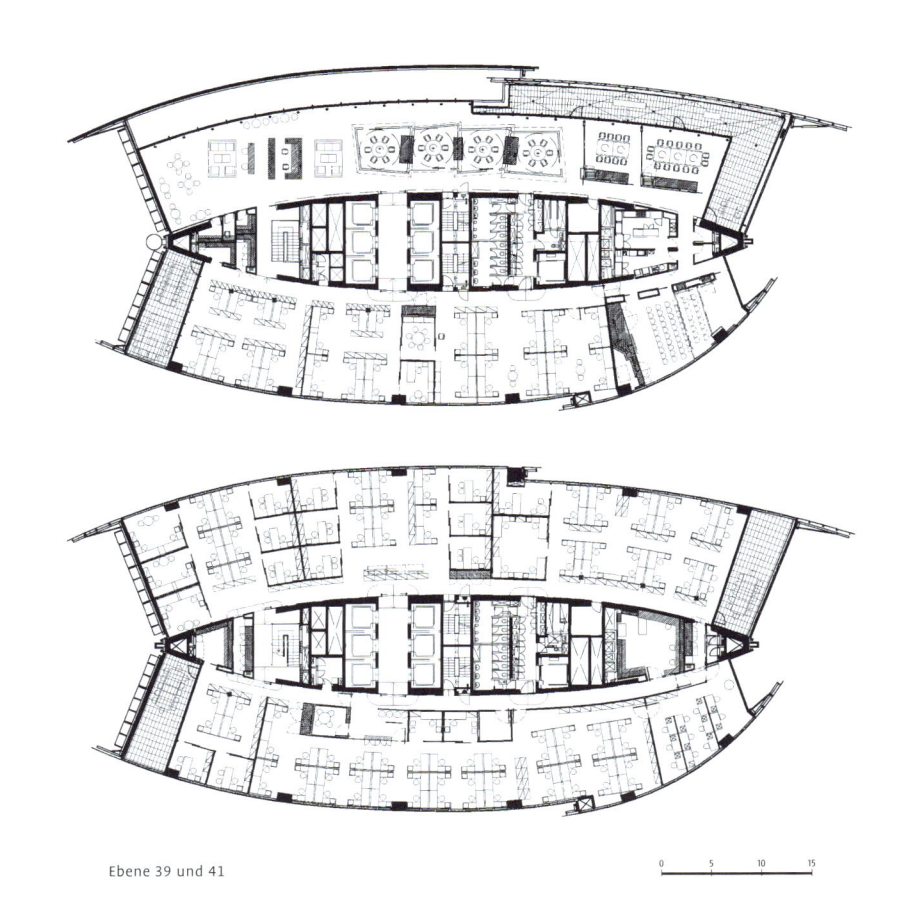

Ebene 39 und 41

die sich in das Straßenraster Sydneys einfügt, strebt eine glatte, durchgehend geschwungene Glashülle himmelwärts. Die kegelförmige Silhouette des 41-geschossigen Gebäudes entsteht durch sich in der Höhe nach zwei Seiten um jeweils insgesamt sechs Meter erweiternde Geschoßflächen. In Kombination mit einem exzentrischen, schlanken Servicekern ergeben sich auf diese Weise flexible, unterschiedlich große Mieteinheiten. Die auskragende Fassade schafft windgeschützte Bereiche an den schmalen Nord- und Südenden des elliptisch geformten Gebäudes. Hier befinden sich, mit einer öffenbaren Lamellenfassade versehene, unbepflanzte Wintergärten, die neben dem unprätentiösen Foyer ein weiterer bemerkenswerter Beitrag zur lokalen Hochhausarchitektur sind. Erstmalig in Australien eingesetzt, bieten sie den Mitarbeitern Raum für formelle und informelle Treffen, einen einzigartigen Ausblick sowie einen direkten Kontakt zu Sydneys gemäßigtem Klima. Die Wintergärten und die konische, konstruktiv anspruchsvolle Form des Hochhauses wurden trotz anfänglicher Skepsis seitens des Bauherrn zu einem entscheidenden Marketingfaktor. Sowohl die mit der Form einhergehenden Flächengewinne in den oberen Geschossen als auch die Wintergärten bedeuten in Sydney, einer Stadt, in der „der Ausblick" ein Hauptkriterium auf dem Immobilienmarkt ist, einen nicht unerheblichen ökonomischen Vorteil.

Das teilklimatisierte Gebäude zeichnet sich durch seine „structural glazing"-Fassade aus. Die Glaspaneele wurden sorgfältig auf unterschiedlichste Anforderungen, wie Tageslichtausbeute, Energieeffizienz und ihre visuelle Erscheinung hin optimiert. Beispielsweise gewährleistet das schwach reflektierende, eisenoxidarme Glas eine hohe Transparenz in beide Richtungen. Die im keramischen Siebdruckverfahren aufgetragene mattweiße Emaillebeschichtung reduziert solare Wärmegewinne. Darüber hinaus stellt sie einen farblichen Bezug zum berühmten Opernhaus von Jørn Utzon her.

Nur wenige kommerzielle Bürohochhäuser lassen Raum für Architektur. Renzo Pianos Aurora Place ist ein wirtschaftlich erfolgreiches, spekulatives Bürohaus mit hoher Detailqualität und ausdrucksvoller Form. *bk*

Legende Masterplan

1 Hotel - Zaha Hadid
2 Künstlicher See
3 Haupteingang
4 Ringstraße
5 Jahrmarkt - Carme Pinós
6 Hahnenkampfarena - Thom Mayne
7 Unterhaltungszentrum - COOP Himmelb(l)au
8 Museum - Toyo Ito
9 „Kinderwelt" - Philip Johnson
10 Universität - Daniel Libeskind
11 Amphitheater - Williams & Tsien Associates
12 Clubhaus - Teodoro Gonzalez de Leon
13 Konzernverwaltung - Jean Nouvel
14 Kongreßzentrum - Ten Arquitectos

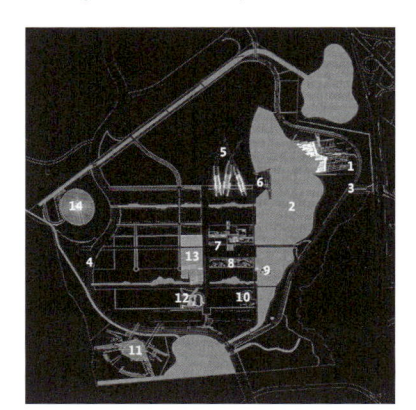

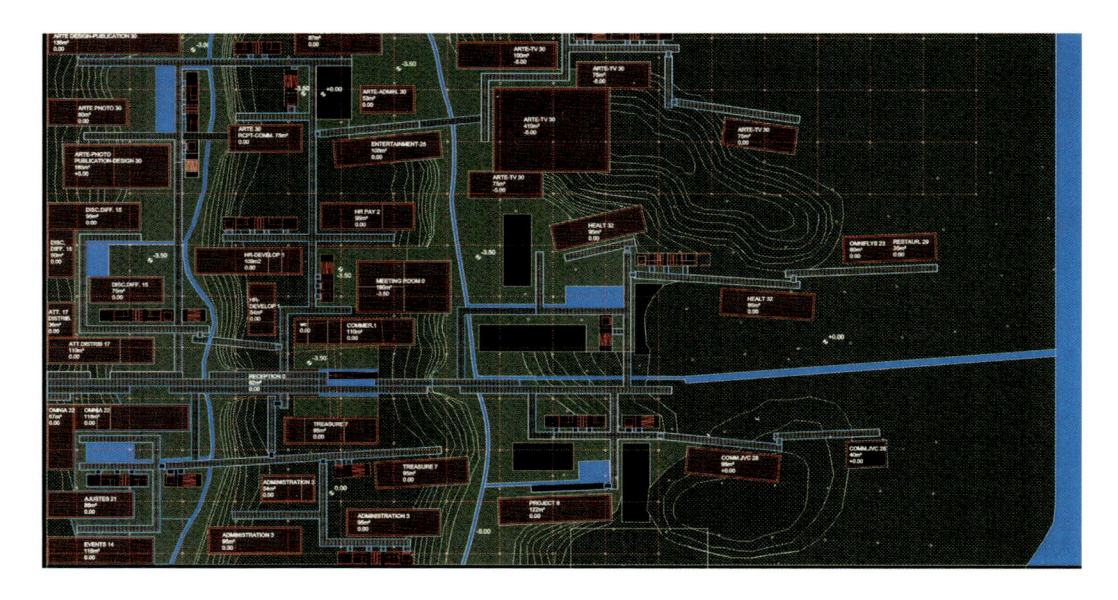

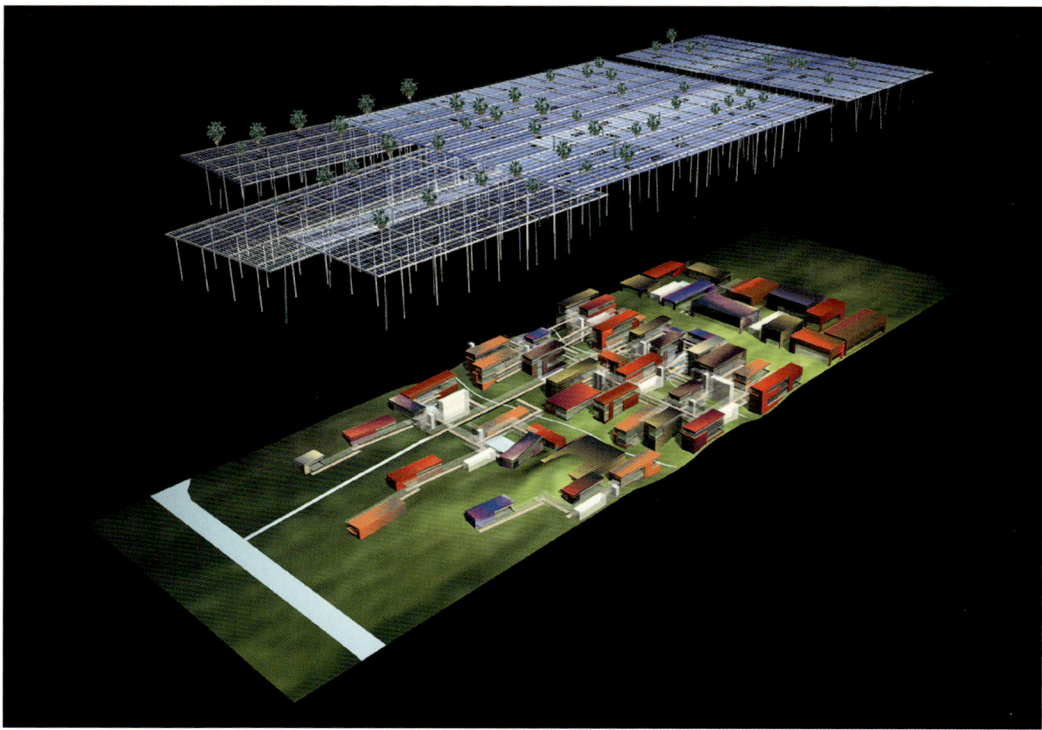

Grundriß   0 5 10 15

oben Wege, Wasserläufe und eine intensive Begrünung tragen ebenso zur nachhaltigen Entwicklung des Gesamtkomplexes bei wie die übergreifenden Maßnahmen: Recycling, Müllentsorgung und ein elektrisches Shuttle-Transportsystem.

rechts Unter dem Dach als Großform entwickelt sich eine Bürolandschaft aus ein- bis dreigeschossigen Modulen, die sich zur offenen Landschaft hin mehr und mehr auflösen.

Omnilife HQ
JVC-Center

Guadalajara, Mexiko

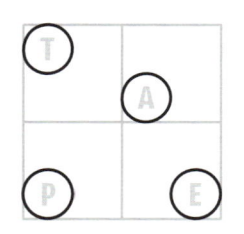

T = Teamarbeit
A = Austauscharbeit
P = Prozeßarbeit
E = Einzelarbeit

Bauherr	Jorge Vergara Madrigal
Architekten	Jean Nouvel
Nutzung	Firmenverwaltung
Fertigstellung	2008
Bruttogeschoßfläche	18.377 m²
Mitarbeiter	750

In Guadalajara, der zweitgrößten Stadt Mexikos, entsteht zur Zeit ein weltweit einzigartiges, großangelegtes Architekturprojekt, das JVC-Center. Der Unternehmer Jorge Vergara Madrigal lud elf international bekannte und renommierte Architekten ein, auf einer 240 Hektar großen grünen Wiese einen komplett neuen Stadtteil aus dem Nichts zu errichten. Das visionäre Konzept des „JVC Cultural, Convention and Business Center" dient nach eigener Aussage der Förderung der Kultur und damit der Wiederbelebung Guadalajaras, einer ehemals florierenden Kolonialstadt. Das findige und überaus erfolgreiche Direktmarketingkonzept für die Omnilife Gesundheitsprodukte ermöglicht dem Firmengründer Vergara die Eigenfinanzierung des Mammutvorhabens. Mit einem Kongreßzentrum und den dazugehörigen

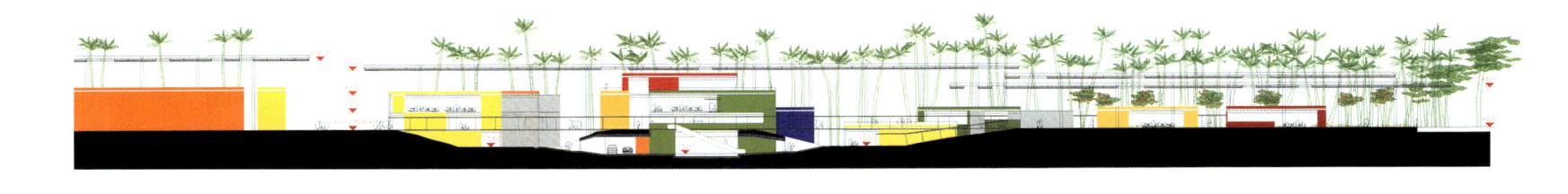

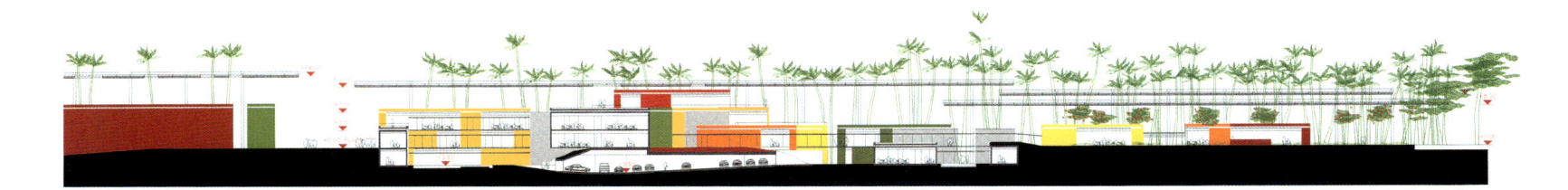

Längsschnitte

Ein schattenspendender filigraner Gitterrost und hohe Palmen erzeugen eine angenehme Arbeitsatmosphäre.

Das Dach wirkt als Filter und hilft damit, die Klimatisierung der natürlich belüfteten Büro- und Geschäftseinheiten zu minimieren.

Service- und Unterhaltungseinrichtungen hofft er, eine Marktlücke zu füllen. Nur zwei Flugstunden von Dallas entfernt und für bis zu 400.000 Besucher pro Tag ausgelegt, wird es in Zukunft neben den mexikanischen auch amerikanische Veranstalter anziehen. Die für die Leitung und Organisation notwendigen Bürogebäude von Jean Nouvel sind ähnlich visionär wie das Gesamtvorhaben. Sie gleichen eher einer Ferienwelt als einem Büro und zeigen eine mögliche ästhetische und programmatische Verbindung von Arbeitsplätzen und Park auf.

Ein starker Landschaftsbezug und die von Vergara vorgegebenen Grundsätze einer nachhaltigen Entwicklung standen bei der Erarbeitung des Gesamt-Layouts für alle beteiligten Architekten im Vordergrund. Jean Nouvel nutzte die idyllische Lage am Waldrand und das trockene, sonnige Klima Mexikos für seinen Entwurf. Unter einem weit gespannten „Dach", einem riesigen Metallgitterrost, entwickelt sich eine aus einzelnen Modulen bestehende offene „Bürolandschaft". Die Module selbst sind einfach im Plan und im Schnitt, flexibel zu nutzen und erinnern an „Pueblós", die lose in die Landschaft gestellt wurden. Wege und Wasserläufe sowie Höfe und Patios lassen Aufenthalts- und Versammlungsorte für die Mitarbeiter entstehen, an denen sie sich treffen und austauschen oder einfach nur entspannen können. Das Dach, eine auf schmalen, runden Stahlstützen ruhende horizontale Brise-soleil, wirkt wie ein Filter, der vor der heißen Sonne Mexikos schützt, aber genügend Licht und Luft durchläßt, um ein angenehmes Umfeld zu schaffen. Hohe Palmen und eine intensive Begrünung tragen zur weiteren Verbesserung des Klimas bei und verwischen die Grenzen zwischen Innen und Außen; dadurch verschmilzt das Gebäude mit der Natur.

Das JVC-Center ist ein urbaner Park mit sich gegenseitig befruchtenden Kultur-, Gewerbe- und Freizeiteinrichtungen, in den sich die Bürogebäude der Omnilife Cooperation nahtlos einreihen. Jean Nouvels leichte und vergängliche Formen gliedern sich harmonisch in die Landschaft ein und fördern ein gemeinschaftliches Lebensgefühl. *bk*

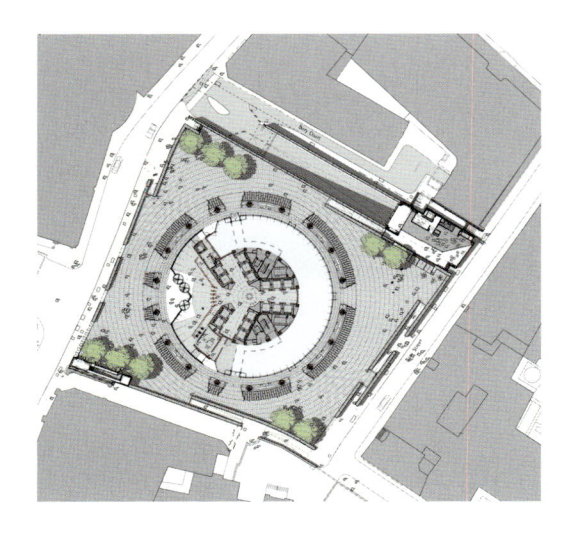

Lageplan

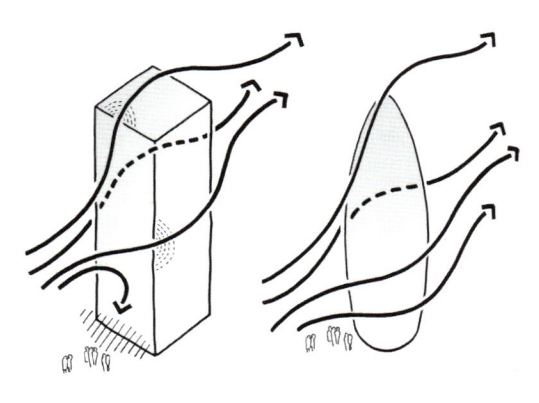

Die aerodynamische Form vermeidet Fallwinde und reduziert die Windlasten.

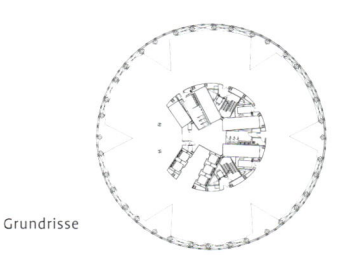

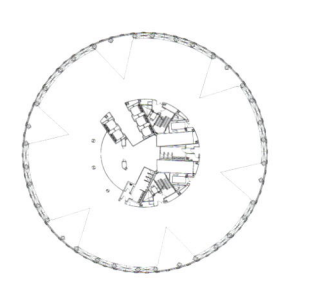

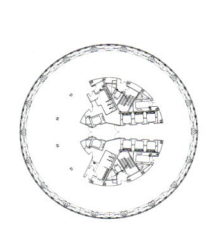

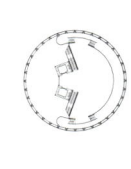

Grundrisse

von links nach rechts

Im Vergleich zum Tower 42, dem ehemaligen NatWest Tower links, verfügt das Swiss Re über ein ökonomischeres Verhältnis von Geschoßfläche und Kern.

Durch seine Form wirkt das Hochhaus von der Straße aus elegant. Im Vordergrund das Lloyds Building.

Swiss Re
London, Großbritannien

Bauherr	Swiss Reinsurance Company
Architekten	Norman Foster and Partners
Nutzung	Verwaltung und spekulativ
Fertigstellung	2004 (geplant)
Bruttogeschoßfläche	55.000 m²
Büronutzfläche	41.810 m²
Arbeitsplätze	4.000

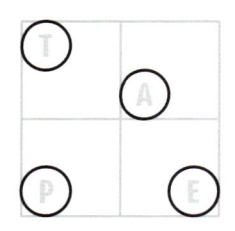

T = Teamarbeit
A = Austauscharbeit
P = Prozeßarbeit
E = Einzelarbeit

Nur einen Steinwurf von Richard Rogers Lloyds Building entfernt wird der neue Hauptsitz des Schweizer Rückversicherers Swiss Re errichtet. Das Konzept geht auf das „Climatroffice" von 1971, einem Gemeinschaftsprojekt von Richard Buckminster Fuller und Norman Foster, zurück. „Climatroffice" regte ein neues harmonisches Verhältnis von Natur und Arbeitsplatz an: Integrierte Gärten schaffen ein Mikroklima innerhalb einer energiebewußten, im Verhältnis zum umbauten Raum minimierten Hülle, wo Wände und Decken sich in einer kontinuierlichen triangulierten Haut auflösen. Diese vor dreißig Jahren entwickelten, utopisch erscheinenden Gedanken werden nun mit dem Gebäude für die Swiss Re umgesetzt.

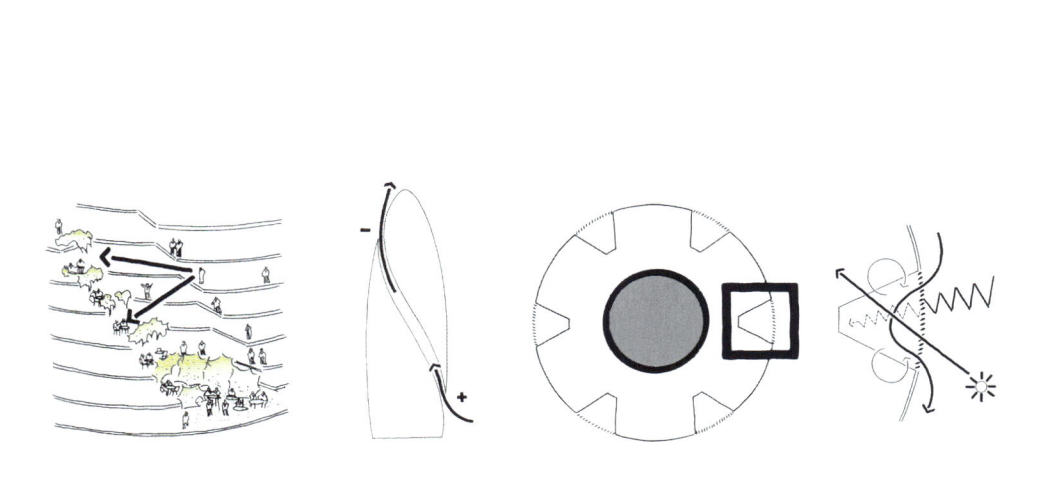

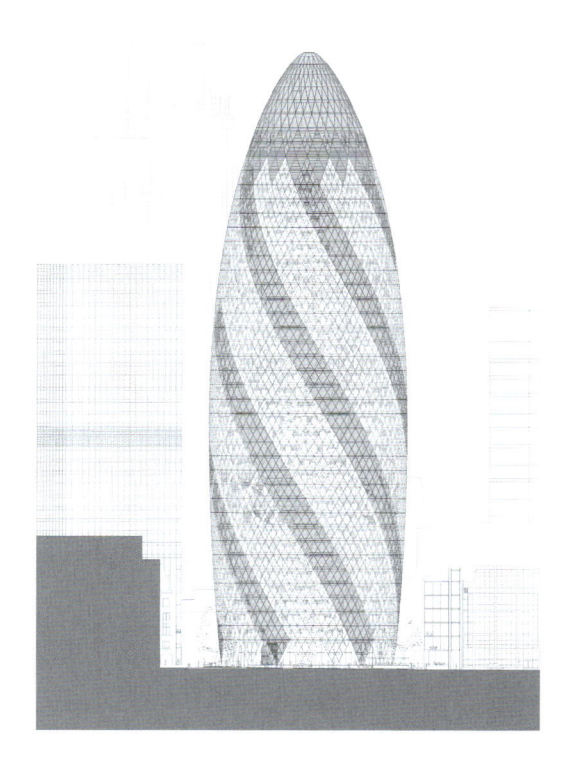

Die frühen Schemaskizzen zeigen die verschiedenen Aufgaben der spiralförmigen Atrien.

Ansicht

Der Erteilung der Baugenehmigung gingen erregte Kontroversen in der Londoner Öffentlichkeit voraus. Weniger das Erscheinungsbild des Projektes – es wird „Erotic Gherkin" genannt – als der für den Neubau notwendige Abriß der Baltic Exchange sorgten für Diskussion. 1991 bei einem Bombenanschlag schwer beschädigt, wurde sie unter Zusage des Wiederaufbaues verkauft. Da der Investor das Grundstück mit der Option der Errichtung eines renditeträchtigen Hochhauses an Swiss Re weiterverkaufte, klagte der ursprüngliche Eigentümer wegen entgangenen Gewinns. Dabei wurde der Streit zwischen Befürwortern und Gegnern von Hochhäusern in der City of London von den Parteien instrumentalisiert. Norman Foster erwirkte schließlich zusammen mit dem neugewählten Bürgermeister von London, Ken Livingstone, die Zustimmung des zuständigen Ministers der britischen Regierung zur Baugenehmigung.

Der an ein Projektil erinnernde Neubau wird sich mit seinen 40 Stockwerken auf einem neu geplanten Platz erheben, dessen Gestaltung auf einer Untersuchung der Verkehrsströme durch die Londoner Organisation Space Syntax fußt. Aufenthaltsqualität wird durch die runde Gebäudeform möglich, die, wie bei Windkanaltests und Luftströmungssimulationen nachgewiesen, Fallwinde vermeidet. Das Erdgeschoß ist öffentlich zugänglich und beherbergt neben der Lobby Einzelhandel und Restaurationen. Es werden keine privaten Parkplätze angeboten, da eine ausreichende Anbindung mit öffentlichen Verkehrsmitteln vorhanden ist. Die Büroarbeiter werden durch das Angebot an Fahrradunterstellplätzen mit dazugehörigen Dusch- und Umkleidemöglichkeiten dazu ermuntert, mit dem Fahrrad ins Büro zu kommen.

Die aerodynamische Form des Hochhauses hat verschiedene Vorteile: neben der Vermeidung von Fallwinden kann die Aussteifung durch die Verringerung der Windlasten reduziert werden, so daß die Fassadenfläche im Verhältnis zum umbauten Raum minimiert wird. Zusammen führt dies zu einer wirtschaftlicheren Konstruktion. Die Haupttragstruktur ist ein zweifach gekrümmtes Flächentragwerk, das sich gleichmäßig netzartig über die gesamte Außenfläche erstreckt.

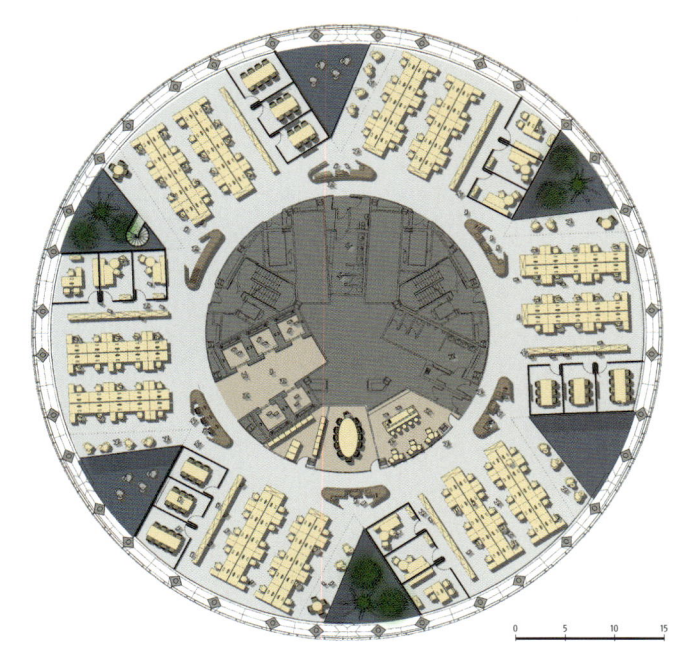

Mögliches Layout eines Bürogeschosses. Die Erschließung erfolgt ringförmig um den Kern herum, das Layout entwickelt sich dem Uhrzeigersinn entgegen zum Atrium hin, von geschlossen zu offen, von Einzelbüros über offene Arbeitsflächen zum Balkon.

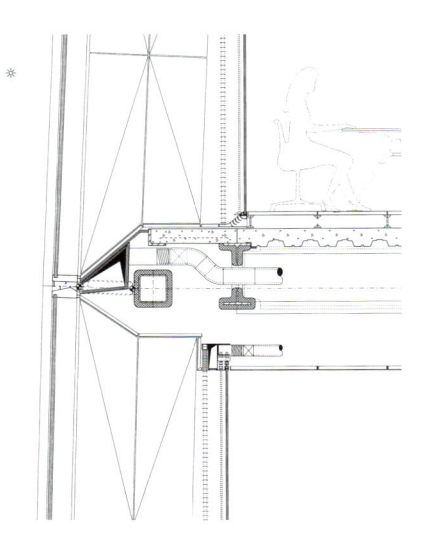

Detailschnitt Fassade/Decke. Der Lufteinlaß und die Verteilung in die Decke wird deutlich.

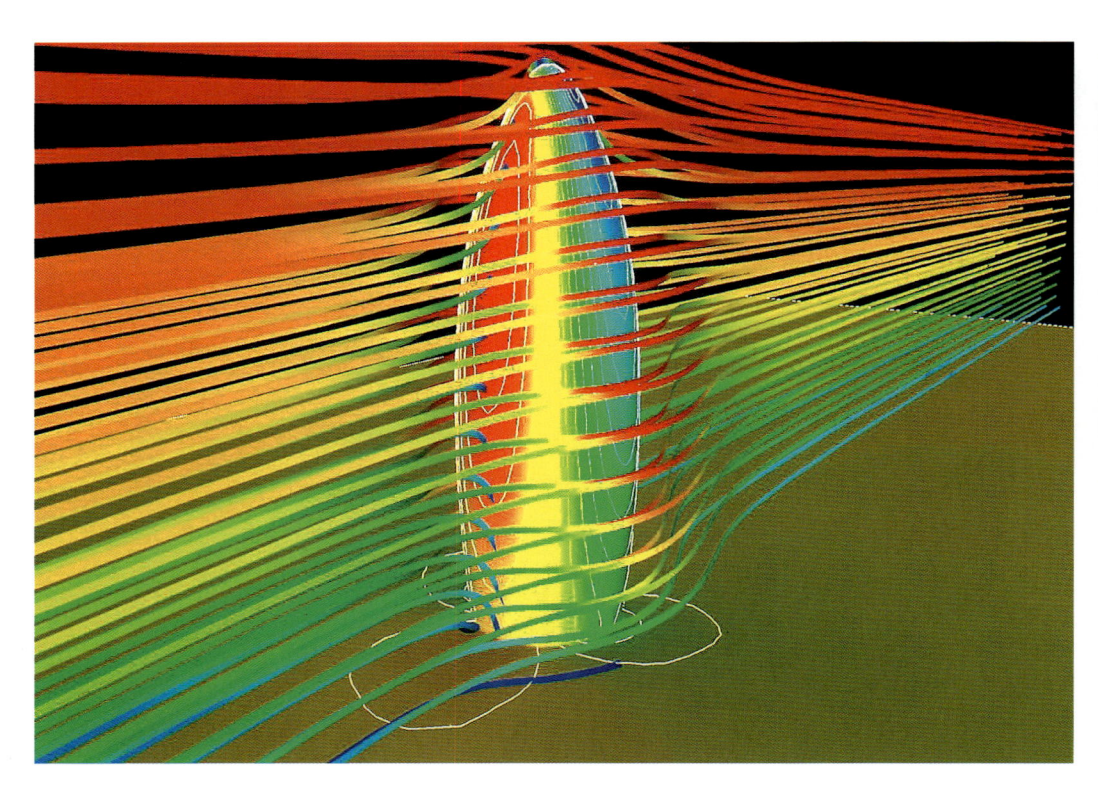

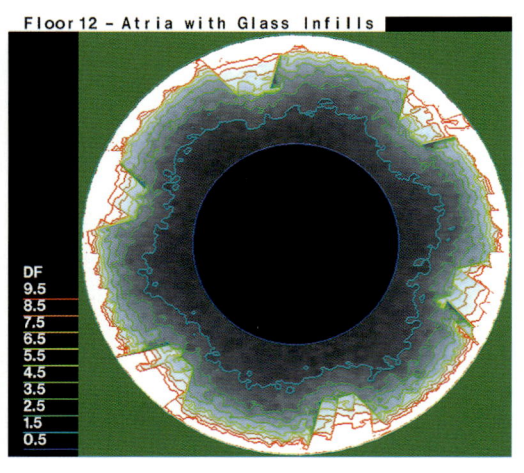

von links nach rechts

Der simulierte Windkanaltest zeigt die geringeren Verwirbelungen.

Untersuchung zum natürlichen Tageslichteinfall.

Durch die Spiralform entstehen sich abtreppende Balkone, die im Gegensatz zur gegenüberliegenden Seite, wo durch die Abtreppung eine „Klippensituation" entsteht, angenehm zu nutzen sind.

Blick aus einem der Arbeitsbereiche über das Atrium in die gegenüberliegende, aber auch die darunterliegende Ebene.

Es wurde unter Anwendung von „Parametic Modelling", einer aus der Luft- und Raumfahrtindustrie kommenden digitalen Technologie, entwickelt, und übernimmt die Aussteifung. Dadurch wird der Gebäudekern hauptsächlich zur Lastabtragung herangezogen und kann mit der nach oben abnehmenden Anzahl der Aufzüge und Versorgungseinrichtungen kleiner werden, so daß mehr Bürofläche zur Verfügung steht. Die einzelnen Elemente der Tragstruktur werden durch die günstige Verteilung der Lasten minimiert, wodurch die Eigenlast der Konstruktion gering gehalten und das Verhältnis zwischen Brutto- und Nettogeschoßfläche optimiert wird. Beides macht das Gebäude sehr wirtschaftlich. Im Vergleich hat der benachbarte frühere NatWest Tower, heute Tower 42, bezogen auf das Verhältnis Geschoßfläche und Kern, etwa zehn Prozent weniger nutzbare Bürofläche. Wie beim „Climatroffice" ist das Gebäude mit einer energiebewußten Fassade umschlossen, bestehend aus außenliegender, rombenförmiger Wärmeschutzverglasung vor der Tragstruktur, Sonnenschutz im Zwischenraum und einer inneren Fassade aus flachen Glaselementen, die den Raumabschluß der einzelnen Ebenen bildet.

Das wichtigste Element für die innere Organisation des Hochhauses sind die spiralförmigen Atrien, die durch dreieckige Einschnitte in den Geschoßdecken und deren Drehung entstehen. Sie bilden die „Lungen" des Gebäudes und sorgen, eingebunden in das Klimakonzept, in den entsprechenden Ebenen für ein Mikroklima. Die Atrien relativieren den Maßstab des Gebäudes und fördern die interne Kommunikation, da zwischen den Geschossen lokale Sicht- und Raumbeziehungen möglich sind. Damit können im Gegensatz zu konventionellen Hochhäusern mit ihren isolierten Ebenen mehrere Ebenen zu einer organisatorischen, aber auch kommunikativen Einheit zusammengeschlossen werden. In jedem sechsten Geschoß sind die Atrien geschlossen, um das Gebäude in vertikale Brandabschnitte einzuteilen. Diese Geschosse sind mögliche Orte für übergeordnete, größere Gemeinschaftsflächen wie Cafés oder Restaurants. Horizontal wird jedes Geschoß durch die Atrien in sechs gleich große Flächen geteilt. Das ermöglicht eine Vielzahl von verschieden großen, variabel zusammenschließbaren Büroflächen, eine der wichtigsten Voraussetzungen für eine erfolgreiche Vermarktung. Die

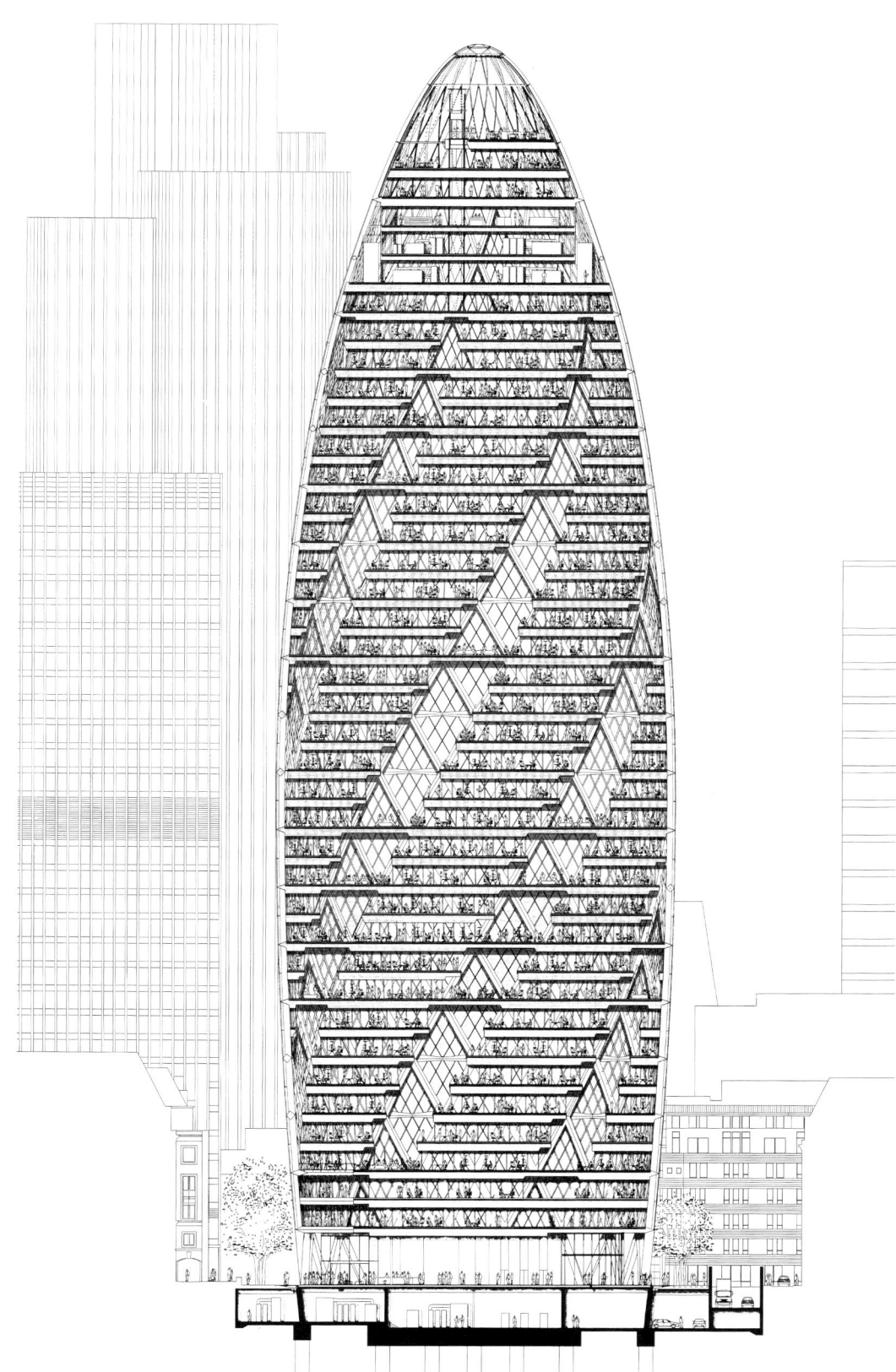

Geometrie der Büroflächen ergibt sich durch ein Raster von 1,50 x 1,50 Meter und führt zu rechteckigen und leichter nutzbaren Flächen. Verschiedene Büroformen sind umsetzbar: offene Arbeitsbereiche, Kombinationen von offenen Arbeitsbereichen und Einzelbüros. Die Vorgabe des Bauherrn an die Architekten war 10 m² Bürofläche pro Person; obwohl voraussichtlich nie vollständig ausgenutzt, können im Gebäude bis zu 4.000 Personen gleichzeitig arbeiten. Swiss Re wird seinen neuen Hauptsitz langsam in Besitz nehmen. Die Ebenen der oberen Hälfte werden deshalb mit kurzfristigen Verträgen vermietet.

Nach Aussage der Architekten wird das Swiss Re-Gebäude das erste teilweise natürlich be- und entlüftete Bürohochhaus in London sein. Die Druckunterschiede an der Außenhaut werden genutzt, um an den Rändern der Deckenelemente über einen umlaufenden Schlitz Frischluft anzusaugen. Diese wird dann in dem entsprechendem Bürobereich über Luftauslässe an der Decke verteilt. Die verbrauchte Luft wird über dem Boden abgesaugt und über den Zwischenraum der Fassade unter Mitnahme der dort durch die Aufheizung des Sonnenschutzes entstehenden Wärme, je nach den äußeren Bedingungen, in die Atrien oder ins Freie abgeführt. Das Lüftungssystem ist dezentralisiert; über eine eigene Haustechnikanlage im Bereich des Kernes und der Geschoßdecken kann jedes Geschoß einzeln be- und entlüftet werden. Zusätzlich zur natürlichen Belüftung kann eine konventionelle Klimaanlage zugeschaltet werden. Diese Wahlmöglichkeit unterstützt die hohe Flexibilität der Büroflächen und nimmt Rücksicht auf die individuellen Bedürfnisse zukünftiger Nutzer. Die Atrien tragen auch über den höheren natürlichen Tageslichtanteil zur Einsparung von Energie bei. Das Swiss Re zeichnet sich hauptsächlich durch die Verbindung von Ökologie, hoher Nutzerfreundlichkeit und Wirtschaftlichkeit aus. Es wird mit einem für Hochhäuser im angelsächsischen Raum bisher ungewöhnlich hohen ökologischen Anspruch geplant, besitzt eine innovative Tragstruktur und hat eine kommunikative Gebäudeorganisation. Alle diese Eigenschaften zusammen machen Swiss Re zu einem zukunftsfähigen, auf ökonomische und ökologische Notwendigkeiten reagierendes Gebäude ein Vorbild insbesondere für kommerzielle Bürohochhäuser. *ta*

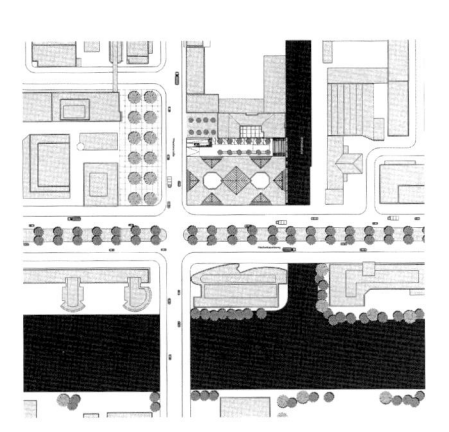

Lageplan

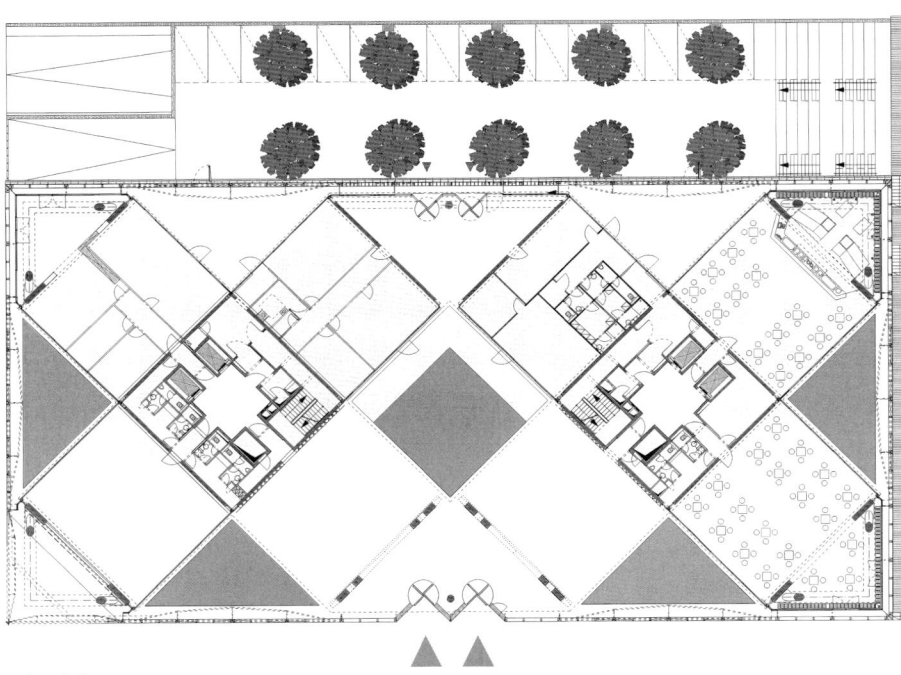

Erdgeschoß

oben Für Hamburger Verhältnisse ungewöhnlich transparent stellt sich das Doppel-XX dar. Nachts offenbart es seine Innenwelt: gestapelte Landschaften hinter Glas.

rechts Als Lowtech-Gebäude konzipiert, entsteht durch die beiden Fassadenebenen ein klima- und schalltechnischer Pufferbereich.

Doppel-XX

Hamburg, Deutschland

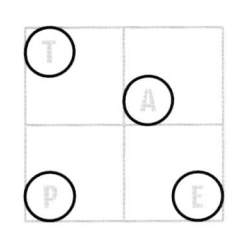

T = Teamarbeit
A = Austauscharbeit
P = Prozeßarbeit
E = Einzelarbeit

Bauherr	Becken Investitionen & Vermögensverwaltung
Architekten	Bothe Richter Teherani Architekten
Nutzung	spekulativ
Fertigstellung	1999
Bruttogeschoßfläche	20.000 m²

In Hamburgs Gewerbegebiet Billbrook setzt das von Bothe Richter Teherani konzipierte spekulative Bürogebäude ein deutliches Zeichen. Ein „Haus-im-Haus-Konzept", das hier als ein von einer Glashaube umschlossenes, massives doppel-X-förmiges Haus umgesetzt wurde, läßt im Gebäudeinnern eine Gegenwelt entstehen, die in Kontrast zum umgebenden formlosen Stadtgefüge steht. Hier findet man Plätze für Kommunikation, fast schon japanisch anmutende, grüne Gärten zum Entspannen und vielfältige Sichtbeziehungen zwischen den einzelnen Geschossen. Für zukünftige Mieter bietet es daher eine hochwertige Arbeitsumgebung. Die Grundform des Doppel-X, eine findige Grundrißdisposition, läßt in den Zwickeln sechs gebäudehohe, begrünte Wintergärten und ein zentrales Atrium entste-

Normalgeschoß

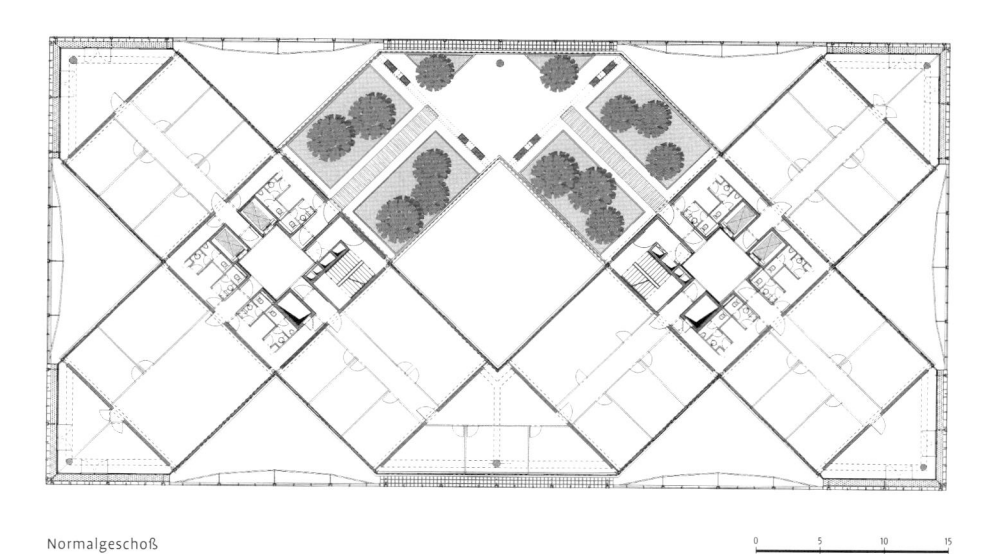

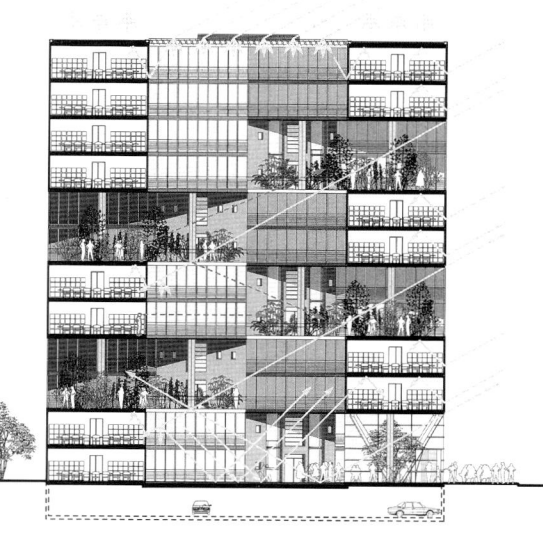

Klimaschnitt; der Pufferraum hat den Vorteil einer ausgleichenden Klimazone, die den Wärmeverlust in den kalten Jahreszeiten minimiert und zusätzliche Energie durch Sonneneinstrahlung nutzt.

Interne Verbindungen zwischen den Wintergärten lassen einen Luftstrom zwischen der sonnenabgewandten, kühleren und der wärmeren Seite entstehen.

links Mediterran begrünte Wintergärten lassen attraktive Aufenthaltsbereiche entstehen und tragen zusätzlich zu einem ausgeglichenen Klima mit gutem Feuchtigkeitsgehalt bei.

mitte Die mittleren Büroflügel sind zusätzlich durch etwa sieben Meter hohe, nach unterschiedlichen Themen ausgestaltete Etagengärten gegliedert.

oben Die punktgehaltenen Außenfassaden aus Einfachsicherheitsgläsern hängen über 42 Meter von einem Raumfachwerk ab. Dort, wo die Büros an die Außenhaut treffen, entsteht eine Doppelfassade.

---

hen. Während das Gebäude auf diese Weise nach außen sehr plastisch wirkt, entsteht im Innern die Voraussetzung für ein Lowtech-Energiekonzept. Die Bürobereiche gliedern sich in 72 etwa 200 m² große Grundmodule, die jeweils an einem ganzjährig nutzbaren Wintergarten liegen. Die Mieteinheiten sind – als offener Arbeitsbereich, als Zellen oder in Kombinationen – flexibel nutzbar und über die zentral gelegenen Kernbereiche mit haustechnischer Versorgung beliebig miteinander kombinierbar. Am Ende jeder Nutzungseinheiten findet man repräsentative, der Stadt zugewandte, raumhoch verglaste Besprechungsbereiche. Trotz des großzügigen Raumeindrucks gewährleistet die intelligente Grundrißform, die nur zwei Treppenhäuser benötigt, eine hohe Wirtschaftlichkeit. Für das 30 mal 70 Meter messende Rechteck der Lärm- und Klimahülle wurde die maximal vermietbare Fläche erreicht. Gleichzeitig ermöglicht das Motiv des Doppel-X in Kombination mit den versetzten Wintergärten eine optimale Be- und Entlüftung des gesamten Gebäudes. Zuluftöffnungen im unteren Fassadenbereich sorgen dafür, daß kühle Frischluft über die versetzt angeordneten Wintergärten das gesamte Gebäude durchströmt, um dann im Dachbereich auszutreten. Über Schiebefenster in der inneren Fassade können so alle Büroräume trotz hoher Lärmbelastung natürlich belüftet werden. Im Winter dient die Hülle als Klimapuffer und Sonnenfalle, im Sommer lassen sich die dreieckigen Dachflächenfenster ganzflächig öffnen. Durch die Kombination von offenliegender Speichermasse – eine Stahlbeton-Fertigteilkonstruktion mit Rippendecken – mit individuell steuerbarem Sonnenschutz vor der inneren Fassade konnte auf eine aufwendige Klimatisierung verzichtet werden. Der verringerte Energieverbrauch senkt auch die Betriebskosten maßgeblich.

Die Grundform des Doppel-X wurde schon vor Fertigstellung zum Markenzeichen und zum Namensgeber. Es verdeutlicht die Symbolkraft von Architektur, ein entscheidender Marketingfaktor. Die innere Kunstwelt mit ihren hängenden Gärten formt aber auch gestapelte Mikrokosmen, die dem Bedürfnis der Menschen nach Identität und Gemeinsinn entsprechen und den grauen Alltag draußen lassen. *bk*

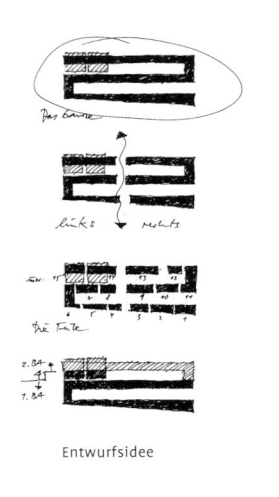

Entwurfsidee

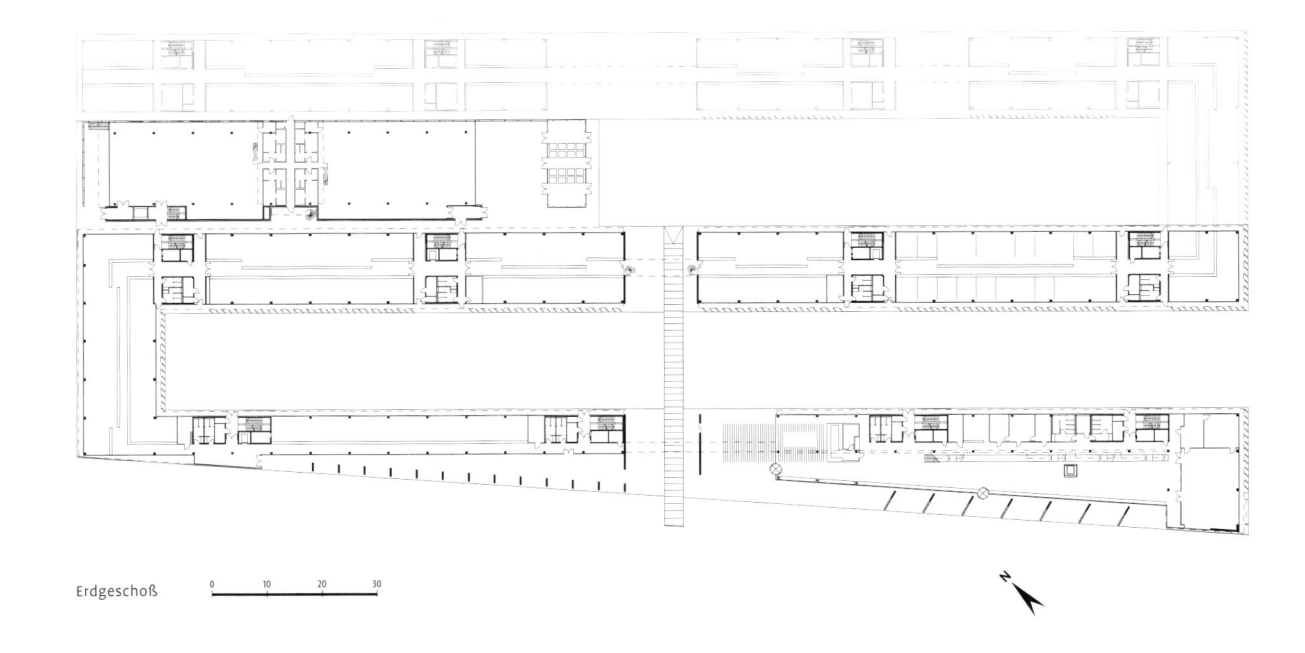

Erdgeschoß

oben Straßenansicht

rechts Die viergeschossige Eingangshalle mit angegliedertem Konferenzraum, Caféteria und kleinen Besprechungsräumen ist Treffpunkt für die Mieter.

Umwelttechnologiezentrum

Berlin, Deutschland

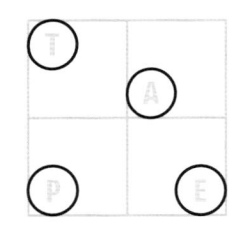

Bauherr	WISTA Mangement GmbH, Berlin
Architekten	Eisele + Fritz
Nutzung	Forschung und Entwicklung
Fertigstellung	1999
Bruttogeschoßfläche	24.000 m²
Büronutzfläche	12.000 m² (HNF)
Mieteinheiten	40 – 1000 m²

T = Teamarbeit
A = Austauscharbeit
P = Prozeßarbeit
E = Einzelarbeit

Das UTZ ist Teil des Forschungs- und Technologieparks in Adlershof, Berlins größtem Stadtentwicklungsprojekt, das bis zum Jahre 2010 zu einem neuen Stadtteil ausgebaut werden soll. Der Neubau präsentiert sich als mäanderförmiger Gebäudekomplex, der in überschaubare, zweispännig organisierte und unterschiedlich große Gebäudeeinheiten gegliedert ist, was der Anlage einen Wohnhauscharakter verleiht. In den „einzelnen Häusern" können die Firmen, ausschließlich im Bereich der Umwelt-, Bio- und Energietechnik tätig, Büroeinheiten von 20 -1.000 m² mieten. Unterstützt von der differenzierten Gestaltung des Innenhofs – einem Wechselspiel von orthogonal angeordneten Plätzen aus Betonsteinpflaster, bepflanzten Grünflächen und Wasserbecken mit Holzstegen – wird die Identifikation der

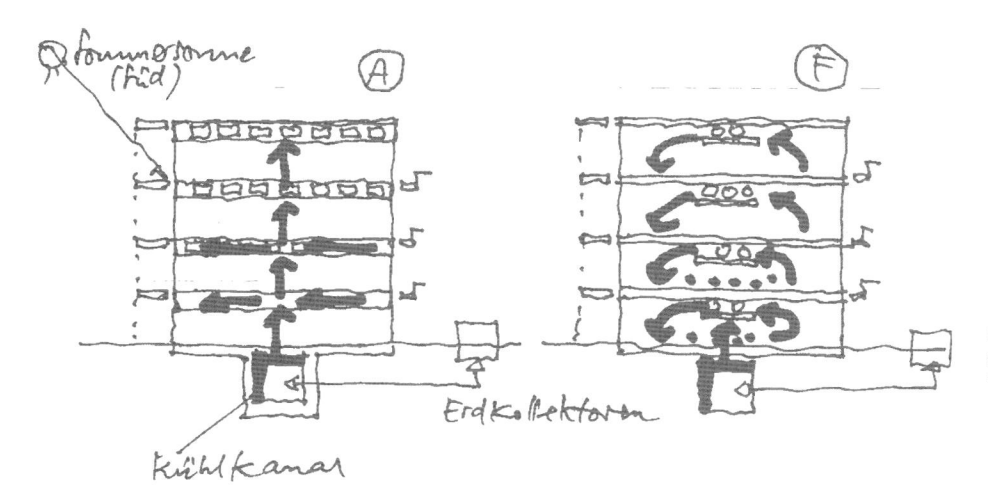

Klimakonzept; die gesamte Technik ist in die Hohlraumdecken integriert, um den Beton als Speichermasse nutzen zu können und größtmögliche Flexibilität zu erreichen.

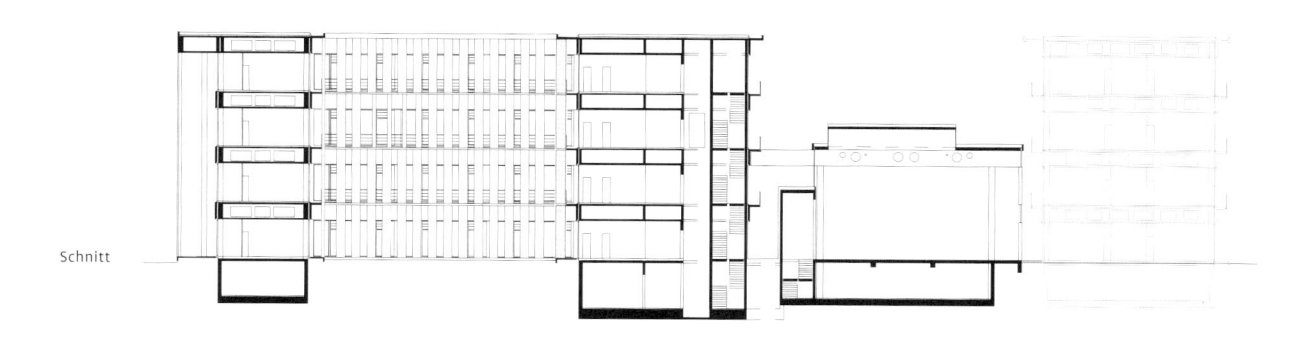

Schnitt

oben Besprechungsraum

links Die differenzierte Ausbildung der Innenhofbegrünung korrespondiert den „einzelnen Häusern" des Mäanders. Die Fassaden sind, den Himmelsrichtungen entsprechend, unterschiedlich ausgebildet.

Nutzer mit ihrer Mieteinheit in einem hohen Maß gefördert. Für zufällige oder geplante Begegnungen finden die Mieter Sitzgelegenheiten im Innenhof. Eine viergeschossige Eingangshalle mit Empfang, Konferenzbereich und Caféteria am Kopf des Mäanders bietet Raum für formelle und informelle Kommunikation im Rahmen von Ausstellungen, Empfängen und Workshops oder während der Mittagspause.

Die WISTA (Wissenschafts- und Wirtschaftsstandort Adlershof) finanzierte das Projekt zum größten Teil aus öffentlichen Mitteln und nimmt als Investor eine Vorbildfunktion ein. Mit der Organisation von Workshops, dem Erstellen eines Firmenhandbuchs, der Beratung bei der Wahl eines geeigneten Mietbereichs, der technischen Betreuung und der Initiierung von Kooperationsprojekten fördert sie die Kommunikation unter den Mietern und damit den Synergieeffekt. Neben diesem umfangreichen Service war das umweltschonende Energiekonzept Hauptanliegen des Bauherrn.

Wesentliche Bestandteile des Klimakonzepts sind die Bauteilkühlung, das Sonnenschutzsystem, die Regenwassernutzung und die Photovoltaikanlage. 1,50 Meter hohe, sichtbare Hohlraumdecken funktionieren im Winter als Wärmespeicher und im Sommer durch die Hinterlüftung des Hohlraums als Kühlelemente. Zusätzlich nimmt der Hohlraum alle notwendigen Leitungen auf, die an jeder Stelle angebunden werden können, was eine größtmögliche Flexibilität und Variabilität der Nutzung fördert. Zur Schonung der Trinkwasserressourcen wird das gesammelte Regenwasser für die Gartenbewässerung genutzt. Einen optimalen Sonnenschutz bietet ein sich ergänzendes System aus starren horizontalen Lamellen und beweglichen vertikalen Lamellen, die die individuelle Regulierung von Lichteinfall und Sonneneinstrahlung ermöglichen. Die vertikalen Sonnenschutzlamellen vor der Fassade der Eingangshalle liefern, mit Photovoltaikelementen bestückt, gleichzeitig den Strom für die gemeinschaftlich genutzten Sonderbereiche. Die Attraktivität des Gebäudes begründet sich in der hohen Flexibilität, der Arbeitsplatzqualität, den Synergieeffekten und der Minimierung der Betriebskosten durch ein sinnvolles Klimakonzept. *sj*

Glossar

Add-on-Services / Amenities
Zusatzleistungen, die die Mitarbeiter zusätzlich motivieren und an das Unternehmen binden (z.B. durch firmeneigene Kinderkrippe, Massage, Einkaufsservice, Fitnesscenter etc.).

Alternierende Telearbeit
Telearbeit, die teils zu Hause und teils im Büro erbracht wird. An beiden Orten verfügt der/die Mitarbeiter/in über einen festen Arbeitsplatz.

Arbeitsplatzsystem / Arbeitsstation
Ein Arbeitsplatzsystem besteht aus verschiedenen, eindeutig voneinander abgrenzbaren Elementen. Das Arbeitsplatzsystem umfaßt horizontale und vertikale Flächen sowie Raum für IuK-Systeme, Papierbearbeitung, persönlichen Stauraum, kurzfristige und mittelfristige Ablage, als auch personifizierte Bereiche und Steh-Sitz-Liege-Möbel.
EDV: Eine Arbeitsstation ist in der Regel ein Personal-Computer in einem Netzwerk, der auf einen Server zugreift.

Back-Office
[engl. das Hinterstübchen] Alle Bürobereiche und Prozesse, die „hinter den Kulissen" stattfinden und keinen direkten oder öffentlichen Kundenbezug (Front-Office) haben. Dazu gehört beispielsweise die unternehmensinterne Weiterbearbeitung von Bestellungen oder Reklamationen.

Bandbreite
Bezeichnet die Datenmenge, die sich innerhalb eines bestimmten Zeitraums übertragen läßt. Sie wird in Bit oder Millionen Bit pro Sekunde (bps oder Mbps) angegeben. Die tatsächliche Bandbreite fällt durch Datenstaus im Netz oft wesentlich geringer aus.

Bauteilintegrierte Flächenheizung und -kühlung
Statt der üblichen konvektiven Heizkörper oder Radiatoren werden die vorhandenen, massiven Bauteile (Decke, Boden oder Wand) als Heiz- bzw. Kühlflächen genutzt, um den Raum mittels integrierter Wärmeverteilungssysteme (z. B. wasserführende Kapillarrohrmatten oder Kunststoffrohre) durch Strahlungswärme zu heizen oder zu kühlen. Dieses Prinzip, die Speicherkapazität der massiven Bauteile zur Raumtemperierung zu nutzen, war bereits den Römern in der Antike als sogenannte Hypokaustenheizung bekannt. Statt der heute üblichen Wasserrohre integrierten die Römer Luftkanäle zur Erwärmung der Wände.

Benchmark
[engl. Standardwerk, Bezugswert, Maßstab, Bewertung, Leistungsmaßstab] Maßstab für einen Leistungsvergleich für Gebäude, Dienstleistungen oder Hard- und Software.

Bit
[Abk. für engl. Binary digIT, „Binärzahl, Dualziffer"] Die kleinste Informationseinheit im binären System. Anwendung findet sie in der Computertechnik. Die Information eines Bit ist entweder 0 (Logisch Null) oder 1 (Logisch Eins). Die Zusammensetzung von 8 Bits zu einem logischen „Wort" (bzw. Zeichen) wird Byte genannt.

Bluetooth
[engl. Blauzahn] Eine Technologie für die drahtlose Übermittlung von Sprache und Daten mittels kurzer Radiowellen. Die Bluetooth-Technik nutzt das frei verfügbare Funknetz ISM (Industrial Scientific Medical), das mit 2,45 GHz arbeitet. Die Übertragungsleistung soll ohne Leistungsverstärkung bis zu 1 MBit pro Sekunde bei einer Reichweite von 12 m betragen. Nutzbar ist Bluetooth für eine Vielzahl von Szenarien. Alle Geräte im Büro können ohne Kabelsalat oder Kabellängenprobleme frei im Raum plaziert werden. Der Fotokopierer schickt eine Vorlage als E-Mail über das Handy. Kommen der Laptop oder das Mobiltelefon von der Reise zurück, so gleichen sie Dateien im Rechner, Termine im Organiser oder Telefonnummern automatisch ab. Auch Bilder einer Digitalkamera ließen sich damit einfach auf den PC-Monitor „zaubern". Der Name Bluetooth leitet sich von dem Beinamen eines dänischen Königs ab, der im 10. Jahrhundert die Wikingervölker unter seiner Krone einigte und christianisierte.

Bürolandschaft
Weiterentwicklung des Großraumbüros mit raumteilenden und -gliedernden Elementen und kommunikationsfördernden Strukturen.

Büronomade
Zeichnet sich durch einen häufigen Wechsel des Arbeitsplatzes aus. Unterstützt wird diese Arbeitsweise durch Bürokonzepte wie den Business Club und durch moderne IuK-Technologie.

Bus
Interne Sammelleitung zur Übertragung von Daten oder Steuersignalen zwischen einzelnen Systemkomponenten, also zwischen Mikroprozessoren, Hauptspeicher, Schnittstellen und Erweiterungskarten. Es wird zwischen Adreßbus-, Datenbus- und Steuerbus und zwischen unidirektionalen und bidirektionalen Leitungssystemen unterschieden.

Busbreite
Anzahl der Übertragungsleitungen im Bus. Diese beeinflußt die Arbeitsgeschwindigkeit des Computers. Bussysteme sind demnach alle Datenleitungen zur Datenübertragung zwischen den Einheiten (z.B. Laufwerk, Festplatte) des Computers.

Business-Club
Bezeichnet ein non-territoriales Bürokonzept mit vielfältigen Arbeitsplatzangeboten. Im Mittelpunkt stehen Begegnung, Kommunikation und Synergie. Häufig werden drei Zonen unterschieden: das Business-Center mit Schließfächern, Sekretariat, Espressobar und Besprechungsmöglichkeiten, der Teamarbeitsbereich mit Einzelarbeitsplätzen, Projekträumen und Besprechungsräumen und die Lounge mit der Möglichkeit zum entspannten Arbeiten.

Call Center
[engl. telefonischer Kundendienst] Steht für perfekten Kundenservice per Telefon und entwickelt sich vermehrt zur zentralen Kundenschnittstelle des Unternehmens. Auch „Customer Care Center" oder „Customer Interaction Center" genannt. Branchenübergreifend nutzen immer mehr Unternehmen ein Call Center für die Kommunikation mit ihren Kunden (z.B. Kundendienst-Hotline oder Telefonvertrieb).

Churn Rate
[engl. Abwanderungsquote] Häufigkeit und Menge, in der ein Unternehmen einzelne Mitarbeiter oder Gruppen umsetzt oder an andere Orte versetzt.

CI / Corporate Identity
Firmen-Identität – zur CI zählt auch das einheitliche Erscheinungsbild eines Unternehmens; es zeigt sich vom Logo (Corporate Design) über die Werbung und die im Kundenverkehr benutzten Formulare bis hin zur architektonischen Gestaltung und der Innenausstattung.

Cross-funktionales Team
Eine Gruppe Menschen aus unterschiedlichen Funktionsbereichen, die zusammen einen Prozeß oder ein Produkt entwickeln oder entwerfen oder Entscheidungen oder Empfehlungen über einen Prozeß oder ein Produkt treffen. Ein cross-funktionales Team kann kurzfristig oder langfristig eingesetzt werden. Die Mitglieder kommen aus unterschiedlichen Bereichen innerhalb der Abteilung oder der Organisation, es können aber auch Lieferanten oder Kunden der Organisation miteingeschlossen sein. Die Mitglieder repräsentieren unterschiedliche Hierarchiestufen der Organisation und unterschiedliche Funktionsbereiche, aber im Zusammenhang des Teams teilen sie Verantwortlichkeit und Autorität für die Art und Weise, in der das Team zusammen arbeitet, und für die Ergebnisse.

Desk-Sharing
[engl. Schreibtisch teilen] Aus dem Büroraummanagement: ein Arbeitsplatzkonzept, bei dem sich mehrere Mitarbeiter einen Arbeitsplatz teilen.

Digitaler Arbeitsplatz
Arbeitsplatz, an dem alle vorkommenden Arbeitsprozesse über elektronische Medien ablaufen. Ist von jedem Netzzugang aus zu erreichen und zu verwalten.

Document-Sharing
Paralleles Bearbeiten eines digitalen Dokuments durch mehrere darauf zugreifende Personen.

Dokumentenmanagement
Computergestützte Verfahren und Instrumente, die auf das Verwalten, die Steuerung und den elektronischen Austausch von dokumentenbasierten Informationen zielen; von der Erstellung, der Bearbeitung, der Archivierung, der Distribution bis zur Rückgewinnung von Dokumenten als Informationsträgern. Hierzu werden unterschiedliche Informationstypen (Text, Tabellen, Daten, Graphiken, Bilder, Tondokumente) und Trägermedien (Papierdokumente, Mikroformen, digitale Datenbestände) integriert. Dokumentenmanagement hat die Steigerung von Produktivität vernetzter betrieblicher Abläufe und eine verbesserte Information der Mitarbeiter zum Ziel.

E-Business / Electronic Business
E-Business integriert mittels neuer Medien sowohl die Austauschverhältnisse zwischen Unternehmen und Kunden bzw. zwischen Unternehmen und Geschäftspartnern als auch die internen Koordinationsmechanismen. E-Business schließt E-Commerce mit ein.

E-Commerce / Electronic Commerce
Allgemeine Bezeichnung für über Datennetze abgewickelten Geschäftsverkehr. Die Verwendung von elektronischen Medien bei Transaktionen von Gütern, Informationen oder Dienstleistungen zwischen Geschäftspartnern und Kunden beschleunigt Abläufe durch verbesserte Kommunikation, steigert die Effizienz und kombiniert verschiedene Wertschöpfungsketten.

E-Paper / Electronic Paper
E-Papier ist ein tragbares, mehrfach verwendbares Speicher- und Wiedergabemedium; es sieht wie Papier aus, man kann aber wiederholt darauf schreiben (Electronic Ink). E-Papier wird für Anwendungen wie E-Books, elektronische Zeitungen oder faltbare Bildschirme benutzt. Die anzuzeigenden Informationen werden von einem Computer oder von einem Handy heruntergeladen oder übermittelt oder mit einem elektronischen „Bleistift" erzeugt.

E-Mail
[engl. elektronische Post] Der E-Mail-Dienst ist nicht an das Internet gebunden, obgleich er im Internet zu den wichtigsten Diensten zählt.

Erdwärmesonden und Energiepfähle
Es gibt vier prinzipielle Arten der Wärmegewinnung aus der Erde: hydrothermale Geothermie, oberflächennahe Geothermie, Erdwärmesonden und das Hot-Dry-Rock-Verfahren. Erdwärmesonden bestehen aus doppelwandigen Rohren, die 50 bis 150 m tief in das Erdreich geführt werden und so ein konstantes Temperaturniveau (in Deutschland 7-11° C) erreichen. Diese Technik ist einfach und hat keine nachteiligen ökologische Auswirkungen.
Bei tiefen Gründungen können die Fundamente als Wärmeenergiespeicher bzw. als Wärmetauscher zur Kühlung genutzt werden. Die Pfahlgründungen funktionieren dann wie Energiesonden und werden zu sogenannten Energiepfählen.

Exit-Strategy
[engl. Ausstiegsplanung oder -strategie] Planung des Ausstiegs aus Investitionen und/oder Immobilien.

Extranet
Bezeichnet den Intranet-Datentransfer über das Internet. Damit können Computer praktisch über den gesamten Globus miteinander verbunden werden, wenn eine direkte Intranetverbindung zu aufwendig ist. Die Datensicherheit kann z.B. über Firewalls bzw. kryptologische Verfahren gewährleistet werden.

Facility Management (FM)
[engl. Einrichtung, Anlage, Möglichkeit] Die Betrachtung, Analyse und Optimierung aller kostenrelevanten Vorgänge rund um Gebäude, Anlagen und Einrichtungen oder eine im Unternehmen erbrachte Dienstleistung, die nicht zum Kerngeschäft gehört. Hierzu zählt die Integration von Planung und Kontrolle von Arbeitsplatz und Arbeitsumfeld, mit dem Ziel, verbesserte Nutzungsflexibilität, Arbeitsproduktivität und Kapitalrentabilität zu erreichen. Das Facility Management umfaßt den gesamten Lebenszyklus eines baulichen Objektes.

Firewall
[engl. Feuerschutzwand] Elektronisches Sicherheitssystem, das eine elektronische Barriere zwischen einem Intranet und dem Internet aufbaut, um das Netzwerk und die PCs eines Unternehmens vor dem unbefugten Zugriff durch fremde Nutzer zu schützen.

First come first serve
Dispositionsprinzip für Wechselarbeitsplätze. Wer zuerst kommt oder reserviert, kann sich seinen Arbeitsplatz aussuchen – bis zum nächsten Mal.

Flexibilität eines Gebäudes
Bezeichnet die Veränderbarkeit, Erweiterung und Teilbarkeit von Nutzungsflächen. Sie ist abhängig vom Grad der Nutzungsflexibilität, der Gebäudetechnik und der Anpassungsfähigkeit an verschiedene Büroraumstrukturen.

Front-Office
Unter „Front-Office" versteht man Einrichtungen oder Bürobereiche, die dem direkten Kundenkontakt dienen.

Gold collar individuals
Hochausgebildete, kreative Mitarbeiter/innen eines Unternehmens, die extrem komplexe Probleme lösen.

Großraumbüro
Hat typischerweise eine Grundfläche von 600 bis 1000 m² oder mehr, die sich in strukturierte Raumzonen gliedert. Die Grenze zum Gruppenbüro ist fließend. Auf der normalerweise nur mit wenigen Stützen versehenen Großraumfläche lassen sich Arbeitsplätze variabel anordnen. Je nach Bedarf kann die Raumstruktur mit Pflanzen, Stellwänden, Schränken oder Raumgliederungssystemen unterteilt und relativ flexibel neuen Anforderungen angepaßt werden.

Groupware
[engl. Gruppenprogramme] Software für Benutzergruppen, die ein verteiltes Arbeiten von Teams in firmeneigenen Computernetzen ermöglichen. Groupware besteht aus Software für E-Mail, Adreßdatenbanken, Terminplanung, Dokumentenmanagement und Workflow. Die Daten werden mittels Server-basierten Datenbanken bereitgestellt.

Gruppenbüro
Büromodul, das in der Regel 7 bis 20 Arbeitsplätze umfaßt. Sofern die Arbeitsprozesse es erfordern, werden hier ganze Arbeitsgruppen oder organisatorische Einheiten räumlich zusammengefaßt. Ziel ist es, die Vorteile von Zellenbüros und Großraumbüros zu vereinen und dabei die Nachteile der beiden Konzepte auf möglichst niedrigem Niveau zu halten.

Handheld
Ein handflächengroßer Computer. Heutige Handhelds, die auch persönliche digitale Assistenten (PDAs) oder PalmPC genannt werden, haben ein kleines Keyboard oder einen mit einer Schrifterkennung ausgestatteten Touchscreen; neuerdings auch in Kombination mit Handys. Die Geräte verfügen über Bürofunktionen wie Kalender, Adreß- oder Notizbuch und erlauben die digitale Kommunikation (z.B. für E-Mail per Handy-Modem). Das ursprüngliche Handheld mit Schrifterkennung war der Newton von Apple.

Home Office
In der Wohnung befindlicher Arbeitsplatz – meist eines Freiberuflers oder Selbständigen –, entweder in einem separaten Zimmer, das ausschließlich als Arbeitsraum genutzt wird, oder als integrierter Arbeitsplatz im Wohnbereich. Neben vielen Vorteilen (z.B. keine Anfahrtswege) existiert hier auch das Problem der sozialen Isolation und der Vermischung von Arbeit und Privatem.

Hot Desking
[engl. heiß; Schreibtisch] Arbeitsumgebung, die kurzfristiges Arbeiten nach dem Plug-and-Work-Prinzip ermöglicht.

Hotelling
Arbeitsplätze, die vergleichbar mit einem Hotel-Reservierungs-System im voraus und für bestimmte Zeiträume gebucht werden. Dieses Reservierungs-System wurde von der Beratungsfirma „Ernst & Young" in Chicago entwickelt.

Hub
[engl. Nabe, Zentrum] Technische Einrichtung, um mehrere Rechner eines Netzwerks sternförmig miteinander zu verbinden. Im übertragenen Sinne auch ein zentraler Servicepunkt oder ein Gebäude für die Mitarbeiter bzw. Teammitglieder mit gemeinschaftlich genutzten Werkzeugen wie Kopierer, Scanner etc. sowie Besprechungsmöglichkeiten, Teeküche, Entspannungsräumen etc.

Human Resource Management
Als Reaktion auf den mechanistischen Ansatz der tayloristischen Organisationsstrukturen entwickelten sich seit den dreißiger Jahren verschiedene Organisationstheorien, die sozio-psycho-

logische Aspekte berücksichtigten. Der Human-Resources-Ansatz basiert auf der Vorstellung, daß die Motivationsstruktur des sich entfaltenden Menschen im Zusammenhang mit den unterschiedlichen Bedürfnissen gesehen werden muß. Hauptvertreter dieses theoretischen Ansatzes sind Abraham H. Maslow („Motivation and Personality", 1954) und Frederick Herzberg („Work and the Nature of Man", 1966). Human Resource Management betrifft folgende Aktivitäten und Aufgabenfelder: Alle Entscheidungen, Strategien, Faktoren, Grundregeln, Operationen, Funktionen, Aktivitäten und Methoden, die im Zusammenhang mit dem Management von Menschen als Angestellte oder Mitarbeiter in irgendeiner Art von Organisation stehen (einschließlich kleiner und Mikrounternehmen und virtuelle Organisationen); alle Fragen, die im Zusammenhang mit den Beschäftigungsverhältnissen stehen (dies betrifft auch die Förderung des Potentials der einzelnen Mitarbeiter); das Streben nach Mehrwert durch Waren und Dienstleistungen, sowie die Sicherung der Qualität des Arbeitslebens für die Mitarbeiter, und folglich die Unterstützung und Sicherung von ununterbrochenem organisatorischem Erfolg in einem sich verändernden Umfeld.

Intelligent Room
High-Tech-Raum mit sensitiven, intelligenten Raumsystemen für Präsentationen und interaktive Arbeitsmeetings, die sich der IuK-Systeme bedienen. Raumnutzer/innen können auch von biometrischen Systemen erkannt und interpretiert werden.

Interactive / Interaktiv
[engl. sich wechselseitig beeinflussend, wechselwirkend, die Möglichkeit, in einen Ablauf einzugreifen] Im EDV-Bereich ist es der Informationsaustausch zwischen Anwender und Computer. Bezeichnet aber auch eine Arbeitsumgebung, die durch computergesteuerte Arbeitsgeräte und Gebäudeleittechnik flexibel und automatisch auf die Bedürfnisse der Mitarbeiter reagiert.

Interchange
[engl. Austausch] Im EDV-Bereich: Datenaustausch.

Internet
Weltweit dezentrales Telekommunikationsnetz (aus vielen miteinander verbundenen Netzwerken und auch einzelnen Ressourcen bestehend) für die Übertragung digitaler Informationen. Innerhalb dieses Netzes werden ein einheitliches Adressierungsschema sowie TCP/IP-Protokolle zur Datenübertragung verwendet.

Internet II / Next Generation Internet
Über 190 US-amerikanische Universitäten und Krankenhäuser haben 1997/98 zusammen das Internet-II-Projekt ins Leben gerufen. In enger Partnerschaft mit Industrie und Regierung sollen avanciierteste Netzwerktechnologien entwickelt und genutzt werden.

Intranet
Internes Unternehmens-Kommunikationsnetz. Ein abgeschlossenes Computernetzwerk, das auf Internet-Technik zurückgreift und auf hausinternen Servern angesiedelt ist. Der Anschluß zum Internet erfolgt in der Regel über eine „Firewall", die das interne Netzwerk (Intranet) vor Schäden und unberechtigten Zugriffen schützt. Die Intranets werden vor allem für die Teamarbeit, zur Dokumentenverwaltung, Terminplanung oder für Geschäftsverzeichnisse verwendet.

IuK
Abk. für Information und Kommunikation. Der Begriff IuK-Technologien umfaßt folgende Komponenten: Computer Hardware und Software und damit verbundene Dienstleistungen sowie Telekommunikationsausrüstung und -dienstleistung. IuK-Technologie findet sich z.B. in Liveboards oder White Boards.

Just-in-time
Reservierungsprogramm, bei dem der Arbeitsplatz für Zeiträume von einem halben Tag bis zu mehreren Tagen von Mitarbeitern gebucht werden kann. Ursprünglich kommt der Begriff aus dem Produktionsbereich und bezeichnete die Fabrikation auf Anfrage im Gegensatz zur kostenintensiven Vorfabrikation der Ware.

Knowledge Worker
[engl. Wissen] Menschen, deren hauptsächliches Arbeitsmaterial Information ist. Die Aufgabenstruktur ist durch einen sehr hohen Anteil an projektorientierten Aufgaben gekennzeichnet.

Kombibüro
Zeichnet sich durch „Arbeitskojen", die entlang der äußeren Gebäudefassade angeordnet sind, und eine innenliegende, 6-8 m tiefe Multifunktionszone aus. Die Arbeitskojen sind i.d.R. Einzelräume mit relativ kleinen Grundflächen (8-10 m²) bzw. Doppel-Kombibüros mit zwei Arbeitsplätzen je Raum. Die Arbeitskojen sind seitlich mit raumhohen Trennwänden voneinander abgeschirmt und – als typisches Merkmal für ein Kombibüro – mit einer Glaswand von der Multifunktionszone getrennt.

LAN
[Abk. für engl. Local Area Network] Lokal begrenztes Netzwerk von Computern, im Gegensatz zu WAN, meist innerhalb eines Unternehmens. „Lokal" bezieht sich hier auf räumlich, d.h., auf einen gemeinsamen Standort.

Liveboard
[engl. Datenwand] White Board mit einer digitalen Arbeitsfläche. Dateneingabe, Navigation, Dokumentenerstellung und -bearbeitung erfolgen mittels drahtloser Eingabestifte. Diese sind mit Tasten, vergleichbar den Funktionen der PC-Maus, ausgestattet und ermöglichen die sogenannte intuitive Interaktion. Die Dateneingabe erfolgt direkt als handschriftliche Notiz bzw. als Graphik, die mit einer Handschriftenerkennungssoftware weiterbearbeitet werden kann.

M-Commerce/Mobile Commerce
Mobiler Geschäftsverkehr, der über Handy-basierte Datennetze abgewickelt wird. Die Entwicklung gründet auf dem Wireless Application Protocol (WAP), das die Übertragung von Internet-Seiten im WML-Format erlaubt. Diese können aus bestehenden HTML-Seiten erzeugt werden.

Mobile Office
Mobile Arbeit ohne festes Büro, ermöglicht durch moderne IuK-Technologien.

Moore's Law / Moores Gesetz
„Die Leistung von Computerchips verdoppelt sich etwa alle 18-24 Monate": Die US-Branchenvereinigung Semiconductor Industry Association (SIA) geht in einer „Roadmap", also einem Fahrplan für die Chipindustrie, davon aus, daß sich „Moore's Law" bis 2015 bestätigen wird. Moore's Law ist nach dem Ex-INTEL-Chef Gordon Moore benannt, der in den sechziger Jahren diese Faustregel aufstellte.

Morphing Office
Amorphe Büroform ohne feste Raumstrukturen, non-territoriales Büro mit höchster Wandlungsfähigkeit, das sich dem aktuellen Bedarf flexibel anpaßt.

Nachbarschaft
Definiert den Arbeitsbereich für ca. 50 Mitarbeiter. Innerhalb einer Nachbarschaft befinden sich mehrere „Logische Organisatorische Einheiten", LOEs. Sowohl die Zuordnung der LOEs zu einer Nachbarschaft als auch die Zuordnung der Nachbarschaften zueinander fördert eine prozeßorientierte, funktionsübergreifende Arbeitsweise. Zentrale Ressourcen, wie z.B. Kopierer und Scanner, werden innerhalb einer Nachbarschaft gemeinschaftlich genutzt.

Nachbarschaftsbüro
Eine Organisationsform der Telearbeit, bei der mehrere Telearbeiter ein gemeinschaftlich genutztes Büro in Wohnungsnähe benutzen.

Netz / Netzwerk
Das Netzwerk verkörpert die dezentralisierte Organisationsstruktur eines Unternehmens, das aus Profit-Centern besteht. Das dynamische Netzwerk stellt dabei die extremste Form des Outsourcing betrieblicher Funktionen dar. Je nach Situation werden unterschiedliche Partner zusammengeführt. Netzwerke sind die Grundlage für virtuelle Unternehmen, in dem die Partner ein quasi symbiotisches Verhältnis eingehen. Beim Zusammenschluß bringt jedes Unternehmen, bzw. jeder Mitarbeiter seine Kernkompetenzen ein, welche die Expertise der anderen Netzwerkteilnehmer synergetisch ergänzen. EDV: Verbund von Computern, die über verschiedene Leitungen verbunden sind und sich gemeinsame Ressourcen wie Daten und Peripheriegeräten teilen. Häufig steht in einem Netzwerk ein spezieller Rechner (Server) nur zur Datenverwaltung zur Verfügung, auf den alle anderen Arbeitsstation Zugriff haben. Man unterscheidet im Wesentlichen LANs, die „unter einem Dach" innerhalb von Firmen und Behörden eingesetzt werden, sowie WANs, die beispielsweise mehrere Filialen in verschiedenen Städten oder Ländern verbinden.

New Work
Die Veränderung der (Büro-) Arbeitswelt durch technikinduzierte Innovationen (Computer, Internet etc.). Titel für das Konzept der „Neuen Arbeit" des Philosophen Fritjof Bergmann. Zu diesen Veränderungen gehören die Telearbeit und das Outsourcing ebenso wie neu gebildete Berufsgruppen (z. B. Angestellte in einem Call Center).

Non-territoriales Büro
Bezeichnet einen organisatorischen Ansatz, bei dem die direkte und feste Zuordnung von Arbeitsplatz zu Mitarbeiter aufgehoben ist. Büro, Arbeitsplätze, Schreibtische und Büroausstattung stehen allen Büronutzern gleichermaßen tageweise bzw. stundenweise zur Verfügung („Sharing-Konzept"). Persönliche Unterlagen sind i.d.R. in einem mobilen Rollcaddy untergebracht, der jeweils am momentan genutzten Platz dazu gestellt wird. Abends wird der Arbeitsplatz komplett geräumt und der Rollcaddy in einem „Caddy-Bahnhof" abgestellt. Um die Mobilität der Mitarbeiter zu unterstützen, werden meist schnurlose Telefone eingesetzt.

Notebook
Computer, die fast die Leistungsfähigkeit eines PCs haben. Notebooks haben eine Grundfläche von etwa einer DIN A4-Seite, einen flachen LCD-Monitor und können bei Bedarf auch über einen Akku betrieben werden. Das Notebook ist der Nachfolger des Laptops – und möglicherweise der Vorläufer der Handhelds.

Plug and Work
[engl. einstecken, einschalten, anschließen] Bezeichnet die Möglichkeit, mobile Rechner (z.B. Laptop) für kurzfristiges (Hot Desking) oder mittelfristiges (Touchdown-Arbeitsplatz) Arbeiten an verschiedenen Arbeitsplätzen schnell und problemlos an die internen und externen digitalen Netzwerke anzuschließen.

Randstreifenheizung und -kühlung
Ein schmaler Streifen im Boden (üblicherweise entlang der Fassade), der als Fußbodenheizung ausgeführt wird. Die Randstreifenheizung wird durch die zusätzliche Einlage einer Wärmedämmung von den massiven Betondecken entkoppelt. Sie kann im Gegensatz zur Flächenheizung individuell geregelt werden und dient den schwerfälligen bauteilintegrierten Flächenheizungen zur Unterstützung.

Raum-in-Raum-Systeme / Cubicles
Raum-in-Raum-Systeme: Nichtraumhohe Rahmensysteme, die mittels Skelettstruktur- und Modulbauweise offene und abgegrenzte Räume bilden können. Die Wandmodule dieser Systeme sind austauschbar und im vordefinierten Raster flexibel. Sie lassen sich nach ihrem Einbau nicht ad hoc in ihrer Position verändern. Cubicles: Ein in den USA beliebtes Raum-in-Raum-System.

Remote Office / Satellite Office
Dezentrale, kleine Büroeinheiten in der Nähe von Wohngebieten oder an verkehrsgünstigen Punkten, die ständig oder vorübergehend als Arbeitsplatz dienen.

Roaming
[engl. schlendern, wandern] Ermöglicht z.B. auf Fernreisen den Zugriff auf den eigenen Internet-Account, ohne ein teures Ferngespräch zum heimischen Provider führen zu müssen. Dies wird durch ein weltweites Abkommen verschiedener Internet-Provider ermöglicht, die sich in der Global Reach Internet Connection (GRIC) zusammengeschlossen haben. Auch im Mobilfunkverkehr sorgen internationale Roaming-Abkommen dafür, daß ein Teilnehmer auch über Landesgrenzen hinweg erreichbar ist.

Telearbeit
Unter Telearbeit wird die Planung, Koordination, Durchführung und Kontrolle raum-zeitlich verteilter Arbeit abhängig Beschäftigter oder auf eigene Rechnung arbeitender Individuen verstanden. Die Arbeit wird zu Hause, in einem Nachbarschafts- oder in einem Satellitenbüro verrichtet, mit Hilfe von Informations- und Kommunikationstechnik ist man an das Unternehmen angebunden.

Thermische Betonkernaktivierung
Eine Art der bauteilintegrierten Flächenheizung, bei der die wasserführenden Rohre in die massive Betondecke eingebettet werden.

TIME-Branchen
Abk. für Telekommunikation, Informationstechnologie, Medien und Entertainment.

Touchdown-Arbeitsplatz
Arbeitsumgebung, die kurzfristiges und mittelfristiges Arbeiten nach dem Plug-and-Work-Prinzip ermöglicht.

Umfeldqualität
Qualität der Standortumgebung eines Gebäudes. Berücksichtigt die wirtschaftliche Dynamik der Region, das Freizeit-, Natur- und Grünflächenangebot der Stadt bzw. der Region, die Belastung der Umgebung durch Emission, die Einbindung des Gebäudes in die Umgebung und das Angebot an Wohnraum in der Umgebung.

Umgebungsfaktoren
Definieren die physischen Arbeitsbedingungen in der direkten Umgebung des Arbeitsplatzes. Zu den einzelnen Faktoren zählen Schall, Beleuchtung (z.B. Kunst- und Tageslicht, Blend- und Reflexionsschutz), Klima (z.B. Wärme, Frischluft, Luftfeuchtigkeit), Farbe, Geruch, Strahlung, Schwingungen und Schadstoffe.

WAN
[Abk. für engl. Wide Area Network] Bezeichnung für ein Netzwerk, das mehrere kleinere Netze (LAN) über größere Entfernungen miteinander verbindet.

Wärmetauscher
Als Wärmetauscher kann allgemein jeder Gegenstand oder Apparatur bezeichnet werden, die mittelbar oder unmittelbar eine Wärmemenge auf ein anderes Medium überträgt. Der Wärmetransport erfolgt dabei durch Konvektion, Leitung oder Strahlung; die Transportmedien sind üblicherweise Wasser oder Luft, die mittels Pumpen bzw. Ventilatoren bewegt werden. Großflächige, massive Bauteile (Wände, Decken, Böden) sind durch ihre temperaturausgleichende Eigenschaft bauteilintegrierte Wärmetauscher. Der Wärmeaustausch bewegt sich jedoch auf einem relativ niedrigen Temperaturniveau. Um einen schnellen Wärmeaustausch mit hohen Temperaturdifferenzen zu erreichen, werden Wärmetauscher als technische Installationen eingesetzt.

Wärmerückgewinnung
Die Wärmerückgewinnung beschreibt den Vorgang der Rückführung von Abluftwärme in die haustechnischen Kreisläufe mittels Plattenwärmetauscher, Wärmetauscher im Kreisverbund, Wärmerohre, Rotationswärmetauscher oder Wärmepumpen.

White/blue collar workers
Metapher für die Aufhebung der Trennung von Hand- und Kopfarbeit (blaue und weiße Kittel) hin zu interdisziplinären Strukturen mit informellen Umgangsformen.

White board
Eine beschreibare Tafel.

Wissensmanagement
Wissensmangement oder „Knowledge Management" ist das zielgerichtete Vorgehen, um Informationen und intellektuelles Kapital in einen bleibenden Wert zugunsten der Kunden und Mitarbeiter eines Unternehmens zu transformieren.

Workflow
Prozeßorientierte Ablauforganisation.

Zellenbüro
Büro, das nur einen bis fünf Arbeitsplätze pro Raum zuläßt. Die Benutzer/innen gehen abgeschlossen vom übrigen Bürobetrieb ihrer Tätigkeit nach. Ist auf selbständiges und konzentriertes oder kreatives Arbeiten ausgerichtet und primär für Nutzer geeignet, die nicht in einer Gruppe arbeiten und einen hohen Anteil konzentrierter Alleinarbeit erledigen müssen. Es kann auch dann eingesetzt werden, wenn vorrangig vertrauliche Gespräche zu führen sind.

Zusammengestellt von Birgit Klauck, Simone Jeska und Thomas Arnold. Die verwendeten Quellen sind im wesentlichen mit den Literaturangaben identisch (s. S. 263).

Projektdaten

88 Wood Street

Architekt
Richard Rogers Partnership
Thames Wharf, Rainville Road
London W6 9HA
www.richardrogers.co.uk

Bauherr
Daiwa Europe Property
Projektadresse
88 Woodstreet, London EC2

Fachplaner
Tragwerk
Ove Arup & Partners, London
Haus- und Klimatechnik
Ove Arup & Partners, London

ABB Konnex

Architekt
Theo Hotz Architekten und Planer
Münchhaldenstr. 21
8008 Zürich

Bauherr
Winterthur-Lebensversicherungsgesellschaft / Aargauische Beamtenpensionskasse / Pensionskasse der Schweizerischen Bankgesellschaft / Pensionskasse des Basler Staatspersonals
Projektadresse
ABB Kraftwerke AG Engineering
Baden

Fachplaner
Tragwerk
Minikus, Witta und Voss, Baden
Haus- und Klimatechnik
Polke Ziege
Von Moos AG, Zürich
Landschaftsarchitekt
Raderschall AG, Meilen

Accenture

Architekt
Zürich
Grego & Smolenicky
Architektur GmbH
Rennweg, 8001 Zürich 20
Hamburg
Schnell & Partner, München

Bauherr
Accenture GmbH
Projektadresse
Fraumünsterstr. 16, 8001 Zürich;
Bleichenbrücke 10, 20354
Hamburg

Fachplaner Zürich
Haustechnik
Sulzer Energie Consultant (SEC),
Zürich

another.com

Architekt
Nowicka Stern
Anchor Yard, 109 Old Street
London EC1V 9JR
www.nowkstrn.demon.co.uk

Bauherr
another.com Ltd
Projektadresse
another.com Ltd,
53-79 Highgate Rd,
London NW5

Fachplaner
Rasenberatung
Stafford and Sons

ARD-Hauptstadtstudio

Architekt
Ortner & Ortner Baukunst
Rückertstr. 4, 10119 Berlin

Bauherr
Bauherrengemeinschaft ARD
Hauptstadtstudio, Berlin
Projektadresse
Wilhelmstr. 67a, 10117 Berlin

Fachplaner
Tragwerk
Ove Arup & Partners, Berlin
Haustechnik
Zibell, Willner & Partner, Berlin
Akustik
Institut für Rundfunktechnik,
Deutschland
Studiotechnik
Media Consult International
GmbH, Deutschland

Aurora Place

Architekt
Renzo Piano Building
Workshop architects S.r.l.
Via Rubens 29, 16158 Genova
www.rpwf.org
Kontaktarchitekt
Lend Lease Design Group Ltd.
Group GSA Pty Ltd.
Innovarchi Pty. Ltd., Sydney

Bauherr
Lend Lease Development
and East Asia Property Group,
Australien
Projektadresse
Aurora Place, 88 Philip Street,
Sydney

Fachplaner
Tragwerk
Lend Lease Design Group Ltd.
Haus- und Klimatechnik
Lend Lease Design Group Ltd.,
Australien und Ove Arup &
Partners, London

Cellular Operations Ltd.

Architekt
Richard Hywel Evans
14 Great Titchfield Street
London W1
www.rhe.uk.com

Bauherr
Highbridge Properties /
Cellular Operations Ltd.
Projektadresse
Cellular Operations Ltd.
Century Way, Hillmead, Swindon

Fachplaner
Tragwerk
Buro Happold
Haustechnik
Curona Design

DATAPEC

Architekt
Kauffmann Theilig & Partner
Zeppelinstraße 10
73760 Ostfildern

Bauherr
Grundstücksgesellschaft
Gniebel Gbr
Nutzer
DATAPEC GmbH,
Pliezhausen - Gniebel
Projektadresse
Wilhelm-Schickardstr. 7
72124 Pliezhausen

Fachplaner
Tragwerk
Pfefferkorn u. Partner
mit Steinhilber, Stuttgart
Haus- und Klimatechnik
Ing.-Büro Schreiber, Ulm;
TRANSOLAR, Stuttgart
Bauphysik
Ing.-Büro Horstmann, Altensteig

Deloitte Consulting

Architekt
DI Dustin A. Tusnovics
Obere Donaustr. 43/2/53
1020 Wien

Bauherr
Deloitte Consulting, Wien
Projektadresse
Operngasse 2, 1010 Wien

Fachplaner
Organisationsberater
Bene Consulting

Deutsche Bundesstiftung Umwelt

Architekt
Prof. Erich Schneider-Wessling
Aachener Straße 26
50674 Köln

Bauherr
Deutsche Bundesstiftung Umwelt
Projektadresse
Deutsche Bundesstiftung
Umwelt, An der Bornau 2
49090 Osnabrück

Fachplaner
Tragwerk
Konstruktionsgruppe für
Bauwesen, Köln
Haustechnik
HL-Technik, München
Ökologische Fachberatung
SUNNA, Büro für Sonnenenergie,
Freiburg

Deutsche Messe AG

Architekt
Herzog + Partner
Imhofstr. 3a
80805 München
mit: BKSP Projektpartner GmbH
Hannover

Bauherr
Deutsche Messe AG Hannover
Projektadresse
Messegelände Hannover

Fachplaner
Tragwerk
Sailer, Stephan und Partner
GmbH, München
Haustechnik
Ingenieurbüro Hausladen GmbH
Kirchheim München
Klimatechnik
Schmidt Reuter Partner
Ingenieurgesellschaft, Hannover
Aerodynamik
Design Flow Solutions, Arrington

Doppel-XX

Architekt
BRT Architekten,
Bothe Richter Teherani
Holzdamm 28-32
20099 Hamburg
www.brt.de

Bauherr
Becken Investitionen &
Vermögensverwaltung,
Heidenkampsweg 77
20097 Hamburg
Projektadresse
Doppel-XX, Heidenkampsweg 58
20097 Hamburg

Fachplaner
Tragwerk
Fridtjof Brakemeier, Hamburg
Haus- und Klimatechnik
Ing.-Gesellschaft Ridder Meyn
Nuckel mbH, Norderstedt
Landschaftsarchitekt
Schoppe Landschaftsarchitekt
Hamburg

GAP 901 Cherry

Architekt
William McDonough + Partners
410 East Water Street
Charlottesville, VA 22902
Kontaktarchitekt
Gensler Associates, San Francisco

Bauherr
Gap Inc.
Projektadresse
GAP Inc., 910 Cherry Street
San Bruno, CA 94066

Fachplaner
Tragwerk
Ove Arup & Partners *(Gebäude)*
Nishkian&Associates *(Tiefgarage)*
Haus- und Klimatechnik
Ove Arup & Partners
Landschaftsarchitekt
Hargreaves Associates
Organisationsberater/Innenarchitekt
Gensler Associates

Gas Natural Headquarters

Architekt
Enric Miralles & Benedetta
Tagliabue Arquitectes Associats
Ptge. Pau 10, 08002 Barcelona

Bauherr
gas Natural SDG, Barcelona
Projektadresse
gas Natural SDG
Avenida Salvat Papasseig
Barcelona

Fachplaner
Tragwerk
Julio Martinez Calzón,
MC2 Estudio de Ingenieria
Madrid
Haustechnik
Typsa, Barcelona

Glaxo Wellcome House

Architekt
RMJM Architecture
Engineering Masterplanning
83 Paul Street
London EC2A 4UT
www.rmjm.co.uk

Bauherr
Glaxo Wellcome,
Projekt Management
Projektadresse
Greenford Campus, London

Fachplaner
Tragwerk
RMJM
Haustechnik
RMJM

Götz Hauptverwaltung

Architekt
Webler + Geissler Architekten
Stöckachstr. 16
70190 Stuttgart

Bauherr
Götz GmbH, Würzburg
Projektadresse
Delpstr. 6
97084 Würzburg

Fachplaner
Tragwerk
Rudi Wolff, Stuttgart
Haustechnik
IGP M. Püttmer, Heidelberg
Klimatechnik
Loren Butt, London
Fassaden- und Energieplanung
Götz, Würzburg

Ground Zero

Architekt
Shubin + Donaldson Architects
9520 Jefferson Blvd
Culver City CA 90232
www.sandarc.com

Bauherr
Ground Zero Advertising Agency;
www.groundzero.net
Projektadresse
Ground Zero Advertising Agency
4235 Redwood Avenue,
Los Angeles, CA 90066

Hypo Alpe-Adria-Center

Architekt
Thom Mayne Morphosis
2041 Colorado Avenue
Santa Monica, CA 90404
Kontaktarchitekt
Günter Domenig
Sackstrasse 29
8010 Graz

Bauherr
Hypo Alpe-Adria-Bank AG
Projektadresse
Hypo Alpe-Adria-Bank AG
Alpen-Adria-Platz 1
9020 Klagenfurt

Fachplaner
Tragwerk
Dipl.-Ing. Klaus Gelbmann,
Richard Kuglitsch, Villach
Haustechnik
Robert Sorz, Fritz Aufschlager
Klagenfurt

AZL Pensioenfonds

Architekt
Wiel Arets Architect & Associates bv
d'Artagnanlaan 29
6213 CH Maastricht

Bauherr
AZL Beheer Heerlen
Projektadresse
Pensioensfonds AZL Beheer
Akerstraat 92, 6401 CZ Heerlen

Fachplaner
Tragwerk
Ingenieurbureau Grabowsky &
Poort bv, Niederlande
Haustechnik
Tema Ingenieurs bv, Niederlande
Landschaftsplanung
Wiel Arets, Pieter Kromwijk,
Dominic Papa
Innenarchitekt / Möbel
Wiel Arets, Hans Lensvelt

Bang & Olufsen Hauptverwaltung

Architekt
KHR AS arkitekter
Jan Søndergaard
Teknikerbyen 7, 2830 Virum

Bauherr
Bang & Olufsen A/S
Projektadresse
Bang & Olufsen A/S
Peter Bangsvej 15, 7600 Struer

Fachplaner
Tragwerk
Birch & Krogboe, rådgivende
ingeniører, Virum, Dänemark
Haus- und Klimatechnik
Birch & Krogboe, rådgivende
ingeniører, Virum, Dänemark

Boots The Chemists

Architekt
DEGW
Porters North, 8 Crinan Street
London N1 9SQ
www.degw.com

Bauherr
The Boots Company PLC
Projektadresse
The Boots Company PLC, Group
Headquarters, 1 Thane Road
Nottingham NG90 4HQ

Fachplaner
Tragwerk
Mott MacDonald Ltd.
Großbritannien
Haustechnik
Roger Preston & Partners,
Chatsworth House, Broadway,
Maidenhead, Berkshire

Braun Hauptverwaltung

Architekt
Schneider + Schumacher
Schleusenstr. 17
60237 Frankfurt am Main

Bauherr
BRAUN GmbH
Projektadresse
BRAUN GmbH
Frankfurter Str. 145
61476 Kronberg

Fachplaner
Tragwerk
Bollinger + Grohmann
Frankfurt am Main
Haustechnik, Entwurf
Ove Arup & Partners, Berlin;
Haustechnik, Ausführung
IGH, Frankfurt am Main

Burda Medienpark

Architekt
Ingenhoven Overdiek Kahlen
und Partner
Kaistraße 16a
40221 Düsseldorf

Bauherr
Hubert Burda Media, Offenburg
Nutzer
Medien Park Verlag GmbH
Projektadresse
Am Kestendamm 1
77652 Offenburg

Fachplaner
Tragwerk
Werner Sobek Ingenieure GmbH
Stuttgart
Haus- und Klimatechnik
HL-Technik AG, Düsseldorf
Landschaftsplanung
Ingenhoven Overdiek Kahlen und
Partner
Organisationsberater
Quickborner Team, Düsseldorf

Campus MLC

Architekt / Innenausbau
Bligh Voller Nield
Level 2, 189 Kent Street
Sydney NSW 2000
www.bvn.com.au

Architekt / Gebäudemodernisierung
Bates Smart

Bauherr
MLC
Projektadresse
Campus MLC, Miller Street
North Sydney

Fachplaner
Organisationsberater
DEGW, Sydney

Düsseldorfer Stadttor

Architekt
Overdiek Petzinka und Partner
Petzinka Pink und Partner
Cecilienallee 17
40474 Düsseldorf

Bauherr
Engel Projektentwicklung
GmbH&Co. KG
Projektadresse
Stadttor 1, 40219 Düsseldorf

Fachplaner
Tragwerk
Ove Arup und Partners;
Lavis Stahlbau
Bauphysik
DS-Plan GmbH
Fassadenberatung
E. Mosbacher

dvg Hauptverwaltung

Architekt
Hascher + Jehle, Berlin;
Heinle, Wischer und Partner
Otto-Suhr-Allee 59
10585 Berlin
www.hascherjehle.de

Bauherr
dvg Hannover
Datenverarbeitungsgesellschaft
Projektadresse
Kattenbrookstrift 1
30539 Hannover

Fachplaner
Tragwerk
Weischede und Partner, Stuttgart;
Eilers und Vogel, Hannover
Haus- und Klimatechik
HL-Technik, Berlin
Landschaftsarchitekt
Trillitzsch, Jost & Partner, Berlin;
Nagel und Schonhoff, Hannover

DZ-BANK

Architekt
Frank O. Gehry & Associates
1520-B Cloverfield Boulevard
Santa Monica, CA 90404;
Neufert Mittmann Graf Partner
Weyerstr. 48-52, 50676 Köln

Bauherr
Deutsche Genossenschaftsbank
Projektadresse
Pariser Platz 3, Berlin

Fachplaner
Tragwerk
Ingenieurbüro Müller Marl, Marl
Leichte Tragwerke
Ing.-Büro Prof. Schlaich
Bergermann + Partner, Stuttgart
Haus- und Klimatechnik
Brandi Ingenieure GmbH, Berlin

Electronic Arts

Architekt
Norman Foster and Partners
Riverside Three, 22 Hester Rd
London SW11 4AN
www.fosterandpartners.com

Bauherr
Electronic Arts Europe Ltd., P&O
Cevelopments/Connought
Estates Ltd., Chertsey, Surrey
www.ea.com
Projektadresse
Electronic Arts European
Headquarters, Chertsey, Surrey

Fachplaner
Tragwerk
Whitby Bird and Partners
Haustechnik
Oscar Faber
Landschaftsarchitekt
Land Use Consultants

ENIX Corporation

Architekt
Nikken Sekkei International Ltd.
2-1-3 Koraku, Bunkyo-ku
Tokio 112-8565

Bauherr
ENIX Corporation
Projektadresse
ENIX Corporation
4-31-8 Yoyogi, Shibuya-ku
Tokio

Fachplaner
Tragwerk
Taisei Corporation

Festo TechnologieCenter

Architekt
Architekturbüro Ulrich Jaschek
Mirabellenstr. 9
70329 Stuttgart

Bauherr
Festo AG &Co., Esslingen
Projektadresse
Ruiter Straße 82, 73734 Esslingen

Fachplaner
Tragwerk
Ingenieurbüro Rathgeb, Esslingen
*Tragwerk Hallendach
und Verglasung*
Ingenieurbüro IPL, Radolfzell
Haus- und Klimatechnik
Ingenieurbüro Rittgen, Trier
Corporate Design
Festo AG & Co

IBM World Headquarters

Architekt
Kohn Pedersen Fox Associates PC
New York, NY 10019
www.kpf.com

Bauherr
IBM Corporation
Projektadresse
International Business Machines
Corporation, New Orchard Road
Armonk, NY 10504

Fachplaner
Tragwerk
The Cantor Seinuk Group P.C.
New York
Haustechnik
Jaros, Baum & Bolles, New York;
Ronald A. Freeman Associates
USA
Innenarchitekt
Swanke Hayden Connell
Architects, New York

iGuzzini Hauptverwaltung

Architekt
MCA, Mario Cucinella Architects
Via Matteotti 21
40129 Bologna

Bauherr
iGuzzini Illuminazione srl
Projektadresse
iGuzzini Illuminazione srl
Recanati

Fachplaner
Tragwerk
Domella & Sabbatini, Recanati
Haus- und Klimatechnik
EDAS, Energy Design Advice
London;
Ove Arup & Partners, London
Lichttechnik
MCA mit Lausanne Polytechnique

ING Bank & NNH Hauptniederlassung

Architekt
Erick van Egeraat associated
architects b.v., Calandstraat 23
3016 CA Rotterdam; www.rpwf.org

Bauherr
ING Real Estate International
and Nationale Nederlanden Real
Estate Hungary Ltd.
Projektadresse
ING Bank & NNH, Andrássy út
Paulay Ede utca 12, Budapest

Fachplaner
Tragwerk
ABT Adviesburo voor Bouwtech-
niek b.v., Delft; Mérték Építészeti
Stúdió Kft, Budapest
Klimatechnik
Ove Arup & Partners, London;
Ketel raadgevende ingenieurs
b.v., Delft

Institut für Forst- und Naturforschung

Architekt
Behnisch, Behnisch & Partner
Günter Behnisch, Stefan Behnisch
Günther Schaller
Christophstr. 6, 70178 Stuttgart

Bauherr
Rijksgebouwendienst Dir. Oost
Arnhem
Projektadresse
Droevendaalse steeg,
Wageningen

Fachplaner
Tragwerk
Aronsohn V.O.F., Amsterdam
Haustechnik
Deerns R.I., Rijkswijk
Bauphysik und Klimakonzept
Fraunhofer-Institut, Stuttgart
Landschaftsarchitekt
Copijn, Utrecht

IVCHGC

Architekt
Casaverde Construction
1070 Airport Avenue
Santa Monica, CA 90405
www.casaverdeconstruction.com

Bauherr
The Imperial Valley Chapter of
the Honda Goldwing Club
Projektadresse
The Imperial Valley Chapter of
the Honda Gold Wing Club
Bombay Beach, Niland, CA 92257

Fachplaner
Tragwerk
Butler Buildings
Valley Steel Construction
Haustechnik
Mecca Airgineering

Jægergården Rathauserweiterung

Architekt
Nielsen, Nielsen & Nielsen A/S
Kystvejen 17
8000 Århus C
www.3xn.dk

Bauherr
Ejendomsforvaltningen
Århus Kommune
Projektadresse
Jægergårdsgade, Århus

Fachplaner
Tragwerk
Rambøll A/S
Haustechnik
Rambøll A/S

Landesversicherungsanstalt Schwaben

Architekt
Hascher+Jehle
Otto-Suhr-Allee 59
10585 Berlin
www.hascherjehle.de

Bauherr
Landesversicherungsanstalt Schwaben
Projektadresse
Dieselstrasse 9
86154 Augsburg

Fachplaner
Tragwerk
Gailhofer + Bauer
Haustechnik
Climaplan GmbH;
Joanni + Heisler Planungsgesellschaft mbH
Landschaftsarchitekt
Dr. Szamatolski und Partner GbR

MABEG Verwaltungsgebäude

Architekt
Nicholas Grimshaw & Partners Ltd,
Architects, Planers and Industrial Designers
1 Conway Street, Fitzroy Square
London W1P 6LR

Bauherr
MABEG
Kreuschner GmbH und Co. KG
Projektadresse
MABEG
Kreuschner GmbH und Co. KG
Ferdinand-Gabriel-Weg 10
59494 Soest

Fachplaner
Tragwerk
Specht, Kalleja und Partner
Haustechnik
Kuhn, Bauer und Partner

Max-Planck-Gesellschaft Generalverwaltung

Architekt
Graf, Popp, Streib
Rothmannstr. 5
80333 München
mit: Doranth, Post, München

Bauherr
Bauherrngemeinschaft
Max-Planck-Gesellschaft zur Förderung der Wissenschaften e.V.
Projektadresse
Hofgartenstr. 8, 80539 München

Fachplaner
Tragwerk
CBP Cronauer Bauen und Planen München
Haustechnik
Dammköhler Ingenieure;
Herbert Schanz, München
Lichttechnik
LKL Licht-Kunst-Licht,
Bonn/Berlin

New Parliamentary Building

Architekt
Michael Hopkins and Partners
27 Broadley Terrace
London NW1 6LG
www.hopkins.co.uk

Bauherr
Parliamentary Works Directorate
Projektadresse
New Parliamentary Building -
Portcullis House
Bridge Street, London

Fachplaner
Tragwerk
Ove Arup & Partners, London
Haus- und Klimatechnik
Ove Arup & Partners, London
Fassade
Ove Arup & Partners, London

Norddeutsche Landesbank

Architekt
Behnisch, Behnisch & Partner,
Christophstr. 6, 70178 Stuttgart

Bauherr
Norddeutsche Landesbank
Projektadresse
Norddeutsche Landesbank
Georgsplatz 1, 30159 Hannover

Fachplaner
Tragwerk
Arge Tragwerksplanung Wetzel + von Seht, Hamburg; Pfefferkorn und Partner, Stuttgart
Haus- und Klimatechnik
Arge TGA: Becker+Becker, Braunschweig; Lindhorst, Braunschweig; Grabe, Hannover; Taube-Goerz-Liegat, Hannover; Ingenieurbüro Gierke, Braunschweig;
Energiekonzept
TRANSSOLAR, Stuttgart
Lichttechnik
Bartenbach Lichtlabor, Innsbruck
Organisationsberatung
Quickborner Team

Omnilife HQ - JVC-Center

Architekt
Architectures Jean Nouvel
10, Cité d'Angoulemême
75011 Paris

Bauherr
Jorge Vergara Madrigal
Projektadresse
Omnilife
JVC-Center,
Guadalajara

Sanoma House

Architekt
SARC Architects
Antti-Mati Siikala, Jan Söderlund
Vironkatn 3D
00170 Helsinki

Bauherr
Sanoma Corporation
Projektadresse
Helsinki

Fachplaner
Tragwerk
Insinööritoimisto Magnus Malmberg
Haustechnik
Insinööritoimisto Olof Granlund

SEI Investment Headquarters

Architekt
Meyer, Scherer & Rockcastle Ltd.
119 North 2nd Street
Minneapolis MN 55401.1420

Bauherr
SEI Investments, Inc.
Projektadresse
Oaks, Pennsylvania

Fachplaner
Tragwerk
Meyer, Borkman & Johnson Ltd.
Haustechnik
Paul E. Yeomans
Landschaftsplanung
Gladnick, Wright, Salameda & Julie Bargman

SGI Amphitheatre Technology Center

Architekt
STUDIOS architecture
90 Green Street
San Francisco, CA 94111
www.studiosarch.com

Bauherr
Silicon Graphics Inc.(SGI)
Projektadresse
SGI
1600 Amphitheater Parkway
Mountain View, CA 94043-1351

Fachplaner
Tragwerk
GFDS Inc., San Francisco
Haustechnik
Sandis, Humber, Jones
Mountain View
Landschaftsarchitekt
The SWA Group, Sausalito
Innenarchitekt
STUDIOS architecture

Shaklee Corporation

Architekt
Gensler
600 California Street
San Francisco, CA 94108
www.gensler.com

Bauherr
Shaklee Corporation
Projektadresse
Shaklee Corporation
Hacienda Campus
4747 Willow Road
Pleasanton, CA 94588

Fachplaner
Tragwerk
Nishkian & Associates
Haustechnik
Ove Arup & Partners

SIHK

Architekt
Sadar Vuga Arhitekti,
Cankarjevo nabrezje 11/III
1000 Ljubljana

Bauherr
Chamber of Commerce and Industry of Slovenia
Projektadresse
University and Governmental District, Ljubljana

Fachplaner
Tragwerk
Elea
Haustechnik
Biro ES
Landschaftsarchitekt
Ana Kucan
Lichttechnik
Studio Japelj

Stealth

Architekt
Eric Owen Moss Architects
8557 Higuera Street
Culver City, CA 90232
www.ericowenmoss.com

Bauherr
Samitaur Constructs, Frederick und Laurie Samitaur Smith
Projektadresse
Stealth
3528 Hayden Avenue
Culver City, CA 90232

Fachplaner
Tragwerk
Kurily Szymanski Tchirkow Inc.
Haustechnik
Antieri and Associates
Innenarchitekt
Eric Owen Moss Architects

UBS Trade Center

Architekt
Skidmore, Owings & Merrill LLP
14 Wall Street
New York, NY 10005

Bauherr
SBC Warburg Dillon Read
Projektadresse
Washington Boulevard
Stamford, Connecticut

Fachplaner
Tragwerk
Thornton-Tomasetti
Lichttechnik
Consentini Associates

UEFA Headquarters

Architekt
Patrick Berger,
Architecte Urbaniste
49 rue des Cascades
75020 Paris
Bauherr
UEFA, Union des Associations Européennes de Football
Projektadresse
UEFA
Route de Genève 46
1260 Nyon 2

Fachplaner
Tragwerk
Ingérop, Wien + Perreten-Milleret, Genf;
Société Moser, Genf
Bauphysik und Klimakonzept
Fraunhofer-Institut, Stuttgart
Landschaftsarchitekt
Franck Neau – Atelier Acanthe Paris

Umweltbundesamt

Architekt
sauerbruch hutton architekten
Lehrter Straße 57
10557 Berlin
www.sauerbruchhutton.de

Bauherr
Staatshochbauamt Dessau
der OFD Magdeburg,
Rathenaustr. 11, 06845 Dessau
Projektadresse
Dessau

Fachplaner
Tragwerk
Krebs & Kiefer, Darmstadt
Haus- und Klimatechnik
Zibell Willner & Partner, Köln
Ökologie
GföB, Berlin; IEMB, Berlin
Landschaftsarchitekt
ST_raum_a., Berlin

Umwelttechnologiezentrum

Architekt
Eisele Architekten
Ehretstr. 14
64285 Darmstadt

Bauherr
WISTA Management GmbH, Berlin
Projektadresse
Volmerstraße, Berlin

Fachplaner
Tragwerk
Bollinger + Grohmann
Frankfurt am Main
Klimatechnik
HL-Technik AG, Dr. Stoll
München
Landschaftsarchitekt
B.A.E.R. Becsei + Hackenbracht

Villa VPRO

Architekt
MVRDV Winy Maas, Jacob van Rijs,
Nathalie de Vries
Schiehaven 1
3037 EC Rotterdam

Bauherr
VPRO Hilversum
Projektadresse
VPRO Hilversum, Mediapark
Sumatralaan 45
1217 GP Hilversum

Fachplaner
Facilicity office
Bureau Bouwkunde, Rotterdam
Tragwerk
Pieters Bouwtechniek, Haarlem;
Ove Arup & Partners, London
Haustechnik
Ketel R.I., Delft;
Ove Arup & Partners, London
Innenarchitekt
MVRDV

Vitra

Architekt
SPGA - Sevil Peach Gence Associates, Architects & Interior Design Consultants
Nutmeg House
60 Gainsford Street
Butlers Wharf
London SE1 2NY

Bauherr
Vitra Management AG
Klünenfeldstraße 22
CH - 4127 Birsfelden
Projektadresse
Vitra
Charles-Eames-Straße 2
D - 79576 Weil am Rhein

Fachplaner
Haustechnik
Ingenieurbüro Horst Bühler
Deutschland

Pioneer

Architekt
Enrique Browne
und Eugenio Browne,
Los Conquistadores 2461
Providencia, Santiago

Bauherr
Pioneer
Projektadresse
Pioneer
Gran Avenida 1621
Paine

Fachplaner
Tragwerk
M.J. Ruiz, M. Saavedra, Santiago
Landschaftsarchitekt
Elizabeth Huyghe, Santiago

Prisma

Architekt
Auer + Weber
Hausmannstraße 103a
70188 Stuttgart

Bauherr
HOCHTIEF AG Essen
Projektadresse
DGZ-Deka Bank
Hahnstr. 55
60528 Frankfurt am Main

Fachplaner
Tragwerk
Mayr + Ludescher, Stuttgart /
HOCHTIEF AG HN Südwest
Frankfurt am Main
Haus- und Klimatechnik
TRANSSOLAR Energietechnik
GmbH, Stuttgart;
Rentschler + Riedesser, Stuttgart
Landschaftsplanung
Auer + Weber mit Gesswein
Henkel + Partner, Ostfildern
Organisationsberater
Congena, München

RAC Regional Headquarters

Architekt
Nicholas Grimshaw & Partners Ltd.
Architects, Planners and
Industrial Designers
1 Conway Street, Fitzroy Square
London W1P 6LR

Bauherr
RAC Motoring Services Ltd.
Projektadresse
RAC Super Centre
Great Park Road, Bradley Stoke
Bristol BS324QN

Fachplaner
Tragwerk
Alan Baxter & Associates
Haustechnik
Ove Arup & Partners, London

Rare Ltd. Manor Park HQ

Architekt
Feilden Clegg Bradley Architects
Bath Brewery, Toll Bridge Road
Bath BA1 7DE

Bauherr
Rare Ltd.
Projektadresse
Rare Ltd.
Manor Park, Twycross CV9 3QN
Leicestershire

Fachplaner
Tragwerk
Battle McCarthy, London
Haus- und Klimatechnik
Battle McCarthy, London
Landschaftsplanung
Battle McCarthy, London

RealNames I und II

Architekt
Blauel Architects
34 Claylands Road
London SW8 1NX
www.blauel.com

Bauherr
RealNames Corporation
150 Shoreline Drive
Redwood City, CA 94065-1400
Projektadresse
RealNames Corporation
2 Circle Star Way
San Carlos, CA 94070
(RealNames I);
RealNames Corporation
150 Shoreline Drive
Redwood City, CA 94065-1400
(RealNames II)

Fachplaner
Haustechnik
Devcon Construction Inc.
(RealNames I)
Palmer Electric Inc.; Aire Sheet
metal Inc.
(RealNames II)

Reebok World Headquarters

Architekt
NBBJ
111 South Jackson Street
Seattle, Washington 98104
www.nbbj.com

Bauherr
Reebok International Ltd.
Projektadresse
Reebok InternationalLtd.
Canton, MA

Fachplaner
Tragwerk
McNamara/Salvia, Inc.
Boston, MA;
Advanced Structures Inc.
Marina del Rey, CA
Haus- und Klimatechnik
Cosentini Associates
Cambridge, MA
Landschaftsarchitekt
EDAW, Denver
Innenarchitekt
NBBJ

Swiss Re

Architekt
Norman Foster and Partners
Riverside Three, 22 Hester Road
London SW11 4AN
www.fosterandpartners.com

Bauherr
Swiss Reinsurance Company
71-77 Leadenhall Street
London EC3A 3DE
www.swissre.com
Projektadresse
St.Mary Axe, Bury Street,
Bury Court, Browns Buildings

Fachplaner
Tragwerk
Ove Arup & Partners, London;
www.arup.com
Haus- und Klimatechnik
Hilson Moran Partnership Ltd.
*Städtebau /
Denkmalschutzberatung:*
The Richard Coleman Consultancy

TBWA/Chiat/Day

Architekt
Clive Wilkinson Architects
101 S. Robertson Blvd.
Los Angeles, CA 90048
www.clivewilkinson.com

Bauherr
TBWA/Chiat/Day
Projektadresse
TBWA/Chiat/Day Los Angeles
5353 Grosvenor Blvd.
Los Angeles, CA 90066-6319

Ted Baker Offices

Architekt
Matthew Priestman Architects
21 Roseberry Avenue
London

Bauherr
Ted Baker PLC
www.tedbaker.co.uk
Projektadresse
Ted Baker PLC
The Ugly Brown Building
6a St Pancras Way
London NW10TB

Fachplaner
Tragwerk
Maurice Baguley & Partners
Haustechnik
BDG McColl
Lichtplanung
Equation Lighting Design Ltd

Tobias Grau

Architekt
BRT Architekten,
Bothe Richter Teherani
Holzdamm 28-32
20099 Hamburg
www.brt.de

Bauherr
Franziska und Tobias Grau
Projektadresse
Tobias Grau KG
Siemensstraße 35b
25462 Rellingen

Fachplaner
Tragwerk
Ingenieurbüro Wetzel und von
Seht, Hamburg
Haus- und Klimatechnik
Ing.-Gesellschaft Ridder Meyn
Nuckel mbH, Norderstedt

Twin Towers

Architekt
Massimiliano Fuksas
30 Piazza del Monte di Pieta
00186 Roma

Bauherr
Immofinanz Immobilien Anlagen
AG / Wienerberger
Baustoffindustrie AG
Wien
Projektadresse
Wienerbergstraße 11
1100 Wien

Fachplaner
Tragwerk
Thumberger + Kressmeier, Wien
Organisationsberater
Congena, München

U-Building

Architekt
Kazuyo Sejima,
Ryue Nishisawa & Ass.
7 A Shinagawa-Soko
2-2-35 Higashi-shinagawa
Shinagawa-ku, Tokio 140

Projektadresse
Ushiku,
Ibaraki Prefecture

Fachplaner
Tragwerk
Sasaki Structural Consultants
General Contractors
Katsumura Construction
Mito Branch

Wessex Water Operation Centre

Architekt
Bennetts Associates Architects
1 Rawstorne Place, London EC1V 7NL

Bauherr
Wessex Water Services Ltd.
www.wessexwater.co.uk
Projektadresse
Wessex Water Services Ltd.
Claverton Down Road
Bath BA2 7WW

Fachplaner
Tragwerk
Buro Happold
Haus- und klimatechnik
Buro Happold
Landschaftsarchitekt
Bernhard Ede / Grant Associates
Nachhaltigkeitsberater
Centre for Sustainable Construction BRE, Davis Langdon Consultancy, Forum For the Future

Bildnachweis

Herausgeber, Autoren und Verleger danken den folgenden Photographen, Architekten und Organisationen für ihre freundliche Erlaubnis, die Photographien und Zeichnungen in diesem Buch zu reproduzieren.

TEXTE

13
aus: Robert L. Scranton, Architektur der Griechen, Große Zeiten und Werke der Architektur. Bd.1, Otto Maier Verlag, Ravensburg 1963

14
von oben nach unten
aus: Frank E. Brown, Architektur der Römer, Reihe: Große Zeiten und Werke der Architektur, Otto Maier Verlag Ravensburg, Ravensburg 1962; aus: Wolfgang Müller-Wiener, Griechisches Bauwesen in der Antike, Beck's Archäologische Bibliothek, Verlag C.H. Beck, München 1988, Umzeichnung J. Coulton; Neuzeichnung Simone Jeska (Vorlage: Pierre Gros, L'architecture Romaine, Bd. 1, Les monuments publics, Éditions Picard, Paris 1996

15
von oben nach unten
Herzog Anton Ulrich-Museum, Braunschweig; Bank of England, London

16
oben
Process Architecture Publishing Co., Ltd., Tokyo (The Chicago School of Architecture, Heft Nr. 35, 1983)

17
von oben nach unten
Jack Quinan (Jack Quinan, Frank Lloyd Wright's Larkin Building, The MIT Press, Cambridge, Mass./London 1987), Umzeichnung Simone Jeska (Vorlage aus: Donald Albrecht/Chrysanthe B. Broikos On the Job: Design and the American Office, Princeton Architectural Press, New York 2001); Johnson Wax; Buffalo and Erie County Historical Society

18
von oben nach unten
Siemens, Berlin; Hentrich, Petschnigg und Partner

19
Nigel Young/Foster and Partners

20
von oben nach unten
Anonym; Thomas Arnold; Thomas Arnold

21
von oben nach unten
Niels Torp; Bitter + Bredt

32
von oben nach unten
Atelier Hollein/Jungnikl ("Das Mobile Büro" in: "Das österreichische Portrait", ORF-Produktion 1969, Kameramann Jungnikl; Regisseur D. Holzinger)

33
von oben nach unten
Polly Farquharson; 3com; Apple Inc.

36, 37
Concept-international

41, 42
congena GmbH

46
Norman Foster and Associates

50
Hascher + Jehle

51
Stefan Müller-Naumann

52
von oben nach unten
Hascher + Jehle und Svenja Bockhop; USM u. Schärer Söhne GmbH

53
Werkphoto Gartner

54
Thomas Ott

55
von oben nach unten
Thomas Arnold; NASA

57
Thomas Arnold

59-62
DS Plan

63-65
Eberhard Oesterle

68, 69
Fraunhofer IAO

71
von oben nach unten
Benny Chan Fotoworks, Clive Wilkinson Architects, Ramesh Amruth (Vitra), Andrew Putler

73
von links nach rechts
Benny Chan Fotoworks, Ramesh Amruth (Vitra)

75
von oben nach unten
Niels Torp, Anthony Browell (Bligh Voller Nield)

85
Richard Hywel Evans

89
von oben nach unten sauerbruch hutton architekten, Richard Hywel Evans, Peter Cook/VIEW, Richard Bryant, Nigel Young/Foster and Partners

PROJEKTE

92 links, 93 mitte und links
Waltraud Krase
92 rechts, 93 rechts
Hascher + Jehle (Svenja Bockhop)
DZ-BANK; Frank O. Gehry

94-95
Ulli Reinecke fotodesign
Norddeutsche Landesbank; Behnisch, Behnisch & Partner

96-97
Helke Rodemeier
Deutsche Bundesstiftung Umwelt; Erich Schneider-Wessling

98, 99 links oben und mitte
Kim Zwarts
99 links unten
Ernst Peter Prokop
99 rechts
Christian Richters
Hypo Alpe-Adria-Center; Thom Mayne, Morphosis

100-101
Dennis Gilbert/VIEW
Rare Ltd. Manor Park HQ; Feilden Clegg Bradley Architects

102-105
Richard Davies
New Parliamentary Building; Michael Hopkins and Partners

106 links, 107
Roland Halbe
106 rechts
Lukas Roth
Generalverwaltung der Max-Planck-Gesellschaft; Graf, Popp, Streib

108-109
Stefan Müller
ARD-Hauptstadtstudio; Ortner + Ortner Baukunst

110-111
Herzog + Partner
Deutsche Messe AG; Herzog + Partner

112, 115
Lepkowski Studios
113, 114
Lothar M. Peter
Umweltbundesamt; sauerbruch hutton architekten

116-117
Ivar Mjell
Rathauserweiterung Jægergården; Nielsen, Nielsen & Nielsen A/S

118-119 mitte oben und/unten
Hisao Suzuki
119 links und rechts
Igor Omahen
SIHK; Sadar Vuga Arhitekti

120-121
Martin Schodder
Institut für Forst- und Naturforschung; Behnisch, Behnisch & Partner

122 links, 123 links
Chris Gascoigne/VIEW
122 rechts
Nathan Willock
122 mitte
RMJM
123 mitte und rechts
RMJM
Glaxo Wellcome House; RMJM London Ltd

124-125
Guy Wenborne und Enrique Browne
Pioneer; Enrique Browne

126-127
Kim Zwarts
AZL Pensioenfonds; Wiel Arets Architect & Associates

128-129
Hascher + Jehle (Svenja Bockhop)
Landesversicherungsanstalt Schwaben; Hascher + Jehle

130 mitte
Patrick Berger
130 links und rechts, 131
Shamir Yanay
UEFA HQ; Patrick Berger

132-135
Jean de Calan (MCA)
iGuzzini Hauptverwaltung; MCA, Mario Cucinella Architects

136-137
Ib Sørensen und Ole Meyer (KHRS AS Architekten)
Bang & Olufsen Hauptverwaltung; KHR AS arkitekter Jan Søndergaard

138-139
Richard Hywel Evans
139 links oben
Thomas Arnold
Cellular Operations Ltd.; Richard Hywel Evans

140 rechts, 141 rechts
Timothy Soar
140 links, 141 mitte, links oben und unten
Thomas Arnold
140-141
Zeichnungen
Nicholas Grimshaw & Partners
RAC Regional HQ; Nicholas Grimshaw & Partners Ltd.

142-143
Photocollagen
Enric Miralles & Benedetta Tagliabue Arquitectes Associats
Gas Natural HQ; Enric Miralles & Benedetta Tagliabue Arquitectes Associats

144-145
Jussi Tiainen
Sanoma House; SARC Architects

146-149
Jörg Hempel
Braun Hauptverwaltung; Schneider + Schumacher

150-153
Mark Luhtringer Photography
GAP 901 Cherry; William McDonough + Partners

154-155
Jeff Goldberg, Esto Studios
154-155 Zeichnungen
Nachgedruckt mit Erlaubnis von Architectural Record, ein Unternehmen der McGraw-Hill Companies
UBS Trade Center; Skidmore Owings Merrill LLP

156-157
Roland Halbe
Götz Hauptverwaltung; Webler + Geissler Architekten

158-159
David Glandorge
Ted Baker Offices; Matthew Priestman Architects

160 links und rechts, 162 rechts
Peter Cook/VIEW
160 links, 161 rechts, 162 links, 163
Thomas Arnold
Wessex Water Operation Ce.; Bennetts Associates Architects

164-165
Nick Ivins
another.com; Nowicka Stern

166-167
Dennis Gilbert, VIEW
RealNames I und II; Blauel Architects

168-169
Timothy Hursley
SEI Investment HQ; Meyer Scherer & Rockcastle

170-171
Tom Bonner (Shubin+Donaldson Architects)
Ground Zero; Shubin + Donaldson Architects

172-173
Shinkenchiku-Sha (Katsuhisa Kida)
Enix Corporation; Nikken Sekkei

174-175
Christian Richters
ING Bank & NNH Hauptniederlassung; (EEA) Erick van Egeraat associated architects

176-177
Foster and Partners / Nigel Young
Electronic Arts; Norman Foster and Partners

178-181
Markus Fischer
ABB Konnex; Theo Hotz Architekten

182-183
Peter Aaron/Esto
IBM World Headquarters; Kohn Pedersen Fox Associates

184 links und 185
A. Braun
184 rechts
Festo AG & Co
Festo TechnologieCenter; Architekturbüro Jaschek

186-187
Paul Warchol
Shaklee Corporation; Gensler

188-189 links
Richard Barnes
189 rechts
Michael O'Callahan
SGI Amphitheater T. C.; STUDIOS architecture

190 rechts, 191
Kauffmann Theilig & Partner
190 links
Roland Halbe
Datapec; Kauffmann Theilig & Partner

192 links
Birgit Klauck
192 rechts, 193
Michael Wurzbach (Tobias Grau)
Tobias Grau; BRT Architekten

194-195
W. Huthmacher
MABEG Verwaltungsgebäude; Nicholas Grimshaw & Partners

196-197
Benny Chan Fotoworks (CWA)
TBWA/Chiat/Day; Clive Wilkinson Architects

198 links 199 links 200 links
Angelika Schnell
198 rechts, 199 rechts, 200 rechts, 201
Christian Richters
Villa VPRO; MVRDV

202 links
Andreas Sütterlin (Vitra)
202 rechts und 203
Ramesh Amruth (Vitra)
Vitra; SPGA - Sevil Peach Gence Associates

204-205
Anthony Browell (Bligh Voller Nield)
Campus MLC; Bligh Voller Nield

206 links, 208 links, 209
Richard Bryant
206 rechts, 207, 208 rechts
Andrew Putler
Boots The Chemists; DEGW

210-211, 212 links und rechts, 213
Hascher + Jehle (Svenja Bockhop)
212 mitte
USM U. Schärer Söhne GmbH
dvg 2000; Hascher + jehle / Heinle, Wischer und Partner

214-215
Josef Pausch
Deloitte Consulting; DI Dustin A. Tusnovics

216
Grego & Smolenicky
217
Corinna Rosteck und Ralf Grömminger
Accenture; Grego & Smolenicky (Zürich), Schnell + Partner (Hamburg)

218-219
Stuart Hopps
IVCHGC; Casaverde Construction

220-221
Timothy Hursley,
Assassi Productions (NBBJ)
Reebok World Headquarters; NBBJ

222, 224-225
Holger Knauf
223
H.G. Esch
Burda Medienpark; Ingenhoven Overdiek Kahlen und Partner

226-227, 229
Roland Halbe
228
Auer + Weber
Prisma; Auer + Weber

230 rechts
Don Dimster
231 links oben
Eric Owen Moss Arch.
231 links unten und rechts
Tom Bonner
Stealth; Eric Owen Moss Architects

232-233
Katsuhisa Kida
88 Wood Street; Richard Rogers Partnership

234-235
A. Drexler
Twin Towers; Massimiliano Fuksas

236-237
Shinkenchiku-Sha
U-Gebäude; Kazuyo Sejima, Ryue Nishazawa

238-241
artur-photo
(artur architekurbilder agentur)
Düsseldorfer Stadttor; Overdiek Petzinka Pink und Partner

242 und 243 links
RPBW John Gollings
243 rechts
Peter Cook/VIEW
Aurora Place; Renzo Piano Building Workshop Architects

244-245
ARTEFACTORY
Omnilife HQ JVC Center; Jean Nouvel

246-247
Nigel Young (Foster and Partners)
248 links 249 links
BDSP
Swiss Re; Norman Foster and Partners

250-251
Jörg Hempel Photodesign
Doppel-XX; BRT Architekten

252 rechts
Johann Eisele
252 links, 253
Friedrich Busam/architekturphoto
Umwelttechnologiezentrum; Eisele Architekten

Wir haben uns intensiv bemüht, die Rechte für die einzelnen Abbildungen zu verfolgen und zu wahren. Sollte es trotzdem zu unbeabsichtigten Versäumnissen gekommen sein, entschuldigen wir uns bei Photographen, Organisationen, Architekten und Entwerfern im voraus und würden uns freuen, die passende Anerkennung in einer folgenden Ausgabe einzusetzen.

Bibliographie

LITERATUR GESCHICHTE

Wolfgang Müller-Wiener
Griechisches Bauwesen
in der Antike
Beck's Archäologische Bibliothek,
Verlag C.H. Beck, München 1988

Pierre Gros
L'architecture Romaine
Bd. 1, Les monuments publics,
Éditions Picard, Paris 1996

Jack Quinan
Frank Lloyd Wright's
Larkin Buildin
The MIT Press, Cambridge,
Mass. 1987

Ulf Kenzler
Studien zur Entwicklung und
Struktur der griechischen Agora
in archaischer und klassischer Zeit
Peter Lang GmbH Europäischer
Verlag der Wissenschaften,
Frankfurt am Main 1999

Edwin Green
Banking: An Illustrated History
Phaidon Press, Oxford 1989

John Zukowsky (Hrsg.)
Chicago Architektur 1872-1922
Prestel Verlag, München 1987

Nikolaus Pevsner
A History of Building Types
Princeton University Press 1976

Wolfgang K. Buchner
Zentrum der Welt. Das Forum
Romanum als Brennpunkt der
römischen Geschichte
Casimir Katz Verlag,
Gernsbach 1990

Arne Eggebrecht
Geschichte der Arbeit: Vom
alten Ägypten bis zur Gegenwart
Kiepenheuer & Witsch, Köln 1980

Burkhart Lauterbach (Hrsg.)
Großstadtmenschen.
Die Welt der Angestellten
Katalog zur Ausstellung im
Münchner Stadtmuseum,
Büchergilde Gutenberg,
Frankfurt am Main 1995

LITERATUR BÜRO

*Donald Albrecht/
Chrysanthe B. Broikos*
On the Job: Design and
the American Office
Princeton Architectural Press,
New York 2001

Elmar Altvater/Birgit Mahnkopf
Grenzen der Globalisierung.
Ökonomie, Ökologie und Politik
in der Weltgesellschaft
Verlag Westfälisches Dampfboot,
Münster 1997

*Paola Antonelli/
Museum of Modern Art (Hrsg.)*
Workspheres: Design and
Contemporary Workstyles
New York 2001

*Ulrich Beck/Michael Brater/
Hansjürgen Daheim (Hrsg.)*
Soziologie der Arbeit und Berufe.
Grundlagen, Problemfelder, Forschungsergebnisse
Rowohlt, Reinbek bei Hamburg
1980

Ulrich Beck
Risikogesellschaft. Auf dem Weg
in eine andere Moderne
Suhrkamp Verlag,
Frankfurt am Main 1986

Ulrich Beck
Schöne neue Arbeitswelt.
Vision: Weltbürgergesellschaft
Campus Verlag,
Frankfurt/New York 1999

BKK Landesverband Hessen (Hrsg.)
Ergonomie im Büro –
Symposium und Ausstellung
Frankfurt am Main 1997

*Hans-Jörg Bullinger/Wilhelm
Bauer/Peter Kern/Stephan Zinser*
Zukunftsoffensive OFFICE 21.
Büroarbeit in der dotcom-Gesellschaft gestalten
vgs verlagsgesellschaft,
Köln 2000

Hans-Jörg Bullinger/Anita Berres (Hrsg.)
Innovative Unternehmenskommunikation
Springer Experten System, Band 1,
Berlin Heidelberg New York 2000

*Hans-Jörg Bullinger/R.
Bauer/R. Ilg,*
„Leben und Arbeiten
in Netzwerken"
in: bauInformatik
Journal Nr. 2/2001

Nicolas Carr
„Being Virtual, Character
and the New Economy"
in: Harvard Business Review,
Mai/Juni 1999

Congena (Hrsg.)
Zukunftsstrategie Kombi-Büro:
Chancen für Architektur und
Organisation
Callwey, Baden-Baden 1994

Francis Duffy
The Changing Workplace
Phaidon Press, London 1992

*Francis Duffy/Andrew Laing/
Vic Crisp*
The Responsible Workplace:
The redesign of work and offices, DEGW and the Building
Research Establishment
Butterworth Architecture,
Oxford 1993

Francis Duffy
The New Office
Conran Octopus, London 1999

Peter Gomez/Tim Zimmermann
Unternehmensorganisation.
Profile, Dynamik, Methodik
Campus Verlag,
Frankfurt/New York 1999

Ottmar Gottschalk
Verwaltungsbauten, flexibel -
kommunikativ - nutzerorientiert
Bauverlag GmbH,
Wiesbaden/Berlin 1994

Halimahtun M. Khalid (Hrsg.)
Proceedings of the 5th SEAES Conference (Asean Ergonomics '97)
Kuala Lumpur, Malaysia,
6.-8.11.1997, IEA Press,
Louisville 1997

John Hagel/Marc Singer
Net Worth: Shaping Markets
when Customers Make the Rules
Harvard Business Press, 1999

Dennis C. Kinlaw
Spitzenteams - Spitzenleistungen durch effizientes Teamwork
Gabler Verlag, Wiesbaden 1993

*Jochen Krämer/Jürgen Richter/
Jürgen Wendel/Gaby Zinssmeister (Hrsg.)*
Schöne neue Arbeit. Die Zukunft
der Arbeit vor dem Hintergrund
neuer Informationstechnologien
Talheimer Verlag,
Mössingen-Talheim 1997

ChristianKühn
Stilverzicht. Typologie und
CAAD als Werkzeuge einer
autonomen Architektur
Bauwelt Fundamente 116, Vieweg
& Sohn Verlagsgesellschaft,
Braunschweig/Wiesbaden1997

Herbert Lachmayer/Eleonora Louis (Hrsg.)
Work&Culture: Büro.
Inszenierung von Arbeit
Ritter Verlag, Klagenfurt 1998

Jessica Lipnack/Jeffrey Stamps
Virtual Teams: Reaching Across
Space, Time, and Organizations
with Technology
John Wiley, London 1997

Werner Lippert (Hrsg.)
FUTURE OFFICE.
Metropolitan, Düsseldorf 1997

Dieter Lorenz
Mensch und Bildschirmarbeit.
Systemische Arbeitsplatz-Analyse nach der EU-Richtlinie
„Arbeit an Bildschirmgeräten"
AKZENTE Studiengemeinschaft,
Murnau 2001

Christa Maar/Florian Rötzer (Hrsg.)
Virtual Cities. Die Neuerfindung
der Stadt im Zeitalter der globalen Vernetzung
Birkhäuser Verlag,
Basel/Boston/Berlin 1997

Thomas Malone/Robert Laubacher
„The Dawn of the E-Lance Economy"
in: Harvard Business Review Nr. 5,
September/Oktober 1998

Alexi Marmot/Joanna Eley
Office Space Planning: Designing for Tomorrow's Workspace
Mac Graw-Hill, New York 2000

Juriaan van Meel
The European Office: Office
design and national context
010 Publishers, Rotterdam 2000

Jeremy Myerson/Philip Ross
Das kreative Büro.
Architektur, Design, Technik
DVA, Stuttgart 1999

William J. Mitchell
City of Bits:
Space, Place, and the Infobahn
MIT-Press, London 1996

Michael Nippa/Heinz Scharfenberg (Hrsg.)
Implementierungsmanagement.
Über die Kunst, Reengineeringkonzepte erfolgreich umzusetzen
Wiesbaden 1997

*Ulrich Pfister/Brigitte Studer/
Jakob Tanner (Hrsg.)*
Arbeit im Wandel
Chronos Verlag, Zürich 1996

Bart Piepers/Marcel Storms
www.newbusinessdimensions.
com – Verwandeln Sie Ihr Büro
in ein virtuelles Unternehmen
Avedition, Ludwigsburg 2000

Jeremy Rifkin
Das Ende der Arbeit und
ihre Zukunft
Fischer Taschenbuch Verlag,
Frankfurt am Main 2001

Saskia Sassen
Metropolen des Weltmarkts.
Die neue Rolle der Global Cities
Campus Verlag,
Frankfurt/New York 1997

Rüdiger Schneider/Michael Gentz
Intelligent Office. Zukunftssichere Bürogebäude durch ganzheitliche Nutzungskonzepte
Rudolf Müller, Köln 1997

Ricardo Semler
Turning the Tables
Times Books, New York 1993

Richard Sennett
Der flexible Mensch. Die Kultur
des neuen Kapitalismus
Goldmann Verlag, München 2000

*Michael Smith/Gavriel Salvendy/
D. Harris/R. Koubek (Hrsg.)*
Proceedings of the HCI
International 2001, Vol. 3
New Orleans, USA, 05.-10.08. 2001,
Lawrence Erlbaum Associates
Publishers, Mahwah 2001

*Norbert Streitz/Burkhard Remmers/Matthias Pietzcher/
Reiner Grundmann (Hrsg.)*
Arbeitswelten im Wandel –
fit für die Zukunft?
Deutsche Verlagsanstalt,
Stuttgart 1999

Rolf Toyka
Arbeitswelten. Architektur für
die Dienstleistungsgesellschaft
Junius Verlag, Hamburg 1997

The Vision Web
The Vision Web
Delft 1997
(www.thevisionweb.com)

Erik Veldhoen/Bart Piepers
Kantoren bestaan niet meer.
The demise of the office
010 Publishers, Rotterdam 1995

Arno Votteler
Ideen für eine neue Bürowelt.
Katalog zur Ausstellung der Wettbewerbsergebnisse „Lebensraum
Büro" auf der Orgatec in Köln
22.10. - 27.10.1992
Institut für Innenarchitektur
und Möbeldesign, Stuttgart,
und Oktagon Verlag,
München/Stuttgart 1992

Wolfgang Wagener
„Officing"
in: 136 ARCH+, Aachen 1997

Hans-Jürgen Warnecke (Hrsg.)
Projekt Zukunft: Die Megatrends
in Wissenschaft und Technik
Köln 1999

Gustav Winter
Der Taylorismus. Handbuch der
wissenschaftlichen Betriebs- und
Arbeitsweise für die Arbeitenden
aller Klassen, Stände und Berufe
Verlag von S. Hirzel, Leipzig1920

Max Weber
Wirtschaft und Gesellschaft.
Grundriß der verstehenden
Soziologie
J.C.B. Mohr (Paul Siebeck),
Tübingen 1980

John Worthington
Reinventing the Workplace
Architectural Press,
Butterworth & Heineman,
Oxford 1997

LITERATUR ÖKOLOGIE

*Fransisco Asensio Acero, unter
Mitarbeit von Aurora Cuito*
öko-architektur
Verlag W. Kohlhammer,
Stuttgart 1999

Kurt Ackermann
Konstruktionsbüro Gartner
Architektur und angewandte
Technologie
Paulpeter Peters,
Karl Krämer Verlag,
Stuttgart 1993

*Arcus, Architektur und
Wissenschaft*
Energiehaushalt von Bauten –
eine Diskussion
Verlagsgesellschaft
Rudolf Müller, Köln 1991

*Roger Baldwin/Alan Yates/Nigel
Howard/Susheel Rao*
BREEAM 98 for offices: an environmental assessment method
for office buildings
Building Research Establishment,
Watford 1998

*Werner Bischof/Mario Dompke/
Wolfgang Schmid (Hrsg.)*
Forschung und Erkenntnisumsetzung zum Sick Building
Syndrome
Verlag C. F. Müller, Heidelberg
1993

Deutsches Architektur-Museum/Michael Volz (Hrsg.)
Die ökologische Herausforderung in der Architektur
Ernst Wasmuth Verlag,
Tübingen/Berlin 1999

Klaus Daniels
Technologie des ökologischen
Bauens – Grundlagen und
Maßnahmen – Beispiele und
Ideen
Birkhäuser-Verlag,
Basel/Boston/Berlin 1995

Klaus Daniels
Low-Tech – Light-Tech –
High-Tech. Bauen in der
Informationsgesellschaft
Birkhäuser Verlag,
Basel/Boston/Berlin 1998

*Dietmar Danner/ Friedrich
Dassler/Jan R. Krause (Hrsg.)*
Die klima-aktive Fassade
Verlagsanstalt Alexander Koch,
Leinfelden-Echterdingen1999

*Karl-Hermann Hübler/
Ulrike Weiland (Hrsg.)*
Nachhaltige Entwicklung.
Eine Herausforderung für
die Forschung?
VWF Verlag für Wissenschaft
und Forschung, Berlin 1996

Thomas Herzog (Hrsg.)
Solar Energy in Architecture
and Urban Planning
Prestel Verlag,
München/New York 1996

INTESOL, Integrale Planung solar-
optimierter Gebäude. BMBF Förderkennzeichen 0329132 E,
Zwischenbericht 1997
Universität Stuttgart,
IKE7 - EB - 12, April 1998

David Lloyd Jones
Architektur und Ökologie.
Zeitgenössische bioklimatische
Bauten
Deutsche Verlags-Anstalt,
Stuttgart 1998

Martina Klingele
Architektur und Energie.
Planungsgrundlagen für
Büro- und Verwaltungsbauten
Verlag C. F. Müller,
Heidelberg 1994

*William McDonough/
Michael Braungart*
The NEXT Industrial Revolution
www.Theatlantic.com 1998.

*Eberhard Oesterle/Rolf-Dieter
Lieb/Martin Lutz/Winfried Heusler*
Doppelschalige Fassaden –
ganzheitliche Planung
Callwey Verlag, München 1999

*Eberhard Oesterle/
Roland Koenigsdorff*
„Die Fassade als geplante
Schnittstelle zwischen Innen-
und Außenraum"
in: Dietmar Danner/Friedrich H.
Dassler/Jan R. Krause,
Die klima-aktive Fassade,
Verlagsanstalt Alexander Koch,
Leinfelden-Echterdingen 1999

Burkhard Schulze-Darup
Bauökologie
Bauverlag GmbH,
Wiesbaden/Berlin 1996

*SIA Schweizerischer Ingenieur-
und Architekten-Verein*
Hochbaukonstruktionen nach
ökologischen Gesichtspunkten,
SIA
Zürich 1995

Catherine Slessor, Eco-Tech
Umweltverträgliche Architektur
und Hochtechnologie
Verlag Gerd Hatje,
Ostfildern-Ruit 1997

Christian Schittich (Hrsg.)
Im Detail. Gebäudehüllen.
Konzepte. Schichten. Material
Birkhäuser Verlag,
Basel/Boston/Berlin 2001

Ian Taylor
The Application of Sustainable
Design Principles
James & James, Cambridge 2000

Umweltbundesamt Berlin (Hrsg.)
Was ist EcoDesign? Ein Handbuch für ökologische und ökonomische Gestalt
Verlag form,
Frankfurt am Main 2000

*Peter C. von Seidlein/
Christina Schulz*
Skelettbau. Konzepte für
eine strukturale Architektur.
Projekte 1981-1996
Verlag Callwey, München 2001

*Ernst Ulrich von Weizsäcker/
Armory B. Lovins / L.Hunter Lovins*
Faktor vier.
Doppelter Wohlstand –
halbierter Naturverbrauch
Droemersche Verlagsanstalt,
München 1995

Autoren

Thomas Arnold AADipl
Architekt
Geboren 1965

Architekturstudium an der HdK-Berlin und der Architectural Association London, 1993 AA-Diploma. Arbeiten umfassen Planungen, Neubauten Sanierungen, Raum-Installationen und Filme. Unterrichtet Architektur an der TU-Berlin und der University of Westminster, London. Seit 2001 workspheres.com zusammen mit Birgit Klauck.

Prof. Dipl.-Ing. Rainer Hascher
Architekt
Geboren 1950

1970-1975 Architekturstudium an der Universität Stuttgart. 1977-1979 Wissenschaftlicher Assistent bei Prof. Peter C. von Seidlein, Institut für Baukonstruktion der Universität Stuttgart. Seit 1979 eigenes Büro für Architektur und Produktgestaltung: Design von Industrieprodukten, Planung und Ausführung von Wohnbauten, Bauten für Industrie, Handel und Verkehr. Professor für Konstruktives Entwerfen und Klimagerechtes Bauen an der Technischen Universität Berlin. Seit 1992 Partnerschaft mit Dipl.-Ing. Sebastian Jehle.

Dipl.-Ing. Simone Jeska
Architektin
Geboren 1965

Architekturstudium an der Fachhochschule in Nürnberg. Mehrjährige praktische Tätigkeit in verschiedenen Architekturbüros in Berlin mit dem Schwerpunkt Bürobau. Studium Geschichte und Theorie der Architektur an der ETH in Zürich.

Dipl.-Ing. Birgit Klauck AR
Architektin
Geboren 1963

Architekturstudium an der RWTH-Aachen (Rheinisch-Westfälischen Technischen Hochschule, Aachen), der Architectural Association, London, und der Bartlett School of Architecture and Planning, London. Arbeiten umfassen Installationen, Wohnungsbauten und Bürobauten. Seit 1995 als Wissenschaftliche Mitarbeiterin und seit 1998 als Akademische Rätin an der Technischen-Universität Berlin im Fachbereich Architektur tätig. Schwerpunkte in der Lehre sind integrative Entwurfsmethoden und die energetische Optimierung von Gebäudekonzepten. Seit 2000 beschäftigt sie sich mit den unterschiedlichen Aspekten von Netzwerken und deren Einfluß auf den architektonischen Entwurf. Seit 2001 workspheres.com mit Thomas Arnold.

Dr.-Ing. Wilhelm Bauer
Geboren 1957

Nach Ingenieurstudium an der Universität Stuttgart mit den Studienschwerpunkten Arbeitswissenschaft und Datenverarbeitung trat er 1983 als wissenschaftlicher Mitarbeiter in das Fraunhofer IAO ein. Seit 1991 ist er Leiter des Competence Center New Work sowie Mitglied im Führungskreis. Er ist Projektleiter im Verbundforschungsprojekt OFFICE 21 sowie des Fraunhofer Office Innovation Center. Wilhelm Bauer ist Lehrbeauftragter für Arbeitsgestaltung im Büro an der Universität Stuttgart und für Arbeitswissenschaft an der Berufsakademie Stuttgart.

Dipl.-Ing. Wolfram Fuchs
Geschäftsführender Gesellschafter congena GmbH, München
Geboren 1951

Architekturstudium bis 1978. Seit 1979 Krankenhausplaner: Forschung, Lehre, Planung, Beratung. Seit 1986 congena-Berater für die Gestaltung der Büro-Arbeitswelt.
Beratungsschwerpunkte: Management des Wandels, Büro-Immobilienberatung. Zahlreiche Veröffentlichungen in verschiedenen Fachzeitschriften.

Prof. Dr.-Ing. Peter Kern
Geboren 1941

Nach dem Studium des Maschinenbaus, Fachrichtung Fertigungstechnik, promovierte er zum Dr.-Ing. an der Universität Stuttgart. Peter Kern ist Institutsdirektor und Mitglied der Konzernskonferenz am Fraunhofer-Institut für Arbeitswirtschaft und Organisation (IAO), Stuttgart. Er arbeitet in den angewandten Forschungsgebieten Technologiemanagement und Arbeitswissenschaft. Seine Schwerpunkte liegen in den Bereichen Office Engineering und Arbeitsgestaltung. Er ist Initiator des Verbundprojekts OFFICE 21. Peter Kern ist Lehrbeauftragter an der Universität Stuttgart und Honorarprofessor an der Staatlichen Akademie der Bildenden Künste, Stuttgart. Er ist Autor einer Vielzahl von Veröffentlichungen und Fachbüchern.

Dipl.-Ing. (FH) Martin Lutz
Geboren 1956

Geschäftsführender Gesellschafter der DS-Plan Ingenieurgesellschaft für ganzheitliche Bauberatung und -planung mbH Beratender Ingenieur Fassadentechnik Autor und Co-Autor mehrerer Bücher und zahlreicher Veröffentlichungen.

Prof. Dr.-Ing. Eberhard Oesterle
Geboren 1949

Eberhard Oesterle ist Vorstand der Drees & Sommer AG. Seit 1984 entwickelte er maßgeblich die Bereiche Bauphysik und Fassadenberatung, Gebäudetechnik, Energiemanagement und Bauökologie. Eberhard Oesterle legt besonderen Wert auf gewerkeübergreifendes Vorgehen, weil nur so bei der Komplexität der heutigen technischen Aufgabenstellungen optimale Lösungen erzielt werden können. Nach dem Studium des Bauingenieurwesens sammelte er als Bauleiter praktische Erfahrungen. Während der Promotion über „Wirtschaftlichkeit von Energiesystemen in Büro- und Verwaltungsbauten" entwickelte er ein Simulationsverfahren für die energetische Optimierung von Gebäuden, das an konkreten Bauvorhaben kontinuierlich weiterentwickelt wurde. Die Ergebnisse dieser Optimierungen haben sich bis heute an mehr als 400 Großprojekten bestätigt und hohe Einsparungen bewirkt. Sein Wissen gibt er in Seminaren und Veröffentlichungen, aber auch als Lehrbeauftragter und Honorarprofessor der Universität Stuttgart weiter.

Bart Piepers / Marcel Storms
Geboren 1962 / 1966

Bart Piepers und Marcel Storms sind Partner und Geschäftsführer der Unternehmensberatung Concept-international, Workstyle Consultants. Concept-international mit Business Clubs in Aachen und Maastricht ist auf die Betreuung von Organisationen bei der Entwicklung völlig neuer Arbeitsmethoden spezialisiert. Nach langjähriger Beratungserfahrung hat Bart Piepers 1995 ein internationales Researchprojekt zum Thema neue Bürokonzepte geleitet. Die Ergebnisse haben einen ausschlaggebenden Impuls für die Entwicklung einer revolutionären neuen Betrachtung des Büros gegeben. Seitdem hat er zusammen mit Marcel Storms viele Unternehmen (z.B. dvg Datenverarbeitungsgesellschaft, Sun Microsystems, Shell, Océ Technology, NS Vastgoed und Trespa International) erfolgreich bei der Entwicklung und Einführung neuer Konzepte begleitet.

Dipl.-Ing. Edgar Schläfle
Lichtplaner

Studium der Elektrotechnik. Erfahrungen in der elektrotechnischen Gebäudeausrüstung in Luzern, Frankfurt, Stuttgart, Paris und Berlin. Ab 1970 als beratender Ingenieur in Konstanz und seit 1996 in Berlin tätig. Die Arbeitsschwerpunkte sind: Entwicklung und Entwurf von Lichtkonzepten, von Beleuchtungskörpern für namhafte Hersteller sowie von Sonderleuchten und Lichtsystemen für kundenspezifische Anwendungen. Seine Produkte sind international bekannt (z.B. die Leuchten ES-Pendel, Castor und Pollux, ENA).

Zu seinen wichtigsten Projekten zählen: Landesmuseum für Technik und Arbeit, Mannheim; Zeppelinmuseum, Friedrichshafen; IG Farben Verwaltungsgebäude (Renovierung), Frankfurt/Main; CDU Bundeszentrale, Berlin; Museum für Ostasiatische Kunst, Berlin; Museum für Indische Kunst, Berlin; Vatikanische Botschaft, Berlin; Hauptverwaltung Audi und Museum MOBILE für Audi, Ingolstadt.

Klaus-Peter Stiefel
Diplom-Kaufmann
Geboren 1958

Studium der technisch orientierten Betriebswirtschaftslehre. Erste Berufserfahrung bei der Siemens AG, Erlangen. Seit 1987 wissenschaftlicher Mitarbeiter am Fraunhofer IAO. Einige Jahre Projektleiter des Beratungszentrums Informationstechnik BIT. Seit 1998 Leiter IT-Management am Fraunhofer Office Innovation Center, Stuttgart.